van Bühren

Das verkehrsrechtliche Mandat
Band 4: Versicherungsrecht

Das Mandat

Das verkehrsrechtliche Mandat

Band 4: Versicherungsrecht

2. Auflage 2010

Von
Rechtsanwalt
Dr. Hubert W. van Bühren, Köln

DeutscherAnwaltVerlag

Zitiervorschlag:

van Bühren, Das verkehrsrechtliche Mandat, Bd. 4, Teil 1 § 1 Rn 1

Copyright 2010 by Deutscher Anwaltverlag, Bonn
Satz: Griebsch + Rochol Druck GmbH, Hamm
Druck: Hans Soldan Druck GmbH, Essen
Umschlaggestaltung: gentura, Holger Neumann, Bochum
ISBN 978-3-8240-0888-9

Bibliografische Information der Deutschen Nationalbibliothek

Die Deutsche Nationalbibliothek verzeichnet diese Publikation in der Deutschen Nationalbibliografie; detaillierte bibliografische Daten sind im Internet über http://dnb.d-nb.de abrufbar.

Vorwort

Die professionelle Bearbeitung eines verkehrsrechtlichen Mandats erfordert Kenntnisse im Bereich des Versicherungsrechts, insbesondere in den Sparten Kraftfahrtversicherung und Rechtsschutzversicherung.

Es gehört zu den elementaren anwaltlichen Beratungspflichten, den Mandanten bereits bei Übernahme des Mandats darüber zu beraten, ob es sinnvoll oder erforderlich ist, die eigene Teilkaskoversicherung oder Vollkaskoversicherung in Anspruch zu nehmen. In vielen Fällen, insbesondere bei Bußgeldsachen, wird die Erteilung eines Mandats davon abhängig gemacht, ob und inwieweit die Rechtsschutzversicherung die entstehenden Kosten übernimmt.

Im 4. Band der Reihe „Das verkehrsrechtliche Mandat" werden alle versicherungsrechtlichen Probleme behandelt, die bei der Unfallregulierung auftreten können.

In der 2. Auflage dieses Buches werden die umfassenden Veränderungen in den AKB 2008 dargestellt, die sich aus der Reform des Versicherungsvertragsgesetzes (VVG 2008) ergeben. Kernstück dieser Reform ist die Aufgabe des Alles-oder-nichts-Prinzips bei grober Fahrlässigkeit.

Veröffentlicht sind bislang nur zwei Entscheidungen zu den AKB 2008 (LG Münster und LG Bonn); in diesem Buch wird die umfassende Rechtsprechung zur Kraftfahrtversicherung dargestellt, soweit diese auch in Zukunft von Bedeutung sein wird.

Im ersten Teil dieses Bandes findet man eine systematische Darstellung des Versicherungsschutzes, der Vollkaskoversicherung, Teilkaskoversicherung, Haftpflichtversicherung, Unfallversicherung und der Rechtsschutzversicherung (Verkehrsrechtsschutz).

Der zweite Teil besteht aus einer Kurzkommentierung der AKB 2008 und der ARB 2008.

Diese Konzeption berücksichtigt die unterschiedlichen Bearbeitungsmethoden eines Mandats: Wird die Lösung eines umfassenden Problemfeldes gesucht, ist der systematische Teil eine praktische Hilfe, während die Auslegung gesetzlicher und versicherungsrechtlicher Vorschriften im zweiten Teil bereits durch die Kurzkommentierung erfolgen kann.

Dieser Band ist konzipiert als Arbeitshilfe sowohl für den geübten Praktiker als auch für den Berufsanfänger.

Im Anhang sind die für ein verkehrsrechtliches Mandat wichtigsten gesetzlichen Vorschriften, Verordnungen und Versicherungsbedingungen abgedruckt; Außerdem enthält der Anhang eine Checkliste zur Kaskoversicherung, Schaubilder zum Quotenvorrecht und Musterschriftsätze.

Köln, im März 2010

Dr. Hubert W. van Bühren

Inhaltsverzeichnis

7

11

14

15

16

Literaturverzeichnis

Bauer, Die Kraftfahrtversicherung, 5. Auflage 2002

Beckmann/Matusche-Beckmann, Versicherungsrechtshandbuch, 2. Auflage 2009

van Bühren, Hubert W., Handbuch Versicherungsrecht, 4. Auflage 2008

van Bühren/Plote, ARB-Kommentar, 2. Auflage 2008

van Bühren (Hrsg.), Anwaltshandbuch Verkehrsrecht, 2. Auflage 2003

Burmann/Heß/Höke/Stahl, Das neue VVG im Straßenverkehrsrecht, 2008

Feyock/Jacobsen/Lemor, Kraftfahrtversicherung, Kommentar, 3. Auflage 2009

Harbauer, Rechtsschutzversicherung, Kommentar zu den Allgemeinen Bedingungen für die Rechtsschutzversicherung (ARB 75 und ARB 94, 2000, 7. Auflage 2004 (zitiert: Harbauer/Bearbeiter)

Hinsch-Timm, Das neue Versicherungsvertragsgesetz in der anwaltlichen Praxis, 2008

Marlow/Spuhl, Das Neue VVG kompakt – ein Handbuch für die Rechtspraxis, 3. Auflage 2008

Meixner/Steinbeck, Das neue Versicherungsvertragsrecht, 2008

Palandt, Bürgerliches Gesetzbuch, 69. Auflage 2010

Prölss/Martin, Versicherungsvertragsgesetz, 27. Auflage 2004

Römer/Langheid, Versicherungsvertragsgesetz (VVG) mit Pflichtversicherungsgesetz (PflVG) und Kraftfahrzeug-Pflichtversicherungsverordnung (KfzPflVV), Kommentar, 2. Auflage 2003

Rüffer/Halbach/Schimikowski, VVG Handkommentar, 1. Auflage 2008

Stiefel/Hofmann, Kraftfahrtversicherung, Kommentar zu den Allgemeinen Bedingungen für die Kraftfahrtversicherung – AKB, 17. Auflage 2000

Terbille, Münchener Anwaltshandbuch Versicherungsrecht, 2. Auflage 2008

Zöller, Zivilprozessordnung, 27. Auflage 2009

1. Teil: Versicherungsrecht bei der Unfallregulierung

§ 1 Übernahme des Mandats

A. Beratungspflichten

Die Übertragung eines Mandats beginnt in der Regel mit einem **Beratungs-** **1** **gespräch**. Handelt es sich um ein Unfallmandat, bei dem Ansprüche gegen den Unfallgegner geltend zu machen sind, muss sofort überprüft werden, ob eine vollständige Schadenregulierung aufgrund eindeutiger Haftungslage durchgesetzt werden kann; ist von einer Mithaftung des Mandanten auszugehen, stellt sich die Frage, ob eine eventuelle vorhandene **Vollkaskoversicherung** in Anspruch genommen wird. Bei unklarer Haftung und wahrscheinlicher Mithaftung des Mandanten empfiehlt es sich, sofort die Vollkaskoversicherung in Anspruch zu nehmen, damit der größte Schadenposten – der Fahrzeugschaden – reguliert wird.

Ergibt das Beratungsgespräch, dass der Mandant nicht die geringsten Erfolgsaus- **2** sichten hat, weil er beispielsweise aus Unachtsamkeit auf ein stehendes Fahrzeug aufgefahren ist, stellt sich gleichfalls und ausschließlich die Frage der Inanspruchnahme der eigenen Vollkaskoversicherung.

Besteht nur eine **Teilkaskoversicherung**, können dieser gegenüber sämtliche **3** **Glasschäden** geltend gemacht werden, auch und vor allem bei einem selbstverschuldeten Unfall. Auch bei **Brandschäden** nach einem Verkehrsunfall ist der Teilkaskoversicherer eintrittspflichtig.

Die Frage nach der Fahrzeugversicherung ist nicht nur bei einem Verkehrsunfall **4** von Bedeutung, sondern auch bei einer Vielzahl anderer versicherter Risiken, wie **Brand, Diebstahl, Sturm** usw.

Geht es am Anfang nur um die Inanspruchnahme der eigenen Fahrzeugversiche- **5** rung, so muss beim Beratungsgespräch auch die **Kostenfrage** angesprochen werden. Bei vielen Mandanten, aber auch bei Rechtsanwälten besteht die irrtümliche Vorstellung, dass die Rechtsschutzversicherung in jedem Fall eintrittspflichtig ist. Hier gehört es zu den Beratungspflichten des Rechtsanwalts, seinen Mandanten darauf hinzuweisen, dass **grundsätzlich die Anwaltskosten für die Inanspruchnahme der eigenen Fahrzeugversicherung vom Mandanten selbst zu tragen sind**.

B. Rechtsschutzversicherung

6   Rechtsschutzversicherer sind erst dann eintrittspflichtig, wenn ein **Versicherungs-fall** eingetreten ist:

7   Die Inanspruchnahme der eigenen Fahrzeugversicherung ist die Geltendmachung **vertraglicher** Ansprüche, also nicht von Schadenersatzansprüchen. Dies bedeutet, dass gemäß § 4 Abs. 1c ARB 2008 der Versicherungsfall nur dann eingetreten ist, wenn „der Versicherungsnehmer oder ein anderer einen Verstoß gegen Rechts-pflichten oder Rechtsvorschriften begangen hat oder begangen haben soll".

8   Der Versicherungsfall tritt somit erst dann ein, wenn der Kaskoversicherer sich in **Verzug** befindet oder vertragswidrig die Schadenregulierung **verweigert** bzw. hinauszögert.

C. Kostentragungspflicht des Fahrzeugversicherers

9   **Rechtsanwaltskosten** sind **nicht** Gegenstand der Fahrzeugversicherung. Eine Kostenerstattung kommt daher nur nach den allgemeinen Grundsätzen des Schadenersatzrechts in Betracht: Befindet sich der Fahrzeugversicherer in **Verzug** oder begeht er durch unsachgemäße Schadenregulierung eine **Vertragsverletzung**, muss er auch die durch sein schuldhaftes Verhalten verursachten Rechtsanwaltskosten ersetzen (§§ 280, 286 BGB).

10   Alle diese Voraussetzungen können typischerweise erst vorliegen, wenn der Mandant bereits selbst – erfolglos – seine Ansprüche bei der Vollkaskoversicherung geltend gemacht hat.

> *Beratungshinweis*
>
> Dem Mandanten soll empfohlen werden, den Versicherer in Verzug zu setzen. Der Entwurf eines solchen Schreibens kann dem Mandanten zur Verfügung gestellt werden.

11   Die Kosten der den Verzug begründenden Erstmahnung sind kein ersatzpflichtiger (Verzugs-)Schaden.[1]

---

1   Palandt/*Grüneberg*, § 286 Rn 48 m.w.N.; OLG Hamm NZV 1991, 314; AG Recklinghausen, r+s 1996, 471; AG Düsseldorf, r+s 1996, 448; AG Karlsruhe, r+s 1997, 48.

D. Unfallregulierung

Ganz anders sind die Rechtsanwaltskosten zu behandeln, wenn die Kaskoversicherung aufgrund eines **Unfallgeschehens** in Anspruch genommen wird, für das ein Haftpflichtversicherer ganz oder teilweise einzustehen hat: **12**

Die bei der Geltendmachung des Kaskoanspruchs entstehenden Anwaltskosten sind vom gegnerischen Haftpflichtversicherer als **adäquater Sachfolgeschaden** zu ersetzen.[2] Diese Erstattungspflicht besteht auch dann, wenn der Geschädigte Leasingnehmer ist und die Entschädigungsleistung an den Leasinggeber erfolgt.

Obergrenze sind die Gebühren, die sich errechnen, wenn als Gegenstandswert die Höhe des **Gesamtschadens** zugrunde gelegt wird.[3]

E. Fragebogen/Schadenanzeige

Wenn der Mandant darüber belehrt worden ist, dass er die Anwaltskosten für die Inanspruchnahme der eigenen Kaskoversicherung selbst tragen muss, gibt es zwei Möglichkeiten: Der Mandant wendet sich entweder selbst an den Fahrzeugversicherer, meldet den Schaden und füllt dann den ihm übersandten Fragebogen aus oder er überlässt diese Schreibarbeit seinem Anwalt. In beiden Fällen muss beim Beratungsgespräch der Mandant darauf hingewiesen werden, dass er gegenüber dem eigenen Fahrzeugversicherer zu **vollständigen und wahrheitsgemäßen Angaben verpflichtet** ist. Jede unwahre Angabe, jeder Täuschungsversuch, kann zum vollständigen Anspruchsverlust führen. Dies gilt insbesondere für die Angaben zum **Kilometerstand** und zum **Kaufpreis**; aber auch falsche Angaben über **Vorschäden** und **Zubehör** führen zur Leistungsfreiheit des Versicherers. **13**

Beratungshinweis

1. Die **Kosten** der anwaltlichen Vertretung bei der Geltendmachung von Leistungsansprüchen gegenüber dem Kaskoversicherer trägt der **Mandant** im Regelfall **selbst**.
2. **Unvollständige** oder **unwahre** Angaben zum Schadenhergang und zur Schadenhöhe führen zum vollständigen oder partiellen **Anspruchsverlust** aus dem Versicherungsvertrag.

---

2 BGH VI ZR 43/05, NJW-RR 2006, 1065; Palandt/*Grüneberg* § 249 BGB Rn 39.
3 OLG Karlsruhe, r+s 1990, 303; Palandt/*Grüneberg* § 249 BGB Rn 319 m.w.N.

§ 2 Der Kraftfahrt-Versicherungsvertrag

A. Anspruchsgrundlage

14 Wenn der Mandant den Fahrzeugschaden bei seiner eigenen Fahrzeugversicherung geltend macht, geschieht dies aufgrund des Versicherungsvertrages; es werden also ausschließlich **vertragliche** Ansprüche geltend gemacht. Es kommt daher zunächst darauf an, ob wirksam ein Versicherungsvertrag geschlossen wurde, ob dieser fortbesteht und ob Schaden und Schadenursache vom vereinbarten Versicherungsschutz erfasst werden.

Jeder Versicherungsvertrag ist ein privatrechtlicher Vertrag, so dass auf die allgemeinen zivilrechtlichen Regelungen zurückzugreifen ist, wenn es um die Auslegung der Versicherungsbedingungen geht oder diese Bedingungen keine Sonderregelung enthalten.

B. Rechtsgrundlagen

I. Überblick

15 Das gesamte Versicherungsrecht beruht auf dem Versicherungsvertragsgesetz (**VVG**) und dem Versicherungsaufsichtsgesetz (**VAG**); für die Kfz-Haftpflichtversicherung enthält das Pflichtversicherungsgesetz (**PflVG**) ebenso wie die Verordnung über den Versicherungsschutz in der Kfz-Haftpflichtversicherung (**KfzPflVV**) Sondervorschriften. Da Versicherungsverträge privatrechtlicher Natur sind, finden **BGB** und **HGB** ebenso Anwendung. Die Allgemeinen Bedingungen für die Kraftfahrtversicherung (**AKB**) sind die „Allgemeinen Geschäftsbedingungen" der Fahrzeugversicherer; sie müssen gesetzeskonform sein und werden durch die gesetzlichen Regelungen ergänzt oder ersetzt, soweit die AKB keine oder unwirksame Bestimmungen enthalten.

II. Das Versicherungsvertragsgesetz (VVG)

16 Das noch aus dem Kaiserreich (1908) stammende Versicherungsvertragsgesetz ist durch ein modernes und verbraucherfreundliches Gesetz (VVG 2008) ersetzt worden. Kernpunkt des neuen VVG ist der **Wegfall des Alles-oder-Nichts-Prinzips** bei grober Fahrlässigkeit, Obliegenheitsverletzung oder Gefahrerhöhung. Nunmehr erhält der Versicherungsnehmer auch dann **anteiligen** Versicherungsschutz, wenn er sich grob fahrlässig verhalten hat.

Das VVG 2008 sieht umfassende **Beratungs- und Informationspflichten** des Versicherers vor, auf die jedoch in einem gesonderten Schriftstück **verzichtet** werden kann. 17

Das VVG gilt für alle Versicherungszweige, **nicht** jedoch für die **See- und Rückversicherung** (§ 209 VVG). 18

Das VVG ist **lex specialis** zum BGB, so dass das BGB anzuwenden ist, wenn das VVG keine Sonderregelung enthält. 19

III. Das Versicherungsaufsichtsgesetz (VAG)

Die seit 1901 bestehende materielle Staatsaufsicht des früheren Bundesaufsichtsamtes ist durch das Dritte Durchführungsgesetz/EWG zum VAG wesentlich verändert worden: Versicherungsunternehmen mit Sitz in der europäischen Gemeinschaft erhalten in ihrem jeweiligen Herkunftsland einen „**europäischen Pass**", durch den sie in sämtlichen Mitgliedstaaten tätig werden dürfen. Sie unterliegen hierbei nur der Rechts- und Finanzaufsicht des jeweiligen Herkunftsstaates. 20

Das Bundesaufsichtsamt für das Versicherungswesen ist seit dem 1.5.2002 mit dem Bundesaufsichtsamt für das Kreditwesen und den Wertpapierhandel zu einer einheitlichen Behörde, der **Bundesanstalt für Finanzdienstleistungsaufsicht** (**BAFin**), verschmolzen worden. 21

Die deutschen Versicherungsunternehmen werden damit auch weiterhin der Rechts- und Finanzaufsicht der Bundesanstalt für Finanzdienstleistungsaufsicht unterstellt, und zwar für ihre gesamte Tätigkeit in den Mitgliedstaaten der europäischen Gemeinschaft. 22

Die bisherige **Genehmigungspflicht** von Tarifen und Bedingungen ist 1994 **entfallen**, so dass nunmehr auch die deutschen Versicherer Tarife und Bedingungen frei bestimmen dürfen. Die einzige Inhaltskontrolle der Allgemeinen Versicherungsbedingungen erfolgt nunmehr nur noch durch die gesetzlichen Bestimmungen, insbesondere die des früheren **AGB-Gesetzes**[1] (nunmehr: §§ 305 ff. BGB). 23

Gleichwohl wird die Bundesanstalt für Finanzdienstleistungsaufsicht auch in Zukunft eine AVB-Kontrolle ausüben: Gemäß § 81 Abs. 1 und 2 VAG ist die Behörde 24

---

1   Vgl. *Schimikowski*, r+s 1996, 1 ff.

31

befugt, Maßnahmen gegen Versicherungsunternehmen zu ergreifen, die geeignet und erforderlich sind, einen **Missstand** zu vermeiden oder zu beseitigen.[2]

25   Die Gestaltungsfreiheit bei den Versicherungsbedingungen findet ihre Grenzen in den nationalen **Gesetzen** und dem von der Europäischen Gemeinschaft vorgeschriebenen **Mindeststandard**, wie z.b. in der Kraftfahrt-Haftpflichtversicherung.

26   Die Bundesanstalt für Finanzdienstleistungsaufsicht wird nicht in Einzelfällen tätig, so dass die von vielen Rechtsanwälten gern als „Allzweckwaffe" erhobene **Beschwerde bei dieser Behörde** in der Regel keinen Erfolg hat und sich oft sogar als kontraproduktiv erweist, da eine Verhärtung der „Fronten" eintritt, weil Versicherer gegenüber der Bundesanstalt für Finanzdienstleistungsaufsicht nur in Ausnahmefällen ein Fehlverhalten zugeben.

> *Hinweis*
>
> Eine Beschwerde bei der Bundesanstalt für Finanzdienstleistungsaufsicht dient in der Regel nur der Verzögerung sowie der Beruhigung des Mandanten und des schlechten Gewissens wegen des fehlenden Mutes oder der fehlenden Sachkenntnis für eine ordnungsgemäße Deckungsklage.

IV.   Das Pflichtversicherungsgesetz (PflVG)

27   Das Pflichtversicherungsgesetz ist im Jahre 1939 eingeführt und 1965 neu gefasst worden; es enthält für die Kraftfahrzeug-Haftpflichtversicherung Spezialvorschriften, welche die §§ 113 – 124 VVG teilweise abändern oder ergänzen. 1965 ist ein **Direktanspruch** gegen den Haftpflichtversicherer des Schädigers gesetzlich eingeführt worden (§ 3 PflVG **a.F.**); der Direktanspruch gegen den Haftpflichtversicherer nach dem PflVG ist nunmehr in **§ 115 VVG** geregelt. Das Pflichtversicherungsgesetz wird ergänzt durch das Gesetz über die Haftpflichtversicherung für ausländische Kraftfahrzeuge und Kraftfahrzeuganhänger vom 24.7.1956.[3]

---

2   Vgl. *Römer*, Der Prüfungsmaßstab bei der Missstandsaufsicht nach § 81 VVG und der AVB-Kontrolle nach § 9 AGB-Gesetz, Münsteraner Reihe, Heft 32, Verlag Versicherungswirtschaft e.V., Karlsruhe 1996.
3   Abgedruckt im Anhang unter E VI.

V. Die 4. KH-Richtlinie

Der deutsche Gesetzgeber hat mit Wirkung zum 1.1.2003 die **4. Kraftfahrzeug-Richtlinie** umgesetzt durch Ergänzungen des Pflichtversicherungsgesetzes: Schadenersatzansprüche aus Auslandunfällen mit Ausländern können nunmehr ebenso beim Deutschen Büro Grüne Karte e.V., Glockengießerwall 1, 20095 Hamburg, Tel: 0 40/3 34 40–0, www.gruene-karte.de, dbgk@gruene-karte.de, geltend gemacht werden wie Schadenersatzansprüche aus Inlandunfällen.[4]

28

VI. Die 5. KH-Richtlinie

Die 5. KH-Richtline ist in Deutschland am 10.12.2007 umgesetzt worden. Sie enthält im Wesentlichen eine Erhöhung der Mindestversicherungssummen und – für die Praxis besonders bedeutsam – den Gerichtsstand des Geschädigten, der aus einem Auslandsunfall Ansprüche geltend macht.[5]

29

VII. Verordnung über den Versicherungsschutz in der Kfz-Haftpflichtversicherung (KfzPflVV)

Die Kfz-Pflichtversicherungsverordnung vom 29.7.1994[6] regelt den Mindestinhalt und den Umfang des Versicherungsschutzes in der Kraftfahrzeug-Haftpflichtversicherung. Der Versicherer ist verpflichtet, in den AKB den vom Verordnungsgeber vorgesehenen Mindeststandard des Verkehrsopfer- und Versicherungsnehmerschutzes zugrunde zu legen.

30

VIII. BGB

Aus dem privatrechtlichen Charakter des Versicherungsvertrages ergibt sich, dass die Allgemeinen Vorschriften des BGB zu berücksichtigen sind, soweit das VVG keine Sonderregelung enthält. Insoweit ist das **VVG** gegenüber dem BGB **lex specialis.**

31

---

4 van Bühren/*van Bühren*, Anwalts-Handbuch Verkehrsrecht, Teil 1 Rn 67 ff.; *Notthoff*, zfs 2003, 105 ff.
5 Xanke/*Feller*, II D Rn 70 ff.
6 Abgedruckt im Anhang unter E I.

33

Beispiel

In §§ 37, 38 VVG sind die **Rechtsfolgen nicht rechtzeitiger Prämienzahlung** abweichend von § 326 BGB geregelt.

Im Privatversicherungsrecht sind aus dem BGB insbesondere von Bedeutung die Vorschriften über
- die **Geschäftsfähigkeit** (§§ 104 ff. BGB)
- die Anfechtung wegen Irrtums (§§ 119 ff. BGB)
- arglistiger Täuschung und Drohung (§ 123 BGB)
- sittenwidrige Rechtsgeschäfte (§ 138 BGB)
- das Zustandekommen des Vertrages (§§ 145 ff. BGB)
- Einbeziehung Allgemeiner Versicherungsbedingungen (§§ 305 ff. BGB).

Beispiel

Der von einem Minderjährigen geschlossene Versicherungsvertrag ist gemäß § 110 BGB („**Taschengeldparagraph**") wirksam, wenn der Minderjährige die Prämie aus den ihm zur freien Verfügung überlassenen Mitteln bezahlt.

IX. HGB

32 Die Übernahme von Versicherungen ist ein **Handelsgewerbe** (§ 1 Abs. 2 HGB), so dass der Versicherer nach § 1 Abs. 1 HGB als Kaufmann anzusehen ist. Wenn auch der Versicherungsnehmer Kaufmann gemäß § 1 HGB ist, liegt im Abschluss eines firmenbezogenen Versicherungsvertrages in der Regel ein **beiderseitiges Handelsgeschäft** vor, so dass die Zuständigkeit der **Kammer für Handelssachen** (§ 95 GVG) begründet ist.

Beratungshinweis

Die Kammer für Handelssachen sollte stets dann angerufen werden, wenn „der gesunde Menschenverstand" mehr gefragt wird als versicherungsrechtliches „Hochreck".

X. Die Allgemeinen Kraftfahrtbedingungen (AKB)

33 Durch den Wegfall der Genehmigungspflicht aufgrund des Dritten Durchführungsgesetzes EWG zum VAG im Jahre 1994 können die Versicherer ihre Bedingungen in den Grenzen der Kraftfahrzeugpflicht-Versicherungsverordnung und der §§ 305 ff. BGB frei gestalten. Es ist daher unbedingt erforderlich, die bei Vertragsschluss zugrunde gelegten **Allgemeinen Bedingungen für die Kraftfahrtver-**

sicherung (**AKB**) zu überprüfen. Eine spätere Fassung der AKB wird nur dann zum Gegenstand des Vertrages, wenn diese neuen AKB ausdrücklich mit dem Versicherungsnehmer vereinbart worden sind. Insoweit ist der Versicherer beweispflichtig.

Beratungshinweis

Fordern Sie die dem Versicherungsvertrag (genaues Datum erforderlich) zugrunde liegenden Bedingungen an und nicht die aktuellen, da diese im Zweifel für den Versicherer günstiger sind als für den Versicherungsnehmer.

XI. Die AKB 2008

Den Ausführungen in diesem Buch liegen die Musterbedingungen (AKB 2008) 34
des Gesamtverbandes der Deutschen Versicherungswirtschaft e.V. (GDV), Friedrichstr. 191, 10117 Berlin, Tel: 030/2020–5000, www.gdv.de, zugrunde, in der Fassung der unverbindlichen Empfehlung vom 9.7.2008.

XII. Besondere Bedingungen

Das Versicherungsrecht unterscheidet zwischen Allgemeinen und Besonderen Be- 35
dingungen. Sonderbedingungen oder Besondere Bedingungen sind Vereinbarungen, die regelmäßig einer großen Anzahl von Versicherungsverträgen zugrunde gelegt werden, beispielsweise bei **Gruppenverträgen** oder Verträgen mit **Großkunden**. In diesen Besonderen Bedingungen kann der Standard-Versicherungsschutz **eingeschränkt** oder **erweitert** werden.

C. Vertragsschluss

I. Allgemeines

Der Versicherungsvertrag kommt – wie die meisten anderen zivilrechtlichen Ver- 36
träge auch – durch Antrag und Annahme zustande (§ 151 BGB). In der Kraftfahrzeug-Haftpflichtversicherung besteht für den Versicherer **Kontrahierungszwang**, wenn nicht besondere Ablehnungsgründe gemäß § 5 Abs. 4 PflVG vorliegen.

Der Versicherer darf einen Antrag **ablehnen**, wenn der Antragsteller bereits bei ihm versichert war und der Versicherer

■ den Versicherungsvertrag wegen Drohung oder arglistiger Täuschung **angefochten** hat,

■ vom Versicherungsvertrag wegen Verletzung der vorvertraglichen **Anzeigepflicht zurückgetreten ist,**

■ wegen **Nichtzahlung** der Erstprämie **zurückgetreten** ist,

den Versicherungsvertrag wegen **Prämienverzugs** oder nach **Eintritt des Versicherungsfalles gekündigt** hat.

II.   Annahme des Antrages (§ 151 BGB)

37   In der Regel kommt der Versicherungsvertrag dadurch zustande, dass der Versicherer einen Antrag des zukünftigen Versicherungsnehmers annimmt. Der Antrag kann auch schlüssig durch **Übersendung der Versicherungspolice** angenommen werden. Wird der Vertrag verspätet angenommen, so liegt in der verspäteten Annahme oder der Übersendung des Versicherungsscheines **ein neuer Antrag** des Versicherers vor. § 150 Abs. 1 BGB findet unmittelbar Anwendung.[7]

38   **Irrtümlich** angeforderte oder einbehaltene Prämienzahlungen führen **nicht** zu einem **konkludenten** Abschluss des Vertrages oder zur Fortsetzung eines gekündigten Versicherungsvertrages.[8]

III.   Divergenz zwischen Antrag und Police

39   Generell gilt nach § 150 Abs. 2 BGB, dass eine Abweichung in der Annahme als Ablehnung des Antrages zu bewerten ist verbunden mit einem neuen Antrag.

40   Eine Abweichung **zugunsten** des Versicherungsnehmers – und damit der gesamte Versicherungsvertrag – bleibt **wirksam** (§ 5 VVG). Eine Abweichung zu **Ungunsten** des Versicherungsnehmers ist nur wirksam bei **auffälligem Hinweis** auf die Abweichung (§ 5 Abs. 2 VVG). Es genügt auch der Hinweis auf einem gesonderten Blatt, das an die Police angeheftet ist,[9] **nicht** ein vorangestelltes Sternchen.[10] Der Versicherer muss den **Zugang** der Police und des vom Antrag abweichenden Zusatzes **beweisen**.[11]

---

7   BGH VersR 1991, 1397.
8   OLG Hamm, r+s 1994, 161.
9   OLG Saarbrücken, r+s 1993, 324.
10   OLG Köln, r+s 1995, 283.
11   BGH VersR 1991, 910; *Römer/Langheid*, § 5 VVG Rn 22.

Praxistipp

Da Versicherer Policen und Zahlungsaufforderungen stets mit einfacher Post übersenden, können sie in der Regel den Zugang und den Zeitpunkt des Zugangs von Police und Zahlungsaufforderung nicht beweisen. **Einfaches Bestreiten** des Zugangs durch den Versicherungsnehmer ist **zulässig**.[12]

Aus **§ 138 Abs. 4 ZPO** ergibt sich zwar, dass die Prozessordnung bei eigenen Handlungen und Wahrnehmungen eine substantiierte Einlassung für zumutbar hält; wer aber eine eigene Wahrnehmung oder Handlung vergessen hat, darf zur Vermeidung von Rechtsnachteilen (vorsorglich) bestreiten.[13]   **41**

D. Beendigung des Vertrages

Das Versicherungsverhältnis kann beendet werden durch   **42**
- Anfechtung
- Rücktritt
- Kündigung
- Wagniswegfall
- Widerruf
- Ablauf der vereinbarten Vertragsdauer.

I. Anfechtung

Es gelten die allgemeinen Anfechtungsregelungen der §§ 119 ff. BGB, die durch   **43**
Sondervorschriften im VVG eingeschränkt werden.

Der **Versicherungsnehmer** hat ein **uneingeschränktes** Anfechtungsrecht, der   **44**
Versicherer kann in der Regel nur wegen **arglistiger Täuschung** gemäß § 123
BGB anfechten (§ 22 VVG). Eine Anfechtung durch den Versicherer gemäß
§§ 119 ff. BGB kommt nur für Umstände in Betracht, die nicht gefahrerheblich
sind.[14]

Beispiel

Die Police enthält durch einen Fehler in der EDV ein falsches Datum zum Beginn des Versicherungsvertrages.

---

12 OLG Hamm, VersR 1996, 1408.
13 OLG Hamm, VersR 1996, 1408.
14 BGH, r+s 1995, 167.

II. Rücktritt (nur für Versicherer)

45 Für falsche Angaben zu gefahrerheblichen Umständen gelten die Sondervorschriften der §§ 19 ff. VVG, die dem Versicherer ein **Rücktrittsrecht** zubilligen, wenn bei der Antragstellung falsche Angaben gemacht worden sind, „die für den Entschluss des Versicherers, den Vertrag mit dem vereinbarten Inhalt zu schließen, erheblich sind und nach denen der Versicherer in Textform gefragt hat" (§ 19 Abs. 1 VVG). Das Rücktrittsrecht des Versicherers ist ausgeschlossen, wenn der Versicherungsnehmer die Anzeigepflicht weder vorsätzlich noch grob fahrlässig verletzt hat (§ 19 Abs. 3 VVG).

46 Der Versicherer ist zum Rücktritt berechtigt, wenn die **fällige Erstprämie** nicht rechtzeitig gezahlt wird (§ 37 Abs. 1 VVG).

III. Kündigung

47 Sowohl Versicherer als auch Versicherungsnehmer können Versicherungsverträge kündigen, die Kündigung wirkt **ex nunc**. Die übliche Vertragsdauer beträgt ein Jahr (G.1 AKB 2008); der Vertrag verlängert sich jeweils um ein Jahr, wenn nicht spätestens einen Monat vor Ablauf schriftlich **gekündigt** wird (G.2.1 AKB 2008). Bei Verträgen mit einer Vertragsdauer von weniger als einem Jahr endet der Vertrag mit Ablauf der vereinbarten Dauer ohne Kündigung (G.1.4 AKB 2008).

Beide Vertragsparteien können den Versicherungsvertrag „nach **Eintritt eines Schadenereignisses**" binnen Monatsfrist kündigen (G.2.3 AKB 2008).

48 Der **Versicherungsnehmer** hat ein Kündigungsrecht (G.2 AKB 2008),
- zum **Ablauf** des Versicherungsjahres (G.2.1 AKB 2008),
- bei **vorläufigem** Versicherungsschutz (G.2.2 AKB 2008),
- nach einem **Schadenereignis** (G.2.3 AKB 2008),
- bei **Beitragserhöhung** (G.2.7 AKB 2008),
- bei geänderter **Verwendung** des Fahrzeugs (G.2.8 AKB 2008),
- bei Veränderung des **Schadenfreiheitsrabatt-Systems** (G.2.9 AKB 2008),
- bei Veränderung der **Tarifstruktur** (G.2.9 AKB 2008),
- bei **Bedingungsänderung** (G.2.10 AKB 2008).

49 Der **Versicherer** hat ein Kündigungsrecht,
- zum **Ablauf** des Versicherungsjahres (G.3.1 AKB 2008),
- bei **vorläufigem** Versicherungsschutz (G.3.2 AKB 2008),
- nach einem **Schadenereignis** (G.3.3 AKB 2008),
- bei Nichtzahlung des **Folgebeitrages** (G.3.4 AKB 2008),

- bei **Pflichtverletzungen** bei Gebrauch des Fahrzeuges (G.3.5 AKB 2008),
- bei geänderter **Verwendung** des Fahrzeuges (G.3.6 AKB 2008),
- bei **Veräußerung** oder Zwangsversteigerung des Fahrzeuges (G.3.7 AKB 2008).

Bei **Veräußerung** oder Zwangsversteigerung des versicherten Fahrzeuges geht der Vertrag nach G.7.1 AKB 2008 oder G.7.6 AKB 2008 auf den Erwerber über. **Erwerber** und **Versicherer** haben ein außerordentliches **Kündigungsrecht** (G. 2.5 AKB 2008 und G.3.7 AKB 2008), **nicht** jedoch der **Versicherungsnehmer**.   **50**

IV. Wagniswegfall (G.8 AKB 2008)

Wenn das versicherte Wagnis endgültig wegfällt, **endet** der Versicherungsvertrag **ohne Kündigung**. Dem Versicherer steht die Prämie bis zu dem Zeitpunkt zu, zu dem er vom Wagniswegfall Kenntnis erhält (G.8 AKB 2008).   **51**

Ein endgültiger Wagniswegfall liegt in der **Fahrzeugversicherung** nur vor, wenn das Fahrzeug **verschrottet** oder ohne Aussicht auf Wiedererlangung **entwendet** worden ist.   **52**

In der **Kraftfahrzeug-Haftpflichtversicherung** tritt der Wagniswegfall nur dann ein, wenn jede Möglichkeit der Haftung des Fahrzeughalters entfallen ist; dies ist noch **nicht** bei **Stilllegung** des Fahrzeuges oder bei einem wirtschaftlichen **Totalschaden** der Fall.[15]   **53**

V. Widerruf (§ 8 VVG 2008)

Der Versicherungsnehmer kann seine Vertragserklärung innerhalb von **zwei Wochen** in Textform widerrufen. Eine Begründung ist nicht erforderlich, zur Fristwahrung genügt die rechtzeitige Absendung (§ 8 Abs. 1 VVG). Die Widerrufsfrist beginnt erst, wenn dem Versicherungsnehmer der Versicherungsschein und alle Vertragsunterlagen in Textform zugegangen sind (§ 8 Abs. 2 VVG). Außerdem muss der Versicherungsnehmer in deutlich gestalteter Form über das Widerrufsrecht und dessen Rechtsfolgen **belehrt** werden.   **54**

---

15 *Stiefel/Hofmann*, § 6a AKB 1995 Rn 1 ff. m.w.N.; OLG Hamm, r+s 1996, 294 = SP 1996, 328; LG Düsseldorf, zfs 1991, 99.

55   Wenn die Unterlagen gemäß § 8 Abs. 2 VVG nicht oder nicht vollständig übersandt werden, kann der Versicherungsnehmer jederzeit, auch nach Ablauf von mehreren Jahren, den Vertrag widerrufen. Insoweit besteht ein „**ewiges Widerrufsrecht**".[16]

56   Bis zum Ablauf der Widerrufsfrist ist der Vertrag **auflösend** bedingt wirksam. Bei fehlender oder nicht ordnungsgemäßer Belehrung muss der Versicherer zusätzlich die für das erste Jahr des Versicherungsschutzes gezahlten **Prämien erstatten** (§ 9 Abs. 2 VVG).

57   Bei Ausübung des Widerrufsrechts gilt der Vertrag als nicht geschlossen, es gibt keine **beiderseitigen** Rechte. Etwas anderes gilt nur dann, wenn der Versicherungsnehmer ordnungsgemäß belehrt worden ist und zugestimmt hat, dass der Versicherungsschutz vor Ende der Widerrufsfrist beginnt (**vorläufige Deckungszusage**). Tritt vor Ablauf der Widerrufsfrist der Versicherungsfall ein, hat der Versicherungsnehmer einen vollen Leistungsanspruch.[17]

VI.   Ablauf

58   Bei einer Vertragsdauer von einem Jahr **verlängert** sich der Vertrag jeweils um ein Jahr, wenn er nicht spätestens drei Monate vor Ablauf **gekündigt** wird (G.1.2 AKB 2008). Bei der Vertragsdauer von **weniger** als einem Jahr endet der Vertrag, **ohne** dass es einer Kündigung bedarf (G.1.4 AKB 2008).

VII.   Aufhebung

59   Versicherer und Versicherungsnehmer können **jederzeit** einverständlich einen Vertrag aufheben. Eine unwirksame Kündigung oder das Schreiben des Versicherungsnehmers, er wolle den Versicherungsvertrag so schnell wie möglich beenden, können als Angebot zum Abschluss eines Aufhebungsvertrages gewertet werden.

60   Wenn der Versicherungsnehmer jedoch schreibt, er wolle den Vertrag zum „**nächstmöglichen Zeitpunkt**" kündigen, so liegt darin noch nicht der Antrag auf Abschluss eines Aufhebungsvertrages mit der Maßgabe, dass der Versicherer den Zeitpunkt des Vertragsbeendigung selbst bestimmen darf.[18]

---

16   van Bühren/*van Bühren*, § 1 Rn 687 m.w.N.
17   van Bühren/*van Bühren*, § 1 Rn 690.
18   BGH, r+s 1999, 186 = MDR 1999, 610 = zfs 1999, 246 = DAR 1999, 213 = NJW-RR 1999, 818.

E. Die vorläufige Deckungszusage (B.2 AKB 2008)

Grundsätzlich beginnt der Versicherungsschutz erst mit Einlösung des Versiche- **61**
rungsscheines durch Zahlung der Prämie (B.1 AKB 2008); diese **Einlösungsklausel** entspricht § 37 Abs. 2 VVG. Dem Bedürfnis, bereits frühzeitig Versicherungsschutz zu erlangen, wird durch die vorläufige Deckungszusage Rechnung getragen,
die nunmehr auch im VVG 2008 (§§ 49 bis 52 VVG) gesetzlich geregelt ist.

I. Zustandekommen der vorläufigen Deckungszusage

Bereits für die Zeit **vor Einlösung** des Versicherungsscheines kann ein vorläufiger **62**
Deckungsschutz zugesagt werden (B.2 AKB 2008).

Die vorläufige Deckungszusage ist ein **Vertrag sui generis**, bei dem der Beginn **63**
des materiellen Versicherungsschutzes vorverlegt wird.[19]

Die vorläufige Deckungszusage ist **keine Rückwärtsversicherung** (§ 2 VVG), da **64**
der Versicherungsschutz erst mit Vertragsschluss beginnt.

II. Inhalt der vorläufigen Deckungszusage

Die Aushändigung der für die Zulassung eines Kraftfahrzeuges notwendigen Ver- **65**
sicherungsbestätigung („**Doppelkarte**") gilt als Zusage einer vorläufigen Deckung,
aber nur für die Kraftfahrzeug-Haftpflichtversicherung (B.2.1 AKB 2008).

Eine Deckungszusage für die Kaskoversicherung muss **gesondert** vereinbart wer- **66**
den (B.2.2 AKB 2008). Ob und inwieweit hier besondere **Hinweispflichten** des
Versicherers/Versicherungsagenten bestehen, ist **streitig**.[20]

Grundsätzlich darf ein Versicherungsnehmer darauf **vertrauen**, dass sein Versiche- **67**
rungsantrag **einheitlich** behandelt wird. Wenn der Versicherungsnehmer daher neben der Haftpflichtversicherung auch den Antrag zum Abschluss einer Kaskoversicherung und/oder Unfallversicherung gestellt hat oder einen entsprechenden Versicherungsvertrag beim Fahrzeugwechsel **fortsetzen** will, gilt die vorläufige
Deckungszusage auch für die Kasko- und Unfallversicherung.[21]

---

19 *Römer/Langheid*, vor § 1 VVG Rn 12 ff.; Honsell/*Schwintowski*, § 5a VVG Rn 87 m.w.N.; van Büh-
ren/*Terstappen*, Handbuch Versicherungsrecht, § 2 Rn 17 ff.
20 OLG Frankfurt VersR 1991, 766; OLG Frankfurt VersR 1993, 1347.
21 BGH VersR 1986, 541; OLG Bamberg SP 1996, 392; OLG Hamm, zfs 1997, 461 = SP 1997, 437 =
VersR 1998, 710 = NJW-RR 1998, 27; OLG Düsseldorf, r+s 2000, 92 = VersR 2000, 1265.

68   Auch eine „**Blanko**"-**Bestätigungskarte**, die der Versicherungsnehmer an das Straßenverkehrsamt weiterleitet, ohne das entsprechende Kästchen anzukreuzen, führt zum Versicherungsschutz in der Vollkaskoversicherung, wenn dieser Versicherungsumfang telefonisch angefordert worden war.[22]

III.   Rechtscharakter der vorläufigen Deckungszusage

69   Die vorläufige Deckungszusage ist ein **eigenständiger** Versicherungsvertrag, durch den der Versicherungsnehmer zunächst Versicherungsschutz ohne Gegenleistung (Prämienzahlung) genießt, und zwar unabhängig vom Schicksal des endgültigen **Hauptvertrages**.[23]

70   Der Versicherer kann sich nicht auf die fehlende Vollmacht des Agenten berufen, wenn dieser vorbehaltlos eine Versicherungsbestätigung (**Doppelkarte**) dem Versicherungsnehmer ausgehändigt hat.[24]

IV.   Beendigung der vorläufigen Deckungszusage

71   Der vorläufige Versicherungsschutz wird beendet, wenn
   ■ der **Hauptvertrag** rückwirkend durch Einlösung der Police zustande kommt (B.2.4 AKB 2008);
   ■ der Versicherer mit einer Frist von 2 Woche **kündigt** (B.2.5 AKB 2008);
   ■ der Versicherungsnehmer nach § 8 VVG den Vertrag **widerruft** (B.2.6 AKB 2008);
   ■ die vorläufige Deckung **befristet** war, mit Ablauf der Zeitbestimmung.

V.   Rückwirkender Wegfall des Versicherungsschutzes

72   Gemäß B 2.4 AKB 2008 kann die vorläufige Deckung auch rückwirkend beendet werden, wenn der Versicherungsschein nicht innerhalb von zwei Wochen eingelöst wird. An die rückwirkende Leistungsfreiheit des Versicherers werden strenge Voraussetzungen geknüpft:
   ■ die **Erstprämie** muss **verspätet** gezahlt worden sein;

---

22   BGH MDR 1999, 1383 = DAR 1999, 499 = NVersZ 2000, 233 = VersR 1999, 1274; **a.A.:** OLG Hamburg VersR 2001, 363.
23   BGH, r+s 1995, 124; OLG Hamm VersR 1992, 995; OLG Frankfurt VersR 1993, 1347; OLG Bamberg SP 1996, 392.
24   OLG Hamm VersR 1997, 1264; OLG Koblenz VersR 1998, 311.

- den Versicherungsnehmer trifft bei der verspäteten oder unterbliebenen Zahlung der Erstprämie ein **Verschulden**;
- der Versicherungsnehmer ist ausdrücklich und schriftlich bei Anforderung der Erstprämie über die Rechtsfolgen der verspätete Zahlung **belehrt worden** (§ 9 S. 2 KfzPflVV).

Fehlt die Belehrung oder ist sie mangelhaft, entfällt die vorläufige Deckungszusage auch nicht bei unterlassener oder verspäteter Prämienzahlung.[25] Der Versicherer ist dann in vollem Umfang **leistungspflichtig** und hat keinen Regressanspruch.   **73**

Der Versicherer muss die Voraussetzungen für den rückwirkenden Wegfall der Deckung **beweisen**.[26] Zur Beweispflicht gehört insbesondere, dass der Versicherer den **Zugang** der Prämienanforderung und dessen Zeitpunkt nachweist. Es gelten nicht die Regeln des Anscheinsbeweises dahingehend, dass Postsendungen den Empfänger innerhalb einer bestimmten Zeit auch erreichen.[27]   **74**

Der Versicherungsnehmer kann sich darauf beschränken, den Zugang der Zahlungsaufforderung mit **Nichtwissen** zu bestreiten.[28] Es muss außerdem die Erstprämie ordnungsgemäß „**auf Heller und Pfennig**" berechnet und angefordert werden, aufgeschlüsselt nach den einzelnen Sparten (Haftpflichtversicherung, Fahrzeugversicherung, Unfallversicherung, Autoschutzbrief), ansonsten liegt keine ordnungsgemäße Prämienanforderung vor.[29]   **75**

Beratungshinweis

Beruft sich der Versicherer auf rückwirkenden Wegfall des Versicherungsschutzes, empfiehlt es sich,

- den **Zugang** der Zahlungsaufforderung zu bestreiten;
- die ordnungsgemäße **Berechnung** der Prämie zu bestreiten;
- mit eventuellen Gegenforderungen **aufzurechnen**.

F. Formvorschriften

Versicherungsverträge kommen zwar meist durch schriftliche Annahme eines auf einem Antragsvordruck gestellten Versicherungsantrages zustande. Gleichwohl   **76**

---

25   van Bühren/*Römer*, Anwalts-Handbuch Verkehrsrecht, Teil 7 Rn 22.
26   BGH VersR 1996, 454.
27   BGH VersR 1986, 445; OLG Hamm VersR 1996, 1408; van Bühren/*Römer*, Anwalts-Handbuch Verkehrsrecht, Teil 7 Rn 27 m.w.N.
28   OLG Hamm VersR 1996, 1408.
29   OLG Hamm VersR 1991, 221; OLG Hamm, r+s 1998, 99; OLG Köln, r+s 1993, 128.

sind mündliche Verträge ebenso wirksam wie mündliche Nebenabreden, Ergänzungen oder Änderungen.

Hinweis

Auch eine vorläufige Deckungszusage kann mündlich vereinbart werden! **Mündliche Nebenabreden** mit dem Versicherungsagenten sind daher **wirksam**, auch wenn in den Antragsformularen Schriftform vorgeschrieben wird.[30] Aber: Die Schriftformklausel ist **wirksam**, wenn sie für Erklärungen **nach** Abschluss des Versicherungsvertrages vereinbart wird.[31]

Folgerichtig heißt es daher in **G.5 AKB 2008**:

„Jede Kündigung muss **schriftlich** erfolgen und ist nur wirksam, wenn sie innerhalb der jeweiligen Frist zugeht. Die von Ihnen erklärte Kündigung muss unterschrieben sein."

G. Geltungsbereich

77   Versicherungsschutz ist auf **Europa** und die außereuropäischen Gebiete begrenzt, die zum Geltungsbereich der europäischen Union gehören (A.1.4 AKB 2008). Für die Kaskoversicherung ist eine **Erweiterung** oder eine **Einschränkung** des örtlichen Geltungsbereichs zulässig. Im Einzelvertrag kann somit ein Ausschluss für bestimmte europäische Reiseländer vereinbart werden.[32] Die Fahrzeugversicherer machen von diesen Beschränkungen auch regen Gebrauch, insbesondere werden Reiseländer ausgeschlossen, in denen die Diebstahlgefahr besonders groß ist.

78   Die **Europaklausel** ist eine **primäre Risikobegrenzung**, so dass generell kein Versicherungsschutz außerhalb Europas besteht, ohne dass es auf die Kenntnis oder ein Verschulden des Versicherungsnehmers ankommt.

79   Die räumliche Beschränkung des Versicherungsschutzes verstößt nicht gegen das **Transparenzgebot** gemäß § 307 Abs. 1 S. 2 BGB, da sie deutlich und verständlich ist.[33]

80   Eine Eintrittspflicht des Versicherers für außereuropäische Schäden kommt nur dann als Schadenersatzanspruch wegen **culpa in contrahendo** oder **positiver Ver-**

---

30   OLG Karlsruhe VersR 1991, 988; OLG Oldenburg VersR 1991, 758; **a.A.:** LG Stuttgart, r+s 1996, 34.
31   BGH MDR 1999, 740 = VersR 1999, 565 m. Anm. *Lorenz.*
32   Vgl. *Stiefel/Hofmann*, § 2 AKB Rn 4 m.w.N.
33   BGH IV ZR 1986/04, r+s 2005, 455.

tragsverletzung in Betracht, wenn für den Versicherer erkennbar war, dass der Versicherungsnehmer irrtümlich von einem weitergehenden Versicherungsschutz ausging. Hat beispielsweise ein türkischer Versicherungsnehmer für eine Urlaubsreise in den **asiatischen Teil der Türkei** eine Vollkaskoversicherung vereinbart, liegt ein zum Schadenersatz führendes Beratungsverschulden mit der Maßgabe vor, dass der Versicherer eintrittspflichtig ist.[34]

H. Versicherungsvertreter

Die Assekuranz bedient sich bei der Akquisition klassischerweise eines Außendienstes, da Versicherungen in der Regel nicht **ge**kauft, sondern **ver**kauft werden. Die Hauptaufgabe der Agenten besteht darin, den Versicherungsbedarf bei ihrem potentiellen Kunden „aufzudecken" oder diese zu bewegen, den Versicherer zu wechseln. Versicherungsagenten stehen im **Spannungsfeld** zwischen dem eigenen **Provisionsinteresse,** dem Interesse des Versicherungsnehmers, kostengünstigen und nur den notwendigen Versicherungsschutz zu erhalten, und dem Interesse des Versicherers, möglichst viele Versicherungsverträge mit **geringstem Risiko** abzuschließen.   81

Den **selbstständigen** Versicherungsvertretern werden **Angestellte** eines Versicherers, die mit der Vermittlung oder dem Abschluss von Versicherungsverträgen betraut sind, gleichgestellt (§ 73 VVG).   82

Der Versicherungsvertreter gilt als **bevollmächtigt**, alle maßgeblichen Erklärungen des Versicherungsnehmers zum Versicherungsvertrag sowie Zahlungen des Versicherungsnehmers entgegenzunehmen (§ 69 VVG).   83

Der **Versicherungsnehmer** trägt die **Beweislast** für die Abgabe und den **Inhalt** eines Antrages, die Beweislast für die **Verletzung** der Anzeigepflicht oder einer Obliegenheit durch den Versicherungsnehmer trägt der **Versicherer** (§ 69 Abs. 3 VVG).   84

I. Kenntnis des Vertreters

Der Versicherungsvertreter ist nicht „**Dritter**" im Sinne von § 123 BGB. Sein Verhalten ist dem Versicherer zuzurechnen.   85

---

34 BGH VersR 1989, 948; OLG Hamm VersR 1991, 1238; OLG Köln VersR 1992, 487; van Bühren/*Römer*, Anwalts-Handbuch Verkehrsrecht, Teil 7 Rn 70.

86   Die „**Auge-und-Ohr-Rechtsprechung**" ist in § 70 VVG kodifiziert worden: Die Kenntnis des Versicherungsvertreters steht der Kenntnis des Versicherers gleich, beschränkt auf die Kenntnisse, die er „**dienstlich**" erlangt. Die Bestimmung gilt also nicht für Umstände, von denen der Versicherungsvertreter außerhalb seiner beruflichen Tätigkeit erfährt.

87   Eine **Beschränkung** der Vertretungsmacht des Versicherungsvertreters ist gemäß § 72 VVG unzulässig und gegenüber dem Versicherungsnehmer und Dritten unwirksam.

88   Die **Vertrauenshaftung** des Versicherers erstreckt sich auch auf **Unterbevollmächtigte** des Versicherungsvertreters. Insoweit enthält § 59 Abs. 2 VVG eine Klarstellung dahingehend, dass als Versicherungsvertreter auch derjenige gilt, der „von einem Versicherungsvertreter damit betraut ist, gewerbsmäßig Versicherungsverträge zu vermitteln oder abzuschließen".

II.   Haftung für Versicherungsvertreter

89   Der Versicherer haftet nach den Grundsätzen der **culpa in contrahendo** (§ 311 Abs. 2 BGB) auf Schadenersatz, wenn der Versicherungsvertrag bestimmte Risiken nicht abdeckt, für die der Antragsteller erkennbar Versicherungsschutz anstrebte.

90   Der Versicherungsnehmer muss dann **beweisen**, dass er bei richtiger Beratung des Vertreters anderweitig Versicherungsschutz erlangt hätte.[35]

91   Die Vertrauenshaftung greift aber nur bei **schutzwürdigem** Verhalten des Versicherungsnehmers ein, insbesondere bleibt er grundsätzlich für den richtigen Inhalt des Versicherungsantrages und Schadenformulars verantwortlich; er kann sich bei vorsätzlich falschen Angaben nicht darauf berufen, der Versicherungsagent habe ihn hierzu angestiftet.[36]

92   Wünscht ein Kunde bei **Abwerbung** den Versicherungsschutz in bisherigem Umfang, so haftet der Versicherer aus culpa in contrahendo für einen Schaden, der nur nach dem bisherigen Versicherungsschutz versichert war.[37]

---

35   OLG Hamm, zfs 1999, 111; OLG Karlsruhe, zfs 2004, 121.
36   OLG Köln, r+s 1992, 220; OLG Schleswig, r+s 1994, 322 = zfs 1995, 17; OLG Düsseldorf, r+s 1996, 318.
37   OLG Koblenz, VersR 2007, 482.

Der Versicherungsnehmer ist nicht mehr geschützt, wenn die Äußerungen und Zusicherungen des Vertreters dem Antragsvordruck oder den Versicherungsbedingungen **eindeutig widersprechen**.[38]

93

Die Kenntnis eines **kollusiv** mit dem Versicherungsnehmer zusammenwirkenden Vertreters ist dem Versicherer **nicht** zuzurechnen.[39]

94

Kollusion mit der Folge, dass die Kenntnis des Vertreters dem Versicherer nicht zugerechnet wird, liegt dann vor, wenn Vertreter und Antragsteller **arglistig** zum Nachteil des Versicherers zusammenwirken.[40]

95

Arglist liegt dann vor, wenn der Versicherungsnehmer die **Täuschung kennt** und billigt, dass der Versicherer durch das Vorgehen des Vertreters getäuscht wird. Der Vollmachtsmissbrauch durch den Agenten muss für den Versicherungsnehmer **evident** sein.[41]

96

Versicherungsvertreter können **Empfangsboten** sein, selbst wenn in den Versicherungsbedingungen bestimmt ist, dass die Vertreter zur Entgegennahme von Erklärungen nicht „bevollmächtigt" sind. Wenn ein solcher Vertreter eine vom Versicherungsnehmer übergebene Erklärung nicht an den Versicherer weiterleitet, ist diese gleichwohl dem Versicherer zugegangen.[42]

97

III. Erfüllungshaftung

Die Schadenersatzpflicht gemäß § 63 VVG beinhaltet, dass der Versicherungsnehmer so zu stellen ist, wie er stünde, wenn er richtig beraten worden wäre. Im Regelfall ist der Versicherer dann zur **Erfüllung** des Vertrages verpflichtet, den der Versicherungsvertreter **zugesagt** hat.[43]

98

IV. Beweislast

Der **Versicherungsnehmer** trägt die Beweislast für die Abgabe oder den **Inhalt** eines Antrages oder einer sonstigen Willenserklärung (§ 69 Abs. 3 S. 1 VVG).

99

---

38 BGH, IV ZR 270/06, NJW-RR 2008, 977; OLG Bamberg, VersR 1990, 260; OLG Köln, r+s 1992, 220; OLG Schleswig, r+s 1994, 322 = zfs 1995, 17; OLG Düsseldorf, r+s 1996, 318.

39 BGH, r+s 2002, 140 = VersR 2002, 425; BGH, IV ZR 270/06, NJW-RR 2008, 977.

40 BGH, r+s 2002, 140 = VersR 2002, 425 = NVersZ 2002, 254; OLG Koblenz, NJW-RR 2003, 315.

41 BGH, IV ZR 270/06 = r+s 2008, 284 = zfs 2008 392 = VersR 2008, 765 = MDR 2008, 742.

42 OLG Hamm, 20 U 89/07, NJW-RR 2008, 982.

43 BGH, VersR 2001, 1498 = NVersZ 2002, 59; OLG Hamm, zfs 1992, 462.

Die Beweislast für die **Verletzung** der Anzeigepflicht oder einer Obliegenheit trägt demgegenüber der **Versicherer** (§ 69 Abs. 3 S. 2 VVG).

100   Bei der Beweisführung für den **Schadenersatzanspruch** muss der **Versicherungsnehmer** beweisen, dass er bei richtiger Beratung durch den Versicherungsvertreter den gewollten Versicherungsschutz bei diesem Versicherer oder einem anderen Versicherer erhalten hätte.[44]

V.   Rechtsprechung

101   Die **Schriftformklausel** für Nebenabreden mit dem Versicherungsvertreter ist unwirksam.[45]

102   Die Schriftformklausel ist jedoch wirksam, wenn sie für Erklärungen **nach** Abschluss des Versicherungsvertrages vereinbart wird.[46]

103   Wenn der Versicherungsnehmer substantiiert darlegt, dass er den Versicherungsvertreter **mündlich** zutreffend informiert hat, muss der Versicherer nicht nur die Unrichtigkeit der Angaben beweisen, sondern auch, dass gegenüber dem Versicherungsvertreter **nur die falschen Angaben** gemacht worden sind.[47]

104   Die Vertrauenshaftung findet ihre Grenze im Gesetz: Wenn für einen bereits eingetretenen Versicherungsfall **nachträglich** Versicherungsschutz vereinbart wird, ist dieses **gesetz- und sittenwidrig**.[48]

I.   Versicherungsmakler

I.   Stellung

105   Der – echte – Versicherungsmakler ist **selbstständiger Versicherungskaufmann**, der Versicherungsverträge vermittelt. In der Regel besteht zwischen dem Versicherungsmakler und dem potentiellen Versicherungsnehmer ein **Geschäftsbesorgungsvertrag** (§§ 652, 675 BGB).

---

44   OLG Karlsruhe, zfs 2004, 121.
45   OLG Karlsruhe VersR 1991, 988; OLG Oldenburg VersR 1991, 758.
46   BGH MDR 1999, 740 = VersR 1999, 565 m. Anm. *Lorenz*.
47   OLG Köln, r+s 1995, 204.
48   OLG Hamm, r+s 1999, 211.

Der Versicherungsmakler ist Vertrauensperson des **Versicherungsnehmers**, hat aber gewohnheitsrechtlich entgegen § 99 HGB nur einen Provisionsanspruch gegen den Versicherer.[49]   **106**

Die Regelungen zum Versicherungsmakler gelten auch für diejenigen, die sich als Makler **gerieren**: Als Versicherungsmakler gilt, wer gegenüber dem Versicherungsnehmer den Anschein erweckt, er erbringe seine Leistung als Versicherungsmakler (§ 59 Abs. 2 S. 2 VVG).   **107**

Bei Verletzungen der Beratungs- und Informationspflichten durch den **Versicherungsmakler** haftet dieser **allein**, eine gesamtschuldnerische Haftung des **Versicherers** besteht **nicht**.   **108**

II. Haftung für Makler

Die Haftungsregeln für Versicherungsvertreter sind grundsätzlich auf den Versicherungsmakler **nicht** anwendbar.[50] Unrichtige Angaben oder Zusagen des Versicherungsmaklers binden daher den **Versicherer nicht**. Der Versicherungsmakler haftet allerdings **selbst** aus dem Geschäftsbesorgungsvertrag und schuldet die Sorgfalt eines ordentlichen Kaufmanns (§ 347 HGB).   **109**

III. Versicherungsmakler/Versicherungsagenten

Die EU-Vermittlerrichtlinie ist durch das Gesetz zur Neuregelung des Vermittlerrechts vom 19.12.2006 umgesetzt worden. Dieses Artikelgesetz hat zum Erlass der Versicherungsvermittlerverordnung geführt und ist im VVG 2008 berücksichtigt worden. Weiterhin wurden Regelungen in der **Gewerbeordnung** vorgenommen. § 59 VVG enthält eine Legaldefinition für den Oberbegriff „Versicherungsvermittler":   **110**

■ **Versicherungsvertreter** ist derjenige, der von einem Versicherer oder einem Versicherungsvertreter damit betraut ist, gewerbsmäßig Verträge zu **vermitteln** oder **abzuschließen** (§ 59 Abs. 1 S. 2 VVG).

■ **Versicherungsmakler** ist derjenige, der gewerbsmäßig für den Auftraggeber die Vermittlung oder den Abschluss von Versicherungsverträgen übernimmt, **ohne von einem Versicherer** oder einem Versicherungsvertreter damit **betraut** zu sein (§ 59 Abs. 3 VVG).

---

49 *Prölss/Martin*, Anhang zu §§ 43 bis 48 VVG Rn 28; Honsell/*Gruber*, Anhang zu § 48 VVG Rn 4 ff.
50 OLG Köln NJW-RR 1996, 545.

■ **Versicherungsberater** ist derjenige, der „gewerbsmäßig" Dritte bei der Vereinbarung, Änderung oder Prüfung von Versicherungsverträgen oder bei der Wahrnehmung von Ansprüchen aus Versicherungsverträgen im Versicherungsfall **berät** oder gegenüber dem Versicherer **außergerichtlich vertritt**, ohne von einem
Versicherer einen wirtschaftlichen **Vorteil zu erhalten** oder in anderer Weise
von ihm **abhängig** zu sein (§ 59 Abs. 4 VVG).

1. Statusangaben

111   Jeder Versicherungsvermittler, also jeder Vertreter oder Makler, ist gemäß § 11 der
Versicherungsvermittlerordnung **verpflichtet**, dem Versicherungsnehmer beim ersten Gesprächskontakt Angaben über seinen Status klar und verständlich in Textform mitzuteilen. Insbesondere hat er den Kunden vor Beginn des Beratungs-
gesprächs darüber **aufzuklären**, ob er als **Makler** oder **Vertreter** tätig ist.

2. Hinweispflichten

112   Versicherungsmakler müssen dem Kunden gemäß § 60 Abs. 2 S. 1 VVG mitteilen,
aufgrund welcher **Marktanalyse** sie ihre Leistung erbringen, sie müssen auch die
Namen der berücksichtigten Versicherer benennen.

3. Beratungspflicht

113   Versicherungsvermittler müssen den Versicherungsnehmer umfassend beraten, sie
müssen nach seinen Wünschen und Bedürfnissen **fragen** und diese Tätigkeit **dokumentieren** (§ 61 Abs. 1 VVG). Der Versicherungsnehmer kann jedoch auf Beratung und Dokumentation durch eine gesonderte schriftliche Erklärung **verzichten**
(§ 61 Abs. 2 VVG).

§ 3 Einwendungen des Versicherers

Wenn ein wirksamer Vertrag festgestellt ist, bedarf es der weiteren Prüfung, ob mit Einwendungen des Versicherers zu rechnen ist, auch wenn der Versicherer sich hierzu noch nicht konkret geäußert hat. In den meisten Fällen geht es um **Prämienverzug, Obliegenheitsverletzungen** oder **grobe Fahrlässigkeit**.   **114**

A. Prämienverzug

Materieller Deckungsschutz besteht im Regelfall nur dann, wenn bei Eintritt des Versicherungsfalles die jeweils fällige **Prämie gezahlt** ist.   **115**

Die Pflicht des Versicherungsnehmers, die vereinbarte Prämie zu zahlen (§ 1 S. 2 VVG), ist die **vertragliche Hauptverpflichtung** des Versicherungsnehmers. Die Pflicht des Versicherungsnehmers, die Prämie zu zahlen, ist eine echte **Rechtspflicht**, die eingeklagt und schuldhaft verletzt werden kann.   **116**

I. Prämienschuldner

Prämienschuldner ist der **Versicherungsnehmer**; aber auch **Bezugsberechtigte** und Pfandgläubiger können die Prämien zahlen, um den Fortbestand des Versicherungsvertrages zu sichern. § 34 VVG ändert insoweit §§ 267, 268 BGB ab. Ebenso kommen als Prämienschuldner der **Gesamtrechtsnachfolger** des Versicherungsnehmers oder der rechtsgeschäftliche **Erwerber** des versicherten Gegenstandes (§ 95 VVG) als Prämienschuldner in Betracht.   **117**

II. Prämienzahlung

Die Prämie ist eine Geldschuld und somit eine **Schickschuld** (§ 270 BGB, § 36 VVG). **Einzahlungen** beim Schalterbeamten, **Abbuchung** vom Konto oder Übersendung eines Schecks bewirken rechtzeitige Zahlung. Entscheidend für die rechtzeitige Zahlung ist die nachweisliche **Einreichung** des Überweisungsauftrages, nicht die Gutschrift beim Versicherer.[1]   **118**

---

1   OLG Düsseldorf DAR 1997, 112 = zfs 1997, 457; *Römer/Langheid*, § 35 VVG Rn 7 ff. m.w.N.

III.   Lastschriftverfahren

119   Mit der Vereinbarung des Lastschriftverfahrens übernimmt der Versicherer die Verantwortung für die rechtzeitige Zahlung der Prämie; aus der Schickschuld wird eine **Holschuld**.[2]

120   Der Versicherungsnehmer muss lediglich für ausreichende Kontodeckung sorgen. Die ausreichende Kontodeckung muss bei **Fälligkeit** der Prämie vorhanden sein, dies ist erst **nach** Zugang des Versicherungsscheines und der Zahlungsaufforderung der Fall.[3]

121   Beim Einzugsverfahren muss der Versicherer für jede Versicherungssparte die jeweils fällige **Einzelprämie** in einem **besonderen Lastschriftbeleg** anfordern.[4]

IV.   Prämienforderung

122   Der Versicherer darf nur die ordnungsgemäß berechnete Prämie anfordern. Die Prämienberechnung ist meist Bestandteil des Versicherungsscheines. Eine Zahlungsaufforderung, in der ein **zu hoher Betrag** verlangt wird, ist **wirkungslos**.[5]

123   Wird eine zu **niedrige** Prämie verlangt und gezahlt, besteht **uneingeschränkt Versicherungsschutz**.

124   Bei **Wagniswegfall** in der Kaskoversicherung darf nur die **Kurzprämie** angefordert werden.[6]

125   Die Prämie muss „**auf Heller und Pfennig genau**" berechnet werden, sonst liegt keine wirksame Zahlungsaufforderung vor.[7]

V.   Erstprämie (C.1 AKB 2008)

126   Gemäß § 33 VVG wird die Erstprämie sofort mit dem Abschluss des Versicherungsvertrages fällig. Der Versicherungsschutz beginnt erst mit der Prämienzahlung (Einlösung des Versicherungsscheines); man spricht daher vom **Einlösungsprinzip** (§ 37 Abs. 2 VVG).

---

2   BGH VersR 1985, 447, 448; OLG Hamm, zfs 1993, 306; *Römer/Langheid*, § 35 VVG Rn 9 m.w.N.
3   BGH, r+s 1996, 87 = DAR 1996, 80 = VersR 1996, 445.
4   BGH MDR 1985, 472; OLG Köln, r+s 1988, 253.
5   Vgl. *Bauer*, Die Kraftfahrtversicherung, Rn 228.
6   BGH VersR 1984, 754; OLG Hamm, r+s 1985, 131.
7   BGH, r+s 1992, 398 = VersR 1992, 1501; OLG Oldenburg MDR 1999, 742 = DAR 1999, 171.

Die Zahlungspflicht wird in C.1.1 AKB 2008 präzisiert:

> „Der im Versicherungsschein genannte erste oder einmalige Beitrag wird zwei Wochen nach Zugang des Versicherungsscheins fällig."

Da Versicherungsbedarf bereits vor Einlösung des Versicherungsscheines besteht, wird der Beginn des materiellen Versicherungsschutzes durch die **vorläufige Deckungszusage** auf den in dieser Deckungszusage vereinbarten Termin vorverlegt. Diese vorläufige Deckungsvereinbarung tritt **rückwirkend** außer Kraft, wenn der beabsichtigte Versicherungsvertrag rückwirkend in Kraft tritt und der im Hauptvertrag vereinbarte materielle Versicherungsschutz durch fristgerechte Prämienzahlung erreicht wird. Man spricht daher in diesem Zusammenhang von der „**Erweiterten Einlösungsklausel**".[8]   **127**

Wenn die fällige Erstprämie bei Eintritt des Versicherungsfalles **schuldhaft nicht gezahlt** ist, besteht Leistungsfreiheit des Versicherers (§ 37 Abs. 2 VVG). Diese Leistungsfreiheit tritt jedoch nur dann ein, wenn der Versicherer „den Versicherungsnehmer durch **gesonderte Mitteilung** in Textform oder durch einen auffälligen Hinweis im Versicherungsschein auf diese Rechtsfolge der Nichtzahlung der Prämie **aufmerksam** gemacht hat" (§ 37 Abs. 2 S. 2 VVG).   **128**

C.1.2 AKB 2008 bestimmt ausdrücklich, dass bei nicht rechtzeitiger Zahlung **von Anfang an** kein Versicherungsschutz besteht, es sei denn, es liegt kein Verschulden vor.   **129**

VI.   Folgeprämie (C.2 AKB 2008)

Die Abgrenzung zwischen Erst- und Folgeprämie ist für die Leistungsfreiheit des Versicherers bei fehlender oder verspäteter Zahlung der Prämie von ausschlaggebender Bedeutung: Bei der **Folgeprämie** tritt Leistungsfreiheit des Versicherers nur dann ein, wenn der Versicherungsnehmer **qualifiziert gemahnt** und über die Folgen des Zahlungsverzuges belehrt worden ist (§ 38 VVG, C.2.2 AKB 2008).   **130**

Da in Versicherungsverträgen regelmäßig die Leistungszeit nach dem Kalender bestimmt ist, tritt Prämienverzug grundsätzlich auch **ohne Mahnung** ein (§ 284 Abs. 2 BGB). Gleichwohl bleibt gemäß § 39 VVG der Versicherungsschutz zunächst erhalten; der Versicherer kann dem Versicherungsnehmer nach § 38 Abs. 1 VVG schriftlich eine Zahlungsfrist von mindestens zwei Wochen setzen. Die Mahnung muss einen Hinweis auf die Rechtsfolge des Prämienverzuges enthalten und   **131**

---

8   Vgl. *Bauer*, Die Kraftfahrtversicherung, Rn 196 ff.

insbesondere den Prämienrückstand **zutreffend** angeben. Selbst eine Zuvielforderung um Pfennigbeträge macht eine qualifizierte Mahnung unwirksam.[9]

132 Zahlt der Versicherungsnehmer nicht fristgerecht, ist der Versicherer leistungsfrei (§ 38 Abs. 2 VVG). Der Versicherer muss in der Mahnung ausdrücklich darauf **hinweisen**, wie der Versicherungsnehmer den Säumnisfolgen begegnen kann, um sich den **Versicherungsschutz zu erhalten**.[10]

Beinhaltet ein Versicherungsschein sowohl die Fahrzeug- als auch die Haftpflichtversicherung, muss die **Belehrung** für beide Prämien **getrennt** erfolgen. Es darf nicht der Eindruck erweckt werden, dass Versicherungsschutz nur besteht, wenn der Gesamtbetrag gezahlt wird.[11]

133 Die Leistungsfreiheit des Versicherers gemäß § 38 VVG **entfällt nicht**, wenn auf einen zuvor gestellten Antrag nach Ablauf der Zahlungsfrist der Versicherungsvertrag rückwirkend **geändert** wird und sich dadurch die rückständige Prämie ermäßigt.[12]

VII.   Teilzahlungen

134 Teilzahlungen auf die Prämie genügen nicht, es sei denn, der fehlende Betrag ist im Verhältnis zur Prämie **verschwindend gering**.[13] Ein Prämienrückstand von 32,10 DM bei einer fälligen Prämie von 704,14 DM ist nicht gering und führt zur Leistungsfreiheit.[14]

135 Wenn mehrere Prämien fällig sind und eine Teilzahlung erfolgt oder das Konto nur teilweise Deckung aufweist, werden Teilzahlungen auf die Versicherungssparte berechnet, die vom Versicherungsfall betroffen ist. Insoweit gilt **§ 366 BGB analog**.[15]

VIII.   Beweisfragen

136 Der **Versicherer** ist für den **Zugang** der Anforderung der Erstprämie ebenso beweispflichtig wie für den Zugang der qualifizierten Mahnung; es gibt keinen An-

---

9   BGH VersR 1992, 1501; OLG Köln, 9 U 75/03, r+s 2004, 316.
10   BGH, r+s 1988, 191; OLG Hamm, r+s 1991, 362.
11   BGH, r+s 1988, 191; OLG Hamm, r+s 1991, 362; OLG Frankfurt MDR 1997, 1029.
12   OLG Düsseldorf, r+s 1997, 353 = zfs 1997, 338 = VersR 1997, 1081.
13   *Römer/Langheid*, § 38 VVG Rn 13 ff. m.w.N.
14   BGH VersR 1986, 54.
15   Vgl. *Römer/Langheid*, § 35 VVG Rn 12; BGH NJW 1978, 1528 = VersR 1978, 436.

scheinsbeweis, dass ein zur Post gegebenes Schreiben den Empfänger erreicht.[16] Der Versicherer ist nicht nur für den Zugang, sondern auch für den **Zeitpunkt** des Zugangs **beweispflichtig.**

(Einfaches) Bestreiten des Zugangs oder des Zeitpunkts des Zugangs durch den Versicherungsnehmer ist **zulässig.** Aus § 138 Abs. 4 ZPO ergibt sich zwar, dass die Prozessordnung bei eigenen Handlungen und Wahrnehmungen eine substantiierte Einlassung für zumutbar hält; wer aber eine eigene Wahrnehmung oder Handlung vergessen hat, darf zur Vermeidung von Rechtsnachteilen (vorsorglich) bestreiten.[17]   **137**

IX. Aufrechnung

Wenn während des Zeitraums der vorläufigen Deckungszusage und vor Ablauf der Zahlungsfrist von 14 Tagen ein **ersatzfähiger Kaskoschaden** eingetreten und dem Versicherer angezeigt worden ist, wird das Interesse des Versicherers an der Erlangung der Erstprämie dadurch sichergestellt, dass die Aufrechnung erklärt oder eine Verrechnung vorgenommen werden kann. Der Versicherer muss nach § 242 BGB die Verrechnung vornehmen, so dass **keine Leistungsfreiheit** eintritt.[18]   **138**

In der **Kraftfahrzeug-Haftpflichtversicherung** besteht **keine** Aufrechnungsmöglichkeit, weil der Versicherungsnehmer keinen Zahlungsanspruch, sondern nur einen Freistellungsanspruch hat.   **139**

Wenn der **Versicherungsfall** sowohl die **Kaskoversicherung** als auch die **Haftpflichtversicherung** betrifft, besteht diese Verrechnungsmöglichkeit auch für die Kfz-Haftpflichtversicherung.   **140**

Diese **Verrechnungsmöglichkeit** besteht daher auch für die Kfz-Haftpflichtversicherungsprämie, obgleich Haftpflichtversicherungsvertrag und Kaskoversicherungsvertrag jeweils rechtlich selbstständige Verträge sind.[19]   **141**

---

16   OLG Nürnberg VersR 1992, 602 m.w.N.; OLG Hamm, r+s 1992, 258; OLG Frankfurt VersR 1996, 90; OLG Hamm VersR 1996, 1408; OLG Köln 9 U 75/03, r+s 2004, 316.
17   OLG Hamm VersR 1996, 1408; *Römer/Langheid*, § 39 VVG Rn 22.
18   BGH VersR 1985, 877; OLG Hamm VersR 1996, 1408; OLG Köln, r+s 1997, 406; OLG Köln VersR 1998, 1104.
19   *Römer/Langheid*, § 38 VVG Rn 15; *Prölss/Martin*, § 38 VVG Rn 28; OLG Hamm VersR 1996, 1408; OLG Koblenz VersR 1995, 527.

142   Entscheidend ist, dass der Schaden dem Versicherer rechtzeitig, also vor Ablauf der Zahlungsfrist, **gemeldet** worden ist.[20]

B.   Obliegenheiten

I.   Rechtscharakter

143   Obliegenheiten sind keine unmittelbar erzwingbare Verbindlichkeiten, sondern bloße Verhaltensnormen (**Voraussetzungen**), die der Versicherungsnehmer zu erfüllen hat, wenn er seinen Versicherungsanspruch behalten will.[21]

144   Der Versicherer kann nicht auf Erfüllung von Obliegenheiten klagen, es besteht nur die Sanktion der Leistungsfreiheit bei Obliegenheitsverletzungen.

145   Es ist zu unterscheiden zwischen den **gesetzlichen** Obliegenheiten und den **vertraglichen** Obliegenheiten.

II.   Gesetzliche Obliegenheiten

146   Zu den gesetzlichen Obliegenheiten gehört die Verpflichtung des Versicherungsnehmers,

- den Eintritt des **Versicherungsfalles** unverzüglich anzuzeigen
- (§ 30 VVG)
- dem Versicherer die notwendigen **Auskünfte** zu erteilen (§ 31 VVG)
- bei Eintritt des Versicherungsfalles den **Schaden** nach Möglichkeit
- **abzuwenden** oder zu **mindern** (§ 82 VVG).
- **Regressansprüche** des Versicherers zu wahren (§ 86 Abs. 2 VVG).

1.   Anzeigepflicht (§ 30 VVG)

147   Der Versicherungsnehmer hat den Eintritt des Versicherungsfalles dem Versicherer unverzüglich mitzuteilen. Eine **Sanktion** bei Verletzung dieser Anzeigeobliegenheit findet sich im Gesetz **nicht**. Es handelt sich insoweit um eine „lex imperfecta", sie hat daher nur Warnfunktion und wird nur dann relevant, wenn – wie üblich – die Anzeigepflicht in den AVB zur vertraglichen Obliegenheit wird.

---

20   van Bühren/*Römer*, Anwalts-Handbuch Verkehrsrecht, Teil 7 Rn 19 m.w.N.
21   *Römer/Langheid*, § 6 VVG Rn 2 m.w.N.

2. Auskunftspflicht (§ 31 VVG)

Der Versicherungsnehmer ist verpflichtet, jede Auskunft zu erteilen, „die zur Fest- **148** stellung des Versicherungsfalles oder des Umfanges der Leistungspflicht des Versicherers erforderlich ist". Auch diese Vorschrift enthält **keine Sanktion** bei Verletzung dieser Obliegenheit, so dass eine Obliegenheitsverletzung nur dann relevant ist, wenn sie in den AVB zum Gegenstand einer **vertraglichen** Obliegenheit gemacht wird.

3. Schadenminderungspflicht (§ 82 VVG)

Der Versicherungsnehmer hat bei Eintritt des Versicherungsfalles nach Möglich- **149** keit den Schaden abzuwenden oder zu mindern (§ 82 Abs. 1 VVG).

Er hat **Weisungen** des Versicherers einzuholen und bei unterschiedlichen Weisun- **150** gen mehrerer beteiligter Versicherer nach pflichtgemäßem Ermessen zu handeln (§ 82 Abs. 2 VVG). Die Sanktionen dieser gesetzlichen Obliegenheitsverletzung ergeben sich aus § 82 Abs. 3 VVG: Bei einer **vorsätzlichen** Obliegenheitsverletzung wird der Versicherer **leistungsfrei**. Bei einer **grob fahrlässigen** Obliegenheitsverletzung ist der Versicherer berechtigt, seine Leistungen in einem der Schwere des Verschuldens entsprechenden Verhältnis zu **kürzen.**

Aber auch hier gilt das **Kausalitätsprinzip:** Die Leistungsfreiheit tritt nicht ein, **151** wenn die Obliegenheitsverletzung sich weder auf die Feststellung des Versicherungsfalles noch des Umfangs der Leistungspflicht ausgewirkt hat.

Der Versicherungsnehmer hat insoweit den **Kausalitätsgegenbeweis** zu führen **152** (§ 82 Abs. 4 VVG).

Das Kausalitätserfordernis **entfällt** nur bei **Arglist** (§ 82 Abs. 4 S. 2 VVG). **153**

4. Wahrung von Regressansprüchen (§ 86 Abs. 2 VVG)

Gemäß § 86 Abs. 1 VVG gehen alle Ansprüche des Versicherungsnehmers gegen **154** den Schädiger auf den Versicherer über, soweit der Versicherer den Schaden ersetzt. Der Versicherungsnehmer muss alles tun, um diesen Anspruch gegen den Schädiger **aufrecht zu erhalten**, er darf insbesondere **nicht** auf diesen Anspruch **verzichten.**

Die Sanktion ergibt sich aus § 86 Abs. 2 S. 2 VVG: Bei **vorsätzlicher** Obliegen- **155** heitsverletzung wird der Versicherer **leistungsfrei**, bei **grob fahrlässiger** Obliegenheitsverletzung ist der Versicherer berechtigt, seine Leistung in einem der Schwere des Verschuldens entsprechenden Verhältnis zu **kürzen.**

156   In beiden Fällen ist das **Kausalitätserfordernis** zu beachten, der **Versicherungs-nehmer** trägt die **Beweislast** für das Nichtvorliegen einer groben Fahrlässigkeit (§ 86 Abs. 2 S. 2 VVG).

> *Beispiele*
>
> Der Arbeitgeber trifft nach einem grob fahrlässig herbeigeführten Verkehrs-unfall seines Arbeitnehmers mit diesem eine Vereinbarung, dass mit der Zah-lung der restlichen Bezüge zum Monatsende alle beiderseitigen Ansprüche er-ledigt sind („**Ausgleichsquittung**").
>
> Nach einem Verkehrsunfall erklären beide Beteiligten, dass sie wechselseitig auf Ansprüche **verzichten**. Hierdurch wird der Regressanspruch des beteiligten Vollkaskoversicherers/Teilkaskoversicherers vereitelt.

In beiden Fällen dürfte allenfalls grobe Fahrlässigkeit vorliegen, im Regelfall nur **einfache Fahrlässigkeit**, die folgenlos bleibt.

III.   Vertragliche Obliegenheiten beim Gebrauch des Fahrzeuges (D AKB 2008)

1.   Vorbemerkung

157   Die Rechtsfolgen der Verletzung der vertraglichen Obliegenheiten treten nur ein, wenn der Versicherungsnehmer **grob fahrlässig** oder **vorsätzlich** gehandelt hat. Schuldlos oder leicht fahrlässig begangene Obliegenheitsverletzungen sind folgen-los.

158   Die Leistungsfreiheit des Versicherers hängt **nicht** (mehr) davon ab, ob der Vertrag gekündigt worden ist oder ob die Obliegenheitsverletzung **vor** oder **nach** Eintritt des Versicherungsfalles begangen worden ist. In den AKB 2008 sind gleichwohl die vertraglichen Obliegenheiten vor oder nach Eintritt des Versicherungsfalles ge-sondert geregelt:

D. Welche Pflichten haben Sie beim Gebrauch des Fahrzeugs?

E. Welche Pflichten haben Sie im Schadenfall?

159   Die in den aktuellen AKB geregelten Obliegenheiten entsprechen den Bestimmun-gen in den früheren AKB.

2. Verwendungsklausel (D.1.1 AKB 2008)

Der im Versicherungsvertrag vereinbarte Verwendungszweck bestimmt den Prämientarif. Die Prämie für Mietwagen und Taxen ist höher als für privat genutzte Fahrzeuge, der Prämientarif im Güternahverkehr ist geringer als im Güterfernverkehr.[22] Der Fernverkehr hat ein größeres Gefahrenpotential; die darin liegende Gefahrerhöhung wird unwiderlegbar vermutet, wenn nicht der Tarif für beide Zwecke identisch ist.

160

Wird ein zum **privaten Tarif** versichertes Fahrzeug als Mietwagen oder **Taxi** eingesetzt, so liegt darin eine Obliegenheitsverletzung.[23]

161

Die Verwendungsklausel ist ein Unterfall der **Gefahrerhöhung** (§§ 23 ff. VVG); sie ist eine in den AKB eigenständig und abschließend als solche bestimmte Obliegenheit.[24] Da es sich insoweit um eine **vertragliche Obliegenheit** handelt, findet § 28 Abs. 2 VVG Anwendung: Der **Versicherer** muss nicht nur beweisen, dass das Fahrzeug zu einem nicht vereinbarten Verwendungszweck benutzt worden ist, sondern auch, dass die **vertragswidrige Nutzung** vom Versicherungsnehmer selbst **vorgenommen** oder veranlasst wurde.[25]

162

Der **Kausalitätsgegenbeweis** kann bei einem Verstoß gegen die Verwendungsklausel nur durch den Nachweis erbracht werden, dass der Unfall für den Fahrer ein **unabwendbares Ereignis** war.[26]

163

3. Schwarzfahrten (D.1.2 AKB 2008)

Der Versicherer wird leistungsfrei, wenn ein **unberechtigter Fahrer** das Fahrzeug benutzt hat. Selbst wenn darin eine Gefahrerhöhung liegen würde, ist eine Anwendung der allgemeinen Bestimmung über die Gefahrerhöhung (§§ 23 ff. VVG) ausgeschlossen, da die vertragliche Regelung gegenüber der gesetzlichen Regelung Vorrang hat.[27]

164

---

22 OLG Hamm, zfs 1998, 296.
23 OLG Oldenburg SP 1999, 207; OLG Koblenz, r+s 1999, 272.
24 BGH, IV ZR 320/95, r+s 1997, 184; OLG Köln, r+s 1999, 111; van Bühren/*Römer*, Anwalts-Handbuch Verkehrsrecht, Teil 7 Rn 118.
25 *Stiefel/Hofmann*, § 2b AKB Rn 25 m.w.N.
26 OLG Hamm, r+s 1998, 181 = zfs 1998, 297.
27 BGH VersR 1986, 693.

165   Eine unberechtigte Fahrt (Schwarzfahrt) liegt dann vor, wenn der Fahrer das Fahrzeug **ohne** bzw. **gegen** den Willen des Halters **benutzt**.[28]

166   Die Leistungsfreiheit des Versicherers tritt nur im **Innenverhältnis** gegenüber dem unberechtigten Fahrer ein, während die Leistungspflicht gegenüber dem Geschädigten, dem Versicherungsnehmer, dem Halter und dem Eigentümer bestehen bleibt.

167   Nach D.1.2 AKB 2008 ist der Versicherer jedoch auch gegenüber dem Versicherungsnehmer, dem **Eigentümer** oder dem **Halter** leistungsfrei, wenn dieser die Schwarzfahrt **wissentlich möglicht** hat.

> *Beispiele*
>
> Der zur Benutzung eines **Dienstfahrzeuges** generell befugte Arbeitnehmer wird zum unberechtigten Fahrer, wenn er eigenmächtig **Privatfahrten** vornimmt.[29]
>
> Auch der Werkstattinhaber wird zum unberechtigten Fahrer, wenn er unter dem Deckmantel der **Probefahrt** eine Privatfahrt durchführt.[30]

Der unberechtigte Fahrer ist im **Außenverhältnis** mitversichert, so dass eine **Direktklage** gegen den Haftpflichtversicherer möglich ist.[31]

4.   Führerscheinklausel (D.1.3 AKB 2008)

168   Der Fahrzeugführer darf das Fahrzeug auf öffentlichen Wegen oder Plätzen nur mit der erforderlichen Fahrerlaubnis benutzen. Ebenso besteht Leistungsfreiheit gegenüber dem **Versicherungsnehmer, dem Halter** oder dem **Eigentümer**, wenn diese das Fahrzeug einem Fahrer überlassen, der nicht die erforderliche Fahrerlaubnis hat.

169   Bei einem **Fahrverbot** ist die Fahrerlaubnis gemäß § 4 Abs. 1 StVO **nicht** entzogen, die Fahrerlaubnis besteht fort.[32]

170   Bei einer **Beschlagnahme** hat der Kraftfahrer keine Fahrerlaubnis mehr im Sinne von D.1.3 AKB 2008. Es ist zwar zwischen „Fahrerlaubnis" und „Führerschein"

---

28   *Stiefel/Hofmann*, § 2b AKB Rn 51 m.w.N.
29   *Stiefel/Hofmann*, § 2b AKB Rn 62.
30   *Stiefel/Hofmann*, § 2b AKB Rn 62.
31   OLG Hamm, r+s 1996, 43.
32   BGH VersR 1987, 897 = zfs 1987, 147.

zu unterscheiden. Ein Kraftfahrer kann auch dann eine Fahrerlaubnis haben, wenn er den Führerschein nicht körperlich in Besitz hat;[33] der BGH führt in der vorgenannten Entscheidung aus, dass durch die Neufassung von § 21 Abs. 2 StVG das Führen eines Kraftfahrzeuges trotz Beschlagnahme des Führerscheins ein mit Strafe bedrohtes Vergehen sei (§ 12 Abs. 2 StGB).

Diese Überlegungen müssten auch für das Fahrverbot gelten, dessen Missachtung ebenfalls in § 21 StVG unter Strafe gestellt wird. Hierzu heißt es jedoch in einer Entscheidung des BGH vom 11.2.1987,[34] dass die Beschlagnahme gleichwohl anders zu beurteilen sei, da eine solche Maßnahme voraussetze, dass mit der Entziehung der Fahrerlaubnis zu rechnen sei. Gegenüber einem Kraftfahrer, dessen Fahrerlaubnis **beschlagnahmt** worden ist, ist der Versicherer somit **leistungsfrei**.   171

Diese gegenüber dem führerscheinlosen Fahrer begründete Leistungsfreiheit besteht gegenüber dem **Versicherungsnehmer**, dem **Halter** oder dem **Eigentümer** nur dann, wenn dieser die Obliegenheitsverletzung **selbst** begangen oder **wissentlich** ermöglicht hat.   172

5.   Trunkenheitsklausel (D.2.1 AKB 2008)

Nach den früheren AKB bestand im Bereich der Haftpflichtversicherung die uneingeschränkte Leistungspflicht des Versicherers auch dann, wenn der Schadenfall durch alkoholbedingte oder auf andere Rauschmittel zurückzuführende Fahruntüchtigkeit verursacht worden war. Die Verordnung über den Versicherungsschutz in der Kraftfahrzeug-Haftpflichtversicherung vom 29.7.1994 (KfzPflVV) hat den Katalog der zulässigen Obliegenheiten vor Eintritt des Versicherungsfalles um die Trunkenheitsklausel (§ 5 Abs. 1 Nr. 5 KfzPflVV) erweitert. In D.3.3 AKB 2008 ist diese **vorbeugende vertragliche Obliegenheit** umgesetzt worden.[35]   173

Der Versicherer ist in der **Kraftfahrzeug-Haftpflichtversicherung** leistungsfrei, „wenn der Fahrer infolge Genusses alkoholischer Getränke oder anderer berauschender Mittel nicht in der Lage ist, das Fahrzeug sicher zu führen" (D.2.1 AKB 2008).   174

---

33   BGH VersR 1982, 84.
34   VersR 1987, 897, 898.
35   *Knappmann*, Alkoholbeeinträchtigung und Versicherungsschutz, VersR 2000, 10.

175   **Absolute Fahruntüchtigkeit** liegt bei einer Blutalkoholkonzentration von 1,1 Promille vor.[36]

176   Bei einer Blutalkoholkonzentration von 0,3 Promille[37] bis 1,1 Promille liegt **relative Fahruntüchtigkeit** vor; der Versicherer wird nur dann leistungsfrei, wenn weitere Umstände – alkoholbedingte Ausfallerscheinungen – die Fahruntüchtigkeit beweisen.[38]

177   Bei alkoholbedingter absoluter Fahruntüchtigkeit sprechen die Regeln des **Anscheinsbeweises** für die Unfallursächlichkeit des Alkoholgenusses.[39]

178   Ein **Glatteisunfall** ist bei einer Blutalkoholkonzentration von 0,75 Promille noch kein Hinweis auf einen alkoholtypischen Fehler.[40]

179   **Leistungsfreiheit** besteht auch gegenüber dem Versicherungsnehmer, dem Halter oder dem Eigentümer des Fahrzeuges, wenn diese das versicherte Fahrzeug von einem **Fahrer** hat **fahren lassen**, „der durch alkoholische Getränke oder andere berauschende Mittel nicht mehr in der Lage ist, das Fahrzeug sicher zu führen" (D.2.1 AKB 2008).

6.   Rennveranstaltungen (D.2.2 AKB 2008)

180   Die Verwendung eines Kraftfahrzeuges für eine Rennveranstaltung, die behördlich nicht genehmigt ist, soll im Verhältnis zum Versicherungsnehmer keine **Deckungsverpflichtung** des Versicherers auslösen.[41] Insoweit handelt es sich um eine Spezialregelung der Verwendungsklausel in der Haftpflichtversicherung. Die Unterscheidung zwischen genehmigten und nicht genehmigten Rennveranstaltungen betrifft nur die Haftpflichtversicherung, für die **Fahrzeugversicherung** besteht ein **genereller Leistungsausschluss** gemäß A.1.5.2 AKB 2008.

181   Sowohl in A.1.5.2 AKB 2008 als auch in D.2.2 AKB 2008 werden die für Rennveranstaltungen „dazugehörigen **Übungsfahrten**" vom Versicherungsschutz ausgeschlossen.

---

36   BGH NJW 1991, 1367; OLG Hamm VersR 1991, 539; OLG München, r+s 1991, 189; OLG Köln, r+s 1994, 329.

37   OLG Hamm VersR 1990, 43.

38   OLG Hamm, r+s 1995; 373; OLG Hamm, r+s 1999, 268; OLG Karlsruhe, r+s 1995, 375; OLG Köln, r+s 1999, 269.

39   OLG Saarbrücken, zfs 2002, 32.

40   OLG Hamm, r+s 1999, 493 = zfs 2000, 70 = VersR 2000, 843 = NJW-RR 2000, 172.

41   *Stiefel/Hofmann*, § 61 VVG Rn 35 m.w.N.

IV. Obliegenheiten im Schadenfall (E AKB 2008)

Die AKB 2008 regeln zunächst die Pflichten im Schadenfall bei allen Versiche-   **182**
rungsarten (E.1 AKB 2008) und dann die zusätzlichen Obliegenheiten für die
Kraftfahrzeughaftpflichtversicherung (E.2 AKB 2008), für die Kaskoversicherung
(E.3 AKB 2008), für den Autoschutzbrief (E.4 AKB 2008) und für die Kraftfahr-
zeugunfallversicherung (E.5 AKB 2008).

1. Generelle Obliegenheiten (E.1 AKB 2008)

Für sämtliche Versicherungsarten gelten die Anzeigepflicht, die Aufklärungs-   **183**
pflicht und die Schadenminderungspflicht.

a) Anzeigepflicht (E.1 AKB 2008)

Jeder Versicherungsfall muss innerhalb einer Woche **schriftlich** angezeigt werden   **184**
(E.1.1 AKB 2008).

Die Anzeige eines Kaskoschadens ersetzt **nicht** die Anzeige des Haftpflichtscha-   **185**
dens oder umgekehrt.[42]

Ein **vorsätzlicher** Verstoß liegt nur dann vor, wenn der Versicherungsnehmer die   **186**
Verhaltensnorm **gekannt** hat, gegen die er verstoßen hat.[43]

Es liegt eine vorsätzliche und zur Leistungsfreiheit führende Obliegenheitsverlet-   **187**
zung vor, wenn eine vollständige Schadenmeldung mit **mehrmonatiger** Verspätung erfolgt, weil der Versicherungsnehmer zuerst die Ermittlungsakte von seinem
Rechtsanwalt einsehen lassen will.[44]

Hier kann jedoch der Versicherungsnehmer gegebenenfalls den Kausalitätsgegen-   **188**
beweis führen (§ 28 Abs. 3 VVG).

Die **Vorsatzvermutung** des § 28 Abs. 2 VVG ist in der Regel **leicht widerlegbar**,   **189**
da kein vernünftiger Versicherungsnehmer seinen Versicherungsschutz verlieren
will;[45] aber der **Versicherungsnehmer** muss ihn **entlastende** Umstände **vortra-
gen**.[46]

---

42   Vgl. *Stiefel/Hofmann*, § 7 AKB Rn 16.
43   *Stiefel/Hofmann*, § 7 AKB Rn 19.
44   LG Münster SP 1996, 398.
45   OLG Köln, r+s 1997, 355; OLG Hamm VersR 1997, 1341.
46   OLG Frankfurt MDR 1999, 995.

190 Schließlich ist die Verletzung der Anzeigepflicht unbeachtlich, wenn der Versicherer in **anderer Weise** Kenntnis vom Schadenfall rechtzeitig erlangt hat (§ 30 Abs. 2 VVG). Dies ist in der Regel dann der Fall, wenn der Geschädigte seine Ansprüche bereits beim Haftpflichtversicherer angemeldet hat, obgleich hierdurch grundsätzlich die Anzeigepflicht des Versicherungsnehmers nicht berührt wird.[47]

191 Es fehlt dann an der **Kausalität** der Obliegenheitsverletzung für die Feststellungen des Versicherers, so dass bereits aus diesem Grund eine Obliegenheitsverletzung nicht zur Leistungsfreiheit des Versicherers führt.

> *Hinweis*
>
> Es ist eine zulässige und oft erfolgreiche „**Werbung**", wenn der mit der Schadenregulierung beauftragte Rechtsanwalt seinem Mandanten diese „lästige" Anzeigepflicht abnimmt und auf diese Weise beim Haftpflichtversicherer „aktenkundig" gemacht wird. Oft wird dieser Rechtsanwalt im Falle eines Rechtsstreits auch mit der Prozessführung vom Haftpflichtversicherer beauftragt.

b) Auskunfts- und Aufklärungsobliegenheit (E.1.3 AKB 2008)

192 Der Versicherungsnehmer hat nach Eintritt des Versicherungsfalles **umfassende** Auskunfts- und Aufklärungspflichten, die es dem Versicherer ermöglichen sollen, seine Eintrittpflicht dem Grunde und der Höhe nach festzustellen. Auch hier führen Vorsatz zur völligen und grobe Fahrlässigkeit zur partiellen Leistungsfreiheit des Versicherers, wenn sich die Obliegenheitsverletzung **kausal** auf die Schadenfeststellung auswirkt.

193 § 28 Abs. 4 VVG sieht hier jedoch eine weitere Schutzvorschrift für den Versicherungsnehmer vor, die nach altem Recht von der Rechtsprechung entwickelt worden war: Der Versicherer wird nur dann leistungsfrei, wenn er den Versicherungsnehmer „**durch gesonderte Mitteilung in Textform**" auf die Rechtsfolge der Verletzung dieser Aufklärungsobliegenheit hingewiesen hat.

194 Die Verletzung auf Aufklärungsobliegenheit, sei es vorsätzlich oder grob fahrlässig, wird in der Regulierungspraxis geringe Bedeutung haben, da der Versicherer, wenn er die Falschangaben entdeckt, seine Leistung verweigert oder kürzt. Allenfalls für die **Rückforderung** oder **Verrechnung** bereits geleisteter Zahlungen können derartige Obliegenheitsverletzungen von Bedeutung sein. Folgerichtig wird sich in Zukunft die Argumentation darauf konzentrieren, dem Versicherungsneh-

---

47 *Stiefel/Hofmann*, § 7 AKB Rn 18.

mer, der falsche Angaben zum Schadenhergang oder zur Schadenhöhe macht, **Arglist** vorzuwerfen.

c) Arglist (§ 28 Abs. 3 S. 2 VVG)

Das **Kausalitätserfordernis entfällt,** wenn der Versicherungsnehmer „die Obliegenheit arglistig verletzt hat" (§ 28 Abs. 3 S. 2 VVG). **195**

Vorsatz bedeutet im Versicherungsrecht dolus directus und dolus eventualis. Arglist liegt nur dann vor, wenn der Versicherungsnehmer mit **direktem Vorsatz** handelt.[48] **196**

Nicht jede vorsätzlich falsche Angabe bedeutet eine Arglist des Versicherungsnehmers. Der Versicherungsnehmer muss vielmehr einen gegen die Interessen des Versicherers Zweck verfolgen. Arglistig handelt der Versicherungsnehmer nur dann, wenn er in der **Absicht** handelt, das Regulierungsverhalten des Versicherers zu **beeinflussen**.[49] **197**

Es ist **nicht** erforderlich, dass ein rechtswidriger Vermögensvorteil angestrebt wird.[50] Arglist liegt daher auch dann vor, wenn der Versicherungsnehmer einen **gefälschten Schadenbeleg** vorlegt,[51] selbst wenn dieser Beleg den tatsächlichen Wert des zu ersetzenden Gegenstandes wiedergibt.[52] **198**

d) Beweislast

Der Versicherer muss Arglist **beweisen**.[53] **Objektiv falsche Angaben** sind jedoch ein **Indiz** für ein vorsätzliches und arglistiges Verhalten des Versicherungsnehmers; dieser muss daher gegebenenfalls die gegen ihn sprechende Vermutung entkräften.[54] **199**

Bei Arglist besteht **keine** Nachfrageobliegenheit des Versicherers.[55] **200**

---

48 **A.A.** Schwintowski/Brömmelmeyer/*Schwintowski,* § 28 VVG Rn 95.
49 BGH, IV ZR 62/07, NJW-RR 2009, 1036; OLG Düsseldorf, r+s 1996, 319; OLG Koblenz, zfs 2003, 550; KG, VersR 2005, 351; OLG Saarbrücken, NJW-RR 2006, 1406.
50 OLG Köln, VersR 2004, 907.
51 OLG Köln, r+s 2006, 421.
52 OLG München, VersR 1992, 181.
53 BGH, VersR 2004, 1304.
54 OLG Hamm, r+s 1996, 345.
55 BGH, IV ZR 26/04, r+s 2008, 234; BGH, IV ZR 170/04, r+s 2008, 234.

e)   Einschränkung der Leistungsfreiheit (§ 242 BGB)

201   Es tritt keine Leistungsfreiheit des Versicherers ein, wenn falsche Angaben **vor ih-rer Entdeckung** richtig gestellt werden;[56] diese Richtigstellung muss **zeitnah** und vollkommen **freiwillig** erfolgen;[57] es verbleibt jedoch bei der **Leistungsfreiheit** des Versicherers, wenn die falschen Angaben **arglistig** erfolgt sind.[58]

f)   Rechtsprechung

202   Nach den bisherigen AKB und dem VVG 1908 führte eine vorsätzliche Obliegen-heitsverletzung auch dann zur Leistungsfreiheit, wenn diese sich nicht auf den Schaden oder die Schadenfeststellung auswirkt. Es genügte, wenn die Obliegen-heitsverletzung **generell** geeignet war, die Interessen des Versicherers zu gefährden („Relevanztheorie"). Durch das in den AKB 2008 und im VVG 2008 zu berück-sichtigende Kausalitätsprinzip wird sich die Argumentation und Rechtsprechung auf den **Vorwurf eines arglistigen Verhaltens konzentrieren.**

203   Bei falschen Angaben zum Schadenhergang und zur Schadenhöhe wird der Ver-sicherer, wenn er die Unrichtigkeit dieser Angaben entdeckt, die Regulierung ver-weigern oder die Ersatzleistung entsprechend kürzen, so dass grob fahrlässige und vorsätzliche Verstöße die Aufklärungsobliegenheit nur noch für **Rückforderungs-ansprüche** von Bedeutung sind. Die bislang zur Leistungsfreiheit bei vorsätzlicher Obliegenheitsverletzung ergangene Rechtsprechung wird daher in Zukunft nur be-dingt von Bedeutung sein und nur insoweit Bestand haben, als der Versicherungs-nehmer durch seine falschen Angaben **bewusst** auf das Regulierungsverhalten des Versicherers Einfluss nehmen wollte.

204   Diese Voraussetzungen dürften jedoch im Regelfall bei falschen Angaben zum Schadenhergang und zur Schadenhöhe von Bedeutung sein, da die bisherigen „Irr-tümer" des Versicherungsnehmers stets zu seinen **Gunsten** erfolgten, es sind keine oder nur wenige Fälle bekannt, in denen sich der Versicherungsnehmer zu seinen Ungunsten „geirrt" hatte.

205   Vorsätzlich falsche Angaben zum Schadenhergang und zur Schadenhöhe dürften daher im Regelfall auch arglistig erfolgen, also mit der Absicht, die Leistungs-pflicht des Versicherers dem Grunde oder der Höhe nach zu beeinflussen. Der Ver-

---

56   BGH VersR 2002, 173.
57   OLG Köln SP 2002, 178; OLG Hamm NJW 2000, 560 = zfs 2000, 159.
58   OLG Saarbrücken, 5 U 546/07, VersR 2008, 1643 = zfs 2008, 631.

sicherungsnehmer kann die gegen ihn sprechende Vermutung des arglistigen Verhaltens nur durch den **Gegenbeweis** entkräften.

Beispiel

Der Versicherungsnehmer weist nach, dass die falschen Angaben zum Kilometerstand auf einer arglistigen Täuschung des Vorbesitzers des Fahrzeuges beruhen.

Die Leistungsfreiheit des Versicherers wird daher auch für die Zukunft in Anlehnung an die bisherige Rechtsprechung zu bejahen sein bei:

206

- falschen Angaben über den **Kaufpreis** des versicherten Fahrzeugs;[59]
  - 66.700,00 DM statt 47.500,00 DM;[60]
  - 23.000,00 DM statt 20.300,00 DM;[61]
  - 28.000,00 DM statt 19.500,00 DM;[62]
  - 39.000,00 EUR statt 28.680,00 EUR.
- falschen Angaben über **Zubehörteile**;[63]
- unrichtigen Angaben über den **Kilometerstand** des entwendeten Fahrzeuges;[64]
  - 130.000 km statt 180.000 km;[65]
  - 8.000 km statt 16.000 km;[66]
  - 130.000 km statt 160.000 km;[67]
  - 87.000 km statt 106.000 km;[68]
  - 116.000 km statt 130.000 km,[69]

59 OLG Frankfurt NVersZ 2000, 528.
60 OLG Koblenz, zfs 2003, 410.
61 OLG Köln, r+s 2004, 497.
62 OLG Saarbrücken, r+s 2006, 236.
63 OLG Köln, r+s 2006, 235.
64 OLG Koblenz NJW-RR 2005, 905.
65 OLG Köln, r+s 2007, 316.
66 OLG Karlsruhe, 5 U 281/07, r+s 2008, 238.
67 OLG Köln, 9 U 157/05, r+s 2008, 235.
68 OLG Saarbrücken, 5 U 281/07, VersR 2008, 1528.
69 OLG Saarbrücken, 5 U 281/07, VersR 2008, 1528.

- unrichtigen Angaben über die Anzahl der **Vorbesitzer**;[70]
- Falschangaben über **Vorschäden**[71] (Etwas anderes gilt nur für **Bagatellschäden**, deren Beseitigung Kosten in Höhe von weniger als 219,60 EUR[72] oder 250,00 EUR[73] ausmacht.);
- Täuschungsversuchen über den **Restwerterlös**;[74]
- unrichtigen Angaben zur **Vorsteuerabzugsberechtigung**;[75]
- falschen Angaben zu werterhöhenden Reparaturarbeiten mit **fingierten Rechnungen**;[76]
- arglistigem **Verschweigen** einer ebenfalls eintrittspflichtigen Transportversicherung.[77]

207   **Nachtrunk** nach einem Unfall ohne Fremdschaden führt nicht ohne Weiteres zu Leistungsfreiheit, es sei denn, dass der Versicherungsnehmer durch diesen Nachtrunk die Verschleierung seines Alkoholisierungsgrades beabsichtigt;[78] ob **Unfallflucht** auch in Zukunft selbst bei klarer Sach- und Rechtslage zur Leistungsfreiheit des Versicherers führt, erscheint zweifelhaft.

Beispiel

Der Versicherungsnehmer beschädigt ein parkendes Fahrzeug und lässt sein Fahrzeug an der Unfallstelle zurück. Hier ist das Aufklärungsinteresse am Schadenhergang und zur Schadenhöhe des Versicherers nicht verletzt, allenfalls die Feststellung, ob der Versicherungsnehmer alkoholisiert war.

208   Nach bisheriger Rechtsprechung trat die Leistungsfreiheit des Versicherers wegen Unfallflucht auch bei **eindeutiger Haftungslage** ein, weil der BGH die Auffassung

---

70   OLG Celle SP 2008, 318.
71   OLG Köln NVersZ 2002, 562, OLG Köln SP 2003, 142; OLG Düsseldorf NJW-RR 2003, 462; KG NJW-RR 2003, 604; OLG Hamm, r+s 2003, 191 m. Rechtsprechungsübersicht; OLG Düsseldorf, r+s 2003, 230 = SP 2003, 209; KG, r+s 2004, 480.
72   KG, r+s 2004, 408.
73   Brandenburgisches OLG SP 2007, 189.
74   OLG Hamm VersR 1991, 294.
75   OLG Köln, zfs 2000, 451; OLG Jena, r+s 2003, 231; OLG Saarbrücken 5 U 405/06, zfs 2007, 456; OLG Köln, 9 U 160/07, r+s 2008, 236.
76   OLG Celle SP 2001, 245; OLG Hamm SP 2007, 365 = r+s 2008, 64.
77   OLG Saarbrücken, 5 U 450/06, zfs 2007, 456.
78   OLG Karlsruhe, 12 U 13/08, DAR 2008, 527 = NJW-RR 2008, 1248 = VersR 2008, 1526 = MDR 2008, 1207.

vertritt, dass § 142 StGB auch „reflexartig" das Aufklärungsinteresse des Versicherers an der Fahrtüchtigkeit des Versicherungsnehmers schützt.[79]

§ 142 StGB dürfte **restriktiv** anzuwenden sein, da es mit der freiheitlichen Grundordnung nur schwer zu vereinbaren ist, dass ein Täter nach einem Verkehrsdelikt sich selbst der Polizei stellen muss, während es eine derartige Vorschrift bei anderen Straftaten, nicht einmal bei Verbrechen, gibt.   **209**

Nach diesseitiger Auffassung dürfte daher eine Unfallflucht nur dann zu berücksichtigen sein, wenn sie sich **tatsächlich** auf die Feststellungen zur Leistungspflicht des Versicherers, dem Grunde oder der Höhe nach, auswirkt.   **210**

2.   Schadenminderungspflicht (E.1.4 AKB 2008)

Die Regelung in E.1.4 AKB 2008 entspricht wörtlich der gesetzlichen Bestimmung in § 82 VVG: Der Versicherungsnehmer hat „nach Möglichkeit für die Abwendung und **Minderung** des Schadens zu sorgen".   **211**

Die Formulierung „**nach Möglichkeit**" stellt auf das pflichtgemäße Ermessen eines durchschnittlichen Versicherungsnehmers ab.[80] Der Versicherungsnehmer soll sich so verhalten, wie er sich verhalten würde, wenn kein Versicherungsschutz bestünde.   **212**

Ein Verstoß gegen die Schadenminderungspflicht liegt beispielsweise vor, wenn der Versicherungsnehmer ein beschädigtes Kraftfahrzeug längere Zeit achtlos und **ungesichert an der Unfallstelle** zurücklässt, so dass sich der Unfallschaden durch Witterungseinflüsse oder durch den Ausbau von Ersatzteilen vergrößert.   **213**

In E.1.3 AKB 2008 wird auch § 82 Abs. 2 VVG wiederholt, in dem bestimmt wird, dass der Versicherungsnehmer, soweit für ihn zumutbar, **Weisungen** des Versicherers zu befolgen hat. Diese Weisungsbefugnis geht jedoch **nicht** soweit, dass der Versicherer den Versicherungsnehmer anweisen kann, die Reparaturarbeiten in einer **bestimmten Werkstatt** durchführen zu lassen.   **214**

---

79   BGH, r+s 2000, 94 = DAR 2000, 113 = NJW-RR 2000, 553; OLG Nürnberg SP 2000, 389; OLG Frankfurt, 7. Zivilsenat, SP 2002, 31, KG SP 2003, 287; OLG Köln SP 2006, 213; OLG Saarbrücken, 5 U 424/08, zfs 2009, 396; **a.A.** OLG Frankfurt, 3. Zivilsenat, zfs 2006, 577 = NJW-RR 2006, 538.

80   Schwintowski/Brömmelmeyer/*Kloth/Neuhaus*, § 82 VVG Rn 8.

3. Zusätzliche Obliegenheiten in der Kraftfahrzeug-Haftpflichtversicherung (E.2 AKB 2008)

215   Für die Haftpflichtversicherung bestimmen die AKB 2008, dass der Versicherungsnehmer verpflichtet ist, den Versicherer innerhalb **von einer Woche** zu informieren, wenn Ansprüche geltend gemacht werden und bei **gerichtlich** geltend gemachten Ansprüchen dies dem Versicherer **unverzüglich** anzuzeigen.

216   In E.2.4 AKB 2008 wird die **Prozessführungsbefugnis** des Haftpflichtversicherers geregelt.

217   Weiterhin gehört es zu den Obliegenheiten in der Haftpflichtversicherung, gegen einen Mahnbescheid oder einen behördlichen Mahnbescheid fristgerecht den erforderlichen **Rechtsbehelf** einzulegen, wenn spätestens 2 Tage vor Fristablauf keine Weisungen des Versicherers vorliegen (E.2.5 AKB 2008).

218   Wenn gegen den Versicherungsnehmer Haftpflichtansprüche gerichtlich geltend gemacht werden, hat er dem **Versicherer** „die Führung des Rechtsstreites zu überlassen" (E.2.4 AKB 2008).

219   Diese Prozessführungsbefugnis beinhaltet auch und vor allem das Recht, den **Prozessanwalt** für den Versicherungsnehmer und die übrigen Versicherten zu bestellen. Versicherungsnehmer, die einen Rechtsanwalt eigener Wahl beauftragen, begehen eine Obliegenheitsverletzung mit der Rechtsfolge, dass die anfallenden Anwaltskosten von ihnen selbst zu tragen sind.

220   Auch im Falle des Obsiegens besteht **kein Kostenerstattungsanspruch**, da es sich nicht um notwendige Prozesskosten handelt;[81] auch der eigene Haftpflichtversicherer ist insoweit nicht zur Erstattung der vom Versicherungsnehmer veranlassten Anwaltskosten verpflichtet.[82]

221   Ein Versicherungsnehmer darf nur dann einen Anwalt seiner Wahl beauftragen, wenn besondere Gründe vorliegen, die eine Vertretung durch den vom Versicherer gestellten Prozessanwalt als **unzumutbar**[83] erscheinen lassen. Dies ist beispielsweise dann der Fall,

---

81   BGH NJW-RR 2004, 536 = zfs 2004, 379; OLG Köln, zfs 1984, 107; OLG München, zfs 1984, 13; OLG Koblenz, r+s 1996, 79; LG Essen, zfs 1997, 148; LG Mannheim, zfs 2003, 466; **a.A.:** OLG Frankfurt AnwBl 1981, 163 und OLG Schleswig, zfs 1984, 233; KG, zfs 1998, 110; *Stiefel/Hofmann*, § 7 AKB Rn 197 mit Rechtsprechungsübersicht.

82   AG Düsseldorf VersR 1995, 1299.

83   LG Mannheim, zfs 2003, 466.

- wenn der vom Versicherer beauftragte Prozessanwalt bereits in einem anderen Verfahren **gegen den Versicherungsnehmer** tätig war;[84]
- wenn zwischen Versicherungsnehmer und Haftpflichtversicherer **Meinungsverschiedenheiten** über die Deckungspflicht auftreten;[85] dies gilt nicht beim Vorwurf des **fingierten Unfalls**, da der Versicherungsnehmer hinreichend geschützt ist, wenn der Versicherer ihm als **Streithelfer** beitritt.[86]

Droht im schriftlichen Vorverfahren wegen der **Zwei-Wochen-Frist** von § 276 Abs. 1 ZPO ein Versäumnisurteil, kann es ausnahmsweise gerechtfertigt sein, „auf eigene Faust einen Rechtsanwalt zu beauftragen".[87]   **222**

Wenn dann jedoch der Versicherer einen Prozessanwalt seiner Wahl auch für den Versicherungsnehmer beauftragt, ist nur die Verfahrensgebühr zu erstatten, während es sich bei der Terminsgebühr nicht mehr um notwendige Prozesskosten handelt.[88]   **223**

Die Bestellung eines eigenen Rechtsanwaltes begründet eine Obliegenheitsverletzung des Versicherungsnehmers, wenn dieser damit die Prozessführung des Haftpflichtversicherers „durchkreuzt".[89]   **224**

Daher

Ein Rechtsanwalt, der unter Missachtung der Prozessführungsbefugnis des Haftpflichtversicherers gleichwohl ein Mandat annimmt, hat keinen Gebührenanspruch; er verstößt vielmehr gegen seine Beratungspflicht und macht sich sogar **schadenersatzpflichtig**.[90]

4. Obliegenheiten in der Kaskoversicherung (E.3 AKB 2008)

Der Versicherungsnehmer ist bei einem Schaden in der Kaskoversicherung gehalten,   **225**

- bei Entwendung des Fahrzeuges oder mitversicherter Teile den Schaden **unverzüglich** in Schriftform anzuzeigen (E.3.1 AKB 2008),

---

84 BGH NJW 1981, 1952.
85 OLG Karlsruhe VersR 1979, 944; OLG Koblenz, r+s 1996, 79.
86 OLG Brandenburg, 12 W 27/09, MDR 2010, 25; AG Düsseldorf VersR 1997, 53.
87 LG Göttingen AnwBl 1987, 284, 285; LG Kleve, zfs 1992, 63; *van Bühren*, AnwBl 1987, 13 m.w.N.
88 LG Göttingen AnwBl 1987, 285.
89 LG Dortmund, 2 S 33/08, v. 29.1.2009, zfs 2009, 453.
90 BGH VersR 1985, 83; OLG Düsseldorf VersR 1985, 92; LG München, r+s 1986, 4.

■ vor Beginn oder Verwertung des beschädigten Fahrzeuges **Weisungen** des Versicherers einzuholen (E.3.2 AKB 2008),

■ bei einem Schaden, der kein Bagatellschaden mehr ist, bei der Polizei **Anzeige** zu erstatten (E.3.3 AKB 2008).

C. Rechtsfolgen von Obliegenheitsverletzungen (E.6 AKB 2008)

226   Die Rechtsfolgen der Verletzung von vertraglichen Obliegenheiten treten nur ein, wenn der Versicherungsnehmer (oder eine versicherte Person) **grob fahrlässig** oder **vorsätzlich** gehandelt hat. Schuldlos oder leicht fahrlässig begangene Obliegenheitsverletzungen sind folgenlos. Die Leistungsfreiheit des Versicherers hängt **nicht** (mehr) davon ab, ob der Vertrag gekündigt worden ist oder ob die Obliegenheitsverletzung **vor** oder **nach** Eintritt des Versicherungsfalles begangen worden ist (entspricht § 28 VVG).

I. Grobe Fahrlässigkeit

227   Eine grob fahrlässige Obliegenheitsverletzung, die ursächlich für den Eintritt des Schadens oder dessen Umfang war, führt zur **partiellen Leistungsfreiheit** des Versicherers: Dieser kann seine Leistung „in einem der Schwere des Verschuldens des Versicherungsnehmers entsprechenden Verhältnis" **kürzen** (§ 28 Abs. 2 S. 2 VVG).

1. Quotelung

228   Im Regelfall dürfte bei einer grob fahrlässigen Obliegenheitsverletzung eine Leistungskürzung um **50 %** in Betracht kommen.[91]

Ähnlich wie bei der Quotierung zu § 254 BGB sind Quoten von **20 %** bis **80 %** ebenso denkbar wie eine Kürzungsquote von **0 %** oder **100 %**.[92]

2. Mehrere Obliegenheitsverletzungen

229   Bei **mehreren** grob fahrlässigen Obliegenheitsverletzungen dürfte eine **mehrfache** Quotelung dann **ausgeschlossen** sein, wenn die Obliegenheiten demselben Zweck dienen und lediglich in unterschiedlicher Form ein Verhalten konkretisieren. Wenn

---

91   *Felsch*, r+s 2007, 485, 493; van Bühren/*van Bühren*, Handbuch VersR, § 1 Rn 801.
92   *Felsch*, r+s 2007, 485 ff.; *Römer*, VersR 2006, 740 ff.; *Rixecker*, zfs 2002, 15; van Bühren/*van Bühren*, Handbuch VersR § 1 Rn 801.

beispielsweise ein Versicherungsnehmer alkoholbedingt fahruntüchtig, ohne Fahrerlaubnis und mit einem nicht versicherten Fahrzeug einen Schadenfall herbeiführt, dürfte von einer **einheitlichen** Obliegenheitsverletzung auszugehen sein, eine Addition verbietet sich. Es ist vielmehr diejenige Obliegenheitsverletzung zu berücksichtigen, die besonders schwerwiegend ist.[93] Diese „**Quotenkonsumption**" ist praktikabel und wird gestützt durch die bisherige Rechtsprechung zu mehrfachen Obliegenheitsverletzungen.[94]

Allerdings hält der BGH eine Addition der Regressforderungen bei Obliegenheitsverletzungen **vor** und **nach** Eintritt des Versicherungsfalles für zulässig.   **230**

Wenn man diese zum VVG 1908 ergangene Rechtsprechung analog auf die jetzige Rechtslage heranzieht, wäre ebenfalls eine doppelte Leistungskürzung möglich, allerdings ebenfalls **nicht** in Form einer **Addition**, vielmehr müsste die erste Quote dann **nochmals gekürzt** werden.   **231**

> *Beispiel*
>
> „Bei alkoholbedingter Fahruntüchtigkeit und anschließender Unfallflucht ist zunächst eine Kürzung wegen der Fahruntüchtigkeit auf 50 % vorzunehmen. Wenn die anschließende Unfallflucht ebenfalls mit einer Kürzungsquote von 50 % berücksichtigt wird, ergibt sich eine Leistungsquote von 25 %.[95]

3. Beweislast

Der **Versicherungsnehmer** trägt die Beweislast für das Nichtvorliegen einer groben Fahrlässigkeit (§ 28 Abs. 2 VVG; E 6.1 S. 2 AKB 2008).   **232**

4. Kausalität

Eine grob fahrlässige Obliegenheitsverletzung führt nur dann zur partiellen Leistungsfreiheit des Versicherers, wenn diese für den Versicherungsfall, die Feststellung oder den Umfang der Leistungspflicht **ursächlich** war (E.6.2 AKB 2008). Etwas anderes gilt aus Gründen der Generalprävention nur bei Arglist. Die Kausalität der Obliegenheitsverletzung wird **vermutet**. Der Versicherungsnehmer kann daher nur den Kausalitätsgegenbeweis in der Weise führen, dass seine Obliegenheitsverletzung im konkreten Fall nicht kausal war.[96]   **233**

---

93 *Felsch*, r+s 2007, 485, 497.
94 BGH, VersR 2005, 1720 = DAR 2006, 86 = zfs 2006, 94 = r+s 2006, 100.
95 *Marlow/Spuhl*, S. 102; **a.A.** *Felsch*, r+s 2007, 485 ff.
96 BGH, VersR 1993, 830; 832; *Schwintowski/Brömmelmeyer/Schwintowski*, § 28 VVG Rn 91.

II.   Vorsatz (E.6.1 AKB 2008)

234   Eine vorsätzliche Obliegenheitsverletzung des Versicherungsnehmers führt zur vollständigen Leistungsfreiheit des Versicherers, wenn diese Obliegenheitsverletzung ursächlich für einen Eintritt oder den Umfang des Schadens war.

1.   Beweislast

235   Der **Versicherer** muss den **objektiven Tatbestand** der Obliegenheitsverletzung beweisen. Es verbleibt dem Versicherungsnehmer dann die Möglichkeit, die **Vermutung** für ein vorsätzliches Handeln zu entkräften. Der **Versicherungsnehmer** muss daher **beweisen**, dass er **nicht** vorsätzlich gehandelt hat.[97]

236   Wenn der **Versicherungsnehmer** behauptet, seine falschen Angaben beruhten auf einer nachträglich eingetretenen Bewusstseinsstörung (**retrograde Amnesie**), ist der Versicherungsnehmer für diese Behauptung **beweispflichtig**.[98]

2.   Kausalität

237   Auch eine vorsätzliche Obliegenheitsverletzung wirkt sich nur dann aus, wenn dies ursächlich für den Schaden oder dessen Feststellung oder dessen Umfang war. Kausalität wird vermutet. Der Versicherungsnehmer muss dann diese Vermutung entkräften und den **Kausalitätsgegenbeweis** führen (E.6.2 AKB 2008).

D.   Mehrere Obliegenheitsverletzungen

238   Bei Obliegenheitsverletzungen **vor** und **nach** Eintritt des Versicherungsfalles besteht **doppelte Leistungsfreiheit** bzw. Regressmöglichkeit des Versicherers.[99]

> *Beispiel*
>
> Bei Verstoß gegen die **Trunkenheitsklausel** (Obliegenheitsverletzung vor Eintritt des Versicherungsfalles) und nachfolgender **Unfallflucht** (Obliegenheits-

---

97   BGH, VersR 2007, 382 = r+s 2007, 93 = SP 2007, 105 = NZV 2007, 186; KG, r+s 2004, 408; OLG Saarbrücken, r+s 2006, 236; OLG Köln, r+s 2007, 100.

98   BGH, r+s 2007, 93 = NZV 2007, 186 = VersR 2007, 389; BGH, IV ZR 40/06, VersR 2008, 484.

99   BGH, VersR 2005, 1720 = DAR 2006, 86 = zfs 2006, 94 = r+s 2006, 100 = NZV 2006, 78; OLG Hamm, NJW-RR 2000, 172 = VersR 2000, 843; OLG Bamberg, r+s 2002, 2; OLG Köln, NJW-RR 2003, 249 = zfs 2003, 23; LG Gießen, r+s 2001, 184 = zfs 2001, 317; *Stiefel/Hofmann* § 2b AKB, Rn 139; **a.A.:** OLG Nürnberg, MDR 2000, 1244 = SP 2000, 352 = r+s 2000, 443 = VersR 2001, 231 = NJW-RR 2001, 99 = zfs 2001, 31.

verletzung nach Eintritt des Versicherungsfalles) kann der Versicherer in Höhe von maximal 10.000,00 EUR Regress nehmen.[100]

Mehrere Obliegenheitsverletzungen **vor** Eintritt des Versicherungsfalles sind nur einmal mit maximal 5.000,00 EUR zu ahnden, ebenso mehrere Obliegenheitsverletzungen **nach** Eintritt des Versicherungsfalles.[101] Der Regress des Versicherers ist somit auf **maximal 10.000,00 EUR** begrenzt.

239

Bei Unfallflucht liegt eine über 2.500,00 EUR hinausgehende Leistungsfreiheit bis 5.000,00 EUR nur dann vor, wenn das **Gesamtverhalten** über die üblichen Pflichtverstöße hinausgeht.[102]

240

Bei Unfallflucht nach **zwei** aufeinander folgenden **Unfällen** kann der Versicherer **zweimal** Regress nehmen.[103]

241

Nach Auffassung des AG Aachen (VersR 2008, 202) findet **keine Verdoppelung** der Regressforderung statt, wenn sich diese gegen den Fahrer und den Halter richtet.

242

E. Gefahrerhöhung

Gefahrerhöhungen werden in den AKB 2008 nicht gesondert geregelt, die „klassischen" Fälle der Gefahrerhöhung wie die Verwendungsklausel (G.1.1 AKB 2008) oder die Teilnahme an Rennveranstaltungen (D.2.2 AKB 2008) werden als Obliegenheiten normiert. Es gibt jedoch in der Kraftfahrzeugversicherung eine Vielzahl von **weiteren Gefahrerhöhungen**, die nach den allgemeinen Regeln (§§ 23 ff. VVG) zu beurteilen sind.

243

---

100 BGH, VersR 2005, 1720 = DAR 2006, 86 = zfs 2006, 94 = r+s 2006, 100 = NZV 2006, 78; OLG Bamberg, r+s 2002, 2; OLG Köln, NJW-RR 2003, 249 = zfs 2003, 23; OLG Düsseldorf, r+s 2004, 482 = zfs 2004, 520; LG Aachen, r+s 1998, 226.

101 *Stiefel/Hofmann*, § 2b AKB, Rn 140; OLG Saarbrücken VersR 2004, 1131; OLG Düsseldorf zfs 2004, 364 = r+s 2004, 275 = NJW-RR 2004, 1547 = VersR 2004, 1129.

102 OLG Düsseldorf, zfs 2004, 364 = r+s 2004, 275 = VersR 2004, 1179 = NJW-RR 2004, 1547.

103 BGH, DAR 2006, 89 = zfs 2006, 96 = NZV 2006, 76; OLG Brandenburg, zfs 2004, 518 = VersR 2005, 112 = r+s 2006, 232.

I. Definition

244   Eine **Gefahrerhöhung** liegt vor, wenn sich die **Risikoumstände** nach Stellung des Versicherungsantrages **ungünstig verändern** und ein neuer Zustand erhöhter Gefahr von einer gewissen Dauer geschaffen wird.[104]

245   **Einmalige, kurzfristige** oder vorübergehende Gefahränderungen sind noch **keine** Gefahrerhöhungen. Die Annahme einer Gefahrerhöhung setzt voraus, dass sich die geänderte Gefahrenlage **dauerhaft** auf einem höheren Niveau manifestiert.[105]

246   Die **einmalige** Benutzung eines **verkehrsunsicheren** Fahrzeuges ist daher noch **keine** Gefahrerhöhung, wohl aber die wochenlange Nutzung eines Fahrzeuges mit fehlendem Seitenfenster[106] oder die Benutzung eines Fahrzeuges ohne ausreichendes Reifenprofil.[107]

247   Das VVG unterscheidet zwischen drei Alternativen der Gefahrerhöhung:

- subjektive **gewollte** Gefahrerhöhung (§ 23 Abs. 1 VVG),
- nachträglich **erkannte** und nicht unverzüglich angezeigte Gefahrerhöhung (§ 23 Abs. 2 VVG),
- **objektive**, nicht veranlasste Gefahrerhöhung (§ 23 Abs. 3 VVG).

II. Kausalität

248   Leistungsfreiheit des Versicherers nach einer Gefahrerhöhung tritt nur dann ein, wenn die Gefahrerhöhung sich **ursächlich** auf den Eintritt des Versicherungsfalles oder den Umfang der Leistungspflicht ausgewirkt hat (§ 26 Abs. 3 S. 1 VVG). Aus der Formulierung „soweit" ergibt sich, dass die Kausalität **vermutet** wird, so dass der Versicherungsnehmer in der Regel den **Kausalitätsgegenbeweis** führen muss.[108]

> *Beispiel*
>
> Der Versicherungsnehmer gerät mit abgefahrenen Reifen auf trockener Fahrbahn ins Schleudern.

---

104   BGH VersR 1990, 881 = NJW-RR 1990, 1306; *van Bühren/Therstappen*, Handbuch Versicherungsrecht, § 2 Rn 60 ff.
105   BGH, r+s 1993, 362 = zfs 1993, 241; OLG Nürnberg VersR 2000, 46.
106   OLG Hamm VersR 1996, 448.
107   OLG Saarbrücken, zfs 2003, 127.
108   Schwintowski/Brömmelmeyer/*Loacker*, § 26 VVG Rn 5.

Der Kausalitätsbeweis ist als geführt anzusehen, wenn der Versicherer beweist, dass der Versicherungsfall auch ohne die Gefahrerhöhung eingetreten wäre.

III. Subjektive Gefahrerhöhung (§ 23 Abs. 1 VVG)

Die Vornahme einer Gefahrerhöhung gemäß § 23 Abs. 1 VVG kann nur durch aktives **Tun**, nicht jedoch durch ein Unterlassen des Versicherungsnehmers erfolgen.[109]   249

In der **Fahrzeugversicherung** wird die Benutzung eines nicht verkehrssicheren Fahrzeuges als „**vorgenommene**" Gefahrerhöhung angesehen, obgleich eine Reparatur lediglich „unterlassen" worden ist.[110]   250

Da es sich bei § 23 Abs. 1 VVG um eine gewollte Risikoerhöhung handelt, muss der Versicherungsnehmer von der Gefahrerhöhung **positive Kenntnis** gehabt haben; grob fahrlässige Kenntnis reicht nicht aus. Nur dann, wenn sich der Versicherungsnehmer der Kenntnis **arglistig** entzieht, kann er sich auf die fehlende Kenntnis nicht berufen.[111]   251

Der **Versicherer** muss die **Gefahrerhöhung** und die **Kenntnis** der Gefahr erhöhenden Umstände **beweisen**;[112] der Versicherungsnehmer trägt die Beweislast für **geringeres** Verschulden als grobe Fahrlässigkeit (§ 26 Abs. 1 S. 2 VVG).   252

IV. Objektive Gefahrerhöhung (§ 23 Abs. 3 VVG)

Eine objektive (nicht gewollte) Gefahrerhöhung liegt vor, wenn der Versicherungsnehmer einen **Fahrzeugschlüssel verliert** und das Fahrzeug entwendet wird, weil der Versicherungsnehmer keine Sicherungsmaßnahmen ergriffen hat.[113]   253

Der Versicherungsnehmer muss eine ungewollte Gefahrerhöhung dem Versicherer unverzüglich **anzeigen** (§ 23 Abs. 3 VVG). Der Versicherer kann dann den Vertrag unter Einhaltung einer Frist von 1 Monat **kündigen** (§ 24 Abs. 2 VVG).   254

Das Kündigungsrecht des Versicherers **erlischt**, wenn es nicht innerhalb **eines Monats** „ausgeübt wird oder wenn der Zustand wiederhergestellt ist, der vor der Gefahrerhöhung bestanden hat" (§ 24 Abs. 3 VVG).   255

---

109   OLG Hamm VersR 1988, 49; OLG Köln, r+s 1990, 421.
110   BGH VersR 1990, 80; OLG Düsseldorf VersR 2004, 1408.
111   OLG Hamm, r+s 1996, 344; OLG Hamburg VersR 1996, 1095; OLG Köln SP 1997, 201.
112   OLG Düsseldorf DAR 2004, 391; LG Neuruppin, zfs 1997, 458.
113   BGH VersR 1996, 703, 704; OLG Celle VersR 2005, 640.

256   Rechtsfolgen treten nur bei **Vorsatz** oder **grober Fahrlässigkeit** des Versicherungsnehmers ein (§ 26 Abs. 2 VVG). Bei grober Fahrlässigkeit kann die Leistung des Versicherers entsprechend der Schwere des Verschuldens **gekürzt** werden.

257   Der **Versicherer** muss die Gefahrerhöhung und die positive Kenntnis von der Gefahrerhöhung **beweisen**.

258   Die Beweislast für das **Nichtvorliegen** einer groben Fahrlässigkeit trägt der **Versicherungsnehmer** (§ 26 Abs. 1 S. 2 VVG).

259   Die objektive Gefahrerhöhung wird in der **Regulierungspraxis** kaum eine Rolle spielen, da bei einer erkannten Gefahrerhöhung im Regelfall von einem grob fahrlässigen Verhalten des Versicherungsnehmers auszugehen ist und eine Kündigung des Vertrages durch den Versicherer ebenso **wenig realitätsnah** ist wie eine Vertragsanpassung an die objektive Gefahrerhöhung.

V.   Unerkannte Gefahrerhöhung (§ 23 Abs. 2 VVG)

260   Die Rechtsfolgen der nachträglich erkannten Gefahrerhöhung sind dieselben wie der objektiven Gefahrerhöhung nach § 23 Abs. 3 VVG: Der **Versicherer** kann den Vertrag unter Einhaltung einer Frist von einem Monat **kündigen** und wird bei Vorsatz oder grober Fahrlässigkeit ganz oder partiell leistungsfrei, wenn die Gefahrerhöhung **ursächlich** für den Eintritt des Versicherungsfalles oder den Umfang der Leistung war.

VI.   Rechtsprechung

261   ■ **Abgefahrene Reifen** (1,6 mm Mindestprofiltiefe nach § 36 Abs. 2 S. 4 StVZO) sind Gefahrerhöhung; der Versicherungsnehmer kann aber den Kausalitätsgegenbeweis (§ 25 Abs. 3 VVG) führen.[114] Profilrillen sind nur auf nasser Fahrbahn erforderlich, bei trockener Fahrbahn kann sich das fehlende Profil durch die größere Auflagefläche sogar positiv auswirken.

   ■ Die Weiterbenutzung eines Kraftfahrzeuges ohne besondere Sicherheitsmaßnahmen nach **Verlust eines Schlüssels** ist Gefahrerhöhung, wenn Diebstahlge-

---

114   BGH VersR 1978, 146 = NJW 1978, 1919; OLG Karlsruhe, zfs 1993, 308; LG Neuruppin, zfs 1997, 458.

fahr nahe liegt.[115] **Schlossaustauschkosten** sind auch nicht als Rettungskosten gemäß § 62 VVG vom Fahrzeugversicherer zu ersetzen.[116]

■ Die Benutzung eines Fahrzeuges mit **defekten Bremsen** ist eine Gefahrerhöhung im Sinne von § 23 Abs. 1 VVG. Leistungsfreiheit wegen Gefahrerhöhung setzt voraus, dass der Versicherungsnehmer **positive Kenntnis** von den die Gefahrerhöhung begründenden Umständen hat oder sich der Kenntnisnahme arglistig entzieht. Bloßes Kennenmüssen und selbst grob fahrlässige Unkenntnis reichen nicht aus. Die **Beweislast** für die positive Kenntnis trägt der **Versicherer**.[117]

■ Wochenlange Weiterbenutzung eines Fahrzeuges mit **eingeschlagenem Seitenfenster** ist eine Gefahrerhöhung.[118]

■ Eine Gefahrerhöhung im Sinne von § 23 VVG liegt vor, wenn ein versichertes Kraftfahrzeug dauernd von einem Fahrer benutzt wird, der an **Epilepsie** leidet.[119]

■ Es liegt eine subjektive Gefahrerhöhung vor, wenn der Versicherungsnehmer **dauernd** einen **Zweitschlüssel** im Fahrzeuginnenraum aufbewahrt.[120]

F. Vorsatz (A.1.5 AKB 2008)

I. Definition

Vorsatz bedeutet das Wissen und Wollen des rechtswidrigen Erfolges; dolus eventualis genügt. Der Versicherer muss Vorsatz und Rechtswidrigkeit[121] beweisen („**Vorsatztheorie**"); für Schuldausschließungsgründe oder Rechtfertigungsgründe ist der Versicherungsnehmer beweispflichtig.[122]   262

Putativnotwehr schließt den Vorsatz aus.[123]   263

115 OLG Hamm VersR 1982, 969; OLG Köln, r+s 1985, 105; OLG München, r+s 1988, 256; OLG Hamburg SP 1996, 423; OLG Nürnberg, r+s 2003, 233; **a.A.**: OLG Hamm, zfs 1992, 125, das nur eine anzeigepflichtige – ungewollte – Gefahrerhöhung annimmt.
116 AG Hannover DAR 1999, 128 m.w.N.
117 OLG Hamm, r+s 1989, 3; OLG Köln, r+s 1990, 192 = VersR 1990, 1226; OLG Hamm, r+s 1996, 344; OLG Hamburg VersR 1996, 1095; OLG Köln SP 1997, 201.
118 OLG Hamm VersR 1996, 448.
119 OLG Stuttgart, r+s 1997, 230.
120 OLG Koblenz VersR 1998, 233.
121 OLG Düsseldorf VersR 1994, 850; OLG Hamm, r+s 1996, 43; *Stiefel/Hofmann*, § 152 VVG Rn 8.
122 BGH, zfs 1987, 6; LG München II, zfs 1987, 89; *Stiefel/Hofmann*, § 10 AKB Rn 55 m.w.N.
123 OLG Düsseldorf VersR 1994, 850.

II. Beweislast

264   Der Versicherer hat für den objektiven Tatbestand den **Vollbeweis** nach § 286 ZPO zu führen. Ihm kommen keine Beweiserleichterungen zugute.

Die Regeln des **Anscheinsbeweises** sind für die Feststellungen des Vorsatzes **nicht anzuwenden**.[124] Es kommt daher nur der **Indizienbeweis** in Betracht.

III. Leistungsfreiheit

265   Die **vorsätzliche** Herbeiführung des Versicherungsfalles führt sowohl in der Kaskoversicherung (§ 81 VVG) als auch in der Haftpflichtversicherung (§ 103 VVG) zur **Leistungsfreiheit** des Versicherers.[125]

266   Im Bereich der **Kaskoversicherung** ist der Vorsatz von Hilfspersonen dem Versicherungsnehmer nicht anzurechnen, es sei denn, diese Hilfsperson ist **Repräsentant** des Versicherungsnehmers.[126]

267   Der Haftungsausschluss nach § 103 VVG in der **Haftpflichtversicherung** gilt nur für den vorsätzlich Handelnden, also für den **Fahrer**.

268   Der subjektive Risikoausschluss gemäß § 103 VVG greift auch dann zugunsten des Haftpflichtversicherers ein, wenn der vorsätzlich handelnde Schadenverursacher ein **Schwarzfahrer** ist.[127]

269   Bei § 103 VVG handelt es sich nicht um eine Obliegenheit, sondern um einen **subjektiven Risikoausschluss**, der nicht von § 117 VVG (§ 3 Nr. 4 PflVG a.F.) umfasst wird; dieser Risikoausschluss wirkt daher auch gegenüber dem **geschädigten Dritten**.[128]

> *Beispiel*
>
> Bei vorsätzlicher Herbeiführung eines Verkehrsunfalls hat der Geschädigte keinen Schadenersatzanspruch gegen den Kfz-Haftpflichtversicherer des Schädigers.

---

124   *Stiefel/Hofmann*, § 152 VVG Rn 9; BGH VersR 1988, 683 = NJW 1988, 2040.
125   OLG Oldenburg, r+s 1999, 236; OLG Celle, zfs 2004, 122.
126   *Stiefel/Hofmann*, § 152 VVG Rn 3.
127   OLG Hamm, zfs 1996, 260.
128   OLG München VersR 1990, 484; OLG Hamm, zfs 1996, 260; OLG Oldenburg VersR 1999, 482; AG Berlin-Wedding, r+s 1997, 319.

Gegenüber dem **Halter** kommt die Versagung des Versicherungsschutzes nach § 103 VVG nur in Betracht, wenn er **selbst** vorsätzlich gehandelt hat.[129]

Aber

Der Halter handelt **fahrlässig**, wenn er durch eine unzureichende Verwahrung des Kfz-Schlüssels einem angetrunkenen und selbstmordgefährdeten Teilnehmer einer Privatfeier die Benutzung des Fahrzeuges **ermöglicht**,[130] so dass die Kfz-Haftpflichtversicherung eintrittspflichtig ist.

Ist der Versicherer gemäß § 103 VVG leistungsfrei, kann der Geschädigte nur noch Ansprüche aus dem Entschädigungsfonds beim Verein **Verkehrsopferhilfe e.V.**, Glockengießerwall 1, 20095 Hamburg, Tel: 0 40/3 01 80–0, Internet: www.verkehrsopferhilfe.de, voh@verkehrsopferhilfe.de, gemäß § 12 PflVG geltend machen.

270

271

IV. Rechtsprechung

■ Bei **verabredetem Unfall** tritt Leistungsfreiheit nicht gegenüber dem unbeteiligten Halter ein; dieser kann auch die Hälfte seines Schadens bei der gegnerischen Haftpflichtversicherung geltend machen.[131]

■ Wenn **Brandspuren** auf das Entstehen des Feuers im Fahrgastraum hindeuten und technische Ursachen hierfür auszuschließen sind, ist von vorsätzlicher Brandstiftung auszugehen.[132]

■ Wenn ein Fahrzeug **kurze Zeit** nach angeblicher Entwendung **ausgebrannt**, aber ohne Kennzeichen und Aufbruchsspuren aufgefunden wird, kann dies die Überzeugung begründen, dass der Versicherungsnehmer den Versicherungsfall vorsätzlich herbeigeführt hat.[133]

■ Der Kfz-Haftpflichtversicherer haftet nicht für einen Fahrzeugzusammenstoß, den der Versicherungsnehmer vorsätzlich in **Suizidabsicht** herbeiführt.[134]

■ Der Vorsatz im Sinne von § 103 VVG muss auch die Schadenfolgen umfassen. Es genügt, dass der Versicherungsnehmer sich diese Folgen zumindest in ihren **Grundzügen** vorgestellt hat. Ein Autofahrer, der nach einer Auseinanderset-

272

---

129 *Stiefel/Hofmann*, § 152 VVG Rn 3; OLG Köln VersR 1982, 383; OLG Hamm, r+s 1996, 339.
130 OLG Oldenburg, r+s 1999, 236.
131 OLG Hamm NJW-RR 1993, 1180; OLG Schleswig, r+s 1995, 84 m.w.N.; OLG Hamm, r+s 1996, 339.
132 OLG Karlsruhe VersR 1992, 1288.
133 OLG Oldenburg, r+s 1996, 171.
134 OLG Oldenburg SP 1995, 361.

zung mit seinem Fahrzeug einem anderen Verkehrsteilnehmer nachfährt und an diesen, während er sein Fahrzeug aufschließt, so nah heranfährt, dass er zwischen beiden Fahrzeugen eingeklemmt wird, nimmt die dabei eingetretenen schweren Verletzungen billigend in Kauf.[135]

■ Der Versicherungsnehmer handelt mit dolus eventualis, wenn er durch eine Vollbremsung einen **Auffahrunfall provoziert**.[136]

■ Die Rechtsprechung des BGH, dass der Versicherer eine vorsätzliche Herbeiführung des Versicherungsfalles **ohne Beweiserleichterungen** voll zu führen hat, verstößt nicht gegen Art. 103 I GG, zumal dem Versicherer der Indizienbeweis zur Verfügung steht.[137]

G.   Grobe Fahrlässigkeit (§ 81 VVG)

I.   Bedeutung

273   In den meisten Deckungsprozessen geht es um den Vorwurf, der Versicherungsnehmer oder sein Fahrer habe den Versicherungsfall grob fahrlässig herbeigeführt. Die Grenzen zwischen einfacher und grober Fahrlässigkeit sind fließend, die **Rechtsprechung** ist ebenso unübersichtlich wie **uneinheitlich**.

274   Da im Gegensatz zur einfachen Fahrlässigkeit bei der groben Fahrlässigkeit auch **subjektive Umstände** zu berücksichtigen sind, hängt der Ausgang eines derartigen Deckungsprozesses oft davon ab, wie geschickt oder ungeschickt der Versicherungsnehmer oder der von ihm beauftragte Rechtsanwalt die subjektive Seite vorträgt.

275   Besonders deutlich wird dies beim **Rotlichtverstoß**: In den meisten Fällen wird vorgetragen, der Versicherungsnehmer sei „durch die tief stehende Mittagssonne geblendet" worden. Durch diese Einlassung wird ein auch in subjektiver Hinsicht unentschuldbares Fehlverhalten zugestanden: Ein Kraftfahrer, der in eine Kreuzung einfährt, ohne das Farbsignal der Verkehrssignalanlage erkennen zu können, handelt auch in subjektiver Hinsicht unentschuldbar.[138]

---

135   OLG Köln, r+s 1997, 95; zfs 1997, 177.
136   OLG Nürnberg, NJW-RR 2005, 466 = DAR 2005, 341; **a.A.** OLG Hamm, 20 U 219/07, NJW-RR 2009, 608.
137   BGH, NJW-RR 2005, 1051.
138   OLG Dresden VersR 1996, 576 = r+s 1996, 342; OLG Köln SP 1996, 397; OLG Hamm NJW-RR 1999, 1553.

II. Definition

Grob fahrlässig handelt, wer schon einfachste, ganz nahe liegende Überlegungen   **276**
nicht anstellt und in ungewöhnlich hohem Maße dasjenige unbeachtet lässt, was
im gegebenen Fall jedem hätte einleuchten müssen.[139]

Gemäß § 81 VVG ist der Versicherer leistungsfrei, wenn der Versicherungsnehmer   **277**
den Versicherungsfall vorsätzlich oder durch grobe Fahrlässigkeit herbeiführt.
Nach h.M. ist § 81 VVG ein **subjektiver Risikoausschluss** und nicht die Sanktion
der Verletzung einer allgemeinen Schadenverhütungsobliegenheit, da es eine solche Pflicht nicht gibt.[140]

III. Objektive Voraussetzungen

Ausgangspunkt für die Bestimmung der groben Fahrlässigkeit ist die gesetzliche   **278**
Regelung der einfachen Fahrlässigkeit (**§ 276 BGB**): Fahrlässig handelt, „wer die
im Verkehr erforderliche Sorgfalt außer Acht lässt". Der objektive Sorgfaltsmaß-
stab ist auf die allgemeinen Verkehrsbedürfnisse ausgerichtet; im Rechtsverkehr
muss jeder grundsätzlich darauf vertrauen dürfen, dass der andere Vertragspartner
die für die Erfüllung der allgemeinen Pflichten erforderlichen Fähigkeiten und
Kenntnisse besitzt.[141]

Verletzt ein Versicherter die im Rechtsverkehr allgemein anerkannten und ange-   **279**
wandten Sorgfaltspflichten in besonders schwerwiegendem Maße, so handelt er in
objektiver Hinsicht grob fahrlässig.

IV. Subjektive Voraussetzungen

Während der Maßstab der einfachen Fahrlässigkeit ausschließlich objektiv ist, sind   **280**
bei der groben Fahrlässigkeit auch subjektive, in der **Individualität** des Handelnden begründete Umstände zu berücksichtigen.[142]

Der Vorwurf der groben Fahrlässigkeit ist nur dann begründet, wenn den Handeln-   **281**
den ein **schweres Verschulden** trifft.[143] Im Rahmen der groben Fahrlässigkeit

---

139   Palandt/*Grüneberg*, § 277 BGB Rn 5 m.w.N.; BGH VersR 1983, 1011.
140   *Prölss/Martin*, § 61 VVG Rn 1 m.w.N.
141   Palandt/*Grüneberg*, § 276 BGB Rn 15 m.w.N.
142   Palandt/*Grüneberg*, § 277 BGB Rn 5 m.w.N.; BGH IV ZR 173/01, VersR 2003, 364; BGH, II ZR
      17/03, NJW 2005, 981.
143   Palandt/*Grüneberg*, a.a.O.; OLG Stuttgart NJW-RR 1989, 682.

kommt es somit auf die **persönlichen Fähigkeiten** und Geschicklichkeiten, auf die berufliche Stellung, die **Lebenserfahrung** und den **Bildungsgrad** des Versicherten an.[144]

V. Kausalität

282   Der Versicherungsfall muss durch das grob fahrlässige Verhalten eingetreten sein, es muss sich zumindest **mitursächlich** ausgewirkt haben.[145] Geht der Fahrlässigkeitsvorwurf dahin, dass der Versicherungsnehmer einen Fahrzeugschlüssel im Fahrzeug zurückgelassen hat, muss der Versicherer beweisen, dass der im Fahrzeug zurückgelassene Schlüssel auch zur Entwendung benutzt wurde.[146]

VI. Augenblicksversagen

283   Der BGH spricht von einem „Augenblicksversagen", wenn dem Versicherten ein „Ausrutscher" unterläuft, der auf „ein bei der menschlichen Unzulänglichkeit typisches einmaliges Versagen" zurückzuführen ist.[147]

284   Auch das Vergessen von verschiedenen Handgriffen in einem zur **Routine** gewordenen Handlungsablauf kann als typischer Fall eines Augenblicksversagens angesehen werden, welches das Verdikt der groben Fahrlässigkeit nicht verdient.[148]

285   Diese Rechtsprechung hatte einige Oberlandesgerichte veranlasst, die grobe Fahrlässigkeit bei **Rotlichtverstößen** mit der Begründung zu verneinen, dass der Versicherte „nur für einen Augenblick" versagt habe.[149] Dieser Tendenz ist der BGH durch ein Grundsatzurteil[150] zum Rotlichtverstoß entgegengetreten: Ein **Augenblicksversagen** allein entkräftet noch **nicht** den Vorwurf der groben Fahrlässigkeit; es müssen vielmehr weitere Umstände hinzutreten, die den Grad des momentanen Versagens erkennen und in einem milderen Licht erscheinen lassen.[151]

---

144   Palandt/*Grüneberg*, a.a.O.; BGH NJW-RR 1989, 340.
145   HK-VVG-*Karczewski*, § 81 VVG Rn 89; OLG Celle, 8 U 39/03, VersR 2004, 585.
146   OLG Karlsruhe, zfs 1996, 458 = SP 1996, 425; OLG Hamm NJW-RR 1997, 91; OLG Düsseldorf VersR 1997, 305; OLG Köln, zfs 1997, 341; OLG Celle, zfs 1997, 301; OLG Koblenz, 10 U 1038/08, VersR 2009, 1526.
147   BGH VersR 1989, 840, 841; *Römer*, VersR 1992, 1187 ff. mit umfassender Rechtsprechungsübersicht.
148   BGH VersR 1989, 840, 841.
149   OLG Hamm VersR 1991, 1368; OLG Köln VersR 1991, 1266; OLG Frankfurt VersR 1992, 230.
150   BGH VersR 1992, 1085 = NJW 1992, 2418.
151   BGH a.a.O.; OLG Köln SP 1996, 397.

VII. Alternatives Verhalten

Bei der Überprüfung der groben Fahrlässigkeit ist es schließlich von Bedeutung, 286
ob dem Versicherten ein alternatives Verhalten möglich und zumutbar war.[152]

VIII. Beweislast

Der **Versicherer** hat die Beweislast für die **Herbeiführung** des Versicherungsfal- 287
les, das **Verschulden** des Versicherungsnehmers und die **Kausalität** des Fehlver-
haltens für den Eintritt des Versicherungsfalles.[153]

Der Versicherer muss die grobe Fahrlässigkeit auch in subjektiver Hinsicht beweisen. Die Regeln des **Anscheinsbeweises** sind **nicht** anwendbar. Der objektive Ge-
schehensablauf und das Maß der objektiven Pflichtverletzung sind jedoch **Indizien**
für die subjektive Seite.[154]

IX. Rechtsprechung

1. Alkoholbedingte Fahruntüchtigkeit

■ **Absolute Fahruntüchtigkeit** (ab 1,1 Promille) begründet generell den Vorwurf 288
der groben Fahrlässigkeit,[155] selbst wenn die Unfallsituation auch von einem
nüchternen Fahrer nicht zu meistern gewesen wäre.[156]

■ Bei **relativer Fahruntüchtigkeit** (ab 0,3 bis 1,09 Promille) müssen weitere
Umstände hinzutreten und vom Versicherer bewiesen werden, die den Vorwurf
der groben Fahrlässigkeit und die Kausalität für das Unfallgeschehen begründen;[157] auch bei **0,7 Promille** kann relative Fahruntüchtigkeit vorliegen.[158]

---

152 OLG Karlsruhe VersR 1981, 454; OLG Stuttgart NJW-RR 1986, 828.
153 BGH VersR 1985, 440; OLG Celle, 8 U 39/03, VersR 2004, 585.
154 OLG Karlsruhe VersR 1994, 211; OLG Nürnberg VersR 1995, 331; OLG Hamm, r+s 1997, 320.
155 BGH VersR 1991, 1367; OLG Hamm VersR 1991, 539; OLG München, r+s 1991, 189; OLG Köln,
     r+s 1994, 329; OLG Köln SP 1996, 397.
156 OLG Düsseldorf, r+s 2000, 445 = NVersZ 2001, 24.
157 OLG Karlsruhe, zfs 1986, 309; OLG Köln VersR 1986, 229; OLG Hamm, r+s 1989, 6; OLG Karls-
     ruhe, zfs 1993, 161.
158 KG NZV 1996, 200 = zfs 1996, 421; OLG Köln, zfs 1999, 199; Hanseatisches OLG SP 2000, 209;
     OLG Düsseldorf, r+s 2000, 362; OLG Koblenz, r+s 2002, 498; OLG Saarbrücken, 5 U 698/05,
     NZV 2009, 340.

- Eine Blutalkoholkonzentration von **0,65 Promille** führt zur Leistungsfreiheit wegen grober Fahrlässigkeit, wenn ein alkoholbedingter Fahrfehler vorliegt;[159] dies gilt ebenso bei einer Blutalkoholkonzentration von **0,85 Promille**.[160]

- Beruft sich der Versicherungsnehmer auf **Schuldunfähigkeit** (§ 827 BGB), ist der **Versicherungsnehmer beweispflichtig**;[161] ein Alkoholwert von 3 Promille führt nicht zwangsläufig zur Schuldunfähigkeit.[162]

- **Unzurechnungsfähigkeit** des Versicherungsnehmers führt zur Leistungsfreiheit des Versicherers nach § 81 VVG, wenn der Versicherungsnehmer sich **vorsätzlich** betrunken hat und er zu einem Zeitpunkt, als er noch zurechnungsfähig war, zumindest damit rechnen musste, dass er noch fahren werde und wenn trotzdem keine geeigneten Vorkehrungen getroffen worden sind, um dieses zu verhindern. § 827 BGB ist entsprechend anzuwenden.[163]

2. Fahrzeugschlüssel

289   Fahrzeugschlüssel müssen **sorgfältig** verwahrt werden und vor dem Zugriff unbefugter **sicher** sein.[164] Es wird daher in der Rechtsprechung als grob fahrlässig mit der Folge der Leistungsfreiheit angesehen,

- wenn ein Fahrzeugschlüssel **im oder am Fahrzeug** zurückgelassen wird, da hierdurch die Betätigung des Lenkradschlosses erleichtert wird;[165]

- wenn der Schlüssel im **Zündschloss** steckt;[166]

- wenn der Versicherungsnehmer einen werksseitig **unter der Motorhaube** deponierten Schlüssel in diesem Versteck belässt;[167]

- wenn eine **Jacke** mit dem Fahrzeugschlüssel in einem für viele Gäste zugänglichen Raum (**Grillfest**) unbeaufsichtigt abgelegt wird;[168]

159   OLG Karlsruhe, zfs 2002, 241; OLG Hamm, r+s 2003, 188 = NZV 2003, 522.
160   OLG Koblenz DAR 2002, 217.
161   BGH VersR 2003, 1561 = SP 2004, 20.
162   OLG Hamm, r+s 1992, 42; OLG Hamm, r+s 1998, 10; OLG Frankfurt VersR 2000, 883; OLG Saarbrücken, zfs 2003, 597.
163   OLG Hamm, r+s 2001, 55 = SP 2001, 134 = zfs 2001, 119.
164   *Stiefel/Hofmann*, § 61 VVG Rn 31 mit umfassender Rechtsprechungsübersicht.
165   BGH VersR 1981, 40; OLG Frankfurt VersR 1988, 1122; OLG Köln, r+s 1995, 42 = SP 1996, 59; OLG Hamm, r+s 1996, 296; OLG Köln, r+s 1996, 1360; OLG Düsseldorf, zfs 1996, 458; OLG Koblenz SP 1997, 82; OLG Braunschweig MDR 1999, 1193; OLG Hamm zfs 2003, 80.
166   OLG Hamm NZV 1991, 195; OLG Köln, r+s 2000, 404; OLG Koblenz NVersZ 2001, 23.
167   OLG Nürnberg VersR 1994, 1417.
168   OLG Koblenz VersR 1991, 541.

- wenn eine **Jacke** mit Fahrzeugschlüsseln im **Sattelraum** eines Reiterhofes[169] oder im **Umkleideraum** einer Sportanlage[170] oder im **Nebenraum eines Bordells**[171] unbeaufsichtigt zurückgelassen wird;

- wenn Fahrzeugschlüssel auf der **Theke** einer „randvollen Gaststätte" abgelegt werden;[172]

- wenn Fahrzeugschlüssel in einer Jacke auf einem **Barhocker** zurückgelassen werden[173] oder in der Jacke, die in der **Garderobe** einer Gaststätte aufgehängt wird;[174]

- wenn **nach Diebstahl der Autoschlüssel** das Fahrzeug in der Nähe der Diskothek ungesichert zurückgelassen wird, in welcher der Schlüsseldiebstahl erfolgte;[175]

- wenn die Ehefrau des Versicherungsnehmers den Zweitschlüssel in einer **Handtasche** aufbewahrt und diese unter dem **Beifahrersitz** liegen lässt;[176]

- wenn der Fahrzeugschlüssel im **Kofferraumschloss** zwei Stunden auf einem öffentlichen Parkplatz in Ungarn steckt;[177]

- wenn der Zweitschlüssel sich in einem zuvor **gestohlenen PKW** befindet;[178]

- wenn Fahrzeugschlüssel und Fahrzeugschein durch einen **Briefschlitz** in der Glastür einen Kfz-Händlers eingeworfen werden.[179]

Demgegenüber wird es in der Rechtsprechung **nicht** als **grob fahrlässig** angesehen, wenn der Zweitschlüssel unter dem Fahrzeug am **Querträger** angebracht wird[180] oder nicht sichtbar im Kofferraum hinter dem **Reserverad**[181] oder in der Verkleidung unter dem **Radkasten**.[182]

290

---

169 OLG Köln, r+s 1996, 382.
170 OLG Stuttgart, r+s 1996, 393; OLG Koblenz zfs 2000, 112; OLG Koblenz NVersZ 1999, 429.
171 OLG Hamm, r+s 1994, 328.
172 OLG Hamm, r+s 1991, 331 = NJW-RR 1992, 360; OLG München VersR 1994, 1060.
173 OLG Stuttgart VersR 1992, 567; OLG Oldenburg, r+s 1996, 172 = zfs 1997, 141; LG Limburg, zfs 1991, 347.
174 OLG Köln, r+s 1997, 409 = VersR 1998, 973; **a.A.:** OLG Karlsruhe VersR 1995, 697.
175 OLG Frankfurt NJW-RR 1992, 537 = VersR 1992, 817.
176 OLG Hamm NJW-RR 1995, 1367 = r+s 1996, 15.
177 OLG Hamm VersR 2000, 1233.
178 OLG Koblenz MDR 2002, 90 = zfs 2002, 184.
179 OLG Düsseldorf VersR 2001, 635.
180 OLG Köln, r+s 1992, 263.
181 OLG Jena, zfs 1999, 23; LG Stuttgart, zfs 1990, 203.
182 LG Gießen VersR 1994, 170.

291   Lässt der Versicherungsnehmer den Fahrzeugschlüssel **versehentlich** im Koffer-raumschloss, weil er noch den PKW seiner Begleiterin entlädt, liegt **keine** subjek-tiv vorwerfbare grobe Fahrlässigkeit vor.[183]

292   Der Zweitschlüssel muss jedoch **bewusst** und nicht durch ein Versehen im Fahrzeug zurückgelassen werden.[184] Wird der Schlüssel im Fahrzeug verloren oder vom Ehe-gatten versehentlich im Fahrzeug belassen, ohne dass der Versicherungsnehmer hiervon weiß, liegt keine – subjektiv vorwerfbare – grobe Fahrlässigkeit vor.[185]

293   **Ausnahmsweise** ist es nicht grob fahrlässig, während des Bezahlens der Tankrech-nung den Schlüssel stecken zu lassen, wenn das Fahrzeug zwischen anderen Fahr-zeugen „**eingekeilt**" ist, so dass ein schnelles Wegfahren nicht ohne weiteres mög-lich ist.[186]

294   Es liegt **keine grobe Fahrlässigkeit** vor, wenn die Fahrzeugschlüssel in den **Brief-kasten** eines Autohauses geworfen werden.[187]

295   Partielle Leistungsfreiheit wegen grober Fahrlässigkeit tritt auch nicht ein, wenn der Versicherungsnehmer den **Zündschlüssel** stecken lässt, weil er bei einer vor-getäuschten Panne **Starthilfe** geben will.[188]

3.   Kraftfahrzeugbrief

296   Wer den Kraftfahrzeugbrief im Fahrzeug zurücklässt, führt den Versicherungsfall nur dann **grob fahrlässig** herbei, wenn der – sichtbare – Brief mitursächlich für den Diebstahlentschluss war.[189]

4.   Fahrzeugschein

297   Auch wird es in der Rechtsprechung überwiegend **nicht als grob fahrlässig** ange-sehen, wenn lediglich der Fahrzeugschein im Handschuhfach aufbewahrt wird.[190]

---

183   OLG Düsseldorf, r+s 1999, 229 = zfs 1999, 156 = MDR 1999, 1135 = r+s 1999, 229.
184   LG Limburg, zfs 1996, 263.
185   OLG Hamm VersR 1984, 229; OLG München VersR 1995, 1046.
186   OLG Frankfurt, zfs 2003, 81 = VersR 2003, 319 = NJW-RR 2003, 602.
187   OLG Hamm SP 2000, 141 = r+s 2000, 403.
188   OLG Frankfurt MDR 2003, 632 = SP 2003, 210.
189   OLG Köln, r+s 2003, 498 = NJW-RR 2004, 115.
190   BGH, zfs 1995, 340; BGH NJW-RR 1996, 736 = r+s 1996, 168; OLG Hamm VersR 1982, 995; OLG Köln VersR 1983, 847; OLG Köln VersR 1995, 456; OLG Jena SP 1999, 23; OLG Koblenz VersR 2003, 589; **a.A.**: OLG Karlsruhe, zfs 1995, 259; OLG Bamberg VersR 1996, 969; LG Mün-chen, zfs 1985, 371; LG Dortmund VersR 1985, 465.

5. Rotlichtverstoß

Ein Kraftfahrer, der eine Verkehrsampel bei Rotlicht überfährt, handelt in der Regel **grob fahrlässig**.[191]

298

Ein **Augenblicksversagen** allein schließt die grobe Fahrlässigkeit noch **nicht** aus.[192]

299

Behauptet der Versicherungsnehmer Schuldunfähigkeit gemäß § 827 S. 1 BGB (**Blackout**), ist der Versicherungsnehmer insoweit beweispflichtig.[193] Ebenso trifft den Versicherungsnehmer die Beweislast bei unvorhersehbarem „**Sekundenschlaf**".[194]

300

Verneint haben die grobe Fahrlässigkeit bei Rotlichtverstoß:

301

- OLG Köln VersR 1984, 50: Geradeausfahrt bei ausschließlicher Freigabe des Rechtsabbiegeverkehrs durch **Grünpfeil**;
- OLG München zfs 1984, 21: Fahrzeugführer war durch **Fußgänger** irritiert;
- OLG Hamm VersR 1984, 727: Sichtbehinderung durch **beschlagene Scheiben**;
- OLG Karlsruhe r+s 1990, 364: Versicherungsnehmer ist **ortsunkundig**;
- OLG Köln r+s 1991, 82; OLG Frankfurt VersR 1992, 230: die Kreuzung ist **unübersichtlich**;
- OLG Frankfurt VersR 1993, 826: durch **Sonneneinwirkung** leuchteten alle drei Lichter scheinbar auf;
- OLG Nürnberg SP 1996, 219 = NJW-RR 1996, 986: Versicherungsnehmer war ortsunkundig, die Ampelschaltung **unübersichtlich**, außerdem bestand Sichtbehinderung durch andere Verkehrsteilnehmer;
- OLG Köln SP 1998, 20: irritierende Wirkung einer das Rotlicht überlagernden großen **grünen Leuchtreklame**;

191 BGH, r+s 2003, 144 = DAR 2003, 17 = VersR 2003, 364; OLG Köln NJW-RR 1991, 480; OLG Stuttgart, r+s 1992, 362; OLG Karlsruhe VersR 1994, 211; OLG Hamburg VersR 1994, 211; OLG Hamm, r+s 1994, 46; OLG Oldenburg, r+s 1994, 47; OLG Hamm VersR 1995, 1992; OLG Hamm, r+s 1996, 13; OLG Dresden VersR 1996, 577 = zfs 1996, 342 = r+s 1996, 342; OLG Nürnberg SP 1996, 219; OLG Köln SP 1996, 397; OLG Köln SP 1997, 81; OLG Oldenburg, r+s 1997, 148; OLG Hamm, r+s 1997, 357; OLG Köln, r+s 1997, 234 = MDR 1998, 594; OLG München VersR 1998, 839; OLG Hamm SP 1998, 431; OLG Hamm, zfs 1999, 200 = NJW-RR 1999, 1553 = VersR 1999, 1011 = r+s 1999, 145 = SP 1999, 173; OLG Brandenburg, r+s 1999, 59; OLG Stuttgart VersR 2000, 177; OLG Hamm SP 2001, 277; OLG Koblenz, r+s 2001, 234; OLG Düsseldorf SP 2002, 143; OLG Hamm SP 2002, 29; OLG Köln, zfs 2002, 293; OLG Frankfurt VersR 2003, 319; OLG Köln SP 2003, 102; OLG Saarbrücken NJW-RR 2003, 640; OLG Rostock, zfs 2003, 256.
192 BGH VersR 1992, 1085 = r+s 1992, 292; BGH, r+s 2003, 144; OLG Köln SP 1996, 397; OLG Köln SP 1997, 81; OLG Rostock SP 1998, 252; OLG Köln NZV 2003, 138.
193 OLG Köln SP 1997, 404 = zfs 1997, 339.
194 OLG Saarbrücken NJW-RR 2003, 604.

- OLG Köln SP 1998, 430: **blendende Sonneneinstrahlung**;
- OLG Hamm r+s 2000, 232 = SP 2000, 321 = zfs 2000, 346 = NJW 2000, 1477: Versicherungsnehmer hatte zunächst angehalten und war durch das Grünlicht der **Nachbarampel** irritiert worden.

6. Übermüdung am Steuer

302   Das Einschlafen eines Kraftfahrers infolge Übermüdung ist in der Regel **grob fahrlässig**, insbesondere dann, wenn er nach den besonderen Umständen der Fahrt mit dem Eintritt der Übermüdung rechnen muss.[195] Die **Erkennbarkeit** und Vorhersehbarkeit dieses Zustandes und deren Nichtbeachtung sind daher wesentliche Elemente des Verschuldensmaßstabes.

303   Der **Versicherer** muss die **Übermüdung** als Unfallursache **beweisen**; Zweifel an der Kausalität gehen daher zu Lasten des Versicherers.[196]

304   Es liegt daher **keine grobe Fahrlässigkeit** vor, wenn nach **ausreichendem** Schlaf Ermüdung als Unfallursache in Betracht kommt.[197]

305   Der Vorwurf der groben Fahrlässigkeit ist auch dann nicht gerechtfertigt, wenn nach einer Tankpause von 15 Minuten und einem restlichen Heimweg **von 30 Minuten** die Fahrt fortgesetzt wird.[198]

306   Dem Versicherungsnehmer sind **Lenkzeitüberschreitungen** seines Fahrers nur dann zuzurechnen, wenn er bewusst Fahrten angeordnet hat, die unter Beachtung der vorgeschriebenen Lenk- und Ruhezeiten nicht zu absolvieren waren oder wenn er sich dieser Kenntnis arglistig verschlossen hat.[199]

7. Mangelnde Sicherung

307   Der Diebstahl eines Fahrzeuges wird **grob fahrlässig** herbeigeführt,

- bei Abstellen eines Kraftfahrzeuges ohne Betätigung des **Lenkradschlosses**;[200]

---

195   OLG Celle VersR 1986, 949; OLG Frankfurt NJW-RR 1993, 102; OLG Oldenburg SP 1998, 23.
196   OLG Hamm, zfs 1994, 250.
197   OLG München DAR 1994, 201 = zfs 1994, 257.
198   OLG Hamm MDR 1998, 314.
199   OLG Köln, zfs 1997, 306.
200   OLG Frankfurt VersR 1988, 1122.

- wenn ein Fahrzeug für drei Tage auf einem unbewachten **Strandparkplatz** abgestellt wird;[201]

- wenn ein defektes Fahrzeug auf einem **Seitenstreifen der Bundesautobahn**[202] oder einem **Autobahnparkplatz**[203] für mehrere Tage abgestellt wird;

- bei kurzzeitigem Verlassen des Fahrzeuges mit **steckendem Zündschlüssel**;[204]

- wenn ein Motorrad für mehrere Tage auf dem Parkplatz einer **Autobahnraststätte** abgestellt wird[205] oder auf dem Parkplatz eines **Sportlerheims** in Ortsrandlage;[206]

- wenn ein Fahrzeug auf **abschüssigem Gelände** abgestellt wird, ohne die Feststellbremse zu betätigen oder einen Gang einzulegen;[207]

- wenn ein **PKW-Anhänger** (für den Transport von Motorrädern) **ungesichert** auf einem frei zugänglichen Grundstück abgestellt wird.[208]

8. Leichtfertige Fahrweise

Grob fahrlässige Herbeiführung des Versicherungsfalles liegt auch vor,

308

- wenn ein Unfall durch einen grob verkehrswidrigen **Überholvorgang** verursacht wird[209] oder

- durch eine erhebliche **Geschwindigkeitsüberschreitung**;[210] 150 km/h statt 100 km/h auf einer Landstraße;[211] 103 km/h statt 50 km/h innerorts; demgegenüber liegt **keine grobe Fahrlässigkeit** vor, wenn 45 km/h statt 30 km/h gefah-

---

201 OLG Bremen DAR 1980, 177 = zfs 1980, 249.
202 LG Bonn VersR 1973, 909; AG Köln, zfs 1981, 314.
203 OLG Hamm, r+s 1995, 172; LG Wiesbaden, r+s 1995, 175.
204 OLG Frankfurt VersR 1988, 1122; OLG Koblenz, zfs 2004, 367 = r+s 2004, 279.
205 OLG Köln, r+s 1991, 118.
206 LG Gießen DAR 1996, 407.
207 OLG Hamm VersR 1996, 225 = 1996, 2170/171; LG Konstanz, r+s 1996, 258; LG Kleve, r+s 1991, 45; **a.A.:** OLG Stuttgart VersR 1991, 1049; LG Hannover NJW-RR 1992, 1251.
208 OLG Oldenburg NJW-RR 1996, 1310.
209 BGH VersR 1982, 892; OLG Hamm VersR 1991, 294 = r+s 1991, 154; LG Karlsruhe VersR 1992, 1507; OLG Karlsruhe VersR 1994, 1180 = r+s 1995, 47; OLG Hamm VersR 1996, 181; OLG Celle SP 1996, 221; OLG Hamm VersR 1996, 181; OLG Karlsruhe SP 1996, 230; OLG Hamm DAR 1998, 393 = SP 1998, 432; OLG Hamm, zfs 1999, 428; OLG Düsseldorf, r+s 1999, 311 = NVersZ 2000, 32; OLG Koblenz SP 2000, 27; OLG Köln, r+s 2003, 56; OLG Karlsruhe, zfs 2004, 321.
210 OLG Koblenz, r+s 1999, 498 = VersR 2000, 720.
211 OLG Nürnberg, r+s 2000, 364.

ren werden[212] oder wenn 95 km/h statt 50 km/h gefahren werden[213] oder 90 km/h statt 50 km/h;[214] 95 km/h statt 70 km/h,[215]

■ durch **Wenden** auf einer Autobahnausfahrt;[216]

■ durch Missachtung eines **Stoppschildes**;[217]

■ wenn ein beschilderter **Bahnübergang** (Andreaskreuz) missachtet wird;[218]

■ bei **flottem Rückwärtsfahren** trotz schlechter Sicht;[219]

■ bei versehentlicher Betätigung des **Rückwärtsgangs**;[220]

■ wenn ein Kraftfahrer in einer übersichtlichen Kurve mit Geschwindigkeitsbeschränkung auf 60 km/h **ins Schleudern** gerät;[221]

■ wenn mit **mehr als 200 km/h** an ein mit 180 km/h fahrendes Fahrzeug dicht aufgeschlossen wird;[222]

■ wenn mit **170 km/h** im Dunkeln auf einer Autobahn in einer **Kolonne** gefahren wird;[223]

■ wenn ein Kraftfahrer sich nach heruntergefallenen Gegenständen **bückt**;[224] **nicht** aber, wenn der **CD-Wechsler** bedient wird;[225]

■ wenn der Kraftfahrer Papiere aus dem **Handschuhfach** sucht;[226]

■ wenn der Fahrer aus einer **Flasche** trinkt;[227]

212 OLG Düsseldorf VersR 1997, 56.

213 OLG Frankfurt MDR 2002, 517 = zfs 2002, 242.

214 OLG Köln SP 2003, 175.

215 OLG Saarbrücken, 5 U 78/08, zfs 2009, 157.

216 OLG Hamm, r+s 1992, 42.

217 OLG Oldenburg, r+s 1995, 42; OLG Hamm SP 1999, 174 = r+s 2000, 53; OLG Hamm SP 1999, 357; OLG Köln SP 1999, 21; OLG Nürnberg NJW-RR 1996, 988 = r+s 1997, 409; OLG Zweibrücken VersR 1993, 218; OLG Hamm, zfs 1998, 262; OLG Koblenz, 10 U 747/07, VersR 2008, 1346; **a.A.:** OLG Hamm VersR 1993, 826; AG Saarbrücken DAR 1999, 510 m.w.N.; OLG Hamm DAR 1999, 217; KG, zfs 2001, 216; OLG Bremen, r+s 2002, 229.

218 OLG Hamm VersR 1997, 1480.

219 OLG Schleswig, r+s 1993, 49.

220 OLG Frankfurt SP 1997, 440.

221 OLG Koblenz, r+s 1993, 289; OLG Stuttgart VersR 1993, 288; OLG Köln, r+s 1994, 208; OLG Oldenburg, r+s 1995, 331; OLG Köln VersR 1997, 57.

222 OLG Hamm DAR 1991, 455 = VersR 1992, 691.

223 OLG Düsseldorf NZV 2003, 289.

224 *Frank*, zfs 1997, 361 mit Rechtsprechungsübersicht; OLG Jena, zfs 1996, 340; OLG Jena VersR 1998, 838; OLG Frankfurt MDR 1998, 43; OLG Köln MDR 1998, 1411; **a.A.:** KG VersR 1983, 494; OLG Hamm, r+s 1991, 186; OLG München NJW-RR 1992, 538; OLG München SP 1999, 210; OLG Zweibrücken, r+s 1999, 406; OLG München SP 2000, 173; OLG Hamm, r+s 2000, 229 = VersR 2001, 843 = SP 2001, 244.

225 OLG Hamm, zfs 2002, 294.

226 OLG Stuttgart, r+s 1999, 56 = VersR 1999, 1359.

227 OLG Hamm, r+s 2002, 145.

- wenn in den Fußraum eines LKW eine **Kaffeekanne** fällt;[228]

- ·wenn ein Kraftfahrer eine **brennende Zigarette**, die zwischen seine Beine auf den Fahrersitz gefallen ist, entfernt;[229]

- wenn ein Kraftfahrer das Steuer verreißt, weil er nach Gegenständen auf dem **Beifahrersitz** greift;[230]

- wenn ein Kraftfahrer einen Bahnübergang trotz **Warnlicht** und geschlossener Halbschranke überquert;[231]

- wenn ein PKW mit **Dachaufbau** in einem Parkhaus gegen einen abgesenkten Unterzug (1,90 m) stößt;[232]

- wenn der Mieter eines LKW die Durchfahrtshöhe einer niedrigen **Eisenbahn-brücke** trotz entsprechender Warnhinweise missachtet;[233]

- wenn ein **Hund** ungesichert im Fußraum mitgeführt wird;[234]

- wenn trotz erkennbarer Beschädigung von **Kühler** oder **Ölwanne** die Fahrt fortgesetzt und hierdurch ein Motorschaden ausgelöst wird;[235]

- wenn ein Kraftfahrer in **England rechts** fährt;[236]

- wenn ein Kraftfahrer eine **Einbahnstraße** in falscher Richtung befährt;[237]

- wenn auf Autobahnen **Wettrennen** durchgeführt werden;[238]

- wenn eine **überflutete Straßenunterführung** mit der Folge eines Motorscha-dens durchfahren wird;[239]

- wenn auf ein gut sichtbares **Baustellenfahrzeug** mit großer Warntafel und wechselndem **Blitzblinklicht** aufgefahren wird;[240]

---

228   OLG Hamm NVersZ 2000, 578.
229   OLG Karlsruhe, r+s 1993, 248 = VersR 1993, 1096; OLG Frankfurt, zfs 1996, 61 = VersR 1996, 446; OLG Köln MDR 1998, 1411; OLG Hamm SP 2000, 243 = zfs 2000, 347.
230   OLG Celle, zfs 1994, 127; OLG Naumburg DAR 1997, 112.
231   OLG Hamm, r+s 1996, 391.
232   OLG Oldenburg, r+s 1995, 129 = VersR 1996, 182; **a.A.:** OLG München NJW-RR 1996, 1177; OLG Rostock MDR 2004, 91.
233   OLG Düsseldorf VersR 1997, 77; **a.A.:** OLG München DAR 1999, 506 m.w.N.
234   OLG Nürnberg, r+s 1994, 49 = zfs 1994, 94.
235   OLG Karlsruhe VersR 1989, 508; OLG Hamm VersR 1994, 1290; LG Osnabrück VersR 1997, 1352.
236   LG Mainz VersR 1999, 438.
237   OLG Hamm, r+s 1999, 188.
238   OLG Köln SP 2000, 391 = zfs 2000, 450 = VersR 2001, 454.
239   OLG Frankfurt NVersZ 2001, 26.
240   OLG Köln, zfs 2002, 295.

- wenn ein LKW mit **hochgestellter Kippermulde** gegen die Unterkante einer Brücke fährt;[241]

- wenn bei Geschwindigkeit zwischen 170 km/h und 220 km/h **telefoniert** wird;[242]

- wenn mit **Sommerreifen** in einem Wintersportort (Arosa) trotz Schneeglätte gefahren wird.[243]

9. Fahrzeugüberlassung

309   Wer einem Unbekannten ein Fahrzeug zur **Probefahrt** überlässt, handelt in der Regel grob fahrlässig.[244]

310   Ebenso liegt grobe Fahrlässigkeit vor, wenn der Versicherungsnehmer einen **Fremden** aus dem „Milieu" mit nach Hause nimmt, alsbald einschläft und so dem Unbekannten die Möglichkeit gibt, die Fahrzeugschlüssel und das Fahrzeug an sich zu nehmen.[245]

10. Weitere Beispiele

311   Der Versicherungsnehmer verursacht einen Fahrzeugbrand grob fahrlässig, wenn er einen **Heizlüfter** unbeobachtet auf den Beifahrersitz stellt, um das Fahrzeug vorzuwärmen.[246]

312   Der Versicherungsnehmer verursacht einen Unfall grob fahrlässig, wenn er vom Beifahrersitz aus die **Handbremse** betätigt, um den das Fahrzeug führenden Sohn zu veranlassen, die Geschwindigkeit von 150 km/h herabzusetzen.[247]

313   Beim Aufprall eines hoch geschleuderten Gegenstandes gegen die Unterseite eines Fahrzeuges muss die **Ölmengenanzeige** sorgfältig beobachtet werden, da die Beschädigung der Ölwanne möglich ist. Geschieht dies nicht, ist ein hierdurch entstandener Motorschaden grob fahrlässig herbeigeführt worden.[248]

---

241   OLG Düsseldorf VersR 2001, 976 = zfs 2001, 217.
242   OLG Koblenz SP 1999, 205 = MDR 1999, 481 = SP 1999, 206; OLG Köln NVersZ 2001, 26 = NJW-RR 2001, 22.
243   OLG Frankfurt SP 2003, 427.
244   OLG München VersR 1995, 954; OLG Düsseldorf, r+s 1999, 230 = zfs 1999, 297; OLG, Frankfurt, zfs 2002, 240.
245   OLG Düsseldorf VersR 1989, 39.
246   OLG Hamm VersR 1997, 1480 = zfs 1998, 57.
247   OLG Köln, r+s 1997, 408.
248   OLG Karlsruhe VersR 1998, 710.

X. Aktuelle Rechtsprechung zum VVG 2008

Ein Abzug von **75 %** ist zulässig, wenn der Versicherungsnehmer einem erkennbar **alkoholbedingt** fahruntüchtigen Fahrer das versicherte Fahrzeug überlässt (LG Bonn, 10 O 115/09 = DAR 2010, 24).

Bei einem **Rotlichtverstoß** ist eine Kürzung auf **50 %** der Versicherungsleistung angemessen (LG Münster, 15 O 141/09, zfs 2009, 641 = VersR 2009, 1615 = DAR 2009, 705 = r+s 2009, 501).

H. Rechtsfolgen

Bei grober Fahrlässigkeit ist der Versicherer berechtigt, die Leistung in einem der Schwere des Verschuldens entsprechenden Verhältnis zu kürzen (A.2.16 AKB 2008). Diese Regelung entspricht dem Gesetzeswortlaut in § 81 Abs. 2 VVG.   314

Da es sich bei der groben Fahrlässigkeit um einen **subjektiven Risikoausschluss** handelt, trägt der **Versicherer** die **Beweislast** für die Schwere der Schuld und für den Umfang der Leistungskürzung.[249]   315

Es ist davon auszugehen, dass die Versicherer im Regelfall die **Hälfte** der Entschädigungsleistung erbringen werden. Es sind aber auch Kürzungen bis auf Null ebenso denkbar wie eine vollständige Schadenregulierung, wenn die grobe Fahrlässigkeit sich im Randbereich der einfachen Fahrlässigkeit bewegt.[250]   316

§ 81 Abs. 2 VVG entspricht der Regelung in der **Schweiz** (Art. 14 Abs. 2 Schweizerisches VVG), dort bewegen sich die Kürzungen bei grober Fahrlässigkeit in einem Bereich von 30 %, lediglich bei grober Fahrlässigkeit in Folge Trunkenheit werden höhere Kürzungen vorgenommen.   317

Es ist davon auszugehen, dass in der Rechtsprechung auf Dauer durch Kasuistik eine **Tabelle** entwickelt wird, wie es sie bereits zu Haftungsquoten bei Verkehrsunfällen und zum Schmerzensgeld gibt.   318

Beim **Zusammentreffen** von grob fahrlässiger **Herbeiführung** des Versicherungsfalles und einer grob fahrlässigen Obliegenheitsverletzung dürfen die Quoten nicht addiert werden, vielmehr ist die wegen grober Fahrlässigkeit ermittelte Quote dann noch um die entsprechende Quote wegen Obliegenheitsverletzung zu **kürzen**.   319

---

249 *Rixecker*, zfs 2009, 15 ff.
250 *Rixecker*, zfs 2007, 15, 16; van Bühren/*van Bühren*, § 1 Rn 849; *Günther*, r+s 2009, 492 ff. mit umfassender Übersicht über die bislang vertretenen Auffassungen.

320   Das Verhalten des Versicherungsnehmers, das zur grob fahrlässigen Herbeiführung des Versicherungsfalles führt, liegt im Regelfall **vor** Eintritt des Versicherungsfalles und dürfte daher den Obliegenheitsverletzungen **vor** Eintritt des Versicherungsfalles gleichzusetzen sein. Hier verbietet sich eine Quotenkonsumption.

Beispiel

Der Versicherungsnehmer begeht einen schwerwiegenden Rotlichtverstoß und anschließend Unfallflucht. Wenn der Rotlichtverstoß zu einer Quotierung von 50 % führt und die anschließende Quote für die Unfallflucht mit 20 % ermittelt wird, erhält der Versicherungsnehmer 25 % der vertraglichen Leistung (100 % ./. 50 % ./. 20 % = 25 %)

I. Repräsentantenhaftung

I. Definition

321   Obliegenheitsverletzungen oder vorsätzliche und grob fahrlässige Herbeiführung des Versicherungsfalles durch Dritte werden dem Versicherungsnehmer nur dann zugerechnet, wenn diese Dritte „**Repräsentanten**" sind.[251]

322   **Definition „Repräsentant"**

Repräsentant ist derjenige, der von dem Versicherungsnehmer mit der tatsächlichen Risikoverwaltung betraut und an die Stelle des Versicherungsnehmers getreten ist.[252]

323   Die bloße Überlassung des Fahrzeuges reicht nicht aus, eine Repräsentantenstellung zu begründen. Repräsentant kann nur sein, wer befugt ist, **selbstständig** in einem gewissen, nicht ganz unbedeutendem Umfang für den Versicherungsnehmer zu handeln und damit die Risikoverwaltung übernommen hat.[253]

324   Es ist auch nicht ohne weiteres von einer Repräsentantenstellung des Ehemannes auszugehen, wenn das Fahrzeugkennzeichen auf die **Initialen** des Ehemannes abgestimmt ist.[254]

---

251   *Römer/Langheid*, § 6 VVG Rn 146 m.w.N.
252   BGH VersR 1989, 737; BGH, r+s 1992, 266; BGH VersR 1993, 828; OLG Hamm, r+s 1995, 41; OLG Düsseldorf SP 2000, 175; *Knappmann*, VersR 1997, 261 ff.
253   OLG Hamm VersR 1995, 1348; OLG Köln, r+s 1996, 7.
254   OLG Düsseldorf SP 2000, 175.

Es ist **nicht** (mehr) erforderlich, dass der Repräsentant auch im Rahmen des Versicherungsverhältnisses die Rechte des **Versicherungsnehmers** wahrnimmt.[255] **325**

II. Wissenserklärungsvertreter

Vom Repräsentanten zu unterscheiden ist der „**Wissenserklärungsvertreter**", der vom Versicherungsnehmer damit betraut worden ist, an seiner Stelle die mit der Schadenregulierung notwendigen Angaben zu machen und mit der Erfüllung der Aufklärungsobliegenheit beauftragt ist.[256] **326**

> *Beispiel*
>
> Der Versicherungsnehmer lässt das Schadenformular von seiner Ehefrau ausfüllen.

Falsche Angaben des Wissenserklärungsvertreters muss sich der Versicherungsnehmer in entsprechender Anwendung von **§ 166 BGB zurechnen** lassen.[257]

III. Wissensvertreter

Wer von dem verantwortlichen Leiter eines Unternehmens oder von einem Kraftfahrzeughalter damit betraut ist, rechtserhebliche Tatsachen zur Kenntnis zu nehmen, gilt als **Wissensvertreter** des Versicherungsnehmers.[258] **327**

Auch hier erfolgt die Wissenszurechnung aus der analogen Anwendung von § 166 BGB; die Kenntnis des Wissensvertreters steht der des Versicherungsnehmers nach § 242 BGB gleich.[259] **328**

> *Beispiel*
>
> Der Versicherungsnehmer hat einen Werkstattmeister eingestellt, der mit der Überwachung der Verkehrssicherheit der eingesetzten Fahrzeuge beauftragt ist.

---

255   BGH NJW-RR 1991, 1307; BGH, r+s 1992, 266.
256   BGH, IV ZR 72/92, VersR 1993, 960; OLG Düsseldorf, 4 U 97/96, VersR 1999, 1106.
257   BGH VersR 1993, 960 = r+s 1993, 281 = zfs 1993, 305; OLG Köln, r+s 1994, 245; OLG Frankfurt VersR 1994, 927; OLG Köln, r+s 2003, 10.
258   BGH, IV ZR 219/03, VersR 2005, 219, 220.
259   OLG Köln, 9 U 113/04, VersR 2005, 1528.

IV. Rechtsprechung

329
■ Der **Ehegatte** ist als solcher kein Wissenserklärungsvertreter; vielmehr ist auch bei Ehegatten erforderlich, dass der eine den anderen mit der Abgabe von Erklärungen gegenüber dem Versicherer betraut hat.[260]

■ **Unfallflucht** des Repräsentanten ist dem Versicherungsnehmer zuzurechnen, da die Wartepflicht zur Risikoverwaltung gehört.[261]

■ Wenn **beide Ehegatten** ein Fahrzeug abwechselnd benutzen, ist keiner Repräsentant des anderen.[262]

■ Ein **Prokurist**, dem ein Dienstfahrzeug ständig und ausschließlich für dienstliche und private Zwecke zur Verfügung steht, ist nicht Repräsentant, wenn fahrzeugbezogene Maßnahmen (Reparatur und Wartung) in der Betriebswerkstatt durchgeführt werden.[263]

■ Ein **Handelsvertreter**, der sein Dienstfahrzeug nicht nur dienstlich und privat nutzt, sondern auch für seine Unterhaltung und Verkehrssicherheit zu sorgen hat, ist Repräsentant;[264] ebenso ein Prokurist.[265]

■ Der **Bruder** des Versicherungsnehmers ist Repräsentant, wenn ihm in vollem Umfang die Betreuung des versicherten Fahrzeuges obliegt;[266] ebenso der **Sohn** des Versicherungsnehmers.[267]

■ Wenn der Versicherungsnehmer ein von einem Dritten ausgefülltes **Schadenformular** unterschreibt, macht er sich die Angaben des Dritten zu eigen, es liegt dann eine Falschangabe des Versicherungsnehmers vor.[268]

■ **Vertritt ein Ehepartner** den anderen bei der Schadenabwicklung, sind dessen Erklärungen und Erkenntnisse als **Wissensvertreter** dem Versicherungsnehmer zuzurechnen;[269] dies gilt auch für den **Sohn** des Versicherungsnehmers.[270]

■ „**Blindes**" **Unterschreiben** eines vom Agenten ausgefüllten Schadenformulars mit unrichtigen Angaben zum Fahrzeugwert ist als grob fahrlässige Obliegenheitsverletzung anzusehen.[271]

---

260   BGH VersR 1993, 960 = r+s 1993, 281 = zfs 1993, 305.
261   BGH, r+s 1996, 385 = SP 1996, 322 = VersR 1996, 1229 = DAR 1996, 460 = zfs 1996, 418; OLG Oldenburg VersR 1996, 746 = NJW-RR 1996, 602; **a.A.**: OLG Köln, r+s 1995, 402.
262   OLG Hamm VersR 1995, 1086.
263   OLG Hamm VersR 1995, 1086.
264   OLG Frankfurt VersR 1996, 838.
265   BGH, r+s 1996, 385 = zfs 1996, 341; OLG Köln VersR 1996, 839 = r+s 1995, 402.
266   OLG Oldenburg VersR 1996, 840 = zfs 1996, 341.
267   OLG Oldenburg VersR 1996, 841 = r+s 1996, 431.
268   BGH VersR 1995, 281.
269   OLG Köln VersR 1991, 95; OLG Nürnberg, zfs 1997, 378; OLG Stuttgart, r+s 1992, 331.
270   OLG Hamburg, r+s 1995, 7.
271   OLG Düsseldorf SP 1998, 362.

■ Der Versicherungsnehmer verliert seinen Versicherungsschutz, wenn er einen **uninformierten Dritten** vorschiebt.[272]

J. Fälligkeit (A.4.9.3 AKB 2008)

I. Zwei-Wochen-Frist

A.4.9.3 AKB 2008 enthält eine Sonderregelung gegenüber § 14 Abs. 1 VVG. Die Kaskoentschädigung wird innerhalb von zwei Wochen nach ihrer Feststellung **fällig**. Der Versicherer ist verpflichtet, sich innerhalb **eines Monats** nach Zugang des Nachweises über den Unfallhergang und die Unfallfolgen zu **erklären**, ob und in welcher Höhe der Anspruch anerkannt wird. (A.4.9.1 AKB 2008). Im Falle der **Entwendung** tritt die Fälligkeit nicht vor Ablauf der Monatsfrist gemäß A.2.10.1 AKB 2008 ein.   330

II. Abschlagszahlungen

Nach A.2.14.2 AKB 2008, der inhaltlich § 14 Abs. 2 VVG entspricht, kann der Versicherungsnehmer angemessene Vorschüsse verlangen, allerdings nur dann, wenn die Eintrittspflicht des Versicherers **dem Grunde nach** feststeht.[273]   331

Der Vorschuss wird nur dann fällig, wenn ihn der Versicherungsnehmer verlangt.   332

III. Verzug

Der Versicherer gerät in Verzug, wenn er nach Eintritt der Fälligkeit der Versicherungsleistung oder der Vorschusszahlung nach einer Mahnung durch den Versicherungsnehmer **schuldhaft** keine Zahlung leistet.   333

Wird die Eintrittspflicht zu Unrecht verneint, gerät der Versicherer auch **ohne Mahnung** in Verzug.[274]   334

Zum Verzugsschaden gehören dann auch die **Rechtsanwaltskosten**, die **nach** Eintritt des Verzuges anfallen.[275]   335

---

272   OLG Hamm NVersZ 1999, 37.
273   BGH, VersR 1986, 77.
274   BGH, VersR 1990, 153.
275   OLG Hamm, NZV 1991, 314.

K. Verjährung

336 Das VVG 2008 kennt keine gesonderten Verjährungsvorschriften für versicherungsrechtliche Ansprüche, es geltend vielmehr die allgemeinen Verjährungsfristen des **BGB**.

337 Die Ansprüche aus Versicherungsverträgen verjähren gemäß § 195 BGB in **drei Jahren**, beginnend mit dem Schluss des Kalenderjahres, in dem die Leistung fällig geworden ist. Entscheidung ist somit das Jahr der **Fälligkeit**, nicht das Jahr, in dem der Versicherungsfall eingetreten ist.[276]

338 Auf die Verjährungsfristen finden die allgemeinen Vorschriften der §§ 203 ff. BGB Anwendung. Ergänzend hierzu bestimmt **§ 15 VVG** dass die Verjährung hinsichtlich eines angemeldeten Anspruchs **gehemmt** ist bis zum Eingang der schriftlichen Entscheidung des Versicherers; es muss sich um eine eindeutige und abschließende Stellungnahme zu Grund und Umfang der Leistungspflicht handeln.[277]

339 Die Unterzeichnung einer **Entschädigungsberechnung** durch den Versicherungsnehmer und die Entgegennahme einer anschließenden Zahlung führten noch nicht zum Ende der Verjährungshemmung.[278] Die Hemmung entfällt jedoch, wenn der Versicherungsnehmer sich **drei Jahre** nach Abrechnung des Schadens nicht mehr meldet und dadurch zu erkennen gibt, dass er weitere Ansprüche aus dem Versicherungsfall nicht mehr verfolgt.[279]

340 Ein erneutes Gespräch zwischen dem Versicherer und dem Versicherungsnehmer können eine Hemmung der Verjährung nur bewirken, wenn der Versicherer zu erkennen gibt, dass er die Frage der Leistungspflicht weiterhin als **offen** ansieht.[280]

341 Die Hemmung der Verjährung bedeutet, dass der Zeitraum, während dessen die Verjährung gehemmt ist, in die Verjährungsfrist nicht eingerechnet wird (§ 209 BGB). Die Verjährungsfrist **verlängert** sich somit um die **Hemmungszeit** die konkret zu berechnen ist. Eine zeitliche Begrenzung für die Hemmungszeit gibt es nicht.[281]

---

276 OLG Köln, VersR 2004, 49.
277 OLG Köln, r+s 1991, 254.
278 OLG Düsseldorf, r+s 1999, 397.
279 OLG Düsseldorf, r+s 1999, 397.
280 OLG Hamm, r+s 1994, 50 = VersR 1994, 465; OLG Düsseldorf, r+s 1999, 397.
281 BGH NJW 1990, 178.

§ 4 Teilkaskoversicherung (A.2.2 AKB 2008)

A. Allgemeines

Die Kaskoversicherung ist eine Sparte der **Sachversicherung**, die unter Abschnitt I (§§ 1 bis 73) und Abschnitt II (§§ 74 bis 99) des VVG fällt. 342

Gegenstand der Teilkaskoversicherung sind folgende Risiken: 343
- Brand, Explosion
- Entwendung
- Sturm, Hagel, Blitzschlag, Überschwemmung
- Zusammenstoß mit Haarwild
- Glasbruch
- Kurzschlussschäden an der Verkabelung

B. Brand (A.2.2.1 AKB 2008)

Als **Brand** gilt ein Feuer mit Flammenbildung (A.2.2.1 AKB 2008), „das ohne einen bestimmungsmäßigen Herd entstanden ist oder ihn verlassen hat und sich aus eigener Kraft auszubreiten vermag". Weiterhin heißt es in dieser Vorschrift ausdrücklich: 344

> „Nicht als Brand gelten Schmor- und Sengschäden".

Damit sind Schäden an Fahrzeugteilen ausgeschlossen, die bestimmungsgemäß Hitzeeinwirkung oder Feuer ausgesetzt sind (Zündkerzen, Sicherungen). Auch das „Durchbrennen" eines **Katalysators** ist ein Schmelzvorgang und kein Brand.[1] Ebenso wenig sind **Kabelbrände** in der Regel echte Brände, sondern nur – nicht versicherte – Schmorschäden.[2] 345

Ein Katalysatorbrand ist jedoch versichert, wenn dieser Brand dadurch entsteht, dass statt **Benzin Dieselkraftstoff** getankt wird.[3] 346

Es ist nicht erforderlich, dass das Fahrzeug selbst vom Feuer erfasst wird, es genügt, dass ein **Schadenfeuer adäquat kausal** für den Fahrzeugschaden war: Wenn 347

---

1 *Stiefel/Hofmann*, § 12 AKB Rn 20.
2 *Stiefel/Hofmann*, § 12 AKB Rn 21.
3 OLG Düsseldorf, 4 U 12/08, NJW-RR 2009, 610 = NZV 2009, 291.

Teile eines brennenden Hauses auf ein Fahrzeug fallen, ist der Fahrzeugschaden „durch Brand" verursacht worden.[4]

348 Gerät ein Fahrzeug durch **Unfall** in Brand, ist der Teilkaskoversicherer eintrittspflichtig.[5]

C. Explosion (A.2.2.1 AKB 2008)

349 **Explosion** ist eine auf dem Ausdehnungsbestreben von **Gasen oder Dämpfen** beruhende, plötzlich verlaufende Kraftäußerung (§ 1 Abs. 4 S. 1 AFB 1987). Eine **Implosion** ist der Explosion **nicht** gleichzusetzen; sie stellt auch keinen Unfall im allgemeinen Sinne dar, sondern einen Betriebsschaden, der regelmäßig auf einen Bedienungsfehler zurückzuführen ist.[6]

350 Wird ein Fahrzeug durch aufgrund einer Explosion **herumfliegende Teile** beschädigt, besteht Versicherungsschutz im Rahmen der Teilkaskoversicherung. Ebenso ist der Teilkaskoversicherer eintrittspflichtig, wenn ein Brand als Folge einer Explosion oder umgekehrt eine Explosion als Brandfolge auftritt.[7]

D. Naturgewalten (A.2.2.3 AKB 2008)

351 Die Aufzählung der Naturgewalten ist **abschließend**. Erdbeben, Erdrutsch, Steinschlag und Lawinen sind daher nicht versichert. Einige Versicherer bieten jedoch Versicherungsschutz für Lawinenschäden.

352 Schäden durch Sturm, Hagel, Blitzschlag und Überschwemmung sind versichert, wenn sie durch **unmittelbare** Einwirkung der Naturgewalten verursacht worden sind. Unmittelbarkeit ist nur dann gegeben, wenn zwischen Ursachenereignis und Erfolg keine weitere Ursache tritt.[8]

353 Der Versicherungsnehmer muss die Unmittelbarkeit des Schadens am Fahrzeug durch die Naturgewalten beweisen.

---

4 OLG Düsseldorf, 4 U 251/90, VersR 1992, 567; *Prölss/Martin/Knappmann*, § 12 AKB Rn 12; **a.A.:** *Stiefel/Hofmann*, § 12 AKB Rn 24.
5 OLG Nürnberg NJW-RR 1995, 862.
6 OLG Hamm, zfs 1995, 182.
7 *Stiefel/Hofmann*, § 12 AKB Rn 26.
8 BGH VersR 1984, 28 = DAR 1984, 56.

I. Sturm

Der Sturm ist in A.2.2.3 AKB 2008 definiert: 354

„Als Sturm gilt eine wetterbedingte Luftbewegung von mindestens Windstärke 8".

Der Nachweis kann gegebenenfalls durch eine amtliche Wetterauskunft geführt   355
werden.

Sturm muss als **einzige** Ursache bewiesen werden, jede andere Schadenursache   356
(überhöhte Geschwindigkeit usw.) muss ausgeschlossen werden.[9]

II. Hagel

Hagel ist begrifflich ein Niederschlag durch gefrorenen Regen (Eisstücke), der im   357
Regelfall zu Einbeulungen in der Karosserie führt. Werden durch Hagel andere Gegenstände auf das Fahrzeug geschleudert, besteht ebenfalls Versicherungsschutz.

III. Blitzschlag

Blitzschlag ist eine selbstständige Schadenursache und deckt alle Schäden, die un-   358
mittelbar durch den Blitzschlag hervorgerufen werden, also auch Seng- und
Schmorschäden. Versicherungsschutz besteht auch, wenn ein Blitzschlag zum Umstürzen eines Baumes führt, der dann auf das versicherte Fahrzeug fällt.

IV. Überschwemmung

Eine Überschwemmung liegt dann vor, wenn Wasser sich in erheblichen Mengen   359
ansammelt und nicht mehr auf normalem Weg abfließt. Eine Überschwemmung
liegt auch dann vor, wenn so starker Regen auf einen Berghang niedergeht, dass er
sturzbachartig den Hang hinunterfließt.[10] Die Überschwemmung muss den Schaden unmittelbar **herbeiführen.** Es liegt daher **kein versicherter Überschwem-**
mungsschaden vor, wenn das Kraftfahrzeug in die überschwemmte Straße hineingefahren und hierdurch beschädigt wird.[11]

---

 9 OLG Köln NJW-RR 1999, 468.
10 BGH, IV ZR 154/05, VersR 2006, 966.
11 OLG Karlsruhe SP 1996, 94.

E. Entwendung (A.2.2.2 AKB 2008)

360   In der Teilkaskoversicherung gedeckt sind Schäden durch Entwendung des Fahrzeuges oder seiner Teile, insbesondere durch **Diebstahl, unbefugten Gebrauch** durch betriebsfremde Personen, **Raub** und **Unterschlagung**. Aufbruchsspuren an der Tür zur **Garage** lassen allenfalls auf eine Vorbereitungshandlung schließen.[12] Versichert sind Schäden beim **Versuch** einer Entwendung.

361   Nicht versichert sind diejenigen Schäden, die **mutwillig** anlässlich oder wegen eines fehlgeschlagenen Diebstahlsversuchs entstehen.[13]

362   „**Entwendung**" ist jede widerrechtliche Sachentziehung, die zur wirtschaftlichen Entrechtung des Eigentümers führt;[14] der Täter muss fremden Gewahrsam brechen und neuen Gewahrsam begründen; wurde der Gewahrsam aufgrund einer Täuschung übertragen, liegt ein – nicht versicherter – **Betrug** vor.[15]

363   Ist ungeklärt, ob **Diebstahl** oder **Betrug** vorliegt, ist der Versicherer leistungsfrei;[16] kommt **Diebstahl** oder Unterschlagung durch den **Mieter** in Betracht, ist der **Versicherer** für die nicht versicherte Unterschlagung beweispflichtig.[17]

364   Es liegt keine „Entwendung" bei erschlichener **Probefahrt** vor.[18]

Nach Auffassung des OLG Köln[19] liegt bei einer Probefahrt mit einem versicherten Motorrad nur eine **Gewahrsamlockerung** vor, wenn der Versicherungsnehmer das versicherte Motorrad für eine zeitlich und räumlich begrenzte Probefahrt in einer kleinen Wohngemeinde einem Dritten überlässt; grobe Fahrlässigkeit wird ausdrücklich verneint.

365   Wenn eine gemeinsame Probefahrt verabredet ist, der Täter dann aber plötzlich losfährt, liegt ein **Trickdiebstahl** vor, da allenfalls eine **Gewahrsamslockerung** eingetreten ist.[20]

---

12   LG Dortmund SP 1998, 329.
13   BGH, VersR 2006, 968; DAR 2006, 446 = NJW-RR 2006, 1177; LG Dortmund SP 1998, 329; LG Kiel VersR 1999, 1361.
14   BGH NJW 1993, 186 = zfs 1993, 126.
15   OLG Karlsruhe SP 1999, 21.
16   OLG Jena, zfs 1999, 24.
17   OLG Hamm NVersZ 2000, 576.
18   OLG Hamm VersR 1985, 490; LG Bonn VersR 1996, 1139; LG Göttingen, zfs 1990, 383; **a.A.:** OLG München, das aber die grobe Fahrlässigkeit bejaht, VersR 1995 954; ebenso: OLG Düsseldorf, zfs 1999, 297 = r+s 1999, 230.
19   9 U 188/07, r+s 2008, 343 = zfs 2009, 94 = VersR 2008, 1640 = NJW-RR 2008, 1714.
20   OLG Frankfurt, zfs 2002, 240.

Es müssen bei „Entwendung" nicht die subjektiven Voraussetzungen einer mit Strafe bedrohten Handlung vorliegen; es genügt auch die **irrtümliche Annahme**, zur Wegnahme berechtigt zu sein.[21]

Beim **Diebstahlversuch** sind nur die Schäden versichert, die durch die Entwendungshandlung verursacht werden, nicht Vandalismusschäden anlässlich des Diebstahlversuchs.[22]

366

367

F. Unterschlagung (A.2.2.2 AKB 2008)

Der Begriff der Unterschlagung ist rein **strafrechtlich** und erfordert den vollendeten Tatbestand von § 246 StGB.[23]

Der Täter muss **Alleingewahrsam** haben; bei Bruch des Mitgewahrsams liegt Diebstahl vor.[24]

Überlässt der Mieter den Gebrauch des Fahrzeuges anderen Personen, die dann das Fahrzeug unterschlagen, tritt Leistungsfreiheit nur dann ein, wenn der Versicherungsnehmer diese **Weiterüberlassung** ausdrücklich oder konkludent genehmigt hat.[25]

Kommt bei Gebrauchsüberlassung an einen Dritten mit gleicher Wahrscheinlichkeit Unterschlagung durch den Dritten in Betracht, steht nicht der erforderliche Minimalsachverhalt für das äußere Bild eines Diebstahls fest.[26] Der Versicherungsnehmer muss im Rahmen der Beweiserleichterung bei Fahrzeugentwendung darlegen und beweisen, dass dem Dritten das Kraftfahrzeug **gegen seinen Willen** abhanden gekommen ist.[27] Steht fest, dass das Fahrzeug **entwendet** worden ist, muss der **Versicherer** beweisen, dass der Besitzverlust durch Unterschlagung eingetreten ist.[28]

368

369

370

21 *Stiefel/Hofmann*, § 12 AKB Rn 29; BGH, r+s 1995, 125.
22 BGH, VersR 2006, 968 = DAR 2006, 446 = NJW-RR 2006, 1177; LG Kiel DAR 2000, 269.
23 OLG Hamm VersR 1993, 1394 = zfs 1993, 235; OLG Köln SP 1996, 57.
24 *Stiefel/Hofmann*, § 12 AKB Rn 30; OLG Köln r+s 1991, 156.
25 OLG Hamm NJW-RR 1995, 347 = r+s 1995, 127.
26 OLG Hamm SP 1996, 327.
27 OLG Köln SP 1996, 326; OLG Brandenburg NJW-RR 1997, 347 = VersR 1997, 1349.
28 OLG Hamm, zfs 2000, 300 = VersR 2001, 93; OLG Köln SP 2002, 28.

G.   Beweisführung

371   Der Eintritt des Versicherungsfalles gehört zu den anspruchsbegründenden Tatsachen, für die der **Versicherungsnehmer** darlegungs- und beweispflichtig ist.[29]

I.   Beweismaßstab

372   Da ein Fahrzeugdiebstahl in der Regel unbeobachtet geschieht, kann der Versicherungsnehmer mit den „klassischen" Beweismitteln den Vollbeweis für den Eintritt des Versicherungsfalles nicht führen. Die Rechtsprechung hat daher **Beweiserleichterungen** entwickelt, die eng mit der **Redlichkeit** des Versicherungsnehmers und seiner Angaben verknüpft sind.[30]

373   Der BGH vertritt in **ständiger Rechtsprechung** die Auffassung, dass dem Versicherungsnehmer in der Diebstahlversicherung eine über den Anscheinsbeweis hinausgehende Beweiserleichterung zugute kommen muss.[31]

374   Im Wege der ergänzenden Vertragsauslegung wird aufgrund der materiellen Risikoverteilung vom Versicherungsnehmer lediglich der Nachweis des Sachverhalts verlangt, der nach der Lebenserfahrung mit **hinreichender** Wahrscheinlichkeit das äußere Bild eines Versicherungsfalles erschließen lässt (**erste Stufe**).

375   Der Versicherer muss dann Tatsachen beweisen, die eine **erhebliche** Wahrscheinlichkeit dafür begründen, dass der Versicherungsfall vorgetäuscht ist (**zweite Stufe**).

376   Beiden Parteien kommen somit Beweiserleichterungen zugute: Der Versicherungsnehmer muss lediglich ein Minimum an Umständen beweisen, aus denen sich „das **äußere Bild**" einer Entwendung erschließt. Der Versicherer muss nicht den vollen Gegenbeweis erbringen, sondern nur Tatsachen beweisen, die mit **erheblicher Wahrscheinlichkeit** auf die **Vortäuschung** des Versicherungsfalles schließen lassen.[32]

377   Diese Beweiserleichterungen gelten **nicht** für den Beweis zur **Schadenhöhe**.[33]

---

29   BGH VersR 1987, 68/69; BGH, r+s 1992, 82, 83; OLG Köln, r+s 1996, 38; *Stiefel/Hofmann*, § 12 AKB Rn 33 m.w.N.; *Diehl*, zfs 2000, 187.

30   Vgl. *Zopfs*, VersR 1993, 140 mit Rechtsprechungsübersicht; *Seifert/Will*, SP 1995, 341 und SP 1995, 374 ff.; *Stiefel/Hofmann*, § 12 AKB Rn 33 ff. mit umfassender Rechtsprechungsübersicht; *Römer/Langheid*, § 49 VVG Rn 20 ff.

31   BGH VersR 1987, 61; BGH VersR 1988, 75; BGH DAR 1991, 381; BGH VersR 1992, 1000; BGH VersR 1997, 53; *Römer*, NJW 1996, 2329 ff. mit umfassender Rechtsprechungsübersicht.

32   BGH VersR 1992, 1000; BGH SP 1996, 142; OLG Düsseldorf SP 1996, 143; OLG Köln SP 1996, 144; OLG Köln SP 1996, 145.

33   BGH VersR 1992, 1000.

II. Redlichkeitsvermutung

Eng verknüpft mit den Anforderungen an den Beweismaßstab ist die Redlichkeit des Versicherungsnehmers, der die erforderlichen Rahmentatsachen zu beweisen hat. Wird die zugunsten eines jeden Versicherungsnehmers sprechende **Redlichkeitsvermutung** erschüttert, muss er den Versicherungsfall nach den allgemeinen Regeln beweisen.[34]

378

Erforderlich ist in jedem Fall ein **Mindestmaß** an Tatsachen, aus denen sich das äußere Bild einer Entwendung ergibt.[35]

379

Das äußere Bild eines Diebstahls ist schon dann gegeben, wenn der Versicherungsnehmer das Fahrzeug zu einer bestimmten Zeit an einem bestimmten Ort abgestellt hat, an dem er es später **nicht wieder vorfindet**. Stellt der redliche Versicherungsnehmer ein derartiges Verschwinden seines Fahrzeuges fest, kann nach der Lebenserfahrung mit **hinreichender Wahrscheinlichkeit** auf einen versicherten Diebstahl geschlossen werden.[36]

380

Unbeschädigte Schlösser sind ein **Indiz** für einen vorgetäuschten Diebstahl.[37]

381

III. Anhörung (§ 141 ZPO)

Fehlen dem Versicherungsnehmer jegliche Beweismittel, kann er gleichwohl mit Aussicht auf Erfolg Klage erheben: Der Tatrichter kann von **§ 141 ZPO** Gebrauch machen, wenn die Sachdarstellung des redlichen Versicherungsnehmers glaubhaft und widerspruchsfrei ist.[38]

382

Die Anwendung von § 141 ZPO ist ausgeschlossen, wenn der Versicherungsnehmer falsche Angaben zum Kaufpreis oder zum Kilometerstand gemacht hat, da der Versicherungsnehmer dann **nicht mehr uneingeschränkt glaubwürdig** ist.[39]

383

Zu einer derart erleichterten Beweisführung besteht aber keine Veranlassung, wenn für das äußere Bild **Zeugen** vorhanden sind, die der Versicherungsnehmer aber

384

---

34 BGH VersR 1992, 917, 918; BGH, r+s 1997, 184; OLG Hamm VersR 1994, 168; OLG Hamm VersR 1996, 1232; KG SP 2004, 25.
35 BGH VersR 1991, 918 = NJW-RR 1991, 984.
36 BGH VersR 1992, 1000; BGH SP 1996, 142; BGH DAR 1997, 107; BGH, r+s 1997, 5; BGH SP 1997, 173.
37 Vgl. *Sohn*, r+s 1997, 397 mit Rechtsprechungsübersicht.
38 BGH VersR 1991, 917 = NJW-RR 1991, 983; BGH, r+s 1997, 184; BGH, r+s 1997, 185; OLG Köln, r+s 1991, 222; OLG Hamm MDR 1999, 158; *Terbille*, VersR 1996, 408.
39 OLG Hamburg, r+s 1998, 229 = SP 1998, 327.

ohne nachvollziehbaren Grund nicht benennt; denn die Vernehmung vorhandener Zeugen ist **vorrangig**.[40] Es kann einer Partei nicht freistehen, durch die Nichtbenennung tatsächlich vorhandener Zeugen den Risiken einer Beweisaufnahme auszuweichen und sich damit selbst als Beweismittel anzudienen.[41]

IV.   Parteivernehmung (§ 448 ZPO)

385   Auch eine Parteivernehmung gemäß § **448 ZPO** ist in Ausnahmefällen zulässig und zwar nur dann, wenn bereits eine **erhebliche Wahrscheinlichkeit** für die Richtigkeit der Sachdarstellung des Versicherungsnehmers besteht.[42]

386   **Bewiesene Unredlichkeit** des Versicherungsnehmers, auch wenn sie keinen Bezug zum Versicherungsfall haben, verbieten bereits die Anwendung von Beweiserleichterungen oder die Parteivernehmung gemäß § 448 ZPO;[43]

387   Verdachtsmomente oder die Einstellung des Ermittlungsverfahrens gemäß § 153a StPO reichen nicht aus,[44] wohl aber **einschlägige Vorstrafen**.[45]

388   Auffällige **Merkwürdigkeiten** der Lebensverhältnisse des Versicherungsnehmers und seiner Darstellung zu den Begleitumständen der Entwendung seines Kraftfahrzeuges müssen nicht zur Erschütterung der Redlichkeitsvermutung führen.[46]

389   Der zu führende Vollbeweis erfordert **keine absolute Gewissheit**; es genügt vielmehr ein für das praktische Leben brauchbarer Grad von Gewissheit, „der Zweifeln schweigen gebietet, ohne sie völlig auszuschließen".[47]

V.   Vollbeweis

390   Im Rahmen einer Klage auf **Rückzahlung** zu Unrecht erbrachter Versicherungsleistungen muss der Versicherer den **Vollbeweis** führen; ihm kommen keine Beweiserleichterungen zugute.[48]

---

40   BGH, r+s 1997, 276 = VersR 1997, 733; OLG Hamm, r+s 1997, 491.
41   OLG Hamm, r+s 1997, 491; OLG Köln SP 1998, 398.
42   BGH VersR 1991, 691; OLG Frankfurt VersR 1997, 1351; OLG Köln SP 1997, 475; *Hansen*, VersR 1992, 21 ff. mit umfassender Rechtsprechungsübersicht.
43   BGH VersR 1991, 917, 918; BGH, zfs 1996, 220 = DAR 1996, 235.
44   BGH, r+s 1996, 474.
45   OLG Köln VersR 2002, 478.
46   OLG Düsseldorf, zfs 1997, 303.
47   BGHZ 53, 245; OLG Köln, r+s 1999, 190.
48   BGH VersR 1993, 1007; BGH VersR 1995, 281; BGH NJW 1995, 662; OLG Köln, r+s 1997, 140; OLG Köln SP 1998, 287; OLG Köln SP 1998, 288; OLG Köln SP 1999, 171.

Der Versicherer ist für **vorsätzliche Brandstiftung voll beweispflichtig**; unredli-   **391**
ches Verhalten des Versicherungsnehmers führt weder zu einer Umkehr der Beweislast noch zu Beweiserleichterungen für den Versicherer.[49]

H. Rechtsprechung

I. Glaubwürdigkeit des Versicherungsnehmers

■ Dem Versicherungsnehmer kommen **keine Beweiserleichterungen** zugute,   **392**
wenn der Versicherer konkrete Tatsachen nachweist, die eine erhebliche Wahrscheinlichkeit für die Annahme der Vortäuschung des Versicherungsfalles nahe
legen. Hierzu gehören insbesondere **schwerwiegende Zweifel** an der **Glaubwürdigkeit** des Versicherungsnehmers und an der **Richtigkeit** der von ihm auf-
gestellten Behauptungen.[50]

■ Gegen die Glaubwürdigkeit des Versicherungsnehmers sprechen auch **Vorstrafen**, die nicht in einem Zusammenhang mit dem Versicherungsfall stehen;[51]
ebenso ein **Täuschungsversuch** durch unrichtige Angaben bei einem früheren
Schadenfall.[52]

■ **Falsche Angaben** zum Kilometerstand und zur Anfertigung von Schlüsselkopien sind Umstände, die mit erheblicher Wahrscheinlichkeit für die Vortäuschung eines Versicherungsfalles sprechen.[53]

■ Eine Parteivernehmung nach § 448 ZPO kommt nur dann in Betracht, wenn für
die Richtigkeit der Darstellung des Versicherungsnehmers zum Fahrzeugdiebstahl eine **gewisse Wahrscheinlichkeit** spricht.[54]

■ Es spricht eine erhebliche Wahrscheinlichkeit für einen vorgetäuschten Fahrzeugdiebstahl, wenn der Versicherungsnehmer **unglaubwürdig** ist und am
Fahrzeug „**Trugspuren**" vorgefunden werden.[55]

■ Beweiserleichterungen entfallen bei schwerwiegenden Zweifeln an der **Redlichkeit und Glaubwürdigkeit** des Versicherungsnehmers, wenn dieser an

49 OLG Oldenburg VersR 1990, 1388.
50 BGH VersR 1984, 29; BGH, r+s 1993, 169; OLG Hamm VersR 1996, 1232; OLG Frankfurt VersR
    1997, 1341; OLG Köln SP 1997, 475; OLG Karlsruhe SP 1999, 352; OLG Saarbrücken SP 1999,
    354; OLG Hamm, r+s 2003, 276.
51 OLG Karlsruhe SP 2000, 318.
52 OLG Hamm SP 2003, 178.
53 OLG Düsseldorf SP 1999, 351.
54 BGH VersR 1991, 917; OLG Köln, r+s 1991, 367; OLG Hamm, r+s 1997, 491.
55 OLG Celle VersR 1990, 518.

weiteren Versicherungsfällen mit **betrügerischem Hintergrund** beteiligt war[56] oder wenn der Versicherungsnehmer nach vergeblichen Verkaufsbemühungen erklärt hat, er wolle das Fahrzeug „**verschwinden**" lassen[57] oder **Verkaufsbemühungen** wahrheitswidrig **verneint** hat.[58]

■ Wenn die **Lenkradsperre** nicht gewaltsam überdreht worden ist und die **Nummernschilder** abmontiert worden sind, um die Feststellung des Halters zu erschweren, besteht eine erhebliche Wahrscheinlichkeit für die Vortäuschung des Versicherungsfalles.[59]

■ **Widersprüchliche Angaben** des Versicherungsnehmers zum Zeitpunkt seiner Fahrt und zum Abstellen des Fahrzeuges sprechen für die Vortäuschung der Entwendung.[60]

■ Die Glaubwürdigkeit des Versicherungsnehmers wird zunächst vermutet. Wenn diese Redlichkeitsvermutung aber erschüttert ist, entfallen Beweiserleichterungen, so dass der **Vollbeweis** für den Versicherungsfall zu erbringen ist.[61]

■ Die Redlichkeitsvermutung ist erschüttert, wenn der Versicherungsnehmer widersprüchliche und wahrheitswidrige Angaben zur **Tatzeit** und zu den Umständen der Fahrt macht, insbesondere wahrheitswidrig behauptet, die Fahrt mit einem Beifahrer durchgeführt zu haben;[62] ebenso bei falschen Angaben über **Kilometerstand** und **Vorschäden**.[63]

■ Die Glaubwürdigkeit ist erschüttert, wenn der Versicherungsnehmer unterschiedliche Angaben zu den Umständen des **Erwerbs** und zu der angeblichen **Reparatur** des versicherten Fahrzeuges macht.[64]

■ Eine relativ **kurzfristige Häufung** von Motorraddiebstählen und Wechsel des Versicherers ohne erkennbare Notwendigkeit sind so auffällig und außergewöhnlich, dass die Möglichkeit eines vorgetäuschten Diebstahls naheliegt.[65]

■ Wenn der Versicherungsnehmer ein versichertes Fahrzeug an einen **Freund** **verliehen** hat, der als Zeuge bestätigt, ihm sei das Fahrzeug entwendet worden,

---

56 BGH VersR 1997, 53; OLG Celle VersR 1990, 152.
57 OLG Celle, zfs 1996, 383.
58 OLG Karlsruhe NJW-RR 1997, 100; LG Hannover, zfs 1998, 263.
59 OLG Oldenburg, r+s 1991, 298.
60 OLG Köln, r+s 1992, 44; OLG Bamberg, r+s 1997, 490; OLG Rostock SP 1999, 22.
61 OLG Hamm NJW-RR 1993, 1376; OLG Hamm, 20 U 195/08, zfs 2009, 692.
62 OLG Hamm, r+s 1994, 5.
63 OLG Hamm SP 1998, 399.
64 OLG Köln, r+s 1998, 11.
65 OLG Oldenburg VersR 1995, 1304.

ist der Beweis für den Diebstahl erbracht, wenn nicht greifbare Anhaltspunkte vorhanden sind, dass dieser Freund an der Tat beteiligt war.[66]

■ Es besteht eine erhebliche Wahrscheinlichkeit für Vortäuschung eines Diebstahls, wenn bereits vor dem Schadenfall ein entsprechender (**anonymer**) **Hinweis** bei dem Versicherer erfolgt und der Schadenfall die **bestmögliche Verwertung** des Fahrzeuges ist.[67]

■ Werden Einrichtungsgegenstände aus einem **Wohnwagen**, wie Schranktüren oder Teile der Inneneinrichtung demontiert, fehlt es am äußeren Bild eines Diebstahls, da der Ausbau der Inneneinrichtung viel zu zeitraubend ist und es für einen Täter nahe liegender ist, das ganze Fahrzeug zu entwenden.[68]

■ Indiz für die Vortäuschung eines Versicherungsfalles ist die Einholung eines **Wertgutachtens** fünf Jahre nach dem Erwerb des Fahrzeuges.[69]

II. Fahrzeugschlüssel

■ Wenn ein Fahrzeug nach einem behaupteten Diebstahl mit einem **passenden** **Schlüssel** sichergestellt wird, liegt das äußere Bild eines Diebstahls nur dann vor, wenn der Versicherungsnehmer darlegt, wie der Täter in den Besitz eines solchen Schlüssels gekommen ist.[70]

393

■ Behauptet der Versicherungsnehmer, einen „**Geldbörsenschlüssel**" niemals benutzt zu haben, spricht eine erhebliche Wahrscheinlichkeit für die Vortäuschung des Versicherungsfalles, wenn auf diesem Schlüssel **Kopierspuren** festgestellt werden.[71]

■ Es gehört **nicht** zum äußeren Bild eines Diebstahls, dass der Versicherungsnehmer **sämtliche Originalschlüssel** vorlegen oder das Fehlen eines Schlüssels plausibel erklären.[72]

■ Die Redlichkeitsvermutung ist erschüttert, wenn der Versicherungsnehmer unzutreffende und widersprüchliche Angaben zu den Fahrzeugschlüsseln macht, insbesondere einen weiteren **Schüssel nachliefert,** nachdem er zunächst behauptet hat, sämtliche Schlüssel übersandt zu haben[73] oder einen **Schlüssel,**

---

66 OLG Hamm, r+s 1996, 12.

67 OLG Hamm VersR 1996, 225.

68 OLG Karlsruhe, r+s 1990, 79 ff.; OLG Oldenburg, r+s 1994, 406, 407; OLG Düsseldorf, r+s 2000, 144; **a.A.:** OLG Karlsruhe, r+s 1999, 15.

69 OLG Frankfurt NJW-RR 2003, 165 = VersR 2003, 1169; OLG Hamm SP 2004, 24.

70 OLG Hamm VersR 1991, 688; OLG Hamm, r+s 1996, 11; OLG Hamm SP 1997, 476; OLG Hamm SP 1997, 477.

71 OLG Hamburg, zfs 1993, 162 = r+s 1993, 92.

72 BGH VersR 1995, 909; BGH VersR 1997, 54.

73 OLG Dresden SP 1996, 25.

der **nicht** zum versicherten Fahrzeug gehört[74] oder wenn der **Sender** für die Wegfahrsperre fehlt.[75]

■ Allein die Anfertigung von **Nachschlüsseln** begründet noch **nicht den Vorwurf** der Vortäuschung des Versicherungsfalles, wenn unbekannt ist, wann und von wem die Schlüsselkopien veranlasst worden sind.[76]

■ Legt der Versicherungsnehmer zu einem angeblich gestohlenen Fahrzeug einen Original- und einen nachgefertigten Schlüssel vor, so besteht die erhebliche Wahrscheinlichkeit der Vortäuschung des Diebstahls, wenn dieser Nachschlüssel angeblich nach **Verlust eines Originalschlüssels** gefertigt worden ist und der verbliebene Originalschlüssel keine Spuren einer Kopierfräse aufweist und die Verwendung eines Laserabtastgeräts ausscheidet.[77]

■ Wird bei dem an der Grenze beschlagnahmten Fahrzeug ein Nachschlüssel vorgefunden, der **starke Gebrauchsspuren** aufweist, während die im Besitz des Versicherungsnehmers befindlichen Schlüssel nur in geringem Umfang verwendet worden sind, so besteht eine erhebliche Wahrscheinlichkeit, dass die Entwendung vorgetäuscht wurde.[78]

■ Das äußere Bild eines Diebstahls entfällt auch dann nicht, wenn das entwendete Fahrzeug **ohne Spuren an dem Schließzylinder** wieder aufgefunden wird.[79]

■ Das äußere Bild eines Diebstahls besteht nicht, wenn keine Spuren vorhanden sind, die auf eine gewaltsame Überwindung einer computergesteuerten **Alarmanlage** hindeuten.[80]

■ **Schlüsselkopierspuren**, für die der Versicherungsnehmer keine Erklärung hat, können **Indiz** für einen vorgetäuschten Versicherungsfall sein, insbesondere dann, wenn auch weitere Indizien, z.B. finanzielle Schwierigkeiten des Versicherungsnehmers, hinzutreten.[81]

---

74 OLG Düsseldorf NJW-RR 1996, 1496.
75 OLG Köln NJW-RR 2002, 531.
76 BGH VersR 1991, 1047; BGH, zfs 1995, 460, 461; BGH SP 1996, 142; BGH, r+s 1996, 341 m.w.N.; BGH NJW-RR 1999, 246; OLG Düsseldorf SP 1996, 144 = r+s 1996, 343; BGH, r+s 1997, 5 = DAR 1997, 107.
77 OLG Düsseldorf, zfs 1997, 304.
78 OLG Karlsruhe, zfs 1998, 299.
79 BGH MDR 1997, 142 = r+s 1997, 5 = VersR 1996, 1135 = DAR 1996, 396; **a.A.:** OLG Düsseldorf VersR 1996, 1097 und OLG Köln VersR 1996, 1099.
80 OLG Karlsruhe, r+s 1997, 357; der BGH hat die Revision nicht angenommen.
81 BGH, r+s 1996, 343; BGH, r+s 1997, 5; BGH, r+s 1999, 14; OLG Düsseldorf, zfs 1996, 343; OLG Hamm SP 1997, 476 ff.; OLG Düsseldorf SP 1997, 478; OLG Hamm SP 1998, 397; OLG Naumburg, zfs 1999, 159; OLG München, zfs 1999, 21.

- **Schlüsselkopierspuren**, die nur mit **geringen Gebrauchsspuren** überlagert sind, begründen für sich allein noch **nicht** die erhebliche Wahrscheinlichkeit für die Vortäuschung eines Diebstahls.[82]

- Etwas anderes gilt bei **frischen** Kopierspuren, die unmittelbar vor der angeblichen Entwendung entstanden sind.[83]

- Befindet sich im Schlüssel eine **Transponderattrappe**, so spricht dies für die Vortäuschung eines Diebstahls,[84] ebenso das Fehlen des **Senders** für die **Wegfahrsperre**.[85]

- Von der Beteiligung des Versicherungsnehmers am Diebstahl ist auszugehen, wenn das entwendete Fahrzeug mit einem passenden Schlüssel weggefahren wurde und das Fahrzeug mit einer **Wegfahrsperre** der **zweiten Generation** versehen war, bei der die Übertragung des Bedienungscodes nur bei der Werkstatt des **Herstellerwerkes** möglich ist.[86]

- Die Redlichkeitsvermutung ist erschüttert, wenn der Versicherungsnehmer einen Fahrzeugschlüssel vorlegt, der **nicht zum angeblich entwendeten Fahrzeug** gehört.[87]

- Es ist mit erheblicher Wahrscheinlichkeit von einem vorgetäuschten Diebstahl oder – alternativ – von einer nicht versicherten Unterschlagung auszugehen, wenn das angeblich entwendete Fahrzeug an einen Dritten, dem das Fahrzeug überlassen war, an einem üblicherweise nicht benutzten Ort abgestellt worden ist und gleichwohl das Fahrzeug mit einem **passenden Schlüssel** weggefahren worden ist.[88]

III. Brand

- Die Beweislast für vorsätzliche Brandstiftung liegt beim Versicherer. Die Tatbestände **Diebstahl und Brand** sind **selbstständig und gleichwertig**.[89] Wenn

394

---

82 BGH, r+s 1996, 341; BGH, r+s 1999, 14; OLG Saarbrücken, r+s 1996, 47; OLG Hamm, r+s 1996, 49 = SP 1996, 56; BGH, r+s 1997, 5 = DAR 1997, 107; OLG Hamm, r+s 1996, 49 = SP 1996, 56.
83 OLG Celle SP 2001, 207.
84 OLG Köln NVersZ 2000, 526; OLG Hamm VersR 2000, 1492.
85 OLG Köln SP 2001, 135; OLG Saarbrücken, zfs 2003, 599.
86 OLG Düsseldorf VersR 2001, 892 = r+s 2001, 142.
87 OLG Düsseldorf, r+s 1997, 144; OLG Köln, r+s 1997, 35.
88 OLG Düsseldorf, zfs 1997, 342.
89 BGH, IV ZR 156/08, NJW 2009, 605 = r+s 2009, 233 = VersR 2009, 540 = NZV 2009, 283.

Diebstahl nicht bewiesen wird, kann der Versicherungsnehmer sich auf Brand als Schadenursache berufen; ein **zweifelhafter Diebstahl** hat jedoch **indizielle Bedeutung für den Vorsatznachweis**.[90]

■ Folgende Umstände sind gewichtige **Indizien** für die **vorsätzliche** Herbeiführung eines Brandes durch den Versicherungsnehmer:[91]

■ **Brand** des Fahrzeuges wenige Stunden nach behaupteter Entwendung in **räumlicher Nähe** zum Standort;

■ **spurenloses Überwinden** der Lenkradsperre und keine Spuren des Kurzschließens;

■ **wirtschaftliche Lage** des Versicherungsnehmers, die ein Halten des versicherten Fahrzeuges nicht erlaubte;

■ unrichtige Angaben zu **Vorschäden**.

I. Haarwild (A.2.2.4 AKB 2008)

I. Zusammenstoß

395   In der Teilkaskoversicherung sind Schäden versichert, die durch einen **Zusammenstoß** mit Haarwild verursacht worden sind.

396   Haarwild (im Gegensatz zum Federwild) im Sinne von § 2 Abs. 1 Nr. 1 Bundesjagdgesetz sind folgende Tiere: Wisent, Elchwild, Rotwild, Damwild, Sikawild, Rehwild, Gamswild, Steinwild, Muffelwild, Schwarzwild, Feldhase, Schneehase, Wildkaninchen, Murmeltier, Wildkatze, Luchs, Fuchs, Steinmarder, Baummarder, Iltis, Hermelin, Mauswiesel, Dachs, Fischotter, Seehund.

397   Zwischen dem Zusammenstoß mit Haarwild und dem Fahrzeugschaden muss ein **adäquater Kausalzusammenhang** bestehen, für den der Versicherungsnehmer beweispflichtig ist.[92]

398   Der Zusammenstoß mit **auf der Fahrbahn liegendem Haarwild** ist versichert, wenn das Tier unmittelbar vorher von einem Fahrzeug angefahren und getötet wor-

---

90   BGH, r+s 1996, 410; OLG Saarbrücken VersR 1991, 1330; OLG Köln, r+s 1992, 44; OLG Nürnberg VersR 1994, 87; Saarländisches OLG SP 1996, 94, 95; OLG Hamm VersR 1996, 1362; OLG Köln VersR 1997, 444; OLG Hamm, zfs 1999, 157; OLG Celle, zfs 1999, 158; OLG Köln SP 2002, 27.

91   OLG Hamm NVersZ 1999, 431 = r+s 1999, 144 = VersR 1999, 1358 = zfs 1999, 157; OLG Celle, zfs 1999, 157; OLG Düsseldorf, zfs 2000, 498.

92   BGH VersR 1992, 349 = zfs 1992, 85 = DAR 1992, 179.

den ist.[93] Nicht versichert ist das Erfassen von Haarwild bei einem **Schleudervorgang** aus anderen Gründen, z.b. Eisglätte.[94]

II. Ausweichmanöver

Gemäß § 82 Abs. 1 S. 1 VVG ist der Versicherungsnehmer verpflichtet, „bei" dem   **399**
Eintritt des Versicherungsfalles „für die Abwendung und Minderung des Schadens" zu sorgen („**Rettungspflicht**").

Wenn ein Autofahrer Haarwild ausweicht, um einen Zusammenstoß zu vermeiden,   **400**
sind die durch das Ausweichmanöver entstandenen Schäden **ersatzpflichtige Aufwendungen** gemäß § 82 VVG.[95] Das Ausweichmanöver muss also dazu dienen, eine – schwerere – Beschädigung des versicherten Fahrzeuges zu vermeiden, **nicht gemeint ist die „Rettung" des Tieres.**

Von einem drohenden Zusammenstoß mit einem Hasen, Kaninchen oder Fuchs   **401**
geht für ein Kraftfahrzeug in der Regel keine oder nur eine geringe Gefährdung aus. Wenn daher einem **kleineren Tier** ausgewichen wird, um dieses zu retten oder aufgrund einer Schreckreaktion oder eines ungesteuerten Reflexes,[96] handelt es sich **nicht** um vom Versicherungsschutz umfasste **Rettungsmaßnahmen.**[97]

Der Versicherungsnehmer ist **beweispflichtig**, dass er Haarwild ausweichen muss-   **402**
te; die für Entwendungsfälle in der Sachversicherung anerkannten Beweiserleichterungen können **nicht** auf Wildschadenfälle übertragen werden.[98] Der Beweis kann **nicht** durch **Parteivernehmung** geführt werden.[99]

Es kommt jedoch eine Anhörung gemäß § 141 ZPO in Betracht, wenn der Versicherungsnehmer absolut glaubwürdig ist[100] und weitere **Indizien** für den Sachvortrag des Klägers sprechen.[101]

---

93   OLG Nürnberg, r+s 1994, 168 = DAR 1994, 279 = zfs 1994, 214 = NJW-RR 1994, 537; OLG Saarbrücken, r+s 2003, 357 = NJW-RR 2003, 1338.

94   *Stiefel/Hofmann*, § 12 Rn 53 m.w.N.; OLG München, zfs 1989, 206.

95   BGH VersR 1991, 459 = zfs 1991, 135 = r+s 1991, 116.

96   BGH VersR 1994, 1181.

97   BGH DAR 1997, 158 = SP 1997, 168; BGH, zfs 2003, 502 = VersR 2003, 1250; OLG Köln VersR 1992, 1508; OLG Köln SP 1997, 170.

98   OLG Hamburg, zfs 1992, 377; OLG Hamm NZV 1991, 71; OLG Jena, r+s 1999, 403 = zfs 1999, 340 = SP 1999, 317 = NJW-RR 1999, 1258 = NVersZ 2000, 33 = VersR 2000, 578; OLG Düsseldorf SP 2000, 390 = NVersZ 2000, 579 = VersR 2001, 322.

99   OLG Jena VersR 2001, 855 = zfs 2001, 319; OLG Naumburg NJW-RR 2003, 677.

100   OLG Köln, zfs 1999, 341.

101   OLG Saarbrücken, zfs 2002, 143.

III. Rechtsprechung

403
- Auch Schäden, die durch ein **Ausweichmanöver** vor Haarwild entstehen, sind ersatzpflichtig im Rahmen der „Rettungspflicht" von § 82 Abs. 1 VVG.[102]

- **Nicht** versichert ist das Ausweichmanöver vor einem **Hasen**, da auch ein Zusammenstoß mit einem Hasen keinen Unfall auslösen kann;[103] dies gilt auch für das Ausweichmanöver vor einem **Dachs**,[104] einem **Marder**[105] oder einem **Fuchs**.[106]

- Ebenso nicht versichert ist ein Ausweichmanöver aufgrund einer reinen **Schreckreaktion**.[107] Demgegenüber soll das Ausweichmanöver vor einem **Fuchs** noch zu den versicherten Rettungskosten gehören;[108] jedenfalls dann, wenn der Fuchs sich in einer Sprungphase befindet.[109]

- Nach Ansicht des OLG Nürnberg[110] soll das Ausweichmanöver bei zwei ausgewachsenen Hasen versichert sein; ebenso das Ausweichmanöver eines **Motorradfahrers**, der einem Hasen ausweichen muss.[111] Bei einem derartigen Ausweichmanöver ist jedoch die Vollkaskoversicherung eintrittspflichtig, da es **nicht** grob fahrlässig ist, einem kleineren Tier (Hase, Fuchs) auszuweichen.[112]

- Wenn die Verursachung eines Unfallschadens durch Zusammenstoß mit Haarwild nicht eindeutig festgestellt werden kann, führt das „**non liquet**" dazu, dass die **Vollkaskoversicherung** eintrittspflichtig ist.[113]

102 BGH VersR 1991, 459 = zfs 1991, 135 = r+s 1991, 116; OLG Karlsruhe VersR 1993, 93; OLG Köln, r+s 1993, 48 = OLG Koblenz, r+s 2000, 1997.
103 BGH VersR 1992, 349 = r+s 1992, 82 = zfs 1992, 377; OLG Köln, r+s 1992, 295; OLG Köln, r+s 1993, 205; OLG Hamm, zfs 1993, 308; OLG Düsseldorf, r+s 1993, 450 = zfs 1994, 57; OLG Hamm, r+s 1995, 6; OLG Schleswig, r+s 1995, 290 = VersR 1996, 843.
104 OLG Frankfurt, zfs 1995, 342; OLG Köln, r+s 1997, 52.
105 LG Halle SP 1997, 171; OLG Nürnberg, r+s 1997, 359; OLG Naumburg, r+s 1997, 359 = SP 1998, 23; OLG Köln SP 1998, 432 (Hasen, Füchse, Marder); OLG Köln, r+s 2000, 190 = zfs 2000, 301; OLG Coburg SP 2003, 175.
106 BGH VersR 2003, 1250 = zfs 2003, 502 = NZV 2003, 520 = SP 2003, 385; OLG Koblenz NJW-RR 2004, 118.
107 LG Wiesbaden VersR 1992, 998.
108 OLG Köln VersR 1992, 1508 = zfs 1992, 203.
109 LG Passau DAR 1997, 28; OLG Karlsruhe, r+s 1999, 404 = SP 1999, 386; OLG Köln, zfs 1999, 339; **a.A.:** LG Hannover, zfs 1999, 309.
110 r+s 1993, 206.
111 OLG Hamm, zfs 1993, 308, 309; OLG Hamm VersR 2002, 478.
112 OLG Jena VersR 1988, 623; OLG Zweibrücken NVersZ 2000, 34 = VersR 2000, 884 = r+s 2000, 366; OLG Brandenburg, zfs 2003, 191; **a.A.:** OLG Koblenz, r+s 2004, 11.
113 OLG Hamm, 20 U 134/07, r+s 2009, 59.

J. Glasbruch (A.2.2.5 AKB 2008)

Bruchschäden an der Verglasung sind sowohl in der **Vollkaskoversicherung** als 404
auch in der **Teilkaskoversicherung** versichert. Die Ursache solcher Schäden ist
ohne Bedeutung; Glasschäden sind auch dann gedeckt, wenn es sich um einen Be-
triebs- oder Bremsschaden handelt.[114]

Da Glas keinem Verschleiß unterliegt, ist in der Regel der **Neuwert** beschädigter 405
Glasteile samt Einbaukosten[115] zu ersetzen.[116]

Etwas anderes gilt allenfalls für die **Windschutzscheibe**, die durch Sandkörner, 406
Straßenstaub und Scheibenwischer beeinträchtigt werden kann;[117] insoweit sind
Abzüge „neu für alt" möglich.

Obergrenze ist die **Differenz** zwischen Wiederbeschaffungswert und Restwert 407
(A.2.7.1b AKB 2008).

K. Kurzschlussschäden an der Verkabelung

Versichert sind nur die Kurzschlussschäden an der Verkabelung selbst, nicht jedoch 408
weitere Schäden an den Instrumenten, zu denen die beschädigten Kabel führen.

---

114 *Stiefel/Hofmann*, § 12 AKB Rn 93.
115 LG Osnabrück NJW-RR 1996, 1176.
116 *Stiefel/Hofmann*, § 13 AKB Rn 26 mit Rechtsprechungsübersicht.
117 *Stiefel/Hofmann*, a.a.O.; LG Aachen VersR 1989, 358 = DAR 1991, 458.

117

§ 5 Vollkaskoversicherung (A.2.3 AKB 2008)

A. Allgemeines

409 Die Vollkaskoversicherung erweitert die Risiken der Teilkaskoversicherung um zwei wesentliche Schadenursachen:

■ Unfall und

■ mut- oder böswillige Handlungen betriebsfremder Personen.

410 Unfallschäden und mutwillige Beschädigung **nach** einem Diebstahl sind in der Teilkaskoversicherung versichert, da es sich insoweit um eine adäquate Folge des Diebstahls handelt.[1]

B. Unfall (A.2.3.2 AKB 2008)

I. Definition

411 **Unfall** ist „ein unmittelbar von außen her plötzlich mit mechanischer Gewalt [auf ein Fahrzeug] einwirkendes Ereignis" (A.2.3.2 AKB 2008).

412 Es sind daher folgende Kriterien zu erfüllen:

■ unmittelbar,

■ von außen her,

■ plötzlich,

■ mit mechanischer Gewalt,

■ einwirkendes Ereignis.

413 Ein plötzliches Schadenereignis liegt dann vor, wenn sich der Vorfall in einem **kurzen Zeitraum** abspielt und für den Versicherungsnehmer objektiv unerwartet und unvorhersehbar war.[2] Nur die Einwirkung des Schadenereignisses selbst muss plötzlich erfolgen, es reicht aus, wenn die unvorhersehbaren Einwirkungen allmählich eintreten.[3]

---

1 BGH VersR 1975, 225; LG Mainz NJW-RR 1991, 548; *Maier*, Zur Abgrenzung von Fahrzeugschäden in der Kaskoversicherung einerseits und durch mut- oder bösgläubige Handlung andererseits, r+s 1998, 1 ff. m.w.N.

2 BGH, IV a ZR 88/83, VersR 1985, 177.

3 OLG Hamm, 20 U 271/88, VersR 1990, 82.

II. Schadenereignis

Das Schadenereignis muss **von außen** her auf das Fahrzeug einwirken. Es besteht daher kein Versicherungsschutz, wenn der Schaden auf einen inneren Betriebsvorgang zurückzuführen ist. Insoweit enthält A.2.3.2 AKB 2008 in einem gesonderten Absatz eine Vielzahl von Schadenursachen, die nicht unter den Unfallbegriff fallen:

414

> „Nicht als Unfallschäden gelten insbesondere Schäden aufgrund eines Brems- oder Betriebsvorgangs oder reine Bruchschäden. Dazu zählen zum Beispiel Schäden am Fahrzeug durch rutschende Ladung oder durch Abnutzung, Verwindungsschäden, Schäden aufgrund Bedienungsfehler oder Überbeanspruchung des Fahrzeuges und Schäden zwischen ziehendem und gezogenem Fahrzeug ohne Einwirkung von außen".

Unfreiwilligkeit gehört nicht zum **Unfallbegriff**.[4]

415

III. Rechtsprechung

■ Wenn der **Motor** eines Muldenkippers zu Schaden kommt, weil der Abschlussdeckel des Trockenansaugluftfilters bei Fahrten auf **unwegsamem Gelände** beschädigt wird, liegt ein **Betriebsschaden** vor.[5]

416

■ Wenn ein Fahrzeug durch einen Betriebsvorgang **umstürzt**, ist der Unfallbegriff erfüllt,[6] z.B. beim **Abkippen** von Ladegut[7] oder beim Befahren einer wegen zu hohen Grasbewuchses nicht sichtbaren **Böschung**[8] oder bei plötzlichem **Nachgeben** des befestigten Bodens.[9]

■ Schäden, die nach dem Umkippen eines LKW durch den **Aufschlag auf den Boden** entstehen, sind **Unfallschäden** und keine Betriebsschäden.[10]

C. Vandalismus (A.2.3.3 AKB 2008)

Böswillige Beschädigungen durch **betriebsfremde** Personen sind ebenfalls Gegenstand der Vollkaskoversicherung. Behauptet der Versicherer, der Schaden sei nicht von betriebsfremden Personen verursacht worden, ist der **Versicherer** nach den all-

417

---

4   OLG Köln, 9 U 164/03, r+s 2004, 321; OLG Saarbrücken, 5 U 161/04, r+s 2005, 12.
5   OLG Frankfurt, r+s 1994, 165 mit umfassender Rechtsprechungsübersicht.
6   OLG Nürnberg, r+s 1994, 166 m.w.N.
7   BGH, r+s 1998, 9; OLG Nürnberg SP 1997, 206 = VersR 1997, 1480; OLG Koblenz, r+s 1999, 405; OLG Jena, r+s 2004, 185 = MDR 2004, 750.
8   OLG München SP 1997, 207.
9   OLG Rostock SP 1998, 435; OLG Celle, r+s 1999, 360.
10 BGH, r+s 1998, 9 = VersR 1998, 179 = DAR 1998, 310.

gemeinen Beweisregeln **beweispflichtig**, ihm kommen **keine Beweiserleichterungen** zugute.[11]

418   Vandalismus **nach** Diebstahl fällt unter die Teilkaskoversicherung.[12]

---

11   BGH VersR 1997, 1095 = SP 1997, 366 = r+s 1997, 446; OLG Köln SP 1998, 329; OLG Frankfurt, zfs 1999, 295; OLG Koblenz VersR 2004, 730; OLG Köln, 9 U 35/07, r+s 2008, 464.

12   LG Mainz NJW-RR 1991, 548; *Maier*, r+s 1998, 1 ff. und r+s 1999, 50 ff.

§ 6 Leistungsumfang (A.2.6 AKB 2008)

Die Ersatzleistung des Versicherers ist in der Regel auf den **Fahrzeugschaden** be- 419
grenzt. Merkantiler Minderwert, Mietwagenkosten oder Aufwendungen für die Beschaffung eines Ersatzfahrzeuges werden grundsätzlich nicht ersetzt. Auch werden
Abzüge „neu für alt" gemacht.

A. Totalschaden (A.2.6 AKB 2008)

I. Definition

Ein Totalschaden liegt vor, wenn die erforderlichen Kosten der Reparatur des Fahr- 420
zeugs den Wiederbeschaffungswert **übersteigen** (A.2.6.5 AKB 2008).

Versicherungswert ist der **Wiederbeschaffungswert**, dies gilt auch für Fahrzeug- 421
teile und Fahrzeugzubehör (A.2.18 AKB 2008).

Wiederbeschaffungswert ist der **Kaufpreis**, den der Versicherungsnehmer aufwen- 422
den muss, um ein gleichwertiges gebrauchtes Fahrzeug oder gleichwertige Fahrzeugteile zu erwerben (A.2.6.6 AKB 2008).

Bei der Bemessung des Wiederbeschaffungswertes sind die **individuellen** Verhält- 423
nisse des Versicherungsnehmers zu berücksichtigen.

II. Mehrwertsteuer (A.2.9 AKB 2008)

Mehrwertsteuer wird nur erstattet, wenn und soweit diese – analog § 249 Abs. 2
S. 2 BGB – bei der Schadenbeseitigung auch tatsächlich angefallen ist.

Für die Ersatzfähigkeit der Mehrwertsteuer kommt es auf die steuerlichen Verhält- 424
nisse im Zeitpunkt des Eintritts des Versicherungsfalles an. Wenn der Versicherungsnehmer **vorsteuerabzugsberechtigt** ist, ist die Mehrwertsteuer nicht Bestandteil des erstattungsfähigen Wiederbeschaffungswertes.[1]

In A.2.9 AKB 2008 heißt es: „Mehrwertsteuer erstatten wir nur, wenn und soweit 425
diese für Sie bei der von Ihnen gewählten Schadenbeseitigung **tatsächlich angefallen** ist. Mehrwertsteuer erstatten wir **nicht**, soweit **Vorsteuerabzugsberechtigung** besteht".

---

1 *Stiefel/Hofmann*, § 13 AKB Rn 10; BGH VersR 1986, 177; OLG Köln VersR 1994, 95.

III. Rabatte (A.2.11 AKB 2008)

426 Tatsächlich gewährte, aber auch **mögliche Rabatte** sind anzurechnen, insbesondere dann, wenn kein gebrauchtes Fahrzeug in Zahlung gegeben werden muss;[2] dies gilt auch für **Werksangehörigenrabatte**,[3] allerdings unter Abzug der darauf ruhenden Steuerlast.[4]

IV. Leasingfahrzeuge

427 Bei Leasingfahrzeugen kommt es auf die Verhältnisse des **Leasinggebers** an, so dass dessen Vorsteuerabzugsberechtigung und Rabatte bei der Ermittlung des Wiederbeschaffungswertes zu berücksichtigen sind.[5]

V. Neupreis (A.2.6.2 AKB 2008)

428 Die seit fast 20 Jahren nicht mehr angebotene Neupreisentschädigung ist wieder fakultativ eingeführt worden. Sie wird angeboten für Pkw, außer Mietwagen, Taxen und Selbstfahrervermiet-Pkw. Wenn innerhalb einer **vertraglich vereinbarten Anzahl von Monaten** nach der Erstzulassung eine Zerstörung oder Verlust eintritt, wird der Neupreis gezahlt. Diese Neupreisentschädigung wird daran geknüpft, dass die **Erstzulassung** auf den Versicherungsnehmer erfolgt ist. Ein vorhandener Restwert wird abgezogen.

429 Auch hier gilt die **Wiederherstellungsklausel** (A.2.6.3 AKB 2008). Die Differenz zwischen Wiederbeschaffungswert und Neuwert wird nur gezahlt, wenn sichergestellt ist, dass die Entschädigung innerhalb von 2 Jahren nach ihrer Feststellung für die Reparatur des Fahrzeuges oder den Erwerb eines anderen Fahrzeuges verwendet wird.

B. Reparaturkosten (A.2.7 AKB 2008)

430 Bei vollständiger und fachgerechter Reparatur werden die **durch Rechnung** nachgewiesen Reparaturkosten bis zur Höhe des Wiederbeschaffungswertes gezahlt.

---

2 OLG Hamm VersR 1995, 1303; OLG Schleswig VersR 1996, 1993; OLG Köln VersR 1994, 95.
3 OLG Celle VersR 1996, 1136.
4 OLG Düsseldorf, r+s 1996, 428.
5 BGH, r+s 1988, 255; BGH, r+s 1989, 317; BGH VersR 1993, 1233; *Stiefel/Hofmann*, § 13 AKB Rn 10.

Wird die Reparatur nicht oder nicht vollständig durchgeführt, beschränkt sich die Leistung auf die **Differenz zwischen Wiederbeschaffungswert und Restwert**.

Hinweis

Die 130 %-Rechtsprechung gilt **nicht** für die Fahrzeugversicherung.[6]

C. Monatsfrist (A.2.10 AKB 2008)

Wenn das Fahrzeug innerhalb eines Monats nach Eingang der schriftlichen Schadenanzeige wieder aufgefunden wird und die Rücknahme mit objektiv zumutbaren Anstrengungen möglich ist, ist der Versicherungsnehmer verpflichtet, das Fahrzeug **zurückzunehmen**. Nach Ablauf dieser Frist wird der Versicherer Eigentümer des Fahrzeuges (A.2.10.3 AKB 2008).   **431**

Die Rücknahme des Fahrzeuges **nach Ablauf der Monatsfrist** ist noch kein Verzicht auf Erstattung des Wiederbeschaffungswertes.[7] An einen entsprechenden „Verzichtvertrag" sind strenge Anforderungen zu stellen.[8]   **432**

Der Versicherer hat die **Rückführungskosten** als Rettungskosten zu ersetzen.[9]   **433**

D. Glasschäden (A.2.2.5 AKB 2008)

Bruchschäden an der Verglasung sind sowohl in der **Vollkaskoversicherung** als auch in der **Teilkaskoversicherung** versichert. Die Ursache solcher Schäden ist ohne Bedeutung; Glasschäden sind auch dann gedeckt, wenn es sich um einen Betriebs- oder Bremsschaden handelt.[10]   **434**

Da Glas keinem Verschleiß unterliegt, ist in der Regel der **Neuwert** beschädigter Glasteile samt Einbaukosten[11] zu ersetzen.[12]   **435**

---

6   OLG Koblenz, r+s 2000, 1997 = VersR 2000, 1359.
7   BGH, r+s 1999, 40 = MDR 1999, 1135 = SP 1999, 349 = DAR 1999, 449 = VersR 1999, 1104.
8   BGH a.a.O.; BGH VersR 1998, 122.
9   OLG Köln VersR 2001, 976.
10   *Stiefel/Hofmann*, § 12 AKB Rn 93.
11   LG Osnabrück NJW-RR 1996, 1176.
12   *Stiefel/Hofmann*, § 13 AKB Rn 26 mit Rechtsprechungsübersicht.

436   Etwas anderes gilt allenfalls für die **Windschutzscheibe**, die durch Sandkörner, Straßenstaub und Scheibenwischer beeinträchtigt werden kann;[13] insoweit sind Abzüge „neu für alt" möglich.

437   Bei Totalschaden soll nach umstrittener Rechtsprechung der Glasschaden nur im **Verhältnis zum Fahrzeugwert** ersetzt werden.[14]

E.   Zubehör (A.2.1.2 AKB 2008)

438   Prämienfrei mitversichert sind fest im Fahrzeug eingebaute oder fest am Fahrzeug angebaute Fahrzeugteile sowie im Fahrzeug **unter Verschluss** verwahrtes Fahrzeugzubehör, das ausschließlich dem Gebrauch des Fahrzeuges dient „und nach allgemeiner Verkehrsanschauung nicht als Luxus angesehen wird".

439   Nicht versicherbar sind Gegenstände, deren Nutzung nicht ausschließlich dem Gebrauch des Fahrzeuges dient, z.b. Handys und **mobile Navigationsgeräte** (A.2.1.4 AKB 2008).

F.   Nutzungsausfall

440   Nutzungsausfall ist nicht Gegenstand der Kaskoversicherung; er kann auch nicht als Verzugsschaden geltend gemacht werden.[15]

G.   Rechtsanwaltskosten

441   Vertritt ein Rechtsanwalt den Versicherungsnehmer bei der Geltendmachung seiner Ansprüche gegen die Kaskoversicherung, so muss der Versicherungsnehmer diese Kosten in der Regel selbst tragen: Der Kaskoversicherer ist nur dann zur Tragung der Rechtsanwaltskosten verpflichtet, wenn er sich bei Beauftragung des Rechtsanwalts in **Verzug** befand. Insoweit handelt es sich um den allgemeinen Verzugsschaden gemäß § 286 BGB. Die Anwaltskosten sind somit nicht zu erstatten, wenn der Rechtsanwalt erstmalig den Kaskoversicherer in Verzug setzt.[16]

---

13   *Stiefel/Hofmann*, a.a.O.; LG Aachen VersR 1989, 358 = DAR 1991, 458.

14   LG München, zfs 1987, 150; LG Osnabrück, zfs 1988, 148; LG Mainz, zfs 1988, 291; AG München SP 1996, 394 mit Rechtsprechungsübersicht; **a.A.:** LG Frankfurt VersR 1987, 878 = zfs 1987, 117.

15   OLG Schleswig, r+s 1995, 408 = VersR 1996, 448.

16   Palandt/*Grüneberg*, § 286 BGB Rn 7 m.w.N.; OLG Hamm NZV 1991, 314; AG Recklinghausen, r+s 1996, 471; AG Düsseldorf, r+s 1996, 448; AG Karlsruhe, r+s 1997, 48.

Auch der **Rechtsschutzversicherer** braucht die anfallenden Rechtsanwaltskosten nicht zu übernehmen, da noch kein „Versicherungsfall" (Verstoß gegen Rechtspflichten) eingetreten ist (§ 4 1c ARB 94 und ARB 2008). **442**

Die bei der Geltendmachung des Kaskoanspruchs entstehenden Anwaltskosten sind jedoch vom gegnerischen Haftpflichtversicherer als **adäquater Schaden** zu ersetzen;[17] dies gilt auch dann, wenn der Geschädigte Leasingnehmer ist.[18] **443**

H. Sachverständigenkosten (A.2.8 AKB 2008)

Die Kosten eines Sachverständigen werden nur ersetzt, wenn der Versicherer dessen Beauftragung veranlasst oder ihr zugestimmt hat. Die Kosten eines vom Versicherungsnehmer eingeholten Sachverständigengutachtens werden daher grundsätzlich nicht erstattet, da es sich **nicht** um die notwendigen Kosten der Wiederherstellung handelt (**a.A.** HK-VVG-*Hallbach*, A.2.8 Rn 1 AKB 2008). Etwas anderes gilt nur dann, wenn der Versicherer aufgrund des vom Versicherungsnehmer eingeholten Gutachtens seine Leistung erhöht.[19] **444**

I. Finderlohn

Den gesetzlichen Finderlohn, den der Versicherungsnehmer an den Finder seines gestohlenen Kraftfahrzeuges zahlt, hat die Kaskoversicherung als „**Rettungskosten**" (§§ 82, 83 VVG) zu ersetzen,[20] auch „**Lösegeld**".[21] **445**

J. Rückholkosten (A.2.10.2 AKB 2008)

Ab einer Entfernung von mehr als 50 km Luftlinie erstattet der Versicherer für die Abholung des Fahrzeuges die Kosten in Höhe einer **Bahnfahrkarte 2. Klasse** für Hin- und Rückfahrt bis zu einer Höchstentfernung von 1.500 Bahnkilometern. **446**

Wenn weitere Rückholkosten entstehen, sind diese vom Versicherer als **Rettungskosten** zu ersetzen.[22] **447**

---

17 OLG Celle AnwBl 1983, 141; OLG Stuttgart DAR 1989, 27; OLG Karlsruhe, r+s 1990, 303.
18 Palandt/*Grüneberg*, § 249 Rn 21; LG Bielefeld NJW-RR 1990, 929.
19 LG Baden-Baden VersR 1992, 441.
20 LG Hannover NJW-RR 1996, 1178 = r+s 1996, 478.
21 OLG Saarbrücken, r+s 1999, 98 = NJW-RR 1998, 463.
22 OLG Köln VersR 2001, 976.

K.   Abschleppkosten (A.2.7.2 AKB 2008)

448   Abschleppkosten bis zur nächsten zuverlässigen Werkstatt werden ersetzt, wenn nicht ein Dritter verpflichtet ist, die Abschleppkosten zu übernehmen.

§ 7 Der Deckungsprozess

A. Klage

Erbringt der Versicherer trotz Fälligkeit und Mahnung die geforderte Leistung nicht, verbleibt dem Versicherungsnehmer nur die Durchführung des Deckungsprozesses. Allein sinnvoll ist eine **Klage**; die Beantragung eines Mahnbescheides ist wenig sinnvoll und dient nur der Verzögerung, da Versicherer selbst dann gegen einen Mahnbescheid Widerspruch einlegen, wenn sie leistungsbereit sind. Bei Streit über die Schadenhöhe ist die Vorrangigkeit des **Sachverständigenverfahrens** gemäß A.2.17 AKB 2008 zu beachten. Sind Grund und Höhe streitig, kann gleichwohl Leistungsklage erhoben werden, es genügt jedoch eine **Feststellungsklage**.

449

B. Vorrangiges Sachverständigenverfahren (A.2.17 AKB 2008)

Bei Streit über die **Höhe** der Kaskoentschädigung ist das Sachverständigenverfahren durchzuführen. Die im Sachverständigenverfahren getroffene Feststellung kann nur bei **offenbarer Abweichung** von der wirklichen Sachlage angefochten werden.[1]

450

Bei Streit über die Schadenhöhe unterliegt die vor Durchführung des Sachverständigenverfahrens eingereichte Klage der **Abweisung**, da der Klageanspruch (noch) nicht fällig ist;[2] dies gilt auch dann, wenn sich der Versicherer erst im Prozess auf die Vorrangigkeit des Sachverständigenverfahrens beruft.[3]

451

Das Sachverständigenverfahren dient lediglich der Klärung der **tatsächlichen** Umstände, von denen die Höhe des Anspruchs abhängt. Die Frage, ob die fiktiven Reparaturkosten oder nur die Differenz zwischen Wiederbeschaffungswert und Restwert zu ersetzen ist, ist eine **Rechtsfrage**, die nicht in die Kompetenz des Sachverständigenverfahrens fällt.[4]

452

1 OLG Düsseldorf, r+s 1996, 477; LG Köln SP 2000, 29.
2 OLG Stuttgart VersR 1980, 1114; OLG Frankfurt VersR 1982, 759.
3 OLG Saarbrücken, r+s 1995, 329 = zfs 1996, 462 = VersR 1996, 882; OLG Köln r+s 1996, 14; OLG Köln SP 2002, 210; AG Köln, SP 2008, 375.
4 OLG Saarbrücken, zfs 2004, 23, 24.

453 Eine Klageerhebung ist auch dann zulässig, wenn sich das Sachverständigenverfahren **ungebührlich verzögert**; in der Regel darf ein Zeitraum von einem Jahr nicht überschritten werden.[5]

454 Ein selbstständiges **gerichtliches Beweisverfahren** (§§ **485 ff. ZPO**) ist jedoch zulässig.[6]

C. Gerichtsstand (L.2 AKB 2008)

455 Für die Deckungsklage stehen drei Gerichtsstände zur Verfügung:

■ Der Versicherer kann an seinem Sitz als dem **allgemeinen Gerichtsstand** verklagt werden (L.2 AKB 2008).

■ Ein weiterer Gerichtsstand ist die **Niederlassung** des Versicherers L.2 AKB 2008). Aber: Nicht jede beliebige Niederlassung kann verklagt werden, sondern nur die „für das jeweilige Versicherungsverhältnis zuständige Niederlassung".

■ Von besonderer Bedeutung – und in der Praxis relevant – ist der Gerichtsstand des Versicherungsnehmers gemäß § 215 VVG.

---

5 OLG Frankfurt VersR 2003, 1556 = NJW-RR 2004, 119.
6 LG München I NJW-RR 1994, 355.

§ 8 Quotenvorrecht/Differenztheorie

A. Forderungsübergang (§ 86 VVG)

Nach einem Unfall hat ein Versicherungsnehmer, der eine Vollkaskoversicherung abgeschlossen hat, die Möglichkeit, **seine Kaskoversicherung** in Anspruch zu nehmen und/oder seine Ansprüche gegen den **Haftpflichtversicherer** des Schädigers geltend zu machen. 456

Liegt eine **Mithaftung** des Versicherungsnehmers bezüglich des Unfallgeschehens vor, ist es in der Regel sinnvoll, die Vollkaskoversicherung in Anspruch zu nehmen und Schadenersatzansprüche bei der gegnerischen Haftpflichtversicherung geltend zu machen. 457

In derartigen Fällen wirkt sich das **Quotenvorrecht** zugunsten des Versicherungsnehmers aus, der **vollen Schadenersatz** auch bei einer erheblichen Mithaftung erreichen kann: Zwar gehen die Schadenersatzansprüche des Versicherungsnehmers auf die Kaskoversicherung über, soweit diese den Schaden ersetzt, aber nicht zum Nachteil des Versicherungsnehmers (§ 86 VVG). 458

B. Kongruenter Schaden

Ein Versicherungsnehmer kann nach Inanspruchnahme seiner Vollkaskoversicherung die **Differenz** zwischen dem kongruenten Fahrzeugschaden und der Leistung des Kaskoversicherers gegenüber dem Haftpflichtversicherer ungekürzt geltend machen. Die Haftungsquote des Haftpflichtversicherers bildet die Obergrenze. 459

Zum unmittelbaren (**kongruenten und übergangsfähigen**) Schaden gehören: 460
- die Reparaturkosten,
- die Abschleppkosten,
- die Sachverständigenkosten und
- der merkantile Minderwert.[1]

Verschrottungskosten sind **nicht** bevorrechtigt; es handelt sich um Sachfolgeschäden.[2] 461

---

1 BGH VersR 1982, 383 = NJW 1982, 829 und BGH VersR 1985, 441.
2 OLG Hamm SP 2000, 162.

462 *Daher*

Der Versicherungsnehmer kann bis zur Grenze der Mithaftungsquote des Unfallgegners die Selbstbeteiligung, die Abschleppkosten, die Sachverständigenkosten und den merkantilen Minderwert geltend machen.

463 Diese Rechtsprechung darf jedoch nicht – wie es in der Praxis häufig geschieht – dahingehend missverstanden werden, dass diese Positionen Gegenstand der Kaskoversicherung geworden sind; vielmehr werden sie bei der Geltendmachung des **Differenzschadens** gegenüber dem Haftpflichtversicherer zugunsten des Versicherungsnehmers bei der Anrechnung der Kaskoentschädigung berücksichtigt.

C. Nicht bevorrechtigte Schadenpositionen

464 Dagegen werden vom Rechtsübergang **nicht** betroffen:
- der Nutzungsausfall,
- die Mietwagenkosten,
- die Unkostenpauschale,
- eventuelle Fahrtauslagen und
- Verschrottungskosten.[3]

465 Diese Positionen sind vom gegnerischen Haftpflichtversicherer unabhängig von der Leistung des Kaskoversicherers **entsprechend der Haftungsquote** zu regulieren.

D. Abrechnungsbeispiele

466 *Beispiel 1*[4]

Reparaturkosten	6.000 EUR
Merkantiler Minderwert	500 EUR
Nutzungsentschädigung	400 EUR
Sachverständigenkosten	300 EUR
Abschleppkosten	200 EUR
insgesamt	7.400 EUR

---

3 OLG Hamm SP 2000, 162.
4 Vgl. hierzu Schaubilder im Anhang unter B.

Hierauf leistet die Vollkaskoversicherung (Fahrzeugschaden
6.000 EUR abzüglich Selbstbeteiligung 1.000 EUR)   5.000 EUR

Bei einer Mithaftungsquote von 50 % wäre es falsch, lediglich 50 % der vorgenannten Positionen gegenüber dem Haftpflichtversicherer geltend zu machen. Richtig ist vielmehr die Abrechnung nach **Quotenvorrecht/Differenztheorie**. Der kongruente Fahrzeugschaden errechnet sich wie folgt:

Beispiel 2[5]

Reparaturkosten	6.000 EUR
Merkantiler Minderwert	500 EUR
Sachverständigenkosten	300 EUR
Abschleppkosten	200 EUR
insgesamt	7.000 EUR
Bei einer Mithaftungsquote von 50 % könnte der Versicherungsnehmer gegenüber dem Haftpflichtversicherer geltend machen. Sein verbleibender, von der Kaskoversicherung nicht gedeckter (kongruenter) Schaden beträgt	3.500 EUR
(7.000 EUR ./. 5.000 EUR =)	2.000 EUR,
so dass er in dieser Höhe einen Entschädigungsanspruch gegen den Haftpflichtversicherer hat.	

Bei einer Haftungsquote von 20 % beschränkt sich der Anspruch auf diese Quote des kongruenten Schadens (20 % von 7.000 EUR), also   1.400 EUR.

Außerdem erhält der Versicherungsnehmer vom Haftpflichtversicherer die jeweilige Quote der Nutzungsentschädigung oder Mietwagenkosten, der Kostenpauschale, des Verdienstausfalles und des Rückstufungsschadens.[6]

E.   Bearbeitungshinweis

Für die Praxis empfiehlt sich im Regelfall folgende Bearbeitung:[7]   **467**
1. Geltendmachung der Kaskoentschädigung beim **Kaskoversicherer**.
2. Geltendmachung des restlichen kongruenten Schadens gegenüber dem **Haftpflichtversicherer**, und zwar wie folgt:

---

5   Vgl. hierzu Schaubilder im Anhang unter B.
6   Vgl. hierzu Schaubilder im Anhang unter B.
7   Vgl. auch die Schaubilder im Anhang unter B.

Selbstbeteiligung	1.000 EUR
Merkantiler Minderwert	500 EUR
Sachverständigenkosten	300 EUR
Abschleppkosten	200 EUR
insgesamt:	2.000 EUR

468   Diese Positionen muss der Haftpflichtversicherer bis zu dem Betrag regulieren, für den er einzustehen hätte ohne Berücksichtigung der Leistungen des Kaskoversicherers. Die weiteren Schadenpositionen (Mietwagenkosten, Nutzungsentschädigung, Unkostenpauschale, Schmerzensgeld usw.) richten sich nach der Haftungsquote des Haftpflichtversicherers.

§ 9 Forderungsübergang (§ 86 VVG)

A. Vorsatz und grobe Fahrlässigkeit

Soweit der Versicherer den Kaskoschaden **reguliert**, gehen die Schadenersatz- **469** ansprüche des Versicherungsnehmers gegen den Fahrer, der den Schaden verursacht hat, gemäß § 86 VVG auf den Versicherer über (**cessio legis**). Dieser Forderungsübergang kann gegenüber dem berechtigten Fahrer nur geltend gemacht werden, wenn dieser den Versicherungsfall **vorsätzlich** oder **grob fahrlässig** herbeigeführt hat (A.2.15 AKB 2008).

B. Der Rückgriff gegen den angestellten Fahrer

Hat ein Kraftfahrer durch **grobe Fahrlässigkeit**, z.B. Trunkenheit, einen Kasko- **470** schaden verursacht, kann der Versicherer gegen ihn in Höhe seiner Aufwendungen Regress nehmen. Die Regressimitierung in E.6.3 und E.6.4 AKB 2008 gilt **nicht**.

> *Wichtig*
>
> Dieser Regressanspruch ist grundsätzlich unbegrenzt!

Nach der ständigen Rechtsprechung des **Bundesarbeitsgerichts** hat der Arbeitneh- **471** mer einen grob fahrlässig verursachten Schaden des Arbeitgebers in aller Regel voll zu tragen.[1]

Aber auch bei grober Fahrlässigkeit können **Haftungserleichterungen** für den Ar- **472** beitnehmer eingreifen. Dabei kommt es entscheidend darauf an, ob der Verdienst des Arbeitnehmers in einem **deutlichen Missverhältnis** zum Schadenrisiko der Tätigkeit steht.[2] Ein solches Missverhältnis ist noch **nicht** gegeben, wenn der zu ersetzende Schaden das **Sechsfache** des Monatseinkommens[3] oder das Achtfache[4] des Monatseinkommens ausmacht.

Die Grundsätze der **eingeschränkten Arbeitnehmerhaftung** kommen einem Ar- **473** beitnehmer bei **Unfallflucht** in der Regel **nicht** zu gute.[5]

---

1 BAG SP 1999, 115.
2 BAG NZA 1997, 1279; BAG SP 1999, 115; ArbG Köln, SP 1998, 253.
3 ArbG Köln SP 1998, 253.
4 BAG BB 1998, 107, 108.
5 AG Düsseldorf VersR 2004, 103.

474   Da der Versicherer übergegangene Ansprüche des Arbeitgebers geltend macht, ist die Zuständigkeit des **Arbeitsgerichts** gegeben; dieses gilt nicht bei Totalschaden an **Leasingfahrzeugen** des Arbeitgebers.[6] Der Regressanspruch unterliegt den **Verjährungs- und Ausschlussfristen des Arbeitsrechts.**

C. Häusliche Gemeinschaft (A.2.15 AKB 2008)

475   Gemäß A.2.15 AKB 2008, der inhaltlich § 86 Abs. 3 VVG entspricht, ist der Forderungsübergang ausgeschlossen, wenn der Fahrer bei Eintritt des Schadens mit dem Versicherungsnehmer in häuslicher Gemeinschaft lebt.

476   Eine häusliche Gemeinschaft liegt vor, wenn eine auf Dauer angelegte gemeinschaftliche Wirtschaftsführung besteht und eine nicht ganz unverbindliche Wohngemeinschaft vorhanden ist.[7]

477   Eine kurzfristige Abwesenheit der mit dem Versicherungsnehmer zusammenlebenden Person schadet nicht, wenn diese Abwesenheit von Anfang an zeitlich begrenzt ist.

478   Es verbleibt daher bei der häuslichen Gemeinschaft, wenn ein Mitglied der Gemeinschaft **zur See** fährt, auswärts **studiert** oder seiner **Wehrpflicht** nachkommt.[8]

479   Die häusliche Gemeinschaft muss „bei Eintritt des Schadens" (A.2.15 AKB 2008, § 86 Abs. 3 VVG) bestehen. Eine **nachträgliche** Begründung der häuslichen Gemeinschaft führt daher **nicht** zu einer Regresssperre.

480   § 86 Abs. 3 VVG (A.2.15 AKB 2008) ist **nicht analog** anwendbar bei Regressansprüchen gegen den führerscheinlosen Ehemann der Versicherungsnehmerin gemäß § 116 VVG, da hier die Regeln des Gesamtschuldnerausgleichs (§ 426 BGB) gelten.

D. Aufgabeverbot (§ 86 Abs. 3 VVG)

481   Nach § 86 Abs. 3 VVG darf der Versicherungsnehmer seinen Anspruch gegen den Schädiger nicht aufgeben, er hat vielmehr für die **Aufrechterhaltung** des Anspruchs zu sorgen, er muss für die Wahrung der **Fristen** sorgen und muss bei der

---

6   BAG, 5 AZB 8/09, VersR 2009, 1528.
7   BGH, VersR 1986, 333.
8   *Honsell/Baumann*, § 67 VVG Rn 156; Prölss/Martin/*Prölss*, § 67 VVG Rn 39 m.w.N.; *Römer/Langheid*, § 67 VVG Rn 53 m.w.N.

Durchsetzung der Regressansprüche durch den Versicherer mitwirken (§ 86 Abs. 2 S. 1 VVG).

Es handelt sich hier um eine gesetzlichen geregelte Obliegenheit (§ 86 Abs. 2 S. 2 VVG). Bei einer **vorsätzlichen** Verletzung der Obliegenheit wird der Versicherer völlig **leistungsfrei**, bei grober Fahrlässigkeit ist der Versicherer berechtigt, „seine Leistungen in einem der Schwere des Verschuldens des Versicherungsnehmers entsprechenden Verhältnis zu **kürzen**" (§ 86 Abs. 2 S. 3 VVG).   **482**

Grobe Fahrlässigkeit wird bei einer Obliegenheitsverletzung **vermutet**, der Versicherungsnehmer trägt für das Nichtvorliegen einer groben Fahrlässigkeit die Beweislast (§ 86 Abs. 2 S. 3 VVG).   **483**

Beispiele   **484**

1. Ein Arbeitgeber entlässt seinen Kraftfahrer, dem wegen Trunkenheit die Fahrerlaubnis entzogen worden ist. In den meisten Fällen wird eine Auflösungsvereinbarung mit dem Inhalt geschlossen, dass alle wechselseitigen Ansprüche aus dem Arbeitsverhältnis und seiner Beendigung erledigt werden („**Ausgleichsquittung**").

2. Nach einem Verkehrsunfall **verzichten** beide Beteiligte auf Schadenersatzansprüche im Vertrauen darauf, dass die Kaskoversicherung den Schaden regulieren wird.

Wird diese Vereinbarung **vor** Zahlung der Entschädigungsleistung getroffen, ist damit auch ein Verzicht auf die Schadenersatzansprüche wegen der Beschädigung des Kraftfahrzeuges erklärt. Erfolgt die Zahlung der Entschädigungsleistung **nach** Unterzeichnung einer solchen Vereinbarung, kann ein Forderungsübergang nicht mehr erfolgen, da mit der Vereinbarung evtl. Schadenersatzansprüche erloschen sind.   **485**

Da die gesetzliche Regelung in § 86 Abs. 2 VVG weithin unbekannt ist, wird in den meisten Fällen nicht von einer **vorsätzlichen** Obliegenheitsverletzung auszugehen sein, es sei denn, der Arbeitgeber ist durch vorangegangene Schadenfälle über diese Obliegenheit bereits unterrichtet. Ob **grobe Fahrlässigkeit** vorliegt, ist im Einzelfall zu prüfen, dürfte aber auch im Regelfall zu verneinen sein. Liegt nur **einfache Fahrlässigkeit** vor, kann der Versicherer sich auf diese Obliegenheitsverletzung **nicht** berufen.   **486**

§ 10 Die Kraftfahrzeug-Haftpflichtversicherung

A. Vorbemerkung

487   Der sachliche Mindestumfang in der Haftpflichtversicherung ergibt sich aus den §§ 2 bis 4 KfZ-PflVV. Die nähere Ausgestaltung des Versicherungsschutzes erfolgt in A.1 AKB 2008.

B. Leistungsumfang der Haftpflichtversicherung

488   Die Leistung der Kfz-Haftpflichtversicherung besteht darin, dass sie die Gefahr trägt, die durch den Gebrauch des versicherten Fahrzeuges entsteht, insbesondere im Schadenfall den Versicherungsnehmer von der persönlichen Inanspruchnahme **freistellt** (A.1.1.1 AKB 2008).

489   A.1.1.1 AKB 2008 setzt voraus, dass ein **Dritter** einen Haftpflichtanspruch geltend macht; beschädigt der Fahrer ein eigenes (anderes) Fahrzeug, ist die Kfz-Haftpflichtversicherung nicht eintrittspflichtig.[1]

490   In dem vom BGH entschiedenen Fall (BGH IV ZR 313/06) war der Kläger Halter von **zwei Kraftfahrzeugen**, für die er als Versicherungsnehmer Haftpflichtversicherungsverträge bei der Beklagten unterhielt. Eines der Fahrzeuge stand im Eigentum **seiner Ehefrau**, die mit diesem Fahrzeug das andere Fahrzeug des Klägers beschädigte. Der BGH führt aus, dass gemäß § 11 Nr. 2 AKB auch diejenigen Schäden **nicht** versichert sind, die von einer **mitversicherten Person** an einer versicherten Sache des Versicherungsnehmers verursacht werden.

491   Der Haftpflichtversicherer ist auch für die Kosten eines **Feuerwehreinsatzes** eintrittspflichtig, wenn die Feuerwehr ein brennendes Fahrzeug löscht und/oder das mit auslaufendem Öl kontaminierte Erdreich beseitigt.[2] Hierbei macht es keinen Unterschied, ob die Kosten durch einen öffentlich-rechtlichen Leistungsbescheid geltend gemacht werden.

---

1   BGH IV ZR 313/06 = DAR 2008, 518 = VersR 2008, 1202 = SP 2008, 338 = NJW-RR 2008, 1350 = zfs 2008, 629; OLG Hamm, zfs 1996, 457 = r+s 1997, 59, mit ablehnender Anmerkung von *Lemcke* = VersR 1997, 303; LG München I, DAR 1999, 552 = VersR 2000, 882; OLG Nürnberg, VersR 2004, 905.
2   BGH, IV ZR 325/05, r+s 2007, 94 = zfs 2007, 200 = MDR 2007, 652.

Der Haftpflichtversicherer muss auch die Kosten tragen, die für die Beseitigung von **Orangen** anfallen, die bei einem Unfall auf die **Fahrbahn** geraten sind.[3]

492

Die Halter eines **Zugfahrzeuges** und eines damit verbundenen **Anhängers** haften gemäß §§ 7, 17 StVG im Außenverhältnis als Gesamtschuldner, im Innenverhältnis ist jedoch im Regelfall allein der Halter des Zugfahrzeuges zum Schadenersatz verpflichtet.[4] Hier liegt **Mehrfachversicherung** gem. § 78 VVG vor.

493

I. Freistellungsverpflichtung

Die Freistellungsverpflichtung des Haftpflichtversicherers besteht darin, begründete Ansprüche zu **befriedigen** (A.1.1.2 AKB 2008) und unbegründete Schadenersatzansprüche, die aufgrund gesetzlicher Haftpflichtbestimmungen privatrechtlichen Inhalts geltend gemacht werden, **abzuwehren** (A.1.1.3 AKB 2008). Diese Ersatzpflicht des Versicherers für Personen-, Sach- und Vermögensschäden umfasst auch die gerichtlichen und außergerichtlichen Kosten bei der Abwehr geltend gemachter Ansprüche (§ 101 Abs. 1 S. 1 VVG). Demgegenüber sind **Strafverteidigerkosten** nur dann zu übernehmen, wenn sie auf **Weisung** des Haftpflichtversicherers aufgewendet werden (§ 101 Abs. 1 S. 2 VVG).

494

II. Versicherte Personen

Die gesetzlichen Vorgaben aus § 1 PflVG und § 2 Abs. 2 KfzPflVV finden in A.1.2 AKB 2008 ihren Niederschlag: Mitversicherte Personen sind:

495

- der Halter
- der Eigentümer
- der Fahrer
- der Beifahrer (d.h. der angestellte Beifahrer)
- der Omnibusschaffner
- der Arbeitgeber (wenn das versicherte Fahrzeug für dienstliche Zwecke eingesetzt wird).

Nicht versicherte Person ist der bloße **Besitzer** eines versicherten Fahrzeuges, also beispielsweise der Inhaber der Reparaturwerkstatt, dem der Besitz am Fahrzeug für die Dauer der Reparatur eingeräumt worden ist.[5]

496

---

3 BGH, VI ZR 220/06, MDR 2008, 140.
4 OLG Celle, 14 U 108/2007, DAR 2008, 648; OLG Hamburg, 14 U 202/06, DAR 2008, 649.
5 OLG Celle, r+s 1990, 224.

497   Die mitversicherten Personen können – ausnahmsweise (A.1.2 AKB 2008) – ihre Versicherungsansprüche **selbstständig** geltend machen. In allen anderen Fällen der Fremdversicherung (§§ 43 ff. VVG) ist dies nur mit Zustimmung des Versicherungsnehmers möglich (§ 45 VVG).

III.   Versicherte Leistungen

498   Die Hauptaufgabe der Haftpflichtversicherung besteht darin, die Ansprüche des Geschädigten durch **Zahlung** zu erfüllen (A.1.1.2 AKB 2008). Der Schadenersatz wird in Geld geleistet (A.1.1.2 AKB 2008); Naturalersatz (§ 249 S. 1 BGB) scheidet aus.

499   Gegenüber dem **Geschädigten** darf **nicht** mit Forderungen gegen den **Versicherungsnehmer** aufgerechnet werden (§ 121 VVG).

500   Die weitere Hauptaufgabe des Haftpflichtversicherers besteht darin, **unbegründete Ansprüche** abzuwehren. Dieser Abwehranspruch bedeutet nicht nur die Ablehnung unberechtigter Ansprüche, der Versicherer muss unter Umständen auch **Beweissicherungsmaßnahmen** ergreifen, wie z.b. ein Sachverständigengutachten einholen über die Höhe der Schäden und über den Zustand der Unfallstelle, insbesondere dann, wenn durch Straßenbaumaßnahmen eine Veränderung droht.

IV.   Regulierungsvollmacht

501   Der Versicherer ist bevollmächtigt, alle ihm zweckmäßig erscheinenden Erklärungen im Rahmen **pflichtgemäßen Ermessens** abzugeben (A.1.1.4 AKB 2008). Diese Regulierungsvollmacht besteht **nicht**, wenn der Versicherer gegenüber dem Versicherungsnehmer oder einer mitversicherten **Person leistungsfrei** ist.[6] Im Rahmen der Regulierungsbefugnis gilt der Versicherer als bevollmächtigt, im Namen der versicherten Personen alle für die Schadenregulierung „zweckmäßig erscheinenden Erklärungen im Rahmen pflichtgemäßen Ermessens" abzugeben (A.1.1.4 AKB 2008).[7]

502   Die Regulierungsbefugnis des Haftpflichtversicherers ist sehr **weitgehend**, da ihm ein großer Ermessensspielraum eingeräumt wird.[8] Der Versicherungsnehmer kann **kein Regulierungsverbot** wirksam erteilen.[9] Nur bei **unsachgemäßer Regulie-**

---

6   BGH VersR 1987, 924.
7   *Wussow*, VersR 1994, 1014.
8   LG Frankenthal, zfs 1991, 347.
9   *Feyock/Jacobsen/Lemor*, § 10 AKB Rn 88.

rung offensichtlich unbegründeter Ansprüche muss der Versicherer dem Versicherungsnehmer Prämiennachteile (Rückstufungsschaden) ersetzen.[10]

V. Prozessführungsbefugnis (E.2.4 AKB 2008)

Die Abwehrverpflichtung des Haftpflichtversicherers erschöpft sich nicht darin, die hierfür notwendigen Kosten bereitzustellen. Teil dieser Abwehrpflicht ist neben der **Kostentragung** auch die **Führung** der erforderlichen Verhandlungen und **Prozesse**.[11]

503

VI. Direktanspruch gegen den Pflichtversicherer

Im Gegensatz zu allen anderen Haftpflichtversicherungen normiert § 115 VVG einen unmittelbaren Anspruch gegen die eintrittspflichtige Haftpflichtversicherung. Der Haftpflichtversicherer kann somit **gleichermaßen wie Fahrer und Halter** für Ansprüche aus Verschuldenshaftung und/oder Gefährdungshaftung in Anspruch genommen werden.

504

> *Hinweis*
>
> In der Regel genügt es daher, bei einer gerichtlichen Geltendmachung die Klage lediglich gegen den Haftpflichtversicherer zu richten, es sei denn, der Fahrer oder der Halter kommen als Zeugen in Betracht.

Dieser Direktanspruch gegen den Pflichtversicherer führt auch zu einer **Mitwirkungsverpflichtung des Geschädigten** bei der Schadenregulierung (§ 3 Nr. 7 PflVG a.F.). Hier gelten jedoch nicht die gesetzlichen Vorschriften bei Obliegenheitsverletzungen (§ 28 VVG), sondern der allgemeine Rechtsgedanke aus § 254 BGB.[12]

505

VII. „Krankes" Versicherungsverhältnis

Die Leistungsfreiheit des Haftpflichtversicherers **im Innenverhältnis**, durch Obliegenheitsverletzungen, Prämienverzug usw. führt nicht zur Leistungsfreiheit im Außenverhältnis (§ 117 Abs. 1 VVG). Der Direktanspruch des Geschädigten ist auf die **Mindestversicherungssumme** beschränkt (§ 117 Abs. 3 VVG).

506

---

10 OLG Köln, r+s 1992, 261 = zfs 1992, 342; OLG Schleswig, r+s 2004, 54; LG Kleve, r+s 1992, 328; AG Köln SP 1996, 399; AG Düsseldorf SP 1996, 400; AG Essen, r+s 2000, 5.

11 *Stiefel/Hofmann*, § 10 AKB Rn 18.

12 *Stiefel/Hofmann*, § 3 Nr. 7 PflVG Rn 1.

507 Der Regressanspruch des Versicherers wegen **Obliegenheitsverletzung vor Eintritt** des Versicherungsfalles und wegen **Gefahrerhöhung** ist auf 5.000 EUR begrenzt (§ 5 Abs. 3 S. 1 KfzPflVV). Bei Obliegenheitsverletzung **nach** Eintritt des Versicherungsfalles ist die Leistungsfreiheit auf 2.500 EUR und bei besonders schwerwiegender vorsätzlicher Obliegenheitsverletzung auf 5.000 EUR begrenzt (§ 6 KfzPflVV).

508 Bei Leistungsfreiheit wegen nicht erfolgter oder verspäteter **Prämienzahlung** kann der Versicherer in voller Höhe Regress nehmen. Eine Begrenzung dieses Regresses besteht **nicht**.[13]

VIII. Vorsatz

509 Demgegenüber besteht volle Leistungsfreiheit – auch im Außenverhältnis –, wenn der Versicherungsnehmer den Versicherungsfall durch Vorsatz (§ 103 VVG) herbeigeführt hat. Der Haftpflichtversicherer haftet nur im Rahmen der übernommenen Gefahr; Vorsatztaten sind von Anfang an vom Versicherungsschutz ausgeschlossen.[14] **Für Vorsatztaten besteht generell** – auch in der Kraftfahrzeug-Haftpflichtversicherung – **kein Versicherungsschutz**.[15]

510 *Aber*

Die Leistungsfreiheit besteht nur gegenüber dem vorsätzlich Handelnden und nicht gegenüber den Mitversicherten.

511 *Beispiel*

Wenn der Fahrer vorsätzlich einen Schaden herbeiführt, berührt dies nicht den Versicherungsschutz des Halters.

IX. Nachhaftung

512 Fehlender Versicherungsschutz kann dem Geschädigten nur entgegengehalten werden, wenn das Schadenereignis später als **einen Monat** nach dem Zeitpunkt eingetreten ist, in dem der Versicherer dies der Zulassungsstelle mitgeteilt hat (§ 117 Abs. 2 VVG). Diese Anzeige gegenüber der Zulassungsstelle nach § 29c StVZO

---

13 van Bühren/*Römer*, Anwalts-Handbuch Verkehrsrecht, Teil 7 Rn 298.
14 *Stiefel/Hofmann*, § 3 PflVG Rn 4.
15 BGH VersR 1990, 888; OLG Hamm, r+s 1996, 435; OLG Oldenburg VersR 1999, 482; OLG Celle, zfs 2004, 122.

löst den Lauf der einmonatige Nachfrist nur dann aus, wenn sie formell und sachlich richtig ist.[16]

X. Verkehrsopferhilfe e.V.

Um den Schutz der Verkehrsunfallopfer möglichst lückenlos zu gestalten, ist gemäß § 12 Abs. 1 S. 1 PflVG ein „**Entschädigungsfonds für Schäden aus Kraftfahrzeugunfällen**" (Entschädigungsfonds) gebildet worden, der insbesondere dann eintritt, wenn **513**

- das schädigende Fahrzeug **nicht ermittelt** werden kann (Nr. 1)
- eine **Haftpflichtversicherung** überhaupt nicht besteht (Nr. 2)
- der Halter von der Versicherungspflicht **befreit** ist (Nr. 2a)
- die Haftpflichtversicherung wegen **Vorsatz** (§ 103 VVG) nicht einzutreten braucht (Nr. 3)
- ein Antrag auf Eröffnung eines **Insolvenzverfahrens** über das Vermögen des leistungpflichtigen Versicherers gestellt worden ist (Nr. 4).

Der Anspruch gegen den Entschädigungsfonds besteht nur **subsidiär**, wenn weder gegen den Halter, den Eigentümer oder den Fahrer noch aus dem Gesichtspunkt der Amtspflichtverletzung Schadenersatzansprüche durchgesetzt werden können (vgl. § 12 Abs. 1 S. 2 bis 5 PflVG). **514**

Bei **Unfallflucht** des Schädigers ist der Leistungsanspruch nochmals **eingeschränkt:** **515**

- **Schmerzensgeld** wird nur bei besonderer Schwere der Verletzung zur Vermeidung grober Unbilligkeit gezahlt (vgl. § 12 Abs. 2 S. 1 PflVG)
- **Sachschäden** am Fahrzeug werden überhaupt nicht ersetzt (vgl. § 12 Abs. 2 S. 2 PflVG), während für weitere Schäden ein **Selbstbehalt** von 500 EUR gilt (vgl. § 12 Abs. 2 S. 3 PflVG).

Der Entschädigungsfonds wird von Beiträgen aller Kraftfahrzeugversicherer gespeist. Der Entschädigungsfonds wird von einem eingetragenen Verein verwaltet, an den auch Ansprüche zu richten sind: **516**

Verein Verkehrsopferhilfe e.V.
Glockengießer Wall 1
20095 Hamburg 1
Tel: 0 40/3 01 80 – 0   www.verkehrsopferhilfe.de
Fax: 0 40/3 01 80 – 70 70   voh@verkehrsopferhilfe.de

---

16 OLG Köln, r+s 1999, 228 = NVersZ 1999, 143; OLG Nürnberg VersR 1999, 1273.

XI. Gebrauch

517 Die Ersatzpflicht des Pflichtversicherers besteht nur bei Schäden, die „durch den **Gebrauch"** des versicherten Fahrzeuges entstanden sind (A.1.1.1 AKB 2008). Der Begriff „Gebrauch" ist weitergehend als der Begriff „**Betrieb"** im Sinne von § 7 Abs. 1 StVG.[17] Gedeckt sind die typischen vom Fahrzeug unmittelbar ausgehenden Gefahren, auch **Schweißarbeiten** zur Reparatur des Fahrzeuges.[18]

518 Eine Klarstellung ergibt sich aus A.1.1.1 AKB 2008:

> „Zum Gebrauch des Fahrzeugs gehört neben dem Fahren z.b. das Ein- und Aussteigen sowie das Be- und Entladen."

519 Wenn beim Beladen eines Kraftfahrzeuges der **Einkaufswagen** wegrollt und ein anderes Fahrzeug beschädigt, ist nicht die Kraftfahrzeug-Haftpflichtversicherung eintrittspflichtig, sondern die private Haftpflichtversicherung.[19]

---

17 OLG Frankfurt, r+s 1997, 142; OLG Hamm, r+s 1999, 55 = VersR 1999, 882.
18 BGH VersR 1990, 482; **a.A.:** OLG Köln NVersZ 1999, 395.
19 LG Kassel, zfs 2003, 301.

§ 11 Rechtsschutzversicherung

A. Bedeutung der Rechtsschutzversicherung

Die inländischen Rechtsschutzversicherer verfügen über ein jährliches Prämieneinkommen von über **3,3 Milliarden EUR**. Hiervon entfallen mehr als **1,9 Milliarden EUR** auf **Anwaltshonorare** und etwa 850 Millionen EUR auf Gerichtskosten. Etwa jeder zweite Haushalt verfügt über eine Rechtsschutzversicherung, rund zwei Drittel aller Autofahrer sind rechtsschutzversichert. Das immer wieder – gerade von der Richterschaft – gepflegte Vorurteil, dass Rechtsschutzversicherungen aus friedlichen Bürgern prozesswütige „Streithansel" machen, ist in allen empirischen Untersuchungen ebenso widerlegt worden wie die auf selektiver Wahrnehmung beruhende Auffassung, dass Rechtsschutzversicherungen aussichtslose Prozesse finanzieren.

520

Rechtsschutzversicherungen tragen dazu bei, dass der Gleichheitsgrundsatz vor dem Gesetz gewahrt wird und dass die Durchsetzung von Rechtsansprüchen nicht an der Kostenfrage scheitert. Die Rechtsschutzversicherung ist eine **Schadenversicherung** und unterliegt den für die gesamte Schadenversicherung geltenden Bestimmungen des Versicherungsvertragsgesetzes (§§ 74–87 VVG).

521

Die **Allgemeinen Bedingungen für die Rechtsschutzversicherung (ARB)** sind die Allgemeinen Geschäftsbedingungen (AVB) der Rechtsschutzversicherer. Es gelten daher die Bedingungen, die bei Vertragsschluss oder später ausdrücklich vereinbart worden sind. Es kommen daher folgende Bedingungen in Betracht:

- ARB 75
- ARB 94
- ARB 2000
- ARB 2008

Die ARB 75 waren noch vom Bundesaufsichtsamt geprüft und genehmigt worden, die ARB 94, ARB 2000 und 2008 sind Musterbedingungen des Gesamtverbandes der Deutschen Versicherungswirtschaft e.V. (GDV).

522

Angesichts der seit 1994 bestehenden **Vertragsfreiheit** im Versicherungsrecht können daher die Rechtsschutzversicherer ihre Bedingungen eigenverantwortlich gestalten, insbesondere gibt es eine Vielzahl von Bedingungen, in denen von den Musterbedingungen abgewichen wird.

523

Hinweis

Wenn der Mandant die vertraglich vereinbarten ARB nicht mehr in Händen hat, müssen diese beim Rechtsschutzversicherer angefordert werden, damit der Leistungsumfang des Versicherungsschutzes im Einzelfall ermittelt werden kann.

B.   Verkehrs-Rechtsschutz

524   Der Verkehrs-Rechtsschutz ist in der Rechtsschutzversicherung der **umfassendste Versicherungsschutz** und hat sich in den Bedingungswerken nicht wesentlich verändert. Die Umstellung der Versicherungsverträge von den ARB 94 auf die ARB 2000 ist noch lange nicht abgeschlossen; erst recht wird es noch viele Jahre dauern, bis die ARB 2008 Vertragsgegenstand geworden sind.

525   Die nachfolgenden Ausführungen beziehen sich auf die **ARB 2008**, da diese sich inhaltlich kaum von den ARB 2000 unterscheiden und in erster Linie die Neuerungen des **VVG 2008** umgesetzt haben.

526   Der Verkehrs-Rechtsschutz hat sich **inhaltlich nicht** verändert. In den ARB 75 war der Verkehrs-Rechtsschutz in den §§ 21, 22, 23 geregelt, in den ARB 94, ARB 2000 und ARB 2008 in den §§ 21 und 22, in die der frühere § 23 eingearbeitet worden ist.

527   Die Rechtsschutzversicherer bearbeiten pro Jahr etwa 3,5 Millionen Schadenfälle, hiervon entfallen **1,2 Millionen** Schadenfälle auf das **Verkehrsrecht**.

C.   Versicherte Personen

528   Der Verkehrs-Rechtsschutz nach § 21 ARB 2008 schützt den Versicherungsnehmer in seiner Eigenschaft als **Eigentümer, Halter oder Insasse** aller auf ihn zugelassenen Fahrzeuge (§ 21 Abs. 1 S. 1 ARB 2008). Mitversichert sind auch die **berechtigten Fahrer** und **berechtigten Insassen** dieser auf den Versicherungsnehmer zugelassenen Fahrzeuge (§ 21 Abs. 1 S. 2 ARB 2008). Insoweit handelt es sich um eine **Versicherung für fremde Rechnung** zugunsten von Fahrer und Insassen (§ 43 VVG).

529   Für den **Versicherungsnehmer** wird dieser Versicherungsschutz noch in § 21 Abs. 7 ARB 2008 **erweitert:** Der Versicherungsnehmer ist auch versichert
- als **Fahrer** und **Fahrgast** jedes anderen Fahrzeuges,
- als **Fußgänger** und **Radfahrer**.

D. Leistungsarten

Die Leistungen der Rechtsschutzversicherer im Verkehrsbereich sind in § 21 Abs. 4   **530**
ARB 2008 und § 22 Abs. 3 ARB 2008 identisch. Der Versicherungsschutz umfasst:

- Schadenersatz-Rechtsschutz (§ 2a)
- Rechtsschutz im Vertrags- und Sachenrecht (§ 2d)
- Steuer-Rechtsschutz vor Gerichten (§ 2e)
- Verwaltungs-Rechtsschutz in Verkehrssachen (§ 2g)
- Straf-Rechtsschutz (§ 2i)
- Ordnungswidrigkeiten-Rechtsschutz (§ 2j).

E. Schadenersatz-Rechtsschutz

Der Schadenersatz-Rechtsschutz wird in § 2a ARB 2008 definiert: **531**

Definition

Schadenersatz-Rechtsschutz „für die Geltendmachung von Schadenersatzansprüchen, soweit diese nicht auf einer Vertragsverletzung oder einer Verletzung eines dinglichen Rechtes an Grundstücken, Gebäuden oder Gebäudeteile beruhen."

Die Rechtsschutzversicherung bietet nur Versicherungsschutz für die (aktive) **Gel-**   **532**
tendmachung von **gesetzlichen** Schadenersatzansprüchen gegen Dritte, während
für die **Abwehr** gesetzlicher Schadenersatzansprüche die jeweilige Haftpflichtversicherung zuständig ist. Hier bestimmt § 3 Abs. 2a ARB 2008 ausdrücklich, dass
kein Rechtsschutz besteht „zur Abwehr von Schadenersatzansprüchen, es sei denn,
dass diese auf einer Vertragsverletzung beruhen".

Ausgeschlossen ist schließlich die Geltendmachung von Ansprüchen mitversicher   **533**
ter Personen **untereinander** und gegen den Versicherungsnehmer selbst (§ 3
Abs. 4a ARB 2008).

Aber

Der Ausschluss gemäß § 4a ARB 2008 greift nicht ein, wenn der geschädigte Fahrer oder Insasse den Direktanspruch gegen den Kraftfahrzeug-Haftpflichtversicherer geltend macht.

Es besteht zwar auch ein Schadenersatzanspruch gegen den Versicherungsnehmer,   **534**
der Direktanspruch gegen den Haftpflichtversicherer (§ 115 VVG) ist ein eigener
selbstständiger Anspruch, der sich weder gegen den Versicherungsnehmer noch ge-

gen die mitversicherte Person richtet.[1] Der Schadenersatz-Rechtsschutz deckt die **gesamte Unfallregulierung** einschließlich der Geltendmachung von Sachschäden, Personenschäden, Unterhaltsschäden, also alle gesetzlichen Schadenersatzansprüche gemäß § 823 BGB und § 17 StVG.

F. Vertrags-Rechtsschutz

535   Der **Rechtsschutz im Vertrags- und Sachenrecht** ergibt sich aus **§ 2d ARB 2008.** Es besteht Versicherungsschutz „für die Wahrnehmung rechtlicher Interessen aus privatrechtlichen Schuldverhältnissen und dinglichen Rechten". Dieser Vertrags-Rechtsschutz besteht jedoch nur dann, wenn der Vertrag in einem inneren sachlichen Zusammenhang mit der versicherten Eigenschaft als Eigentümer, Halter, Fahrer oder Insasse des **Fahrzeuges** steht. Dieser Zusammenhang wird bejaht für **fahrzeugbezogene**

- Miet-, Leih- oder Verwahrungsverträge
- Leasingverträge
- Kaufverträge über ein Ersatzfahrzeug.

536   Der in der Praxis am häufigsten vorkommende Versicherungsfall ist der **Kauf eines Ersatzfahrzeuges,** der in § 21 Abs. 6 ARB 2008 ausdrücklich als versichertes Risiko genannt wird. Für den Fahrer-Rechtsschutz (§ 22 ARB 2008) käme der Kauf eines Ersatzfahrzeuges nicht in Betracht, da dieser Versicherungsschutz für Versicherungsnehmer bestimmt ist, die kein eigenes Fahrzeug haben. Insoweit enthält § 22 Abs. 4 ARB 2008 eine **Vorsorge-Versicherung** für den Fall, dass der Versicherungsnehmer ein eigenes Fahrzeug erwirbt. Mit dem Tag der Zulassung wandelt sich dann der Vertrag nach § 22 ARB 2008 um in einen fahrzeugbezogenen Verkehrs-Rechtsschutz nach § 21 Abs. 3 ARB 2008.[2] Auseinandersetzungen im Zusammenhang mit dem Erwerb des Fahrzeuges sind dann mitversichert, ebenso wie der Kauf eines Ersatzfahrzeuges gemäß § 21 Abs. 6 ARB 2008.

537   Die häufigsten Meinungsverschiedenheiten im Bereich des Verkehrs-Vertrags-Rechtsschutzes treten beim **Kauf eines Ersatzfahrzeuges** auf.

> *Beispiel*
>
> Der Versicherungsnehmer kauft ein gebrauchtes Fahrzeug mit der Zusicherung der Unfallfreiheit durch den Verkäufer. Nach Feststellung eines schweren Un-

---

1 Harbauer/*Maier,* § 11 ARB 75 Rn 21; *van Bühren/Plote,* § 22 ARB 2000 Rn 8.
2 Harbauer/*Stahl,* § 22 ARB 1994, 2000 Rn 4 m.w.N.

fallschadens macht der Versicherungsnehmer Wandlungsansprüche geltend und einigt sich dann mit dem Verkäufer auf einen erheblichen Preisnachlass.

Rechtsschutzversicherer weigern sich oft, die insoweit anfallenden Kosten, insbesondere eines **Vergleichs**, zu tragen, weil sie sich darauf berufen, dass die Kostentragungspflicht des Versicherungsnehmers nicht dem Verhältnis zwischen Obsiegen und Unterliegen entspreche (§ 5 Abs. 3b ARB 2008). **538**

In Rechtsprechung und Kommentierung besteht Einigkeit, dass diese Regelung sowohl für gerichtliche als auch außergerichtliche Vergleiche gelten soll.[3] Der Grundgedanke dieser Regelung liegt darin, dass der rechtsschutzversicherte Vertragspartner keine Zugeständnisse zu Lasten seiner Rechtsschutzversicherung machen soll. Andererseits ergibt sich aus dem Sinn der Vorschrift, dass der Versicherungsnehmer keine Kosten „**übernehmen**" darf, zu deren Übernahme er nach Sach- und Rechtslage nicht verpflichtet ist. Dies bedeutet, dass der Rechtsschutzversicherer sowohl die Geschäftsgebühr als auch die Einigungsgebühr übernehmen muss, soweit der Versicherungsnehmer nicht auf eventuelle materielle Kostenerstattungsansprüche verzichtet hat.[4] **539**

Hinweis

Bei einem außergerichtlichen Vergleich darf keine Kostenregelung getroffen werden, auch nicht mittelbar durch die Formulierung, dass durch den Vergleich „alle wechselseitigen Ansprüche erledigt sind".

§ 5 Abs. 3b ARB 2000 verstößt gegen das **Transparenzgebot** (§ 307 Abs. 1 BGB) und ist daher nichtig. Diese Klausel lässt nicht klar erkennen, dass kein Versicherungsschutz gewährt wird, wenn die außergerichtliche Tätigkeit eines Rechtsanwalts erfolgreich war.[5] **540**

Diese Entscheidung steht im **Widerspruch** zum Urteil des BGH vom 25.1.2006.[6] Das Landgericht Hagen hatte daher die Revision zugelassen, der Versicherer hat von diesem Rechtsmittel keinen Gebrauch gemacht. Das Landgericht Hagen führt zutreffend aus, dass die Kostenquotelung bei einem gerichtlichen Vergleich nicht auf den außergerichtlichen Vergleich übertragen werden kann, da nur in **seltenen** Ausnahmefällen ein **materieller Kostenerstattungsanspruch** gegenüber dem An- **541**

---

3   Harbauer/*Bauer*, § 2 ARB 75 Rn 167 m.w.N.
4   *van Bühren*, ZAP 2002, 37 ff.
5   LG Hagen, 1 S 136/06, NJW-RR 2008, 478.
6   BGH, IV ZR 207/04, VersR 2006, 404.

spruchsgegner besteht.[7] Das LG **Hamburg**[8] und das LG **Kiel**[9] halten § 5 Abs. 3b ARB 2008 für wirksam und verneinen einen Verstoß gegen das Transparenzgebot.

542   Die meisten Rechtsschutzversicherer berufen sich nicht auf diese Rechtsprechung, weil eine ungünstige Kostenregelung in einem außergerichtlichen **Vergleich** weniger kostet als ein **teurer Prozess**.[10]

543   Für den außergerichtlichen Vergleich muss daher zunächst gelten, dass der Rechtsschutzversicherer den Versicherungsnehmer von den begründeten Kostenansprüchen des beauftragten Rechtsanwalts **freistellt**. Der Rechtsschutzversicherer hat dann die Möglichkeit, vermeintliche materielle Kostenerstattungsansprüche, die gemäß § 86 VVG auf ihn übergehen, selbst geltend zu machen.[11]

G.   Straf-Rechtsschutz

544   Die Verteidigung in Verfahren wegen Verletzung verkehrsrechtlicher Straftaten und Ordnungswidrigkeiten ist der wichtigste Teil des Verkehrs-Rechtsschutzes. Pro Jahr fallen über **600.000 Schadenfälle** in diesem Bereich an, die etwa **18 %** der gesamten Schadenfälle im Bereich der Rechtsschutzversicherung ausmachen. In erster Linie richten sich die Verfahren gegen den versicherten **Fahrer**, aber auch **Eigentümer** und **Halter** eines verkehrsunsicheren Fahrzeuges können ebenso betroffen sein wie ein **Beifahrer**, der beim Öffnen der Fahrzeugtür jemanden verletzt hat.

545   „Verkehrsrechtliche" Vorschriften sind alle Straf- und Bußgeldvorschriften, die der Sicherheit oder Ordnung des Verkehrs zu dienen bestimmt sind. Hierzu gehören insbesondere das Straßenverkehrsgesetz (**StVG**), die Straßenverkehrszulassungsordnung (**StVZO**) und die Straßenverkehrsordnung (**StVO**).

546   Für **allgemeine Straftatbestände**, die in Tateinheit mit verkehrsrechtlichen Vorschriften verwirklicht werden, besteht Versicherungsschutz, z.B.

- **Widerstand** gegen Vollstreckungsbeamte (§§ 113, 114 StGB)
- **Körperverletzung** (§§ 223, 223a, 224, 226, 230 StGB)
- fahrlässige **Tötung** (§ 222 StGB)
- **Nötigung** (§ 240 StGB).

---

7   BGH, VI ZR 224/05, zfs 2007, 320.
8   LG Hamburg, r+s 2009, 228.
9   LG Kiel, r+s 2009, 279.
10   *Harbauer/Bauer*, § 2 ARB 75, Rn 168 a.
11   *van Bühren*, Die Kostentragungspflicht des Rechtsschutzversicherers bei außergerichtlichem Vergleich, ZAP 2002, 37 ff.

Bei **Tatmehrheit** besteht dieser Versicherungsschutz jedoch nicht.[12] Umstritten ist die Kostenquote bei Teildeckung.

Beispiel

Der Versicherungsnehmer wird wegen Straßenverkehrsgefährdung (§ 315c StGB) und wegen Unfallflucht verurteilt. Für die – vorsätzliche – Unfallflucht besteht kein Versicherungsschutz, so dass der Versicherer lediglich für die Kosten der Verteidigung wegen Verkehrsgefährdung (§ 315c StGB) eintrittspflichtig ist.

Bei dieser anteiligen Deckung gehen Rechtsprechung und Kommentierung davon aus, dass die Kosten „nach **Schwerpunkt**" zu verteilen sind.[13] Diese Überlegungen erscheinen jedoch ebenso wenig richtig wie die Überlegungen bei Teildeckung im Zivilprozess.[14]   **547**

Für das Zivilverfahren hat das OLG Hamm[15] entschieden, dass zunächst **fiktiv** die Kosten zu berechnen sind, die ohne den nicht gedeckten Teil des Verfahrens entstanden wären.[16] Ebenso muss auch im Strafverfahren entschieden werden: Nur die durch den nicht gedeckten Teil entstehenden Mehrkosten sind auszugrenzen.   **548**

Dies bedeutet im Ergebnis, dass der Rechtsschutzversicherer für sämtliche Verfahrenskosten bei Verurteilung wegen § 315c StGB und § 142 StGB einzutreten hat, da durch die Verteidigung wegen Unfallflucht in der Regel keine nennenswerten zusätzlichen Kosten entstehen.[17]   **549**

H. Ordnungswidrigkeiten-Rechtsschutz

In den ARB 75 war der **Ordnungswidrigkeiten-Rechtsschutz** noch einheitlich mit dem Verkehrsstraf-Rechtsschutz geregelt, nunmehr wird dieser Rechtsschutz in **§ 2j ARB 2008** als eigenständige Leistungsart genannt. Auch hier gilt zunächst die Unterscheidung zwischen verkehrsrechtlichen und sonstigen Ordnungswidrigkeiten.   **550**

---

12 Harbauer/*Stahl*, § 21 ARB 75 Rn 75.
13 Harbauer/*Maier*, § 4 ARB 75 Rn 179 mit Rechtsprechungsübersicht.
14 *van Bühren*, Die Kostentragungspflicht des Rechtsschutzversicherers bei Teildeckung, MDR 2001, 1391.
15 r+s 1992, 341.
16 **A.A.:** OLG München VersR 2003, 705.
17 *van Bühren*, MDR 2001, 1393.

551   Im Gegensatz zum Strafrecht wird bei Ordnungswidrigkeiten auch bei einer **vorsätzlichen** Begehung Versicherungsschutz gewährt. Dieser Versicherungsschutz entfällt auch dann nicht, wenn der Versicherungsnehmer wegen einer vorsätzlichen Begehung einer Ordnungswidrigkeit **rechtskräftig** verurteilt wird.[18]

552   Für **nicht verkehrsrechtliche** Ordnungswidrigkeiten besteht auch Versicherungsschutz jedoch mit der Einschränkung, dass bei dem Vorwurf der Vorsatztat nur auflösend bedingt Versicherungsschutz gewährt wird bis zur rechtskräftigen Verurteilung.

553   Soweit Leistungen des Rechtsschutzversicherers erfolgt sind, muss der **Versicherungsnehmer** diese bei einer **rechtskräftigen Verurteilung** wegen einer vorsätzlichen – nicht verkehrsrechtlichen – Ordnungswidrigkeit die Zahlung **zurückerstatten**.[19]

I.   Steuer-Rechtsschutz vor Gerichten

554   Dieser Versicherungsschutz, geregelt in **§ 2e ARB 94**, hat in der Praxis kaum Bedeutung, zumal er sich lediglich auf fiskalische Auseinandersetzungen bezieht, die **fahrzeugbezogen** sind. Es kann daher allenfalls um Auseinandersetzungen wegen der Kraftfahrzeugsteuer gehen, während allgemeine steuerrechtliche Auseinandersetzungen, insbesondere wegen der Einkommensteuer, von diesem Versicherungsschutz nicht erfasst sind.

J.   Einwendungen des Versicherers

555   Allein die Feststellung, dass ein Mandat vom Versicherungsschutz erfasst ist, bedeutet noch nicht, dass auch tatsächlich Versicherungsschutz besteht. Es gibt eine Vielzahl von Einwendungen des Rechtsschutzversicherers, die zur **Leistungsfreiheit** führen.

I.   Vorsatz (§ 3 Abs. 5 ARB 2008)

556   Der Risikoausschluss für Vorsatztaten gilt für alle in § 2 ARB 2008 aufgezählten Rechtsangelegenheiten, **nicht** jedoch für **Ordnungswidrigkeiten**, den Beratungsrechtsschutz im **Familienrecht** und **Erbrecht**. Diese Vorschrift ist an die Stelle

---

18   Harbauer/*Stahl*, § 2 ARB 1994, 2000 Rn 21.
19   Harbauer/*Stahl*, § 2 ARB 1994, 2000 Rn 18, *van Bühren/Plote*, § 2 ARB 2000, Rn 68.

von § 4 Abs. 2a ARB 75 getreten, in dem der Versicherungsschutz ausgeschlossen wird, wenn der Versicherungsnehmer den Versicherungsfall vorsätzlich und rechtswidrig herbeigeführt hat.

„Straftat" ist ein **Verbrechen** oder ein **Vergehen** (§ 12 StGB), **nicht** eine Ordnungswidrigkeit (§ 1 OWiG). Es genügt die vorsätzliche und rechtswidrige **Begehung** einer Straftat; nicht erforderlich ist es, dass das Strafverfahren auch tatsächlich durchgeführt wird.   557

Auch der **Versuch** einer Straftat führt zur Leistungsfreiheit des Versicherers.   558

Beispiel

Der Versicherungsnehmer macht Schadenersatzansprüche aus einem vorgetäuschten Verkehrsunfall geltend.

Die Straftat gemäß § 263 StGB ist zwar nicht vollendet, gleichwohl besteht kein Versicherungsschutz für den Rechtsstreit gegen den angeblich eintrittspflichtigen Haftpflichtversicherer.   559

Für **verkehrsrechtliche Vergehen** gilt die Besonderheit von § 2i aa ARB 2008: Bis zur rechtskräftigen Feststellung, dass der Versicherungsnehmer vorsätzlich gehandelt hat, muss der Rechtsschutzversicherer – **auflösend bedingt** – **Kostenschutz gewähren** und kann nach rechtskräftiger Verurteilung die bislang getragenen Kosten vom Versicherungsnehmer zurückverlangen.   560

Hinweis

In allen Fällen, in denen der Risikoausschluss „Vorsatztat" eingreifen könnte, ist der anwaltsübliche Gebühren- und Kostenvorschuss gemäß § 9 RVG vom Rechtsschutzversicherer einzufordern. Im Falle einer Verurteilung kann der Rechtsschutzversicherer diesen Vorschuss nicht vom beauftragten Rechtsanwalt zurückverlangen, sondern nur vom Versicherungsnehmer.

II. Obliegenheitsverletzungen vor Eintritt des Versicherungsfalles

Obliegenheiten sind nach allgemeiner Ansicht Voraussetzung (Verhaltensnormen) für den Versicherungsschutz.[20] Die einzige Sanktion von Obliegenheitsverletzungen ist die Leistungsfreiheit des Versicherers für den konkreten Versicherungsfall.   561

---

20 *Römer/Langheid*, § 6 VVG Rn 2 m.w.N.; van Bühren/*van Bühren*, Handbuch Versicherungsrecht, § 1 Rn 776 ff.

562   Der Verkehrs-Rechtsschutz enthält drei Fallgruppen von Obliegenheiten, die **vor** Eintritt des Versicherungsfalles zu erfüllen sind und bei deren Verletzung der Versicherungsschutz entfällt (§ 21 Abs. 8 ARB 2008 und § 22 Abs. 5 ARB 2008):

- Fahren ohne die vorgeschriebene Fahrerlaubnis
- Fahren mit nicht zugelassenem Fahrzeug
- Schwarzfahrt.

563   Die Leistungsfreiheit besteht immer nur gegenüber demjenigen, der die Obliegenheitsverletzung begeht.

> *Beispiel*
>
> Der führerscheinlose Fahrer hat keinen Versicherungsschutz, wohl aber der Versicherungsnehmer, der schuldlos vom Bestehen einer Fahrerlaubnis ausging.

564   Behauptet der Versicherungsnehmer, dass seine Obliegenheitsverletzung nicht kausal für den Versicherungsfall gewesen sei, ist er beweispflichtig. Er muss den **Kausalitätsgegenbeweis** führen.[21] Dieser Kausalitätsgegenbeweis kommt im Verkehrsrecht in erster Linie dann in Betracht, wenn ein Verkehrsunfall durch einen unberechtigten oder führerscheinlosen Fahrer verursacht worden ist. Hier werden strenge Anforderungen gestellt, in der Regel muss der Nachweis eines **unabwendbaren Ereignisses** geführt werden.

III. Obliegenheitsverletzungen nach Eintritt des Versicherungsfalles

565   Die vertraglichen Obliegenheiten **nach** Eintritt des Versicherungsfalles sind in § 17 Abs. 3 bis 6 ARB 2008 geregelt.

566   Nach § 30 Abs. 1 VVG ist der Versicherungsnehmer zur unverzüglichen Schadenanzeige verpflichtet. Eine Sanktion sieht das Gesetz jedoch nicht vor, sie wird in den jeweiligen Versicherungsbedingungen geregelt. Die ARB 75 und auch die ARB 2008 enthalten eine solche Regelung nicht, so dass es eine **Anzeigeobliegenheit** des Versicherungsnehmers **nicht** gibt.

567   Eine unverzügliche Schadenanzeige bei allen Schadenfällen erscheint auch im Bereich der Rechtsschutzversicherung wenig sinnvoll und wäre mit unnötigem Arbeitsaufwand verbunden.

---

21   van Bühren/*Therstappen*, Handbuch Versicherungsrecht, § 2 Rn 93.

Hinweis 568

Die Schadenanzeige an den Rechtsschutzversicherer ist erst dann sinnvoll und erforderlich, wenn mit dessen Inanspruchnahme auch zu rechnen ist.

Die im Bereich der Rechtsschutzversicherung zu beobachtenden Obliegenheiten 569
nach Eintritt des Versicherungsfalles sind in § 17 Abs. 3 bis 6 ARB 2008 geregelt.
Der Versicherungsnehmer ist verpflichtet,

- dem Versicherer **vollständig** und **wahrheitsgemäß** über sämtliche Umstände des Rechtsschutzfalles zu unterrichten,

- den **beauftragten Rechtsanwalt** vollständig und wahrheitsgemäß über die Sachlage zu unterrichten.

§ 17 Abs. 5c ARB 2008 enthält für den Versicherungsnehmer drei Bestimmungen 570
zur Kostenminderungspflicht – „soweit seine Interessen nicht unbillig beeinträchtigt werden" –,

- vor kostenauslösenden Maßnahmen die **Zustimmung** des Versicherers einzuholen,

- vor Klageerhebung die Rechtskraft eines anderen vorgreiflichen gerichtlichen Verfahrens **abzuwarten**,

- **unnötige** Kosten zu vermeiden.

Die in § 15 Abs. 1d aa ARB 75 vorgesehene Obliegenheit, nur eine Teilklage zu 571
erheben, ist in den ARB 2008 entfallen. Dieser „Verzicht" beruht im Wesentlichen
darauf, dass auch nach den ARB 75 die Verweisung auf eine **Teilklage unzulässig**
ist.[22]

Beispiel

Der Versicherungsnehmer erhebt Klage ohne vorherige Zustimmung des Rechtsschutzversicherers (§ 17 Abs. 5c aa ARB 2008).

Es liegt zwar eine vorsätzliche Obliegenheitsverletzung vor, der Versicherungsnehmer kann jedoch den Kausalitätsgegenbeweis in der Weise führen, dass der Rechtsschutzversicherer auch bei rechtzeitiger Unterrichtung verpflichtet gewesen wäre, die Zustimmung zur Klageerhebung zu erteilen.

---

22 OLG Hamm, r+s 1999, 464.

IV. Rechtsfolgen von Obliegenheitsverletzungen

572 Die Rechtsfolgen von Obliegenheitsverletzungen sind einheitlich in § 28 VVG 2008 geregelt und zwar sowohl für Obliegenheitsverletzungen **vor** Eintritt als auch für Obliegenheitsverletzungen **nach** Eintritt des Versicherungsfalles.

1. Einfache Fahrlässigkeit

573 Eine Obliegenheitsverletzung, die auf einfacher Fahrlässigkeit beruht, hat auf die Leistungspflicht des Rechtsschutzversicherers **keinerlei Einfluss**.

2. Grobe Fahrlässigkeit

574 Eine grob fahrlässige Obliegenheitsverletzung kann zu einer Leistungskürzung führen, wenn diese grobe Fahrlässigkeit **kausal** für die Feststellung des Versicherungsfalles oder den Umfang der Leistungspflicht des Versicherers ursächlich war (§ 28 Abs. 3 VVG).

575 Die Leistung des Rechtsschutzversicherers kann „in einem der Schwere des Verschuldens des Versicherungsnehmers entsprechenden Verhältnis" **gekürzt** werden (§ 28 Abs. 2 VVG).

3. Vorsatz

576 Eine vorsätzliche Obliegenheitsverletzung führt nur dann zur Leistungsfreiheit, wenn diese **kausal** für den Eintritt oder die Feststellung des Versicherungsfalles oder dem Umfang der Leistungspflicht war.

4. Arglist

577 Das Kausalitätserfordernis entfällt lediglich bei Arglist (§ 28 Abs. 3 S. 2 VVG 2008). Nicht jede vorsätzliche falsche Angabe bedeutet eine Arglist des Versicherungsnehmers. Arglist liegt nur dann vor, wenn unrichtige Angaben gemacht werden in der **Absicht**, das Regulierungsverhalten des Versicherers zu beeinflussen.[23]

578 Der **Versicherer** muss Arglist **beweisen**.[24]

---

23 BGH IV ZR 62/07, VersR 2009, 968; OLG Koblenz, zfs 2003, 550; KG, VersR 2005, 351; OLG Saarbrücken, NJW-RR 2006, 1406.
24 BGH, VersR 2004, 1304.

V. Prämienverzug

Im Versicherungsrecht herrscht das Prinzip der materiellen Deckung. Wenn die **Erstprämie** bei Eintritt des Versicherungsfalles nicht rechtzeitig gezahlt ist (§ 37 Abs. 2 VVG), ist der Versicherer **leistungsfrei**. Ebenso tritt Leistungsfreiheit ein, wenn eine **Folgeprämie** nach **Mahnung** nicht fristgerecht gezahlt worden ist (§ 38 Abs. 2 VVG).

579

VI. Wartezeit (§ 4 Abs. 1c ARB 2008)

Grundsätzlich besteht eine Wartezeit von drei Monaten seit Abschluss des Versicherungsvertrages, außer

580

- für die **Geltendmachung** von Schadenersatzansprüchen aufgrund gesetzlicher Haftpflichtbestimmungen,
- für die **Verteidigung** in Straf- und Ordnungswidrigkeitensachen sowie des Disziplinar- und Standesrechts,
- für die **Beratung** in familienrechtlichen und erbrechtlichen Angelegenheiten.

Für die wesentlichen Teile des **Verkehrsrechtsschutzes** gibt es somit **keine Wartezeiten**, sondern lediglich für den Vertragsrechtsschutz, den Steuerrechtsschutz vor Gerichten und für den Verwaltungsrechtsschutz in Verkehrssachen.

581

VII. Fehlende Erfolgsaussicht

Während in § 1 Abs. 1 S. 2 ARB 75 noch die hinreichenden Erfolgsaussichten für die Eintrittspflicht der Rechtsschutzversicherung voraussetzt, fehlt eine derartige – ausdrückliche – Regelung in den ARB 2008. Lediglich aus § 18 Abs. 1 ARB 2008 ergibt sich, dass diese Erfolgsaussicht **Voraussetzung** des Versicherungsschutzes ist.[25]

582

Wenn der Rechtsschutzversicherer die hinreichenden Erfolgsaussichten verneint und deswegen den Versicherungsschutz verweigert, muss er dies schriftlich unter Angabe der Gründe **unverzüglich** dem Versicherungsnehmer mitteilen (§ 18 Abs. 1 S. 1 ARB 2008).

583

Der in § 17 ARB 75 vorgesehene **Stichentscheid** ist durch ein **Schiedsgutachterverfahren** nach § 18 ARB 2008 ersetzt worden. Einige Versicherer sind wieder zum früheren Stichentscheid zurückgegangen, zumal beide Verfahren in der Praxis

584

---

25   van Bühren/*Schneider*, Handbuch Versicherungsrecht, § 13 Rn 495.

kaum praktische Bedeutung haben. Die Musterbedingungen der ARB 2008 sehen wahlweise den Stichentscheid und das Schiedsgutachterverfahren vor.

585 Die Versicherer können entscheiden, ob sie den Stichentscheid oder das Schiedsgutachterverfahren zum Gegenstand ihrer Versicherungsbedingungen machen.

VIII. Mutwilligkeit (§ 18 Abs. 1a ARB 2008)

586 Der Rechtsschutzversicherer kann den Versicherungsschutz versagen, wenn „der durch die Wahrnehmung der rechtlichen Interesse voraussichtlich entstehende Kostenaufwand unter Berücksichtigung der berechtigten Belange der Versichertengemeinschaft in einem **groben Missverhältnis** zum angestrebten Erfolg steht".

587 Die Frage der Mutwilligkeit spielt insbesondere in Bußgeldangelegenheiten eine große Rolle. Entscheidend ist nicht allein das Missverhältnis zwischen dem verhängten oder zu erwartenden Bußgeld einerseits und den Verfahrenskosten andererseits.

588 Es kommt auch darauf an, ob der Versicherungsnehmer Gründe dafür darlegen kann, die eine **Verbesserung seiner Situation** versprechen.[26]

589 Mutwillig kann die Durchführung eines kostspieligen Verfahrens sein, in dem es um ein im Verkehrszentralregister nicht eintragungspflichtiges Bußgeld geht. Anders sind die Dinge zu beurteilen, wenn das Bußgeldverfahren möglicherweise **präjudizierende** Wirkung für die Geltendmachung von Schadenersatzansprüchen haben kann.

590 Bei einem Bußgeld von **20 DM** sind Verteidigerkosten in Höhe von **1.208 DM** mutwillig und daher nicht zu ersetzen[27] oder Verteidigerkosten in Höhe von **500 DM** bei einem Bußgeld von **30 DM**.[28]

591 Für Ordnungswidrigkeitenverfahren oder Verwaltungsverfahren wegen des Vorwurfs eines **Halt- oder Parkverstoßes** besteht ohnehin **kein** Versicherungsschutz (§ 3 Abs. 3e ARB 2008). Für die ARB 75 gilt eine inhaltlich gleichlautende Ausschlussklausel.

---

26 Harbauer/*Bauer*, § 17 ARB 75 Rn 7 m.w.N.; AG Berlin-Charlottenburg, r+s 1995, 308; *van Bühren/ Plote*, § 18 A ARB 2008 Rn 11.
27 AG Köln, zfs 1995, 312.
28 AG Hannover, r+s 2001, 155.

K. Versicherungsfall

Voraussetzung für den Anspruch auf Rechtsschutz ist der Eintritt eines Versiche- **592** rungsfalles. Die Definition des Versicherungsfalles ergibt sich aus § 4 Abs. 1 ARB 2008.

■ Im **Schadenersatzrechtsschutz** ist Versicherungsfall das Ereignis, durch das der Schaden verursacht wurde oder verursacht worden sein soll (**Kausalereignis**).

■ Im **Beratungsrechtsschutz** für Familienrecht und Erbrecht ist Versicherungsfall die **Änderung der Rechtslage**.

■ In allen anderen Fällen, also auch für den sonstigen weiteren Verkehrsrechtsschutz, ist der Versicherungsfall der **Verstoß** gegen Rechtspflichten oder Rechtsvorschriften.

Für die Frage, ob der Versicherungsfall in den versicherten Zeitraum fällt, wird da- **593** her im Verkehrsrechtsschutz differenziert: Für den Schadenersatzrechtsschutz gilt das **Kausalereignis**, das zum Versicherungsfall führt, in allen anderen Fällen der tatsächliche oder vermeintliche Verstoß gegen Rechtspflichten oder Rechtsvorschriften.

L. Forderungsübergang (§ 86 VVG)

Soweit der Rechtsschutzversicherer Zahlungen geleistet hat, geht der Anspruch **594** des Versicherungsnehmers auf Erstattung der gezahlten Beträge auf den Rechtsschutzversicherer gemäß § 86 VVG bzw. § 17 Abs. 8 ARB 2008 über.

Gemäß §§ 412, 404 BGB kann der Rechtsanwalt dem Rechtsschutzversicherer alle **595** **Einwendungen** entgegenhalten, die gegenüber seinem Mandanten zum Zeitpunkt des Forderungsübergangs bestanden.[29]

Wenn Erstattungsbeträge an den beauftragten Rechtsanwalt geleistet werden, hat **596** der Rechtsschutzversicherer einen **unmittelbaren Anspruch** aus übergegangenem Recht (§ 86 VVG).

Eine **Aufrechnung** mit einer Forderung gegen den Versicherungsnehmer (Mandanten) ist **unzulässig**.[30] Der Forderungsübergang darf sich gemäß § 86 Abs. 1 S. 2 VVG nicht zum Nachteil des Versicherungsnehmers auswirken.

---

29 van Bühren/*Brieske*, Anwalts-Handbuch Verkehrsrecht, Teil 8 Rn 78.
30 LG Braunschweig, zfs 2002, 151; AG Erfurt, zfs 2003, 93.

597   Ebenso wie in der Kaskoversicherung gilt daher auch in der Rechtsschutzversicherung das **Quotenvorrecht** des Versicherungsnehmers: Bei einem Selbstbehalt geht in dieser Höhe der Erstattungsanspruch nicht auf den Rechtsschutzversicherer über, so dass bei Kostenerstattung durch die Gegenseite zunächst der Selbstbehalt an den Versicherungsnehmer (Mandanten) auszuzahlen ist.

> *Hinweis*
>
> Erstattungsbeträge sind **Fremdgeld** und müssen daher unverzüglich weitergeleitet werden. Hier empfiehlt sich ein besonderer Hinweis in der Akte, dass bei Erstattungsbeträgen zunächst der Selbstbehalt des Versicherungsnehmers einzubehalten bzw. an diesen auszukehren ist, bevor Zahlungen an den Rechtsschutzversicherer erfolgen.

M.   Rechtsanwalt und Rechtsschutzversicherung

I.   Vorbemerkung

598   Die Rechtsschutzversicherung ist eine **Schadenversicherung** und unterliegt den für die gesamte Schadenversicherung geltenden Bestimmungen des VVG.

Nach dem Grundsatz der freien Anwaltswahl (§ 3 BRAO) hat der VN allein zu entscheiden, welcher Anwalt für ihn tätig sein soll. Der Rechtsschutzversicherer ist lediglich Kostenversicherer und hat die dem VN entstehenden Kosten zu erstatten.

599   Unmittelbare **vertragliche** Beziehungen werden im Regelfall zwischen Rechtsschutzversicherer und Rechtsanwalt **nicht** begründet, gleichwohl hat der vom VN beauftragte Rechtsanwalt Auskunftpflichten gegenüber dem Versicherer, wenn er von diesem – unmittelbar – Vorschusszahlungen entgegennimmt und/oder Kosten beitreibt oder Zahlungen entgegennimmt, die dem Rechtsschutzversicherer gemäß § 17 Abs. 8 ARB 2008 zustehen.

II.   Dreiecksverhältnis

600   Ähnlich wie im Haftpflichtversicherungsrecht (Haftpflichtverhältnis/Deckungsverhältnis) besteht auch in der Rechtsschutzversicherung ein Dreiecksverhältnis: VN/Rechtsschutzversicherer/Rechtsanwalt

601   Es sind somit zwei Verträge zu berücksichtigen, an denen der Mandant/VN beteiligt ist:

- **Anwaltsvertrag** zwischen Mandat und Rechtsanwalt
- **Versicherungsvertrag** zwischen VN (Mandant) und Rechtsschutzversicherer.

Aus dieser Konstellation ergibt sich zwangsläufig, dass der beauftragte Rechts-   602
anwalt nur gegenüber dem VN, nicht gegenüber dem Rechtsschutzversicherer für
die Durchführung des Anwaltsvertrages verantwortlich ist. Ebenso kann der VN
den Rechtsschutzversicherer nicht in Anspruch nehmen, wenn der beauftragte
Rechtsanwalt den ihm erteilten Auftrag nicht ordnungsgemäß ausführt.

III. Abtretung

Unmittelbare Rechtsbeziehungen zwischen dem beauftragten Rechtsanwalt und   603
dem Rechtsschutzversicherer könnten dadurch begründet werden, dass der VN seinen Befreiungsanspruch von Kosten an den beauftragten Rechtsanwalt abtritt. § 17
Abs. 7 ARB 2008 (ebenso § 20 Abs. 1 ARB 75) enthält ein vertraglich vereinbartes
Abtretungsverbot, „es sei denn, dass sich der Versicherer hiermit schriftlich einverstanden erklärt". Ein derartiges Einverständnis wird vom Versicherer im Regelfall nicht erteilt.

IV. Deckungszusage

Im Regelfall holt der vom VN unmittelbar beauftragte Rechtsanwalt für seinen   604
Mandanten die Kostenzusage bei dem Rechtsschutzversicherer ein. Es handelt sich
hierbei um eine gesonderte anwaltliche Tätigkeit, die auch **gesondert** (vom Mandanten) zu vergüten ist.

Gegenüber dem Rechtsschutzversicherer besteht insoweit kein Kostenerstattungs-   605
anspruch, da lediglich vertragliche Ansprüche geltend gemacht werden, ohne dass
ein Versicherungsfall (Verstoß gegen Rechtspflichten) eingetreten ist. Die meisten
Rechtsanwälte übernehmen die Einholung der Kostenzusage beim Rechtsschutzversicherer für ihren Mandanten **kostenlos** als **Service-Leistung**.

Aber auch durch die Deckungszusage erhält der beauftragte Rechtsanwalt **keinen**   606
unmittelbaren Zahlungsanspruch gegen den Rechtsschutzversicherer, so dass
letztlich der VN darüber entscheidet, ob und wann der von ihm beauftragte Rechtsanwalt Zahlungen vom Rechtsschutzversicherer erhält.

Beispiel   607

Beim Anwaltswechsel wird der VN den Rechtsschutzversicherer anweisen,
nicht den bisher tätigen Rechtsanwalt zu bezahlen, sondern den später beauftragten Rechtsanwalt.

159

608   In Zweifelsfällen – oder auch sonst – sollte der beauftragte Rechtsanwalt gemäß § 9 RVG den fälligen **Gebührenvorschuss** auch beim Rechtsschutzversicherer anfordern.

609   Die Deckungszusage des Rechtsschutzversicherers ist ein **deklaratorisches Schuldanerkenntnis**, das Einreden und Einwendungen ausschließt, die dem Versicherer bei seiner Abgabe bekannt waren oder mit denen er zumindest rechnen musste.[31]

610   Dem Rechtsschutzversicherer ist daher verwehrt, mit evtl. Prämienansprüchen oder Rückforderungsansprüchen gegenüber dem beauftragten Rechtsanwalt **aufzurechnen**, wenn die Aufrechnungsforderung bereits bei Erteilung der Deckungszusage bestand oder vorherzusehen war. Umgekehrt darf auch der beauftragte Rechtsanwalt gegenüber dem Rechtsschutzversicherer nicht mit Gebührenansprüchen (aus anderen Mandaten) gegen den Mandanten aufrechnen, da es insoweit an der **Gegenseitigkeit** der Forderungen fehlt.

V.   Repräsentantenstellung

611   Wenn ein Rechtsanwalt – wie üblich – die gesamte Korrespondenz mit dem Rechtsschutzversicherer übernimmt, ist er insoweit als Repräsentant des VN anzusehen.[32] Die Streitfrage, ob der beauftragte Rechtsanwalt Repräsentant oder lediglich **Wissensvertreter/Wissenserklärungsvertreter** des VN ist, kann dahinstehen: Auch das Wissen des Wissensvertreters oder Wissenserklärungsvertreters wird dem VN analog § 166 BGB zugerechnet.[33]

612   Für **Obliegenheitsverletzungen** des Rechtsanwalts hat somit der **VN** einzustehen.[34]

VI.   Auskunftspflicht

613   Es bestehen keine unmittelbaren vertraglichen Rechtsbeziehungen zwischen dem Rechtsschutzversicherer und dem beauftragten Rechtsanwalt; gleichwohl ist der

---

31   OLG Düsseldorf NJW-RR 1996, 1371; OLG Köln r+s 1997, 201; OLG Köln r+s 2001, 248.
32   *Harbauer/Bauer,* § 15 ARB 75 Rn 31; OLG Nürnberg NJW-RR 1993, 602 = r+s 1993, 105 = VersR 1992, 1511; OLG Hamm NJW-RR 1991, 612 = r+s 1991, 53; LG Hannover VersR 2002, 93; a.A. *Römer/Langheid,* § 6 VVG Rn 119 m.w.N.
33   OLG Hamm r+s 1996, 296 = NJW-RR 1997, 91; OLG Köln r+s 2001, 30 = NVersZ 2002, 29; OLG Köln, r+s 2004, 19; *van Bühren/Plote,* AKB-Kommentar, Anhang 1, Rn 12.
34   OLG Bamberg, r+s 1993, 173.

Rechtsanwalt gegenüber dem Rechtsschutzversicherer zur Auskunftserteilung und Rechnungslegung bezüglich der gezahlten **Vorschussleistungen** verpflichtet. Dieser Anspruch ergibt sich aus § 86 VVG i.V.m. §§ 675, 666, 677 BGB.

Gemäß § 17 Abs. 8 ARB 200 **gehen** Kostenerstattungsansprüche des VN „mit ihrer Entstehung" auf den Rechtsschutzversicherer **über.** Eine inhaltlich gleich lautende Bestimmung enthält § 20 Abs. 2 ARB 75. Der Erstattungsanspruch geht auf den Versicherer nur soweit über, wie dieser Vorschusszahlungen erbracht hat. Die vorstehende Regelung entspricht der gesetzlichen Regelung in § 86 VVG. Übergangsfähig sind nicht nur Schadenersatzansprüche, vielmehr gehen auch **vertragliche Ansprüche** aus dem Schadenereignis auf den Versicherer über.[35]   **614**

Aufgrund des Anwaltsvertrages ist der beauftragte Rechtsanwalt verpflichtet, gegenüber seinem Mandanten Auskunft zu erteilen und Rechnung zu legen bezüglich der geleisteten Vorschüsse und der eingenommenen Zahlungen. Dieser **Auskunftsanspruch** und **Zahlungsanspruch** des VN geht gemäß § 86 VVG auf den Rechtsschutzversicherer über. Der Rechtsschutzversicherer hat daher einen unmittelbaren Anspruch gegen den beauftragten Rechtsanwalt auf Auskunftserteilung und Rechnungslegung sowie Abrechnung der gezahlten Vorschüsse.   **615**

Der beauftragte Rechtsanwalt muss sich darüber bewusst sein, dass er **Fremdgeld** entgegennimmt, wenn er Kostenerstattungsansprüche durchsetzt und die entsprechenden Zahlungen entgegennimmt: Der Kostenerstattungsanspruch des Mandanten ist in Höhe der gezahlten Vorschüsse gemäß § 86 VVG mit der Entstehung – und nicht erst mit der Fälligkeit – auf den Rechtsschutzversicherer übergegangen.   **616**

Wenn Fremdgeld nicht unverzüglich weitergeleitet wird, liegt insoweit ein **berufswidriges Verhalten** des tätigen Rechtsanwalts vor.   **617**

Rechtsanwälte sind daher zur **Rechnungslegung** und **Auskunftserteilung** gegenüber dem Rechtsschutzversicherer ebenso verpflichtet wie gegenüber dem Mandanten, soweit der Rechtsschutzversicherer Zahlung geleistet hat.[36]   **618**

N.   Titelumschreibung

Soweit Rechtsschutzversicherer Zahlungen geleistet haben, gehen die Erstattungsansprüche des VN gegen den Prozessgegner gemäß **§ 86 VVG** auf den Rechts-   **619**

---

35   *Prölss,* in: Prölss/Martin, § 67 VVG Rn 4; BGH NJW-RR 1992, 283.
36   AGH Saarland, zfs 2002, 93; LG Braunschweig, zfs 2002, 151, AG Tempelhof-Kreuzberg, zfs 2003, 468; AG Pforzheim, zfs 2002, 246 m.w.N.; *van Bühren/Plote,* AKB-Kommentar, Anhang 1 Rn 19.

schutzversicherer über. Der Forderungsübergang erfolgt mit der Entstehung des Erstattungsanspruchs (§ 17 Abs. 8 ARB 2008/§ 20 Abs. 2 ARB 75). Wenn der beauftragte Rechtsanwalt im Falle des Obsiegens oder teilweise Obsiegens einen Kostenfestsetzungsantrag stellt, sind sowohl Antrag als auch der spätere **Kostenfestsetzungsbeschluss unrichtig,** da der Mandant bezüglich der geleisteten Zahlung des Rechtsschutzversicherers gar nicht mehr Inhaber des Kostenerstattungsanspruchs ist.

620 Wenn die Rechtsschutzversicherer die Herausgabe der jeweiligen Kostenfestsetzungsbeschlüsse verlangen, helfen ihnen diese Beschlüsse wenig, da sie auf den VN und nicht auf den Rechtsschutzversicherer lauten.

621 Ein derartiger Kostenfestsetzungsbeschluss kann ohne Vorlage öffentlicher oder öffentlich beglaubigter Urkunden gemäß §§ 727, 325, 138 Abs. 3, 104 ff. ZPO auf den Rechtsschutzversicherer **umgeschrieben** werden, wenn der bisherige Gläubiger den Forderungsübergang bestätigt und der Schuldner die Rechtsnachfolge **nicht bestreitet.**[37] Wie in den vorgenannten Entscheidungen ausgeführt wird, ist **§ 138 Abs. 3 ZPO** im Verfahren nach § 727 ZPO analog anzuwenden. Wenn daher der Kostenschuldner im Titel-Umschreibungsverfahren die Forderung nicht bestreitet, sind dem **Schweigen** des Schuldners die Rechtswirkungen von § 138 Abs. 3 ZPO beizumessen.[38]

---

37 OLG Köln VersR 1997, 599 = zfs 1997, 229 = NJW-RR 1997, 1491; OLG Celle, JurBüro 1994, 741; OLG Oldenburg, JurBüro 1992, 430; OLG Saarbrücken, zfs 2002, 545; OLG Koblenz, zfs 2003, 420 mit umfassender Rechtsprechungsübersicht.
38 OLG Koblenz, zfs 2003, 420; *van Bühren/Plote,* AKB-Kommentar, Rn 3.

2. Teil: Kurzkommentierung

§ 1 Allgemeine Bedingungen für die Kraftfahrtversicherung (AKB 2008)

A. Welche Leistungen umfasst Ihre Kfz-Versicherung?

A.1 Kfz-Haftpflichtversicherung – für Schäden, die Sie mit Ihrem Fahrzeug Anderen zufügen

A.1.1 Was ist versichert?

Sie haben mit Ihrem Fahrzeug einen Anderen geschädigt

A.1.1.1 Wir stellen Sie von Schadenersatzansprüchen frei, wenn durch den Gebrauch des Fahrzeugs
a) Personen verletzt oder getötet werden,
b) Sachen beschädigt oder zerstört werden oder abhanden kommen,
c) Vermögensschäden verursacht werden, die weder mit einem Personen- noch mit einem Sachschaden mittelbar oder unmittelbar zusammenhängen (reine Vermögensschäden),

und deswegen gegen Sie oder uns Schadenersatzansprüche aufgrund von Haftpflichtbestimmungen des Bürgerlichen Gesetzbuchs oder des Straßenverkehrsgesetzes oder aufgrund anderer gesetzlicher Haftpflichtbestimmungen des Privatrechts geltend gemacht werden. Zum Gebrauch des Fahrzeugs gehört neben dem Fahren z.B. das Ein- und Aussteigen sowie das Be- und Entladen.

Begründete und unbegründete Schadenersatzansprüche

A.1.1.2 Sind Schadenersatzansprüche begründet, leisten wir Schadenersatz in Geld.

A.1.1.3 Sind Schadenersatzansprüche unbegründet, wehren wir diese auf unsere Kosten ab. Dies gilt auch, soweit Schadenersatzansprüche der Höhe nach unbegründet sind.

Regulierungsvollmacht

A.1.1.4 Wir sind bevollmächtigt, gegen Sie geltend gemachte Schadenersatzansprüche in Ihrem Namen zu erfüllen oder abzuwehren und alle dafür zweck-

1

mäßig erscheinenden Erklärungen im Rahmen pflichtgemäßen Ermessens abzugeben.

Mitversicherung von Anhängern, Aufliegern und abgeschleppten Fahrzeugen

A.1.1.5 Ist mit dem versicherten Kraftfahrzeug ein Anhänger oder Auflieger verbunden, erstreckt sich der Versicherungsschutz auch hierauf. Der Versicherungsschutz umfasst auch Fahrzeuge, die mit dem versicherten Kraftfahrzeug
abgeschleppt oder geschleppt werden, wenn für diese kein eigener Haftpflichtversicherungsschutz besteht. Dies gilt auch, wenn sich der Anhänger oder Auflieger oder das abgeschleppte oder geschleppte Fahrzeug während des Gebrauchs von dem versicherten Kraftfahrzeug löst und sich noch in Bewegung befindet.

I. Vorbemerkung

2   Die Leistung der Kfz-Haftpflichtversicherung besteht darin, dass sie die Gefahr
trägt, die durch den Gebrauch des versicherten Fahrzeuges entsteht. Der Versicherer hat den Versicherungsnehmer von Schadenersatzansprüchen **freizustellen**,
wenn durch den Gebrauch des versicherten Fahrzeuges ein Personen-, Sach- oder
Vermögensschaden entsteht (§ 1 PflVG). Neben diesem Freistellungsanspruch besteht ein **Abwehranspruch** gegen unberechtigt gemachte Ansprüche. Der sachliche Mindestumfang in der Haftpflichtversicherung ergibt sich aus den §§ 2–4
KfzPflVV.

II. Schädigung eines Anderen

3   Es besteht Versicherungsschutz nur für **Fremdschäden**. Wenn daher der Versicherungsnehmer ein **eigenes** (anderes) Fahrzeug bei Benutzung eines Kraftfahrzeuges
beschädigt, ist der Kfz-Haftpflichtversicherer **nicht** eintrittspflichtig.[1]

4   In dem entschiedenen Fall war der Kläger Halter von zwei Kraftfahrzeugen, für
die er als Versicherungsnehmer Haftpflichtversicherungsverträge unterhielt. Eines
der Fahrzeuge stand im Eigentum seiner Ehefrau, die mit diesem Fahrzeug das andere Fahrzeug des Klägers beschädigte. Der BGH führt aus, dass auch diejenigen
Schäden nicht versichert sind, die von einer **mitversicherten Person** an einer Ver-
sichertensache des Versicherungsnehmers verursacht werden.

---

1   BGH, IV ZR 313/06, DAR 2008, 518 = VersR 2008, 1212 = NJW-RR 2008, 1350 = zfs 2008, 629.

III. Gebrauch des Fahrzeuges (A.1.1)

Der Begriff „Gebrauch" schließt den Begriff „**Betrieb**" ein, geht jedoch noch darü- 5
ber hinaus, da zum Gebrauch jede Handlung gehört, die mit dem Verwendungszweck des Kraftfahrzeuges oder seiner Einrichtung in einem unmittelbaren und
zeitlichen Zusammenhang stehen.

1. Betrieb (§ 7 StVG)

Ein Fahrzeug ist in Betrieb, solange es sich im **öffentlichen Verkehrsbereich** be- 6
wegt oder dort in verkehrsbeeinflussender Weise abgestellt ist.[2]

2. Abschleppen

Beim Abschleppen eines Kraftfahrzeuges umfasst die Betriebsgefahr des abschlep- 7
penden Fahrzeugs auch das abgeschleppte Fahrzeug, wenn dieses nicht mehr
selbstständig gelenkt oder gebremst werden kann. Wird daher ein Fahrzeug mittels
Abschleppseil abgeschleppt, befindet sich auch das abgeschleppte Fahrzeug noch
in **Betrieb**.[3]

3. Ein- und Aussteigen

Hier bestimmt A.1.1 ausdrücklich, dass neben dem Fahren eines Fahrzeuges auch 8
das Ein- und Aussteigen dem **Gebrauch** zugerechnet wird.

4. Be- und Entladen

Auch hier wird in A.1.1 das Be- bzw. Entladen dem **Gebrauch** des Fahrzeuges 9
zugerechnet.

Wenn beim Beladen eines Kraftfahrzeuges der **Einkaufswagen** wegrollt und ein
anderes Fahrzeug beschädigt, ist jedoch nicht die Kraftfahrzeughaftpflichtversicherung eintrittspflichtig, vielmehr die **private Haftpflichtversicherung**.[4]

---

2   BGH, VI ZR 95/74, VersR 1975, 945; OLG Frankfurt, r+s 1997, 142; OLG Hamm, r+s 1999, 55 =
    VersR 1999, 882.
3   BGH, VersR 1971, 611; OLG Koblenz, VersR 1987, 707.
4   LG Kassel, zfs 2003, 301.

165

5.   Pflege- und Reparaturarbeiten

10   Autowaschen, Rangieren, Reparaturarbeiten und Schweißarbeiten werden dem Gebrauch des Fahrzeuges zugerechnet. Schäden, die **im Zusammenhang** mit derartigen Tätigkeiten entstehen, sind daher vom Kfz-Haftpflichtversicherer zu ersetzen.[5]

6.   Haftpflichtbestimmungen

11   Versicherungsschutz besteht nur gegenüber Schadenersatzansprüchen aufgrund von Haftpflichtbestimmungen des Bürgerlichen Gesetzbuchs oder des Straßenverkehrsgesetzes oder aufgrund anderer **gesetzlicher** Haftpflichtbestimmungen des Privatrechts.

12   Der Haftpflichtversicherer ist auch für die Kosten eines **Feuerwehreinsatzes** eintrittspflichtig, wenn die Feuerwehr ein brennendes Fahrzeug löscht und/oder das mit auslaufendem Öl kontaminierte Erdreich beseitigt,[6] hierbei macht es keinen Unterschied, ob die Kosten durch einen öffentlich-rechtlichen Leistungsbescheid geltend gemacht werden.

13   Ebenso muss der Haftpflichtversicherer die Kosten für die Beseitigung von **Orangen** tragen, die bei einem Unfall auf die **Fahrbahn** geraten sind.[7]

IV.   Begründete Ansprüche (A.1.1.2)

14   Wenn Schadenersatzansprüche begründet sind, leistet der Versicherer „Schadenersatz in **Geld**". Aus dieser Formulierung ergibt sich, dass ein Anspruch auf Naturalrestitution gemäß § 249 BGB nicht besteht. Der Versicherer ist bevollmächtigt, alle ihm zweckmäßig erscheinenden Erklärungen im Rahmen **pflichtgemäßen Ermessens** abzugeben.

V.   Unbegründete Ansprüche (A.1.1.3)

15   Werden unbegründete Schadenersatzansprüche geltend gemacht, besteht die **Abwehrverpflichtung** des Versicherers; hierzu gehört nicht nur die bloße Ablehnung, der Versicherer muss gegebenenfalls auch weitere Maßnahmen ergreifen, um die Schadenfeststellung zu sichern, gegebenenfalls durch Einholung eines Sachverständigengutachtens.

---

5   BGH, VersR 1990, 482; OLG Frankfurt, 19 U 63/93, VersR 1996, 1403.
6   BGH, IV ZR 345/05, r+s 2007, 94 = zfs 2007, 200 = MDR 2007, 652.
7   BGH, VI ZR 220/06, MDR 2008, 140.

166

VI. Regulierungsvollmacht (A.1.1.4)

Die Regulierungsbefugnis des Haftpflichtversicherers ist sehr **weitgehend**, da ihm 16
ein großer Ermessensspielraum eingeräumt wird.[8] Der Versicherungsnehmer kann
daher nicht wirksam ein **Regulierungsverbot** erteilen. Nur bei völlig **unsachge-**
mäßer Regulierung offensichtlich unbegründeter Ansprüche muss der Versicherer
dem Versicherungsnehmer Prämiennachteile (Rückstufungsschaden) ersetzen.[9]

VII. Mitversicherung von Anhängern, Aufliegern und abgeschleppten Fahrzeuge (A.1.1.5)

Der Haftpflichtversicherer hat eine **Deckungspflicht** für alle Fälle, in denen mit 17
dem versicherten Fahrzeug ein Anhänger oder Auflieger **verbunden** ist. Vom Versicherungsschutz ist jeder Anhänger umfasst, unabhängig von seiner Bauart oder
Zulassung oder Zulassungspflicht.[10] Auflieger und abgeschleppte Fahrzeuge werden wie Anhänger behandelt.

In allen Fällen besteht auch dann Versicherungsschutz, wenn sich Anhänger, Auf- 18
lieger oder abgeschlepptes Fahrzeug während des Gebrauchs von dem versicherten
Fahrzeug **lösen** und sich noch in Bewegung befinden.

VIII. Anhang – Abgrenzung AKB/AHB

Die AHB enthalten die sog. „**Benzinklausel**", nach der Schäden vom versicherten 19
Risiko ausgeschlossen sind, die durch den Gebrauch eines Fahrzeuges verursacht
werden. Haftpflichtfälle sind daher in der Privathaftpflichtversicherung nicht versichert, wenn sie in einem inneren Zusammenhang mit dem Gebrauch des Kraftfahrzeuges stehen.

Das Enteisen der Scheiben eines Kraftfahrzeuges mit einem **Heizlüfter** gehört 20
nicht zum Gebrauch des Fahrzeuges. Wenn dann der PKW durch den umkippen-
den Heizlüfter in Brand gerät, besteht Deckungsschutz in der **Allgemeinen Haft-**
pflichtversicherung.[11]

---

8 LG Frankenthal, zfs 1991, 347.
9 OLG Köln, r+s 1992, 261 = zfs 1992, 342; OLG Schleswig, r+s 2004, 54; LG Kleve, r+s 1992,
   328.
10 OLG Hamm, VersR 1988, 1284.
11 BGH, NJW-RR 2007, 464 = VersR 2007, 388; OLG Karlsruhe, NJW-RR 2005, 1344.

21   Ebenfalls in den Deckungsbereich der **Privathaftpflichtversicherung** fällt ein Schadenfall, der durch ein 14-jähriges Kind verursacht wird, das den **Zündschlüssel** eines PKW betätigt, um das **Autoradio** zu betreiben. Wenn dann das Fahrzeug gleichwohl gestartet wird und ein anderes Fahrzeug beschädigt, liegt kein „Gebrauch" des Kraftfahrzeuges vor.[12]

A.1.2 Wer ist versichert?

Der Schutz der Kfz-Haftpflichtversicherung gilt für Sie und für folgende Personen (mitversicherte Personen):

a) den Halter des Fahrzeugs,

b) den Eigentümer des Fahrzeugs,

c) den Fahrer des Fahrzeugs,

d) den Beifahrer, der im Rahmen seines Arbeitsverhältnisses mit Ihnen oder mit dem Halter den berechtigten Fahrer zu seiner Ablösung oder zur Vornahme von Lade- und Hilfsarbeiten nicht nur gelegentlich begleitet,

e) Ihren Arbeitgeber oder öffentlichen Dienstherrn, wenn das Fahrzeug mit Ihrer Zustimmung für dienstliche Zwecke gebraucht wird,

f) den Omnibusschaffner, der im Rahmen seines Arbeitsverhältnisses mit Ihnen oder mit dem Halter des versicherten Fahrzeugs tätig ist,

g) den Halter, Eigentümer, Fahrer, Beifahrer und Omnibusschaffner eines nach A.1.1.5 mitversicherten Fahrzeugs.

Diese Personen können Ansprüche aus dem Versicherungsvertrag selbstständig gegen uns erheben.

I. Vorbemerkung

22   Der Kreis der mitversicherten Personen ist in A.1.2 abschließend geregelt. Die Klausel entspricht § 10 Abs. 2 AKB a.F. und enthält inhaltlich keine Veränderungen. Im Gegensatz zu den sonstigen Regelungen der Fremdversicherung bestimmt A.1.2 ausdrücklich, dass die in dieser Klausel genannten Personen – unabhängig von der Zustimmung oder Mitwirkung des Versicherungsnehmers – gegen den Versicherer Ansprüche aus dem Versicherungsvertrag **selbstständig** geltend machen können.

---

12   OLG Celle, NJW-RR 2005, 623.

II. Der versicherte Personenkreis

1. Halter

Halter ist derjenige, der das Fahrzeug auf eigene Rechnung in Gebrauch hat und die **Verfügungsgewalt** besitzt. Er muss weder Versicherungsnehmer noch Eigentümer sein. Bei Leasingfahrzeugen ist im Regelfall der Leasingnehmer Halter. 23

2. Eigentümer

Eigentümer ist derjenige, der nach den Regeln des **BGB** in vollem Umfang das Eigentum erworben hat. Die Haltereigenschaft besagt noch nichts darüber, ob der Halter auch Eigentümer des Fahrzeuges ist. Die Besitzvermutung des § 1006 BGB greift nicht. 24

3. Fahrer

Fahrer ist derjenige, der die **typischen Tätigkeiten** wahrnimmt, die in den Aufgabenbereich als Kraftfahrer fallen.[13] Bei Fahrschulfahrten sind sowohl der Fahrschüler als auch der Fahrlehrer Fahrer.[14] 25

4. Beifahrer

Nicht jeder Fahrzeuginsasse wird zum Beifahrer gemäß A.1.2. Versichert sind nur Personen, die im Rahmen ihres **Arbeitsverhältnisses** zum Versicherungsnehmer oder Halter den berechtigten Fahrer begleiten. 26

5. Arbeitgeber

Versicherungsschutz genießt auch der Arbeitgeber oder öffentliche Dienstherr, wenn das Fahrzeug mit Zustimmung des Berechtigten für **dienstliche Zwecke** gebraucht wird. Durch die Einziehung des Arbeitgebers in den Versicherungsschutz wird verhindert, dass dieser gemäß §§ 278, 831, 839 BGB, Art. 34 GG haftet, wenn der Versicherungsnehmer sein eigenes Fahrzeug dienstlich nutzt und einen Schaden verursacht. 27

---

13 OLG Celle, r+s 1990, 224.
14 OLG Köln, r+s 1989, 313.

28 Versicherungsschutz besteht auch, wenn ein Dritter mit Zustimmung des Versicherungsnehmers das Fahrzeug für eine **Dienstreise** nutzt. Durch diese Regelung wird ein Anspruchsübergang gemäß § 86 VVG 2008 (§ 67 VVG a.f.) ausgeschlossen.

6. Omnibusschaffner

29 Diese Berufsgruppe dürfte es in der Praxis nur noch **selten** geben.

7. Anhänger

30 A.1.2 enthält die Klarstellung, dass Halter, Eigentümer, Fahrer, Beifahrer und Omnibusschaffner eines Anhängers, eines Aufliegers oder eines abgestellten Fahrzeuges **mitversichert** sind und **selbstständig** Ansprüche erheben können.

A.1.3 Bis zu welcher Höhe leisten wir (Versicherungssummen)?

Höchstzahlung

A.1.3.1 Unsere Zahlungen für ein Schadenereignis sind jeweils beschränkt auf die Höhe der für Personen-, Sach- und Vermögensschäden vereinbarten Versicherungssummen. Mehrere zeitlich zusammenhängende Schäden, die dieselbe Ursache haben, gelten als ein einziges Schadenereignis. Die Höhe Ihrer Versicherungssummen können Sie dem Versicherungsschein entnehmen.

A.1.3.2 Bei Schäden von Insassen in einem mitversicherten Anhänger gelten xx < *die gesetzlichen Mindestversicherungssummen oder höhere individuell vereinbarte Versicherungssummen; ist keine Begrenzung gewünscht, entfällt Klausel A.1.3.2* >.

Übersteigen der Versicherungssummen

A.1.3.3 Übersteigen die Ansprüche die Versicherungssummen, richten sich unsere Zahlungen nach den Bestimmungen des Versicherungsvertragsgesetzes und der Kfz-Pflichtversicherungsverordnung. In diesem Fall müssen Sie für einen nicht oder nicht vollständig befriedigten Schadenersatzanspruch selbst einstehen.

170

I. Vorbemerkung

Die Mindestversicherungssummen sind in den letzten Jahren erheblich **angehoben** 31
und den Schadenaufwendungen sowie der Inflation angepasst worden. Diese Mindestversicherungssummen betragen seit dem 1.1.2008

- bei Personenschäden   EUR   7,5 Mio.
- bei Sachschäden   EUR   1,0 Mio.
- bei reinen Vermögensschäden   EUR   50.000.

Einige Haftpflichtversicherer bieten gegen geringe Mehrprämie Versicherungs- 32
schutz in **unbegrenzter** Höhe an.

II. Höchstzahlung (A.1.3.1)

Die Versicherungssumme ist die **Obergrenze** der Leistungen des Versicherers. 33
Diese Summen stehen für jeden Versicherungsfall gesondert zur Verfügung. Mehrere zusammenhängende Schäden, die **dieselben Ursachen** haben, gelten als ein
einziges Schadenereignis.

III. Mitversicherte Anhänger (A.1.3.2)

Dieselbe Regelung gilt auch für Insassen in einem mitversicherten **Anhänger**, es 34
sei denn, es ist eine Haftung ohne Begrenzung vereinbart worden.

IV. Übersteigen der Versicherungssumme (A.1.3.3)

Wenn die geltend gemachten Ansprüche die Versicherungssumme übersteigen, 35
können Halter und Fahrer unmittelbar in Anspruch genommen werden. Der Haftpflichtversicherer muss die ihm bekannten Ansprüche **quotenmäßig** nach § 109
VVG regulieren.

A.1.4 In welchen Ländern besteht Versicherungsschutz?

Versicherungsschutz in Europa und in der EU

A.1.4.1 Sie haben in der Kfz-Haftpflichtversicherung Versicherungsschutz in den
geographischen Grenzen Europas sowie den außereuropäischen Gebieten, die
zum Geltungsbereich der Europäischen Union gehören. Ihr Versicherungsschutz
richtet sich nach dem im Besuchsland gesetzlich vorgeschriebenen Versiche-

171

rungsumfang, mindestens jedoch nach dem Umfang Ihres Versicherungsvertrags.

Internationale Versicherungskarte (Grüne Karte)

A.1.4.2 Haben wir Ihnen eine internationale Versicherungskarte ausgehändigt, erstreckt sich Ihr Versicherungsschutz in der Kfz-Haftpflichtversicherung auch auf die dort genannten nichteuropäischen Länder, soweit Länderbezeichnungen nicht durchgestrichen sind. Hinsichtlich des Versicherungsumfangs gilt A.1.4.1 Satz 2.

I. Vorbemerkung

36   Versicherungsschutz besteht in den geografischen Grenzen **Europas** und den außereuropäischen Gebieten, die zum Geltungsbereich der **Europäischen Union** gehören. Eine Begrenzung oder Ausweitung des geografischen Versicherungsschutzes bedarf der gesonderten Vereinbarung.

37   Die Europa-Klausel ist eine **primäre Risikobegrenzung**, so dass generell kein Versicherungsschutz außerhalb Europas besteht, ohne dass es auf die Kenntnis oder ein Verschulden des Versicherungsnehmers ankommt. Entscheidend ist der **geografische** Begriff von Europa, so dass der asiatische Teil der Türkei, Zypern und die zu Spanien gehörenden Kanarischen Inseln als außereuropäisch anzusehen sind. Die räumliche Begrenzung des Versicherungsschutzes verstößt **nicht** gegen das **Transparenzgebot** gemäß § 307 Abs. 1 Satz 2 BGB, da sie deutlich und verständlich ist.[15]

II. Versicherungsschutz in Europa und in der EU (A.1.4.1)

38   Der Versicherungsschutz besteht innerhalb der geografischen Grenzen Europas und den außereuropäischen Gebieten, die zum Geltungsbereich der Europäischen Union gehören. Die **Kanarischen Inseln** sind zwar außereuropäisch, gehören jedoch zu Spanien, so dass auch dort **Versicherungsschutz** besteht.

---

15   BGH, IV ZR 36/04, r+s 2005, 455.

III. Internationale Versicherungskarte (Grüne Karte) (A.1.4.2)

Wenn der Versicherer eine internationale Versicherungskarte ausgestellt hat, er- **39**
streckt sich der Versicherungsschutz auf die dort genannten **nichteuropäischen**
Länder, soweit Länderbezeichnungen nicht durchgestrichen sind.

Eine Eintrittspflicht des Versicherers für außereuropäische Schäden kommt nur **40**
dann als Schadenersatzanspruch in Betracht, wenn den Versicherer ein **Beratungs-**
verschulden trifft.

Wenn ein türkischer Versicherungsnehmer eine internationale Versicherungskarte **41**
anfordert, hat der Versicherer eine Beratungspflicht dahingehend, dass er diesen
über die Besonderheiten des Versicherungsschutzes und insbesondere darüber auf-
klärt, dass der **größte Teil der Türkei** sich in **Asien** befindet, also vom Versicherungsschutz nicht umfasst ist. Erfolgt diese Beratung nicht, liegt ein zum Schadenersatz führendes Beratungsverschulden mit der Maßgabe vor, dass der Versicherer
eintrittspflichtig ist.[16]

A.1.5 Was ist nicht versichert?

Vorsatz

A.1.5.1 Kein Versicherungsschutz besteht für Schäden, die Sie vorsätzlich und
widerrechtlich herbeiführen.

Genehmigte Rennen

A.1.5.2 Kein Versicherungsschutz besteht für Schäden, die bei Beteiligung an
behördlich genehmigten kraftfahrt-sportlichen Veranstaltungen, bei denen es auf
die Erzielung einer Höchstgeschwindigkeit ankommt, entstehen. Dies gilt auch
für dazugehörige Übungsfahrten.

Hinweis: Die Teilnahme an behördlich nicht genehmigten Rennen stellt eine
Pflichtverletzung nach D.2.2 dar.

Beschädigung des versicherten Fahrzeugs

A.1.5.3 Kein Versicherungsschutz besteht für die Beschädigung, die Zerstörung
oder das Abhandenkommen des versicherten Fahrzeugs.

---

16   BGH, IV ZR 86/04, VersR 2005, 824; OLG Köln, VersR 1992, 487; *van Bühren/Römer*, Anwalts-
Handbuch Verkehrsrecht, Teil 7, Rn 70.

Beschädigung von Anhängern oder abgeschleppten Fahrzeugen

A.1.5.4 Kein Versicherungsschutz besteht für die Beschädigung, die Zerstörung oder das Abhandenkommen eines mit dem versicherten Fahrzeug verbundenen Anhängers oder Aufliegers oder eines mit dem versicherten Fahrzeug geschleppten oder abgeschleppten Fahrzeugs. Wenn mit dem versicherten Kraftfahrzeug ohne gewerbliche Absicht ein betriebsunfähiges Fahrzeug im Rahmen üblicher Hilfeleistung abgeschleppt wird, besteht für dabei am abgeschleppten Fahrzeug verursachte Schäden Versicherungsschutz.

Beschädigung von beförderten Sachen

A.1.5.5 Kein Versicherungsschutz besteht bei Schadenersatzansprüchen wegen Beschädigung, Zerstörung oder Abhandenkommens von Sachen, die mit dem versicherten Fahrzeug befördert werden.

Versicherungsschutz besteht jedoch für Sachen, die Insassen eines Kraftfahrzeugs üblicherweise mit sich führen (z.B. Kleidung, Brille, Brieftasche). Bei Fahrten, die überwiegend der Personenbeförderung dienen, besteht außerdem Versicherungsschutz für Sachen, die Insassen eines Kraftfahrzeugs zum Zwecke des persönlichen Gebrauchs üblicherweise mit sich führen (z.B. Reisegepäck, Reiseproviant). Kein Versicherungsschutz besteht für Sachen unberechtigter Insassen.

Ihr Schadenersatzanspruch gegen eine mitversicherte Person

A.1.5.6 Kein Versicherungsschutz besteht für Sach- oder Vermögensschäden, die eine mitversicherte Person Ihnen, dem Halter oder dem Eigentümer durch den Gebrauch des Fahrzeugs zufügt. Versicherungsschutz besteht jedoch für Personenschäden, wenn Sie z.B. als Beifahrer Ihres Fahrzeugs verletzt werden.

Nichteinhaltung von Liefer- und Beförderungsfristen

A.1.5.7 Kein Versicherungsschutz besteht für reine Vermögensschäden, die durch die Nichteinhaltung von Liefer- und Beförderungsfristen entstehen.

Vertragliche Ansprüche

A.1.5.8 Kein Versicherungsschutz besteht für Haftpflichtansprüche, soweit sie aufgrund Vertrags- oder besonderer Zusage über den Umfang der gesetzlichen Haftpflicht hinausgehen.

Schäden durch Kernenergie

A.1.5.9 Kein Versicherungsschutz besteht für Schäden durch Kernenergie.

I. Vorbemerkung

In A.1.5 sind die Risikoausschlüsse geregelt, die zur Leistungsfreiheit des Ver-   **42**
sicherers führen. Die in A.1.5 geregelten Ausschlüsse entsprechen den Vorgaben in
§ 4 **KfzPflVV** und dem Ausschluss für **Vorsatztaten** gemäß § 103 VVG. Diese Risikoausschlüsse gelten auch im **Außenverhältnis**, so dass auch kein Direktanspruch gegen den Haftpflichtversicherer besteht.

II. Vorsatz (A.1.5.1)

Bei vorsätzlicher und **rechtswidriger** Herbeiführung des Versicherungsfalles ist   **43**
der Versicherer sowohl in der Haftpflichtversicherung als auch der Fahrzeugversicherung vollständig **leistungsfrei**. Der Geschädigte kann dann nur noch Ansprüche aus dem Entschädigungsfonds beim Verein Verkehrsopferhilfe e.V., Glockengießerwall 1, 20095 Hamburg, Tel.: 040/30180–0, E-Mail: voh@verkehrsopferhil-
fe.de, Internet: www.verkehrsopferhilfe.de, gemäß § 12 PflVG geltend machen.

1. Definition

Vorsatz bedeutet das Wissen und Wollen des rechtswidrigen Erfolges; dolus even-   **44**
tualis genügt. Es gilt die „**Vorsatztheorie**".

Für Schuldausschließungsgründe oder Rechtfertigungsgründe ist der Versiche-   **45**
rungsnehmer beweispflichtig.[17] **Putativnotwehr** schließt den Vorsatz aus.[18]

2. Beweislast

Der Versicherer hat für den objektiven Tatbestand den **Vollbeweis** nach § 286 ZPO   **46**
zu führen. Ihm kommen keine Beweiserleichterungen zugute. Die Regeln des **Anscheinsbeweises** sind **nicht** anzuwenden.[19] Es kommt daher nur der **Indizienbeweis** in Betracht.

3. Leistungsfreiheit

Der Haftungsausschluss nach § 103 VVG in der Haftpflichtversicherung gilt nur   **47**
für den vorsätzlich **Handelnden**, also für den Fahrer, während die Halterhaftung
bestehen bleibt. Der subjektive Risikoausschluss gemäß § 103 VVG greift auch

---

17   BGH, zfs 1987, 6; LG München II, zfs 1987, 89.
18   OLG Düsseldorf, VersR 1994, 850.
19   BGH, VersR 1988, 683 = NJW 1988, 2040.

dann zugunsten des Haftpflichtversicherers ein, wenn der vorsätzlich Handelnde ein **Schwarzfahrer** ist.[20]

4. Rechtsprechung

48
- Bei **verabredetem Unfall** tritt Leistungsfreiheit nicht gegenüber dem unbeteiligten Halter ein. Dieser kann auch die **Hälfte** seines Schadens bei der gegnerischen Haftpflichtversicherung geltend machen.[21]

- Der Kfz-Haftpflichtversicherer haftet **nicht** für einen Fahrzeugzusammenstoß, den der Versicherungsnehmer vorsätzlich in **Suizidabsicht** herbeiführt.[22]

- Der Vorsatz im Sinne von § 103 VVG muss auch die **Schadensfolgen** umfassen. Es genügt, dass der Versicherungsnehmer sich diese Folgen zumindest in ihren Grundzügen vorgestellt hat. Ein Autofahrer, der nach einer Auseinandersetzung mit seinem Fahrzeug einem anderen Verkehrsteilnehmer nachfährt und an diesen, während er sein Fahrzeug aufschließt, so nah heranfährt, dass dieser zwischen beiden Fahrzeugen **eingeklemmt** wird, nimmt die dabei eingetretenen schweren Verletzungen **billigend in Kauf.**[23]

III. Genehmigte Rennen (A.1.5.2)

49
Kein Versicherungsschutz besteht bei Beteiligung an behördlich genehmigten Rennen. Vom Versicherungsschutz ausgeschlossen sind ausdrücklich auch „**dazugehörige Übungsfahrten**". Der Veranstalter eines solchen Rennens muss eine **gesonderte** Haftpflichtversicherung abschließen, die in der Teilnahmegebühr enthalten ist. Besteht eine solche Haftpflichtversicherung nicht, wird im Regelfall auch die Genehmigung für ein derartiges Rennen nicht erteilt.

Bloße **Touristenfahrten** auf einer Rennstrecke[24] sind jedoch keine Rennen im Sinne von A.1.5.2, ebenso wenig ein **Fahrsicherheitstraining.**[25]

---

20 OLG Hamm, zfs 1996, 260.
21 OLG Hamm, NJW-RR 1993, 1180; OLG Schleswig, r+s 1997, 84; OLG Hamm, r+s 1996, 339.
22 OLG Oldenburg, SP 1995, 361.
23 OLG Köln, r+s 1997, 95 = zfs 1997, 177.
24 OLG Karlsruhe, 12 U 107/07, r+s 2008, 64.
25 OLG Köln, 9 U 76/06, VersR 2007, 683.

IV. Beschädigung des versicherten Fahrzeugs (A.1.5.3)

Die Beschädigung, die Zerstörung oder das Abhandenkommen des versicherten   **50**
Fahrzeuges werden **nicht** vom Versicherungsschutz erfasst. Diese Regelung ent-
spricht wörtlich § 4 Nr. 2 KfzPflVV und dient der Klarstellung zwischen der **Kfz-
Haftpflichtversicherung** und der **Kaskoversicherung**.

V. Beschädigung von Anhängern und abgeschleppten Fahrzeugen (A.1.5.4)

Schäden eines mit dem versicherten Fahrzeug **verbundenen** Anhängers oder Auf-   **51**
liegers oder eines abgeschleppten Fahrzeuges sind nicht versichert. Eine Ausnahme gilt nur dann, wenn ohne gewerbliche Absicht ein betriebsunfähiges Fahrzeug
im Rahmen üblicher **Hilfeleistung** abgeschleppt wird. In diesem Fall besteht Versicherungsschutz für Schäden am abgeschleppten Fahrzeug.

„**Gewerblich**" ist ein Abschleppen dann, wenn es sich um eine auf Dauer angeleg-   **52**
te und auf Erwerbszweck gerichtete Tätigkeit handelt.

Übliche Hilfeleistung ist die Gefälligkeitsfahrt beim Abschleppen zu einer nahe   **53**
gelegenen Werkstatt, Tankstelle oder zum in der Nähe befindlichen Wohnort des
Abgeschleppten.

Ein Abschleppen über **größere Entfernungen** ist **nicht** versichert, da diese Tätig-   **54**
keit über die übliche Hilfeleistung hinausgeht.

VI. Beschädigung von beförderten Sachen (A.1.5.5)

Von einer „**Beförderung**" spricht man dann, wenn ein zweckgerichtetes Handeln   **55**
vorliegt, das eine **Ortsveränderung** der Sache vornimmt.[26] Der Risikoausschluss
erstreckt sich auch auf das Be- und Entladen sowie das Ein- und Aussteigen.[27]

Versicherungsschutz besteht ausnahmsweise, wenn die Fahrt überwiegend der **Per-**   **56**
sonenbeförderung dient (§ 15d StVO) und die mitgeführten Sachen dem persönlichen Gebrauch während der Reise dienen.

---

26   BGH, IV ZR 229/93, VersR 1994, 1058.
27   OLG Hamm, 20 U 75/95, VersR 1996, 967.

VII. Schadenersatzanspruch gegen eine mitversicherte Person (A.1.5.6)

57   Diese Bestimmung entspricht § 4 Nr. 1 KfzPflVV. **Eigene** Ansprüche wegen Sach- und Vermögensschäden sollen in der Haftpflichtversicherung **ausgeschlossen** sein. Körperschäden sind jedoch versichert, wenn der Versicherungsnehmer als **Beifahrer** durch einen vom Fahrer verschuldeten Unfall verletzt wird.

58   Es besteht auch kein Anspruch, wenn ein **Mitversicherter** einen Schaden an einem **anderen** Fahrzeug des Versicherungsnehmers verursacht hat.[28]

VIII. Nichteinhaltung von Liefer- und Beförderungsfristen (A.1.5.7)

59   Die Regelung entspricht § 4 Nr. 5 KfzPflVV. Die Überschreitung von Lieferfristen ist **nicht** versichert, und zwar unabhängig davon, auf welchen Umstand die Nichteinhaltung der Frist zurückzuführen ist.

IX. Vertragliche Ansprüche (A.1.5.8)

60   Hier erfolgt lediglich eine **Klarstellung**, dass Haftpflichtansprüche aufgrund vertraglicher Vereinbarungen oder besonderer Zusagen nicht versichert sind.

X. Schäden durch Kernenergie (A.1.5.9)

61   Diese Regelung entspricht § 4 Nr. 6 KfzPflVV. Die Haftung für Schäden durch Kernenergie wird im **Atomgesetz** geregelt.

A.2 Kaskoversicherung – für Schäden an Ihrem Fahrzeug

A.2.1 Was ist versichert?

Ihr Fahrzeug

A.2.1.1 Versichert ist Ihr Fahrzeug gegen Beschädigung, Zerstörung oder Verlust infolge eines Ereignisses nach A.2.2 (Teilkasko) oder A.2.3 (Vollkasko). Vom Versicherungsschutz umfasst sind auch dessen unter A.2.1.2 und A.2.1.3 als mitver-

---

28   BGH, IV ZR 313/06, r+s 2008, 372.

sichert aufgeführte Fahrzeugteile und als mitversichert aufgeführtes Fahrzeug-zubehör, sofern sie straßenverkehrsrechtlich zulässig sind (mitversicherte Teile).

Beitragsfrei mitversicherte Teile

A.2.1.2 Soweit in A.2.1.3 nicht anders geregelt, sind folgende Fahrzeugteile und folgendes Fahrzeugzubehör des versicherten Fahrzeugs ohne Mehrbeitrag mit-versichert:

a) fest im Fahrzeug eingebaute oder fest am Fahrzeug angebaute Fahrzeugtei-le,

b) fest im Fahrzeug eingebautes oder am Fahrzeug angebautes oder im Fahr-zeug unter Verschluss verwahrtes Fahrzeugzubehör, das ausschließlich dem Gebrauch des Fahrzeugs dient (z.B. Schonbezüge, Pannenwerkzeug) und nach allgemeiner Verkehrsanschauung nicht als Luxus angesehen wird,

c) im Fahrzeug unter Verschluss verwahrte Fahrzeugteile, die zur Behebung von Betriebsstörungen des Fahrzeugs üblicherweise mitgeführt werden (z.B. Sicherungen und Glühlampen),

d) Schutzhelme (auch mit Wechselsprechanlage), solange sie bestimmungs-gemäß gebraucht werden oder mit dem abgestellten Fahrzeug so fest ver-bunden sind, dass ein unbefugtes Entfernen ohne Beschädigung nicht mög-lich ist,

e) Planen, Gestelle für Planen (Spriegel),

f) folgende außerhalb des Fahrzeugs unter Verschluss gehaltene Teile:

- ein zusätzlicher Satz Räder mit Winter- oder Sommerbereifung,
- Dach-/Heckständer, Hardtop, Schneeketten und Kindersitze,
- nach a) bis f) mitversicherte Fahrzeugteile und Fahrzeugzubehör während einer Reparatur.

Abhängig vom Gesamtneuwert mitversicherte Teile

A.2.1.3 Die nachfolgend unter a) bis e) aufgeführten Teile sind ohne Beitrags-zuschlag mitversichert, wenn sie im Fahrzeug fest eingebaut oder am Fahrzeug fest angebaut sind:

■ bei Pkw, Krafträdern, xx < *Alle gewünschten WKZ aufführen* > bis zu einem Gesamtneuwert der Teile von xx EUR (brutto) und

■ bei sonstigen Fahrzeugarten (z.B. Lkw, xx < *Als Beispiele gewünschte WKZ aufführen* >) bis zu einem Gesamtneuwert der Teile von xx EUR (brutto)

a) Radio- und sonstige Audiosysteme, Video-, technische Kommunikations-und Leitsysteme (z.B. fest eingebaute Navigationssysteme),

b) zugelassene Veränderungen an Fahrwerk, Triebwerk, Auspuff, Innenraum oder Karosserie (Tuning), die der Steigerung der Motorleistung, des Mo-tordrehmoments, der Veränderung des Fahrverhaltens dienen oder zu ei-ner Wertsteigerung des Fahrzeugs führen,

179

> c) individuell für das Fahrzeug angefertigte Sonderlackierungen und -beschriftungen sowie besondere Oberflächenbehandlungen,
> d) Beiwagen und Verkleidungen bei Krafträdern, Leichtkrafträdern, Kleinkrafträdern, Trikes, Quads und Fahrzeugen mit Versicherungskennzeichen,
> e) Spezialaufbauten (z.b. Kran-, Tank-, Silo-, Kühl- und Thermoaufbauten) und Spezialeinrichtungen (z.b. für Werkstattwagen, Messfahrzeuge, Krankenwagen).
>
> Ist der Gesamtneuwert der unter a bis e aufgeführten Teile höher als die genannte Wertgrenze, ist der übersteigende Wert nur mitversichert, wenn dies ausdrücklich vereinbart ist. Bis zur genannten Wertgrenze verzichten wir auf eine Kürzung der Entschädigung wegen Unterversicherung.
>
> *Nicht versicherbare Gegenstände*
>
> A.2.1.4 Nicht versicherbar sind alle sonstigen Gegenstände, insbesondere solche, deren Nutzung nicht ausschließlich dem Gebrauch des Fahrzeugs dient (z.b. Handys und mobile Navigationsgeräte, auch bei Verbindung mit dem Fahrzeug durch eine Halterung, Reisegepäck, persönliche Gegenstände der Insassen).

I.   Vorbemerkung

62 Die Fahrzeugversicherung (Kaskoversicherung) ist eine freiwillige Versicherung, die den **Wert** des Fahrzeuges wirtschaftlich absichert. Es handelt sich um eine **Sachversicherung**, die den gesetzlichen Regeln des VVG zur Sachversicherung unterliegt. Die AKB 2008 enthalten Sonderregelungen oder Klarstellungen gegenüber den gesetzlichen Regelungen im VVG.

63 Die Vollkaskoversicherung enthält alle versicherten Tatbestände der **Teilkaskoversicherung** und bietet **zusätzlich** Versicherungsschutz für Unfallschäden sowie für mut- und böswillige Beschädigungen.

II.   Was ist versichert? (A.2.1)

64 Versicherungsschutz besteht bei Beschädigung, Zerstörung oder infolge eines Ereignisses nach A.2.2 (**Teilkasko**) oder A.2.3 (**Vollkasko**).

65 **Beschädigung** ist jede Substanzschädigung oder Gebrauchsminderung.

180

Zerstörung ist die vollständige Beschädigung ohne Möglichkeit der Wiederherstellung.

Verlust ist das Abhandenkommen durch ein in der Teilkaskoversicherung gedecktes Risiko.

III.   Fahrzeug (A.2.1.1)

Versichert ist zunächst das Fahrzeug selbst. Der Versicherungsschutz wird jedoch ausgedehnt auf die in den folgenden Absätzen mitversicherten **Fahrzeugteile** und das **Fahrzeugzubehör**.   66

IV.   Beitragsfrei mitversicherte Teile (A.2.1.2)

Versicherungsschutz besteht auch für die als mitversichert aufgeführten Teile und als mitversichert genanntes Fahrzeugzubehör, soweit sie **straßenverkehrsrechtlich** zulässig sind.   67

Fahrzeugteile und Zubehör müssen entweder **fest eingebaut** oder im Fahrzeug **unter Verschluss** verwahrt werden. Ausreichend ist auch, dass mitversichertes Fahrzeugzubehör in einer **verschlossenen Werkstatt** oder in einem verschlossenen Raum verwahrt wird.   68

Versichert sind somit auch die in einem **verschlossenen Kellerabteil** gelagerten **Winterreifen**.[29]   69

V.   Abhängig vom Gesamtwert mitversicherte Teile (A.2.1.3)

Die in dieser Klausel genannten Teile sind bis zu einem **Höchstbetrag** versichert. Es liegt eine **Erstrisikodeckung** vor, so dass eine eventuelle Unterversicherung nicht berücksichtigt wird. Die insoweit vereinbarte Versicherungssumme steht daher bei jedem Versicherungsfall zur Verfügung.   70

VI.   Nichtversicherbare Gegenstände (A.2.1.4)

Sonstige Gegenstände, deren Nutzung nicht ausschließlich dem Gebrauch des Fahrzeuges dienen, sind **nicht** versichert. Hierzu gehören **Handys** und **mobile Navigationsgeräte**, auch wenn sie durch eine Halterung mit dem Fahrzeug verbunden   71

---

29   AG Bad Homburg, VersR 2007, 1217; *Feyock/Jacobsen/Lemor*, A 2 AKB 2008, Rn 24 ff.

sind. Ebenfalls nicht versichert sind Reisegepäck und persönliche Gegenstände der Insassen.

A.2.2 Welche Ereignisse sind in der Teilkasko versichert?

Versicherungsschutz besteht bei Beschädigung, Zerstörung oder Verlust des Fahrzeugs einschließlich seiner mitversicherten Teile durch die nachfolgenden Ereignisse:

Brand und Explosion

A.2.2.1 Versichert sind Brand und Explosion. Als Brand gilt ein Feuer mit Flammenbildung, das ohne einen bestimmungsgemäßen Herd entstanden ist oder ihn verlassen hat und sich aus eigener Kraft auszubreiten vermag. Nicht als Brand gelten Schmor- und Sengschäden. Explosion ist eine auf dem Ausdehnungsbestreben von Gasen oder Dämpfen beruhende, plötzlich verlaufende Kraftäußerung.

Entwendung

A.2.2.2 Versichert ist die Entwendung, insbesondere durch Diebstahl und Raub.

Unterschlagung ist nur versichert, wenn dem Täter das Fahrzeug nicht zum Gebrauch im eigenen Interesse, zur Veräußerung oder unter Eigentumsvorbehalt überlassen wird.

Unbefugter Gebrauch ist nur versichert, wenn der Täter in keiner Weise berechtigt ist, das Fahrzeug zu gebrauchen. Nicht als unbefugter Gebrauch gilt insbesondere, wenn der Täter vom Verfügungsberechtigten mit der Betreuung des Fahrzeugs beauftragt wird (z.B. Reparateur, Hotelangestellter). Außerdem besteht kein Versicherungsschutz, wenn der Täter in einem Näheverhältnis zu dem Verfügungsberechtigten steht (z.B. dessen Arbeitnehmer, Familien- oder Haushaltsangehörige).

Sturm, Hagel, Blitzschlag, Überschwemmung

A.2.2.3 Versichert ist die unmittelbare Einwirkung von Sturm, Hagel, Blitzschlag oder Überschwemmung auf das Fahrzeug. Als Sturm gilt eine wetterbedingte Luftbewegung von mindestens Windstärke 8. Eingeschlossen sind Schäden, die dadurch verursacht werden, dass durch diese Naturgewalten Gegenstände auf oder gegen das Fahrzeug geworfen werden. Ausgeschlossen sind Schäden, die auf ein durch diese Naturgewalten veranlasstes Verhalten des Fahrers zurückzuführen sind.

Zusammenstoß mit Haarwild

A.2.2.4 Versichert ist der Zusammenstoß des in Fahrt befindlichen Fahrzeugs mit Haarwild im Sinne von §2 Abs. 1 Nr. 1 des Bundesjagdgesetzes (z.b. Reh, Wildschwein).

Glasbruch

A.2.2.5 Versichert sind Bruchschäden an der Verglasung des Fahrzeugs. Folgeschäden sind nicht versichert.

Kurzschlussschäden an der Verkabelung

A.2.2.6 Versichert sind Schäden an der Verkabelung des Fahrzeugs durch Kurzschluss. Folgeschäden sind nicht versichert.

I. Vorbemerkung

Die Kaskoversicherung ist eine Sparte der Sachversicherung, die unter Abschnitt I (§§ 1–73) und Abschnitt II (§§ 74–99) des VVG fällt. Die versicherten Gefahren ("**Ereignisse**") sind abschließend aufgezählt und definiert. Versicherungsschutz besteht bei **Beschädigung**, **Zerstörung** oder **Verlust** des versicherten Fahrzeuges einschließlich seiner mitversicherten Teile durch die aufgezählten Ereignisse. **72**

II. Brand und Explosion (A.2.2.1)

Beide Schadenursachen werden näher definiert. **73**

1. Brand

Als Brand gilt ein Feuer mit **Flammenbildung**, das ohne einen bestimmungsgemäßen Herd entstanden ist oder ihn verlassen hat und sich aus eigener Kraft auszubreiten vermag. Weiterhin heißt es ausdrücklich: **74**

> *„Nicht als Brand geltend Schmor- und Sengschäden".*

Damit sind Schäden an Fahrzeugteilen ausgeschlossen, die **Hitzewirkung** oder Feuer **ausgesetzt** sind (Zündkerzen, Sicherung). Auch das „Durchbrennen" eines Katalysators ist ein Schmelzvorgang und kein Brand. Ebenso wenig sind Kabelbrände in der Regel echte Brände, sie sind nur – nicht versicherte – Schmorschäden. **75**

76   Es ist nicht erforderlich, dass das Fahrzeug selbst brennt, es genügt, dass ein Schadenfeuer **adäquat kausal** für den Fahrzeugschaden ist. Wenn Teile eines brennenden Hauses auf ein Fahrzeug fallen, ist der Fahrzeugschaden durch „Brand" verursacht worden.[30] Gerät ein Fahrzeug durch **Unfall** in Brand, ist gleichwohl der Teilkaskoversicherer eintrittspflichtig.[31] Versicherungsschutz besteht auch bei Brand infolge **falscher Betankung**.[32]

2. Explosion

77   Explosion ist eine auf dem Ausdehnungsbestreben von Gasen oder Dämpfen beruhende, plötzlich verlaufende Kraftäußerung. Eine **Implosion** ist daher der **Explosion** nicht gleichzusetzen; auch hier genügt es, wenn eine Explosion **adäquat kausal** für einen Fahrzeugschaden ist.

78   Das **Fahrzeug** selbst muss daher **nicht** explodieren. Wenn ein Gebäude oder eine Maschine explodiert und **herumfliegende Teile** ein Kraftfahrzeug beschädigen, besteht Versicherungsschutz in der Teilkaskoversicherung.

III.   Entwendung (A.2.2.2)

79   Entwendung ist jede widerrechtliche Sachentziehung, die zur wirtschaftlichen Entrechtung des Eigentümers führt;[33] der Täter muss fremden Gewahrsam **brechen** und neuen Gewahrsam begründen. Wird der Gewahrsam aufgrund einer Täuschung übertragen, liegt ein – nicht versicherter – **Betrug** vor.[34]

1.   Diebstahl

80   Bei einem Diebstahl müssen die **objektiven** Tatbestandsmerkmale wie im Strafrecht verwirklicht werden: Der Täter muss **fremden Gewahrsam brechen** und eigenen Gewahrsam begründen.

81   Es müssen jedoch **nicht** die **subjektiven** Voraussetzungen einer mit Strafe bedrohten Handlung vorliegen. Von einem versicherten Diebstahl ist auch dann auszugehen, wenn der Täter in der **irrtümlichen** Annahme handelt, zur Wegnahme

---

30   OLG Düsseldorf, 4 U 251/90, VersR 1992, 567.
31   OLG Nürnberg, NJW-RR 1995, 862.
32   OLG Düsseldorf, 4 U 12/08, zfs 2009, 451.
33   BGH, NJW 1993, 186 = zfs 1993, 126.
34   OLG Karlsruhe, SP 1999, 21.

berechtigt zu sein.[35] Beim **Diebstahlversuch** sind nur die Schäden versichert, die durch die Entwendungshandlung verursacht werden, nicht Vandalismusschäden anlässlich des Diebstahlversuchs.[36]

Auch der **Trickdiebstahl** ist versichert: Wenn eine gemeinsame Probefahrt verabredet ist, der Täter dann aber plötzlich losfährt, liegt ein – versicherter – Trickdiebstahl vor, da allenfalls eine **Gewahrsamslockerung** eingetreten ist.[37] **82**

2. Unterschlagung

Der Begriff der Unterschlagung ist rein strafrechtlich und erfordert den vollendeten Tatbestand von § 246 StGB.[38] Der Täter muss **Alleingewahrsam** haben, bei Bruch des Mitgewahrsams liegt Diebstahl vor.[39] **83**

Die Unterschlagung ist jedoch nur versichert, „*wenn dem Täter das Fahrzeug nicht zum Gebrauch im eigenen Interesse, zur Veräußerung oder unter Eigentumsvorbehalt überlassen wird.*" Durch diese Einschränkung sind die häufigsten Fälle der Unterschlagung **nicht** versichert. Es besteht daher **kein** Versicherungsschutz, wenn der **Mieter** eines Kraftfahrzeuges dieses unterschlägt oder der **Reparateur** oder ein Hotelangestellter. Vom Versicherungsschutz sind damit praktisch alle Fälle ausgeschlossen, in denen der Versicherungsnehmer sein Fahrzeug **freiwillig** einem anderen überlässt. **84**

3. Unbefugter Gebrauch

Der unbefugte Gebrauch ist nur versichert, wenn der Täter in keiner Weise berechtigt ist, das Fahrzeug zu nutzen und damit den Tatbestand von § 248b StGB verwirklicht. Beispielhaft werden Personen genannt, deren Nutzung des Fahrzeuge **nicht versichert** ist: Reparateur, Hotelangestellte sowie Arbeitnehmer, Familien- oder Haushaltsangehörige des Versicherungsnehmers. **85**

IV. Sturm, Hagel, Blitz, Überschwemmung (A.2.2.3)

Die Aufzählung der Naturgewalten ist **abschließend**. Erdbeben, Erdrutsch, Steinschlag und Lawinen sind daher nicht versichert. Einige Versicherer bieten jedoch **86**

---

35 BGH, r+s 1995, 125.
36 LG Kiel, DAR 2000, 269.
37 OLG Frankfurt, zfs 2001, 551.
38 OLG Hamm, VersR 1993, 1394 = zfs 1993, 235; OLG Köln, SP 1996, 57.
39 OLG Köln, r+s 1991, 156.

Versicherungsschutz für Lawinenschäden. Versicherungsschutz besteht nur, wenn die Schäden durch **unmittelbare** Einwirkung der Naturgewalten verursacht worden sind. Unmittelbarkeit ist nur dann gegeben, wenn zwischen Ursachenereignis und Erfolg keine weitere Ursache tritt.[40]

1. Sturm

87 Der Sturm ist als wetterbedingte Luftbewegung von mindestens **Windstärke 8** definiert. Der Nachweis kann gegebenenfalls durch eine amtliche Wetterauskunft geführt werden.

Sturm muss als einzige Ursache bewiesen werden, jede andere Schadenursache (überhöhte Geschwindigkeit o.Ä.) muss ausgeschlossen werden.[41]

2. Hagel

88 Hagel ist begrifflich ein Niederschlag durch gefrorenen Regen (**Eisstücke**), der im Regelfall zu Einbeulungen in der Karosserie führt. Werden durch Hagel andere Gegenstände auf das Fahrzeug geschleudert, besteht ebenfalls Versicherungsschutz.

3. Blitzschlag

89 Blitzschlag ist eine **selbstständige** Schadenursache und deckt alle Schäden, die unmittelbar durch den Blitzschlag hervorgerufen werden, also auch **Seng- und Schmorschäden**. Versicherungsschutz besteht auch, wenn ein Blitzschlag zum Umstürzen eines Baumes führt, der dann auf das versicherte Fahrzeug fällt.

4. Überschwemmung

90 Eine Überschwemmung liegt dann vor, wenn Wasser sich in erheblichen Mängeln **ansammelt** und nicht auf normalem Weg abfließt. Eine Überschwemmung liegt auch dann vor, wenn so starker Regen auf einem Berghang niedergeht, dass er **sturzbachartig** den Hang hinunterfließt.[42]

---

40 BGH, VersR 1984, 28 = DAR 1984, 56.
41 OLG Köln, NJW-RR 1999, 468.
42 BGH, IV ZR 154/05, VersR 2006, 966.

Die Überschwemmung muss den Schaden **unmittelbar** herbeiführen. Es liegt daher kein versicherter Überschwemmungsschaden vor, wenn das Kraftfahrzeug in die überschwemmte Straße **hineingefahren** und hierdurch beschädigt wird.[43]

91

V. Zusammenstoß mit Haarwild (A.2.2.4)

In der Teilkaskoversicherung sind Schäden versichert, die durch einen **Zusammenstoß** mit Haarwild verursacht worden sind.

92

1. Zusammenstoß

Es muss eine **Berührung** zwischen Haarwild und Fahrzeug stattgefunden haben, die zu einem Schaden am Fahrzeug geführt hat.

93

Haarwild (im Gegensatz zum Federwild) im Sinne von § 2 Abs. 1 Nr. 1 Bundesjagdgesetz sind folgende Tiere: Wisent, Elchwild, Rotwild, Damwild, Sikawild, Rehwild, Gamswild, Steinwild, Muffelwild, Schwarzwild, Feldhase, Schneehase, Wildkaninchen, Murmeltier, Wildkatze, Luchs, Fuchs, Steinmarder, Baummarder, Iltis, Hermelin, Mauswiesel, Dachs, Fischotter, Seehund.

94

Zwischen dem Zusammenstoß mit Haarwild und dem Fahrzeugschaden muss ein **adäquater Kausalzusammenhang** bestehen, für den der Versicherungsnehmer beweispflichtig ist.[44]

95

Der Zusammenstoß mit **auf der Fahrbahn liegendem Haarwild** ist versichert, wenn das Tier unmittelbar vorher von einem Fahrzeug angefahren und getötet worden ist.[45] Nicht versichert ist das Erfassen von Haarwild bei einem **Schleudervorgang** aus anderen Gründen, z.B. Eisglätte.[46]

96

2. Ausweichmanöver

Gemäß § 82 Abs. 1 S. 1 VVG ist der Versicherungsnehmer verpflichtet, „bei" dem Eintritt des Versicherungsfalles „für die Abwendung und Minderung des Schadens" zu sorgen („**Rettungspflicht**").

97

---

43 OLG Karlsruhe, SP 1996, 94.
44 BGH, VersR 1992, 349 = zfs 1992, 85 = DAR 1992, 179.
45 OLG Nürnberg, r+s 1994, 168 = DAR 1994, 279 = zfs 1994, 214 = NJW-RR 1994, 537; OLG Saarbrücken, r+s 2003, 357 = NJW-RR 2003, 1338.
46 *Stiefel/Hofmann*, § 12 Rn 53 m.w.N.; OLG München, zfs 1989, 206.

98   Wenn ein Autofahrer Haarwild ausweicht, um einen Zusammenstoß zu vermeiden, sind die durch das Ausweichmanöver entstandenen Schäden **ersatzpflichtige Aufwendungen** gemäß § 82 VVG.[47] Das Ausweichmanöver muss also dazu dienen, eine – schwerere – Beschädigung des versicherten Fahrzeuges zu vermeiden, **nicht gemeint ist die „Rettung" des Tieres.**

99   Von einem drohenden Zusammenstoß mit einem Hasen, Kaninchen oder Fuchs geht für ein Kraftfahrzeug in der Regel keine oder nur eine geringe Gefährdung aus. Wenn daher einem **kleineren Tier** ausgewichen wird, um dieses zu retten oder aufgrund einer Schreckreaktion oder eines ungesteuerten Reflexes,[48] handelt es sich **nicht** um vom Versicherungsschutz umfasste **Rettungsmaßnahmen.**[49]

100   Der Versicherungsnehmer ist **beweispflichtig,** dass er Haarwild ausweichen musste; die für Entwendungsfälle in der Sachversicherung anerkannten Beweiserleichterungen können **nicht** auf Wildschadenfälle übertragen werden.[50] Der Beweis kann **nicht** durch **Parteivernehmung** geführt werden.[51]

101   Es kommt jedoch eine Anhörung gemäß § 141 ZPO in Betracht, wenn der Versicherungsnehmer absolut glaubwürdig ist[52] und weitere **Indizien** für den Sachvortrag des Klägers sprechen.[53]

3.   Andere Tiere

102   Einige Versicherer bieten auch Versicherungsschutz bei einem Zusammenstoß mit **Pferden, Rindern, Schafen** und anderen Tieren, ebenso für Schäden durch Marderbiss.

---

47   BGH, VersR 1991, 459 = zfs 1991, 135 = r+s 1991, 116.
48   BGH, VersR 1994, 1181.
49   BGH, DAR 1997, 158 = SP 1997, 168; BGH, zfs 2003, 502 = VersR 2003, 1250; OLG Köln, VersR 1992, 1508; OLG Köln, SP 1997, 170.
50   OLG Hamburg, zfs 1992, 377; OLG Hamm NZV 1991, 71; OLG Jena, r+s 1999, 403 = zfs 1999, 340 = SP 1999, 317 = NJW-RR 1999, 1258 = NVersZ 2000, 33 = VersR 2000, 578; OLG Düsseldorf, SP 2000, 390 = NVersZ 2000, 579 = VersR 2001, 322.
51   OLG Jena, VersR 2001, 855 = zfs 2001, 319; OLG Naumburg, NJW-RR 2003, 677.
52   OLG Köln, zfs 1999, 341.
53   OLG Saarbrücken, zfs 2002, 143.

4. Rechtsprechung

■ Auch Schäden, die durch ein **Ausweichmanöver** vor Haarwild entstehen, sind ersatzpflichtig im Rahmen der „Rettungspflicht" von § 82 Abs. 1 VVG.[54]

103

■ **Nicht** versichert ist das Ausweichmanöver vor einem **Hasen**, da auch ein Zusammenstoß mit einem Hasen keinen Unfall auslösen kann;[55] dies gilt auch für das Ausweichmanöver vor einem **Dachs**,[56] einem **Marder**[57] oder einem **Fuchs**.[58]

■ Ebenso nicht versichert ist ein Ausweichmanöver aufgrund einer reinen **Schreckreaktion**.[59] Demgegenüber soll das Ausweichmanöver vor einem **Fuchs** noch zu den versicherten Rettungskosten gehören;[60] jedenfalls dann, wenn der Fuchs sich in einer Sprungphase befindet.[61]

■ Nach Ansicht des OLG Nürnberg[62] soll das Ausweichmanöver bei zwei ausgewachsenen Hasen versichert sein; ebenso das Ausweichmanöver eines **Motorradfahrers**, der einem Hasen ausweichen muss.[63] Bei einem derartigen Ausweichmanöver ist jedoch die Vollkaskoversicherung eintrittspflichtig, da es **nicht** grob fahrlässig ist, einem kleineren Tier (Hase, Fuchs) auszuweichen.[64]

VI. Glasbruch (A.2.2.5)

Versichert sind Schäden an der Verglasung des Fahrzeuges. Hierzu gehören **Fenster** und **Gläser** der Scheinwerfer und der Rückleuchten oder der Abdeckung der Armaturen.

104

---

54 BGH, VersR 1991, 459 = zfs 1991, 135 = r+s 1991, 116; OLG Karlsruhe, VersR 1993, 93; OLG Köln, r+s 1993, 48 = OLG Koblenz, r+s 2000, 1997.

55 BGH, VersR 1992, 349 = r+s 1992, 82 = zfs 1992, 377; OLG Köln, r+s 1992, 295; OLG Köln, r+s 1993, 205; OLG Hamm, zfs 1993, 308; OLG Düsseldorf, r+s 1993, 450 = zfs 1994, 57; OLG Hamm, r+s 1995, 6; OLG Schleswig, r+s 1995, 290 = VersR 1996, 843.

56 OLG Frankfurt, zfs 1995, 342; OLG Köln, r+s 1997, 52.

57 LG Halle, SP 1997, 171; OLG Nürnberg, r+s 1997, 359; OLG Naumburg, r+s 1997, 359 = SP 1998, 23; OLG Köln, SP 1998, 432 (Hasen, Füchse, Marder); OLG Köln, r+s 2000, 190 = zfs 2000, 301; OLG Coburg, SP 2003, 175.

58 BGH, VersR 2003, 1250 = zfs 2003, 502 = NZV 2003, 520 = SP 2003, 385; OLG Koblenz, NJW-RR 2004, 118.

59 LG Wiesbaden, VersR 1992, 998.

60 OLG Köln, VersR 1992, 1508 = zfs 1992, 203.

61 LG Passau, DAR 1997, 28; OLG Karlsruhe, r+s 1999, 404 = SP 1999, 386; OLG Köln, zfs 1999, 339; a.A.: LG Hannover, zfs 1999, 309.

62 r+s 1993, 206.

63 OLG Hamm, zfs 1993, 308, 309; OLG Hamm, VersR 2002, 478.

64 OLG Jena, VersR 1988, 623; OLG Zweibrücken, NVersZ 2000, 34 = VersR 2000, 884 = r+s 2000, 366; OLG Brandenburg, zfs 2003, 191; a.A.: OLG Koblenz, r+s 2004, 11.

VII.   Kurzschlussschäden an der Verkabelung (A.2.2.6)

105   Versichert sind nur die Kurzschlussschäden an der Verkabelung selbst, **nicht** jedoch **Folgeschäden**, also weitere Schäden an den Instrumenten, zu denen die beschädigten Kabel führen.

---

106   **A.2.3 Welche Ereignisse sind in der Vollkasko versichert?**

Versicherungsschutz besteht bei Beschädigung, Zerstörung oder Verlust des Fahrzeugs einschließlich seiner mitversicherten Teile durch die nachfolgenden Ereignisse:

Ereignisse der Teilkasko

A.2.3.1 Versichert sind die Schadenereignisse der Teilkasko nach A.2.2.

Unfall

A.2.3.2 Versichert sind Unfälle des Fahrzeugs. Als Unfall gilt ein unmittelbar von außen plötzlich mit mechanischer Gewalt auf das Fahrzeug einwirkendes Ereignis.

Nicht als Unfallschäden gelten insbesondere Schäden aufgrund eines Brems- oder Betriebsvorgangs oder reine Bruchschäden. Dazu zählen z.B. Schäden am Fahrzeug durch rutschende Ladung oder durch Abnutzung, Verwindungsschäden, Schäden aufgrund Bedienungsfehler oder Überbeanspruchung des Fahrzeugs und Schäden zwischen ziehendem und gezogenem Fahrzeug ohne Einwirkung von außen.

Mut- oder böswillige Handlungen

A.2.3.3 Versichert sind mut- oder böswillige Handlungen von Personen, die in keiner Weise berechtigt sind, das Fahrzeug zu gebrauchen. Als berechtigt sind insbesondere Personen anzusehen, die vom Verfügungsberechtigten mit der Betreuung des Fahrzeugs beauftragt wurden (z.B. Reparateur, Hotelangestellter) oder in einem Näheverhältnis zu dem Verfügungsberechtigten stehen (z.B. dessen Arbeitnehmer, Familien- oder Haushaltsangehörige).

I.   Vorbemerkung

107   Die Vollkaskoversicherung erweitert die Risiken der Teilkaskoversicherung um zwei wesentliche Schadenursachen:

190

- Unfall und
- mut- oder böswillige Handlungen betriebsfremder Personen.

Unfallschäden und mutwillige Beschädigung **nach** einem Diebstahl sind in der 108
Teilkaskoversicherung versichert, da es sich insoweit um eine adäquate Folge des
Diebstahls handelt.[65]

II. Unfall (A.2.3.2)

1. Definition

Unfall ist „ein unmittelbar von außen her plötzlich mit mechanischer Gewalt [auf 109
ein Fahrzeug] einwirkendes Ereignis" (A.2.3.2 AKB 2008).

Es sind daher folgende Kriterien zu erfüllen:

- unmittelbar,
- von außen her,
- plötzlich,
- mit mechanischer Gewalt,
- einwirkendes Ereignis.

Ein plötzliches Schadenereignis liegt dann vor, wenn sich der Vorfall in einem kur- 110
zen Zeitraum abspielt und für den Versicherungsnehmer objektiv **unerwartet** und
unvorhersehbar war.[66] Nur die Einwirkung des Schadenereignisses selbst muss
plötzlich erfolgen, es reicht aus, wenn die Schäden allmählich eintreten.[67]

2. Schadenereignis

Das Schadenereignis muss **von außen** her auf das Fahrzeug einwirken. Es besteht 111
daher kein Versicherungsschutz, wenn der Schaden auf einen inneren **Betriebsvorgang** zurückzuführen ist. Insoweit enthält A.2.3.2 AKB 2008 in einem gesonderten
Absatz eine Vielzahl von Schadenursachen, die nicht unter den Unfallbegriff fallen:

> „Nicht als Unfallschäden gelten insbesondere Schäden aufgrund eines Brems- oder Be-
> triebsvorgangs oder reine Bruchschäden. Dazu zählen zum Beispiel Schäden am Fahr-

---

65 BGH, VersR 1975, 225; LG Mainz, NJW-RR 1991, 548; *Maier*, Zur Abgrenzung von Fahrzeug-
    schäden in der Kaskoversicherung einerseits und durch mut- oder bösgläubige Handlung anderer-
    seits, r+s 1998, 1 ff. m.w.N.
66 BGH, IV a ZR 88/83, VersR 1985, 177.
67 OLG Hamm, 20 U 271/88, VersR 1990, 82.

zeug durch rutschende Ladung oder durch Abnutzung, Verwindungsschäden, Schäden aufgrund Bedienungsfehler oder Überbeanspruchung des Fahrzeuges und Schäden zwischen ziehendem und gezogenem Fahrzeug ohne Einwirkung von außen".

Unfreiwilligkeit gehört nicht zum **Unfallbegriff.** [68]

3. Rechtsprechung

112   ■ Wenn der **Motor** eines Muldenkippers zu Schaden kommt, weil der Abschlussdeckel des Trockenansaugluftfilters bei Fahrten auf **unwegsamem Gelände** beschädigt wird, liegt ein **Betriebsschaden** vor.[69]

■ Wenn ein Fahrzeug durch einen Betriebsvorgang **umstürzt**, ist der Unfallbegriff erfüllt,[70] z.b. beim **Abkippen** von Ladegut[71] oder beim Befahren einer wegen zu hohen Grasbewuchses nicht sichtbaren **Böschung**[72] oder bei plötzlichem **Nachgeben** des befestigten Bodens.[73]

■ Schäden, die nach dem Umkippen eines LKW durch den **Aufschlag auf den Boden** entstehen, sind **Unfallschäden** und keine Betriebsschäden.[74]

III. Mut- oder böswillige Handlungen (A.2.3.3)

113   Böswillige Beschädigungen durch **betriebsfremde** Personen sind ebenfalls Gegenstand der Vollkaskoversicherung. Behauptet der Versicherer, der Schaden sei nicht von betriebsfremden Personen verursacht worden, ist der **Versicherer** nach den allgemeinen Beweisregeln **beweispflichtig**, ihm kommen **keine Beweiserleichterungen** zugute.[75]

Vandalismus **nach** Diebstahl fällt unter die Teilkaskoversicherung.[76]

68   OLG Köln, 9 U 164/03, r+s 2004, 321; OLG Saarbrücken, 5 U 161/04, r+s 2005, 12.
69   OLG Frankfurt, r+s 1994, 165 mit umfassender Rechtsprechungsübersicht.
70   OLG Nürnberg, r+s 1994, 166 m.w.N.
71   BGH, r+s 1998, 9; OLG Nürnberg, SP 1997, 206 = VersR 1997, 1480; OLG Koblenz, r+s 1999, 405; OLG Jena, r+s 2004, 185 = MDR 2004, 750.
72   OLG München, SP 1997, 207.
73   OLG Rostock, SP 1998, 435; OLG Celle, r+s 1999, 360.
74   BGH, r+s 1998, 9 = VersR 1998, 179 = DAR 1998, 310.
75   BGH, VersR 1997, 1095 = SP 1997, 366 = r+s 1997, 446; OLG Köln, SP 1998, 329; OLG Frankfurt, zfs 1999, 295; OLG Koblenz, VersR 2004, 730; OLG Köln, 9 U 35/07, r+s 2008, 464.
76   LG Mainz, NJW-RR 1991, 548; *Maier*, r+s 1998, 1 ff. und r+s 1999, 50 ff.

A.2.4 Wer ist versichert?

Der Schutz der Kaskoversicherung gilt für Sie und, wenn der Vertrag auch im Interesse einer weiteren Person abgeschlossen ist, z.B. des Leasinggebers als Eigentümer des Fahrzeugs, auch für diese Person.

Die Kaskoversicherung schützt zunächst den Versicherungsnehmer; sie kann auch eine Versicherung für fremde Rechnung sein, also beispielsweise für den Leasinggeber als Eigentümer des Fahrzeugs. Versichertes Risiko ist das **Sacherhaltungsinteresse** des Eigentümers. **114**

A.2.5 In welchen Ländern besteht Versicherungsschutz?

Sie haben in Kasko Versicherungsschutz in den geographischen Grenzen Europas sowie den außereuropäischen

Gebieten, die zum Geltungsbereich der Europäischen Union gehören.

Auch in der Kaskoversicherung beschränkt sich der Versicherungsschutz auf die geografischen Grenzen Europas und die europäischen Gebiete, die zum Geltungsbereich der EU gehören. Für Reisen in Länder außerhalb dieses geschützten Bereichs muss eine **gesonderte** Vollkaskoversicherung abgeschlossen werden. **115**

A.2.6 Was zahlen wir bei Totalschaden, Zerstörung oder Verlust?

Wiederbeschaffungswert abzüglich Restwert

A.2.6.1 Bei Totalschaden, Zerstörung oder Verlust des Fahrzeugs zahlen wir den Wiederbeschaffungswert unter Abzug eines vorhandenen Restwerts des Fahrzeugs. Lassen Sie Ihr Fahrzeug trotz Totalschadens oder Zerstörung reparieren, gilt A.2.7.1.

< Achtung! Es folgen zwei Varianten der Neupreisentschädigung >

Neupreisentschädigung bei Totalschaden, Zerstörung oder Verlust

A.2.6.2 Bei Pkw (ausgenommen Mietwagen, Taxen und Selbstfahrervermiet-Pkw) zahlen wir den Neupreis des Fahrzeugs gemäß A.2.11, wenn innerhalb von xx Monaten nach dessen Erstzulassung ein Totalschaden, eine Zerstörung oder

193

ein Verlust eintritt. Voraussetzung ist, dass sich das Fahrzeug bei Eintritt des Schadenereignisses im Eigentum dessen befindet, der es als Neufahrzeug vom Kfz-Händler oder Kfz-Hersteller erworben hat. Ein vorhandener Restwert des Fahrzeugs wird abgezogen.

[xx Neupreisentschädigung

A.2.6.2 Bei Pkw (ausgenommen Mietwagen, Taxen und Selbstfahrervermiet-Pkw) zahlen wir den Neupreis des Fahrzeugs gemäß A.2.11, wenn innerhalb von xx Monaten nach dessen Erstzulassung eine Zerstörung oder ein Verlust eintritt. Wir erstatten den Neupreis auch, wenn bei einer Beschädigung innerhalb von xx Monaten nach der Erstzulassung die erforderlichen Kosten der Reparatur mindestens xx % des Neupreises betragen. Voraussetzung ist, dass sich das Fahrzeug bei Eintritt des Schadenereignisses im Eigentum dessen befindet, der es als Neufahrzeug vom Kfz-Händler oder Kfz-Hersteller erworben hat. Ein vorhandener Restwert des Fahrzeugs wird abgezogen.]

A.2.6.3 Wir zahlen die über den Wiederbeschaffungswert hinausgehende Neupreisentschädigung nur in der Höhe, in der gesichert ist, dass die Entschädigung innerhalb von zwei Jahren nach ihrer Feststellung für die Reparatur des Fahrzeugs oder den Erwerb eines anderen Fahrzeugs verwendet wird.

Abzug bei fehlender Wegfahrsperre im Falle eines Diebstahls

A.2.6.4 Bei Totalschaden, Zerstörung oder Verlust eines Pkw, xx < *gewünschte WKZ aufführen* > infolge Diebstahls vermindert sich die Entschädigung um xx %. Dies gilt nicht, wenn das Fahrzeug zum Zeitpunkt des Diebstahls durch eine selbstschärfende elektronische Wegfahrsperre gesichert war. Die Regelung über die Selbstbeteiligung nach A.2.12 bleibt hiervon unberührt.

Was versteht man unter Totalschaden, Wiederbeschaffungswert und Restwert?

A.2.6.5 Ein Totalschaden liegt vor, wenn die erforderlichen Kosten der Reparatur des Fahrzeugs dessen Wiederbeschaffungswert übersteigen.

A.2.6.6 Wiederbeschaffungswert ist der Preis, den Sie für den Kauf eines gleichwertigen gebrauchten Fahrzeugs am Tag des Schadenereignisses bezahlen müssen.

A.2.6.7 Restwert ist der Veräußerungswert des Fahrzeugs im beschädigten oder zerstörten Zustand.

I. Vorbemerkung

Die Ersatzleistung des Kaskoversicherers ist in der Regel auf den Ersatz des **Fahr-** **116** **zeugschadens** begrenzt. Merkantiler Minderwert, Mietwagenkosten oder Aufwendungen für die Beschaffung eines Ersatzfahrzeuges werden grundsätzlich nicht ersetzt. Es gibt aber bereits einige Versicherer, die auch diese Positionen in den Kaskoversicherungsschutz einbeziehen.

In der Kaskoversicherung werden **Abzüge** „neu für alt" gemacht.

II. Wiederbeschaffungswert abzüglich Restwert (A.2.6.1)

Bei **Totalschaden**, Zerstörung oder Verlust leistet der Versicherer den Wiederbe- **117** schaffungswert unter Abzug eines vorhandenen Restwertes.

Wird das Fahrzeug trotz Totalschadens repariert, zahlt der Versicherer die hierfür **118** erforderlichen Kosten bis zur Höhe des Wiederbeschaffungswertes, allerdings nur durch Nachweis einer **Rechnung** (A.2.7.1).

Wenn eine fachgerechte und vollständige Reparatur durch Rechnung nicht nach- **119** gewiesen wird, zahlt der Versicherer lediglich die **Differenz** zwischen Wiederbeschaffungswert und Restwert (A.7.1.b).

III. Neupreisentschädigung bei Totalschaden, Zerstörung oder Verlust (A.2.6.2)

Neupreisentschädigung wird nunmehr in **zwei Varianten** angeboten und be- **120** schränkt sich auf PKW, ausgenommen Mietwagen, Taxen und Selbstfahrermiet-Pkw.

Variante 1: **121**
Wenn innerhalb einer bestimmten festzulegenden Anzahl von Monaten nach der Erstzulassung ein Totalschaden eintritt, wird gemäß A.2.1.1 der Neupreis entschädigt. Voraussetzung ist allerdings, dass sich das Fahrzeug zum Zeitpunkt des Versicherungsfalles im Eigentum des **Ersterwerbers** befindet. Ein Restwert wird nicht abgezogen.

Variante 2: **122**
Der Neupreis wird auch gezahlt, wenn bei einem Schaden innerhalb der vereinbarten Frist die Reparaturkosten mindestens einen bestimmten **Prozentsatz** des Neupreises ausmachen.

IV.   Wiederherstellungsklausel (A.2.6.3)

123   Die Neupreisentschädigung wird nur gezahlt, wenn gesichert ist, dass die Entschädigung innerhalb von **zwei Jahren** nach ihrer Feststellung für die Reparatur des
Fahrzeuges oder den Erwerb eines anderen Fahrzeugs **verwendet** wird.

124   „**Gesichert**" ist die Wiederverwendung bereits dann, wenn ein verbindlicher und
nicht widerruflicher Kaufvertrag abgeschlossen wird.

VI.   Abzug bei fehlender Wegfahrsperre im Falle eines Diebstahls
(A.2.6.4)

125   Viele Versicherer vereinbaren einen Abzug bei Diebstahlschäden mit einem bestimmten **Prozentsatz**. Dieser Abzug wird nicht gemacht, wenn das Fahrzeug zum
Zeitpunkt des Diebstahls durch eine selbstschärfende elektronische Wegfahrsperre
gesichert war. Klarstellend wird darauf hingewiesen, dass dieser weitere Abzug **zusätzlich** zum ohnehin vereinbarten **Selbstbehalt** gemacht wird.

A.2.7 Was zahlen wir bei Beschädigung?

Reparatur

A.2.7.1 Wird das Fahrzeug beschädigt, zahlen wir die für die Reparatur erforderlichen Kosten bis zu folgenden Obergrenzen:
a) Wird das Fahrzeug vollständig und fachgerecht repariert, zahlen wir die hier-
    für erforderlichen Kosten bis zur Höhe des Wiederbeschaffungswerts nach
    A.2.6.6, wenn Sie uns dies durch eine Rechnung nachweisen. Fehlt dieser
    Nachweis, zahlen wir entsprechend A.2.7.1.b.
b) Wird das Fahrzeug nicht, nicht vollständig oder nicht fachgerecht repariert,
    zahlen wir die erforderlichen Kosten einer vollständigen Reparatur bis zur
    Höhe des um den Restwert verminderten Wiederbeschaffungswerts (siehe
    A.2.6.6 und A.2.6.7).

< xx Folgender Hinweis passt nur zur zweiten Variante von A.2.6.2 (Neupreisent-
schädigung mit Prozent-Beschränkung): >

[xx Hinweis: Beachten Sie auch die Regelung zur Neupreisentschädigung in
A.2.6.2]

Abschleppen

A.2.7.2 Bei Beschädigung des Fahrzeugs ersetzen wir die Kosten für das Abschleppen vom Schadenort bis zur nächstgelegenen für die Reparatur geeigneten Werkstatt, wenn nicht ein Dritter Ihnen gegenüber verpflichtet ist, die Kosten zu übernehmen. Das gilt nur, soweit einschließlich unserer Leistungen wegen der Beschädigung des Fahrzeugs nach A.2.7.1 die Obergrenze nach A.2.7.1.a oder A.2.7.1.b nicht überschritten wird.

Abzug neu für alt

A.2.7.3 Werden bei der Reparatur alte Teile gegen Neuteile ausgetauscht oder das Fahrzeug ganz oder teilweise neu lackiert, ziehen wir von den Kosten der Ersatzteile und der Lackierung einen dem Alter und der Abnutzung der alten Teile entsprechenden Betrag ab (neu für alt). Bei Pkw, Krafträdern und Omnibussen ist der Abzug neu für alt auf die Bereifung, Batterie und Lackierung beschränkt, wenn das Schadenereignis in den ersten xx Jahren nach der Erstzulassung eintritt. Bei den übrigen Fahrzeugarten gilt dies in den ersten xx Jahren.

I.   Vorbemerkung

Der Kaskoversicherer zahlt bei Beschädigung eines Fahrzeuges, ohne dass Total-   **126**
schaden eingetreten ist, die **Reparaturkosten** und die **Abschleppkosten**. Obergrenze ist der Wiederbeschaffungswert. Die **130 %-Rechtsprechung** gilt **nicht** für die Fahrzeugversicherung.[77]

II.   Reparatur (A.2.7.1)

Ist das beschädigte Fahrzeug vollständig und fachgerecht repariert, zahlt der Ver-   **127**
sicherer die **erforderlichen Kosten** bis zur Höhe des Wiederbeschaffungswertes. Diese Kosten müssen durch **Rechnung** nachgewiesen werden. Wird dieser Nachweis nicht erbracht, beschränkt sich die Leistungspflicht des Versicherers auf die **Differenz** zwischen Wiederbeschaffungswert und Restwert.

III.   Abschleppen (A.2.7.2)

Erstattet werden die Kosten für das Abschleppen vom Schadenort bis zur **nächst-**   **128**
gelegenen Werkstatt, wenn nicht ein Dritter verpflichtet ist, die Kosten zu überneh-

---

77   OLG Koblenz, r+s 2000, 997 = VersR 2000, 1359.

men. Neben dieser subsidiären Ersatzpflicht ist noch eine weitere Einschränkung zu berücksichtigen: Die Abschleppkosten werden nur bis zur **Obergrenze** des Wiederbeschaffungswertes bzw. Neupreises ersetzt.

IV. Abzug „neu für alt" (A.2.7.3)

129 Erfährt das Fahrzeug durch die Reparatur eine Wertverbesserung, ist ein entsprechender Abzug „neu für alt" vorzunehmen. Die Höhe des Abzuges wird im Versicherungsvertrag **gesondert vereinbart** und richtet sich nach dem Zeitpunkt der Erstzulassung.

A.2.8 Sachverständigenkosten

Die Kosten eines Sachverständigen erstatten wir nur, wenn wir dessen Beauftragung veranlasst oder ihr zugestimmt haben.

---

130 Der Versicherer ist zur Erstattung der Sachverständigenkosten nur verpflichtet, wenn er die Beauftragung **veranlasst** oder ihr zugestimmt hat. Wenn die AKB eine solche Regelung nicht enthalten, gehören die Sachverständigenkosten zu den notwendigen Kosten der Wiederherstellung.[78]

A.2.9 Mehrwertsteuer

Mehrwertsteuer erstatten wir nur, wenn und soweit diese für Sie bei der von Ihnen gewählten Schadenbeseitigung tatsächlich angefallen ist. Die Mehrwertsteuer erstatten wir nicht, soweit Vorsteuerabzugsberechtigung besteht.

---

131 Mehrwertsteuer wird in Anlehnung an § 249 Abs. 2 Satz 2 BGB nur gezahlt, wenn diese tatsächlich angefallen ist und der entsprechende **Nachweis** erbracht wird.

---

78 BGH, IV ZR 1/97, VersR 1998, 179.

A.2.10 Zusätzliche Regelungen bei Entwendung

Wiederauffinden des Fahrzeugs

A.2.10.1 Wird das Fahrzeug innerhalb eines Monats nach Eingang der schriftlichen Schadenanzeige wieder aufgefunden und können Sie innerhalb dieses Zeitraums mit objektiv zumutbaren Anstrengungen das Fahrzeug wieder in Besitz nehmen, sind Sie zur Rücknahme des Fahrzeugs verpflichtet.

A.2.10.2 Wird das Fahrzeug in einer Entfernung von mehr als 50 km (Luftlinie) von seinem regelmäßigen Standort aufgefunden, zahlen wir für dessen Abholung die Kosten in Höhe einer Bahnfahrkarte 2. Klasse für Hin- und Rückfahrt bis zu einer Höchstentfernung von 1.500 km (Bahnkilometer) vom regelmäßigen Standort des Fahrzeugs zu dem Fundort.

Eigentumsübergang nach Entwendung

A.2.10.3 Sind Sie nicht nach A.2.10.1 zur Rücknahme des Fahrzeugs verpflichtet, werden wir dessen Eigentümer.

I. Vorbemerkung

Die bisherigen Regelungen zur Rücknahmepflicht des Versicherungsnehmers, wenn das Fahrzeug innerhalb **eines Monats** wieder **aufgefunden** wird, sind im Wesentlichen beibehalten worden. Insoweit weichen die Regeln in der Kaskoversicherung vom VVG ab, das eine Entschädigungspflicht des Sachversicherers vorsieht, sobald der Versicherungsfall eingetreten ist.

132

II. Wiederauffinden des Fahrzeugs (A.2.10.1 und A.2.10.2)

Wenn das entwendete Fahrzeug innerhalb eines Monats nach Eingang der schriftlichen Schadenanzeige wieder aufgefunden wird, muss der Versicherungsnehmer das Fahrzeug **zurücknehmen**, soweit dies mit objektiv zumutbaren Anstrengungen möglich ist.

133

Die Monatsfrist beginnt mit dem **Eingang** der vollständigen Schadenanzeige, eine bloße Mitteilung über den Fahrzeugdiebstahl reicht nicht aus. Durch die Schadenanzeige muss der Versicherer die Möglichkeit haben, Nachforschungen über den Verbleib des Fahrzeuges anzustellen.[79]

134

---

79   OLG Köln, 9 U 56/2000, VersR 2001, 976.

III.   Eigentumsübergang nach Entwendung (A.2.10.3)

135   Nach Ablauf der Monatsfrist geht das Fahrzeug in das Eigentum des Versicherers über. Der **Versicherungsnehmer** hat dann zwar immer noch das **Recht**, sein Fahrzeug zurückzunehmen, er ist hierzu jedoch **nicht** mehr verpflichtet.

136   Die Rücknahme des Fahrzeuges nach Ablauf der Monatsfrist ist noch **kein Verzicht** auf Erstattung des Wiederbeschaffungswertes.[80]

A.2.11 Bis zu welcher Höhe leisten wir (Höchstentschädigung)?

Unsere Höchstentschädigung ist beschränkt auf den Neupreis des Fahrzeugs. Neupreis ist der Betrag, der für den Kauf eines neuen Fahrzeugs in der Ausstattung des versicherten Fahrzeugs oder – wenn der Typ des versicherten Fahrzeugs nicht mehr hergestellt wird – eines vergleichbaren Nachfolgemodells am Tag des Schadenereignisses aufgewendet werden muss. Maßgeblich für den Kaufpreis ist die unverbindliche Empfehlung des Herstellers abzüglich orts- und markenüblicher Nachlässe.

---

137   Die Höchstentschädigung ist auf den **Neupreis** des versicherten Fahrzeuges beschränkt. Dies ist der Betrag, der für den Kauf eines neuen Fahrzeuges gleichen Typs aufgewendet werden muss. Gezahlt wird der vom Hersteller empfohlene Kaufpreis unter Berücksichtigung ortsüblicher und markenüblicher **Rabatte**.

A.2.14 Fälligkeit unserer Zahlung, Abtretung

A.2.14.1 Sobald wir unsere Zahlungspflicht und die Höhe der Entschädigung festgestellt haben, zahlen wir diese spätestens innerhalb von zwei Wochen.

A.2.14.2 Haben wir unsere Zahlungspflicht festgestellt, lässt sich jedoch die Höhe der Entschädigung nicht innerhalb eines Monats nach Schadenanzeige feststellen, können Sie einen angemessenen Vorschuss auf die Entschädigung verlangen.

A.2.14.3 Ist das Fahrzeug entwendet worden, ist zunächst abzuwarten, ob es wieder aufgefunden wird. Aus diesem Grunde zahlen wir die Entschädigung frü-

---

80   BGH, r+s 1999, 40 = MdR 1999, 1135.

hestens nach Ablauf eines Monats nach Eingang der schriftlichen Schaden-anzeige.

A.2.14.4 Ihren Anspruch auf die Entschädigung können Sie vor der endgültigen Feststellung ohne unsere ausdrückliche Genehmigung weder abtreten noch ver-pfänden.

I. Fälligkeit der Zahlung

Der Versicherer ist zur Zahlung innerhalb von **zwei Wochen** nach Feststellung des   138
Schadens dem Grunde und der Höhe nach verpflichtet. Gegebenenfalls müssen
Vorschüsse geleistet werden.

II. Abtretungsverbot

Das in den früheren AKB vereinbarte Abtretungsverbot ist beibehalten worden. In   139
vielen Fällen stimmen Kaskoversicherer jedoch einer Abtretung an die beauftragte
Reparaturwerkstatt zu.

A.2.15 Können wir unsere Leistung zurückfordern, wenn Sie nicht selbst gefahren sind?

Fährt eine andere Person berechtigterweise das Fahrzeug und kommt es zu ei-nem Schadenereignis, fordern wir von dieser Person unsere Leistungen nicht zu-rück. Dies gilt nicht, wenn der Fahrer das Schadenereignis grob fahrlässig oder vorsätzlich herbeigeführt hat. Lebt der Fahrer bei Eintritt des Schadens mit Ihnen in häuslicher Gemeinschaft, fordern wir unsere Ersatzleistung selbst bei grob fahrlässiger Herbeiführung des Schadens nicht zurück, sondern nur bei vorsätzli-cher Verursachung.

Die Sätze 1 bis 3 gelten entsprechend, wenn eine in der Kfz-Haftpflichtversiche-rung gemäß A.1.2 mitversicherte Person, der Mieter oder der Entleiher einen Schaden herbeiführt.

Die Regelung entspricht § 86 VVG und beschränkt den Forderungsübergang auf   140
Vorsatz und **grobe Fahrlässigkeit**. Dieser Forderungsübergang ist bei grober
Fahrlässigkeit ausgeschlossen, wenn der Fahrer mit dem Versicherungsnehmer in
häuslicher Gemeinschaft lebt.

A.2.16 Was ist nicht versichert?

Vorsatz und grobe Fahrlässigkeit

A.2.16.1 Kein Versicherungsschutz besteht für Schäden, die Sie vorsätzlich herbeiführen. Bei grob fahrlässiger Herbeiführung des Schadens, sind wir berechtigt, unsere Leistung in einem der Schwere Ihres Verschuldens entsprechenden Verhältnis zu kürzen.

Rennen

A.2.16.2 Kein Versicherungsschutz besteht für Schäden, die bei Beteiligung an Fahrtveranstaltungen entstehen, bei denen es auf Erzielung einer Höchstgeschwindigkeit ankommt. Dies gilt auch für dazugehörige Übungsfahrten.

Reifenschäden

A.2.16.3 Kein Versicherungsschutz besteht für beschädigte oder zerstörte Reifen. Versicherungsschutz besteht jedoch, wenn die Reifen aufgrund eines Ereignisses beschädigt oder zerstört werden, das gleichzeitig andere unter den Schutz der Kaskoversicherung fallende Schäden bei dem versicherten Fahrzeug verursacht hat.

Erdbeben, Kriegsereignisse, innere Unruhen, Maßnahmen der Staatsgewalt

A.2.16.4 Kein Versicherungsschutz besteht für Schäden, die durch Erdbeben, Kriegsereignisse, innere Unruhen oder Maßnahmen der Staatsgewalt unmittelbar oder mittelbar verursacht werden.

Schäden durch Kernenergie

A.2.16.5 Kein Versicherungsschutz besteht für Schäden durch Kernenergie.

I. Vorbemerkung

141 Bei vorsätzlicher Herbeiführung des Versicherungsfalles ist der Versicherer **vollständig** leistungsfrei, bei grober Fahrlässigkeit tritt **partielle** Leistungsfreiheit ein, bei einfacher Fahrlässigkeit ist der Versicherer vollständig zur Leistung verpflichtet.

II. Vorsatz und grobe Fahrlässigkeit (A.2.16.1)

142 Wird der Versicherungsfall vorsätzlich und **rechtswidrig** herbeigeführt, ist der Versicherer leistungsfrei; dolus eventualis genügt.

Bei grober Fahrlässigkeit kann die Leistung des Versicherers in einem der Schwere 143
des Verschuldens entsprechenden Verhältnis **gekürzt** werden. Entsprechend dem
Grundgedanken von § 254 BGB dürfte eine Kürzung auf **Null** ebenso möglich sein,
wie eine **vollständige Leistungspflicht** des Versicherers.

In der Praxis wird voraussichtlich bei grober Fahrlässigkeit zunächst eine Quote 144
von **50 %** erstattet werden. Bei einer höheren Quote dürfte der Versicherer beweispflichtig sein, bei einer niedrigeren Quote müsste der Versicherungsnehmer einen
geringeren Grad des Verschuldens beweisen. Ähnlich wie bei § 254 BGB sind Kür-
zungsschritte von 20 % bis 80 % denkbar.

III. Rennen (A.2.16.2)

Bei Beteiligung an Fahrveranstaltungen, bei denen es auf die Erzielung einer 145
Höchstgeschwindigkeit ankommt, besteht generell kein Versicherungsschutz. Hier-
bei macht es keinen Unterschied, ob es sich um genehmigte oder nicht genehmigte
Rennen handelt.

**A.2.17 Meinungsverschiedenheit über die Schadenhöhe
(Sachverständigenverfahren)**

A.2.17.1 Bei Meinungsverschiedenheit über die Höhe des Schadens einschließlich der Feststellung des Wiederbeschaffungswerts oder über den Umfang der
erforderlichen Reparaturarbeiten entscheidet ein Sachverständigenausschuss.

A.2.17.2 Für den Ausschuss benennen Sie und wir je einen Kraftfahrzeugsachverständigen. Wenn Sie oder wir innerhalb von zwei Wochen nach Aufforderung
keinen Sachverständigen benennen, wird dieser von dem jeweils Anderen bestimmt.

A.2.17.3 Soweit sich der Ausschuss nicht einigt, entscheidet ein weiterer Kraft-
fahrzeugsachverständiger als Obmann, der vor Beginn des Verfahrens von dem
Ausschuss gewählt werden soll. Einigt sich der Ausschuss nicht über die Person
des Obmanns, wird er über das zuständige Amtsgericht benannt. Die Entscheidung des Obmanns muss zwischen den jeweils von den beiden Sachverständigen geschätzten Beträgen liegen.

A.2.17.4 Die Kosten des Sachverständigenverfahrens sind im Verhältnis des Obsiegens zum Unterliegen von uns bzw. von Ihnen zu tragen.

146 Bei Streit über die **Höhe** der Kaskoentschädigung ist das Sachverständigenverfahren durchzuführen. Die im Sachverständigenverfahren getroffene Feststellung kann nur bei **offenbarer Abweichung** von der wirklichen Sachlage angefochten werden.[81]

147 Wenn nur die Schadenhöhe streitig ist, unterliegt die vor Durchführung des Sachverständigenverfahrens eingereichte Klage der **Abweisung**, da der Klageanspruch (noch) nicht fällig ist;[82] dies gilt auch dann, wenn der Versicherer erst im Prozess sich auf die Vorrangigkeit des Sachverständigenverfahrens beruft.[83]

148 Das Sachverständigenverfahren dient lediglich der Klärung der **tatsächlichen** Umstände, von denen die Höhe des Anspruchs abhängt. Die Frage, ob die fiktiven Reparaturkosten oder nur die Differenz zwischen Wiederbeschaffungswert und Restwert zu ersetzen ist, ist eine **Rechtsfrage**, die nicht in die Kompetenz des Sachverständigenverfahrens fällt.[84]

149 Eine Klageerhebung ist auch dann zulässig, wenn sich das Sachverständigenverfahren **ungebührlich verzögert**; in der Regel darf ein Zeitraum von einem Jahr nicht überschritten werden.[85]

Ein selbstständiges **gerichtliches Beweisverfahren** (**§§ 485 ff. ZPO**) ist jedoch zulässig.[86]

A.2.18 Fahrzeugteile und Fahrzeugzubehör

Bei Beschädigung, Zerstörung oder Verlust von mitversicherten Teilen gelten A.2.6 bis A.2.17 entsprechend.

---

81 OLG Düsseldorf, r+s 1996, 477; LG Köln, SP 2000, 29.
82 OLG Stuttgart, VersR 1980, 1114; OLG Frankfurt, VersR 1982, 759.
83 OLG Saarbrücken, r+s 1995, 329 = zfs 1996, 462 = VersR 1996, 882; OLG Köln r+s 1996, 14; OLG Köln, SP 2002, 210.
84 OLG Saarbrücken, zfs 2004, 23, 24.
85 OLG Frankfurt, VersR 2003, 1556 = NJW-RR 2004, 119.
86 LG München I, NJW-RR 1994, 355.

A.3 Autoschutzbrief – Hilfe für unterwegs als Service oder Kostenerstattung

150

A.3.1 Was ist versichert?

Wir erbringen nach Eintritt der in A.3.5 bis A.3.8 genannten Schadenereignisse die dazu im Einzelnen aufgeführten Leistungen als Service oder erstatten die von Ihnen aufgewendeten Kosten im Rahmen dieser Bedingungen.

A.3.2 Wer ist versichert?

Versicherungsschutz besteht für Sie, den berechtigten Fahrer und die berechtigten Insassen, soweit nachfolgend nichts anderes geregelt ist.

A.3.3 Versicherte Fahrzeuge

Versichert sind das im Versicherungsschein bezeichnete Fahrzeug sowie ein mitgeführter Wohnwagen-, Gepäck- oder Bootsanhänger.

A.3.4 In welchen Ländern besteht Versicherungsschutz?

Sie haben mit dem Schutzbrief Versicherungsschutz in den geographischen Grenzen Europas sowie den außereuropäischen Gebieten, die zum Geltungsbereich der Europäischen Union gehören, soweit nachfolgend nicht etwas anderes geregelt ist.

A.3.5 Hilfe bei Panne oder Unfall

Kann das Fahrzeug nach einer Panne oder einem Unfall die Fahrt aus eigener Kraft nicht fortsetzen, erbringen wir folgende Leistungen:

Wiederherstellung der Fahrbereitschaft

A.3.5.1 Wir sorgen für die Wiederherstellung der Fahrbereitschaft an der Schadenstelle durch ein Pannenhilfsfahrzeug und übernehmen die hierdurch entstehenden Kosten. Der Höchstbetrag für diese Leistung beläuft sich einschließlich der vom Pannenhilfsfahrzeug mitgeführten und verwendeten Kleinteile auf xx EUR.

Abschleppen des Fahrzeugs

A.3.5.2 Kann das Fahrzeug an der Schadenstelle nicht wieder fahrbereit gemacht werden, sorgen wir für das Abschleppen des Fahrzeugs einschließlich Gepäck und nicht gewerblich beförderter Ladung und übernehmen die hierdurch entstehenden Kosten. Der Höchstbetrag für diese Leistung beläuft sich auf xx EUR; hierauf werden durch den Einsatz eines Pannenhilfsfahrzeugs entstandene Kosten angerechnet.

Bergen des Fahrzeugs

A.3.5.3 Ist das Fahrzeug von der Straße abgekommen, sorgen wir für die Bergung des Fahrzeugs einschließlich Gepäck und nicht gewerblich beförderter Ladung und übernehmen die hierdurch entstehenden Kosten.

Was versteht man unter Panne oder Unfall?

A.3.5.4 Unter Panne ist jeder Betriebs-, Bruch- oder Bremsschaden zu verstehen. Unfall ist ein unmittelbar von außen plötzlich mit mechanischer Gewalt auf das Fahrzeug einwirkendes Ereignis.

A.3.6 Zusätzliche Hilfe bei Panne, Unfall oder Diebstahl ab 50 km Entfernung

Bei Panne, Unfall oder Diebstahl des Fahrzeugs an einem Ort, der mindestens 50 km Luftlinie von Ihrem ständigen Wohnsitz in Deutschland entfernt ist, erbringen wir die nachfolgenden Leistungen, wenn das Fahrzeug weder am Schadentag noch am darauf folgenden Tag wieder fahrbereit gemacht werden kann oder es gestohlen worden ist:

Weiter- oder Rückfahrt

A.3.6.1 Folgende Fahrtkosten werden erstattet:
a) Eine Rückfahrt vom Schadenort zu Ihrem ständigen Wohnsitz in Deutschland oder
b) eine Weiterfahrt vom Schadenort zum Zielort, jedoch höchstens innerhalb des Geltungsbereichs nach A.3.4 und
c) eine Rückfahrt vom Zielort zu Ihrem ständigen Wohnsitz in Deutschland,
d) eine Fahrt einer Person von Ihrem ständigen Wohnsitz oder vom Zielort zum Schadenort, wenn das Fahrzeug dort fahrbereit gemacht worden ist.

Die Kostenerstattung erfolgt bei einer einfachen Entfernung unter 1.200 Bahnkilometern bis zur Höhe der Bahnkosten 2. Klasse, bei größerer Entfernung bis zur Höhe der Bahnkosten 1. Klasse oder der Liegewagenkosten jeweils einschließlich Zuschlägen sowie für nachgewiesene Taxifahrten bis zu xx EUR.

Übernachtung

A.3.6.2 Wir helfen Ihnen auf Wunsch bei der Beschaffung einer Übernachtungsmöglichkeit und übernehmen die Kosten für höchstens drei Übernachtungen. Wenn Sie die Leistung Weiter- oder Rückfahrt nach A.3.6.1 in Anspruch nehmen, zahlen wir nur eine Übernachtung. Sobald das Fahrzeug Ihnen wieder fahrbereit zur Verfügung steht, besteht kein Anspruch auf weitere Übernachtungskosten. Wir übernehmen die Kosten bis höchstens xx EUR je Übernachtung und Person.

Mietwagen

A.3.6.3 Wir helfen Ihnen, ein gleichwertiges Fahrzeug anzumieten. Wir übernehmen anstelle der Leistung Weiter- oder Rückfahrt nach A.3.6.1 oder Übernachtung nach A.3.6.2 die Kosten, des Mietwagens, bis Ihnen das Fahrzeug wieder fahrbereit zur Verfügung steht, jedoch höchstens für sieben Tage und höchstens xx EUR je Tag.

Fahrzeugunterstellung

A.3.6.4 Muss das Fahrzeug nach einer Panne oder einem Unfall bis zur Wiederherstellung der Fahrbereitschaft oder bis zur Durchführung des Transports in einer Werkstatt untergestellt werden, sind wir Ihnen hierbei behilflich und übernehmen die hierdurch entstehenden Kosten, jedoch höchstens für zwei Wochen.

A.3.7 Hilfe bei Krankheit, Verletzung oder Tod auf einer Reise

Erkranken Sie oder eine mitversicherte Person unvorhersehbar oder stirbt der Fahrer auf einer Reise mit dem versicherten Fahrzeug an einem Ort, der mindestens 50 km Luftlinie von Ihrem ständigen Wohnsitz in Deutschland entfernt ist, erbringen wir die nachfolgend genannten Leistungen. Als unvorhersehbar gilt eine Erkrankung, wenn diese nicht bereits innerhalb der letzten sechs Wochen vor Beginn der Reise (erstmalig oder zum wiederholten Male) aufgetreten ist.

Krankenrücktransport

A.3.7.1 Müssen Sie oder eine mitversicherte Person infolge Erkrankung an Ihren ständigen Wohnsitz zurücktransportiert werden, sorgen wir für die Durchführung des Rücktransports und übernehmen dessen Kosten. Art und Zeitpunkt des Rücktransports müssen medizinisch notwendig sein. Unsere Leistung erstreckt sich auch auf die Begleitung des Erkrankten durch einen Arzt oder Sanitäter, wenn diese behördlich vorgeschrieben ist. Außerdem übernehmen wir die bis zum Rücktransport entstehenden, durch die Erkrankung bedingten Übernachtungskosten, jedoch höchstens für drei Übernachtungen bis zu je xx EUR pro Person.

Rückholung von Kindern

A.3.7.2 Können mitreisende Kinder unter 16 Jahren infolge einer Erkrankung oder des Todes des Fahrers weder von Ihnen noch von einem anderen berechtigten Insassen betreut werden, sorgen wir für deren Abholung und Rückfahrt mit einer Begleitperson zu ihrem Wohnsitz und übernehmen die hierdurch entstehenden Kosten. Wir erstatten dabei die Bahnkosten 2. Klasse einschließlich Zuschlägen sowie die Kosten für nachgewiesene Taxifahrten bis zu xx EUR.

Fahrzeugabholung

A.3.7.3 Kann das versicherte Fahrzeug infolge einer länger als drei Tage andauernden Erkrankung oder infolge des Todes des Fahrers weder von diesem noch von einem Insassen zurückgefahren werden, sorgen wir für die Verbringung des Fahrzeugs zu Ihrem ständigen Wohnsitz und übernehmen die hierdurch entstehenden Kosten. Veranlassen Sie die Verbringung selbst, erhalten Sie als Kostenersatz bis xx EUR je Kilometer zwischen Ihrem Wohnsitz und dem Schadenort. Außerdem erstatten wir in jedem Fall die bis zur Abholung der berechtigten Insassen entstehenden und durch den Fahrerausfall bedingten Übernachtungskosten, jedoch höchstens für drei Übernachtungen bis zu je xx EUR pro Person.

Was versteht man unter einer Reise?

A.3.7.4 Reise ist jede Abwesenheit von Ihrem ständigen Wohnsitz bis zu einer Höchstdauer von fortlaufend sechs Wochen. Als Ihr ständiger Wohnsitz gilt der Ort in Deutschland, an dem Sie behördlich gemeldet sind und sich überwiegend aufhalten.

A.3.8 Zusätzliche Leistungen bei einer Auslandsreise

Ereignet sich der Schaden an einem Ort im Ausland (Geltungsbereich nach A.3.4 ohne Deutschland), der mindestens 50 km Luftlinie von Ihrem ständigen Wohnsitz in Deutschland entfernt ist, erbringen wir zusätzlich folgende Leistungen:

A.3.8.1 Bei Panne und Unfall:

Ersatzteilversand

a) Können Ersatzteile zur Wiederherstellung der Fahrbereitschaft des Fahrzeugs an einem ausländischen Schadenort oder in dessen Nähe nicht beschafft werden, sorgen wir dafür, dass Sie diese auf schnellstmöglichem Wege erhalten, und übernehmen alle entstehenden Versandkosten.

Fahrzeugtransport

b) Wir sorgen für den Transport des Fahrzeugs zu einer Werkstatt und übernehmen die hierdurch entstehenden Kosten bis zur Höhe der Rücktransportkosten an Ihren Wohnsitz, wenn

  ░ das Fahrzeug an einem ausländischen Schadenort oder in dessen Nähe nicht innerhalb von drei Werktagen fahrbereit gemacht werden kann und

  ░ die voraussichtlichen Reparaturkosten nicht höher sind als der Kaufpreis für ein gleichwertiges gebrauchtes Fahrzeug.

Mietwagen

c) Wir helfen Ihnen, ein gleichwertiges Fahrzeug anzumieten. Mieten Sie ein Fahrzeug nach A.3.6.3 an, übernehmen wir die Kosten hierfür bis Ihr Fahrzeug wieder fahrbereit zur Verfügung steht unabhängig von der Dauer bis zu einem Betrag von xx EUR.

Fahrzeugverzollung und -verschrottung

d) Muss das Fahrzeug nach einem Unfall im Ausland verzollt werden, helfen wir bei der Verzollung und übernehmen die hierbei anfallenden Verfahrensgebühren mit Ausnahme des Zollbetrags und sonstiger Steuern. Lassen Sie Ihr Fahrzeug verschrotten, um die Verzollung zu vermeiden, übernehmen wir die Verschrottungskosten.

A.3.8.2 Bei Fahrzeugdiebstahl:

Fahrzeugunterstellung

a) Wird das gestohlene Fahrzeug nach dem Diebstahl im Ausland wieder aufgefunden und muss es bis zur Durchführung des Rücktransports oder der Verzollung bzw. Verschrottung untergestellt werden, übernehmen wir die hierdurch entstehenden Kosten, jedoch höchstens für zwei Wochen.

Mietwagen

b) Wir helfen Ihnen, ein gleichwertiges Fahrzeug anzumieten. Mieten Sie ein Fahrzeug nach A.3.6.3 an, übernehmen wir die Kosten hierfür bis Ihr Fahrzeug wieder fahrbereit zur Verfügung steht unabhängig von der Dauer bis zu einem Betrag von xx EUR.

Fahrzeugverzollung und -verschrottung

c) Muss das Fahrzeug nach dem Diebstahl im Ausland verzollt werden, helfen wir bei der Verzollung und übernehmen die hierbei anfallenden Verfahrensgebühren mit Ausnahme des Zollbetrags und sonstiger Steuern. Lassen Sie Ihr Fahrzeug verschrotten, um die Verzollung zu vermeiden, übernehmen wir die Verschrottungskosten.

A.3.8.3 Im Todesfall:

Im Fall Ihres Todes auf einer Reise mit dem versicherten Fahrzeug im Ausland sorgen wir nach Abstimmung mit den Angehörigen für die Bestattung im Ausland oder für die Überführung nach Deutschland und übernehmen die Kosten. Diese Leistung gilt nicht bei Tod einer mitversicherten Person.

A.3.9 Was ist nicht versichert?

Vorsatz und grobe Fahrlässigkeit

A.3.9.1 Kein Versicherungsschutz besteht für Schäden, die Sie vorsätzlich herbeiführen. Bei grob fahrlässiger Herbeiführung des Schadens sind wir berechtigt, unsere Leistung in einem der Schwere Ihres Verschuldens entsprechenden Verhältnis zu kürzen.

Rennen

A.3.9.2 Kein Versicherungsschutz besteht für Schäden, die bei Beteiligung an Fahrtveranstaltungen entstehen, bei denen es auf Erzielung einer Höchstgeschwindigkeit ankommt. Dies gilt auch für dazugehörige Übungsfahrten.

Erdbeben, Kriegsereignisse, innere Unruhen und Staatsgewalt

A.3.9.3 Kein Versicherungsschutz besteht für Schäden, die durch Erdbeben, Kriegsereignisse, innere Unruhen oder Maßnahmen der Staatsgewalt unmittelbar oder mittelbar verursacht werden.

Schäden durch Kernenergie

A.3.9.4 Kein Versicherungsschutz besteht für Schäden durch Kernenergie.

A.3.10 Anrechnung ersparter Aufwendungen, Abtretung

A.3.10.1 Haben Sie aufgrund unserer Leistungen Kosten erspart, die Sie ohne das Schadenereignis hätten aufwenden müssen, können wir diese von unserer Zahlung abziehen.

A.3.10.2 Ihren Anspruch auf Leistung können Sie vor der endgültigen Feststellung ohne unsere ausdrückliche Genehmigung weder abtreten noch verpfänden.

A.3.11 Verpflichtung Dritter

A.3.11.1 Soweit im Schadenfall ein Dritter Ihnen gegenüber aufgrund eines Vertrags oder einer Mitgliedschaft in einem Verband oder Verein zur Leistung oder zur Hilfe verpflichtet ist, gehen diese Ansprüche unseren Leistungsverpflichtungen vor.

A.3.11.2 Wenden Sie sich nach einem Schadenereignis allerdings zuerst an uns, sind wir Ihnen gegenüber abweichend von A.3.11.1 zur Leistung verpflichtet.

Der Gesamtverband der Deutschen Versicherungswirtschaft e.V. (GDV) hat mit Sonderrundschreiben vom 19.12.1997 seinen Mitgliedern empfohlen, Schutzbriefleistungen in die Kraftfahrtversicherung aufzunehmen. Dieser Versicherungsschutz soll als rechtlich **selbstständiger Vertrag** in das Bündel der AKB-Deckung aufgenommen werden, allerdings eng verbunden mit der Kfz-Haftpflichtversicherung. **151**

Die Leistungen des Autoschutzbriefes sind an die Nutzung des versicherten Fahrzeuges geknüpft, es besteht nur Versicherungsschutz bei Reisen mit dem versicherten Fahrzeug für den Versicherungsnehmer und Fahrzeuginsassen. **152**

A.4 Kfz-Unfallversicherung – wenn Insassen verletzt oder getötet werden **153**

A.4.1 Was ist versichert?

A.4.1.1 Stößt Ihnen oder einer anderen in der Kfz-Unfallversicherung versicherten Person ein Unfall zu, der in unmittelbarem Zusammenhang mit dem Gebrauch Ihres Fahrzeugs oder eines damit verbunden Anhängers steht (z.B. Fahren, Ein- und Aussteigen, Be- und Entladen), erbringen wir unter den nachstehend genannten Voraussetzungen die vereinbarten Versicherungsleistungen.

A.4.1.2 Ein Unfall liegt vor, wenn die versicherte Person durch ein plötzlich von außen auf ihren Körper wirkendes Ereignis (Unfallereignis) unfreiwillig eine Gesundheitsschädigung erleidet.

A.4.1.3 Als Unfall gilt auch, wenn durch eine erhöhte Kraftanstrengung an den Gliedmaßen oder der Wirbelsäule ein Gelenk verrenkt wird oder Muskeln, Sehnen, Bänder oder Kapseln gezerrt oder zerrissen werden.

A.4.2 Wer ist versichert?

A.4.2.1 Pauschalsystem

Mit der Kfz-Unfallversicherung nach dem Pauschalsystem sind die jeweiligen berechtigten Insassen des Fahrzeugs versichert. Ausgenommen sind bei Ihnen angestellte Berufsfahrer und Beifahrer, wenn sie als solche das Fahrzeug gebrauchen. Bei zwei und mehr berechtigten Insassen erhöht sich die Versicherungssumme um xx Prozent und teilt sich durch die Gesamtzahl der Insassen, unabhängig davon, ob diese zu Schaden kommen.

A.4.2.2 Kraftfahrtunfall-Plus-Versicherung

Mit der Kraftfahrtunfall-Plus-Versicherung sind die jeweiligen berechtigten Insassen des Fahrzeugs mit der für Invalidität und Tod vereinbarten Versicherungssumme versichert. Wird der jeweilige Fahrer verletzt und verbleibt eine unfallbedingte Invalidität von xx Prozent, erhöht sich die für Invalidität vereinbarte Versicherungssumme für ihn um xx Prozent.

A.4.2.3 Platzsystem

Mit der Kfz-Unfallversicherung nach dem Platzsystem sind die im Versicherungsschein bezeichneten Plätze oder eine bestimmte Anzahl von berechtigten Insassen des Fahrzeugs versichert. Ausgenommen sind bei Ihnen angestellte Berufsfahrer und Beifahrer, wenn sie als solche das Fahrzeug gebrauchen. Befinden sich in dem Fahrzeug mehr berechtigte Insassen als Plätze oder Personen im Versicherungsschein angegeben, verringert sich die Versicherungssumme für den einzelnen Insassen entsprechend.

A.4.2.4 Was versteht man unter berechtigten Insassen?

Berechtigte Insassen sind Personen (Fahrer und alle weiteren Insassen), die sich mit Wissen und Willen des Verfügungsberechtigten in oder auf dem versicherten Fahrzeug befinden oder in ursächlichem Zusammenhang mit ihrer Beförderung beim Gebrauch des Fahrzeugs tätig werden.

A.4.2.5 Berufsfahrerversicherung

Mit der Berufsfahrerversicherung sind versichert
a) die Berufsfahrer und Beifahrer des im Versicherungsschein bezeichneten Fahrzeugs,
b) die im Versicherungsschein namentlich bezeichneten Berufsfahrer und Beifahrer unabhängig von einem bestimmten Fahrzeug oder
c) alle bei Ihnen angestellten Berufsfahrer und Beifahrer unabhängig von einem bestimmten Fahrzeug.

A.4.2.6 Namentliche Versicherung

Mit der namentlichen Versicherung ist die im Versicherungsschein bezeichnete Person unabhängig von einem bestimmten Fahrzeug versichert. Diese Person kann ihre Ansprüche selbstständig gegen uns geltend machen.

A.4.3 In welchen Ländern besteht Versicherungsschutz?

Sie haben in der Kfz-Unfallversicherung Versicherungsschutz in den geographischen Grenzen Europas sowie den außereuropäischen Gebieten, die zum Geltungsbereich der Europäischen Union gehören.

A.4.4 Welche Leistungen umfasst die Kfz-Unfallversicherung?

Ihrem Versicherungsschein können Sie entnehmen, welche der nachstehenden Leistungen mit welchen Versicherungssummen vereinbart sind.

A.4.5 Leistung bei Invalidität

Voraussetzungen

A.4.5.1 Invalidität liegt vor, wenn
- die versicherte Person durch den Unfall auf Dauer in ihrer körperlichen oder geistigen Leistungsfähigkeit beeinträchtigt ist,
- die Invalidität innerhalb eines Jahres nach dem Unfall eingetreten ist und
- die Invalidität innerhalb von 15 Monaten nach dem Unfall ärztlich festgestellt und von Ihnen bei uns geltend gemacht worden ist.

Kein Anspruch auf Invaliditätsleistung besteht, wenn die versicherte Person unfallbedingt innerhalb eines Jahres nach dem Unfall stirbt.

Art der Leistung

A.4.5.2 Die Invaliditätsleistung zahlen wir als Kapitalbetrag.

Berechnung der Leistung

A.4.5.3 Grundlage für die Berechnung der Leistung sind die Versicherungssumme und der Grad der unfallbedingten Invalidität.
a) Bei Verlust oder völliger Funktionsunfähigkeit eines der nachstehend genannten Körperteile und Sinnesorgane gelten ausschließlich die folgenden Invaliditätsgrade:

213

Arm	70 %
Arm bis oberhalb des Ellenbogengelenks	65 %
Arm unterhalb des Ellenbogengelenks	60 %
Hand	55 %
Daumen	20 %
Zeigefinger	10 %
anderer Finger	5 %
Bein über der Mitte des Oberschenkels	70 %
Bein bis zur Mitte des Oberschenkels	60 %
Bein bis unterhalb des Knies	50 %
Bein bis zur Mitte des Unterschenkels	45 %
Fuß	40 %
große Zehe	5 %
andere Zehe	2 %
Auge	50 %
Gehör auf einem Ohr	30 %
Geruchssinn	10 %
Geschmackssinn	5 %

Bei Teilverlust oder teilweiser Funktionsbeeinträchtigung gilt der entsprechende Teil des jeweiligen Prozentsatzes.

b) Für andere Körperteile und Sinnesorgane bemisst sich der Invaliditätsgrad danach, inwieweit die normale körperliche oder geistige Leistungsfähigkeit insgesamt beeinträchtigt ist. Dabei sind ausschließlich medizinische Gesichtspunkte zu berücksichtigen.

c) Waren betroffene Körperteile oder Sinnesorgane oder deren Funktionen bereits vor dem Unfall dauernd beeinträchtigt, wird der Invaliditätsgrad um die Vorinvalidität gemindert. Diese ist nach a) und b) zu bemessen.

d) Sind mehrere Körperteile oder Sinnesorgane durch den Unfall beeinträchtigt, werden die nach a) bis c) ermittelten Invaliditätsgrade zusammengerechnet. Mehr als 100 % werden jedoch nicht berücksichtigt.

e) Stirbt die versicherte Person aus unfallfremder Ursache innerhalb eines Jahres nach dem Unfall oder, gleichgültig aus welcher Ursache, später als ein Jahr nach dem Unfall, und war ein Anspruch auf Invaliditätsleistung entstanden, leisten wir nach dem Invaliditätsgrad, mit dem aufgrund der ärztlichen Befunde zu rechnen gewesen wäre.

A.4.6 Leistung bei Tod

Voraussetzung

A.4.6.1 Voraussetzung für die Todesfallleistung ist, dass die versicherte Person infolge des Unfalls innerhalb eines Jahres gestorben ist.

Höhe der Leistung

A.4.6.2 Wir zahlen die für den Todesfall versicherte Summe.

A.4.7 Krankenhaustagegeld, Genesungsgeld, Tagegeld

Krankenhaustagegeld

A.4.7.1 Voraussetzung für die Zahlung des Krankenhaustagegelds ist, dass sich die versicherte Person wegen des Unfalls in medizinisch notwendiger vollstationärer Heilbehandlung befindet. Rehabilitationsmaßnahmen (mit Ausnahme von Anschlussheilbehandlungen) sowie Aufenthalte in Sanatorien und Erholungsheimen gelten nicht als medizinisch notwendige Heilbehandlung.

A.4.7.2 Wir zahlen das Krankenhaustagegeld in Höhe der versicherten Summe für jeden Kalendertag der vollstationären Behandlung, längstens jedoch für xx Jahre ab dem Tag des Unfalls an gerechnet.

Genesungsgeld

A.4.7.3 Voraussetzung für die Zahlung des Genesungsgelds ist, dass die versicherte Person aus der vollstationären Behandlung entlassen worden ist und Anspruch auf Krankenhaustagegeld nach A.4.7.1 hatte.

A.4.7.4 Wir zahlen das Genesungsgeld in Höhe der vereinbarten Versicherungssumme für die selbe Anzahl von Kalendertagen, für die wir Krankenhaustagegeld gezahlt haben, längstens jedoch für xx Tage.

Tagegeld

A.4.7.5 Voraussetzung für die Zahlung des Tagegelds ist, dass die versicherte Person unfallbedingt in der Arbeitsfähigkeit beeinträchtigt und in ärztlicher Behandlung ist.

A.4.7.6 Das Tagegeld berechnen wir nach der versicherten Summe. Es wird nach dem festgestellten Grad der Beeinträchtigung der Berufstätigkeit oder Beschäftigung abgestuft.

A.4.7.7 Das Tagegeld zahlen wir für die Dauer der ärztlichen Behandlung, längstens jedoch für ein Jahr ab dem Tag des Unfalls.

A.4.8 Welche Auswirkungen haben vor dem Unfall bestehende Krankheiten oder Gebrechen?

A.4.8.1 Wir leisten nur für Unfallfolgen. Haben Krankheiten oder Gebrechen bei der durch ein Unfallereignis verursachten Gesundheitsschädigung oder deren Folgen mitgewirkt, mindert sich entsprechend dem Anteil der Krankheit oder des Gebrechens

■ im Falle einer Invalidität der Prozentsatz des Invaliditätsgrads,

■ im Todesfall sowie in allen anderen Fällen die Leistung.

A.4.8.2 Beträgt der Mitwirkungsanteil weniger als 25 %, unterbleibt die Minderung.

A.4.9 Fälligkeit unserer Zahlung, Abtretung

Prüfung Ihres Anspruchs

A.4.9.1 Wir sind verpflichtet, innerhalb eines Monats – beim Invaliditätsanspruch innerhalb von drei Monaten – zu erklären, ob und in welcher Höhe wir einen Anspruch anerkennen. Die Fristen beginnen mit dem Zugang folgender Unterlagen:

■ Nachweis des Unfallhergangs und der Unfallfolgen,

■ beim Invaliditätsanspruch zusätzlich der Nachweis über den Abschluss des Heilverfahrens, soweit er für die Bemessung der Invalidität notwendig ist.

A.4.9.2 Die ärztlichen Gebühren, die Ihnen zur Begründung des Leistungsanspruchs entstehen, übernehmen wir

■ bei Invalidität bis zu xx ‰ der versicherten Summe,

■ bei Tagegeld bis zu einem Tagegeldsatz,

■ bei Krankenhaustagegeld mit Genesungsgeld bis zu einem Krankenhaustagegeldsatz.

Fälligkeit der Leistung

A.4.9.3 Erkennen wir den Anspruch an oder haben wir uns mit Ihnen über Grund und Höhe geeinigt, zahlen wir innerhalb von zwei Wochen.

Vorschüsse

A.4.9.4 Steht die Leistungspflicht zunächst nur dem Grunde nach fest, zahlen wir auf Ihren Wunsch angemessene Vorschüsse.

A.4.9.5 Vor Abschluss des Heilverfahrens kann eine Invaliditätsleistung innerhalb eines Jahres nach dem Unfall nur bis zur Höhe einer vereinbarten Todesfallsumme beansprucht werden.

Neubemessung des Grades der Invalidität

A.4.9.6 Sie und wir sind berechtigt, den Grad der Invalidität jährlich, längstens bis zu drei Jahren nach dem Unfall, erneut ärztlich bemessen zu lassen. Bei Kindern bis zur Vollendung des xx. Lebensjahres verlängert sich diese Frist von drei auf xx Jahre.

Dieses Recht muss
■ von uns zusammen mit unserer Erklärung über die Anerkennung unserer Leistungspflicht nach A.4.9.1,
■ von Ihnen vor Ablauf der Frist ausgeübt werden.

Leistung für eine mitversicherte Person

A.4.9.7 Sie können die Auszahlung der auf eine mitversicherte Person entfallenden Versicherungssumme an sich nur mit deren Zustimmung verlangen.

Abtretung

A.4.9.8 Ihren Anspruch auf die Leistung können Sie vor der endgültigen Feststellung ohne unsere ausdrückliche Genehmigung weder abtreten noch verpfänden.

A.4.10 Was ist nicht versichert?

Straftat

A.4.10.1 Kein Versicherungsschutz besteht bei Unfällen, die der versicherten Person dadurch zustoßen, dass sie vorsätzlich eine Straftat begeht oder versucht.

Geistes- oder Bewusstseinsstörungen / Trunkenheit

A.4.10.2 Kein Versicherungsschutz besteht bei Unfällen der versicherten Person durch Geistes- oder Bewusstseinsstörungen, auch soweit diese auf Trunkenheit beruhen, sowie durch Schlaganfälle, epileptische Anfälle oder andere Krampfanfälle, die den ganzen Körper der versicherten Person ergreifen.

Versicherungsschutz besteht jedoch, wenn diese Störungen oder Anfälle durch ein Unfallereignis verursacht werden, das unter diesen Vertrag oder unter eine für das Vorfahrzeug bei uns abgeschlossene Kfz-Unfallversicherung fällt.

Rennen

A.4.10.3 Kein Versicherungsschutz besteht bei Unfällen, die sich bei Beteiligung an Fahrtveranstaltungen ereignen, bei denen es auf Erzielung einer Höchstgeschwindigkeit ankommt. Dies gilt auch für dazugehörige Übungsfahrten.

Erdbeben, Kriegsereignisse, innere Unruhen, Maßnahmen der Staatsgewalt

A.4.10.4 Kein Versicherungsschutz besteht bei Unfällen, die durch Erdbeben, Kriegsereignisse, innere Unruhen oder Maßnahmen der Staatsgewalt unmittelbar oder mittelbar verursacht werden.

Kernenergie

A.4.10.5 Kein Versicherungsschutz besteht bei Schäden durch Kernenergie.

Bandscheiben, innere Blutungen

A.4.10.6 Kein Versicherungsschutz besteht bei Schäden an Bandscheiben sowie bei Blutungen aus inneren Organen und Gehirnblutungen. Versicherungsschutz besteht jedoch, wenn überwiegende Ursache ein unter diesen Vertrag fallendes Unfallereignis ist.

Infektionen

A.4.10.7 Kein Versicherungsschutz besteht bei Infektionen. Bei Wundstarrkrampf und Tollwut besteht jedoch Versicherungsschutz, wenn die Krankheitserreger durch ein versichertes Unfallereignis sofort oder später in den Körper gelangen. Bei anderen Infektionen besteht Versicherungsschutz, wenn die Krankheitserreger durch ein versichertes Unfallereignis, das nicht nur geringfügige Haut- oder Schleimhautverletzungen verursacht, sofort oder später in den Körper gelangen. Bei Infektionen, die durch Heilmaßnahmen verursacht sind, besteht Versicherungsschutz, wenn die Heilmaßnahmen durch ein unter diesen Vertrag fallendes Unfallereignis veranlasst waren.

Psychische Reaktionen

A.4.10.8 Kein Versicherungsschutz besteht bei krankhaften Störungen infolge psychischer Reaktionen, auch wenn diese durch einen Unfall verursacht wurden.

Bauch- und Unterleibsbrüche

A.4.10.9 Kein Versicherungsschutz besteht bei Bauch- oder Unterleibsbrüchen. Versicherungsschutz besteht jedoch, wenn sie durch eine unter diesen Vertrag fallende gewaltsame, von außen kommende Einwirkung entstanden sind.

I. Vorbemerkung

Die Kraftfahrt-Unfallversicherung ist eine spezielle Form der allgemeinen Unfallversicherung gemäß §§ 178 ff. VVG.

154

II. Summenversicherung

Die Kraftfahrt-Unfallversicherung ist eine Summenversicherung für alle Leistungsarten (Invaliditätsleistung, Tagegeld, Krankenhaustagegeld, Todesfallentschädigung). Die Vorschriften über die **Schadenversicherung** (§§ 74 ff. VVG) finden somit **keine Anwendung**. Bei der Summenversicherung verspricht der Versicherer eine im Voraus fixierte Geldleistung.

155

§ 81 VVG als Vorschrift für den Bereich der Schadenversicherung ist daher ebenso wenig anwendbar wie § 86 VVG (Forderungsübergang).

156

Hinweis

Die Leistungen der Kraftfahrt-Unfallversicherung sind nicht auf die Schadenersatzansprüche gegen den Schädiger anzurechnen.

III. Versicherungsleistung

Der Anspruch auf Versicherungsleistung steht den verletzten Insassen zu (A.4.2.1). Da es sich insoweit um eine **Fremdversicherung** des Versicherungsnehmers (§§ 43 ff. VVG) handelt, darf grundsätzlich nur der Versicherungsnehmer die Rechte aus dem Vertrag ausüben (§ 44 VVG). Etwas anderes gilt für die im Versicherungsschein namentlich genannte Person. Diese Person kann ihre Ansprüche selbstständig geltend machen (A.4.2.6).

157

B. Beginn des Vertrags und vorläufiger Versicherungsschutz

Der Versicherungsvertrag kommt dadurch zustande, dass wir Ihren Antrag annehmen. Regelmäßig geschieht dies durch Zugang des Versicherungsscheins.

158

B.1 Wann beginnt der Versicherungsschutz?

Der Versicherungsschutz beginnt erst, wenn Sie den in Ihrem Versicherungsschein genannten fälligen Beitrag gezahlt haben, jedoch nicht vor dem vereinbarten Zeitpunkt. Zahlen Sie den ersten oder einmaligen Beitrag nicht rechtzeitig, richten sich die Folgen nach C.1.2 und C.1.3.

B.2 Vorläufiger Versicherungsschutz

Bevor der Beitrag gezahlt ist, haben Sie nach folgenden Bestimmungen vorläufigen Versicherungsschutz:

Kfz-Haftpflichtversicherung und Autoschutzbrief

B.2.1 Händigen wir Ihnen die Versicherungsbestätigung aus oder nennen wir Ihnen bei elektronischer Versicherungsbestätigung die Versicherungsbestätigungs-Nummer, haben Sie in der Kfz-Haftpflichtversicherung und beim Autoschutzbrief vorläufigen Versicherungsschutz zu dem vereinbarten Zeitpunkt, spätestens ab dem Tag, an dem das Fahrzeug unter Verwendung der Versicherungsbestätigung zugelassen wird. Ist das Fahrzeug bereits auf Sie zugelassen, beginnt der vorläufige Versicherungsschutz ab dem vereinbarten Zeitpunkt.

Kasko- und Kfz-Unfallversicherung

B.2.2 In der Kasko- und der Kfz-Unfallversicherung haben Sie vorläufigen Versicherungsschutz nur, wenn wir dies ausdrücklich zugesagt haben. Der Versicherungsschutz beginnt zum vereinbarten Zeitpunkt.

Übergang des vorläufigen in den endgültigen Versicherungsschutz

B.2.3 Sobald Sie den ersten oder einmaligen Beitrag nach C.1.1 gezahlt haben, geht der vorläufige in den endgültigen Versicherungsschutz über.

Rückwirkender Wegfall des vorläufigen Versicherungsschutzes

B.2.4 Der vorläufige Versicherungsschutz entfällt rückwirkend, wenn wir Ihren Antrag unverändert angenommen haben und Sie den im Versicherungsschein genannten ersten oder einmaligen Beitrag nicht unverzüglich (d.h. spätestens innerhalb von 14 Tagen) nach Ablauf von zwei Wochen nach Zugang des Versicherungsscheins bezahlt haben. Sie haben dann von Anfang an keinen Versicherungsschutz; dies gilt nur, wenn Sie die nicht rechtzeitige Zahlung zu vertreten haben.

Kündigung des vorläufigen Versicherungsschutzes

B.2.5 Sie und wir sind berechtigt, den vorläufigen Versicherungsschutz jederzeit zu kündigen. Unsere Kündigung wird erst nach Ablauf von zwei Wochen ab Zugang der Kündigung bei Ihnen wirksam.

> *Beendigung des vorläufigen Versicherungsschutzes durch Widerruf*
>
> B.2.6 Widerrufen Sie den Versicherungsvertrag nach § 8 Versicherungsvertragsgesetz, endet der vorläufige Versicherungsschutz mit dem Zugang Ihrer Widerrufserklärung bei uns.
>
> *Beitrag für vorläufigen Versicherungsschutz*
>
> B.2.7 Für den Zeitraum des vorläufigen Versicherungsschutzes haben wir Anspruch auf einen der Laufzeit entsprechenden Teil des Beitrags.

I. Vorbemerkung

Grundsätzlich beginnt der Versicherungsschutz erst mit Einlösung des Versicherungsscheins durch Zahlung der Prämie (B.1); diese **Einlösungsklausel** entspricht § 37 Abs. 2 VVG. Dem Bedürfnis, bereits frühzeitig Versicherungsschutz zu erlangen, wird durch die vorläufige Deckungszusage Rechnung getragen, die nunmehr auch im VVG (§§ 49, 52 VVG) geregelt ist.   **159**

II. Vorläufiger Versicherungsschutz (B.2)

In der Kraftfahrzeugversicherung ist der Vertragsschluss durch eine vorläufige Deckungsvereinbarung der Regelfall. Es handelt sich um einen rechtlich **selbstständigen** Vertrag, durch den das Risiko bis zum endgültigen Versicherungsschutz abgedeckt wird.   **160**

1. Zustandekommen der vorläufigen Deckungszusage

Bereits für die Zeit **vor Einlösung** des Versicherungsscheines kann ein vorläufiger Deckungsschutz zugesagt werden (B.2 AKB 2008).   **161**

Die vorläufige Deckungszusage ist ein **Vertrag sui generis**, bei dem der Beginn des materiellen Versicherungsschutzes vorverlegt wird.[87]   **162**

Die vorläufige Deckungszusage ist **keine Rückwärtsversicherung** (§ 2 VVG), da der Versicherungsschutz erst mit Vertragsschluss beginnt.   **163**

---

[87] *Römer/Langheid*, vor § 1 VVG Rn 12 ff.; Honsell/*Schwintowski*, § 5a VVG Rn 87 m.w.N.; van Bühren/*Terstappen*, Handbuch Versicherungsrecht, § 2 Rn 17 ff.

2. Inhalt der vorläufigen Deckungszusage

164   Die Aushändigung der für die Zulassung eines Kraftfahrzeuges notwendigen Versicherungsbestätigung („**Doppelkarte**") gilt als Zusage einer vorläufigen Deckung, aber nur für die Kraftfahrzeug-Haftpflichtversicherung (B.2.1 AKB 2008).

165   Eine Deckungszusage für die Kaskoversicherung muss **gesondert** vereinbart werden (B.2.2 AKB 2008). Ob und inwieweit hier besondere **Hinweispflichten** des Versicherers/Versicherungsagenten bestehen, ist **streitig.**[88]

166   Grundsätzlich darf ein Versicherungsnehmer darauf **vertrauen**, dass sein Versicherungsantrag **einheitlich** behandelt wird. Wenn der Versicherungsnehmer daher neben der Haftpflichtversicherung auch den Antrag zum Abschluss einer Kaskoversicherung und/oder Unfallversicherung gestellt hat oder einen entsprechenden Versicherungsvertrag beim Fahrzeugwechsel **fortsetzen** will, gilt die vorläufige Deckungszusage auch für die Kasko- und Unfallversicherung.[89]

167   Auch eine „**Blanko**"-**Bestätigungskarte**, die der Versicherungsnehmer an das Straßenverkehrsamt weiterleitet, ohne das entsprechende Kästchen anzukreuzen, führt zum Versicherungsschutz in der Vollkaskoversicherung, wenn dieser Versicherungsumfang telefonisch angefordert worden war.[90]

3. Rechtscharakter der vorläufigen Deckungszusage

168   Die vorläufige Deckungszusage ist ein **eigenständiger** Versicherungsvertrag, durch den der Versicherungsnehmer zunächst Versicherungsschutz ohne Gegenleistung (Prämienzahlung) genießt, und zwar unabhängig vom Schicksal des endgültigen **Hauptvertrages**.[91]

169   Der Versicherer kann sich nicht auf die fehlende Vollmacht des Agenten berufen, wenn dieser vorbehaltlos eine Versicherungsbestätigung (**Doppelkarte**) dem Versicherungsnehmer ausgehändigt hat.[92]

---

88   OLG Frankfurt, VersR 1991, 766; OLG Frankfurt, VersR 1993, 1347.
89   BGH, VersR 1986, 541; OLG Bamberg, SP 1996, 392; OLG Hamm, zfs 1997, 461 = SP 1997, 437 = VersR 1998, 710 = NJW-RR 1998, 27; OLG Düsseldorf, r+s 2000, 92 = VersR 2000, 1265.
90   BGH MDR 1999, 1383 = DAR 1999, 499 = NVersZ 2000, 233 = VersR 1999, 1274; **a.A.:** OLG Hamburg, VersR 2001, 363.
91   BGH, r+s 1995, 124; OLG Hamm, VersR 1992, 995; OLG Frankfurt, VersR 1993, 1347; OLG Bamberg, SP 1996, 392.
92   OLG Hamm, VersR 1997, 1264; OLG Koblenz, VersR 1998, 311.

4. Beendigung der vorläufigen Deckungszusage

Der vorläufige Versicherungsschutz wird beendet, wenn   **170**

■ der **Hauptvertrag** rückwirkend durch Einlösung der Police zustande kommt (B 2.4 AKB 2008);

■ der Versicherer mit einer Frist von 2 Wochen **kündigt** (B.2.5 AKB 2008);

■ der Versicherungsnehmer nach § 8 VVG den Vertrag **widerruft** (B.2.6 AKB 2008);

■ die vorläufige Deckung **befristet** war, mit Ablauf der Zeitbestimmung.

5. Rückwirkender Wegfall des Versicherungsschutzes

Gemäß B 2.4 AKB 2008 kann die vorläufige Deckung auch rückwirkend beendet   **171**
werden, wenn der Versicherungsschein nicht innerhalb von zwei Wochen eingelöst wird. An die rückwirkende Leistungsfreiheit des Versicherers werden strenge Voraussetzungen geknüpft:

■ die **Erstprämie** muss **verspätet** gezahlt worden sein;

■ den Versicherungsnehmer trifft bei der verspäteten oder unterbliebenen Zahlung der Erstprämie ein **Verschulden**;

■ der Versicherungsnehmer ist ausdrücklich und schriftlich bei Anforderung der Erstprämie über die Rechtsfolgen der verspätete Zahlung **belehrt worden** (§ 9 S. 2 KfzPflVV).

Fehlt die Belehrung oder ist sie mangelhaft, entfällt die vorläufige Deckungszusage auch nicht bei unterlassener oder verspäteter Prämienzahlung.[93] Der Versicherer ist dann in vollem Umfang **leistungspflichtig** und hat keinen Regressanspruch.

Der Versicherer muss die Voraussetzungen für den rückwirkenden Wegfall der De-   **172**
ckung **beweisen**.[94] Zur Beweispflicht gehört insbesondere, dass der Versicherer den **Zugang** der Prämienanforderung und dessen Zeitpunkt nachweist. Es gelten nicht die Regeln des Anscheinsbeweises dahingehend, dass Postsendungen den Empfänger innerhalb einer bestimmten Zeit auch erreichen.[95]

Der Versicherungsnehmer kann sich darauf beschränken, den Zugang der Zah-   **173**
lungsaufforderung mit **Nichtwissen** zu bestreiten.[96] Es muss außerdem die Erst-

---

93 van Bühren/*Römer*, Anwalts-Handbuch Verkehrsrecht, Teil 7 Rn 22.
94 BGH, VersR 1996, 454.
95 BGH, VersR 1986, 445; OLG Hamm, VersR 1996, 1408; van Bühren/*Römer*, Anwalts-Handbuch Verkehrsrecht, Teil 7 Rn 27 m.w.N.
96 OLG Hamm, VersR 1996, 1408.

prämie ordnungsgemäß „**auf Heller und Pfennig**" berechnet und angefordert werden, aufgeschlüsselt nach den einzelnen Sparten (Haftpflichtversicherung, Fahrzeugversicherung, Unfallversicherung, Autoschutzbrief), ansonsten liegt keine ordnungsgemäße Prämienanforderung vor.[97]

Beratungshinweis

Beruft sich der Versicherer auf rückwirkenden Wegfall des Versicherungsschutzes, empfiehlt es sich,
- den **Zugang** der Zahlungsaufforderung zu bestreiten;
- die ordnungsgemäße **Berechnung** der Prämie zu bestreiten;
- mit eventuellen Gegenforderungen **aufzurechnen**.

C.   Beitragszahlung

174   **C.1 Zahlung des ersten oder einmaligen Beitrags**

Rechtzeitige Zahlung

C.1.1 Der im Versicherungsschein genannte erste oder einmalige Beitrag wird zwei Wochen nach Zugang des Versicherungsscheins fällig. Sie haben diesen Beitrag dann unverzüglich (d.h. spätestens innerhalb von 14 Tagen) zu zahlen.

Nicht rechtzeitige Zahlung

C.1.2 Zahlen Sie den ersten oder einmaligen Beitrag nicht rechtzeitig, haben Sie von Anfang an keinen Versicherungsschutz, es sei denn, Sie haben die Nichtzahlung oder verspätete Zahlung nicht zu vertreten. Haben Sie die nicht rechtzeitige Zahlung jedoch zu vertreten, beginnt der Versicherungsschutz erst ab der Zahlung.

C.1.3 Außerdem können wir vom Vertrag zurücktreten, solange der Beitrag nicht gezahlt ist. Der Rücktritt ist ausgeschlossen, wenn Sie die Nichtzahlung nicht zu vertreten haben. Nach dem Rücktritt können wir von Ihnen eine Geschäftsgebühr verlangen. Diese beträgt xx % des Jahresbeitrags für jeden angefangenen Monat ab dem beantragten Beginn des Versicherungsschutzes bis zu unserem Rücktritt, jedoch höchstens xx % des Jahresbeitrags.

---

97   OLG Hamm, VersR 1991, 221; OLG Hamm, r+s 1998, 99; OLG Köln, r+s 1993, 128.

C.2 Zahlung des Folgebeitrags

Rechtzeitige Zahlung

C.2.1 Ein Folgebeitrag ist zu dem im Versicherungsschein oder in der Beitrags-rechnung angegebenen Zeitpunkt fällig und zu zahlen.

Nicht rechtzeitige Zahlung

C.2.2 Zahlen Sie einen Folgebeitrag nicht rechtzeitig, fordern wir Sie auf, den rückständigen Beitrag zuzüglich des Verzugsschadens (Kosten und Zinsen) in-nerhalb von zwei Wochen ab Zugang unserer Aufforderung zu zahlen.

C.2.3 Tritt ein Schadenereignis nach Ablauf der zweiwöchigen Zahlungsfrist ein und sind zu diesem Zeitpunkt diese Beträge noch nicht bezahlt, haben Sie kei-nen Versicherungsschutz. Wir bleiben jedoch zur Leistung verpflichtet, wenn Sie die verspätete Zahlung nicht zu vertreten haben.

C.2.4 Sind Sie mit der Zahlung dieser Beträge nach Ablauf der zweiwöchigen Zahlungsfrist noch in Verzug, können wir den Vertrag mit sofortiger Wirkung kün-digen. Unsere Kündigung wird unwirksam, wenn Sie diese Beträge innerhalb ei-nes Monats ab Zugang der Kündigung zahlen. Haben wir die Kündigung zusam-men mit der Mahnung ausgesprochen, wird die Kündigung unwirksam, wenn Sie innerhalb eines Monas nach Ablauf der in der Mahnung genannten Zahlungsfrist zahlen. Für Schadenereignisse, die in der Zeit nach Ablauf der zweiwöchigen Zahlungsfrist bis zu Ihrer Zahlung eintreten, haben Sie keinen Versicherungs-schutz. Versicherungsschutz besteht erst wieder für Schadenereignisse nach Ih-rer Zahlung.

C.3 Nicht rechtzeitige Zahlung bei Fahrzeugwechsel

Versichern Sie anstelle Ihres bisher bei uns versicherten Fahrzeugs ein anderes Fahrzeug bei uns (Fahrzeugwechsel), wenden wir für den neuen Vertrag bei nicht rechtzeitiger Zahlung des ersten oder einmaligen Beitrags die für Sie gün-stigeren Regelungen zum Folgebeitrag nach C.2.2 bis C.2.4 an. Außerdem beru-fen wir uns nicht auf den rückwirkenden Wegfall des vorläufigen Versicherungs-schutzes nach B.2.4. Dafür müssen folgende Voraussetzungen gegeben sein:
- Zwischen dem Ende der Versicherung des bisherigen Fahrzeugs und dem Beginn der Versicherung des anderen Fahrzeugs sind nicht mehr als sechs Monate vergangen,
- Fahrzeugart und Verwendungszweck der Fahrzeuge sind gleich.

Kündigen wir das Versicherungsverhältnis wegen Nichtzahlung, können wir von Ihnen eine Geschäftsgebühr entsprechend C.1.3 verlangen.

> **C.4 Beitragspflicht bei Nachhaftung in der Kfz-Haftpflichtversicherung**
>
> Bleiben wir in der Kfz-Haftpflichtversicherung aufgrund § 117 Abs. 2 Versicherungsvertragsgesetz gegenüber einem Dritten trotz Beendigung des Versicherungsvertrages zur Leistung verpflichtet, haben wir Anspruch auf den Beitrag für die Zeit dieser Verpflichtung. Unsere Rechte nach § 116 Abs. 1 Versicherungsvertragsgesetz bleiben unberührt.

I.　Vorbemerkung

175　Die AKB präzisieren die Vorschriften über die Prämienzahlung gemäß §§ 33 ff. VVG.

II.　Erstprämie (C.1)

176　Nach § 33 Abs. 1 VVG ist die Erstprämie oder die einmalige Prämie unverzüglich nach Ablauf von **zwei Wochen** nach Zugang des Versicherungsscheins **fällig**. Der Versicherungsnehmer hat dann noch **weitere 14 Tage** Zeit, die Prämie zu zahlen.

III.　Folgeprämie (C.2)

177　Die Regelung des § 38 VVG über den Zahlungsverzug wird konkretisiert. Die Fristsetzung ist nur dann wirksam, wenn die **rückständige Prämie**, getrennt nach Zinsen und Kosten und Vertragssparte, **richtig** wiedergegeben wird. Die Beweislast trägt der Versicherer.[98]

D.　Welche Pflichten haben Sie beim Gebrauch des Fahrzeugs?

178

> **D.1 Bei allen Versicherungsarten**
>
> *Vereinbarter Verwendungszweck*
>
> D.1.1 Das Fahrzeug darf nur zu dem im Versicherungsvertrag angegebenen Zweck verwendet werden.
>
> < xx *Alternativformulierung für die Versicherer, die den Anhang verwenden:* >

98　OLG Köln, 9 U 75/03, r+s 2004, 316.

[xx siehe Tabelle zur Begriffsbestimmung für Art und Verwendung des Fahrzeugs]

Berechtigter Fahrer

D.1.2 Das Fahrzeug darf nur von einem berechtigten Fahrer gebraucht werden. Berechtigter Fahrer ist, wer das Fahrzeug mit Wissen und Willen des Verfügungsberechtigten gebraucht. Außerdem dürfen Sie, der Halter oder der Eigentümer des Fahrzeugs es nicht wissentlich ermöglichen, dass das Fahrzeug von einem unberechtigten Fahrer gebraucht wird.

Fahren mit Fahrerlaubnis

D.1.3 Der Fahrer des Fahrzeugs darf das Fahrzeug auf öffentlichen Wegen oder Plätzen nur mit der erforderlichen Fahrerlaubnis benutzen. Außerdem dürfen Sie, der Halter oder der Eigentümer das Fahrzeug nicht von einem Fahrer benutzen lassen, der nicht die erforderliche Fahrerlaubnis hat.

D.2 Zusätzlich in der Kfz-Haftpflichtversicherung

Alkohol und andere berauschende Mittel

D.2.1 Das Fahrzeug darf nicht gefahren werden, wenn der Fahrer durch alkoholische Getränke oder andere berauschende Mittel nicht in der Lage ist, das Fahrzeug sicher zu führen. Außerdem dürfen Sie, der Halter oder der Eigentümer des Fahrzeugs dieses nicht von einem Fahrer fahren lassen, der durch alkoholische Getränke oder andere berauschende Mittel nicht in der Lage ist, das Fahrzeug sicher zu führen.

Hinweis: Auch in der Kasko-, Autoschutzbrief- und Kfz-Unfallversicherung besteht für solche Fahrten nach A.2.16.1, A.3.9.1, A.4.10.2 kein oder eingeschränkter Versicherungsschutz.

Nicht genehmigte Rennen

D.2.2 Das Fahrzeug darf nicht zu Fahrtveranstaltungen und den dazugehörigen Übungsfahrten verwendet werden, bei denen es auf Erzielung einer Höchstgeschwindigkeit ankommt und die behördlich nicht genehmigt sind.

Hinweis: Behördlich genehmigte kraftfahrt-sportliche Veranstaltungen sind vom Versicherungsschutz gemäß A.1.5.2 ausgeschlossen. Auch in der Kasko-, Autoschutzbrief- und Kfz- Unfallversicherung besteht für Fahrten, bei denen es auf die Erzielung einer Höchstgeschwindigkeit ankommt, nach A.2.16.2, A.3.9.2, A.4.10.3 kein Versicherungsschutz.

D.3 Welche Folgen hat eine Verletzung dieser Pflichten?

Leistungsfreiheit bzw. Leistungskürzung

D.3.1 Verletzen Sie vorsätzlich eine Ihrer in D.1 und D.2 geregelten Pflichten, haben Sie keinen Versicherungsschutz. Verletzen Sie Ihre Pflichten grob fahrlässig, sind wir berechtigt, unsere Leistung in einem der Schwere Ihres Verschuldens entsprechenden Verhältnis zu kürzen. Weisen Sie nach, dass Sie die Pflicht nicht grob fahrlässig verletzt haben, bleibt der Versicherungsschutz bestehen. Bei einer Verletzung der Pflicht in der Kfz-Versicherung aus D.2.1 Satz 2 sind wir Ihnen, dem Halter oder Eigentümer gegenüber nicht von der Leistungspflicht befreit, soweit Sie, der Halter oder Eigentümer als Fahrzeuginsasse, der das Fahrzeug nicht geführt hat, einen Personenschaden erlitten haben.

D.3.2 Abweichend von D.3.1 sind wir zur Leistung verpflichtet, soweit die Pflichtverletzung weder für den Eintritt des Versicherungsfalls noch für den Umfang unserer Leistungspflicht ursächlich ist. Dies gilt nicht, wenn Sie die Pflicht arglistig verletzen.

Beschränkung der Leistungsfreiheit in der Kfz-Haftpflichtversicherung

D.3.3 In der Kfz-Haftpflichtversicherung ist die sich aus D.3.1 ergebende Leistungsfreiheit bzw. Leistungskürzung Ihnen und den mitversicherten Personen gegenüber auf den Betrag von höchstens je xx EUR beschränkt.[99] Außerdem gelten anstelle der vereinbarten Versicherungssummen die in Deutschland geltenden Mindestversicherungssummen. Satz 1 und 2 gelten entsprechend, wenn wir wegen einer von Ihnen vorgenommenen Gefahrerhöhung (§§ 23, 26 Versicherungsvertragsgesetz) vollständig oder teilweise leistungsfrei sind.

D.3.4 Gegenüber einem Fahrer, der das Fahrzeug durch eine vorsätzlich begangene Straftat erlangt, sind wir vollständig von der Verpflichtung zur Leistung frei.

I. Vorbemerkung

179   In den AKB 2008 werden die Obliegenheiten vor Eintritt des Versicherungsfalles unter D behandelt, die Obliegenheiten nach Eintritt des Versicherungsfalles unter E.

---

99 Gem. § 5 Abs. 3 KfzPflVV darf die Leistungsfreiheit höchstens auf 5.000 EUR beschränkt werden.

II. Verwendungsklausel (D.1.1)

Der im Versicherungsvertrag vereinbarte Verwendungszweck bestimmt den **Prämientarif**. Die Prämie für Mietwagen und Taxen ist höher als für privat genutzte Fahrzeuge, der Prämientarif im Güternahverkehr ist geringer als im Güterfernverkehr.[100] Der Fernverkehr hat ein größeres Gefahrenpotential; die darin liegende Gefahrerhöhung wird unwiderlegbar **vermutet**, wenn nicht der Tarif für beide Zwecke identisch ist.   **180**

Wird ein zum **privaten Tarif** versichertes Fahrzeug als Mietwagen oder **Taxi** eingesetzt, so liegt darin eine Obliegenheitsverletzung.[101]   **181**

Die Verwendungsklausel ist ein Unterfall der **Gefahrerhöhung** (§§ 23 VVG ff.); sie ist eine in den AKB eigenständig und abschließend als solche bestimmte Obliegenheit.[102] Da es sich insoweit um eine **vertragliche Obliegenheit** handelt, findet § 28 Abs. 2 VVG Anwendung: Der **Versicherer** muss nicht nur beweisen, dass das Fahrzeug zu einem nicht vereinbarten Verwendungszweck benutzt worden ist, sondern auch, dass die **vertragswidrige Nutzung** vom Versicherungsnehmer selbst **vorgenommen** oder veranlasst wurde.[103]   **182**

Der **Kausalitätsgegenbeweis** kann bei einem Verstoß gegen die Verwendungsklausel nur durch den Nachweis erbracht werden, dass der Unfall für den Fahrer ein **unabwendbares Ereignis** war.[104]   **183**

III. Schwarzfahrten (D.1.2)

Der Versicherer wird leistungsfrei, wenn ein **unberechtigter Fahrer** das Fahrzeug benutzt hat. Selbst wenn darin eine Gefahrerhöhung liegen würde, ist eine Anwendung der allgemeinen Bestimmung über die Gefahrerhöhung (§§ 23 ff. VVG) ausgeschlossen, da die vertragliche Regelung gegenüber der gesetzlichen Regelung Vorrang hat.[105]   **184**

---

100 OLG Hamm, zfs 1998, 296.
101 OLG Oldenburg, SP 1999, 207; OLG Koblenz, r+s 1999, 272.
102 BGH IV ZR 320/95, r+s 1997, 184; OLG Köln, r+s 1999, 111; van Bühren/*Römer*, Anwalts-Handbuch Verkehrsrecht, Teil 7 Rn 118.
103 *Stiefel/Hofmann*, § 2b AKB, Rn 25 m.w.N.
104 OLG Hamm, r+s 1998, 181 = zfs 1998, 297.
105 BGH, VersR 1986, 693.

185   Eine unberechtigte Fahrt (Schwarzfahrt) liegt dann vor, wenn der Fahrer das Fahrzeug **ohne** bzw. **gegen** den Willen des Halters **benutzt**.[106]

186   Die Leistungsfreiheit des Versicherers tritt nur im **Innenverhältnis** gegenüber dem unberechtigten Fahrer ein, während die Leistungspflicht gegenüber dem Geschädigten, dem Versicherungsnehmer, dem Halter und dem Eigentümer bestehen bleibt.

187   Nach D.1.2 AKB 2008 ist der Versicherer jedoch auch gegenüber dem Versicherungsnehmer, dem **Eigentümer** oder dem **Halter** leistungsfrei, wenn dieser die Schwarzfahrt **wissentlich möglicht** hat.

> *Beispiele*
>
> Der zur Benutzung eines **Dienstfahrzeuges** generell befugte Arbeitnehmer wird zum unberechtigten Fahrer, wenn er eigenmächtig **Privatfahrten** vornimmt.[107]
>
> Auch der Werkstattinhaber wird zum unberechtigten Fahrer, wenn er unter dem Deckmantel der **Probefahrt** eine Privatfahrt durchführt.[108]

Der unberechtigte Fahrer ist im **Außenverhältnis** mitversichert, so dass eine **Direktklage** gegen den Haftpflichtversicherer möglich ist.[109]

IV.   Fahren mit Fahrerlaubnis (D.1.3)

188   Der Fahrzeugführer darf das Fahrzeug auf öffentlichen Wegen oder Plätzen nur mit der erforderlichen Fahrerlaubnis benutzen. Ebenso besteht Leistungsfreiheit gegenüber dem **Versicherungsnehmer**, dem Halten oder dem Eigentümer, wenn diese das Fahrzeug einem Fahrer **überlassen**, der nicht die erforderliche Fahrerlaubnis hat.

189   Bei einem **Fahrverbot** ist die Fahrerlaubnis gemäß § 4 Abs. 1 StVO **nicht** entzogen, die Fahrerlaubnis besteht fort.[110]

190   Bei einer **Beschlagnahme** hat der Kraftfahrer keine Fahrerlaubnis mehr im Sinne von D.1.3 AKB 2008. Es ist zwar zwischen „Fahrerlaubnis" und „Führerschein"

---

106   *Stiefel/Hofmann*, § 2b AKB, Rn 51 m.w.N.
107   *Stiefel/Hofmann*, § 2b AKB, Rn 62.
108   *Stiefel/Hofmann*, § 2b AKB, Rn 62.
109   OLG Hamm, r+s 1996, 43.
110   BGH, VersR 1987, 897 = zfs 1987, 147.

zu unterscheiden. Ein Kraftfahrer kann auch dann eine Fahrerlaubnis haben, wenn er den Führerschein nicht körperlich in Besitz hat;[111] der BGH führt in der vorgenannten Entscheidung aus, dass durch die Neufassung von § 21 Abs. 2 StVG das Führen eines Kraftfahrzeuges trotz Beschlagnahme des Führerscheins ein mit Strafe bedrohtes Vergehen sei (§ 12 Abs. 2 StGB).

Diese Überlegungen müssten auch für das Fahrverbot gelten, dessen Missachtung ebenfalls in § 21 StVG unter Strafe gestellt wird. Hierzu heißt es jedoch in einer Entscheidung des BGH vom 11.2.1987,[112] dass die Beschlagnahme gleichwohl anders zu beurteilen sei, da eine solche Maßnahme voraussetze, dass mit der Entziehung der Fahrerlaubnis zu rechnen sei. Gegenüber einem Kraftfahrer, dessen Fahrerlaubnis **beschlagnahmt** worden ist, ist der Versicherer somit **leistungsfrei**.   **191**

Diese gegenüber dem führerscheinlosen Fahrer begründete Leistungsfreiheit besteht gegenüber dem **Versicherungsnehmer**, dem **Halter** oder dem **Eigentümer** nur dann, wenn dieser die Obliegenheitsverletzung **selbst** begangen oder **wissentlich** ermöglicht hat.   **192**

V. Alkohol und andere berauschende Mittel (D.2.1)

Nach den früheren AKB bestand im Bereich der Haftpflichtversicherung die uneingeschränkte Leistungspflicht des Versicherers auch dann, wenn der Schadenfall durch alkoholbedingte oder auf andere Rauschmittel zurückzuführende Fahruntüchtigkeit verursacht worden war. Die Verordnung über den Versicherungsschutz in der Kraftfahrzeug-Haftpflichtversicherung vom 29.7.1994 (KfzPflVV) hat den Katalog der zulässigen Obliegenheiten vor Eintritt des Versicherungsfalles um die Trunkenheitsklausel (§ 5 Abs. 1 Nr. 5 KfzPflVV) erweitert. In D.3.3. AKB 2008 ist diese **vorbeugende vertragliche Obliegenheit** umgesetzt worden.[113]   **193**

Der Versicherer ist in der **Kraftfahrzeug-Haftpflichtversicherung** leistungsfrei, „wenn der Fahrer infolge Genusses alkoholischer Getränke oder anderer berauschender Mittel nicht in der Lage ist, das Fahrzeug sicher zu führen" (D.2.1 AKB 2008).   **194**

---

111 BGH, VersR 1982, 84.
112 VersR 1987, 897, 898.
113 *Knappmann*, Alkoholbeeinträchtigung und Versicherungsschutz, VersR 2000, 10.

195   **Absolute Fahruntüchtigkeit** liegt bei einer Blutalkoholkonzentration von 1,1 Promille vor.[114]

196   Bei einer Blutalkoholkonzentration von 0,3 Promille[115] bis 1,1 Promille liegt **relative Fahruntüchtigkeit** vor; der Versicherer wird nur dann leistungsfrei, wenn weitere Umstände – alkoholbedingte Ausfallerscheinungen – die Fahruntüchtigkeit beweisen.[116]

197   Bei alkoholbedingter absoluter Fahruntüchtigkeit sprechen die Regeln des **Anscheinsbeweises** für die Unfallursächlichkeit des Alkoholgenusses.[117]

198   Ein **Glatteisunfall** ist bei einer Blutalkoholkonzentration von 0,75 Promille noch kein Hinweis auf einen alkoholtypischen Fehler.[118]

199   **Leistungsfreiheit** besteht auch gegenüber dem Versicherungsnehmer, dem Halter oder dem Eigentümer des Fahrzeuges, wenn diese das versicherte Fahrzeug von einem **Fahrer fahren lassen,** „der durch alkoholische Getränke oder andere berauschende Mittel nicht mehr in der Lage ist, das Fahrzeug sicher zu führen" (D.2.1 AKB 2008).

VI.   Nicht genehmigte Rennen

200   Die Verwendung eines Kraftfahrzeuges für eine Rennveranstaltung, die behördlich genehmigt ist, soll im Verhältnis zum Versicherungsnehmer keine **Deckungsverpflichtung** des Versicherers auslösen.[119] Insoweit handelt es sich um eine Spezialregelung der Verwendungsklausel in der Haftpflichtversicherung. Die Unterscheidung zwischen genehmigten und nicht genehmigten Rennveranstaltungen betrifft nur die Haftpflichtversicherung, für die **Fahrzeugversicherung** besteht ein **genereller Leistungsausschluss** gemäß A 1.5.2 AKB 2008.

201   Sowohl in A.1.5.2 AKB 2008 als auch in D.2.2 AKB 2008 werden die für Rennveranstaltungen „dazugehörigen **Übungsfahrten**" vom Versicherungsschutz ausgeschlossen.

---

114   BGH, NJW 1991, 1367; OLG Hamm, VersR 1991, 539; OLG München, r+s 1991, 189; OLG Köln, r+s 1994, 329. `

115   OLG Hamm, VersR 1990, 43.

116   OLG Hamm, r+s 1995, 373; OLG Hamm, r+s 1999, 268; OLG Karlsruhe, r+s 1995, 375; OLG Köln, r+s 1999, 269.

117   OLG Saarbrücken, zfs 2002, 32.

118   OLG Hamm, r+s 1999, 493 = zfs 2000, 70 = VersR 2000, 843 = NJW-RR 2000, 172.

119   *Stiefel/Hofmann,* § 61 VVG, Rn 35 m.w.N.

VII. Welche Folgen hat eine Verletzung dieser Pflichten (D.3)

Bei **vorsätzlicher** und **kausaler** Obliegenheitsverletzung wird der Versicherer in vollem Umfang **leistungsfrei**, bei **grober Fahrlässigkeit** kann die Leistung dem Grad des Verschuldens entsprechend **gemindert** werden.   202

In der Kfz-Haftpflichtversicherung ist die Leistungsfreiheit des Versicherers gemäß § 5 Abs. 3 KfzPflVV summenmäßig auf EUR 5.000,00 begrenzt.   203

E. Welche Pflichten haben Sie im Schadenfall?

E.1 Bei allen Versicherungsarten   204

Anzeigepflicht

E.1.1 Sie sind verpflichtet, uns jedes Schadenereignis, das zu einer Leistung durch uns führen kann, innerhalb einer Woche anzuzeigen.

E.1.2 Ermittelt die Polizei, die Staatsanwaltschaft oder eine andere Behörde im Zusammenhang mit dem Schadenereignis, sind Sie verpflichtet, uns dies und den Fortgang des Verfahrens (z.B. Strafbefehl, Bußgeldbescheid) unverzüglich anzuzeigen, auch wenn Sie uns das Schadenereignis bereits gemeldet haben.

Aufklärungspflicht

E.1.3 Sie sind verpflichtet, alles zu tun, was der Aufklärung des Schadenereignisses dienen kann. Dies bedeutet insbesondere, dass Sie unsere Fragen zu den Umständen des Schadenereignisses wahrheitsgemäß und vollständig beantworten müssen und den Unfallort nicht verlassen dürfen, ohne die erforderlichen Feststellungen zu ermöglichen. Sie haben unsere für die Aufklärung des Schadenereignisses erforderlichen Weisungen zu befolgen.

Schadenminderungspflicht

E.1.4 Sie sind verpflichtet, bei Eintritt des Schadenereignisses nach Möglichkeit für die Abwendung und Minderung des Schadens zu sorgen. Sie haben hierbei unsere Weisungen, soweit für Sie zumutbar, zu befolgen.

E.2 Zusätzlich in der Kfz-Haftpflichtversicherung

Bei außergerichtlich geltend gemachten Ansprüchen

E.2.1 Werden gegen Sie Ansprüche geltend gemacht, sind Sie verpflichtet, uns dies innerhalb einer Woche nach der Erhebung des Anspruchs anzuzeigen.

Anzeige von Kleinschäden

E.2.2 Wenn Sie einen Sachschaden, der voraussichtlich nicht mehr als xx EUR beträgt, selbst regulieren oder regulieren wollen, müssen Sie uns den Schadenfall erst anzeigen, wenn Ihnen die Selbstregulierung nicht gelingt.

Bei gerichtlich geltend gemachten Ansprüchen

E.2.3 Wird ein Anspruch gegen Sie gerichtlich geltend gemacht (z.B. Klage, Mahnbescheid), haben Sie uns dies unverzüglich anzuzeigen.

E.2.4 Sie haben uns die Führung des Rechtsstreits zu überlassen. Wir sind berechtigt, auch in Ihrem Namen einen Rechtsanwalt zu beauftragen, dem Sie Vollmacht sowie alle erforderlichen Auskünfte erteilen und angeforderte Unterlagen zur Verfügung stellen müssen.

Bei drohendem Fristablauf

E.2.5 Wenn Ihnen bis spätestens zwei Tage vor Fristablauf keine Weisung von uns vorliegt, müssen Sie gegen einen Mahnbescheid oder einen Bescheid einer Behörde fristgerecht den erforderlichen Rechtsbehelf einlegen.

E.3 Zusätzlich in der Kaskoversicherung

Anzeige des Versicherungsfalls bei Entwendung des Fahrzeugs

E.3.1 Bei Entwendung des Fahrzeugs oder mitversicherter Teile sind Sie abweichend von E.1.1 verpflichtet, uns dies unverzüglich in Schriftform anzuzeigen. Ihre Schadenanzeige muss von Ihnen unterschrieben sein.

Einholen unserer Weisung

E.3.2 Vor Beginn der Verwertung oder der Reparatur des Fahrzeugs haben Sie unsere Weisungen einzuholen, soweit die Umstände dies gestatten, und diese zu befolgen, soweit Ihnen dies zumutbar ist. Dies gilt auch für mitversicherte Teile.

Anzeige bei der Polizei

E.3.3 Übersteigt ein Entwendungs-, Brand- oder Wildschaden den Betrag von xx EUR, sind Sie verpflichtet, das Schadenereignis der Polizei unverzüglich anzuzeigen.

E.4 Zusätzlich beim Autoschutzbrief

Einholen unserer Weisung

E.4.1 Vor Inanspruchnahme einer unserer Leistungen haben Sie unsere Weisungen einzuholen, soweit die Umstände dies gestatten, und zu befolgen, soweit Ihnen dies zumutbar ist.

Untersuchung, Belege, ärztliche Schweigepflicht

E.4.2 Sie haben uns jede zumutbare Untersuchung über die Ursache und Höhe des Schadens und über den Umfang unserer Leistungspflicht zu gestatten, Originalbelege zum Nachweis der Schadenhöhe vorzulegen und die behandelnden Ärzte im Rahmen von § 213 Versicherungsvertragsgesetz von der Schweigepflicht zu entbinden.

E.5 Zusätzlich in der Kfz-Unfallversicherung

Anzeige des Todesfalls innerhalb 48 Stunden

E.5.1 Hat der Unfall den Tod einer versicherten Person zur Folge, müssen die aus dem Versicherungsvertrag Begünstigten uns dies innerhalb von 48 Stunden melden, auch wenn der Unfall schon angezeigt ist. Uns ist das Recht zu verschaffen, eine Obduktion durch einen von uns beauftragten Arzt vornehmen zu lassen.

Ärztliche Untersuchung, Gutachten, Entbindung von der Schweigepflicht

E.5.2 Nach einem Unfall sind Sie verpflichtet,
a) unverzüglich einen Arzt hinzuzuziehen,
b) den ärztlichen Anordnungen nachzukommen,
c) die Unfallfolgen möglichst zu mindern,
d) darauf hinzuwirken, dass von uns angeforderte Berichte und Gutachten alsbald erstellt werden,
e) sich von einem von uns beauftragten Arzt untersuchen zu lassen, wobei wir die notwendigen Kosten, einschließlich eines Ihnen entstehenden Verdienstausfalls, tragen,

f) Ärzte, die Sie – auch aus anderen Anlässen – behandelt oder untersucht haben, andere Versicherer, Versicherungsträger und Behörden von der Schweigepflicht im Rahmen von § 213 Versicherungsvertragsgesetz zu entbinden und zu ermächtigen, uns alle erforderlichen Auskünfte zu erteilen.

Frist zur Feststellung und Geltendmachung der Invalidität

E.5.3 Beachten Sie auch die 15-Monatsfrist für die Feststellung und Geltendmachung der Invalidität nach A.4.5.1.

E.6 Welche Folgen hat eine Verletzung dieser Pflichten?

Leistungsfreiheit bzw. Leistungskürzung

E.6.1 Verletzen Sie vorsätzlich eine Ihrer in E.1 bis E.5 geregelten Pflichten, haben Sie keinen Versicherungsschutz. Verletzen Sie Ihre Pflichten grob fahrlässig, sind wir berechtigt, unsere Leistung in einem der Schwere Ihres Verschuldens entsprechenden Verhältnis zu kürzen. Weisen Sie nach, dass Sie die Pflicht nicht grob fahrlässig verletzt haben, bleibt der Versicherungsschutz bestehen.

E.6.2 Abweichend von E.6.1 sind wir zur Leistung verpflichtet, soweit Sie nachweisen, dass die Pflichtverletzung weder für die Feststellung des Versicherungsfalls noch für die Feststellung oder den Umfang unserer Leistungspflicht ursächlich war. Dies gilt nicht, wenn Sie die Pflicht arglistig verletzen.

Beschränkung der Leistungsfreiheit in der Kfz-Haftpflichtversicherung

E.6.3 In der Kfz-Haftpflichtversicherung ist die sich aus E.6.1 ergebende Leistungsfreiheit bzw. Leistungskürzung Ihnen und den mitversicherten Personen gegenüber auf den Betrag von höchstens je xx EUR[120] beschränkt.

E.6.4 Haben Sie die Aufklärungs- oder Schadenminderungspflicht nach E.1.3 und E.1.4 vorsätzlich und in besonders schwerwiegender Weise verletzt (insbesondere bei unerlaubtem Entfernen vom Unfallort, unterlassener Hilfeleistung, bewusst wahrheitswidrigen Angaben uns gegenüber), erweitert sich die Leistungsfreiheit auf einen Betrag von höchstens je ... EUR.[121]

Vollständige Leistungsfreiheit in der Kfz-Haftpflichtversicherung

E.6.5 Verletzen Sie Ihre Pflichten in der Absicht, sich oder einem anderen dadurch einen rechtswidrigen Vermögensvorteil zu verschaffen, sind wir von unserer Leistungspflicht hinsichtlich des erlangten Vermögensvorteils vollständig frei.

---

120   Gem. § 6 Abs. 1 KfzPflVV darf die Leistungsfreiheit höchstens auf 2.500 EUR beschränkt werden.
121   Gem. § 6 Abs. 3 KfzPflVV darf die Leistungsfreiheit höchstens auf 5.000 EUR beschränkt werden.

Besonderheiten in der Kfz-Haftpflichtversicherung bei Rechtsstreitigkeiten

E.6.6 Verletzen Sie vorsätzlich Ihre Anzeigepflicht nach E.2.1 oder E.2.3 oder Ihre Pflicht nach E.2.4 und führt dies zu einer rechtskräftigen Entscheidung, die über den Umfang der nach Sach- und Rechtslage geschuldeten Entschädigung erheblich hinausgeht, sind wir außerdem von unserer Leistungspflicht hinsichtlich des von uns zu zahlenden Mehrbetrags vollständig frei. Bei grob fahrlässiger Verletzung dieser Pflichten sind wir berechtigt, unsere Leistung hinsichtlich dieses Mehrbetrags in einem der Schwere Ihres Verschuldens entsprechenden Verhältnis zu kürzen.

Mindestversicherungssummen

E.6.7 Verletzen Sie in der Kfz-Haftpflichtversicherung Ihre Pflichten nach E.1 und E.2 gelten anstelle der vereinbarten Versicherungssummen die in Deutschland geltenden Mindestversicherungssummen.

I. Vorbemerkung

Die Obliegenheiten **nach** Eintritt des Versicherungsfalles werden unter E geregelt. **205** Nach einer Beschreibung der Obliegenheiten für alle Versicherungsarten werden die zusätzlichen Obliegenheiten für jede Sparte gesondert dargestellt. Unter E.6 findet man dann die **Folgen** von Obliegenheitsverletzungen, insbesondere in der Kfz-Haftpflichtversicherung.

II. Anzeigepflicht (E.1.1 und E.1.2)

Jeder Versicherungsfall muss innerhalb einer Woche schriftlich angezeigt werden. **206** Die Anzeige eines Kaskoschadens ersetzt nicht die Anzeige des Haftpflichtschadens oder umgekehrt. Die Schadenanzeige muss den Versicherer in die Lage versetzen, zum Schadenhergang und zur Schadenhöhe Ermittlungen durchzuführen.

Es fehlt an der **Kausalität** der Obliegenheitsverletzung, wenn der Versicherer in **207** anderer Weise rechtzeitig Kenntnis vom Schadenfall erlangt hat (§ 30 Abs. 2 VVG).

Wird ein behördliches Ermittlungsverfahren durchgeführt, muss dieses auch unver- **208** züglich angezeigt werden.

III. Aufklärungspflicht (E.1.3)

209 Der Versicherungsnehmer hat nach Eintritt des Versicherungsfalles umfassende Auskunfts- und Aufklärungspflichten, die es dem Versicherer ermöglichen sollen, seine **Eintrittspflicht** dem Grunde und der Höhe nach festzustellen.

IV. Schadenminderungspflicht (E.1.4)

210 Die Schadenminderungspflicht ergibt sich bereits aus § 82 VVG, dessen Inhalt wörtlich wiederholt wird. Außerdem hat der Versicherungsnehmer **Weisungen**, soweit zumutbar, zu befolgen. Der Versicherungsnehmer braucht sich daher nicht an die Weisung des Versicherers zu halten, die Reparaturarbeiten in einer bestimmten Werkstatt durchführen zu lassen.

V. Zusätzlich in der Kfz-Haftpflichtversicherung (E.2)

211 Neben den allgemeinen Obliegenheiten für alle Sparten gibt es in der Kfz-Haftpflichtversicherung besondere Obliegenheiten, die zu beobachten sind, wenn der Versicherungsschutz nicht gefährdet werden soll. Werden Ansprüche geltend gemacht, muss dies dem Versicherer auch dann mitgeteilt werden, wenn der Versicherungsnehmer der Auffassung ist, es sei kein ersatzpflichtiger Schaden eingetreten. Werden gegen den Versicherungsnehmer Ansprüche gerichtlich geltend gemacht, muss dies dem Versicherer unverzüglich angezeigt werden. Der Versicherer hat die **alleinige Prozessführungsbefugnis**.

VI. Zusätzlich in der Kaskoversicherung (E.3)

212 Die Entwendung eines Fahrzeuges muss **unverzüglich** angezeigt werden. Die Schadenanzeige muss vom Versicherungsnehmer unterschrieben werden (E.3.1). Vor Beginn der Verwertung oder der Reparatur des Fahrzeuges hat der Versicherungsnehmer die Weisung des Versicherers einzuholen, soweit dies zumutbar ist (E.3.2). Bei Entwendungs-, Brand- oder Wildschaden muss das Schadenereignis bei der Polizei unverzüglich angezeigt werden. Dies gilt nur für Schäden ab einer gewissen Größenordnung, die im Versicherungsvertrag genannt ist. Im Regelfall handelt es sich um Schäden von mehr als EUR 500,00.

VII.   Zusätzlich beim Autoschutzbrief (E.4)

Vor Inanspruchnahme der Leistungen sind die **Weisungen** des Versicherers einzuholen und zu verfolgen. Untersuchungen sind zu gestatten, Originalbelege vorzulegen. Die behandelnden Ärzte sind im Rahmen von § 213 VVG von der Schweigepflicht zu entbinden.   213

VIII.   Zusätzlich in der Kfz-Unfallversicherung (E.5)

Ein unfallbedingter Todesfall muss binnen **48 Stunden** gemeldet werden. Dem Versicherer muss die Möglichkeit verschafft werden, eine Obduktion durchführen zu lassen.   214

IX.   Welche Folgen hat eine Verletzung dieser Pflichten? (E.6)

Die Rechtsfolgen der Verletzung von vertraglichen Obliegenheiten treten nur ein, wenn der **Versicherungsnehmer** oder eine **versicherte Person** oder ein **Repräsentant** grob fahrlässig oder vorsätzlich gehandelt hat. Schuldlos oder leicht fahrlässig begangene Obliegenheitsverletzungen sind folgenlos.   215

1.   Leistungsfreiheit bzw. Leistungskürzung (E.6.1)

Bei **vorsätzlicher** Obliegenheitsverletzung hat der Versicherungsnehmer **keinen** Versicherungsschutz. Bei **grober Fahrlässigkeit** kann die Leistung entsprechend der Schwere des Verschuldens **gekürzt** werden. Grobe Fahrlässigkeit wird vermutet.   216

2.   Kausalitätserfordernis (E.6.2)

Eine vorsätzliche oder grob fahrlässige Obliegenheitsverletzung wirkt sich nur dann aus, wenn sie ursächlich für den Schaden oder dessen Feststellung oder dessen Umfang war. Kausalität wird **vermutet**. Der Versicherungsnehmer muss dann diese Vermutung entkräften und den **Kausalitäts-Gegenbeweis** führen. Das Kausalitätserfordernis entfällt bei **Arglist**.   217

3.   Beschränkung der Leistungsfreiheit in der Kfz-Haftpflichtversicherung (E.6.3 und E.6.4)

Bei Obliegenheitsverletzungen nach dem Versicherungsfall ist die Leistungsfreiheit grundsätzlich auf EUR 2.500,00 entsprechend § 6 Abs. 1 KfzPflVV be-   218 schränkt. Die Leistungsfreiheit wird ausnahmsweise um EUR 5.000,00 erweitert (§ 6 Abs. 3 KfzPflVV), wenn der Versicherungsnehmer die Aufklärungs- und Obliegenheitspflicht vorsätzlich oder besonders schwerwiegend verletzt hat. Dies ist insbesondere bei **Unfallflucht** mit Personenschaden der Fall.

4. Vollständige Leistungsfreiheit in der Kfz-Haftpflichtversicherung (E.6.5)

219   Bei einer Obliegenheitsverletzung in der Absicht, sich selbst oder einem anderen einen **rechtswidrigen Vermögensvorteil** zu verschaffen, ist der Versicherer hinsichtlich des erlangten Vermögensvorteils **vollständig leistungsfrei**.

5. Besonderheiten in der Kfz-Haftpflichtversicherung bei Rechtsstreitigkeiten (E.6.6)

220   Wenn die Obliegenheitsverletzung zu einer rechtskräftigen **Entscheidung** führt, die über den tatsächlich geschuldeten Entschädigungsbetrag erheblich hinausgeht, besteht Leistungsfreiheit hinsichtlich des **Mehrbetrages**. Bei grober Fahrlässigkeit wird die Leistung quotal gekürzt.

6. Mindestversicherungssummen (E.6.7)

221   Bei Pflichtverletzungen nach E.1 und E.2 ist die Haftung des Versicherers auf die in Deutschland geltenden Mindestversicherungssummen beschränkt (EUR 7,5 Mio. bei Personenschäden, EUR 1 Mio. bei Sachschäden).

§ 2 Allgemeine Bedingungen für die Rechtsschutzversicherung (ARB 2008)

A. Aufgaben der Rechtsschutzversicherung

> **§ 1 Aufgaben der Rechtsschutzversicherung**
>
> Der Versicherer erbringt die für die Wahrnehmung der rechtlichen Interessen des Versicherungsnehmers oder des Versicherten erforderlichen Leistungen im vereinbarten Umfang (Rechtsschutz).

1

I. Vorbemerkung

Die Rechtsschutzversicherung ist eine **Schadenversicherung**[1] und unterliegt den für die gesamte Schadenversicherung geltenden Bestimmungen des VVG. Aufgabe des Versicherers ist daher die Übernahme der Kosten, die bei der Wahrnehmung der rechtlichen Interessen des Versicherungsnehmers oder des Versicherten entstehen.

2

II. Beauftragung eines Rechtsanwalts

Der Versicherungsnehmer hat die **freie Anwaltswahl** und kann daher einen Rechtsanwalt seines Vertrauens mit der Wahrnehmung seiner Interessen beauftragen. Der Versicherer ist grundsätzlich an die Bestimmung des Rechtsanwalts durch den Versicherungsnehmer gebunden.

3

III. Deckungszusage

Der Versicherer ist gemäß § 17 Abs. 4 ARB verpflichtet, eine Deckungszusage über den Umfang des Versicherungsschutzes zu erteilen. Die Deckungszusage des Rechtsschutzversicherers ist ein **deklaratorisches Schuldanerkenntnis,** das Einreden und Einwendungen ausschließt, die dem Versicherer bei seiner Abgabe bekannt waren oder mit denen er rechnen musste.[2]

4

Die Deckungszusage ist grundsätzlich nur auf **eine Instanz** beschränkt.[3]

5

---

1 BGH, VersR 1999, 706.
2 OLG Oldenburg, r+s 1995, 463; OLG Düsseldorf, NJW-RR 1996, 1371; OLG Karlsruhe, r+s 1998, 199; OLG Köln, r+s 2001, 248; OLG Köln, r+s 2005, 105.
3 BGH, r+s 1990, 275.

IV. Erforderliche Kosten

6 Mit dem Adjektiv „erforderlich" kommt zum Ausdruck, dass nur die objektiv notwendigen Kosten zu erstatten sind. Vermeidbare Kosten sind nicht zu ersetzen, wie es sich bereits aus der gesetzlichen **Schadenminderungspflicht** (§ 82 VVG) ergibt.

1. Erfolgsaussicht

7 Der Begriff „hinreichend Aussicht auf Erfolg" entspricht der Formulierung in **§ 114 ZPO**. Er ist ein feststehender Rechtsbegriff; es ist daher der gleiche Prüfungsmaßstab anzulegen, wie bei § 114 ZPO.[4] Eine Beurteilung der Erfolgsaussichten durch eine **antizipierte Beweiswürdigung** darf – ebenso wie im PKH-Prüfungsverfahren – **nicht** stattfinden.[5]

2. Mutwilligkeit

8 Auch der Begriff der „Mutwilligkeit" ist § 114 Abs. 1 ZPO entnommen worden, so dass auf die zu dieser Vorschrift ergangenen Entscheidungen und Kommentierungen verwiesen werden kann.

9 Mutwillig ist eine Prozessführung dann, wenn sie nicht durch sachliche Erwägungen veranlasst ist und von dem abweicht, was eine nichtversicherte Prozesspartei in gleicher Lage tun würde.[6] Vergleichsperson ist ein **Unversicherter**, der keine finanziellen Rücksichten zu nehmen braucht.[7]

10 In **Strafsachen** und Bußgeldsachen findet eine Prüfung der Erfolgsaussichten grundsätzlich **nicht** statt.

11 Bei nichteintragungspflichtigen Bußgeldern kann die Durchführung eines kostspieligen Verfahrens **mutwillig** sein. Etwas anderes gilt dann, wenn der Ausgang des Bußgeldverfahrens präjudizierend für die Geltendmachung von Schadenersatzansprüchen sein kann.

---

4 BGH, VersR 1987, 1186 = NJW 1988, 266; OLG Köln, zfs 2002, 495 = r+s 2002, 289, 290.
5 BGH, VersR 1994, 1061; LG Düsseldorf, VersR 1990, 417.
6 OLG Köln, r+s 1995, 103.
7 BGH, zfs 2003, 364; BGH, NJW-RR 2003, 454, 455 = r+s 2003, 194.

3. Teilklage

Der Versicherungsnehmer kann nur dann auf eine Teilklage verwiesen werden, wenn ein Kläger, der auf **Kostenüberlegungen keine Rücksicht** nehmen muss, sich ebenfalls mit einer Teilklage begnügt hätte.[8]

12

V. Abrategebühr

Die Kosten einer Beratung sind im Regelfall auch dann zu **ersetzen**, wenn der befragte Rechtsanwalt von einer Verfolgung der Interessenwahrnehmung abrät, weil keine hinreichende Aussicht auf Erfolg besteht. Mutwillig ist eine Beratung nur dann, wenn sich schon dem Versicherungsnehmer als juristischem Laien aufdrängen musste, dass seine geplante Interessenwahrnehmung unzweifelhaft keine Erfolgsaussicht hatte.[9] Ein Ausschluss der Kostenübernahme für eine Beratung mit negativer Erfolgsprognose würde dem Sinn und Zweck der ARB widersprechen. **Die Klarheit ist der erstrebte Erfolg der Beratung.**[10]

13

B. Leistungsarten

---

§ 2   Leistungsarten

Der Umfang des Versicherungsschutzes kann in den Formen des § 21 bis § 29 vereinbart werden. Je nach Vereinbarung umfasst der Versicherungsschutz

a) Schadenersatz-Rechtsschutz
   für die Geltendmachung von Schadenersatzansprüchen, soweit diese nicht auch auf einer Vertragsverletzung oder einer Verletzung eines dinglichen Rechtes an Grundstücken, Gebäuden oder Gebäudeteilen beruhen;

b) Arbeits-Rechtsschutz
   für die Wahrnehmung rechtlicher Interessen aus Arbeitsverhältnissen sowie aus öffentlich-rechtlichen Dienstverhältnissen hinsichtlich dienst- und versorgungsrechtlicher Ansprüche;

c) Wohnungs- und Grundstücks-Rechtsschutz
   für die Wahrnehmung rechtlicher Interessen aus Miet- und Pachtverhältnissen, sonstigen Nutzungsverhältnissen und dinglichen Rechten, die Grundstücke, Gebäude oder Gebäudeteile zum Gegenstand haben

14

---

8   OLG Hamm, zfs 2000, 409; OLG Köln, r+s 2001, 153; OLG Karlsruhe, r+s 2002, 462 = VersR 2003, 58.

9   van Bühren/*Plote*, § 1 ARB, Rn 79.

10 van Bühren/*Plote*, § 1, Rn 80; AG Prüm, r+s 1994, 62.

d) Rechtsschutz im Vertrags- und Sachenrecht
   für die Wahrnehmung rechtlicher Interessen aus privatrechtlichen Schuldverhältnissen und dinglichen Rechten, soweit der Versicherungsschutz nicht in
   den Leistungsarten a), b) oder c) enthalten ist;
e) Steuer- Rechtsschutz vor Gerichten
   für die Wahrnehmung rechtlicher Interessen in steuer- und abgaberechtlichen
   Angelegenheiten vor deutschen Finanz- und Verwaltungsgerichten;
f) Sozialgerichts-Rechtsschutz
   für die Wahrnehmung rechtlicher Interessen vor deutschen Sozialgerichten;
g) Verwaltungs- Rechtsschutz in Verkehrssachen
   für die Wahrnehmung rechtlicher Interessen in verkehrsrechtlichen Angelegenheiten vor Verwaltungsbehörden und vor Verwaltungsgerichten,
h) Disziplinar- und Standes-Rechtsschutz
   für die Verteidigung in Disziplinar- und Standesrechtsverfahren;
i) Straf-Rechtsschutz
   für die Verteidigung wegen des Vorwurfes
   aa) eines verkehrsrechtlichen Vergehens. Wird rechtskräftig festgestellt,
       dass der Versicherungsnehmer das Vergehen vorsätzlich begangen hat,
       ist er verpflichtet, dem Versicherer die Kosten zu erstatten, die dieser für
       die Verteidigung wegen des Vorwurfes eines vorsätzlichen Verhaltens
       getragen hat;
   bb) eines sonstigen Vergehens, dessen vorsätzliche wie auch fahrlässige Be-
       gehung strafbar ist, solange dem Versicherungsnehmer ein fahrlässiges
       Verhalten vorgeworfen wird. Wird dem Versicherungsnehmer dagegen
       vorgeworfen, ein solches Vergehen vorsätzlich begangen zu haben, be-
       steht rückwirkend Versicherungsschutz, wenn nicht rechtskräftig fest-
       gestellt wird, dass er vorsätzlich gehandelt hat. Es besteht also bei dem
       Vorwurf eines Verbrechens kein Versicherungsschutz; ebenso wenig bei
       dem Vorwurf eines Vergehens, das nur vorsätzlich begangen werden kann
       (z.B. Beleidigung, Diebstahl, Betrug). Dabei kommt es weder auf die Be-
       rechtigung des Vorwurfes noch auf den Ausgang des Strafverfahrens an.
j) Ordnungswidrigkeiten-Rechtsschutz
   für die Verteidigung wegen des Vorwurfes einer Ordnungswidrigkeit;
k) Beratungs-Rechtsschutz im Familien-, Lebenspartnerschafts- und Erbrecht
   Je nach Vereinbarung umfasst der Versicherungsschutz Beratungs- Rechtsschutz im Familien-, Lebenspartnerschafts- und Erbrecht für Rat oder Auskunft eines in Deutschland zugelassenen Rechtsanwaltes in Familien-, le-
   benspartnerschafts- und erbrechtlichen Angelegenheiten, wenn diese nicht
   mit einer anderen gebührenpflichtigen Tätigkeit des Rechtsanwaltes zusammenhängen.

I. Vorbemerkung

Im Verkehrsrecht sind nur vier der in § 2 ARB 2008 genannten Leistungen von Be-   **15**
deutung. Es handelt sich um **Schadenersatzrechtsschutz**, **Vertragsrechtsschutz**,
Strafrechtsschutz und **Ordnungswidrigkeitenrechtsschutz**.

II. Schadenersatzrechtsschutz

In der verkehrsrechtlichen Praxis spielt die größte Rolle der Schadenersatzrechts-   **16**
schutz, also die Geltendmachung von Schadenersatzansprüchen aus einem Verkehrsunfall. Anspruchsgrundlage können **§ 823 BGB und § 7 StVG** sein.

III. Vertragsrechtsschutz

Versicherungsschutz besteht für die **Verfolgung und Abwehr** rechtlicher Ansprü-   **17**
che aus privatrechtlichen Schuldverhältnissen.

Unter „privatrechtliche Schuldverhältnisse" fallen alle schuldrechtlichen Verträge,   **18**
insbesondere die **Kaufverträge** über ein Kraftfahrzeug, Reparaturaufträge und
Versicherungsverträge.

IV. Strafrechtsschutz

Der Strafrechtsschutz beschränkt sich auf **verkehrsrechtliche Vergehen**. Kein   **19**
Versicherungsschutz besteht bei Begehung eines verkehrsrechtlichen Verbrechens
(z.B. § 315 Abs. 3 StGB oder § 315b Abs. 3 StGB). Auch nichtverkehrsrechtliche
Delikte des allgemeinen Strafrechts können als verkehrsrechtliche Vorschrift angesehen werden, wenn ein **verkehrsrechtlicher Zusammenhang** besteht:

- **Widerstand** gegen die Staatsgewalt (§§ 113, 114 StGB),
- **Körperverletzung** (§§ 223, 226, 227 StGB),
- **Nötigung** (§ 140 StGB),
- **unbefugtes Benutzen** eines Kraftfahrzeuges (§ 248b StGB),
- **Fälschung** technischer Aufzeichnungen (§ 268 StGB).

Versicherungsschutz besteht auch bei **Unfallflucht** (§ 142 StGB). Hier handelt es   **20**
sich um den Vorwurf einer verkehrsrechtlichen Vorsatztat.

Bei allen Vorsatztaten gilt die Einschränkung, dass nur **auflösend bedingt** Ver-   **21**
sicherungsschutz gewährt wird. Erfolgt eine rechtskräftige Verurteilung, kann der
Rechtsschutzversicherer die bereits geleisteten Zahlungen (Vorschüsse) zurückfordern. Dieser **Rückforderungsanspruch** richtet sich **nicht** gegen den beauftragten

Rechtsanwalt, vielmehr kann nur der Versicherungsnehmer oder der Versicherte in Anspruch genommen werden.

V. Ordnungswidrigkeitenrechtsschutz

22 Die ARB 2008 unterscheiden nicht mehr zwischen verkehrsrechtlichen und sonstigen Ordnungswidrigkeiten. **Versicherungsschutz** besteht auch, wenn eine Verurteilung wegen **Vorsatzes** erfolgt. Der Risikoausschluss von § 3 Abs. 5 ARB 2008 greift nicht, da er sich nur auf Straftaten bezieht.

23 Ausgeschlossen ist die Verteidigung, wenn dem Versicherungsnehmer einen **Park- oder Halteverstoß** vorgeworfen wird. Ebenso besteht kein Versicherungsschutz im Verfahren nach § 25a StVG (**Halterhaftung**). Hier liegt keine Ordnungswidrigkeit vor, da keine Geldbuße festgesetzt wird. Der Halter hat den Aufwendungsersatz zu leisten, wenn der Fahrer als Täter nicht ermittelt werden kann.[11]

C. Ausgeschlossene Rechtsangelegenheiten

24

> **§ 3   Ausgeschlossene Rechtsangelegenheiten**
>
> Rechtsschutz besteht nicht für Wahrnehmung rechtlicher Interessen
> (1) in ursächlichem Zusammenhang mit
>   a) Krieg, feindseligen Handlungen, Aufruhr, inneren Unruhen, Streik, Aussperrung oder Erdbeben;
>   b) Nuklear- und genetischen Schäden, soweit diese nicht auf eine medizinische Behandlung zurückzuführen sind;
>   c) Bergbauschäden an Grundstücken und Gebäuden;
>   d) aa) dem Erwerb oder der Veräußerung eines zu Bauzwecken bestimmten Grundstückes oder vom Versicherungsnehmer oder mitversicherten Personen nicht selbst zu Wohnzwecken genutzten Gebäudes oder Gebäudeteiles,
>   bb) der Planung oder Errichtung eines Gebäudes oder Gebäudeteiles, das sich im Eigentum oder Besitz des Versicherungsnehmers befindet oder das dieser zu erwerben oder in Besitz zu nehmen beabsichtigt,
>   cc) der genehmigungs- und/oder anzeigepflichtigen baulichen Veränderung eines Grundstückes, Gebäudes oder Gebäudeteiles, das sich

---

11 van Bühren/*Plote*, § 2 ARB, Rn 78.

im Eigentum oder Besitz des Versicherungsnehmers befindet oder das dieser zu erwerben oder in Besitz zu nehmen beabsichtigt,

dd) der Finanzierung eines der unter aa) bis cc) genannten Vorhaben.

(2) Rechtsschutz besteht nicht für die Wahrnehmung rechtlicher Interessen

a) zur Abwehr von Schadenersatzansprüchen, es sei denn, dass diese auf einer Vertragsverletzung beruhen;

b) aus kollektivem Arbeits- oder Dienstrecht;

c) aus dem Recht der Handelsgesellschaften oder aus Anstellungsverhältnissen gesetzlicher Vertreter juristischer Personen;

d) in ursächlichem Zusammenhang mit Patent-, Urheber-, Marken-, Geschmacksmuster-, Gebrauchsmusterrechten oder sonstigen Rechten aus geistigem Eigentum:

e) aus dem Kartell- oder sonstigem Wettbewerbsrecht

f) in ursächlichem Zusammenhang mit Spiel- oder Wettverträgen, Gewinnzusagen, Termin- oder vergleichbaren Spekulationsgeschäften sowie dem Ankauf, der Veräußerung, der Verwaltung von Wertpapieren (z.B. Aktien, Rentenwerte, Fondsanteile), Wertrechten, die Wertpapieren gleichstehen, Beteiligungen (z.B. an Kapitalanlagemodellen, stille Gesellschaften, Genossenschaften) und deren Finanzierung.

g) aus dem Bereich des Familien-, Lebenspartnerschafts- und Erbrechts, soweit nicht Beratungs-Rechtsschutz gem. § 2k) besteht;

h) aus dem Rechtsschutzversicherungsvertrag gegen den Versicherer oder das für diesen tätige Schadenabwicklungsunternehmen;

i) wegen der steuerlichen Bewertung von Grundstücken, Gebäuden oder Gebäudeteilen, sowie wegen Erschließungs- und sonstiger Anliegerabgaben, es sei denn, dass es sich um laufend erhobene Gebühren für die Grundstücksversorgung handelt;

(3) a) in Verfahren vor Verfassungsgerichten

b) in Verfahren vor internationalen oder supranationalen Gerichtshöfen, soweit es sich nicht um die Wahrnehmung rechtlicher Interessen von Bediensteten internationaler oder supranationaler Organisationen aus Arbeitsverhältnissen oder öffentlich-rechtlichen Dienstverhältnissen handelt;

c) in ursächlichem Zusammenhang mit einem Insolvenzverfahren, das über das Vermögen des Versicherungsnehmers eröffnet wurde oder eröffnet werden soll;

d) in Enteignungs-, Planfeststellungs-, Flurbereinigungs- sowie im Baugesetzbuch geregelten Angelegenheiten;

in Ordnungswidrigkeiten- und Verwaltungsverfahren wegen eines Halt- oder Parkverstoßes;

(4) a) mehrerer Versicherungsnehmer desselben Rechtsschutzversicherungs-
vertrages untereinander, mitversicherter Personen untereinander und mitversicherter Personen gegen den Versicherungsnehmer;

   b) sonstiger Lebenspartner (nicht eheliche und nicht eingetragene Lebenspartner gleich welchen Geschlechts) untereinander in ursächlichem Zusammenhang mit der Partnerschaft, auch nach deren Beendigung.

   c) aus Ansprüchen oder Verbindlichkeiten, die nach Eintritt des Rechtsschutzfalles auf den Versicherungsnehmer übertragen worden oder übergegangen sind;

   d) aus vom Versicherungsnehmer in eigenem Namen geltend gemachten
Ansprüchen anderer Personen oder aus einer Haftung für Verbindlichkeiten anderer Personen;

(5) soweit in den Fällen des § 2a) bis h) ein ursächlicher Zusammenhang mit einer vom Versicherungsnehmer vorsätzlich begangenen Straftat besteht.
Stellt sich ein solcher Zusammenhang im Nachhinein heraus, ist der Versicherungsnehmer zur Rückzahlung der Leistungen verpflichtet, die der Versicherer für ihn erbracht hat.

I. Vorbemerkung

25 In § 3 ARB sind vier Tatbestände im Verkehrsrecht von Bedeutung:

26 Es besteht kein Anspruch für die Kosten bei der **Abwehr** von Schadenersatzansprüchen, bei Verfahren wegen eines **Halt- und Parkverstoßes** und bei Versicherungsfällen, die in einem ursächlichen Zusammenhang mit einer vom Versicherungsnehmer **vorsätzlich begangenen Straftat** besteht. Schließlich besteht
kein Versicherungsschutz für Ansprüche, die nach Eintritt des Versicherungsfalles
abgetreten worden sind.

II. Abwehr von Schadenersatzansprüchen

27 Die Abwehr gesetzlicher Schadenersatzansprüche ist vom Versicherungsschutz
ausgeschlossen. Insbesondere beim Unfallprozess ist es ausschließlich Sache des
Haftpflichtversicherers, die geltend gemachten Ansprüche abzuwehren. Demgegenüber besteht Abwehrschutz bei vertraglichen Ansprüchen, wie beispielsweise
bei der Abwehr von Minderungs- oder Wandlungsansprüchen bei einem Fahrzeug-
verkauf.

III. Halt- und Parkverstoß

Für diesen Bereich besteht ein genereller **Risikoausschluss**, da derartige Verstöße   28
im Regelfall nicht eintragungsfähig sind und die Kosten eines Verfahrens in keinem Verhältnis zum Verwarnungsgeld/Bußgeld stehen.

IV. Abtretung nach Eintritt des Rechtsschutzfalles

Wenn ein Verkehrsunfall sich ohne Zeugen ereignet hat, nutzen Geschädigte die   29
Möglichkeit, ihre Ansprüche an Dritte, meist an den Ehepartner, abzutreten, um
dann in eigener Sache als Zeuge aussagen zu können. Dieser (vermeintliche) Verfahrensvorteil führt jedoch dazu, dass der Rechtsschutzversicherer **nicht** mehr **eintrittspflichtig** ist. In einigen Fällen gewähren jedoch Rechtsschutzversicherer aus
Kulanzgründen auch für derartig Prozesse Versicherungsschutz.

V. Ursächlicher Zusammenhang mit vorsätzlichen Straftaten

Kein Versicherungsschutz besteht für ein Verfahren, das in ursächlichem Zusam-   30
menhang mit einer vom Versicherungsnehmer begangenen Straftat steht. Bei einem Verkehrsvergehen, das ein Versicherungsnehmer mit einem von ihm **gestohlenen Fahrzeug** begeht, besteht somit kein Versicherungsschutz. Macht der Versicherungsnehmer aus einem **vorgetäuschten Unfall** Ansprüche geltend, ist er zur
Rückzahlung der bereits geleisteten Zahlungen verpflichtet, wenn der versuchte
Prozessbetrug rechtskräftig festgestellt worden ist.

D. Voraussetzung für den Anspruch auf Rechtsschutz

> **§ 4   Voraussetzung für den Anspruch auf Rechtsschutz**   31
>
> (1) Anspruch auf Rechtsschutz besteht nach Eintritt eines Rechtsschutzfalles
> - a) im Schadenersatz- Rechtsschutz gemäß § 2a) von dem ersten Ereignis an, durch das der Schaden verursacht wurde oder verursacht worden sein soll;
> - b) im Beratungs-Rechtsschutz für Familien-, Lebenspartnerschafts- und Erbrecht gemäß § 2k) von dem Ereignis an, das die Änderung der Rechtslage des Versicherungsnehmers oder einer mitversicherten Person zur Folge hat;
> - c) in allen anderen Fällen von dem Zeitpunkt an, in dem der Versicherungsnehmer oder ein anderer einen Verstoß gegen Rechtspflichten oder Rechtsvorschriften begangen hat oder begangen haben soll.

Die Voraussetzungen nach a) bis c) müssen nach Beginn des Versicherungsschutzes gemäß § 7 und vor dessen Beendigung eingetreten sein. Für die Leistungsarten nach § 2b) bis g) besteht Versicherungsschutz jedoch erst nach Ablauf von drei Monaten nach Versicherungsbeginn (Wartezeit), soweit es sich nicht um die Wahrnehmung rechtlicher Interessen aufgrund eines Kauf- oder Leasingvertrages über ein fabrikneues Kraftfahrzeug handelt.

(2) Erstreckt sich der Rechtsschutzfall über einen Zeitraum, ist dessen Beginn maßgeblich. Sind für die Wahrnehmung rechtlicher Interessen mehrere Rechtsschutzfälle ursächlich, ist der erste entscheidend, wobei jedoch jeder Rechtsschutzfall außer Betracht bleibt, der länger als ein Jahr vor Beginn des Versicherungsschutzes für den betroffenen Gegenstand der Versicherung eingetreten oder, soweit sich der Rechtsschutzfall über einen Zeitraum erstreckt, beendet ist.

(3) Es besteht kein Rechtsschutz, wenn

   a) eine Willenserklärung oder Rechtshandlung, die vor Beginn des Versicherungsschutzes vorgenommen wurde, den Verstoß nach Absatz 1 c) ausgelöst hat;

   b) der Anspruch auf Rechtsschutz erstmals später als drei Jahre nach Beendigung des Versicherungsschutzes für den betroffenen Gegenstand der Versicherung geltend gemacht wird.

(4) Im Steuer- Rechtsschutz vor Gerichten (§ 2e) besteht kein Rechtsschutz, wenn die tatsächlichen oder behaupteten Voraussetzungen für die der Angelegenheit zugrunde liegende Steuer- oder Abgabefestsetzung vor dem im Versicherungsschein bezeichneten Versicherungsbeginn eingetreten sind oder eingetreten sein sollen.

I.   Vorbemerkung

32   Voraussetzung für die Eintrittpflicht der Rechtsschutzversicherung ist in allen Fällen, dass der Rechtsschutzfall sich im versicherten **Zeitraum** ereignet hat. Versicherungsschutz besteht erst **nach** Eintritt eines Versicherungsfalles, **nicht** für eine **vorsorgliche** Beratung oder Tätigkeit.

II.   Schadenersatzrechtsschutz

33   Für den Schadenersatzrechtsschutz kommt es auf das **erste Kausalereignis** an, durch das der Schaden verursacht worden ist, der Schadenersatzansprüche auslöst.

Hierdurch sollen Zweckabschlüsse vermieden werden.[12] Bei Verkehrsunfällen ist im Regelfall der **Verkehrsunfall** selbst das kausale Ereignis. Wenn in der ärztlichen Versorgung eines Unfallopfers Fehler gemacht werden, kommt es nicht auf den Zeitpunkt des Arztfehlers an, vielmehr auf den Zeitpunkt des Unfallereignisses.

III. Sonstige Versicherungsfälle

Wenn keine Schadenersatzansprüche geltend gemacht werden, wird der Versiche-   **34**
rungsfall mit dem Zeitpunkt definiert, „in dem der Versicherungsnehmer oder ein anderer einen **Verstoß** gegen Rechtspflichten oder Rechtsvorschriften begangen hat oder begangen haben soll". Hierbei handelt es sich in erster Linie um den **Vertragsrechtsschutz**. Die Geltendmachung von **Kaskoansprüchen** ist die Geltendmachung vertraglicher Ansprüche, so dass der Rechtsschutzversicherer erst dann eintrittspflichtig ist, wenn der Kaskoversicherer eine **Vertragsverletzung** begeht oder sich in **Verzug** befindet.

E. Leistungsumfang

---

§ 5   Leistungsumfang   **35**

(1) Der Versicherer erbringt und vermittelt Dienstleistungen zur Wahrnehmung rechtlicher Interessen und trägt

   a) bei Eintritt des Rechtsschutzfalles im Inland die Vergütung eines für den Versicherungsnehmer tätigen Rechtsanwaltes bis zur Höhe der gesetzlichen Vergütung eines am Ort des zuständigen Gerichtes ansässigen Rechtsanwaltes. Der Versicherer trägt in Fällen, in denen das Rechtsanwaltsvergütungsgesetz für die Erteilung eines mündlichen oder schriftlichen Rates oder einer Auskunft (Beratung), die nicht mit einer anderen gebührenpflichtigen Tätigkeit zusammenhängt und für die Ausarbeitung eines Gutachtens keine der Höhe nach bestimmte Gebühr festsetzt, je Rechtsschutzfall eine Vergütung bis zu ... EUR. Wohnt der Versicherungsnehmer mehr als 100 km Luftlinie vom zuständigen Gericht entfernt und erfolgt eine gerichtliche Wahrnehmung seiner Interessen, trägt der Versicherer bei den Leistungsarten gemäß § 2a) bis g) die Kosten in der I. Instanz für einen im Landgerichtsbezirk des Versicherungsnehmers ansässigen Rechtsanwalt bis zur Höhe der gesetzlichen Vergütung eines

---

12   van Bühren/*Plote*, § 4, Rn 6.

Rechtsanwaltes, der lediglich den Verkehr mit dem Prozessbevollmächtigten führt;
b) bei Eintritt eines Rechtsschutzfalles im Ausland die Vergütung eines für
den Versicherungsnehmer tätigen am Ort des zuständigen Gerichts ansässigen ausländischen oder im Inland zugelassenen Rechtsanwaltes.
Im letzteren Fall trägt der Versicherer die Vergütung bis zur Höhe der gesetzlichen Vergütung, die entstanden wäre, wenn das Gericht, an dessen
Ort der Rechtsanwalt ansässig ist, zuständig wäre. § 5 Abs. 1a) Satz 2 gilt
entsprechend. Wohnt der Versicherungsnehmer mehr als 100 km Luftlinie
vom zuständigen Gericht entfernt und ist ein ausländischer Rechtsanwalt
für den Versicherungsnehmer tätig, trägt der Versicherer die Kosten in der
I. Instanz für einen im Landgerichtsbezirk des Versicherungsnehmers ansässigen Rechtsanwalt bis zur Höhe der gesetzlichen Vergütung eines
Rechtsanwaltes, der lediglich den Verkehr mit dem ausländischen
Rechtsanwalt führt.
Ist der Rechtsschutzfall durch einen Kraftfahrtunfall im europäischen Ausland eingetreten und eine zunächst betriebene Regulierung mit dem
Schadenregulierungsbeauftragten bzw. der Entschädigungsstelle im Inland erfolglos geblieben, so dass eine Rechtsverfolgung im Ausland notwendig wird, trägt der Versicherer zusätzlich die Kosten eines inländischen Rechtsanwaltes bei der Regulierung mit dem Schadenregulierungsbeauftragten bzw. der Entschädigungsstelle im Inland für dessen
gesamte Tätigkeit im Rahmen der gesetzlichen Gebühren bis zur Höhe
von ... EUR;
c) die Gerichtskosten einschließlich der Entschädigung für Zeugen und
Sachverständige, die vom Gericht herangezogen werden, sowie die Kosten des Gerichtsvollziehers;
d) die Gebühren eines Schieds- oder Schlichtungsverfahrens bis zur Höhe
der Gebühren, die im Falle der Anrufung eines zuständigen staatlichen
Gerichtes erster Instanz entstehen;
e) die Kosten in Verfahren vor Verwaltungsbehörden einschließlich der Entschädigung für Zeugen und Sachverständige, die von der Verwaltungsbehörde herangezogen werden, sowie die Kosten der Vollstreckung im
Verwaltungswege;
f) die übliche Vergütung
aa) eines öffentlich bestellten technischen Sachverständigen oder einer
rechtsfähigen technischen Sachverständigenorganisation in Fällen
der Verteidigung in verkehrsrechtlichen Straf- und Ordnungswidrigkeitenverfahren;
Wahrnehmung der rechtlichen Interessen aus Kauf- und Reparaturverträgen von Motorfahrzeugen zu Lande sowie Anhängern;

bb) eines im Ausland ansässigen Sachverständigen in Fällen der Geltendmachung von Ersatzansprüchen wegen der im Ausland eingetretenen Beschädigung eines Motorfahrzeuges zu Lande sowie Anhängers;

g) die Kosten der Reisen des Versicherungsnehmers zu einem ausländischen Gericht, wenn sein Erscheinen als Beschuldigter oder Partei vorgeschrieben und zur Vermeidung von Rechtsnachteilen erforderlich ist. Die Kosten werden bis zur Höhe der für Geschäftsreisen von deutschen Rechtsanwälten geltenden Sätze übernommen;

h) die dem Gegner durch die Wahrnehmung seiner rechtlichen Interessen entstandenen Kosten, soweit der Versicherungsnehmer zu deren Erstattung verpflichtet ist.

(2) a) Der Versicherungsnehmer kann die Übernahme der vom Versicherer zu tragenden Kosten verlangen, sobald er nachweist, dass er zu deren Zahlung verpflichtet ist oder diese Verpflichtung bereits erfüllt hat.

b) Vom Versicherungsnehmer in fremder Währung aufgewandte Kosten werden diesem in EUR zum Wechselkurs des Tages erstattet, an dem diese Kosten vom Versicherungsnehmer gezahlt wurden.

(3) Der Versicherer trägt nicht

a) Kosten, die der Versicherungsnehmer ohne Rechtspflicht übernommen hat;

b) Kosten, die bei einer einverständlichen Erledigung entstanden sind, soweit sie nicht dem Verhältnis des vom Versicherungsnehmer angestrebten Ergebnisses zum erzielten Ergebnis entsprechen, es sei denn, dass eine hiervon abweichende Kostenverteilung gesetzlich vorgeschrieben ist;

c) die im Versicherungsschein vereinbarte Selbstbeteiligung je Leistungsart nach § 2;

d) Kosten, die aufgrund der vierten oder jeder weiteren Zwangsvollstreckungsmaßnahme je Vollstreckungstitel entstehen;

e) Kosten aufgrund von Zwangsvollstreckungsmaßnahmen, die später als fünf Jahre nach Rechtskraft des Vollstreckungstitels eingeleitet werden;

f) Kosten für Strafvollstreckungsverfahren jeder Art nach Rechtskraft einer Geldstrafe oder -buße unter 250 EUR;

g) Kosten, zu deren Übernahme ein anderer verpflichtet wäre, wenn der Rechtsschutzversicherungsvertrag nicht bestünde;

h) Kosten im Rahmen einer einverständlichen Regelung für Forderungen, die selbst nicht streitig waren oder Kosten, die auf den nicht versicherten Teil von Schadensfällen entfallen.

(4) Der Versicherer zahlt in jedem Rechtsschutzfall höchstens die vereinbarte Versicherungssumme. Zahlungen für den Versicherungsnehmer und mitversicherte Personen aufgrund desselben Rechtsschutzfalles werden hierbei zu-

sammengerechnet. Dies gilt auch für Zahlungen aufgrund mehrerer Rechtsschutzfälle, die zeitlich und ursächlich zusammenhängen.

(5) Der Versicherer sorgt für

a) die Übersetzung der für die Wahrnehmung der rechtlichen Interessen des Versicherungsnehmers im Ausland notwendigen schriftlichen Unterlagen und trägt die dabei anfallenden Kosten;

b) die Zahlung eines zinslosen Darlehens bis zu der vereinbarten Höhe für eine Kaution, die gestellt werden muss, um den Versicherungsnehmer einstweilen von Strafverfolgungsmaßnahmen zu verschonen.

(6) Alle Bestimmungen, die den Rechtsanwalt betreffen, gelten entsprechend

a) in Angelegenheiten der freiwilligen Gerichtsbarkeit und im Beratungs-Rechtsschutz im Familien-, Lebenspartnerschafts- und Erbrecht (§ 2k) für Notare;

b) im Steuer- Rechtsschutz vor Gerichten (§ 2e) für Angehörige der steuerberatenden Berufe;

c) bei Wahrnehmung rechtlicher Interessen im Ausland für dort ansässige rechts- und sachkundige Bevollmächtigte.

I.   Vorbemerkung

36   In § 5 ARB 2008 werden enumerativ alle Kosten genannt, die vom Rechtsschutzversicherer zu erstatten sind. Diese Vorschrift ist daher, auch und vor allem im **Verkehrsrecht**, für Rechtsanwälte von zentraler Bedeutung.

II.   Rechtsanwaltskosten (Inland)

37   Nach § 5 Abs. 1a Satz 1 ARB 2008 trägt der Rechtsschutzversicherer die Vergütung eines für den Versicherungsnehmer oder den Versicherten tätigen Rechtsanwalts bis zur Höhe der gesetzlichen Vergütung eines am Ort des **zuständigen Gerichts** ansässigen Rechtsanwalts.

1.   Rechtsanwalt

38   Der Begriff „Rechtsanwalt" ist ein eindeutiger Rechtsbegriff, so dass die Inanspruchnahme **anderer** rechtsberatenden Berufe **nicht** Gegenstand der Rechtsschutzversicherung ist.

2. Vergütung eines Rechtsanwalts

Versicherungsbedingungen sind so auszulegen, wie sie ein durchschnittlicher Versicherungsnehmer bei verständiger Würdigung versteht. Das Wort „eines" bedeutet daher nicht eines „einzigen" Rechtsanwalts, so dass auch **mehrere Rechtsanwälte** in derselben Angelegenheit tätig sein dürfen, wenn sich diese die Gebühren eines einzigen Rechtsanwalts teilen.

39

3. Anwaltswechsel

Die durch einen Anwaltswechsel entstehenden Mehrkosten sind grundsätzlich **nicht** zu erstatten. Allerdings ist es dem Versicherungsnehmer unbenommen, für die jeweils höhere Instanz einen anderen Rechtsanwalt zu beauftragen, zumal hierdurch keine zusätzlichen Kosten entstehen.

40

4. Ansässiger Rechtsanwalt

Es wird auf die Gebühren eines ortsansässigen Rechtsanwalts abgestellt. „Ansässig" ist nach dem allgemeinen Sprachgebrauch dahingehend auszulegen, dass der **Kanzleisitz** des Rechtsanwalts gemeint ist, zumal es keine gesonderte Zulassung bei bestimmten Gerichten (außer BGH in Zivilsachen) mehr gibt.

41

Fahrtkosten oder **Abwesenheitsgelder**, die bei der Beauftragung eines nicht am Ort des zuständigen Gerichts ansässigen Rechtsanwalts anfallen, sind daher **nicht** Gegenstand der Rechtsschutzversicherung.

42

5. Verkehrsanwalt

Der Rechtsschutzversicherer trägt die Kosten eines Verkehrsanwalts, wenn der Versicherungsnehmer mehr als **100 km Luftlinie** vom zuständigen Gericht entfernt wohnt. Es kommt also nicht auf die Entfernung zwischen der Kanzlei und dem zuständigen Gericht an, entscheidend ist vielmehr der Wohnsitz des Versicherungsnehmers. Nur dann, wenn die Entfernung zwischen dem Wohnsitz des Versicherungsnehmers und dem zuständigen Gericht mehr als 100 km beträgt, erstattet der Versicherer auch die Vergütung eines Verkehrsanwalts.

43

Trotz des Wortlauts „Luftlinie" dürfte auf **Straßen- oder Bahnkilometer** nach amtlichen Entfernungsangaben abzustellen sein.[13] Die Verkehrsanwaltgebühr ist die **einzige Gebühr**, die der Rechtsschutzversicherer zusätzlich übernimmt. Wenn

44

---

13   van Bühren/*Plote*, § 5 ARB, Rn 29 m.w.N.

beim Verkehrsanwalt ebenfalls eine Einigungsgebühr anfällt, so ist diese gleichwohl nicht zu erstatten.[14] Die Kosten eines Verkehrsanwalts werden **nicht** in Fällen des **Straf- und Ordnungswidrigkeitenrechtsschutzes** übernommen. Diese Korrespondenzgebühr ist nur bei Auslands-Rechtsschutzfällen erstattungsfähig.

6. Anwalt in eigener Sache

45 Gegenstand der Rechtsschutzversicherung ist die Freistellung des Versicherungsnehmers von Vergütungsansprüchen des beauftragten Rechtsanwalts. Da der Rechtsanwalt gegen sich selbst keinen Vergütungsanspruch haben kann, kommt es auch **nicht** zu einer Freistellung durch den Rechtsschutzversicherer. Demgegenüber kann der Rechtsanwalt in eigener Sache Freistellung von Gerichtskosten, Sachverständigenkosten und von den an die Gegenseite zu erstattenden Kosten beanspruchen.[15]

7. Vorschuss

46 Gemäß § 9 RVG, der inhaltlich § 17 BRAGO entspricht, kann der beauftragte Rechtsanwalt angemessene Vorschüsse für seine **bisherige** und zu **erwartende Tätigkeit** anfordern.

47 Durch Vorschusszahlungen kann der Rechtsanwalt sich dagegen schützen, dass bei einem **Anwaltswechsel** der Versicherungsnehmer den Versicherer anweist, keine Zahlungen an den bisherigen Anwalt zu leisten.

48 Ebenso ist es sinnvoll, Vorschüsse in den Fällen zu verlangen, in denen nur **auflösend bedingt** Versicherungsschutz besteht. Bei der Verteidigung wegen eines verkehrsrechtlichen Vergehens entfällt der Versicherungsschutz rückwirkend, wenn eine Verurteilung erfolgt. Der Rückforderungsanspruch des Versicherers richtet sich dann jedoch nicht gegen den beauftragten Rechtsanwalt, vielmehr ist der **Versicherungsnehmer** zur Rückzahlung verpflichtet.[16]

III. Auslandsrechtsschutz

49 Bei Auslandsrechtsschutzfällen hat der Versicherungsnehmer das **Wahlrecht** zwischen einem ausländischen oder einem inländischen Rechtsanwalt. Auch bei Aus-

---

14   van Bühren/*Plote*, § 5 ARB, Rn 30; LG Hanau, zfs 1986, 146; LG Stuttgart, zfs 1986, 271.
15   van Bühren/*Plote*, § 5 ARB, Rn 36.
16   van Bühren/*Plote*, § 5 ARB, Rn 44 m.w.N.

landsrechtsschutzfällen gilt nunmehr die Regelung für die Entfernung von 100 km Luftlinie. Wohnt der Versicherungsnehmer mehr als 100 km Luftlinie vom zuständigen – ausländischen – Gericht entfernt, trägt der Versicherer nicht nur die Kosten des ausländischen Rechtsanwalts, sondern auch die **Korrespondenzgebühr** eines inländischen Rechtsanwalts.

IV. Gerichtskosten

Der Rechtsschutzversicherer trägt die Gerichtskosten, die Auslagenvorschüsse für Zeugen und Sachverständige sowie Dolmetscher, ebenso **Gerichtsvollzieherkosten.** 50

V. Schieds- und Schlichtungsverfahren

Die Gebühren eines Schieds- und Schlichtungsverfahrens werden ebenfalls erstattet, allerdings nur bis zur Höhe der Gebühren, die im Falle der Anrufung eines zuständigen staatlichen Gerichts **I. Instanz** entstehen. 51

Die in einem Sachverständigenverfahren (A.2.17 AKB 2008) anfallenden Kosten sind nicht Gegenstand der Rechtsschutzversicherung, da es bereits am Eintritt eines Versicherungsfalles fehlt. Die Geltendmachung von Ansprüchen aus der Kaskoversicherung ist die Geltendmachung vertraglicher Ansprüche, für die nur dann Versicherungsschutz besteht, wenn ein **Verstoß** gegen Rechtspflichten vorliegt oder behauptet wird. Die Berufung auf ein vertraglich vorgesehenes Schiedsgutachterverfahren ist jedoch noch kein Verstoß gegen den Versicherungsvertrag, da der Versicherer nur von **vertraglichen** Vereinbarungen Gebrauch macht.[17] 52

Einige Rechtsschutzversicherer bieten durch eine gesonderte Klausel Versicherungsschutz auch für das Sachverständigenverfahren. 53

Wo kein Versicherungsschutz besteht, empfiehlt sich das **selbstständige gerichtliche Beweisverfahren** gemäß §§ 485 ff. ZPO, für das die Rechtsschutzversicherung Versicherungsschutz zu gewähren hat. 54

---

17 van Bühren/*Plote*, § 5 ARB, Rn 78/79 m.w.N.

VI. Verwaltungsverfahrenskosten

55 Verwaltungsrechtsschutz besteht nur in **Verkehrssachen**, also nur in Bußgeldsachen, verwaltungsgerichtlichen Führerscheinverfahren, bei Fahrtenbuchanordnung oder bei Anordnung zur Teilnahme am Verkehrsunterricht.

56 **Nicht versichert** sind die Kosten einer medizinisch-psychologischen Untersuchung (**MPU**). Hierbei handelt es sich nicht um Sachverständige, die von der Verwaltungsbehörde herangezogen werden; es obliegt vielmehr dem Antragsteller/ Antragsgegner, ein derartiges Gutachten zur Erlangung der Fahrerlaubnis beizubringen.

57 Der Sachverständige hat daher auch keinen Honoraranspruch gegen die Verwaltungsbehörde, seine Kosten sind auch nicht **Auslagen** der Verwaltungsbehörde.[18]

58 **Halt-** und **Parkverstöße** sind ohnehin vom Versicherungsschutz ausgenommen, so dass auch die in diesem Zusammenhang anfallenden Verwaltungsverfahrenskosten nicht erstattungsfähig sind.

VII. Sachverständigenkosten

59 Grundsätzlich werden nur die Kosten eines **vom Gericht** herangezogenen Sachverständigen ersetzt. In drei Fallgruppen werden jedoch auch die Kosten eines vom Versicherungsnehmer beauftragten Gutachters übernommen:
- Bei der Verteidigung im verkehrsrechtlichen Verfahren,
- bei der Wahrnehmung von rechtlichen Interessen aus **Kauf- und Reparaturverträgen** von Motorfahrzeugen,
- bei der Geltendmachung von Ersatzansprüchen wegen der im **Ausland** eingetretnen Beschädigung eines Motorfahrzeuges.

VIII. Kosten des Gegners

60 Neben den eigenen Kosten des Versicherungsnehmers erstattet der Rechtsschutzversicherer auch die Kosten des Gegners, „*soweit der Versicherungsnehmer zu deren Erstattung verpflichtet ist*". Diese Kosten werden im Regelfall durch den **Kostenfestsetzungsbeschluss** eines Gerichts festgesetzt.

61 Die gerichtlichen **Kostenfestsetzungsbeschlüsse** haben auch und vor allem **Bindungswirkung** gegenüber dem Rechtsschutzversicherer, so dass es nicht darauf

---

18   van Bühren/*Plote*, § 5 ARB 2008, Rn 87 m.w.N.

ankommt, ob der Rechtsschutzversicherer die Festsetzung für richtig oder unrichtig hält.

Auf der anderen Seite ist der beauftragte Rechtsanwalt im Wegen der **Schadenminderungspflicht** gehalten, den Mandanten und dessen Rechtsschutzversicherung vor überhöhten Kosten zu bewahren. Er ist daher verpflichtet, gegen gerichtliche oder behördliche Kostenentscheidungen **Rechtsmittel** einzulegen, soweit hinreichende Erfolgsaussicht besteht. 62

Der beauftragte Rechtsanwalt muss daher gegen einen **überhöhten Streitwertbeschluss** ebenso Beschwerde einlegen,[19] wie eine sofortige **Beschwerde** gegen einen anfechtbaren Beschluss gemäß § 464 Abs. 3 Satz 1 StPO.[20] 63

IX. Nichterstattungsfähige Kosten

Nach § 5 Abs. 3 ARB 2008 werden Kosten nicht erstattet, die der Versicherungsnehmer – aus welchen Gründen auch immer – „**übernommen**" hat. 64

Bei einer einverständlichen Erledigung eines Rechtsstreits müssen die Kosten entsprechend dem Verhältnis zwischen Obsiegen und Unterliegen **gequotelt** werden. Wenn dieses Verhältnis nicht ohne weiteres erkennbar ist, kann es sich im Einzelfall empfehlen, das Gericht über die Kosten nach **§ 91a ZPO** entscheiden zu lassen. Der Rechtsschutzversicherer ist an die Entscheidung des Gerichts **gebunden**.[21] 65

Allerdings muss der beauftragte Rechtsanwalt den Rechtsschutzversicherer rechtzeitig über den Beschluss gemäß § 91a ZPO **informieren**, damit dieser noch Gelegenheit hat, Rechtsmittel einlegen zu lassen. 66

Nach überwiegender Rechtsprechung soll die Kostenverteilung entsprechend der Erfolgsquote auch für den **außergerichtlichen** Vergleich gelten.[22] Diese Rechtsauffassung entspricht jedoch nicht dem Bedürfnis der Praxis und dem Verständnis des Versicherungsnehmers. 67

Die Gleichsetzung des außergerichtlichen Vergleichs mit dem gerichtlichen Vergleich ist für einen Versicherungsnehmer weder erkennbar noch nachvollziehbar, da im Regelfall bei einem außergerichtlichen Vergleich gerade **keine** Kostenrege- 68

---

19 AG Charlottenburg, zfs 1991, 272 = r+s 1991, 377.
20 AG Köln, JurBüro 1998, 87.
21 OLG Hamm, zfs 2005, 202 = VersR 2005, 1142 = r+s 2005, 246; LG Köln, r+s 2006, 453.
22 BGH, VersR 2006, 404 m.w.N.

lung getroffen wird. Das LG Hagen[23] hat daher folgerichtig festgestellt, dass § 5 Abs. 3b ARB 2008 gegen das **Transparenzgebot** (§ 307 Abs. 1 BGB) verstößt, weil nicht klar zu erkennen ist, dass kein Versicherungsschutz gewährt wird, wenn die außergerichtliche Tätigkeit eines Rechtsanwalts erfolgreich war. Der verurteilte Rechtsschutzversicherer hat von der ausdrücklich zugelassenen Revision keinen Gebrauch gemacht.

69   Die meisten Rechtsschutzversicherer berufen sich nicht auf diese Kostenbegrenzung, weil eine ungünstige Kostenregelung in einem außergerichtlichen Vergleich weniger kostet als ein **teurer Prozess**.[24]

X. Quotenvorrecht

70   Auch in der Rechtsschutzversicherung gilt das Quotenvorrecht, so dass bei Erstattungen durch die Gegenseite zunächst der **Selbstbehalt** des Versicherungsnehmers an diesen zu erstatten ist. Dieses Quotenvorrecht gilt auch für **Fahrtkosten** und **Abwesenheitsgelder**, die nicht unter den Versicherungsschutz fallen.[25]

F. Örtlicher Geltungsbereich

71
§ 6   Örtlicher Geltungsbereich
(1) Rechtsschutz besteht, soweit die Wahrnehmung rechtlicher Interessen in Europa, den Anliegerstaaten des Mittelmeeres, auf den Kanarischen Inseln oder auf Madeira erfolgt und ein Gericht oder eine Behörde in diesem Bereich gesetzlich zuständig ist oder zuständig wäre, wenn ein gerichtliches oder behördliches Verfahren eingeleitet werden würde.
(2) Für die Wahrnehmung rechtlicher Interessen außerhalb des Geltungsbereiches nach Absatz 1 trägt der Versicherer bei Rechtsschutzfällen, die dort während eines längstens sechs Wochen dauernden, *nicht beruflich bedingten* Aufenthaltes eintreten, die Kosten nach § 5 Abs. 1 bis zu einem Höchstbetrag von EUR. Insoweit besteht kein Rechtsschutz für die Interessenwahrnehmung im Zusammenhang mit dem Erwerb oder der Veräußerung von dinglichen Rechten oder Teilzeitnutzungsrechten (Timesharing) an Grundstücken, Gebäuden oder Gebäudeteilen.

---

23   1 S 136/06, NJW-RR 2008, 478.

24   van Bühren/*Plote*, § 5 ARB, Rn 160 ff. m.w.N.

25   van Bühren/*Plote*, § 5 ARB, Rn 169 m.w.N.

I. Vorbemerkung

§ 6 ARB 2008 gewährt Versicherungsschutz auch für Schadenersatzansprüche aus   72
Schadenfällen im **außereuropäischen Ausland**, wenn der **Anspruchsgegner** im
Geltungsbereich der in § 6 Abs. 1 ARB 2008 genannten Länder seinen **Gerichtsstand** hat. In § 6 Abs. 2 ARB 2008 wird sogar **weltweite Deckung** gewährt, wenn
der Rechtsschutzfall während eines längstens sechs Wochen dauernden, nicht beruflich bedingten Aufenthalts eintritt.

II. Zuständiges Gericht

Versicherungsschutz besteht, wenn für die Interessenwahrnehmung kraft Gesetzes   73
ein **Rechtsweg** zu einem Gericht im Gebiet von § 6 Abs. 1 ARB 2008 gegeben ist.

III. Deckungsumfang

Der Versicherer erstattet nach **Wahl** des Versicherungsnehmers die Kosten eines   74
am Ort des zuständigen Gerichts ansässigen **ausländischen** Rechtsanwalts oder
die Kosten eines im **Inland** zugelassenen Rechtsanwalts.

G. Beginn des Versicherungsschutzes

---

§ 7   Beginn des Versicherungsschutzes   75

Der Versicherungsschutz beginnt zu dem im Versicherungsschein angegebenen
Zeitpunkt, wenn der Versicherungsnehmer den ersten oder einmaligen Beitrag
unverzüglich nach Fälligkeit im Sinne von § 9 B Absatz 1 Satz 1 zahlt. Eine vereinbarte Wartezeit bleibt unberührt.

In § 7 ARB 2008 wird klargestellt, dass der materielle Versicherungsschutz erst
mit Zahlung der vereinbarten **Prämie** beginnt.

H. Dauer und Ende des Vertrages

---

§ 8   Dauer und Ende des Vertrages   76

(1) Vertragsdauer
    Der Vertrag ist für die im Versicherungsschein angegebene Zeit abgeschlos-
    sen.

> (2) Stillschweigende Verlängerung
> Bei einer Vertragsdauer von mindestens einem Jahr verlängert sich der Vertrag um jeweils ein Jahr, wenn nicht dem Vertragspartner spätestens drei Monate vor dem Ablauf des jeweiligen Versicherungsjahres eine Kündigung zugegangen ist.
> (3) Vertragsbeendigung
> Bei einer Vertragsdauer von weniger als einem Jahr endet der Vertrag, ohne dass es einer Kündigung bedarf, zum vorgesehenen Zeitpunkt.
>
> Bei einer Vertragsdauer von mehr als drei Jahren kann der Vertrag schon zum Ablauf des dritten Jahres oder jedes darauf folgenden Jahres gekündigt werden; die Kündigung muss dem Vertragspartner spätestens drei Monate vor dem Ablauf des jeweiligen Versicherungsjahres zugegangen sein.

In § 8 ARB 2008 wird die Dauer des Vertrages geregelt, ohne einen genauen Zeitraum vorzuschreiben. Der einmal geschlossene Vertrag endet nur durch **Kündigungserklärung** eines der Vertragspartner und nicht durch **Ablauf** der vereinbarten Laufzeit. Eine Kündigung muss spätestens drei Monate vor dem jeweiligen Ablaufdatum erklärt werden.

I. Beitrag

77

> ## § 9   Beitrag
>
> ### A. Beitrag und Versicherungsteuer
> Der in Rechnung gestellte Beitrag enthält die Versicherungsteuer, die der Versicherungsnehmer in der jeweils vom Gesetz bestimmten Höhe zu entrichten hat.
>
> ### B. Zahlung und Folgen verspäteter Zahlung/ erster oder einmaliger Beitrag
> (1) Fälligkeit der Zahlung
> Der erste oder einmalige Beitrag wird unverzüglich nach Ablauf von zwei Wochen nach Zugang des Versicherungsscheins fällig. Ist Zahlung des Jahresbeitrags in Raten vereinbart, gilt als erster Beitrag nur die erste Rate des ersten Jahresbeitrags.
> (2) Späterer Beginn des Versicherungsschutzes
> Zahlt der Versicherungsnehmer den ersten oder einmaligen Beitrag nicht rechtzeitig, sondern zu einem späteren Zeitpunkt, beginnt der Versicherungsschutz erst ab diesem Zeitpunkt, sofern der Versicherungsnehmer durch ge-

sonderte Mitteilung in Textform oder durch einen auffälligen Hinweis im Versicherungsschein auf diese Rechtsfolge aufmerksam gemacht wurde. Das gilt nicht, wenn der Versicherungsnehmer nachweist, dass er die Nichtzahlung nicht zu vertreten hat.

(3) Rücktritt
Zahlt der Versicherungsnehmer den ersten oder einmaligen Beitrag nicht rechtzeitig, kann der Versicherer vom Vertrag zurücktreten, solange der Beitrag nicht gezahlt ist. Der Versicherer kann nicht zurücktreten, wenn der Versicherungsnehmer nachweist, dass er die Nichtzahlung nicht zu vertreten hat.

C. Zahlung und Folgen verspäteter Zahlung / Folgebeitrag

(1) Die Folgebeiträge werden zu dem jeweils vereinbarten Zeitpunkt fällig.

(2) Verzug
Wird ein Folgebeitrag nicht rechtzeitig gezahlt, gerät der Versicherungsnehmer ohne Mahnung in Verzug, es sei denn, dass er die verspätete Zahlung nicht zu vertreten hat. Der Versicherer ist berechtigt, Ersatz des ihm durch den Verzug entstandenen Schadens zu verlangen.

(3) Zahlungsaufforderung
Wird ein Folgebeitrag nicht rechtzeitig gezahlt, kann der Versicherer dem Versicherungsnehmer auf dessen Kosten in Textform eine Zahlungsfrist bestimmen, die mindestens zwei Wochen betragen muss. Die Bestimmung ist nur wirksam, wenn sie die rückständigen Beträge des Beitrags, Zinsen und Kosten im Einzelnen beziffert und die Rechtsfolgen angibt, die nach Absätzen 4 und 5 mit dem Fristablauf verbunden sind.

(4) Kein Versicherungsschutz
Ist der Versicherungsnehmer nach Ablauf dieser Zahlungsfrist noch mit der Zahlung in Verzug, besteht ab diesem Zeitpunkt bis zur Zahlung kein Versicherungsschutz, wenn er mit der Zahlungsaufforderung nach Absatz 3 darauf hingewiesen wurde.

(5) Kündigung
Ist der Versicherungsnehmer nach Ablauf dieser Zahlungsfrist noch mit der Zahlung in Verzug, kann der Versicherer den Vertrag ohne Einhaltung einer Frist kündigen, wenn er den Versicherungsnehmer mit der Zahlungsaufforderung nach Absatz 3 darauf hingewiesen hat.
Hat der Versicherer gekündigt, und zahlt der Versicherungsnehmer danach innerhalb eines Monats den angemahnten Betrag, besteht der Vertrag fort. Für Versicherungsfälle, die zwischen dem in Abs. 4 genannten Zeitpunkt (Ablauf der Zahlungsfrist) und der Zahlung eingetreten sind, besteht jedoch kein Versicherungsschutz.

D. Rechtzeitigkeit der Zahlung bei Lastschriftermächtigung

(1) Rechtzeitige Zahlung

Ist die Einziehung des Beitrags von einem Konto vereinbart, gilt die Zahlung als rechtzeitig, wenn der Beitrag zu dem Fälligkeitstag eingezogen werden kann und der Versicherungsnehmer einer berechtigten Einziehung nicht widerspricht.

Konnte der fällige Beitrag ohne Verschulden des Versicherungsnehmers vom Versicherer nicht eingezogen werden, ist die Zahlung auch dann noch rechtzeitig, wenn sie unverzüglich nach einer in Textform abgegebenen Zahlungsaufforderung des Versicherers erfolgt.

(2) Beendigung des Lastschriftverfahrens

Kann der fällige Beitrag nicht eingezogen werden, weil der Versicherungsnehmer die Einzugsermächtigung widerrufen hat, oder hat der Versicherungsnehmer aus anderen Gründen zu vertreten, dass der Beitrag nicht eingezogen werden kann, ist der Versicherer berechtigt, künftig Zahlung außerhalb des Lastschriftverfahrens zu verlangen. Der Versicherungsnehmer ist zur Übermittlung des Beitrages erst verpflichtet, wenn er vom Versicherer hierzu in Textform aufgefordert worden ist.

E. Teilzahlung und Folgen bei verspäteter Zahlung

Ist die Zahlung des Jahresbeitrags in Raten vereinbart, sind die noch ausstehenden Raten sofort fällig, wenn der Versicherungsnehmer mit der Zahlung einer Rate im Verzug ist. Ferner kann der Versicherer für die Zukunft jährliche Beitragszahlung verlangen.

F. Beitrag bei vorzeitiger Vertragsbeendigung

Bei vorzeitiger Beendigung des Vertrages hat der Versicherer, soweit nicht etwas anderes bestimmt ist, nur Anspruch auf den Teil des Beitrages, der dem Zeitraum entspricht, in dem Versicherungsschutz bestanden hat.

§ 9 ARB 2008 wiederholt die Rechtsfolgen bei Zahlungsverzug der **Erstprämie** (§ 37 VVG 2008) und verspäteter Zahlung der **Folgeprämie** (§ 38 VVG 2008).

Gesondert geregelt ist noch die Zahlung per **Lastschrifteinzug**. Hier trägt das Risiko der rechtzeitigen Zahlung der Versicherer. Der Versicherungsnehmer muss nur bei Fälligkeit der Prämie für ausreichende Kostendeckung sorgen.

J. Beitragsanpassung

78

§10 Beitragsanpassung

(1) Ein unabhängiger Treuhänder ermittelt bis zum 1. Juli eines jeden Jahres, um welchen Vomhundertsatz sich für die Rechtsschutzversicherung das Produkt von Schadenhäufigkeit und Durchschnitt der Schadenzahlungen einer genügend großen Zahl der die Rechtsschutzversicherung betreibenden Versicherer im vergangenen Kalenderjahr erhöht oder vermindert hat. Als Schadenhäufigkeit eines Kalenderjahres gilt die Anzahl der in diesem Jahr gemeldeten Rechtsschutzfälle, geteilt durch die Anzahl der im Jahresmittel versicherten Risiken. Als Durchschnitt der Schadenzahlungen eines Kalenderjahres gilt die Summe der Zahlungen, die für alle in diesem Jahr erledigten Rechtsschutzfälle insgesamt geleistet wurden, geteilt durch die Anzahl dieser Rechtsschutzfälle. Veränderungen der Schadenhäufigkeit und des Durchschnitts der Schadenzahlungen, die aus Leistungsverbesserungen herrühren, werden bei den Feststellungen des Treuhänders nur bei denjenigen Verträgen berücksichtigt, in denen sie in beiden Vergleichsjahren bereits enthalten sind.

(2) Die Ermittlung des Treuhänders erfolgt für Versicherungsverträge
gemäß den §§ 21 und 22,
gemäß den §§ 23, 24, 25 und 29,
gemäß den §§ 26 und 27,
gemäß § 28
nebst den zusätzlich vereinbarten Klauseln gesondert, und zwar jeweils unterschieden nach Verträgen mit und ohne Selbstbeteiligung.

(3) Ergeben die Ermittlungen des Treuhänders einen Vomhundertsatz unter 5, unterbleibt eine Beitragsänderung. Der Vomhundertsatz ist jedoch in den folgenden Jahren mit zu berücksichtigen.
Ergeben die Ermittlungen des Treuhänders einen höheren Vomhundertsatz, ist dieser, wenn er nicht durch 2,5 teilbar ist, auf die nächst niedrige durch 2,5 teilbare Zahl abzurunden.
Im Falle einer Erhöhung ist der Versicherer berechtigt, im Falle einer Verminderung verpflichtet, den Folgejahresbeitrag um den abgerundeten Vomhundertsatz zu verändern. Der erhöhte Beitrag darf den zum Zeitpunkt der Erhöhung geltenden Tarifbeitrag nicht übersteigen.

(4) Hat sich der entsprechend Absatz 1 nach den unternehmenseigenen Zahlen des Versicherers zu ermittelnde Vomhundertsatz in den letzten drei Jahren, in denen eine Beitragsanpassung möglich war, geringer erhöht, als er vom Treuhänder für diese Jahre festgestellt wurde, so darf der Versicherer den Folgejahresbeitrag in der jeweiligen Anpassungsgruppe gemäß Absatz 2 nur

um den im letzten Kalenderjahr nach seinen Zahlen ermittelten Vomhundertsatz erhöhen. Diese Erhöhung darf diejenige nicht übersteigen, die sich nach
Absatz 3 ergibt.

(5) Die Beitragsanpassung gilt für alle Folgejahresbeiträge, die ab 1. Oktober
des Jahres, in dem die Ermittlungen des Treuhänders erfolgten, fällig werden.
Sie unterbleibt, wenn seit dem im Versicherungsschein bezeichneten Versicherungsbeginn für den Gegenstand der Versicherung noch nicht ein Jahr
abgelaufen ist.

(6) Erhöht sich der Beitrag, ohne dass sich der Umfang des Versicherungsschutzes ändert, kann der Versicherungsnehmer den Versicherungsvertrag innerhalb eines Monats nach Zugang der Mitteilung des Versicherers mit sofortiger
Wirkung, frühestens jedoch zu dem Zeitpunkt kündigen, in dem die Beitragserhöhung wirksam werden sollte. Der Versicherer hat den Versicherungsnehmer in der Mitteilung auf das Kündigungsrecht hinzuweisen. Die Mitteilung
muss dem Versicherungsnehmer spätestens einen Monat vor dem Wirksamwerden der Beitragserhöhung zugehen. Eine Erhöhung der Versicherung-
steuer begründet kein Kündigungsrecht.

§ 10 ARB 2008 gibt dem Versicherer die Möglichkeit, unter bestimmten Voraussetzungen eine **Beitragserhöhung** durchzusetzen. Der Versicherungsnehmer hat dann
ein **Kündigungsrecht**, unabhängig von der Höhe der Prämiensteigerung.

K.   Änderung der für die Beitragsbemessung wesentlichen Umstände

79

§ 11   Änderung der für die Beitragsbemessung wesentlichen Umstände

(1) Tritt nach Vertragsabschluss ein Umstand ein, der nach dem Tarif des Versicherers einen höheren als den vereinbarten Beitrag rechtfertigt, kann der
Versicherer vom Eintritt dieses Umstandes an für die hierdurch entstandene
höhere Gefahr den höheren Beitrag verlangen. Wird die höhere Gefahr nach
dem Tarif des Versicherers auch gegen einen höheren Beitrag nicht übernommen, kann der Versicherer die Absicherung der höheren Gefahr ausschließen. Erhöht sich der Beitrag wegen der Gefahrerhöhung um mehr als
10 Prozent oder schließt der Versicherer die Absicherung der höheren Gefahr
aus, kann der Versicherungsnehmer den Vertrag innerhalb eines Monats
nach Zugang der Mitteilung des Versicherers ohne Einhaltung einer Frist kündigen. In der Mitteilung hat der Versicherer den Versicherungsnehmer auf die-

ses Kündigungsrecht hinzuweisen. Der Versicherer kann seine Rechte nur innerhalb eines Monats nach Kenntnis ausüben.

(2) Tritt nach Vertragsabschluß ein Umstand ein, der nach dem Tarif des Versicherers einen geringeren als den vereinbarten Beitrag rechtfertigt, kann der Versicherer vom Eintritt dieses Umstandes an nur noch den geringeren Beitrag verlangen. Zeigt der Versicherungsnehmer diesen Umstand dem Versicherer später als zwei Monate nach dessen Eintritt an, wird der Beitrag erst von Eingang der Anzeige an herabgesetzt.

(3) Der Versicherungsnehmer hat dem Versicherer innerhalb eines Monates nach Zugang einer Aufforderung die zur Beitragsberechnung erforderlichen Angaben zu machen. Verletzt der Versicherungsnehmer diese Pflicht, kann der Versicherer den Vertrag unter Einhaltung einer Frist von einem Monat kündigen, wenn die Pflichtverletzung des Versicherungsnehmers vorsätzlich oder grob fahrlässig war. Das Nichtvorliegen der groben Fahrlässigkeit hat der Versicherungsnehmer zu beweisen. Macht der Versicherungsnehmer bis zum Fristablauf diese Angaben vorsätzlich unrichtig oder unterlässt er die erforderlichen Angaben vorsätzlich und tritt der Versicherungsfall später als einen Monat nach dem Zeitpunkt ein, in dem die Angaben dem Versicherer hätten zugehen müssen, so hat der Versicherungsnehmer keinen Versicherungsschutz, es sei denn dem Versicherer war der Eintritt des Umstandes zu diesem Zeitpunkt bekannt. Beruht das Unterlassen der erforderlichen Angaben oder die unrichtige Angabe auf grober Fahrlässigkeit, kann der Versicherer den Umfang des Versicherungsschutzes in einem der Schwere des Verschuldens des Versicherungsnehmers entsprechenden Verhältnis kürzen. Das Nichtvorliegen einer groben Fahrlässigkeit hat der Versicherungsnehmer zu beweisen. Der Versicherungsnehmer hat gleichwohl Versicherungsschutz, wenn zum Zeitpunkt des Versicherungsfalls die Frist für die Kündigung des Versicherers abgelaufen war und er nicht gekündigt hat. Gleiches gilt, wenn der Versicherungsnehmer nachweist, dass die Gefahr weder für den Eintritt des Versicherungsfalls noch den Umfang der Leistung des Versicherers ursächlich war.

(4) Die vorstehenden Regelungen finden keine Anwendung, wenn sich die Gefahr nur unerheblich erhöht hat oder nach den Umständen als vereinbart anzusehen ist, dass die Gefahrerhöhung mitversichert sein soll.

§ 11 ARB 2008 schafft die Möglichkeit, bei einer Gefahränderung den Vertrag der geänderten Risikosituation **anzupassen**. Es handelt sich insoweit um eine Sonderregelung der §§ 23 ff. VVG 2008.

L. Wegfall des versicherten Interesses

80 | **§ 12 Wegfall des versicherten Interesses**
>
> (1) Der Vertrag endet, soweit nicht etwas anderes bestimmt ist, zu dem Zeitpunkt, zu dem der Versicherer davon Kenntnis erhält, dass das versicherte Interesse nach dem Beginn der Versicherung weggefallen ist. In diesem Fall steht ihm der Beitrag zu, den er hätte erheben können, wenn die Versicherung nur bis zum Zeitpunkt der Kenntniserlangung beantragt worden wäre.
>
> (2) Im Falle des Todes des Versicherungsnehmers besteht der Versicherungsschutz bis zum Ende der laufenden Beitragsperiode fort, soweit der Beitrag am Todestag gezahlt war und nicht aus sonstigen Gründen ein Wegfall des Gegenstandes der Versicherung vorliegt. Wird der nach dem Todestag nächste fällige Beitrag bezahlt, bleibt der Versicherungsschutz in dem am Todestag bestehenden Umfang aufrechterhalten. Derjenige, der den Beitrag gezahlt hat oder für den gezahlt wurde, wird anstelle des Verstorbenen Versicherungsnehmer. Er kann innerhalb eines Jahres nach dem Todestag die Aufhebung des Versicherungsvertrages mit Wirkung ab Todestag verlangen.
>
> (3) Wechselt der Versicherungsnehmer die im Versicherungsschein bezeichnete, selbst genutzte Wohnung oder das selbst genutzte Einfamilienhaus, geht der Versicherungsschutz auf das neue Objekt über. Versichert sind Rechtsschutzfälle, die im Zusammenhang mit der Eigennutzung stehen, auch soweit sie erst nach dem Auszug aus dem bisherigen Objekt eintreten. Das gleiche gilt für Rechtsschutzfälle, die sich auf das neue Objekt beziehen und vor dessen geplantem oder tatsächlichem Bezug eintreten.
>
> (4) Wechselt der Versicherungsnehmer ein Objekt, das er für seine gewerbliche, freiberufliche oder sonstige selbstständige Tätigkeit selbst nutzt, findet Absatz 3 entsprechende Anwendung, wenn das neue Objekt nach dem Tarif des Versicherers weder nach Größe, noch nach Miet- oder Pachthöhe einen höheren als den vereinbarten Beitrag rechtfertigt.

I. Vorbemerkung

81 In § 12 ARB 2008 sind mehrere Fälle der **Veränderung** der versicherten Risiken geregelt.

II. Wegfall des versicherten Risikos

Ein Risikowegfall ist gegeben, wenn ein versichertes Risiko **nicht mehr besteht** und der Zweck des Versicherungsvertrages für den Versicherungsnehmer **entfällt**.[26]

82

1. Verlust der Fahrerlaubnis (§ 22 Abs. 6 ARB 2008)

Wenn beim Fahrer-Rechtsschutz die versicherte Person die **Fahrerlaubnis** verliert, trägt der Versicherer kein Risiko mehr. Der Versicherungsvertrag endet nach Ablauf von **sechs Monaten**. Voraussetzung für die Beendigung des Versicherungsvertrags ist die rechtzeitige Anzeige des Verlustes der Fahrerlaubnis, spätestens innerhalb von **zwei Monaten** nach Ablauf der 6-Monats-Frist. Bei einer späteren Anzeige endet der Versicherungsvertrag mit Eingang der Anzeige. Diese Regelung bedeutet, dass der Versicherungsnehmer für sechs weitere Monate die **volle Prämie** schuldet, ohne dass der Versicherer ein Risiko trägt.

83

2. Verlust des Fahrzeuges (§ 21 Abs. 9 ARB 2008)

Wenn nach Verlust eines Fahrzeuges seit mindestens **sechs Monaten** kein weiteres Fahrzeug auf den Versicherungsnehmer zugelassen wird, kann der Versicherungsnehmer die **Herabsetzung** der Prämie gemäß § 11 Abs. 2 ARB 2008 verlangen, wenn er den Versicherungsvertrag wegen der übrigen Risiken fortsetzen will. Er kann jedoch auch die **sofortige Aufhebung** des Versicherungsvertrages verlangen.

84

3. Tod des Versicherungsnehmers

Bei Tod des Versicherungsnehmers besteht der Versicherungsvertrag bis zum Ende der laufenden Beitragsperiode fort. Grundsätzlich geht der Rechtsschutzanspruch auf die **Erben** gemäß § 1922 BGB über.

85

Diese Regelung ist bedeutsam, wenn der Versicherungsnehmer bei einem Verkehrsunfall verstirbt. Seine Erben können dann für die Geltendmachung ihrer Ansprüche aus diesem **Verkehrsunfall** die Rechtsschutzversicherung des **verstorbenen** Versicherungsnehmers in Anspruch nehmen.

86

---

26   van Bühren/*Plote*, § 12 ARB, Rn 3.

M.   Kündigung nach Versicherungsfall

87

> **§ 13   Kündigung nach Versicherungsfall**
>
> (1) Lehnt der Versicherer den Rechtsschutz ab, obwohl er zur Leistung verpflichtet ist, kann der Versicherungsnehmer den Vertrag vorzeitig kündigen.
>
> (2) Bejaht der Versicherer seine Leistungspflicht für mindestens zwei innerhalb von zwölf Monaten eingetretene Rechtsschutzfälle, sind der Versicherungsnehmer und der Versicherer nach Anerkennung der Leistungspflicht für den zweiten oder jeden weiteren Rechtsschutzfall berechtigt, den Vertrag vorzeitig zu kündigen.
>
> (3) Die Kündigung muss dem Vertragspartner spätestens einen Monat nach Zugang der Ablehnung des Rechtsschutzes gemäß Absatz 1 oder Anerkennung der Leistungspflicht gemäß Absatz 2 in Schriftform zugegangen sein.
>
> Kündigt der Versicherungsnehmer, wird seine Kündigung sofort nach ihrem Zugang beim Versicherer wirksam. Der Versicherungsnehmer kann jedoch bestimmen, dass die Kündigung zu einem späteren Zeitpunkt, spätestens jedoch zum Ende des laufenden Versicherungsjahres, wirksam wird.
>
> Eine Kündigung des Versicherers wird einen Monat nach ihrem Zugang beim Versicherungsnehmer wirksam.

I.   Vorbemerkung

88   § 13 ARB 2008 regelt die außerordentlichen Kündigungsmöglichkeiten sowohl für **Versicherer** als auch für den **Versicherungsnehmer**. Bei wirksamer Kündigung schuldet der Versicherungsnehmer auch nur die **anteilige** Prämie.

II.   Kündigung des Versicherungsnehmers

89   Der Versicherungsnehmer hat ein außerordentliches Kündigungsrecht, wenn der Versicherer den Rechtsschutz **ablehnt**, obwohl er zur Leistung verpflichtet ist. Das Kündigungsrecht besteht nicht, wenn der Versicherer zu Recht die Deckung abgelehnt hat.[27]

---

27   LG Aurich, r+s 1998, 379.

III. Kündigung nach zwei Rechtsschutzfällen

Wenn der Versicherer seine Leistungspflicht für mindestens zwei Rechtsschutzfälle   90
innerhalb von **12 Monaten** bejaht, haben Versicherer und Versicherungsnehmer
ein außerordentliches Kündigungsrecht. Entscheidend ist der objektive Eintritt des
Rechtsschutzfalles, auf den Zeitpunkt der Schadenanzeige kommt es nicht an. Das
Kündigungsrecht muss innerhalb von einem Monat ausgeübt werden.

N. Gesetzliche Verjährung

---

§ 14   Gesetzliche Verjährung   91

(1) Die Ansprüche aus dem Versicherungsvertrag verjähren in drei Jahren. Die
Fristberechnung richtet sich nach den allgemeinen Vorschriften des Bürgerlichen Gesetzbuches.

(2) Ist ein Anspruch aus dem Versicherungsvertrag bei dem Versicherer angemeldet worden, ist die Verjährung von der Anmeldung bis zu dem Zeitpunkt
gehemmt, zu dem die Entscheidung des Versicherers dem Versicherten in
Textform zugeht.

I. Vorbemerkung

§ 14 ARB 2008 verweist lediglich auf die gesetzlichen Verjährungsfristen nach   92
BGB und die Hemmung der Verjährung gemäß § 15 VVG 2008.

II. Beginn der Verjährung

Die Verjährung beginnt nicht mit dem unmittelbaren Zeitpunkt der Fälligkeit, son-   93
dern mit dem **Schluss des Kalenderjahres**, in dem die Fälligkeit eingetreten ist.

Eine vollständige oder teilweise **Leistungsablehnung** durch den Rechtsschutzver-   94
sicherer begründet die Fälligkeit des Anspruchs und ist daher maßgeblich für den
Beginn der Verjährungsfrist.[28]

---

28   LG Berlin, r+s 2003, 366.

III. Fälligkeit

95 Die Verjährungsfrist beginnt erst mit der Fälligkeit des Leistungsanspruchs gegen den Versicherer. Der BGH hat in einer Entscheidung vom 14.4.1999[29] klargestellt, dass der Anspruch auf Kostenbefreiung die **Hauptleistung** des Rechtsschutzversicherers ist.

96 Es handelt sich jedoch **nicht** um einen **einheitlichen** Anspruch, die Fälligkeit der einzelnen Leistungsansprüche ergibt sich vielmehr aus § 5 Abs. 2a ARB 2008:

> „Der Versicherungsnehmer kann die Übernahme der vom Versicherer zu tragenden Kosten verlangen, sobald er nachweist, dass er zu deren Zahlung verpflichtet ist oder diese Verpflichtung bereits erfüllt hat."

97 **Jede** Maßnahme des beauftragten Rechtsanwalts, die Kosten auslösen kann, begründet somit einen **neuen** Fälligkeitszeitpunkt.[30]

98 War der beauftragte Rechtsanwalt zunächst außergerichtlich tätig und wird erst Jahre später ein Rechtsstreit geführt, so beginnt die Fälligkeit für die Prozesskosten erst mit dem **Klageauftrag.**

IV. Hemmung der Verjährung

99 Nach § 15 VVG 2009 ist die Verjährung des Deckungsanspruchs, der beim Versicherer **angemeldet** worden ist, gehemmt bis zu dem Zeitpunkt, *„zu dem die Entscheidung des Versicherers dem Anspruchsteller in Textform zugeht."*

O. Rechtsstellung mitversicherter Personen

100
> **§ 15   Rechtsstellung mitversicherter Personen**
>
> (1) Versicherungsschutz besteht für den Versicherungsnehmer und im jeweils bestimmten Umfang für die in § 21 bis § 28 oder im Versicherungsschein genannten sonstigen Personen. Außerdem besteht Versicherungsschutz für Ansprüche, die natürlichen Personen aufgrund Verletzung oder Tötung des Versicherungsnehmers oder einer mitversicherten Person kraft Gesetzes zustehen.
>
> (2) Für mitversicherte Personen gelten die den Versicherungsnehmer betreffenden Bestimmungen sinngemäß. Der Versicherungsnehmer kann jedoch wi-

---

29 VersR 1999, 706 = NJW-RR 1999, 1037 = zfs 1999, 439 = r+s 1999, 285 = DAR 1999, 311.
30 BGH, VersR 2006, 404.

> dersprechen, wenn eine andere mitversicherte Person als sein ehelicher/eingetragener Lebenspartner Rechtsschutz verlangt.

In § 15 ARB 2008 werden die mitversicherten Personen dem Versicherungsnehmer **gleichgestellt**. Der Versicherungsnehmer kann zwar widersprechen, ist jedoch bei unberechtigter Verweigerung der Zustimmung möglicherweise schadenersatzpflichtig.[31] Dieses Widerspruchsrecht besteht nicht bei ehelichen oder eingetragenen Lebenspartnern.

P. Anzeigen, Willenserklärungen, Anschriftenänderung

§ 16 Anzeigen, Willenserklärungen, Anschriftenänderung 101

(1) Alle für den Versicherer bestimmten Anzeigen und Erklärungen sollen an die Hauptverwaltung des Versicherers oder an die im Versicherungsschein oder in dessen Nachträgen als zuständig bezeichnete Geschäftsstelle gerichtet werden.

(2) Hat der Versicherungsnehmer eine Änderung seiner Anschrift dem Versicherer nicht mitgeteilt, genügt für eine Willenserklärung, die dem Versicherungsnehmer gegenüber abzugeben ist, die Absendung eines eingeschriebenen Briefes an die letzte dem Versicherer bekannte Anschrift. Die Erklärung gilt drei Tage nach der Absendung des Briefes als zugegangen. Dies gilt entsprechend für den Fall einer Namensänderung des Versicherungsnehmers.

(3) Hat der Versicherungsnehmer die Versicherung für seinen Gewerbebetrieb abgeschlossen, finden bei einer Verlegung der gewerblichen Niederlassung die Bestimmungen des Absatzes 2 entsprechende Anwendung.

In § 16 ARB 2008 wird geregelt, an wen die für den Versicherer bestimmten Anzeigen und Erklärungen zu **richten** sind. Der in den früheren ARB genannte Zusatz *„schriftlich"* ist entfallen, so dass auch die Übermittlung durch **Textform** oder auf andere Weise genügt.

---

31   van Bühren/*Plote*, § 15 ARB, Rn 9.

Q. Verhalten nach Eintritt des Rechtsschutzfalls

102

§ 17   Verhalten nach Eintritt des Rechtsschutzfalls

(1) Wird die Wahrnehmung rechtlicher Interessen für den Versicherungsnehmer nach Eintritt eines Rechtsschutzfalles erforderlich, kann er den zu beauftragenden Rechtsanwalt aus dem Kreis der Rechtsanwälte auswählen, deren Vergütung der Versicherer nach § 5 Absatz 1 a) und b) trägt. Der Versicherer wählt den Rechtsanwalt aus,

a) wenn der Versicherungsnehmer dies verlangt;

b) wenn der Versicherungsnehmer keinen Rechtsanwalt benennt und dem Versicherer die alsbaldige Beauftragung eines Rechtsanwaltes notwendig erscheint.

(2) Wenn der Versicherungsnehmer den Rechtsanwalt nicht bereits selbst beauftragt hat, wird dieser vom Versicherer im Namen des Versicherungsnehmers beauftragt. Für die Tätigkeit des Rechtsanwaltes ist der Versicherer nicht verantwortlich.

(3) Macht der Versicherungsnehmer den Rechtsschutzanspruch geltend, hat er den Versicherer vollständig und wahrheitsgemäß über sämtliche Umstände des Rechtsschutzfalles zu unterrichten sowie Beweismittel anzugeben und Unterlagen auf Verlangen zur Verfügung zu stellen.

(4) Der Versicherer bestätigt den Umfang des für den Rechtsschutzfall bestehenden Versicherungsschutzes. Ergreift der Versicherungsnehmer Maßnahmen zur Wahrnehmung seiner rechtlichen Interessen, bevor der Versicherer den Umfang des Rechtsschutzes bestätigt und entstehen durch solche Maßnahmen Kosten, trägt der Versicherer nur die Kosten, die er bei einer Rechtsschutzbestätigung vor Einleitung dieser Maßnahmen zu tragen hätte.

(5) Der Versicherungsnehmer hat

a) den mit der Wahrnehmung seiner Interessen beauftragten Rechtsanwalt vollständig und wahrheitsgemäß über die Sachlage zu unterrichten, ihm die Beweismittel anzugeben, die möglichen Auskünfte zu erteilen und die notwendigen Unterlagen zu beschaffen;

b) dem Versicherer auf Verlangen Auskunft über den Stand der Angelegenheit zu geben;

c) soweit seine Interessen nicht unbillig beeinträchtigt werden,

aa) vor Erhebung von Klagen und Einlegung von Rechtsmitteln die Zustimmung des Versicherers einzuholen;

bb) vor Klageerhebung die Rechtskraft eines anderen gerichtlichen Verfahrens abzuwarten, das tatsächliche oder rechtliche Bedeutung für den beabsichtigten Rechtsstreit haben kann;

274

alles zu vermeiden, was eine unnötige Erhöhung der Kosten oder eine Erschwerung ihrer Erstattung durch die Gegenseite verursachen könnte.

(6) Wird eine der in den Absätzen 3 oder 5 genannten Obliegenheiten vorsätzlich verletzt, verliert der Versicherungsnehmer seinen Versicherungsschutz. Bei grob fahrlässiger Verletzung einer Obliegenheit ist der Versicherer berechtigt, seine Leistung in einem der Schwere des Verschuldens des Versicherungsnehmers entsprechenden Verhältnis zu kürzen. Der vollständige oder teilweise Wegfall des Versicherungsschutzes hat bei der Verletzung einer nach Eintritt des Versicherungsfalls bestehenden Auskunfts- oder Aufklärungsobliegenheit zur Voraussetzung, dass der Versicherer den Versicherungsnehmer durch gesonderte Mitteilung in Textform auf diese Rechtsfolge hingewiesen hat. Weist der Versicherungsnehmer nach, dass er die Obliegenheit nicht grob fahrlässig verletzt hat, bleibt der Versicherungsschutz bestehen.

Der Versicherungsschutz bleibt auch bestehen, wenn der Versicherungsnehmer nachweist, dass die Verletzung der Obliegenheit weder für den Eintritt oder die Feststellung des Versicherungsfalls noch für die Feststellung oder den Umfang der dem Versicherer obliegenden Leistung ursächlich war. Das gilt nicht, wenn der Versicherungsnehmer die Obliegenheit arglistig verletzt hat.

(7) Ansprüche auf Rechtsschutzleistungen können nur mit schriftlichem Einverständnis des Versicherers abgetreten werden.

(8) Ansprüche des Versicherungsnehmers gegen andere auf Erstattung von Kosten, die der Versicherer getragen hat, gehen mit ihrer Entstehung auf diesen Über. Die für die Geltendmachung der Ansprüche notwendigen Unterlagen hat der Versicherungsnehmer dem Versicherer auszuhändigen und bei dessen Maßnahmen gegen die anderen auf Verlangen mitzuwirken. Dem Versicherungsnehmer bereits erstattete Kosten sind an den Versicherer zurückzuzahlen. Verletzt der Versicherungsnehmer diese Obliegenheit vorsätzlich, ist der Versicherer zur Leistung insoweit nicht verpflichtet, als er infolgedessen keinen Ersatz von dem Dritten erlangen kann. Im Fall einer grob fahrlässigen Verletzung der Obliegenheit ist der Versicherer berechtigt, seine Leistung in einem der Schwere des Verschuldens des Versicherungsnehmers entsprechenden Verhältnis zu kürzen; die Beweislast für das Nichtvorliegen einer groben Fahrlässigkeit trägt der Versicherungsnehmer.

I. Vorbemerkung

In § 17 ARB 2008 werden die Pflichten des Versicherers und des Versicherungsnehmers geregelt, die **nach Eintritt des Versicherungsfalles** zu beobachten sind. **103**

104   Bei den Pflichten des Versicherungsnehmers handelt es sich um **Obliegenheiten**, die der Versicherungsnehmer beobachten muss, um den Versicherungsschutz zu erhalten. Im Regelfall führt der beauftragte Rechtsanwalt die Korrespondenz mit dem Rechtsschutzversicherer. Seine Erklärungen sind dem Versicherungsnehmer zuzurechnen. Selbst wenn man ihn nicht als Repräsentanten des Versicherungsnehmers ansieht, so ist er zumindest dessen Wissensvertreter und Erklärungsvertreter.[32] Mach der beauftragte Rechtsanwalt falsche Angaben, so sind diese daher dem Versicherungsnehmer zuzurechnen.

II.   Freie Anwaltswahl

105   In § 17 Abs. 1 ARB 2008 kommt relativ deutlich zum Ausdruck, dass der Versicherungsnehmer die freie Anwaltswahl hat. Der **Versicherer** wählt nur dann einen Anwalt aus, wenn der Versicherungsnehmer dieses **verlangt** oder die baldige Beauftragung eines Rechtsanwalts **notwendig** ist.

III.   Informationspflichten

106   Die Hauptobliegenheit des Versicherungsnehmers besteht darin, den Rechtsschutzversicherer **vollständig** und **wahrheitsgemäß** über den Versicherungsfall zu informieren. Er muss **Beweismittel** benennen und gegebenenfalls auf Verlangen Unterlagen zur Verfügung stellen. Dies bedeutet jedoch keineswegs, dass Rechtsschutzversicherer Einsichtnahme in die anwaltliche Handakte verlangen können. Auf der anderen Seite müssen alle Umstände mitgeteilt werden, die der Versicherer zur Prüfung seiner Eintrittpflicht benötigt.

IV.   Deckungszusage

107   Durch die Deckungszusage wird ein **Vertrauenstatbestand** geschaffen, so dass der Rechtsschutzversicherer an diese Zusage gebunden ist, wenn ihm alle entscheidungserheblichen Umstände bekannt waren.[33] Die Deckungszusage ist jeweils nur auf **eine Instanz** beschränkt.

---

32   van Bühren/*Plote*, § 17 ARB, Rn 1 m.w.N.
33   OLG Düsseldorf, NJW-RR 1986, 1371; OLH Karlsruhe, r+s 1998, 199; OLG Köln, r+s 2001, 248; OLG Köln, r+s 2005, 105.

V. Abstimmungsobliegenheiten

§ 17 Abs. 5c ARB 2008 ist eine nähere Ausgestaltung der **Schadenminderungs-** **108** **pflicht** gemäß § 82 VVG. Diese Schadenminderungspflicht ist von dem Versicherungsnehmer jedoch nur insoweit zu beobachten, *„soweit seine Interessen nicht unbillig beeinträchtigt werden"*.

Aus dieser Einschränkung ergibt sich, dass Kosten auslösende Maßnahmen auch **109** **ohne Abstimmung** mit dem Rechtsschutzversicherer ergriffen werden können, wenn **Verjährung** droht oder aus anderen Gründen **Eile** geboten ist.

1. Klageerhebung

Grundsätzlich muss jede Klagerhebung und jede Einlegung von Rechtsmitteln mit **110** dem Rechtsschutzversicherer **abgestimmt** werden. Dies gilt nur für Aktivprozesse, nicht jedoch für Prozesse, in denen der Versicherungsnehmer Beklagter ist.[34]

2. Warteobliegenheit

Der Versicherungsnehmer muss den Ausgang eines anderen Verfahrens nur abwar- **111** ten, wenn dies **zumutbar** ist. Diese Zumutbarkeit ist nicht gegeben, wenn wegen eines Verkehrsunfalls bereits ein anderer Rechtsstreit geführt wird, an dem der Versicherungsnehmer nicht beteiligt ist.

3. Kostenminderungspflicht

Der Versicherungsnehmer muss unnötige Kosten vermeiden und sich so verhalten, **112** **wie ein Nichtversicherter**, der die Kosten selbst tragen muss.

Es liegt daher ein Verstoß gegen die Schadenminderungspflicht vor, **113**
- wenn gegen Schädiger und Haftpflichtversicherer **gesonderte Prozesse** geführt werden,
- wenn Versicherungsnehmer und Ehegatte bei einem Verkehrsunfall verletzt werden und **getrennt Klage** erheben,[35]
- wenn für das Strafverfahren und das anschließende Ordnungswidrigkeitsverfahren **unterschiedliche Anwälte** beauftragt werden.[36]

---

34 van Bühren/*Plote*, § 17 ARB, Rn 19.
35 OLG Hamm, r+s 2002, 21 = zfs 2002, 302 = VersR 2002, 353.
36 AG Saarbrücken, r+s 1993, 264.

VI.   Rechtsfolgen von Obliegenheitsverletzungen

114   Bei einer **vorsätzlichen** Obliegenheitsverletzung wird der Versicherer in vollem Umfang **leistungsfrei**, bei einer **grob fahrlässigen** Obliegenheitsverletzung tritt **partielle** Leistungsfreiheit ein.

115   Sowohl eine vorsätzliche als auch eine grob fahrlässige Obliegenheitsverletzung wirken sich jedoch nur dann aus, wenn sie für den Eintritt oder die Feststellung des Versicherungsfalls oder den Umfang der Leistung **ursächlich** war. Der Versicherungsnehmer hat daher jederzeit die Möglichkeit, den **Kausalitätsgegenbeweis** zu führen. Das Kausalitätserfordernis entfällt lediglich bei Arglist.

116   Wenn daher ein Versicherungsnehmer ohne Zustimmung seines Rechtsschutzversicherers einen Rechtsstreit geführt hat, so kann dieser gleichwohl zur **Kostenübernahme** verpflichtet sein, wenn der **Versicherungsnehmer nachweist**, dass der Rechtsschutzversicherer ohnehin bei rechtzeitiger Mitteilung eine Deckungszusage **erteilt** hätte oder hätte **erteilen müssen**.

VII.   Abtretungsverbot

117   Eine Abtretung des Freistellungsanspruchs ist nur mit **schriftlicher Zustimmung** des Versicherers möglich. Diese Zustimmung wird im Regelfall nicht erteilt. Ein Abtretungsvertrag zwischen dem Mandanten und seinem Rechtsanwalt ist daher unwirksam und verstößt nicht gegen **§ 307 BGB**. Dieses Abtretungsverbot enthält keine unangemessene Benachteiligung des Versicherungsnehmers.[37]

VIII.   Forderungsübergang

118   § 17 Abs. 8 VVG entspricht der gesetzlichen Regelung von § 86 VVG. Kostenerstattungsansprüche des Versicherungsnehmers gehen mit deren **Entstehung** auf den Versicherer über.

119   Die Höhe muss noch nicht feststehen. Der beauftragte Rechtsanwalt muss sich daher bewusst sein, dass er **Fremdgeld** entgegennimmt, wenn er Kostenerstattungsansprüche durchsetzt und die entsprechenden Zahlungen entgegennimmt.

120   Der Kostenerstattungsanspruch des Mandanten ist in Höhe der **Vorschusszahlungen** auf den Rechtsschutzversicherer übergegangen, so dass diese Zahlungen dem Rechtsschutzversicherer allein zustehen.

---

37   BGH, NJW-RR 1997, 909 = r+s 1997, 325; OLG Hamm, VersR 1999, 44.

Mangels Gegenseitigkeit der Forderungen kann der beauftragte Rechtsanwalt auch **nicht** mit Forderungen gegen den Mandanten **aufrechnen**. Übergangsfähig sind auch die **vertraglichen** Ansprüche des Versicherungsnehmers, also auch dessen Anspruch auf **Auskunftserteilung** und **Rechnungslegung**.[38]

121

Der beauftragte **Rechtsanwalt** ist daher auch gegenüber dem Rechtsschutzversicherer **verpflichtet**, Auskunft zu erteilen und Rechnung zu legen, ebenso wie gegenüber dem Mandanten, soweit der Rechtsschutzversicherer Zahlungen geleistet hat.[39]

122

Übergangsfähig sind nur die Zahlungen, für die Versicherungsschutz besteht und Versicherungsleistungen zu erbringen sind. Übergangsfähig sind daher **nicht** der **Selbstbehalt** sowie erstattete **Reisekosten** und **Abwesenheitsgelder**. Hier ist das **Quotenvorrecht** des Versicherungsnehmers zu beachten.

123

R. Schiedsgutachten bei Ablehnung des Rechtsschutzes durch den Versicherer

> **§ 18 A   Schiedsgutachten bei Ablehnung des Rechtsschutzes durch den Versicherer**
>
> (1) Lehnt der Versicherer den Rechtsschutz ab,
> a) weil der durch die Wahrnehmung der rechtlichen Interessen voraussichtlich entstehende Kostenaufwand unter Berücksichtigung der berechtigten Belange der Versichertengemeinschaft in einem groben Missverhältnis zum angestrebten Erfolg steht
> oder
> b) weil in den Fällen des § 2a) bis g) die Wahrnehmung der rechtlichen Interessen keine hinreichende Aussicht auf Erfolg hat,
> ist dies dem Versicherungsnehmer unverzüglich unter Angabe der Gründe schriftlich mitzuteilen.
> (2) Mit der Mitteilung über die Rechtsschutzablehnung ist der Versicherungsnehmer darauf hinzuweisen, dass er, soweit er der Auffassung des Versicherers nicht zustimmt und seinen Anspruch auf Rechtsschutz aufrechterhält, innerhalb eines Monats die Einleitung eines Schiedsgutachterverfahrens vom Versicherer verlangen kann. Mit diesem Hinweis ist der Versicherungsneh-

124

---

38   van Bühren/*Plote*, Anhang I, Rn 15 m.w.N.; BGH, NJW-RR 1992, 283.
39   AGH Saarland, zfs 2002, 93; LG Braunschweig, zfs 2002, 151; van Bühren/*Plote*, Anhang I, Rn 19. m.w.N.

mer aufzufordern, alle nach seiner Auffassung für die Durchführung des Schiedsgutachterverfahrens wesentlichen Mitteilungen und Unterlagen innerhalb der Monatsfrist dem Versicherer zuzusenden. Außerdem ist er über die Kostenfolgen des Schiedsgutachterverfahrens gemäß Absatz 5 und über die voraussichtliche Höhe dieser Kosten zu unterrichten.

(3) Verlangt der Versicherungsnehmer die Durchführung eines Schiedsgutachterverfahrens, hat der Versicherer dieses Verfahren innerhalb eines Monates einzuleiten und den Versicherungsnehmer hierüber zu unterrichten. Sind zur Wahrnehmung der rechtlichen Interessen des Versicherungsnehmers Fristen zu wahren und entstehen hierdurch Kosten, ist der Versicherer verpflichtet, diese Kosten in dem zur Fristwahrung notwendigen Umfang bis zum Abschluss des Schiedsgutachterverfahrens unabhängig von dessen Ausgang zu tragen. Leitet der Versicherer das Schiedsgutachterverfahren nicht fristgemäß ein, gilt seine Leistungspflicht in dem Umfang, in dem der Versicherungsnehmer den Rechtsschutzanspruch geltend gemacht hat, als festgestellt.

(4) Schiedsgutachter ist ein seit mindestens fünf Jahren zur Rechtsanwaltschaft zugelassener Rechtsanwalt, der von dem Präsidenten der für den Wohnsitz des Versicherungsnehmers zuständigen Rechtsanwaltskammer benannt wird. Dem Schiedsgutachter sind vom Versicherer alle ihm vorliegenden Mitteilungen und Unterlagen, die für die Durchführung des Schiedsgutachterverfahrens wesentlich sind, zur Verfügung zu stellen. Er entscheidet im schriftlichen Verfahren; seine Entscheidung ist für den Versicherer bindend.

(5) Die Kosten des Schiedsgutachterverfahrens trägt der Versicherer, wenn der Schiedsgutachter feststellt, dass die Leistungsverweigerung des Versicherers ganz oder teilweise unberechtigt war. War die Leistungsverweigerung nach dem Schiedsspruch berechtigt, trägt der Versicherungsnehmer seine Kosten und die des Schiedsgutachters. Die dem Versicherer durch das Schiedsgutachterverfahren entstehenden Kosten trägt dieser in jedem Falle selbst.

I. Vorbemerkung

125   Das 1994 eingeführte Schiedsgutachterverfahren sollte den **Stichentscheid** ersetzen, weil Rechtsschutzversicherer sich von diesem Verfahren eine höhere Objektivität versprachen. Die meisten Rechtsschutzversicherer sind zwischenzeitlich zum Stichentscheid zurückgekehrt, beide Verfahren haben in der Praxis **keine große Bedeutung**. Schiedsgutachter ist ein seit mindestens fünf Jahren zugelassener Rechtsanwalt, der von dem Präsidenten der für den Versicherungsnehmer zuständigen **Rechtsanwaltskammer** benannt wird.

Die Musterbedingungen bieten § 18 ARB 2008 in **zwei Fassungen** an und zwar einmal als **Schiedsgutachterverfahren** (§ 18 A ARB 2008) und in einer weiteren Fassung als **Stichentscheid** (§ 18 B ARB 2008).

In § 18 wird nicht nur das Schiedsgutachterverfahren geregelt, in § 18 Abs. 1 ARB 2008 wird ausdrücklich darauf hingewiesen, dass die Eintrittspflicht wegen **Mutwilligkeit** oder **fehlender Erfolgsaussicht** verneint werden kann.

126

II.   Missverhältnis zwischen Kosten und Erfolg

In § 18 Abs. 1a ARB 2008 wird der Versuch unternommen, den Begriff *„mutwillig"* aus § 114 ZPO zu definieren.

127

1.   Mutwilligkeit

Mutwilligkeit ist ein Vorgehen, dessen Kostenaufwand in einem **groben Missverhältnis** zum angestrebten Erfolg steht. Nicht versichert sind solche Maßnahmen, die eine vermögende, unversicherte und wirtschaftlich denkende Partei unterlassen würde.[40] Aus dem Adjektiv *„grob"* ergibt sich, dass die Kosten den erwarteten Nutzen **erheblich** übersteigen müssen.

128

2.   Einzelfälle

Mutwilligkeit kann vorliegen,

129

- wenn **getrennte Prozesse** gegen Schädiger und Haftpflichtversicherer geführt werden,[41]
- wenn anstelle einer Klageerweiterung eine **gesonderte** Klage erhoben wird,[42]
- wenn bei einem Bußgeld von **DM 20,00** Verteidigerkosten in Höhe von **DM 1.208,00** geltend gemacht werden,[43]
- wenn Verteidigerkosten in Höhe von **DM 500,00** bei einem Bußgeld von **DM 30,00** geltend gemacht werden.[44]

Der Begriff *„hinreichende Aussicht auf Erfolg"* entspricht wörtlich **§ 114 Abs. 1 ZPO**. Die zu § 114 entwickelten Grundsätze gelten daher auch für die Rechtsschutzversicherung.[45]

130

---

40   *Harbauer/Bauer*, § 18 ARB 94/2000, Rn 2.
41   BGH, NJW 1977, 1881.
42   AG Aschaffenburg, zfs 1984, 111.
43   AG Köln, zfs 1995, 312.
44   AG Hannover, r+s 2001, 155.
45   BGH, VersR 2003, 454; OLG Düsseldorf, VersR 2001, 233; OLG Köln, r+s 2002, 289 = zfs 2002, 495.

III.   Unverzügliche Mitteilung

131   Will der Versicherer eine Deckungszusage wegen groben Missverhältnisses oder mangelnder Erfolgsaussicht verweigern, hat er dies *„unverzüglich"* mitzuteilen. Eine Bearbeitungszeit von 2–3 Wochen ist zuzubilligen, aber auch ausreichend.[46]

132   Wenn der Rechtsschutzversicherer seine Deckungsablehnung nicht unverzüglich mitteilt, **verliert** er das Recht, sich auf fehlende Erfolgsaussicht oder Mutwilligkeit zu berufen.[47]

IV.   Hinweispflicht des Versicherers

133   Bei Deckungsablehnung ist der Versicherer verpflichtet, den Versicherungsnehmer auf die Möglichkeit des Schiedsgutachterverfahrens hinzuweisen. Unterlässt er diesen Hinweis, gilt der Rechtsschutzanspruch als **anerkannt** (§ 128 VVG).

V.   Kosten des Schiedsgutachterverfahrens

134   Der **Versicherer** trägt die Kosten des Schiedsgutachterverfahrens selbst bei geringstem **Teilerfolg** des Versicherungsnehmers. Nur dann, wenn die Deckungsablehnung in vollem Umfang bestätigt wird, trägt der **Versicherungsnehmer** diese Kosten.[48] Mehrere Rechtsschutzversicherer sehen eine andere Kostenregelung zugunsten des Versicherungsnehmers vor und **übernehmen** die Kosten des Schiedsgutachterverfahrens auch dann, wenn der Versicherungsnehmer vollständig unterliegt.

S.   Stichentscheid

135

> **§ 18 B   Stichentscheid**
>
> (1) Lehnt der Versicherer den Rechtsschutz ab,
>
> a) weil der durch die Wahrnehmung der rechtlichen Interessen voraussichtlich entstehende Kostenaufwand unter Berücksichtigung der berechtigten Belange der Versichertengemeinschaft in einem groben Missverhältnis zum angestrebten Erfolg steht
>
> oder

---

46   OLG Frankfurt, NJW-RR 1997, 1366 = VersR 1998, 357; OLG Köln, r+s 1991, 419.
47   BGH, VersR 2003, 638 = r+s 2003, 363; BGH, VersR 2003, 1122 = r+s 2003, 362.
48   van Bühren/*Plote*, § 18a ARB, Rn 37/38.

b) weil in den Fällen des § 2a) bis g) die Wahrnehmung der rechtlichen Interessen keine hinreichende Aussicht auf Erfolg hat,

ist dies dem Versicherungsnehmer unverzüglich unter Angabe der Gründe schriftlich mitzuteilen.

(2) Hat der Versicherer seine Leistungspflicht gemäß Absatz 1 verneint und stimmt der Versicherungsnehmer der Auffassung des Versicherers nicht zu, kann er den für ihn tätigen oder noch zu beauftragenden Rechtsanwalt auf Kosten des Versicherers veranlassen, diesem gegenüber eine begründete Stellungnahme abzugeben, ob die Wahrnehmung rechtlicher Interessen in einem angemessenen Verhältnis zum angestrebten Erfolg steht und hinreichende Aussicht auf Erfolg verspricht. Die Entscheidung ist für beide Teile bindend, es sei denn, dass sie offenbar von der wirklichen Sach- und Rechtslage erheblich abweicht.

(3) Der Versicherer kann dem Versicherungsnehmer eine Frist von mindestens einem Monat setzen, binnen der der Versicherungsnehmer den Rechtsanwalt vollständig und wahrheitsgemäß über die Sachlage zu unterrichten und die Beweismittel anzugeben hat, damit dieser die Stellungnahme gemäß Absatz 2 abgeben kann. Kommt der Versicherungsnehmer dieser Verpflichtung nicht innerhalb der vom Versicherer gesetzten Frist nach, entfällt der Versicherungsschutz. Der Versicherer ist verpflichtet, den Versicherungsnehmer ausdrücklich auf die mit dem Fristablauf verbundene Rechtsfolge hinzuweisen.

I. Vorbemerkung

Die Voraussetzungen für die Herbeiführung des Stichentscheides sind die gleichen wie beim **Schiedsgutachterverfahren**, so dass auf die dortigen Ausführungen verwiesen werden kann.

136

II. Hinweispflicht

Gemäß § 128 VVG ist der Rechtsschutzversicherer verpflichtet, den Versicherungsnehmer bei Deckungsablehnung auf ein Gutachterverfahren oder ein vergleichbares Verfahren (Stichentscheid) hinzuweisen. Wird der entsprechende Hinweis nicht erteilt, gilt der Rechtsschutzanspruch als **anerkannt** (§ 128 VVG). Dieser Hinweis ist auch dann erforderlich, wenn dem Versicherungsnehmer oder dem beauftragten **Rechtsanwalt** die Möglichkeit des Stichentscheides bekannt ist.[49]

137

---

49   BGH, VersR 2003, 638 = r+s 2003, 363.

III. Inhalt des Stichentscheides

138   Die Stellungnahme des beauftragten Rechtsanwalts muss die Rechtslage für **beide Seiten** würdigen, sie muss der Beweissituation Rechnung tragen und gleichzeitig die Argumente des Versicherers berücksichtigen.[50]

IV. Bindungswirkung

139   Der Stichentscheid ist für beide Seiten bindend, es sei denn, dass die Entscheidung des Rechtsanwalts „**offenbar von der wirklichen Sach- und Rechtslage erheblich abweicht**".

140   Die Bindungswirkung besteht auch dann, wenn der beauftragte Rechtsanwalt **Ehemann** der Versicherungsnehmerin ist.[51]

141   Offenbare Unrichtigkeit liegt vor,

■ wenn der beauftragte Rechtsanwalt eine **nicht mehr vertretbare Meinung** vertritt,[52]

■ wenn alle in Betracht kommenden Ansprüche eindeutig **verjährt** sind.[53]

142   Der **Versicherer**, der sich auf offensichtliche Abweichung von der Sach- und Rechtslage beruft, ist **beweispflichtig.**[54]

143   **§ 19 entfällt.**

T. Zuständiges Gericht. Anzuwendendes Recht

144 | § 20   Zuständiges Gericht. Anzuwendendes Recht

(1) Klagen gegen den Versicherer
Für Klagen aus dem Versicherungsvertrag gegen den Versicherer bestimmt sich die gerichtliche Zuständigkeit nach dem Sitz des Versicherers oder seiner für den Versicherungsvertrag zuständigen Niederlassung. Ist der Versicherungsnehmer eine natürliche Person, ist auch das Gericht örtlich zuständig, in dessen Bezirk der Versicherungsnehmer zur Zeit der Klageer-

---

50   BGH, NJW-RR 1990, 922 = r+s 1990, 124; OLG Köln, r+s 2003, 151 = zfs 2004, 36; OLG Düsseldorf, VersR 2006, 649.
51   OLG Hamm, VersR 2005, 120.
52   OLG Düsseldorf, r+s 1990, 305 = VersR 1991, 65.
53   OLG Karlsruhe, VersR 1994, 1418.
54   BGH, VersR 1990, 414 = r+s 1990, 124; OLG Köln, r+s 2003, 151.

hebung seinen Wohnsitz oder, in Ermangelung eines solchen, seinen gewöhnlichen Aufenthalt hat.

(2) Klagen gegen den Versicherungsnehmer

Ist der Versicherungsnehmer eine natürliche Person, müssen Klagen aus dem Versicherungsvertrag gegen ihn bei dem Gericht erhoben werden, das für seinen Wohnsitz oder, in Ermangelung eines solchen, den Ort seines gewöhnlichen Aufenthalts zuständig ist. Ist der Versicherungsnehmer eine juristische Person, bestimmt sich das zuständige Gericht auch nach dem Sitz oder der Niederlassung des Versicherungsnehmers. Das gleiche gilt, wenn der Versicherungsnehmer eine Offene Handelsgesellschaft, Kommanditgesellschaft, Gesellschaft bürgerlichen Rechts oder eine eingetragene Partnerschaftsgesellschaft ist.

(3) Unbekannter Wohnsitz des Versicherungsnehmers

Ist der Wohnsitz oder gewöhnlicher Aufenthalt des Versicherungsnehmers im Zeitpunkt der Klageerhebung nicht bekannt, bestimmt sich die gerichtliche Zuständigkeit für Klagen aus dem Versicherungsvertrag gegen den Versicherungsnehmer nach dem Sitz des Versicherers oder seiner für den Versicherungsvertrag zuständigen Niederlassung.

(4) Für diesen Vertrag gilt deutsches Recht.

§ 20 ARB 2008 nennt neben den allgemeinen Gerichtsständen auch den Gerichtsstand des **Versicherungsnehmers** gemäß § 215 VVG 2008.   **145**

§ 20 ARB 2008 weicht von § 215 VVG in der Weise ab, dass der Gerichtsstand des Versicherungsnehmers auf **natürliche Personen** beschränkt wird. § 215 spricht nur vom **Versicherungsnehmer**, so dass auch für **juristische Personen** § 215 anwendbar sein dürfte.   **146**

Zu dieser Frage werden in der Kommentierung unterschiedliche Auffassungen vertreten:[55]   **147**

Eine juristische Person habe keinen „Wohnsitz", während andere Kommentatoren darauf hinwiesen, dass das Wort „Sitz" in dem Begriff „Wohnsitz" enthalten ist. Der Autor neigt zu der letztgenannten Auffassung, da der Gesetzgeber, wenn der Gerichtsstand auf natürliche Personen hätte **beschränkt** werden sollen, den sonst in derartigen Fällen üblichen Begriff „*Verbraucher*" gewählt hätte. Gerichtliche Entscheidungen gibt es bislang zu dieser Frage nicht.   **148**

---

55 HK-VVG/*Müschner*, § 125 VVG Rn 4.

U.   Verkehrs-Rechtsschutz

149

> **§ 21   Verkehrs-Rechtsschutz**
>
> (1) Versicherungsschutz besteht für den Versicherungsnehmer in seiner Eigen-
> schaft als Eigentümer oder Halter jedes bei Vertragsabschluß oder während
> der Vertragsdauer auf ihn zugelassenen oder auf seinen Namen mit einem
> Versicherungskennzeichen versehenen oder als Mieter jedes von ihm als
> Selbstfahrer-Vermietfahrzeug zum vorübergehenden Gebrauch gemieteten
> Motorfahrzeuges zu Lande sowie Anhängers. Der Versicherungsschutz er-
> streckt sich auf alle Personen in ihrer Eigenschaft als berechtigte Fahrer
> oder berechtigte Insassen dieser Motorfahrzeuge.
>
> (2) Der Versicherungsschutz kann auf gleichartige Motorfahrzeuge gemäß Ab-
> satz 1 beschränkt werden. Als gleichartig gelten jeweils Krafträder. Per-
> sonenkraft- und Kombiwagen, Lastkraft- und sonstige Nutzfahrzeuge, Omni-
> busse sowie Anhänger.
>
> (3) Abweichend von Absatz 1 kann vereinbart werden, dass der Versicherungs-
> schutz für ein oder mehrere im Versicherungsschein bezeichnete Motorfahr-
> zeuge zu Lande, zu Wasser oder in der Luft sowie Anhänger (Fahrzeug) be-
> steht, auch wenn diese nicht auf den Versicherungsnehmer zugelassen
> oder nicht auf seinen Namen mit einem Versicherungskennzeichen ver-
> sehen sind.
>
> (4) Der Versicherungsschutz umfasst:
> - Schadenersatz-Rechtsschutz   (§ 2a),
> - Rechtsschutz im Vertrags- u. Sachenrecht   (§ 2d),
> - Steuer-Rechtsschutz vor Gerichten   (§ 2e),
> - Verwaltungs-Rechtsschutz in Verkehrssachen   (§ 2g),
> - Straf-Rechtsschutz   (§ 2i),
> - Ordnungswidrigkeiten-Rechtsschutz   (§ 2j).
>
> (5) Der Rechtsschutz im Vertrags- und Sachenrecht kann ausgeschlossen wer-
> den.
>
> (6) Der Rechtsschutz im Vertrags- und Sachenrecht besteht in den Fällen der
> Absätze 1 und 2 auch für Verträge, mit denen der Erwerb von Motorfahrzeu-
> gen zu Lande sowie Anhängern zum nicht nur vorübergehenden Eigen-
> gebrauch bezweckt wird, auch wenn diese Fahrzeuge nicht auf den Ver-
> sicherungsnehmer zugelassen oder nicht auf seinen Namen mit einem Ver-
> sicherungskennzeichen versehen werden.
>
> (7) Versicherungsschutz besteht mit Ausnahme des Rechtsschutzes im Ver-
> trags- und Sachenrecht für den Versicherungsnehmer auch bei der Teilnah-
> me am öffentlichen Verkehr in seiner Eigenschaft als

a) Fahrer jedes Fahrzeuges, das weder ihm gehört noch auf ihn zugelassen oder auf seinen Namen mit einem Versicherungskennzeichen versehen ist,

b) Fahrgast,

c) Fußgänger und

d) Radfahrer.

(8) Der Fahrer muss bei Eintritt des Rechtsschutzfalls die vorgeschriebene Fahrerlaubnis haben, zum Führen des Fahrzeugs berechtigt sein und das Fahrzeug muss zugelassen oder mit einem Versicherungskennzeichen versehen sein. Bei Verstoß gegen diese Obliegenheit besteht Rechtsschutz nur für diejenigen versicherten Personen, die von diesem Verstoß ohne Verschulden oder leicht fahrlässig keine Kenntnis hatten. Bei grob fahrlässiger Unkenntnis des Verstoßes gegen diese Obliegenheit ist der Versicherer berechtigt, seine Leistung in einem der Schwere des Verschuldens der versicherten Person entsprechenden Verhältnis zu kürzen. Weist die versicherte Person nach, dass ihre Unkenntnis nicht grob fahrlässig war, bleibt der Versicherungsschutz bestehen.

Der Versicherungsschutz bleibt auch bestehen, wenn die versicherte Person oder der Fahrer nachweist, dass die Verletzung der Obliegenheit weder für den Eintritt oder die Feststellung des Versicherungsfalls noch für die Feststellung oder den Umfang der dem Versicherer obliegenden Leistung ursächlich war.

(9) Ist in den Fällen der Absätze 1 und 2 seit mindestens sechs Monaten kein Fahrzeug mehr auf den Versicherungsnehmer zugelassen und nicht mehr auf seinen Namen mit einem Versicherungskennzeichen versehen, kann der Versicherungsnehmer unbeschadet seines Rechtes auf Herabsetzung des Beitrages gemäß § 11 Absatz 2 die Aufhebung des Versicherungsvertrages mit sofortiger Wirkung verlangen.

(10) Wird ein nach Absatz 3 versichertes Fahrzeug veräußert oder fällt es auf sonstige Weise weg, besteht Versicherungsschutz für das Fahrzeug, das an die Stelle des bisher versicherten Fahrzeuges tritt (Folgefahrzeug). Der Rechtsschutz im Vertrags- und Sachenrecht erstreckt sich in diesen Fällen auf den Vertrag, der dem tatsächlichen oder beabsichtigten Erwerb des Folgefahrzeuges zugrunde liegt.

Die Veräußerung oder der sonstige Wegfall des Fahrzeuges ist dem Versicherer innerhalb von zwei Monaten anzuzeigen und das Folgefahrzeug zu bezeichnen. Bei Verstoß gegen diese Obliegenheiten besteht Rechtsschutz nur, wenn der Versicherungsnehmer die Anzeige- und Bezeichnungspflicht ohne Verschulden oder leicht fahrlässig versäumt hat. Bei grob fahrlässigem Verstoß gegen diese Obliegenheiten ist der Versicherer berechtigt, seine Leistung in einem der Schwere des Verschuldens des Versicherungsnehmers entsprechenden Verhältnis zu kürzen. Weist der Versicherungsnehmer nach, dass der Obliegenheitsverstoß nicht grob fahrlässig war, bleibt der Versicherungsschutz bestehen. Der Versicherungsschutz bleibt auch bestehen, wenn der Versicherungsnehmer nachweist, dass die Verletzung der Obliegenheit weder für den Eintritt oder die Feststellung des Versicherungsfalls noch für die Feststellung oder den Umfang der dem Versicherer obliegenden Leistung ursächlich war.

Wird das Folgefahrzeug bereits vor Veräußerung des versicherten Fahrzeuges erworben, bleibt dieses bis zu seiner Veräußerung, längstens jedoch bis zu einem Monat nach dem Erwerb des Folgefahrzeuges ohne zusätzlichen Beitrag mitversichert. Bei Erwerb eines Fahrzeuges innerhalb eines Monates vor oder innerhalb eines Monates nach der Veräußerung des versicherten Fahrzeuges wird vermutet, dass es sich um ein Folgefahrzeug handelt.

I. Vorbemerkung

150   § 21 ARB 2008 regelt in den Absätzen 1 und 2 den **personenbezogenen** Verkehrsrechtsschutz, in Absatz 3 den **objektbezogenen** Verkehrsrechtsschutz, also den Versicherungsschutz für ein oder mehrere im Versicherungsschein bezeichnete Fahrzeuge. Die Absätze 4–10 gelten gleichermaßen für beide Rechtsschutzarten.

II. Personenbezogener Verkehrsrechtsschutz

151   Der Versicherungsnehmer genießt Versicherungsschutz in seiner Eigenschaft als **Eigentümer**, **Halter**, **Insasse** und **Fahrer** aller auf ihn zugelassenen Kraftfahrzeuge. Zusätzlich besteht Versicherungsschutz als **Mieter** eines anderen Kraftfahrzeuges.

III. Gleichartige Fahrzeuge

152   Der Versicherungsnehmer ist bereits durch § 21 Abs. 1 ARB 2008 auch bei einem **Fahrzeugwechsel** versichert. Absatz 2 ermöglicht es, den Versicherungsschutz bei einem Fahrzeugwechsel auf gleichartige Fahrzeuge zu beschränken.

IV. Fahrzeugbezogener Verkehrsrechtsschutz

153   Der Versicherungsschutz beschränkt sich auf ein bestimmtes, im Versicherungsschein oder in einem Nachtrag **genau bezeichnetes Fahrzeug** und ist insoweit objektbezogen.

V. Leistungsarten

In § 21 Abs. 4 ARB 2008 werden enumerativ die Rechtsbereiche genannt, inner-   **154**
halb derer der **Versicherungsnehmer** und die **mitversicherten Personen** Versicherungsschutz genießen.

VI. Ausschluss für Vertrags- und Sachenrecht

Gemäß § 21 Abs. 5 ARB 2008 kann der Rechtsschutz im Vertrags- und Sachen-   **155**
recht ausgeschlossen werden. Einige Versicherer machen von dieser Möglichkeit
Gebrauch, da gerade im Vertragsrecht **hohe Aufwendungen** zu erwarten sind.

VII. Erweiterung des Vertrags- und Sachenrechtsschutzes

In § 21 Abs. 6 ARB 2008 wird Versicherungsschutz für Verträge über den Erwerb   **156**
von **Fahrzeugen** gewährt. Es muss sich jedoch um den Erwerb eines Fahrzeuges
handeln, das nicht nur für den vorübergehenden Eigengebrauch vorgesehen ist.
Kraftfahrzeughändler genießen daher insoweit **keinen** Versicherungsschutz.

VIII. Versicherungsnehmer als Fahrgast, Fußgänger, Radfahrer

In Abs. 7 wird der Kreis der Eigenschaften, in denen der Versicherungsnehmer bei   **157**
der Teilnahme am öffentlichen Verkehr Rechtsschutz genießt, erheblich **erweitert**.

IX. Obliegenheiten

§ 21 Abs. 8 ARB 2008 regelt **drei Fallgruppen** von Obliegenheiten, deren Nicht-   **158**
beachtung zum Verlust des Versicherungsschutzes führen kann:
■ Fehlen der Fahrerlaubnis,
■ Nutzung eines **nicht zugelassenen** Fahrzeugs,
■ Schwarzfahrt.

Bei **vorsätzlicher** Obliegenheitsverletzung ist der Versicherer **vollständig leis-**   **159**
tungsfrei, bei **grob fahrlässiger** Obliegenheitsverletzung kann die Leistung des
Versicherers in einem der Schwere des Verschuldens entsprechenden Verhältnis **ge-**
kürzt werden.

Grobe Fahrlässigkeit wird vermutet. Der Versicherungsschutz bleibt jedoch be-   **160**
stehen, wenn der Versicherungsnehmer **nachweist**, dass die Obliegenheitsverlet-

zung weder für den Eintritt noch den Umfang des Versicherungsfalles **ursächlich** war.

X. Wagniswegfall

161 Wenn der Versicherungsnehmer seit mindestens **sechs Monaten** nicht mehr Eigentümer oder Halter eines Kraftfahrzeuges ist, liegt darin ein teilweiser Wegfall des versicherten Risikos. Die Prämie ist dann im Rahmen von § 11 Abs. 2 ARB 2008 entsprechend zu **ermäßigen**. Nach sechs Monaten kann der Versicherungsnehmer statt der Minderung der Prämie auch die Aufhebung des Versicherungsvertrages mit sofortiger Wirkung verlangen.

XI. Folgefahrzeug

162 Bei Veräußerung des versicherten Fahrzeuges und Anschaffung eines Folgefahrzeuges besteht für dieses **automatisch** Versicherungsschutz. Wenn das Folgefahrzeug bereits vor Veräußerung des versicherten Fahrzeuges erworben wird, besteht Versicherungsschutz für **beide** Fahrzeuge, längstens jedoch bis zu einem Monat nach dem Erwerb des Folgefahrzeuges.

V. Fahrer-Rechtsschutz

163

> **§ 22 Fahrer-Rechtsschutz**
>
> (1) Versicherungsschutz besteht für die im Versicherungsschein genannte Person bei der Teilnahme am öffentlichen Verkehr in ihrer Eigenschaft als Fahrer jedes Motorfahrzeuges zu Lande, zu Wasser oder in der Luft sowie Anhängers (Fahrzeug), das weder ihr gehört noch auf sie zugelassen oder auf ihren Namen mit einem Versicherungskennzeichen versehen ist. Der Versicherungsschutz besteht auch bei der Teilnahme am öffentlichen Verkehr als Fahrgast, Fußgänger und Radfahrer.
>
> (2) Unternehmen können den Versicherungsschutz nach Absatz 1 für alle Kraftfahrer in Ausübung ihrer beruflichen Tätigkeit für das Unternehmen vereinbaren. Diese Vereinbarung können auch Betriebe des Kraftfahrzeughandels und -handwerks, Fahrschulen und Tankstellen für alle Betriebsangehörigen treffen.
>
> (3) Der Versicherungsschutz umfasst:
> - ■ Schadenersatz-Rechtsschutz .... (§ 2a),
> - ■ Steuer-Rechtsschutz vor Gerichten .... (§ 2e),

- Verwaltungs-Rechtsschutz in Verkehrssachen (§ 2g),
- Straf-Rechtsschutz (§ 2i),
- Ordnungswidrigkeiten-Rechtsschutz (§ 2j).

(4) Wird in den Fällen des Absatzes 1 ein Motorfahrzeug zu Lande auf die im Versicherungsschein genannte Person zugelassen oder auf ihren Namen mit einem Versicherungskennzeichen versehen, wandelt sich der Versicherungsschutz in einen solchen nach § 21 Absätze 3, 4, 7, 8 und 10 um. Die Wahrnehmung rechtlicher Interessen im Zusammenhang mit dem Erwerb dieses Motorfahrzeuges zu Lande ist eingeschlossen.

(5) Der Fahrer muss bei Eintritt des Rechtsschutzfalls die vorgeschriebene Fahrerlaubnis haben, zum Führen des Fahrzeugs berechtigt sein und das Fahrzeug muss zugelassen oder mit einem Versicherungskennzeichen versehen sein. Bei Verstoß gegen diese Obliegenheit besteht Rechtsschutz nur, wenn der Fahrer von diesem Verstoß ohne Verschulden oder leicht fahrlässig keine Kenntnis hatte. Bei grob fahrlässiger Unkenntnis des Verstoßes gegen diese Obliegenheit ist der Versicherer berechtigt, seine Leistung in einem der Schwere des Verschuldens des Fahrers entsprechenden Verhältnis zu kürzen. Weist der Fahrer nach, dass seine Unkenntnis nicht grob fahrlässig war, bleibt der Versicherungsschutz bestehen.

Der Versicherungsschutz bleibt auch bestehen, wenn der Fahrer nachweist, dass die Verletzung der Obliegenheit weder für den Eintritt oder die Feststellung des Versicherungsfalls noch für die Feststellung oder den Umfang der dem Versicherer obliegenden Leistung ursächlich war.

(6) Hat in den Fällen des Absatzes 1 die im Versicherungsschein genannte Person länger als sechs Monate keine Fahrerlaubnis mehr, endet der Versicherungsvertrag. Zeigt der Versicherungsnehmer das Fehlen der Fahrerlaubnis spätestens innerhalb von zwei Monaten nach Ablauf der Sechsmonatsfrist an, endet der Versicherungsvertrag mit Ablauf der Sechsmonatsfrist. Geht die Anzeige später beim Versicherer ein, endet der Versicherungsvertrag mit Eingang der Anzeige.

I. Vorbemerkung

Fahrerrechtsschutz besteht bereits gemäß § 21 Abs. 7 ARB 2008. Der Versicherungsnehmer genießt Versicherungsschutz als **Fahrer** eines **fremden** Fahrzeuges, als **Fahrgast**, **Fußgänger** und **Radfahrer**. § 22 ARB 2008 bietet die Möglichkeit, den Versicherungsschutz auf dieses Risiko gemäß § 21 Abs. 2 ARB 2000 zu beschränken. Dieser Versicherungsschutz ist insbesondere für Versicherungsnehmer von Interesse, die kein eigenes Fahrzeug besitzen oder versichern wollen, aber **fremde** Fahrzeuge beruflich oder privat führen.

164

II. Versicherte Person

165 In der Regel ist der Versicherungsnehmer die im **Versicherungsschein** genannte Person, der Versicherungsschutz gewährt wird. Es ist jedoch nicht erforderlich, dass diese Person mit dem Versicherungsnehmer identisch ist.

III. Unternehmen

166 Bei dem Versicherungsschutz gemäß § 22 Abs. 2 ARB 2008 handelt es sich um eine **Fremdversicherung** (§§ 43 ff. VVG) zugunsten aller in einem Unternehmen tätigen Kraftfahrer.

IV. Umfang des Versicherungsschutzes

167 Der Deckungsbereich entspricht dem Verkehrsrechtsschutz in **§ 21 ARB 2008**. Lediglich der Rechtsschutz im Vertrags- und Sachenrecht ist ausgeschlossen.

V. Vorsorgeversicherung

168 Wird auf den Versicherungsnehmer oder eine im Versicherungsschein genannte Person ein Fahrzeug zugelassen, so werden die mit diesem Fahrzeug verbundenen Risiken in den Versicherungsschutz **eingeschlossen**.

169 Mit dem Tag der Zulassung oder der Aushändigung des Versicherungskennzeichens wandelt sich der Vertrag um in einen **fahrzeugbezogenen** Verkehrsrechtsschutz nach § 21 Abs. 3 ARB 2008.

170 Die Prämie erhöht sich nach § 11 Abs. 1 ARB 2008.

VI. Obliegenheiten

171 Es besteht kein Versicherungsschutz bei fehlender Fahrerlaubnis, Schwarzarbeit oder fehlender Zulassung. **Vorsatz** führt zur **vollständigen**, grobe Fahrlässigkeit zur **partiellen** Leistungsfreiheit des Versicherers. Auch hier hat der Versicherungsnehmer die Möglichkeit, den **Kausalitätsgegenbeweis** zu führen.

VII. Verlust der Fahrerlaubnis

172 Wenn die versicherte Person die Fahrerlaubnis verliert, trägt der Versicherer **kein Risiko** mehr. Der Versicherungsvertrag endet nach Ablauf von sechs Monaten. Für

292

diesen Zeitraum ist trotz fehlenden Risikos die **anteilige Versicherungsprämie** zu zahlen.

W. Privat-Rechtsschutz für Selbstständige

§ 23 Privat-Rechtsschutz für Selbstständige 173

(1) Versicherungsschutz besteht für den Versicherungsnehmer und seinen ehelichen / eingetragenen oder im Versicherungsschein genannten sonstigen Lebenspartner i.S.d. § 3 Abs. 4b), wenn einer oder beide eine gewerbliche, freiberufliche oder sonstige selbstständige Tätigkeit ausüben,

   a) für den privaten Bereich,

   b) für den beruflichen Bereich in Ausübung einer nichtselbstständigen Tätigkeit.

(2) Mitversichert sind die minderjährigen und die unverheirateten, nicht in einer eingetragenen oder sonstigen Lebenspartnerschaft i.S.d. § 3 Abs. 4b) lebenden volljährigen Kinder bis zur Vollendung des 25. Lebensjahres, letztere jedoch längstens bis zu dem Zeitpunkt, in dem sie erstmalig eine auf Dauer angelegte berufliche Tätigkeit ausüben und hierfür ein leistungsbezogenes Entgelt erhalten.

(3) Der Versicherungsschutz umfasst:

   ■ Schadenersatz-Rechtsschutz (§ 2a),
   ■ Arbeits-Rechtsschutz (§ 2b),
   ■ Rechtsschutz im Vertrags- und Sachenrecht (§ 2d),
   ■ Steuer-Rechtsschutz vor Gerichten (§ 2e),
   ■ Sozialgerichts-Rechtsschutz (§ 2f),
   ■ Disziplinar- und Standes-Rechtsschutz (§ 2h),
   ■ Straf-Rechtsschutz (§ 2i),
   ■ Ordnungswidrigkeiten-Rechtsschutz (§ 2j),
   ■ Beratungs-Rechtsschutz im Familien-, Lebenspartnerschafts- und Erbrecht (§ 2k).

(4) Der Versicherungsschutz umfasst nicht die Wahrnehmung rechtlicher Interessen als Eigentümer, Halter, Erwerber, Mieter, Leasingnehmer und Fahrer eines Motorfahrzeuges zu Lande, zu Wasser oder in der Luft sowie Anhängers.

(5) Sind der Versicherungsnehmer und/ oder der mitversicherte Lebenspartner nicht mehr gewerblich, freiberuflich oder sonstig selbstständig tätig oder wird von diesen keine der vorgenannten Tätigkeiten mit einem Gesamtumsatz von mehr als 6.000 EUR – bezogen auf das letzte Kalenderjahr – ausgeübt, wandelt sich der Versicherungsschutz ab Eintritt dieser Umstände in einen solchen nach § 25 um.

§ 23 ARB 2008 regelt den Deckungsbereich in der Rechtsschutzversicherung für einen Gewerbetreibenden, Freiberufler oder sonst **selbstständig** Tätigen. Für den Verkehrsrechtsschutz, der im Deckungspaket enthalten ist, ergeben sich **keine Besonderheiten**.

X. Berufs-Rechtsschutz für Selbstständige, Rechtsschutz für Firmen und Vereine

174

§ 24   Berufs-Rechtsschutz für Selbstständige, Rechtsschutz für Firmen und Vereine

(1) Versicherungsschutz besteht
  a) für die im Versicherungsschein bezeichnete gewerbliche, freiberufliche oder sonstige selbstständige Tätigkeit des Versicherungsnehmers. Mitversichert sind die vom Versicherungsnehmer beschäftigten Personen in Ausübung ihrer beruflichen Tätigkeit für den Versicherungsnehmer;
  b) für Vereine sowie deren gesetzliche Vertreter, Angestellte und Mitglieder, soweit diese im Rahmen der Aufgaben tätig sind, die ihnen gemäß der Satzung obliegen.
(2) Der Versicherungsschutz umfasst:
  ■ Schadenersatz-Rechtsschutz   (§ 2a),
  ■ Arbeits-Rechtsschutz   (§ 2b),
  ■ Sozialgerichts-Rechtsschutz   (§ 2f),
  ■ Disziplinar- und Standes-Rechtsschutz   (§ 2h),
  ■ Straf-Rechtsschutz   (§ 2i),
  ■ Ordnungswidrigkeiten-Rechtsschutz   (§ 2j).
(3) Der Versicherungsschutz umfasst nicht die Wahrnehmung rechtlicher Interessen als Eigentümer, Halter, Erwerber, Mieter, Leasingnehmer und Fahrer eines Motorfahrzeuges zu Lande, zu Wasser oder in der Luft sowie Anhängers.
(4) Endet der Versicherungsvertrag durch Berufsaufgabe oder Tod des Versicherungsnehmers, wird ihm bzw. seinen Erben Versicherungsschutz auch für Rechtsschutzfälle gewährt, die innerhalb eines Jahres nach der Beendigung des Versicherungsvertrags eintreten und im Zusammenhang mit der im Versicherungsschein genannten Eigenschaft des Versicherungsnehmers stehen.

§ 24 ARB 2008 deckt das berufliche Risiko des Versicherungsnehmers für Selbstständige, Firmen und Vereine.

Versichert ist jeweils die im Versicherungsschein bezeichnete Tätigkeit.

Y. Privat- und Berufsrechtsschutz für Nichtselbstständige

---

§ 25   **Privat- und Berufsrechtsschutz für Nichtselbstständige**   175

(1) Versicherungsschutz besteht für den privaten und beruflichen Bereich des Versicherungsnehmers und seines ehelichen/eingetragenen oder im Versicherungsschein genannten sonstigen Lebenspartner i.S.d. § 3 Abs. 4b), wenn diese keine gewerbliche, freiberufliche oder sonstige selbstständige Tätigkeit mit einem Gesamtumsatz von mehr als 6.000 EUR – bezogen auf das letzte Kalenderjahr- ausüben. Kein Versicherungsschutz besteht unabhängig von der Umsatzhöhe für die Wahrnehmung rechtlicher Interessen im Zusammenhang mit einer der vorgenannten selbstständigen Tätigkeiten.

(2) Mitversichert sind die minderjährigen und die unverheirateten, nicht in einer eingetragenen oder sonstigen Lebenspartnerschaft i.S.d. § 3 Abs. 4b) ARB lebenden volljährigen Kinder bis zur Vollendung des 25. Lebensjahres, letztere jedoch längstens bis zu dem Zeitpunkt, in dem sie erstmalig eine auf Dauer angelegte berufliche Tätigkeit ausüben und hierfür ein leistungsbezogenes Entgelt erhalten.

(3) Der Versicherungsschutz umfasst:
- Schadenersatz-Rechtsschutz (§ 2a),
- Arbeits-Rechtsschutz (§ 2b),
- Rechtsschutz im Vertrags- und Sachenrecht (§ 2d),
- Steuer-Rechtsschutz vor Gerichten (§ 2e),
- Sozialgerichts-Rechtsschutz (§ 2f),
- Disziplinar- und Standes-Rechtsschutz (§ 2h),
- Straf-Rechtsschutz (§ 2i),
- Ordnungswidrigkeiten- Rechtsschutz (§ 2j),
- Beratungs-Rechtsschutz im Familien-, Lebenspartnerschafts- und Erbrecht (§ 2k).

(4) Der Versicherungsschutz umfasst nicht die Wahrnehmung rechtlicher Interessen als Eigentümer, Halter, Erwerber, Mieter, Leasingnehmer und Fahrer eines Motorfahrzeuges zu Lande, zu Wasser oder in der Luft sowie Anhängers.

(5) Haben der Versicherungsnehmer und / oder der mitversicherte Lebenspartner eine gewerbliche, freiberufliche oder sonstige selbstständige Tätigkeit mit einem Gesamtumsatz von mehr als 6.000 EUR im letzten Kalenderjahr aufgenommen oder übersteigt deren aus einer solchen Tätigkeit im letzten Kalenderjahr erzielter Gesamtumsatz den Betrag von 6.000 EUR, wandelt sich der Versicherungsschutz ab Eintritt dieser Umstände in einen solchen nach § 23 um.

§ 25 ARB 2008 ist das **Pendant** zu § 24 ARB 2008 und betrifft diejenigen Versicherungsnehmer, die **keine** gewerbliche, freiberufliche oder sonstige Selbstständigkeit ausüben. Für den Verkehrsrechtsschutz, der im Deckungspaket enthalten ist, ergeben sich **keine Besonderheiten**.

Z. Privat-, Berufs- und Verkehrs- Rechtsschutz für Nichtselbstständige

176

> ### § 26 Privat-, Berufs- und Verkehrs- Rechtsschutz für Nichtselbstständige
>
> (1) Versicherungsschutz besteht für den privaten und beruflichen Bereich des Versicherungsnehmers und seines ehelichen/eingetragenen oder im Versicherungsschein genannten sonstigen Lebenspartner i.S.d. § 3 Abs. 4b), wenn diese keine gewerbliche, freiberufliche oder sonstige selbstständige Tätigkeit mit einem Gesamtumsatz von mehr als 6.000 EUR – bezogen auf das letzte Kalenderjahr – ausüben. Kein Versicherungsschutz besteht unabhängig von der Umsatzhöhe für die Wahrnehmung rechtlicher Interessen im Zusammenhang mit einer der vorgenannten selbstständigen Tätigkeiten.
>
> (2) Mitversichert sind
>
> a) die minderjährigen Kinder,
>
> b) die unverheirateten, nicht in einer eingetragenen oder sonstigen Lebenspartnerschaft i.S.d. § 3 Abs. 4b) lebenden volljährigen Kinder bis zur Vollendung des 25. Lebensjahres, letztere jedoch längstens bis zu dem Zeitpunkt, in dem sie erstmalig eine auf Dauer angelegte berufliche Tätigkeit ausüben und hierfür ein leistungsbezogenes Entgelt erhalten. Soweit sich nicht aus der nachfolgenden Bestimmung etwas anderes ergibt, besteht jedoch kein Rechtsschutz für die Wahrnehmung rechtlicher Interessen als Eigentümer, Halter, Erwerber, Mieter, Leasingnehmer und Fahrer von Motorfahrzeugen zu Lande, zu Wasser oder in der Luft sowie Anhängern (Fahrzeug).
>
> c) alle Personen in ihrer Eigenschaft als berechtigte Fahrer und berechtigte Insassen jedes bei Vertragsabschluß oder während der Vertragsdauer auf den Versicherungsnehmer, seinen mitversicherten Lebenspartner oder die minderjährigen Kinder zugelassenen oder auf ihren Namen mit einem Versicherungskennzeichen versehenen oder von diesem Personenkreis als Selbstfahrer- Vermietfahrzeug zum vorübergehenden Gebrauch gemieteten Motorfahrzeuges zu Lande sowie Anhängers.

(3) Der Versicherungsschutz umfasst:
- Schadenersatz-Rechtsschutz (§ 2a),
- Arbeits-Rechtsschutz (§ 2b),
- Rechtsschutz im Vertrags- und Sachenrecht (§ 2d),
- Steuer-Rechtsschutz vor Gerichten (§ 2e),
- Sozialgerichts-Rechtsschutz (§ 2f),
- Verwaltungs-Rechtsschutz in Verkehrssachen (§ 2g),
- Disziplinar- und Standes- Rechtsschutz (§ 2h),
- Straf-Rechtsschutz (§ 2i),
- Ordnungswidrigkeiten-Rechtsschutz (§ 2j),
- Beratungs- Rechtsschutz im Familien-, Lebenspartner-
  schafts- und Erbrecht (§ 2k).

(4) Es besteht kein Rechtsschutz für die Wahrnehmung rechtlicher Interessen als Eigentümer, Halter, Erwerber, Mieter und Leasingnehmer eines Motorfahrzeuges zu Wasser oder in der Luft.

(5) Der Fahrer muss bei Eintritt des Rechtsschutzfalls die vorgeschriebene Fahrerlaubnis haben, zum Führen des Fahrzeugs berechtigt sein und das Fahrzeug muss zugelassen oder mit einem Versicherungskennzeichen versehen sein. Bei Verstoß gegen diese Obliegenheit besteht Rechtsschutz nur für diejenigen versicherten Personen, die von diesem Verstoß ohne Verschulden oder leicht fahrlässig keine Kenntnis hatten. Bei grob fahrlässiger Unkenntnis des Verstoßes gegen diese Obliegenheit ist der Versicherer berechtigt, seine Leistung in einem der Schwere des Verschuldens der versicherten Person entsprechenden Verhältnis zu kürzen. Weist die versicherte Person nach, dass ihre Unkenntnis nicht grob fahrlässig war, bleibt der Versicherungsschutz bestehen.

Der Versicherungsschutz bleibt auch bestehen, wenn die versicherte Person oder der Fahrer nachweist, dass die Verletzung der Obliegenheit weder für den Eintritt oder die Feststellung des Versicherungsfalls noch für die Feststellung oder den Umfang der dem Versicherer obliegenden Leistung ursächlich war.

(6) Haben der Versicherungsnehmer und/ oder der mitversicherte Lebenspartner eine gewerbliche, freiberufliche oder sonstige selbstständige Tätigkeit mit einem Gesamtumsatz von mehr als 6.000 EUR im letzten Kalenderjahr aufgenommen oder übersteigt deren aus einer der vorgenannten selbstständigen Tätigkeit im letzten Kalenderjahr erzielter Gesamtumsatz den Betrag von 6.000 EUR, wandelt sich der Versicherungsschutz ab dem Eintritt dieser Umstände in einen solchen nach § 21 Absätze 1 und 4 bis 9 – für die auf den Versicherungsnehmer zugelassenen oder auf seinen Namen mit einem Versicherungskennzeichen versehenen Fahrzeuge – und § 23 um. Der Versicherungsnehmer kann jedoch innerhalb von sechs Monaten nach der Umwand-

lung die Beendigung des Versicherungsschutzes nach § 21 verlangen. Verlangt er diese später als zwei Monate nach Eintritt der für die Umwandlung des Versicherungsschutzes ursächlichen Tatsachen, endet der Versicherungsschutz nach § 21 erst mit Eingang der entsprechenden Erklärung des Versicherungsnehmers.

(7) Ist seit mindestens sechs Monaten kein Motorfahrzeug zu Lande und kein Anhänger mehr auf den Versicherungsnehmer, seinen mitversicherten Lebenspartner oder die minderjährigen Kinder zugelassen oder auf deren Namen mit einem Versicherungskennzeichen versehen, kann der Versicherungsnehmer verlangen, dass der Versicherungsschutz in einen solchen nach § 25 umgewandelt wird. Eine solche Umwandlung tritt automatisch ein, wenn die gleichen Voraussetzungen vorliegen und der Versicherungsnehmer, dessen mitversicherter Lebenspartner und die minderjährigen Kinder zusätzlich keine Fahrerlaubnis mehr haben. Werden die für die Umwandlung des Versicherungsschutzes ursächlichen Tatsachen dem Versicherer später als zwei Monate nach ihrem Eintritt angezeigt, erfolgt die Umwandlung des Versicherungsschutzes erst ab Eingang der Anzeige.

§ 26 ist eine Kombination des **Privat-Rechtsschutzes** (§ 25 ARB 2008) und des **Verkehrsrechtsschutzes** (§ 21 ARB 2008) und bietet einem **Nichtselbstständigen** die Möglichkeit zu einem umfassenden Versicherungsschutz in der Rechtsschutzversicherung. Für den Verkehrsrechtsschutz, der im Deckungspaket enthalten ist, ergeben sich keine Besonderheiten.

Z1. Landwirtschafts- und Verkehrs-Rechtsschutz

177

§ 27 Landwirtschafts- und Verkehrs-Rechtsschutz

(1) Versicherungsschutz besteht für den beruflichen Bereich des Versicherungsnehmers als Inhaber des im Versicherungsschein bezeichneten land- oder forstwirtschaftlichen Betriebes sowie für den privaten Bereich und die Ausübung nichtselbstständiger Tätigkeiten.

(2) Mitversichert sind

(a) der eheliche/eingetragene oder der im Versicherungsschein genannte sonstige Lebenspartner des Versicherungsnehmers i.S.d. § 3 Abs. 4b),

(b) die minderjährigen Kinder,

(c) die unverheirateten, nicht in einer eingetragenen oder sonstigen Lebenspartnerschaft i.S.d. § 3 Abs. 4b) lebenden volljährigen Kinder bis zur Vollendung des 25. Lebensjahres, letztere jedoch längstens bis zu dem Zeitpunkt, in dem sie erstmalig eine auf Dauer angelegte berufliche Tätigkeit ausüben und hierfür ein leistungsbezogenes Entgelt erhalten. Soweit sich nicht aus der nachfolgenden Bestimmung etwas anderes ergibt, besteht jedoch kein Rechtsschutz für die Wahrnehmung rechtlicher Interessen als Eigentümer, Halter, Erwerber, Mieter, Leasingnehmer und Fahrer von Motorfahrzeugen zu Lande, zu Wasser oder in der Luft sowie Anhängern (Fahrzeug).

(d) alle Personen in ihrer Eigenschaft als berechtigte Fahrer und berechtigte Insassen jedes bei Vertragsabschluß oder während der Vertragsdauer auf den Versicherungsnehmer, seinen mitversicherten Lebenspartner oder die minderjährigen Kinder zugelassenen oder auf ihren Namen mit einem Versicherungskennzeichen versehenen oder von diesem Personenkreis als Selbstfahrer-Vermietfahrzeug zum vorübergehenden Gebrauch gemieteten Motorfahrzeuges zu Lande sowie Anhängers,

(e) die im Versicherungsschein genannten, im Betrieb des Versicherungsnehmers tätigen und dort wohnhaften Mitinhaber sowie deren eheliche/eingetragene oder im Versicherungsschein genannte sonstige Lebenspartner i.S.d. § 3 Abs. 4b).

(f) die im Versicherungsschein genannten, im Betrieb des Versicherungsnehmers wohnhaften Altenteiler sowie deren eheliche/eingetragene oder im Versicherungsschein genannte sonstige Lebenspartner i.S.d. § 3 Abs. 4b).

(g) die im land- oder forstwirtschaftlichen Betrieb beschäftigten Personen in Ausübung ihrer Tätigkeit für den Betrieb.

(3) Der Versicherungsschutz umfasst:

- Schadenersatz-Rechtsschutz (§ 2a),
- Arbeits-Rechtsschutz (§ 2b),
- Wohnungs- und Grundstücks- Rechtsschutz für land- oder forstwirtschaftlich genutzte Grundstücke, Gebäude oder Gebäudeteile (§ 2c)
- Rechtsschutz im Vertrags- und Sachenrecht (§ 2d),
- Steuer-Rechtsschutz vor Gerichten (§ 2e),
- Sozialgerichts-Rechtsschutz (§ 2f),
- Verwaltungs-Rechtsschutz in Verkehrssachen (§ 2g),
- Disziplinar- und Standes-Rechtsschutz (§ 2h),
- Straf-Rechtsschutz (§ 2i),
- Ordnungswidrigkeiten-Rechtsschutz (§ 2j),
- Beratungs-Rechtsschutz im Familien-, Lebenspartnerschafts- und Erbrecht. (§ 2k).

(4) Soweit es sich nicht um Personenkraft- oder Kombiwagen, Krafträder oder land- oder forstwirtschaftlich genutzte Fahrzeuge handelt, besteht kein

Rechtsschutz für die Wahrnehmung rechtlicher Interessen als Eigentümer, Halter, Erwerber, Mieter und Leasingnehmer von Fahrzeugen.

(5) Der Fahrer muss bei Eintritt des Rechtsschutzfalls die vorgeschriebene Fahrerlaubnis haben, zum Führen des Fahrzeugs berechtigt sein und das Fahrzeug muss zugelassen oder mit einem Versicherungskennzeichen versehen sein. Bei Verstoß gegen diese Obliegenheit besteht Rechtsschutz nur für diejenigen versicherten Personen, die von diesem Verstoß ohne Verschulden oder leicht fahrlässig keine Kenntnis hatten. Bei grob fahrlässiger Unkenntnis des Verstoßes gegen diese Obliegenheit ist der Versicherer berechtigt, seine Leistung in einem der Schwere des Verschuldens der versicherten Person entsprechenden Verhältnis zu kürzen. Weist die versicherte Person nach, dass ihre Unkenntnis nicht grob fahrlässig war, bleibt der Versicherungsschutz bestehen.

(6) Der Versicherungsschutz bleibt auch bestehen, wenn die versicherte Person oder der Fahrer nachweist, dass die Verletzung der Obliegenheit weder für den Eintritt oder die Feststellung des Versicherungsfalls noch für die Feststellung oder den Umfang der dem Versicherer obliegenden Leistung ursächlich war.

Bei § 27 ARB 2008 handelt es sich um eine **Kombination** von § 21 ARB 2008 (Verkehrsrechtsschutz), § 23 ARB 2008 (Privatrechtsschutz für Selbstständige) und § 24 ARB 2008 (Berufsrechtsschutz für Selbstständige). Es handelt sich um den weitestgehenden Versicherungsschutz, den die ARB kennen. Für den Verkehrsrechtsschutz ergeben sich **keine Besonderheiten**.

Z2.   Privat-, Berufs- und Verkehrs-Rechtsschutz für Selbstständige

178   **§ 28   Privat-, Berufs- und Verkehrs-Rechtsschutz für Selbstständige**

(1) Versicherungsschutz besteht
   a) für die im Versicherungsschein bezeichnete gewerbliche, freiberufliche oder sonstige selbstständige Tätigkeit des Versicherungsnehmers.
   b) für den Versicherungsnehmer oder eine im Versicherungsschein genannte Person auch im privaten Bereich und für die Ausübung nichtselbstständiger Tätigkeiten.
(2) Mitversichert sind
   a) der eheliche/eingetragene oder der im Versicherungsschein genannte sonstige Lebenspartner des Versicherungsnehmers i.S.d. § 3 Abs. 4b),

b) die minderjährigen Kinder,

c) die unverheirateten, nicht in einer eingetragenen oder sonstigen Lebenspartnerschaft i.S.d. §3 Abs. 4b) lebenden volljährigen Kinder bis zur Vollendung des 25. Lebensjahres, letztere jedoch längstens bis zu dem Zeitpunkt, in dem sie erstmalig eine auf Dauer angelegte berufliche Tätigkeit ausüben und hierfür ein leistungsbezogenes Entgelt halten. Soweit sich nicht aus der nachfolgenden Bestimmung etwas anderes ergibt, besteht jedoch kein Rechtsschutz für die Wahrnehmung rechtlicher Interessen als Eigentümer, Halter, Erwerber, Mieter, Leasingnehmer und Fahrer von Motorfahrzeugen zu Lande, zu Wasser oder in der Luft sowie Anhängern (Fahrzeug).

d) alle Personen in ihrer Eigenschaft als berechtigte Fahrer und berechtigte Insassen jedes bei Vertragsabschluß oder während der Vertragsdauer auf den Versicherungsnehmer, die in Absatz 1 genannte Person, deren mitversicherte Lebenspartner oder deren minderjährige Kinder zugelassenen oder auf ihren Namen mit einem Versicherungskennzeichen versehenen oder von diesem Personenkreis als Selbstfahrer-Vermietfahrzeug zum vorübergehenden Gebrauch gemieteten Motorfahrzeuges zu Lande sowie Anhängers,

e) die vom Versicherungsnehmer beschäftigten Personen in Ausübung ihrer beruflichen Tätigkeit für den Versicherungsnehmer.

(3) Der Versicherungsschutz umfasst:

■ Schadenersatz-Rechtsschutz (§2a),

■ Arbeits-Rechtsschutz (§2b),

■ Wohnungs- und Grundstücks-Rechtsschutz für im Versicherungsschein bezeichnete selbst genutzte Grundstücke, Gebäude oder Gebäudeteile (§2c),

■ Rechtsschutz im Vertrags- und Sachenrecht für den privaten Bereich, die Ausübung nichtselbstständiger Tätigkeiten und im Zusammenhang mit der Eigenschaft als Eigentümer, Halter, Erwerber, Mieter und Leasingnehmer von Motorfahrzeugen zu Lande sowie Anhängern (§2d),

■ Steuer-Rechtsschutz vor Gerichten für den privaten Bereich, die Ausübung nichtselbstständiger Tätigkeiten und im Zusammenhang mit der Eigenschaft als Eigentümer, Halter, Erwerber, Mieter und Leasingnehmer von Motorfahrzeugen zu Lande sowie Anhängern (§2e),

■ Sozialgerichts-Rechtsschutz (§2f),

■ Verwaltungs-Rechtsschutz in Verkehrssachen (§2g),

■ Disziplinar- und Standes-Rechtsschutz (§2h),

■ Straf-Rechtsschutz (§2i),

301

■ Ordnungswidrigkeiten-Rechtsschutz (§ 2j),
■ Beratungs-Rechtsschutz im Familien-, Lebenspartner-
schafts- und Erbrecht (§ 2k).

(4) Der Wohnungs- und Grundstücks- Rechtsschutz kann ausgeschlossen werden.

(5) Es besteht kein Rechtsschutz für die Wahrnehmung rechtlicher Interessen als Eigentümer, Halter, Erwerber, Mieter und Leasingnehmer eines Motorfahrzeuges zu Wasser oder in der Luft.

(6) Der Fahrer muss bei Eintritt des Rechtsschutzfalls die vorgeschriebene Fahrerlaubnis haben, zum Führen des Fahrzeugs berechtigt sein und das Fahrzeug muss zugelassen oder mit einem Versicherungskennzeichen versehen sein. Bei Verstoß gegen diese Obliegenheit besteht Rechtsschutz nur für diejenigen versicherten Personen, die von diesem Verstoß ohne Verschulden oder leicht fahrlässig keine Kenntnis hatten. Bei grob fahrlässiger Unkenntnis des Verstoßes gegen diese Obliegenheit ist der Versicherer berechtigt, seine Leistung in einem der Schwere des Verschuldens der versicherten Person entsprechenden Verhältnis zu kürzen. Weist die versicherte Person nach, dass ihre Unkenntnis nicht grob fahrlässig war, bleibt der Versicherungsschutz bestehen.
Der Versicherungsschutz bleibt auch bestehen, wenn die versicherte Person oder der Fahrer nachweist, dass die Verletzung der Obliegenheit weder für den Eintritt oder die Feststellung des Versicherungsfalls noch für die Feststellung oder den Umfang der dem Versicherer obliegenden Leistung ursächlich war.

(7) Endet der Versicherungsvertrag durch Berufsaufgabe oder Tod des Versicherungsnehmers, wird ihm bzw. seinen Erben Versicherungsschutz auch für Rechtsschutzfälle gewährt, die innerhalb eines Jahres nach der Beendigung des Versicherungsvertrags eintreten und im Zusammenhang mit der im Versicherungsschein genannten Eigenschaft des Versicherungsnehmers stehen.

179 § 28 ARB 2008 ist eine **Kombination** von § 21 ARB 2008 (**Verkehrsrechtsschutz**), § 23 ARB 2008 (**Privatrechtsschutz für Selbstständige**) und § 24 ARB 2008 (**Berufsrechtsschutz für Selbstständige**). Dieser Versicherungsschutz ist in erster Linie für kleinere Betriebe gedacht. Für den im Deckungsumfang enthaltenen Verkehrsrechtsschutz ergeben sich **keine Besonderheiten**.

Z3. Rechtsschutz für Eigentümer und Mieter von Wohnungen und Grundstücken

---

§ 29   Rechtsschutz für Eigentümer und Mieter von Wohnungen und   180
Grundstücken

(1) Versicherungsschutz besteht für den Versicherungsnehmer in seiner im Versicherungsschein bezeichneten Eigenschaft als
  b) Eigentümer,
  c) Vermieter,
  d) Verpächter,
  e) Mieter,
  f) Pächter,
  g) Nutzungsberechtigter
von Grundstücken, Gebäuden oder Gebäudeteilen, die im Versicherungsschein bezeichnet sind. Einer Wohneinheit zuzurechnende Garagen oder Kraftfahrzeug – Abstellplätze sind eingeschlossen.
(2) Der Versicherungsschutz umfasst:
  ■ Wohnungs- und Grundstücks- Rechtsschutz   (§ 2c),
  ■ Steuer- Rechtsschutz vor Gerichten   (§ 2e).

---

§ 29 ARB 2008 ist objektbezogen und beinhaltet **nicht** den Verkehrsrechtsschutz.

3. Teil: Anhang

A. Checkliste: Kaskoversicherung

I. Versicherungsvertrag

- Welche AKB sind Vertragsgegenstand?
- Ist die fällige Prämie gezahlt?
- Besteht eine vorläufige Deckungszusage?

II. Schadenfeststellung

- Liegt ein Gutachten des Kaskoversicherers vor?
- Ist eine Selbstbeteiligung vereinbart worden?
- Fällt der Schaden unter die Teilkasko-Versicherung oder die Vollkasko-Versicherung?
- Welche Schadenschilderung hat der Mandant dem Versicherer übersandt? (Kopie der Schadenanzeige)

III. Grobe Fahrlässigkeit

- Lag alkoholbedingte Fahruntüchtigkeit (relativ oder absolut) vor?
- Ist der Unfall auf einen besonderen schwerwiegenden Verkehrsverstoß (Rotlichtverstoß, Übermüdung, riskantes Überholmanöver o. Ä.) zurückzuführen?

IV. Obliegenheiten

- Hatte der Fahrer zum Unfallzeitpunkt eine ordnungsgemäße Fahrerlaubnis?
- Befand sich das Fahrzeug in einem verkehrssicheren Zustand (Reifen, Bremsen)?
- Hat der Mandant alle Fragen des Versicherers wahrheitsgemäß beantwortet?
- Sind (beim Diebstahl) alle Fahrzeugpapiere und Fahrzeugschlüssel dem Versicherer übersandt worden?

V. Fälligkeit

- Sind die Ermittlungen des Versicherers zum Schadenhergang und zur Schadenhöhe abgeschlossen?
- Lagen dem Versicherer bereits die Ermittlungsakten vor?
- Befindet sich der Versicherer in Verzug?

VI. Klageerhebung

■ Ist das Sachverständigenverfahren zur Schadenhöhe (A.2.17 AKB 2008) durchzuführen?

■ Besteht eine eintrittspflichtige Rechtsschutzversicherung?

B. Schaubilder zur Schadensabrechnung bei Inanspruchnahme der Vollkaskoversicherung

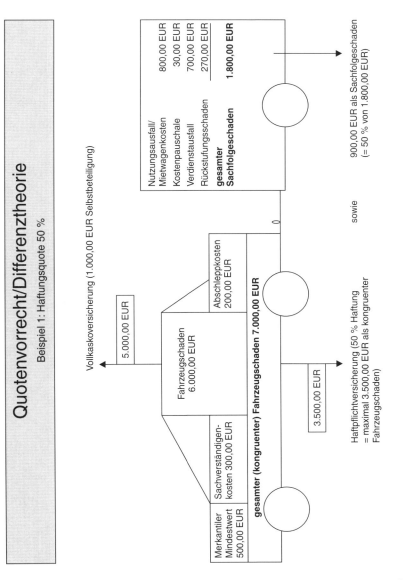

Quotenvorrecht/Differenztheorie

Beispiel 1: Haftungsquote 50 %

Vollkaskoversicherung (1.000,00 EUR Selbstbeteiligung)

5.000,00 EUR

Fahrzeugschaden 6.000,00 EUR

Abschleppkosten 200,00 EUR

Sachverständigen- kosten 300,00 EUR

Merkantiler Mindestwert 500,00 EUR

gesamter (kongruenter) Fahrzeugschaden 7.000,00 EUR

3.500,00 EUR

Hattpflichtversicherung (50 % Haftung = maximal 3.500,00 EUR als kongruenter Fahrzeugschaden)

sowie

Nutzungsausfall/ Mietwagenkosten	800,00 EUR
Kostenpauschale	30,00 EUR
Verdienstausfall	700,00 EUR
Rückstufungsschaden	270,00 EUR
gesamter Sachfolgeschaden	**1.800,00 EUR**

900,00 EUR als Sachfolgeschaden (= 50 % von 1.800,00 EUR)

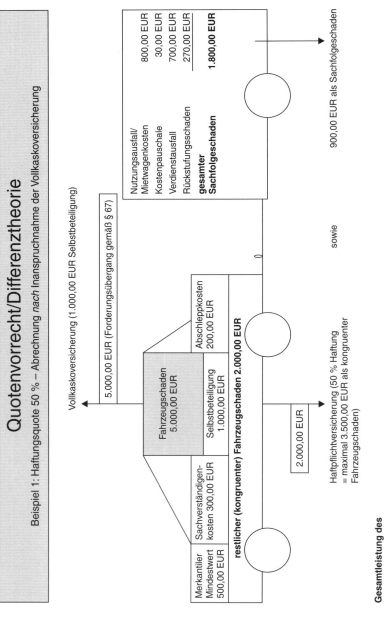

Quotenvorrecht/Differenztheorie

Beispiel 1: Haftungsquote 50 % – Abrechnung *nach* Inanspruchnahme der Vollkaskoversicherung

Vollkaskoversicherung (1.000,00 EUR Selbstbeteiligung)

5.000,00 EUR (Forderungsübergang gemäß § 67)

Merkantiler Mindestwert 500,00 EUR	
Sachverständigen-kosten 300,00 EUR	
Fahrzeugschaden 5.000,00 EUR	Selbstbeteiligung 1.000,00 EUR
	Abschleppkosten 200,00 EUR

restlicher (kongruenter) Fahrzeugschaden 2.000,00 EUR

2.000,00 EUR

Haftpflichtversicherung (50 % Haftung = maximal 3.500,00 EUR als kongruenter Fahrzeugschaden)

Nutzungsausfall/ Mietwagenkosten	800,00 EUR
Kostenpauschale	30,00 EUR
Verdienstausfall	700,00 EUR
Rückstufungsschaden	270,00 EUR
gesamter Sachfolgeschaden	**1.800,00 EUR**

sowie

900,00 EUR als Sachfolgeschaden

+

900,00 EUR = 2.900,00 EUR

Gesamtleistung des Haftpflichtversicherers:

2.000,00 EUR

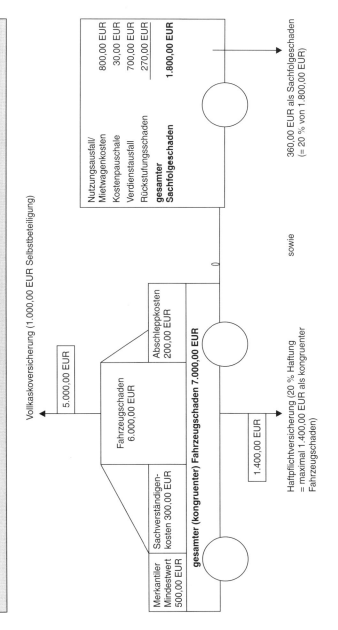

Quotenvorrecht/Differenztheorie

Beispiel 2: Haftungsquote 20 %

Vollkaskoversicherung (1.000,00 EUR Selbstbeteiligung)

Merkantiler Mindestwert 500,00 EUR

Sachverständigen-kosten 300,00 EUR

Fahrzeugschaden 6.000,00 EUR

Abschleppkosten 200,00 EUR

5.000,00 EUR

gesamter (kongruenter) Fahrzeugschaden 7.000,00 EUR

1.400,00 EUR

Haftpflichtversicherung (20 % Haftung = maximal 1.400,00 EUR als kongruenter Fahrzeugschaden)

sowie

Nutzungsausfall/ Mietwagenkosten	800,00 EUR
Kostenpauschale	30,00 EUR
Verdienstausfall	700,00 EUR
Rückstufungsschaden	270,00 EUR
gesamter Sachfolgeschaden	**1.800,00 EUR**

360,00 EUR als Sachfolgeschaden (= 20 % von 1.800,00 EUR)

309

Quotenvorrecht/Differenztheorie

Beispiel 2: Haftungsquote 20 % – Abrechnung *nach* Inanspruchnahme der Vollkaskoversicherung

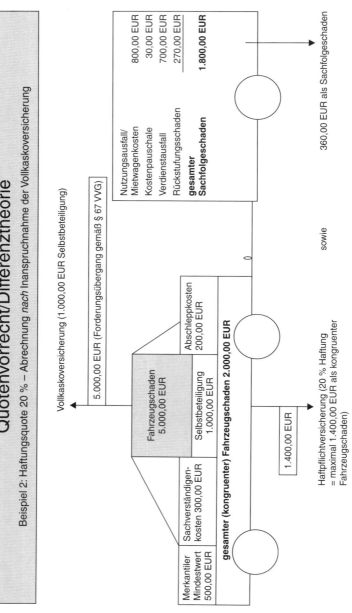

Vollkaskoversicherung (1.000,00 EUR Selbstbeteiligung)

5.000,00 EUR (Forderungsübergang gemäß § 67 VVG)

Merkantiler Mindestwert 500,00 EUR	
Sachverständigenkosten 300,00 EUR	
Fahrzeugschaden 5.000,00 EUR	Abschleppkosten 200,00 EUR
	Selbstbeteiligung 1.000,00 EUR

gesamter (kongruenter) Fahrzeugschaden 2.000,00 EUR

Nutzungsausfall/ Mietwagenkosten	800,00 EUR
Kostenpauschale	30,00 EUR
Verdienstausfall	700,00 EUR
Rückstufungsschaden	270,00 EUR
gesamter Sachfolgeschaden	**1.800,00 EUR**

1.400,00 EUR

Haftpflichtversicherung (20 % Haftung
= maximal 1.400,00 EUR als kongruenter
Fahrzeugschaden)

sowie

360,00 EUR als Sachfolgeschaden

+

**Gesamtleistung des
Haftpflichtversicherers:**

1.400,00 EUR

360,00 EUR = 1.760,00 EUR

Differenzberechnung

Haftungsquote 50 %		
Fahrzeugschaden	6.000 EUR	
Merkantiler Minderwert	500 EUR	
Sachverständigenkosten	300 EUR	
Abschleppkosten	+ 200 EUR	
	7.000 EUR	=> Anspruch gegen den Haftpflichtversicherer (maximal 3.500 EUR)
Leistung des Vollkaskoversicherten	– 5.000 EUR	
(Selbstbeteiligung 1.000 EUR)		
verbleibende Differenz	**2.000 EUR**	
(Restschaden)		

ERGEBNIS: Der kongruente Fahrzeugschaden wird voll ersetzt

Leistung des Vollkaskoversicherers:	5.000 EUR
Leistung des Haftpflichtversicherers:	+ 2.000 EUR
	7.000 EUR

Haftungsquote 20 %		
Fahrzeugschaden	6.000 EUR	
Merkantiler Minderwert	500 EUR	
Sachverständigenkosten	300 EUR	
Abschleppkosten	+ 200 EUR	
	7.000 EUR	=> Anspruch gegen den Haftpflichtversicherer (maximal 1.400 EUR)
Leistung des Vollkaskoversicherten	– 5.000 EUR	
(Selbstbeteiligung 1.000 EUR)		
verbleibende Differenz	**2.000 EUR**	
(Restschaden)		

ERGEBNIS: Der kongruente Fahrzeugschaden wird nicht voll ersetzt

Leistung des Vollkaskoversicherers:	5.000 EUR
Leistung des Haftpflichtversicherers:	+ 1.400 EUR
	6.400 EUR

C.   Schaubilder Obliegenheiten

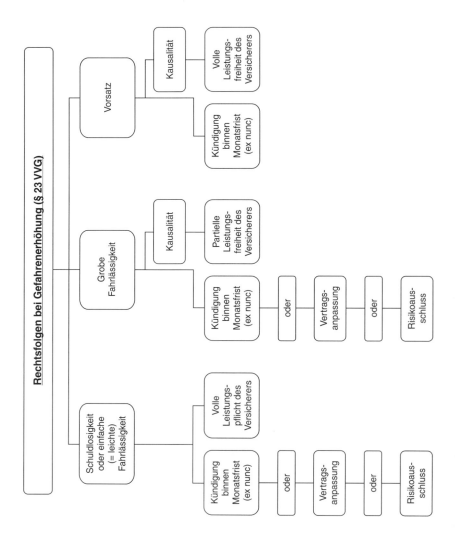

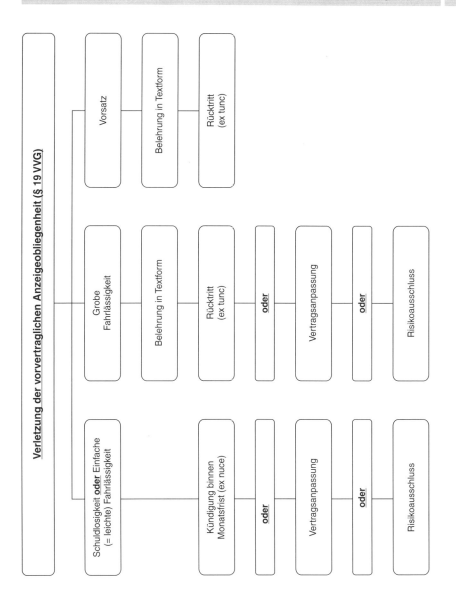

Verletzung der vorvertraglichen Anzeigeobliegenheit (§ 19 VVG)

Vorsatz → Belehrung in Textform → Rücktritt (ex tunc)

Grobe Fahrlässigkeit → Belehrung in Textform → Rücktritt (ex tunc) **oder** Vertragsanpassung **oder** Risikoausschluss

Schuldlosigkeit **oder** Einfache (= leichte) Fahrlässigkeit → Kündigung binnen Monatsfrist (ex nuce) **oder** Vertragsanpassung **oder** Risikoausschluss

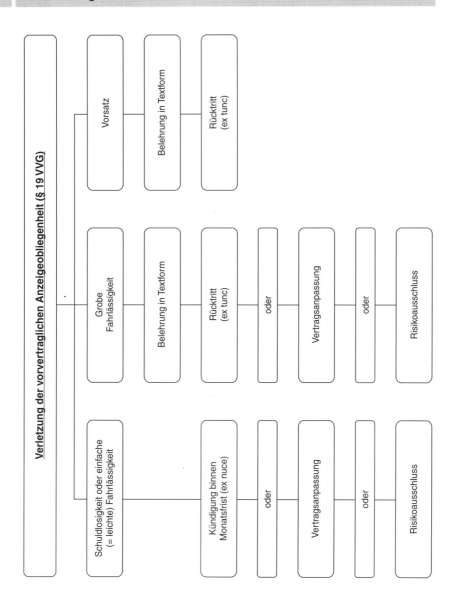

Verletzung der vorvertraglichen Anzeigeobliegenheit (§ 19 VVG)

Vorsatz → Belehrung in Textform → Rücktritt (ex tunc)

Grobe Fahrlässigkeit → Belehrung in Textform → Rücktritt (ex tunc) oder Vertragsanpassung oder Risikoausschluss

Schuldlosigkeit oder einfache (= leichte) Fahrlässigkeit → Kündigung binnen Monatsfrist (ex nunc) oder Vertragsanpassung oder Risikoausschluss

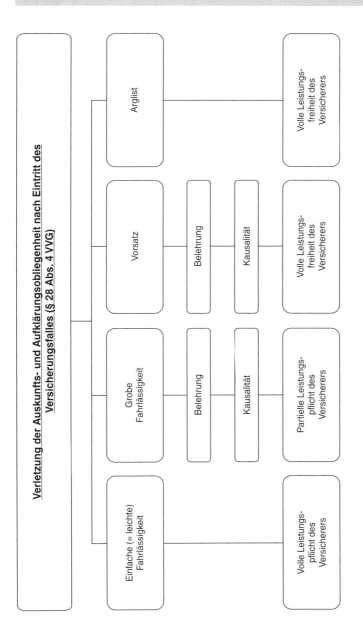

Verletzung der Auskunfts- und Aufklärungsobliegenheit nach Eintritt des Versicherungsfalles (§ 28 Abs. 4 VVG)

Einfache (= leichte) Fahrlässigkeit
→ Volle Leistungspflicht des Versicherers

Grobe Fahrlässigkeit
→ Belehrung
→ Kausalität
→ Partielle Leistungspflicht des Versicherers

Vorsatz
→ Belehrung
→ Kausalität
→ Volle Leistungsfreiheit des Versicherers

Arglist
→ Volle Leistungsfreiheit des Versicherers

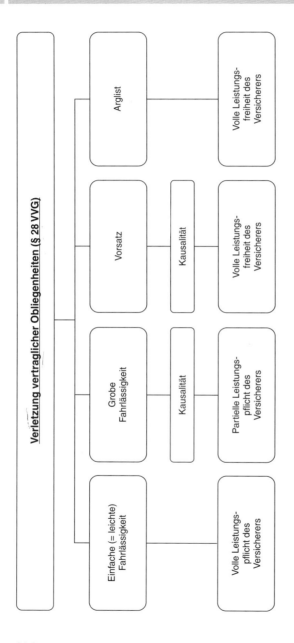

Verletzung vertraglicher Obliegenheiten (§ 28 VVG)

- Einfache (= leichte) Fahrlässigkeit → Volle Leistungspflicht des Versicherers
- Grobe Fahrlässigkeit → Kausalität → Partielle Leistungspflicht des Versicherers
- Vorsatz → Kausalität → Volle Leistungsfreiheit des Versicherers
- Arglist → Volle Leistungsfreiheit des Versicherers

D. Muster

I. Muster: Klage wegen Versicherungsleistung (Vollkaskoversicherung)

An das
Landgericht
Luxemburger Straße 101
50922 Köln

Klage

der Media-Bild GmbH, vertreten durch den Geschäftsführer Anton Bild, Humboldt-straße 50, 51149 Köln,

– Klägerin –

Prozessbevollmächtigte: RAe Dr. van Bühren & Partner, Köln

gegen

die Clementia Versicherungs-AG, vertreten durch den Vorstand, dieser vertreten durch den Vorsitzenden Heinrich Bauer, Kaiserstraße 30, 80331 München,

– Beklagte –

wegen Versicherungsleistung.

Schadennummer 20 KH 241 812/09

Streitwert: 26.000 Euro

Anträge: 1. Die Beklagte wird verurteilt, an die Klägerin 26.000 EUR nebst 5 %-Punkten über Basiszinssatz seit dem 1.9.2009 zu zahlen.

2. Im schriftlichen Vorverfahren ergeht Versäumnisurteil gemäß § 331 Abs. 3 ZPO.

Gründe:

Gegenstand der Klage sind Leistungsansprüche der Klägerin aus einer bei der Beklagten bestehenden Vollkaskoversicherung. Die Beklagte hat ihre Eintrittpflicht verneint, weil sie der Auffassung ist, dass der Geschäftsführer der Klägerin den Versicherungsfall grob fahrlässig (Rotlichtverstoß) verursacht habe.

1. Die örtliche Zuständigkeit des Landgerichts Köln ergibt sich aus § 215 VVG.

2. Für den PKW Mercedes der Klägerin besteht bei der Beklagten seit dem 1.2.2009 eine Vollkaskoversicherung mit einer Selbstbeteiligung von 3.000 Euro.
Beweis: Vorlage der Versicherungspolice, Fotokopie anbei, *Anlage K 1*
Dem Vertrag liegen die AKB 2008 zugrunde.

3. Am 12.3.2009 kam es in Köln auf der Kreuzung Luxemburger Straße/Universitätsstraße zu einem Verkehrsunfall, bei dem das Fahrzeug der Klägerin einen Totalschaden erlitt.

Der Geschäftsführer der Klägerin wollte die Luxemburger Straße überqueren und stieß mit einem PKW zusammen, der von der Bonner Straße kommend die Kreuzung in entgegengesetzter Richtung überqueren wollte. Der Geschäftsführer der Klägerin und der Fahrer des entgegenkommenden Fahrzeuges behaupten beide, bei Grünlicht in den Kreuzungsbereich eingefahren zu sein.

Beweis: Beiziehung und Verwertung zu Beweiszwecken der Ermittlungsakte der Staatsanwaltschaft Köln, Aktenzeichen: 95 Js 412/09.

Unbeteiligte Zeugen sind nicht vorhanden, das Ermittlungsverfahren ist gegen beide Fahrer eingestellt worden.

4. Die Beklagte hat sich in der vorprozessualen Korrespondenz darauf berufen, sie sei nur zu 50 % leistungspflichtig, weil der Geschäftsführer der Klägerin trotz Rotlicht in den Kreuzungsbereich eingefahren sei. Diese Behauptung ist unzutreffend und lediglich eine Schutzbehauptung des anderen Unfallbeteiligten.

5. Der von der Beklagten beauftragte Sachverständige hat den

Wiederbeschaffungswert des klägerischen Fahrzeuges mit	70.000 Euro
ermittelt und den Restwert mit	15.000 Euro,
so dass ein Fahrzeugschaden in Höhe von	55.000 Euro
verbleibt.	
Nach Abzug der Selbstbeteiligung in Höhe von	3.000 Euro
verbleibt der mit der Klage geltend gemachte	
Betrag in Höhe von	**52.000 Euro.**
Die Beklagte hat	26.000 Euro

gezahlt, so dass der mit dieser Klage geltend gemachte Betrag von weiteren 26.000 EUR verbleibt.

6. Der Zinsanspruch ergibt sich aus §§ 280 Abs. 2, 286 Abs. 1, 288 Abs. 2 BGB. Gemäß § 288 Abs. 2 BGB beträgt der Verzugszins bei Rechtsgeschäften, an denen ein Verbraucher nicht beteiligt ist, 5 % Punkte über dem Basiszinssatz.

Die Beklagte ist mit Schreiben vom 10.8.2009 mit Fristsetzung bei zum 30.8.2009 zur Zahlung aufgefordert worden. Sie befindet sich somit seit dem 1.9.2009 in Verzug.

(Unterschrift Rechtsanwalt)

▲

II. Muster: Klageerwiderung wegen Versicherungsleistung (Vollkaskoversicherung)

An das
Landgericht Köln
24. Zivilkammer
50922 Köln
Aktenzeichen: 24 O 512/0)
– Abschriften für Gegner anbei –

In Sachen

Media-Bild ./. Clementia Versicherungs-AG

bestellen wir uns zu Prozessbevollmächtigten der Beklagten:

Antrag: Die Klage wird abgewiesen.

Gründe:

Die geltend gemachten Ansprüche werden dem Grunde und der Höhe nach bestritten. Der Geschäftsführer der Klägerin hat den Verkehrsunfall vom 12.3.2009 durch einen Rotlichtverstoß (§ 37 Abs. 2 Nr. 7 StVO) grob fahrlässig verschuldet, so dass die Beklagte gemäß § 81 VVG berechtigt ist, ihre Leistung in einem der Schwere des Verschuldens des Geschäftsführers der Klägerin entsprechenden Verhältnis zu kürzen.

1. Die Angaben in der Klageschrift zum Vertragsverhältnis und zur Selbstbeteiligung sind zutreffend.

2. Entgegen dem insoweit als unrichtig bestrittenen Sachvortrag in der Klageschrift ist jedoch von folgendem Unfallhergang auszugehen:

   Der nachbenannte Zeuge Heinrich Schneider befuhr mit seinem PKW Golf die Universitätsstraße in Richtung Luxemburger Straße, die er überqueren wollte. Da die Verkehrssignalanlage Luxemburger Straße/Universitätsstraße Grünlicht zeigte, fuhr er mit mehreren Fahrzeugen in den Kreuzungsbereich hinein. Er befand sich bereits mitten auf der Kreuzung, als sich der Geschäftsführer der Klägerin auf der Luxemburger Straße mit hoher Geschwindigkeit näherte und in die Kreuzung einfuhr, obgleich die Verkehrssignalanlage für ihn Rotlicht anzeigte.

Beweis für alles Vorstehende:

1. Beiziehung und Verwertung zu Beweiszwecken der Ermittlungsakte der Staatsanwaltschaft Köln, Aktenzeichen: 95 Js 412/09.

2. Zeugnis Heinrich Schneider, Bachemer Straße 6, 56179 Köln
   Gegenüber der herbeigerufenen Polizei hat der Geschäftsführer der Klägerin ausgesagt, dass er durch tief stehende Mittagssonne geblendet gewesen sei,

so dass er nicht habe erkennen können, ob die Verkehrssignalanlage für ihn Rotlicht anzeigte.

Beweis: 1. Wie vor.
2. Zeugnis des Polizeibeamten Hans Petermann, zu laden beim Polizeipräsidenten Köln.
3. In rechtlicher Hinsicht ist davon auszugehen, dass der Geschäftsführer der Klägerin den Verkehrsunfall durch grobe Fahrlässigkeit verursacht und verschuldet hat, so dass die Beklagte gemäß § 81 VVG berechtigt ist, ihre Leistung in einem der Schwere des Verschuldens des Geschäftsführers der Klägerin entsprechenden Verhältnis zu kürzen. Ein Rotlichtverstoß ist eine besonders schwerwiegende Sorgfaltspflichtverletzung, so dass eine höhere Quote als 50 % nicht in betracht kommt.

a) Grob fahrlässig handelt, welche schon einfachste, ganz naheliegende Überlegungen nicht anstellt und in ungewöhnlich hohem Maße dasjenige unbeachtet lässt, was im gegebenen Fall jedem hätte einleuchten müssen (Palandt/Heinrichs, § 277 BGB Rn 5 m.w.N.; BGH NJW-RR 2002, 1108).

b) Ein Kraftfahrer, der eine Verkehrssignalanlage bei Rotlicht überfährt, handelt in der Regel grob fahrlässig (BGH r+s 2003, 144 = DAR 2003, 217; OLG Frankfurt VersR 2003, 319; OLG Köln SP 2003, 102; OLG Rostock zfs 2003, 256; OLG Nürnberg r+s 2003, 498).

c) Der Geschäftsführer der Klägerin hat auch in subjektiver Hinsicht grob fahrlässig gehandelt. Wenn seine Einlassung zutreffend wäre, dass er durch Sonneneinstrahlung geblendet wurde, handelte er erst recht unverantwortlich, als er in den Kreuzungsbereich einfuhr, obgleich er nicht wahrnehmen konnte, was die Verkehrssignalanlage anzeigte.

4. Obgleich somit die Klage bereits dem Grunde nach ungerechtfertigt ist, wird rein vorsorglich die geltend gemachte Schadenhöhe bestritten.

a) Die Klägerin ist vorsteuerabzugsberechtigt, so dass sie allenfalls die Nettobeträge verlangen könnte. Zu berücksichtigen ist weiterhin, dass die Klägerin den Kauf eines Ersatzfahrzeuges durch ein mehrwertsteuerpflichtiges Geschäft bislang nicht nachgewiesen hat.

b) Die Klägern hat das beschädigte Fahrzeug zum Preis von 25.000 EUR an den Gebrauchtwagenhändler Peter Althoff veräußert.

Beweis: Zeugnis des Gebrauchtwagenhändlers Peter Althoff, Hansaring 15, 50678 Köln

Den Mehrerlös in Höhe von 10.000 EUR gegenüber dem Sachverständigengutachten muss der Kläger sich anrechnen lassen.

(Unterschrift Rechtsanwalt)

320

III. Muster: Klage wegen Versicherungsleistung (Rechtsschutzversicherung)

An das
Amtsgericht
Luxemburger Straße 101
50922 Köln

Klage

des Angestellten Heinrich Müller, Kaiserstraße 12, 51145 Köln,

– Kläger –

Prozessbevollmächtigte: RAe Dr. van Bühren & Partner, Köln

gegen

Negatio Rechtsschutz Versicherungs-AG, gesetzlich vertreten durch den Vorstand, dieser vertreten durch den Vorstandsvorsitzenden Peter Neugebauer, Maximilianstraße 19, 80355 München,
Schaden-Nr. 538/7/09

– Beklagte –

wegen Versicherungsleistung.

Antrag:

1. Es wird festgestellt, dass die Beklagte dem Kläger Versicherungsschutz für die Geltendmachung von Schadenersatzansprüchen aus dem Verkehrsunfall vom 15.12.2008 zu gewähren hat.

2. Es ergeht Versäumnisurteil/Anerkenntnisurteil, wenn die Voraussetzungen gemäß §§ 333 Abs. 3, 308 Abs. 2 ZPO gegeben sind.

Gründe:

Die Beklagte hat ihre Eintrittspflicht verneint, weil sie der Auffassung ist, der Kläger habe die fällige Erstprämie (§ 37 VVG) nicht fristgerecht gezahlt.

1. Die Zuständigkeit des Amtsgerichts Köln ergibt sich aus § 215 VVG.

2. Der PKW des Klägers wurde bei einem Verkehrsunfall vom 15.12.2008 in Köln beschädigt. Das Fahrzeug erlitt Totalschaden. Die Haftpflichtversicherung des Unfallgegners hat eine Schadenregulierung abgelehnt, weil sie der Auffassung ist, dass der Kläger den Unfall durch überhöhte Geschwindigkeit verursacht und verschuldet habe. Der Kläger beabsichtigt, seine Schadenersatzansprüche in Höhe von 15.000 EUR im Wege der Klage geltend zu machen.

321

3. Die Beklagte hat eine Kostenübernahme abgelehnt, weil sie der Auffassung ist, dass der Kläger die fällige Erstprämie gemäß § 37 VVG nicht fristgerecht gezahlt habe. Die Prämie sei mit der Police durch Schreiben vom 1.8.2008 angefordert worden. Die Zahlungsfrist von zwei Wochen sei nicht eingehalten worden. Der Kläger hat die Beklagte in der vorprozessualen Korrespondenz darauf hingewiesen, dass er weder die Police noch eine Zahlungsaufforderung erhalten habe. Er habe lediglich Anfang Dezember 2008 eine Mahnung erhalten. Aufgrund dieser Mahnung habe er sofort die angemahnte Prämie gezahlt.

4. In rechtlicher Hinsicht ist davon auszugehen, dass die Beklagte für den Zugang der Zahlungsaufforderung und den Zeitpunkt des Zugangs der Police beweispflichtig ist. Sie hat sich in der vorprozessualen Korrespondenz darauf berufen, dass ausweislich der Vertragsunterlagen Police und Zahlungsaufforderung am 1.11.2008 abgesandt worden seien. Es sei nach den Regeln des Anscheinsbeweises davon auszugehen, dass diese Unterlagen den Kläger spätestens zwei Tage nach Absendung erreicht hätten. Die Beklagte übersieht, dass sie für den Zugang der Zahlungsaufforderung beweispflichtig ist; es gibt keinen Anscheinsbeweis, dass ein zur Post gegebenes Schreiben den Empfänger auch tatsächlich erreicht (OLG Hamm VersR 1996, 1408; OLG Düsseldorf SP 1999, 285).

5. Der Streitwert bemisst sich aus den voraussichtlichen Kosten des beabsichtigten Klageverfahrens für die erste Instanz wie folgt:

Streitwert:		15.000,00 Euro
2,5-Rechtsanwaltsgebühren	1.415,00 Euro	
Auslagenpauschale	20,00 Euro	
	1.435,00 Euro	
19 % Ust.	272,65 Euro	
	1.707,65 Euro	
3 Gerichtsgebühren	726,00 Euro	
	2.433,65 Euro	

(Unterschrift Rechtsanwalt)

IV. Muster: Klageerwiderung wegen Versicherungsleistung (Rechtsschutzversicherung)

An das
Amtsgericht
50922 Köln

Aktenzeichen: 263 C 419/09
– Abschriften für Gegner anbei –

In Sachen

Müller ./. Negatio Rechtsschutz Versicherungs-AG

bestellen wir uns zu Prozessbevollmächtigten der Beklagten .

Antrag: Die Klage wird abgewiesen.

Gründe:
Die Beklagte ist leistungsfrei, weil die fällige Erstprämie gemäß § 37 VVG nicht fristgerecht gezahlt worden ist. Police mit Zahlungsaufforderung sind am 1.11.2008 an den Kläger übersandt worden. Die Übersendung erfolgte durch eine ordnungsgemäß funktionierende EDV-Anlage, die auch am Tage der Absendung einwandfrei funktionierte.

Beweis: Zeugnis Peter Zausig, zu laden bei der Beklagten.

Wenn die Übersendung einer Police oder einer Zahlungsaufforderung durch ein ordnungsgemäß funktionierendes Computersystem erfolgt, kann auch davon ausgegangen werden, dass die Sendung den Empfänger erreicht (OLG Köln r+s 1999, 228 = VersR 1999, 1357).

Die Klage hat auch keine hinreichende Aussicht auf Erfolg, da bereits im Strafverfahren, das sich allein gegen den Kläger richtete, herausgestellt hat, dass der Kläger bei Rotlicht in die Kreuzung eingefahren ist.

Beweis: Beiziehung und Verwertung der Ermittlungsakten der Staatsanwaltschaft Köln, Aktenzeichen: 75 Js 122/09

(Unterschrift Rechtsanwalt)

V. Muster: Klage wegen Versicherungsleistung (Teilkaskoversicherung)

An das
Landgericht
50922 Köln

Klage

des Angestellten Peter Müller, Hauptstraße 6, 51145 Köln

– Kläger –

Prozessbevollmächtigte:

gegen

Arabella-Versicherungs-AG, Coloniastraße 10, 30711 Hannover, vertreten durch den Vorstand, dieser vertreten durch den Vorsitzenden Anton Weiger, ebenda

– Beklagte –

wegen: Versicherungsleistung (Schaden-Nr. KF 2712456)

Streitwert: 20.000 Euro.

Anträge:
1. Die Beklagte wird verurteilt, an den Kläger 20.000 EUR nebst 5 %-Punkten über dem Basiszinssatz seit Klagezustellung zu zahlen.
2. Im schriftlichen Vorverfahren ergeht Versäumnisurteil, wenn die Beklagte ihre Verteidigungsabsicht nicht rechtzeitig mitteilt.

Gründe:
Gegenstand der Klage ist ein Leistungsanspruch des Klägers aus einer bei der Beklagten bestehenden Teil-Kaskoversicherung.
1. Das Landgericht Köln ist gemäß § 215 VVG zuständig.
2. Der Kläger ist Eigentümer und Halter des Pkw Golf mit dem amtlichen Kennzeichen K-VB 12. Für dieses Fahrzeug besteht bei der Beklagten eine Teilkaskoversicherung unter der VS-Nummer 2712456 mit einer Selbstbeteiligung von 1.000 Euro.
Am 2.1.2008 fuhr der Kläger mit dem vorgenannten Pkw zu einem Freund nach Düsseldorf und kehrte abends gegen 20.00 Uhr nach Hause zurück.
Bei diesem Geschäftsfreund handelt es sich um den nachbenannten Zeugen Peter Tittel, der den Kläger noch beim Herausfahren aus einer Parklücke gegen 19.00 Uhr ausgewiesen hat.
Beweis: Zeugnis Peter Tittel, Hauptstraße 12, 41471 Düsseldorf

Die Ehefrau des Klägers kann bestätigen, dass dieser gegen 20.00 Uhr zu Hause angekommen ist.

Beweis: Zeugnis Renate Müller, zu laden über den Kläger

Als der Kläger am nächsten Morgen gegen 7.00 Uhr zu seiner Arbeitsstelle abfahren wollte, stellte er fest, dass sein Fahrzeug nicht mehr in der Parklücke vor seinem Haus stand, in der er das Fahrzeug abgestellt hatte. Der Kläger kehrte in sein Haus zurück, informierte telefonisch die Polizei und seinen Arbeitgeber.

Beweis: Wie vor.

Gegen 8.00 Uhr hat er dann bei der zuständigen Polizeistation Strafanzeige wegen des Fahrzeugdiebstahls erstattet.

Beweis: Beiziehung der Ermittlungsakten der Staatsanwaltschaft Köln, Aktenzeichen 70 Js 112/08

4. Da ein Fahrzeugdiebstahl in der Regel unbeobachtet geschieht, kann mit den „klassischen" Beweismitteln der Vollbeweis für den Eintritt des Versicherungsfalles nicht geführt werden. Nach der ständigen Rechtsprechung des BGH kommen dem redlichen Versicherungsnehmer in der Diebstahlversicherung Beweiserleichterungen zugute, die sich aus einer ergänzenden Vertragsauslegung und der materiellen Risikoverteilung im Versicherungsvertrag ergeben (BGH VersR 1988, 75; BGH DAR 1991, 381; BGH VersR 1992, 1000). Nach dieser Rechtsprechung genügt es, wenn der Versicherungsnehmer einen Sachverhalt darlegt und beweist, der nach der Lebenserfahrung mit hinreichender Wahrscheinlichkeit das äußere Bild eines Versicherungsfalles erschließen lässt.

5. Der Kläger hat der Beklagten sämtliche Vertragsunterlagen über den Kauf des Fahrzeuges und Belege über die an diesem Fahrzeug durchgeführten Reparaturen übersandt. Der von der Beklagten beauftragte Sachverständige hat den Wiederbeschaffungswert des entwendeten Fahrzeuges mit 21.000 EUR ermittelt.

Beweis: Vorlage des Gutachtens durch die Beklagte gemäß § 421 ZPO

6. Nach Abzug der vereinbarten Selbstbeteiligung von 1.000 EUR verbleibt der mit der Klage geltend gemachte Betrag von 20.000 Euro.

a) Der Kläger hat zusammen mit der Schadenanzeige die beiden Fahrzeugschlüssel abgegeben, von denen er einen regelmäßig in Gebrauch hatte, während der andere Schlüssel, der nur gelegentlich von seiner Ehefrau benutzt wurde, an einem Schlüsselbrett hing.

Nachdem die Beklagte den Kläger darauf hingewiesen hatte, dass er noch einen dritten Schlüssel beim Kauf des Fahrzeuges erhalten hatte, suchte der Kläger in den Vertragsunterlagen und fand dort tatsächlich den dritten Schlüssel, einen sogenannten Werkstattschlüssel, den er jedoch nie benutzt hatte. Auch diesen Schlüssel hat der Kläger dann unverzüglich an die Beklagte übersandt.

Der Kläger hat somit keineswegs wissentlich falsche Angaben gemacht, als er zunächst in der Schadenanzeige angab, nur zwei Fahrzeugschlüssel erhalten zu haben. Der dritte – nie benutzte – Schlüssel war ihm nicht mehr in Erinnerung und befand sich von Anfang an in einer Kassette mit den Vertragsunterlagen.

Beweis: Zeugnis der Ehefrau des Klägers Renate Müller

b) Die Beklagte hat in der vorprozessualen Korrespondenz behauptet, die Überprüfung der beiden Fahrzeugschlüssel habe ergeben, dass von einem dieser Schlüssel Nachschlüssel gefertigt worden seien, da frische Kopierspuren vorhanden gewesen seien. Diese Behauptung der Beklagten wird bestritten, ist jedoch für die Entscheidung in diesem Rechtsstreit irrelevant:

Allein die Anfertigung von Nachschlüsseln begründet noch nicht den Vorwurf der Vortäuschung des Versicherungsfalles, insbesondere dann, wenn unbekannt ist, wann und von wem die Schlüsselkopien veranlasst worden sind (BGH VersR 1991, 1047; BGH zfs 1995, 460, 461; BGH r+s 1996, 341 m.w.N.).

7. Gerichtskosten in Höhe von 864 EUR zahle ich hiermit per Gebührenfreistempler ein.

(Unterschrift Rechtsanwalt)

▲

E. Gesetzestexte

I. Verordnung über den Versicherungsschutz in der Kraftfahrzeug-Haftpflichtversicherung

(Kraftfahrzeug-Pflichtversicherungsverordnung – KfzPflVV)

Vom 29.7.1994, BGBl I S. 1837, BGBl III 925–1–5

Zuletzt geändert durch Zweites Gesetz zur Änderung des Pflichtversicherungsgesetzes und anderer versicherungsrechtlicher Vorschriften vom 10.12.2007, BGBl I S. 2833, 2836

§ 1 [Geltungsbereich; Beginn, Ende des Versicherungsschutzes] (1) Die Kraftfahrzeug-Haftpflichtversicherung hat Versicherungsschutz in Europa sowie in den außereuropäischen Gebieten, die zum Geltungsbereich des Vertrags über die Europäische Wirtschaftsgemeinschaft gehören, in der Höhe zu gewähren, die in dem jeweiligen Land gesetzlich vorgeschrieben ist, mindestens jedoch in der in Deutschland vorgeschriebenen Höhe. Wird eine Erweiterung des räumlichen Geltungsbereichs des Versicherungsschutzes vereinbart, gilt Satz 1 entsprechend.

(2) Beginn und Ende des Versicherungsschutzes bestimmen sich nach den §§ 187 und 188 des Bürgerlichen Gesetzbuchs.

§ 2 [Haftungsumfang; mitversicherte Personen] (1) Die Versicherung hat die Befriedigung begründeter und die Abwehr unbegründeter Schadensersatzansprüche zu umfassen, die auf Grundgesetzlicher Haftpflichtbestimmungen privatrechtlichen Inhalts gegen den Versicherungsnehmer oder mitversicherte Personen erhoben werden, wenn durch den Gebrauch des versicherten Fahrzeugs

1. Personen verletzt oder getötet worden sind,
2. Sachen beschädigt oder zerstört worden oder abhanden gekommen sind oder
3. Vermögensschäden herbeigeführt worden sind, die weder mit einem Personen noch mit einem Sachschaden mittelbar oder unmittelbar zusammenhängen.

(2) Mitversicherte Personen sind

1. der Halter,
2. der Eigentümer,
3. der Fahrer,
4. Beifahrer, das heißt Personen, die im Rahmen ihres Arbeitsverhältnisses zum Versicherungsnehmer oder Halter den berechtigten Fahrer zu seiner Ablösung oder zur Vornahme von Lade und Hilfsarbeiten nicht nur gelegentlich begleiten,

327

5. Omnibusschaffner, soweit sie im Rahmen ihres Arbeitsverhältnisses zum Versicherungsnehmer oder Halter tätig werden,

6. Arbeitgeber oder öffentlicher Dienstherr des Versicherungsnehmers, wenn das versicherte Fahrzeug mit Zustimmung des Versicherungsnehmers für dienstliche Zwecke gebraucht wird.

(3) Mitversicherten Personen ist das Recht auf selbstständige Geltendmachung ihrer Ansprüche einzuräumen.

§ 3 [Haftung für weitere Schäden] (1) Die Versicherung eines Kraftfahrzeugs hat auch die Haftung für Schäden zu umfassen, die durch einen Anhänger oder Auflieger verursacht werden, der mit dem Kraftfahrzeug verbunden ist oder sich während des Gebrauchs von diesem löst und sich noch in Bewegung befindet. Das Gleiche gilt für die Haftung für Schäden, die verursacht werden durch geschleppte und abgeschleppte Fahrzeuge, für die kein Haftpflichtversicherungsschutz besteht.

(2) (aufgehoben)

§ 4 [Haftungsausschluß] Von der Versicherung kann die Haftung nur ausgeschlossen werden

1. für Ersatzansprüche des Versicherungsnehmers, Halters oder Eigentümers gegen mitversicherte Personen wegen Sach- oder Vermögensschäden;

2. für Ersatzansprüche wegen Beschädigung, Zerstörung oder Abhandenkommens des versicherten Fahrzeugs mit Ausnahme der Beschädigung betriebsunfähiger Fahrzeuge beim nicht gewerbsmäßigen Abschleppen im Rahmen üblicher Hilfeleistung;

3. für Ersatzansprüche wegen Beschädigung, Zerstörung oder Abhandenkommens von mit dem versicherten Fahrzeug beförderten Sachen mit Ausnahme jener, die mit Willen des Halters beförderte Personen üblicherweise mit sich führen oder, sofern die Fahrt überwiegend der Personenbeförderung dient, als Gegenstände des persönlichen Bedarfs mit sich führen;

4. für Ersatzansprüche aus der Verwendung des Fahrzeugs bei behördlich genehmigten kraftfahrtsportlichen Veranstaltungen, bei denen es auf die Erzielung einer Höchstgeschwindigkeit ankommt oder den dazugehörigen Übungsfahrten;

5. für Ersatzansprüche wegen Vermögensschäden durch die Nichteinhaltung von Liefer- und Beförderungsfristen;

6. für Ersatzansprüche wegen Schäden durch Kernenergie.

§ 5 [Obliegenheiten] (1) Als Obliegenheiten vor Eintritt des Versicherungsfalls können nur vereinbart werden die Verpflichtung,

1. das Fahrzeug zu keinem anderen als dem im Versicherungsvertrag angegebenen Zweck zu verwenden;
2. das Fahrzeug nicht zu behördlich nicht genehmigten Fahrveranstaltungen zu verwenden, bei denen es auf die Erzielung einer Höchstgeschwindigkeit ankommt;
3. das Fahrzeug nicht unberechtigt zu gebrauchen oder wissentlich gebrauchen zu lassen;
4. das Fahrzeug nicht auf öffentlichen Wegen und Plätzen zu benutzen oder benutzen zu lassen, wenn der Fahrer nicht die vorgeschriebene Fahrerlaubnis hat;
5. das Fahrzeug nicht zu führen oder führen zu lassen, wenn der Fahrer infolge des Genusses alkoholischer Getränke oder anderer berauschender Mittel dazu nicht sicher in der Lage ist.

(2) Gegenüber dem Versicherungsnehmer, dem Halter oder Eigentümer befreit eine Obliegenheitsverletzung nach Absatz 1 Nr. 3 bis 5 den Versicherer nur dann von der Leistungspflicht, wenn der Versicherungsnehmer, der Halter oder der Eigentümer die Obliegenheitsverletzung selbst begangen oder schuldhaft ermöglicht hat. Eine Obliegenheitsverletzung nach Absatz 1 Nr. 5 befreit den Versicherer nicht von der Leistungspflicht, soweit der Versicherungsnehmer, Halter oder Eigentümer durch den Versicherungsfall als Fahrzeuginsasse, der das Fahrzeug nicht geführt hat, geschädigt wurde.

(3) Bei Verletzung einer nach Absatz 1 vereinbarten Obliegenheit oder wegen Gefahrerhöhung ist die Leistungsfreiheit des Versicherers gegenüber dem Versicherungsnehmer und den mitversicherten Personen auf den Betrag von höchstens je 5.000 EUR beschränkt. Satz 1 gilt nicht gegenüber einem Fahrer, der das Fahrzeug durch eine strafbare Handlung erlangt hat.

§ 6 [Obliegenheitsverletzung] (1) Wegen einer nach Eintritt des Versicherungsfalls vorsätzlich oder grob fahrlässig begangenen Obliegenheitsverletzung ist die Leistungsfreiheit des Versicherers dem Versicherungsnehmer gegenüber vorbehaltlich der Absätze 2 und 3 auf einen Betrag von höchstens 2.500 EUR beschränkt.

(2) Soweit eine grob fahrlässig begangene Obliegenheitsverletzung weder Einfluß auf die Feststellung des Versicherungsfalles noch auf die Feststellung oder den Umfang der dem Versicherer obliegenden Leistung gehabt hat, bleibt der Versicherer zur Leistung verpflichtet.

(3) Bei besonders schwerwiegender vorsätzlich begangener Verletzung der Aufklärungs- oder Schadensminderungspflichten ist die Leistungsfreiheit des Versicherers auf höchstens 5.000 EUR beschränkt.

§ 7 [Leistungsfreiheit] Wird eine Obliegenheitsverletzung in der Absicht begangen, sich oder einem Dritten dadurch einen rechtswidrigen Vermögensvorteil zu verschaffen, ist die Leistungsfreiheit hinsichtlich des erlangten rechtswidrigen Vermögensvorteils unbeschränkt. Gleiches gilt hinsichtlich des Mehrbetrags, wenn der Versicherungsnehmer vorsätzlich oder grob fahrlässig einen Anspruch ganz oder teilweise unberechtigt anerkennt oder befriedigt, eine Anzeigepflicht verletzt oder bei einem Rechtsstreit dem Versicherer nicht dessen Führung überläßt.

§ 8 [Rentenzahlungen] (1) Hat der Versicherungsnehmer an den Geschädigten Rentenzahlungen zu leisten und übersteigt der Kapitalwert der Rente die Versicherungssumme oder den nach Abzug etwaiger sonstiger Leistungen aus dem Versicherungsfall noch verbleibenden Restbetrag der Versicherungssumme, so muß die zu leistende Rente nur im Verhältnis der Versicherungssumme oder ihres Restbetrags zum Kapitalwert der Rente erstattet werden. Der Rentenwert ist aufgrund einer von der Versicherungsaufsichtsbehörde entwickelten oder anerkannten Sterbetafel und unter Zugrundelegung des Rechnungszinses, der die tatsächlichen Kapitalmarktzinsen in der Bundesrepublik Deutschland berücksichtigt, zu berechnen. Hierbei ist der arithmetische Mittelwert über die jeweils letzten zehn Jahre der Umlaufrenditen der öffentlichen Hand, wie sie von der Deutschen Bundesbank veröffentlicht werden, zugrunde zu legen. Nachträgliche Erhöhungen oder Ermäßigungen der Rente sind zum Zeitpunkt des ursprünglichen Rentenbeginns mit dem Barwert einer aufgeschobenen Rente nach der genannten Rechnungsgrundlage zu berechnen.

(2) Für die Berechnung von Waisenrenten kann das 18. Lebensjahr als frühestes Endalter vereinbart werden.

(3) Für die Berechnung von Geschädigtenrenten kann bei unselbstständig Tätigen das vollendete 65. Lebensjahr als Endalter vereinbart werden, sofern nicht durch Urteil, Vergleich oder eine andere Festlegung etwas anderes bestimmt ist oder sich die der Festlegung zugrunde gelegten Umstände ändern.

(4) Bei der Berechnung des Betrags, mit dem sich der Versicherungsnehmer an laufenden Rentenzahlungen beteiligen muß, wenn der Kapitalwert der Rente die Versicherungssumme oder die nach Abzug sonstiger Leistungen verbleibende Restversicherungssumme übersteigt, können die sonstigen Leistungen mit ihrem vollen Betrag von der Versicherungssumme abgesetzt werden.

§ 9 [Vorläufiger Deckungsschutz] Sagt der Versicherer durch Aushändigung der zur behördlichen Zulassung notwendigen Versicherungsbestätigung vorläufigen Deckungsschutz zu, so ist vorläufiger Deckungsschutz vom Zeitpunkt der behördlichen Zulassung des Fahrzeuges oder bei einem zugelassenen Fahrzeug vom Zeitpunkt der Einreichung der Versicherungsbestätigung bei der Zulassungsstelle an bis zur Einlösung des Versicherungsscheins zu gewähren. Sofern er den Versicherungsnehmer schriftlich darüber belehrt, kann sich der Versicherer vorbehalten, daß die vorläufige Deckung rückwirkend außer Kraft tritt, wenn bei einem unverändert angenommenen Versicherungsantrag der Versicherungsschein nicht binnen einer im Versicherungsvertrag bestimmten, mindestens zweiwöchigen Frist eingelöst wird und der Versicherungsnehmer die Verspätung zu vertreten hat.

§ 10 [Änderungen] Änderungen dieser Verordnung und Änderungen der Mindesthöhe der Versicherungssumme finden auf bestehende Versicherungsverhältnisse von dem Zeitpunkt an Anwendung, zu dem die Änderungen in Kraft treten.

II. Einführungsgesetz zum Versicherungsvertragsgesetz – EGVVG

In der im Bundesgesetzblatt Teil III, Gliederungsnummer 7632–2, veröffentlichten bereinigten Fassung. Zuletzt geändert durch Art. 2 Abs. 4 G. v. 25.6.2009, BGBl I S. 1574

Art. 1: Altverträge, Allgemeine Versicherungsbedingungen

(1) Auf Versicherungsverhältnisse, die bis zum Inkrafttreten des Versicherungsvertragsgesetzes vom 23. November 2007 (BGBl I S. 2631) am 1. Januar 2008 entstanden sind (Altverträge), ist das Gesetz über den Versicherungsvertrag in der bis dahin geltenden Fassung bis zum 31. Dezember 2008 anzuwenden, soweit in Absatz 2 und den Artikeln 2 bis 6 nichts anderes bestimmt ist.

(2) Ist bei Altverträgen ein Versicherungsfall bis zum 31. Dezember 2008 eingetreten, ist insoweit das Gesetz über den Versicherungsvertrag in der bis zum 31. Dezember 2007 geltenden Fassung weiter anzuwenden.

(3) Der Versicherer kann bis zum 1. Januar 2009 seine Allgemeinen Versicherungsbedingungen für Altverträge mit Wirkung zum 1. Januar 2009 ändern, soweit sie von den Vorschriften des Versicherungsvertragsgesetzes abweichen, und er dem Versicherungsnehmer die geänderten Versicherungsbedingungen unter Kenntlichmachung der Unterschiede spätestens einen Monat vor diesem Zeitpunkt in Textform mitteilt.

(4) Auf Fristen nach § 12 Abs. 3 des Gesetzes über den Versicherungsvertrag, die vor dem 1. Januar 2008 begonnen haben, ist § 12 Abs. 3 des Gesetzes über den Versicherungsvertrag auch nach dem 1. Januar 2008 anzuwenden.

Art. 2: Vollmacht des Versicherungsvertreters, Krankenversicherung

Auf Altverträge sind die folgenden Vorschriften des Versicherungsvertragsgesetzes bereits ab 1. Januar 2008 anzuwenden:
1. die §§ 69 bis 73 über die Vertretungsmacht des Versicherungsvertreters und der in § 73 erfassten Vermittler;
2. die §§ 192 bis 208 für die Krankenversicherung, wenn der Versicherer dem Versicherungsnehmer die aufgrund dieser Vorschriften geänderten Allgemeinen Versicherungsbedingungen und Tarifbestimmungen unter Kenntlichmachung der Unterschiede spätestens einen Monat vor dem Zeitpunkt in Textform mitgeteilt hat, zu dem die Änderungen wirksam werden sollen.

Art. 3: Verjährung

(1) § 195 des Bürgerlichen Gesetzbuchs ist auf Ansprüche anzuwenden, die am 1. Januar 2008 noch nicht verjährt sind.

(2) Wenn die Verjährungsfrist nach § 195 des Bürgerlichen Gesetzbuchs länger ist als die Frist nach § 12 Abs. 1 des Gesetzes über den Versicherungsvertrag in der bis zum 31. Dezember 2007 geltenden Fassung, ist die Verjährung mit dem Ablauf der in § 12 Abs. 1 des Gesetzes über den Versicherungsvertrag in der bis zum 31. Dezember 2007 geltenden Fassung bestimmten Frist vollendet.

(3) Wenn die Verjährungsfrist nach § 195 des Bürgerlichen Gesetzbuchs kürzer ist als die Frist nach § 12 Abs. 1 des Gesetzes über den Versicherungsvertrag in der bis zum 31. Dezember 2007 geltenden Fassung, wird die kürzere Frist vom 1. Januar 2008 an berechnet. Läuft jedoch die längere Frist nach § 12 Abs. 1 des Gesetzes über den Versicherungsvertrag in der bis zum 31. Dezember 2007 geltenden Fassung früher als die Frist nach § 195 des Bürgerlichen Gesetzbuchs ab, ist die Verjährung mit dem Ablauf der längeren Frist vollendet.

(4) Die Absätze 1 bis 3 sind entsprechend auf Fristen anzuwenden, die für die Geltendmachung oder den Erwerb oder Verlust eines Rechtes maßgebend sind.

Art. 4: Lebensversicherung, Berufsunfähigkeitsversicherung

(1) § 153 des Versicherungsvertragsgesetzes ist auf Altverträge nicht anzuwenden, wenn eine Überschussbeteiligung nicht vereinbart worden ist. Ist eine Überschussbeteiligung vereinbart, ist § 153 des Versicherungsvertragsgesetzes ab dem 1. Januar 2008 auf Altverträge anzuwenden; vereinbarte Verteilungsgrundsätze gelten als angemessen.

(2) Auf Altverträge ist anstatt des § 169 des Versicherungsvertragsgesetzes, auch soweit auf ihn verwiesen wird, § 176 des Gesetzes über den Versicherungsvertrag in der bis zum 31. Dezember 2007 geltenden Fassung weiter anzuwenden.

(3) Auf Altverträge über eine Berufsunfähigkeitsversicherung sind die §§ 172, 174 bis 177 des Versicherungsvertragsgesetzes nicht anzuwenden.

Art. 5: Rechte der Gläubiger von Grundpfandrechten

(1) Rechte, die Gläubigern von Grundpfandrechten gegenüber dem Versicherer nach den §§ 99 bis 107c des Gesetzes über den Versicherungsvertrag in der bis zum 31. Dezember 2007 geltenden Fassung zustehen, bestimmen sich auch nach

dem 31. Dezember 2008 nach diesen Vorschriften. Die Anmeldung eines Grundpfandrechts beim Versicherer kann nur bis zum 31. Dezember 2008 erklärt werden.

(2) Hypotheken, Grundschulden, Rentenschulden und Reallasten,

1. die in der Zeit vom 1. Januar 1943 bis zum 30. Juni 1994 zu Lasten von Grundstücken begründet worden sind,

2. für die eine Gebäudeversicherung bei einer öffentlichen Anstalt unmittelbar kraft Gesetzes oder infolge eines gesetzlichen Zwanges bei einer solchen Anstalt genommen worden ist und

3. die nach der Verordnung zur Ergänzung und Änderung des Gesetzes über den Versicherungsvertrag in der im Bundesgesetzblatt Teil III, Gliederungsnummer 7632–1-1, veröffentlichten bereinigten Fassung als angemeldet im Sinn der §§ 99 bis 106 des Gesetzes über den Versicherungsvertrag gelten, sind, wenn das Versicherungsverhältnis nach Überleitung in ein vertragliches Versicherungsverhältnis aufgrund des Gesetzes zur Überleitung landesrechtlicher Gebäudeversicherungsverhältnisse vom 22. Juli 1993 (BGBl I S. 1282, 1286) fortbesteht, zur Erhaltung der durch die Fiktion begründeten Rechte bis spätestens 31. Dezember 2008 beim Versicherer anzumelden. Die durch die Verordnung zur Ergänzung und Änderung des Gesetzes über den Versicherungsvertrag begründete Fiktion erlischt mit Ablauf des 31. Dezember 2008.

Art. 6: Versicherungsverhältnisse nach § 190 des Gesetzes über den Versicherungsvertrag

Das Versicherungsvertragsgesetz gilt nicht für die in § 190 des Gesetzes über den Versicherungsvertrag in der bis zum 31. Dezember 2007 geltenden Fassung bezeichneten Altverträge.

Art. 7 bis 15: (weggefallen)

III. Gesetz über den Versicherungsvertrag (Versicherungsvertragsgesetz – VVG)

Vom 23.11.2007, BGBl I S. 2631, BGBl III 7632–6

Zuletzt geändert durch Gesetz zur Umsetzung der Verbraucherkreditrichtlinie, des zivilrechtlichen Teils der Zahlungsdiensterichtlinie sowie zur Neuordnung der Vorschriften über das Widerrufs- und Rückgaberecht vom 29.7.2009, BGBl I S. 2355, 2387

Teil 1 Allgemeiner Teil

Kapitel 1 Vorschriften für alle Versicherungszweige

Abschnitt 1 Allgemeine Vorschriften

§ 1 Vertragstypische Pflichten

[1]Der Versicherer verpflichtet sich mit dem Versicherungsvertrag, ein bestimmtes Risiko des Versicherungsnehmers oder eines Dritten durch eine Leistung abzusichern, die er bei Eintritt des vereinbarten Versicherungsfalles zu erbringen hat. [2]Der Versicherungsnehmer ist verpflichtet, an den Versicherer die vereinbarte Zahlung (Prämie) zu leisten.

§ 2 Rückwärtsversicherung

(1) [1]Der Versicherungsvertrag kann vorsehen, dass der Versicherungsschutz vor dem Zeitpunkt des Vertragsschlusses beginnt (Rückwärtsversicherung).

(2) [1]Hat der Versicherer bei Abgabe seiner Vertragserklärung davon Kenntnis, dass der Eintritt eines Versicherungsfalles ausgeschlossen ist, steht ihm ein Anspruch auf die Prämie nicht zu. [2]Hat der Versicherungsnehmer bei Abgabe seiner Vertragserklärung davon Kenntnis, dass ein Versicherungsfall schon eingetreten ist, ist der Versicherer nicht zur Leistung verpflichtet.

(3) [1]Wird der Vertrag von einem Vertreter geschlossen, ist in den Fällen des Absatzes 2 sowohl die Kenntnis des Vertreters als auch die Kenntnis des Vertretenen zu berücksichtigen.

(4) [1]§ 37 Abs. 2 ist auf die Rückwärtsversicherung nicht anzuwenden.

§ 3   Versicherungsschein

(1) [1]Der Versicherer hat dem Versicherungsnehmer einen Versicherungsschein in Textform, auf dessen Verlangen als Urkunde, zu übermitteln.

(2) [1]Wird der Vertrag nicht durch eine Niederlassung des Versicherers im Inland geschlossen, ist im Versicherungsschein die Anschrift des Versicherers und der Niederlassung, über die der Vertrag geschlossen worden ist, anzugeben.

(3) [1]Ist ein Versicherungsschein abhandengekommen oder vernichtet, kann der Versicherungsnehmer vom Versicherer die Ausstellung eines neuen Versicherungsscheins verlangen. [2]Unterliegt der Versicherungsschein der Kraftloserklärung, ist der Versicherer erst nach der Kraftloserklärung zur Ausstellung verpflichtet.

(4) [1]Der Versicherungsnehmer kann jederzeit vom Versicherer Abschriften der Erklärungen verlangen, die er mit Bezug auf den Vertrag abgegeben hat. [2]Benötigt der Versicherungsnehmer die Abschriften für die Vornahme von Handlungen gegenüber dem Versicherer, die an eine bestimmte Frist gebunden sind, und sind sie ihm nicht schon früher vom Versicherer übermittelt worden, ist der Lauf der Frist vom Zugang des Verlangens beim Versicherer bis zum Eingang der Abschriften beim Versicherungsnehmer gehemmt.

(5) [1]Die Kosten für die Erteilung eines neuen Versicherungsscheins nach Absatz 3 und der Abschriften nach Absatz 4 hat der Versicherungsnehmer zu tragen und auf Verlangen vorzuschießen.

§ 4   Versicherungsschein auf den Inhaber

(1) [1]Auf einen als Urkunde auf den Inhaber ausgestellten Versicherungsschein ist § 808 des Bürgerlichen Gesetzbuchs anzuwenden.

(2) [1]Ist im Vertrag bestimmt, dass der Versicherer nur gegen Rückgabe eines als Urkunde ausgestellten Versicherungsscheins zu leisten hat, genügt, wenn der Versicherungsnehmer erklärt, zur Rückgabe außerstande zu sein, das öffentlich beglaubigte Anerkenntnis, dass die Schuld erloschen sei. [2]Satz 1 ist nicht anzuwenden, wenn der Versicherungsschein der Kraftloserklärung unterliegt.

§ 5   Abweichender Versicherungsschein

(1) [1]Weicht der Inhalt des Versicherungsscheins von dem Antrag des Versicherungsnehmers oder den getroffenen Vereinbarungen ab, gilt die Abweichung als genehmigt, wenn die Voraussetzungen des Absatzes 2 erfüllt sind und der Ver-

sicherungsnehmer nicht innerhalb eines Monats nach Zugang des Versicherungs-scheins in Textform widerspricht.

(2) [1]Der Versicherer hat den Versicherungsnehmer bei Übermittlung des Versiche-rungsscheins darauf hinzuweisen, dass Abweichungen als genehmigt gelten, wenn der Versicherungsnehmer nicht innerhalb eines Monats nach Zugang des Versiche-rungsscheins in Textform widerspricht. [2]Auf jede Abweichung und die hiermit ver-bundenen Rechtsfolgen ist der Versicherungsnehmer durch einen auffälligen Hin-weis im Versicherungsschein aufmerksam zu machen.

(3) [1]Hat der Versicherer die Verpflichtungen nach Absatz 2 nicht erfüllt, gilt der Vertrag als mit dem Inhalt des Antrags des Versicherungsnehmers geschlossen.

(4) [1]Eine Vereinbarung, durch die der Versicherungsnehmer darauf verzichtet, den Vertrag wegen Irrtums anzufechten, ist unwirksam.

§ 6   Beratung des Versicherungsnehmers

(1) [1]Der Versicherer hat den Versicherungsnehmer, soweit nach der Schwierigkeit, die angebotene Versicherung zu beurteilen, oder der Person des Versicherungsneh-mers und dessen Situation hierfür Anlass besteht, nach seinen Wünschen und Be-dürfnissen zu befragen und, auch unter Berücksichtigung eines angemessenen Ver-hältnisses zwischen Beratungsaufwand und der vom Versicherungsnehmer zu zah-lenden Prämien, zu beraten sowie die Gründe für jeden zu einer bestimmten Versicherung erteilten Rat anzugeben. [2]Er hat dies unter Berücksichtigung der Komplexität des angebotenen Versicherungsvertrags zu dokumentieren.

(2) [1]Der Versicherer hat dem Versicherungsnehmer den erteilten Rat und die Grün-de hierfür klar und verständlich vor dem Abschluss des Vertrags in Textform zu übermitteln. [2]Die Angaben dürfen mündlich übermittelt werden, wenn der Ver-sicherungsnehmer dies wünscht oder wenn und soweit der Versicherer vorläufige Deckung gewährt. [3]In diesen Fällen sind die Angaben unverzüglich nach Vertrags-schluss dem Versicherungsnehmer in Textform zu übermitteln; dies gilt nicht, wenn ein Vertrag nicht zustande kommt und für Verträge über vorläufige Deckung bei Pflichtversicherungen.

(3) [1]Der Versicherungsnehmer kann auf die Beratung und Dokumentation nach den Absätzen 1 und 2 durch eine gesonderte schriftliche Erklärung verzichten, in der er vom Versicherer ausdrücklich darauf hingewiesen wird, dass sich ein Ver-zicht nachteilig auf seine Möglichkeit auswirken kann, gegen den Versicherer ei-nen Schadensersatzanspruch nach Absatz 5 geltend zu machen.

(4) [1]Die Verpflichtung nach Absatz 1 Satz 1 besteht auch nach Vertragsschluss während der Dauer des Versicherungsverhältnisses, soweit für den Versicherer ein Anlass für eine Nachfrage und Beratung des Versicherungsnehmers erkennbar ist. [2]Der Versicherungsnehmer kann im Einzellfall auf eine Beratung durch schriftliche Erklärung verzichten.

(5) [1]Verletzt der Versicherer eine Verpflichtung nach Absatz 1, 2 oder 4, ist er dem Versicherungsnehmer zum Ersatz des hierdurch entstehenden Schadens verpflichtet. [2]Dies gilt nicht, wenn der Versicherer die Pflichtverletzung nicht zu vertreten hat.

(6) [1]Die Absätze 1 bis 5 sind auf Versicherungsverträge über ein Großrisiko im Sinn des § 210 Absatz 2 nicht anzuwenden, ferner dann nicht, wenn der Vertrag mit dem Versicherungsnehmer von einem Versicherungsmakler vermittelt wird oder wenn es sich um einen Vertrag im Fernabsatz im Sinn des § 312b Abs. 1 und 2 des Bürgerlichen Gesetzbuchs handelt.

§ 7   Information des Versicherungsnehmers

(1) [1]Der Versicherer hat dem Versicherungsnehmer rechtzeitig vor Abgabe von dessen Vertragserklärung seine Vertragsbestimmungen einschließlich der Allgemeinen Versicherungsbedingungen sowie die in einer Rechtsverordnung nach Absatz 2 bestimmten Informationen in Textform mitzuteilen. [2]Die Mitteilungen sind in einer dem eingesetzten Kommunikationsmittel entsprechenden Weise klar und verständlich zu übermitteln. [3]Wird der Vertrag auf Verlangen des Versicherungsnehmers telefonisch oder unter Verwendung eines anderen Kommunikationsmittels geschlossen, das die Information in Textform vor der Vertragserklärung des Versicherungsnehmers nicht gestattet, muss die Information unverzüglich nach Vertragsschluss nachgeholt werden; dies gilt auch, wenn der Versicherungsnehmer durch eine gesonderte schriftliche Erklärung auf eine Information vor Abgabe seiner Vertragserklärung ausdrücklich verzichtet.

(2) [1]Das Bundesministerium der Justiz wird ermächtigt, im Einvernehmen mit dem Bundesministerium der Finanzen und im Benehmen mit dem Bundesministerium für Ernährung, Landwirtschaft und Verbraucherschutz durch Rechtsverordnung ohne Zustimmung des Bundesrates zum Zweck einer umfassenden Information des Versicherungsnehmers festzulegen,

1. welche Einzelheiten des Vertrags, insbesondere zum Versicherer, zur angebotenen Leistung und zu den Allgemeinen Versicherungsbedingungen sowie zum Bestehen eines Widerrufsrechts, dem Versicherungsnehmer mitzuteilen sind,

2. welche weiteren Informationen dem Versicherungsnehmer bei der Lebensversicherung, insbesondere über die zu erwartenden Leistungen, ihre Ermittlung und Berechnung, über eine Modellrechnung sowie über die Abschluss- und Vertriebskosten, soweit eine Verrechnung mit Prämien erfolgt, und über sonstige Kosten mitzuteilen sind,

3. welche weiteren Informationen bei der Krankenversicherung, insbesondere über die Prämienentwicklung und -gestaltung sowie die Abschluss- und Vertriebskosten, mitzuteilen sind,

4. was dem Versicherungsnehmer mitzuteilen ist, wenn der Versicherer mit ihm telefonisch Kontakt aufgenommen hat und

5. in welcher Art und Weise die Informationen zu erteilen sind.

[2]Bei der Festlegung der Mitteilungen nach Satz 1 sind die vorgeschriebenen Angaben nach der Richtlinie 92/49/EWG des Rates vom 18. Juni 1992 zur Koordinierung der Rechts- und Verwaltungsvorschriften für die Direktversicherung (mit Ausnahme der Lebensversicherung) sowie zur Änderung der Richtlinien 73/239/EWG und 88/357/EWG (ABl EG Nr. L 228 S. 1), der Richtlinie 2002/65/EG des Europäischen Parlaments und des Rates vom 23. September 2002 über den Fernabsatz von Finanzdienstleistungen an Verbraucher und zur Änderung der Richtlinie 90/619/EWG des Rates und der Richtlinien 97/7/EG und 98/27/EG (ABl EG Nr. L 271 S. 16) sowie der Richtlinie 2002/83/EG des Europäischen Parlaments und des Rates vom 5. November 2002 über Lebensversicherungen (ABl EG Nr. L 345 S. 1) zu beachten.

(3) [1]In der Rechtsverordnung nach Absatz 2 ist ferner zu bestimmen, was der Versicherer während der Laufzeit des Vertrags in Textform mitteilen muss; dies gilt insbesondere bei Änderungen früherer Informationen, ferner bei der Krankenversicherung bei Prämienerhöhungen und hinsichtlich der Möglichkeit eines Tarifwechsels sowie bei der Lebensversicherung mit Überschussbeteiligung hinsichtlich der Entwicklung der Ansprüche des Versicherungsnehmers.

(4) [1]Der Versicherungsnehmer kann während der Laufzeit des Vertrags jederzeit vom Versicherer verlangen, dass ihm dieser die Vertragsbestimmungen einschließlich der Allgemeinen Versicherungsbedingungen in einer Urkunde übermittelt; die Kosten für die erste Übermittlung hat der Versicherer zu tragen.

(5) [1]Die Absätze 1 bis 4 sind auf Versicherungsverträge über ein Großrisiko im Sinn des § 210 Absatz 2 nicht anzuwenden. [2]Ist bei einem solchen Vertrag der Versicherungsnehmer eine natürliche Person, hat ihm der Versicherer vor Vertragsschluss das anwendbare Recht und die zuständige Aufsichtsbehörde in Textform mitzuteilen.

§ 8 Widerrufsrecht des Versicherungsnehmers (gültig bis 10.6.2010)

(1) [1]Der Versicherungsnehmer kann seine Vertragserklärung innerhalb von zwei Wochen widerrufen. [2]Der Widerruf ist in Textform gegenüber dem Versicherer zu erklären und muss keine Begründung enthalten; zur Fristwahrung genügt die rechtzeitige Absendung.

(2) [1]Die Widerrufsfrist beginnt zu dem Zeitpunkt, zu dem folgende Unterlagen dem Versicherungsnehmer in Textform zugegangen sind:

1. der Versicherungsschein und die Vertragsbestimmungen einschließlich der Allgemeinen Versicherungsbedingungen sowie die weiteren Informationen nach § 7 Abs. 1 und 2 und

2. eine deutlich gestaltete Belehrung über das Widerrufsrecht und über die Rechtsfolgen des Widerrufs, die dem Versicherungsnehmer seine Rechte entsprechend den Erfordernissen des eingesetzten Kommunikationsmittels deutlich macht und die den Namen und die Anschrift desjenigen, gegenüber dem der Widerruf zu erklären ist, sowie einen Hinweis auf den Fristbeginn und auf die Regelungen des Absatzes 1 Satz 2 enthält.

[2]Die Belehrung genügt den Anforderungen des Satzes 1 Nr. 2, wenn das vom Bundesministerium der Justiz aufgrund einer Rechtsverordnung nach Absatz 5 veröffentlichte Muster verwendet wird. [3]Der Nachweis über den Zugang der Unterlagen nach Satz 1 obliegt dem Versicherer.

(3) [1]Das Widerrufsrecht besteht nicht

1. bei Versicherungsverträgen mit einer Laufzeit von weniger als einem Monat,

2. bei Versicherungsverträgen über vorläufige Deckung, es sei denn, es handelt sich um einen Fernabsatzvertrag im Sinn des § 312b Abs. 1 und 2 des Bürgerlichen Gesetzbuchs,

3. bei Versicherungsverträgen bei Pensionskassen, die auf arbeitsvertraglichen Regelungen beruhen, es sei denn, es handelt sich um einen Fernabsatzvertrag im Sinn des § 312b Abs. 1 und 2 des Bürgerlichen Gesetzbuchs,

4. bei Versicherungsverträgen über ein Großrisiko im Sinn des § 210 Absatz 2 des Versicherungsvertragsgesetzes.

[2]Das Widerrufsrecht ist ausgeschlossen bei Versicherungsverträgen, die von beiden Vertragsparteien auf ausdrücklichen Wunsch des Versicherungsnehmers vollständig erfüllt sind, bevor der Versicherungsnehmer sein Widerrufsrecht ausgeübt hat.

(4) ¹Im elektronischen Geschäftsverkehr beginnt die Widerrufsfrist abweichend von Absatz 2 Satz 1 nicht vor Erfüllung auch der in § 312e Abs. 1 Satz 1 des Bürgerlichen Gesetzbuchs geregelten Pflichten.

(5) ¹Das Bundesministerium der Justiz wird ermächtigt, durch Rechtsverordnung ohne Zustimmung des Bundesrates Inhalt und Gestaltung der dem Versicherungsnehmer nach Absatz 2 Satz 1 Nr. 2 mitzuteilenden Belehrung über das Widerrufsrecht festzulegen.

§ 8 Widerrufsrecht des Versicherungsnehmers (gültig ab 11.6.2010)

(1) ¹Der Versicherungsnehmer kann seine Vertragserklärung innerhalb von 14 Tagen widerrufen. ²Der Widerruf ist in Textform gegenüber dem Versicherer zu erklären und muss keine Begründung enthalten; zur Fristwahrung genügt die rechtzeitige Absendung.

(2) ¹Die Widerrufsfrist beginnt zu dem Zeitpunkt, zu dem folgende Unterlagen dem Versicherungsnehmer in Textform zugegangen sind:
1. der Versicherungsschein und die Vertragsbestimmungen einschließlich der Allgemeinen Versicherungsbedingungen sowie die weiteren Informationen nach § 7 Abs. 1 und 2 und
2. eine deutlich gestaltete Belehrung über das Widerrufsrecht und über die Rechtsfolgen des Widerrufs, die dem Versicherungsnehmer seine Rechte entsprechend den Erfordernissen des eingesetzten Kommunikationsmittels deutlich macht und die den Namen und die ladungsfähige Anschrift desjenigen, gegenüber dem der Widerruf zu erklären ist, sowie einen Hinweis auf den Fristbeginn und auf die Regelungen des Absatzes 1 Satz 2 enthält.

²Der Nachweis über den Zugang der Unterlagen nach Satz 1 obliegt dem Versicherer.

(3) ¹Das Widerrufsrecht besteht nicht
1. bei Versicherungsverträgen mit einer Laufzeit von weniger als einem Monat,
2. bei Versicherungsverträgen über vorläufige Deckung, es sei denn, es handelt sich um einen Fernabsatzvertrag im Sinn des § 312b Abs. 1 und 2 des Bürgerlichen Gesetzbuchs,
3. bei Versicherungsverträgen bei Pensionskassen, die auf arbeitsvertraglichen Regelungen beruhen, es sei denn, es handelt sich um einen Fernabsatzvertrag im Sinn des § 312b Abs. 1 und 2 des Bürgerlichen Gesetzbuchs,
4. bei Versicherungsverträgen über ein Großrisiko im Sinn des § 210 Absatz 2 des Versicherungsvertragsgesetzes.

[2]Das Widerrufsrecht erlischt, wenn der Vertrag von beiden Seiten auf ausdrücklichen Wunsch des Versicherungsnehmers vollständig erfüllt ist, bevor der Versicherungsnehmer sein Widerrufsrecht ausgeübt hat.

(4) [1]Im elektronischen Geschäftsverkehr beginnt die Widerrufsfrist abweichend von Absatz 2 Satz 1 nicht vor Erfüllung auch der in § 312e Abs. 1 Satz 1 des Bürgerlichen Gesetzbuchs geregelten Pflichten.

(5) [1]Die nach Absatz 2 Satz 1 Nr. 2 zu erteilende Belehrung genügt den dort genannten Anforderungen, wenn das Muster der Anlage zu diesem Gesetz in Textform verwendet wird. [2]Der Versicherer darf unter Beachtung von Absatz 2 Satz 1 Nr. 2 in Format und Schriftgröße von dem Muster abweichen und Zusätze wie die Firma oder ein Kennzeichen des Versicherers anbringen.

§ 9 Rechtsfolgen des Widerrufs

[1]Übt der Versicherungsnehmer das Widerrufsrecht nach § 8 Abs. 1 aus, hat der Versicherer nur den auf die Zeit nach Zugang des Widerrufs entfallenden Teil der Prämien zu erstatten, wenn der Versicherungsnehmer in der Belehrung nach § 8 Abs. 2 Satz 1 Nr. 2 auf sein Widerrufsrecht, die Rechtsfolgen des Widerrufs und den zu zahlenden Betrag hingewiesen worden ist und zugestimmt hat, dass der Versicherungsschutz vor Ende der Widerrufsfrist beginnt; die Erstattungspflicht ist unverzüglich, spätestens 30 Tage nach Zugang des Widerrufs zu erfüllen. [2]Ist der in Satz 1 genannte Hinweis unterblieben, hat der Versicherer zusätzlich die für das erste Jahr des Versicherungsschutzes gezahlten Prämien zu erstatten; dies gilt nicht, wenn der Versicherungsnehmer Leistungen aus dem Versicherungsvertrag in Anspruch genommen hat.

§ 10 Beginn und Ende der Versicherung

[1]Ist die Dauer der Versicherung nach Tagen, Wochen, Monaten oder einem mehrere Monate umfassenden Zeitraum bestimmt, beginnt die Versicherung mit Beginn des Tages, an dem der Vertrag geschlossen wird; er endet mit Ablauf des letzten Tages der Vertragszeit.

§ 11 Verlängerung, Kündigung

(1) [1]Wird bei einem auf eine bestimmte Zeit eingegangenen Versicherungsverhältnis im Voraus eine Verlängerung für den Fall vereinbart, dass das Versicherungs-

verhältnis nicht vor Ablauf der Vertragszeit gekündigt wird, ist die Verlängerung unwirksam, soweit sie sich jeweils auf mehr als ein Jahr erstreckt.

(2) [1]Ist ein Versicherungsverhältnis auf unbestimmte Zeit eingegangen, kann es von beiden Vertragsparteien nur für den Schluss der laufenden Versicherungsperiode gekündigt werden. [2]Auf das Kündigungsrecht können sie einvernehmlich bis zur Dauer von zwei Jahren verzichten.

(3) [1]Die Kündigungsfrist muss für beide Vertragsparteien gleich sein; sie darf nicht weniger als einen Monat und nicht mehr als drei Monate betragen.

(4) [1]Ein Versicherungsvertrag, der für die Dauer von mehr als drei Jahren geschlossen worden ist, kann vom Versicherungsnehmer zum Schluss des dritten oder jedes darauf folgenden Jahres unter Einhaltung einer Frist von drei Monaten gekündigt werden.

§ 12   Versicherungsperiode

[1]Als Versicherungsperiode gilt, falls nicht die Prämie nach kürzeren Zeitabschnitten bemessen ist, der Zeitraum eines Jahres.

§ 13   Änderung von Anschrift und Name

(1) [1]Hat der Versicherungsnehmer eine Änderung seiner Anschrift dem Versicherer nicht mitgeteilt, genügt für eine dem Versicherungsnehmer gegenüber abzugebende Willenserklärung die Absendung eines eingeschriebenen Briefes an die letzte dem Versicherer bekannte Anschrift des Versicherungsnehmers. [2]Die Erklärung gilt drei Tage nach der Absendung des Briefes als zugegangen. [3]Die Sätze 1 und 2 sind im Fall einer Namensänderung des Versicherungsnehmers entsprechend anzuwenden.

(2) [1]Hat der Versicherungsnehmer die Versicherung in seinem Gewerbebetrieb genommen, ist bei einer Verlegung der gewerblichen Niederlassung Absatz 1 Satz 1 und 2 entsprechend anzuwenden.

§ 14   Fälligkeit der Geldleistung

(1) [1]Geldleistungen des Versicherers sind fällig mit der Beendigung der zur Feststellung des Versicherungsfalles und des Umfanges der Leistung des Versicherers notwendigen Erhebungen.

(2) [1]Sind diese Erhebungen nicht bis zum Ablauf eines Monats seit der Anzeige des Versicherungsfalles beendet, kann der Versicherungsnehmer Abschlagszahlungen in Höhe des Betrags verlangen, den der Versicherer voraussichtlich mindestens zu zahlen hat. [2]Der Lauf der Frist ist gehemmt, solange die Erhebungen infolge eines Verschuldens des Versicherungsnehmers nicht beendet werden können.

(3) [1]Eine Vereinbarung, durch die der Versicherer von der Verpflichtung zur Zahlung von Verzugszinsen befreit wird, ist unwirksam.

§ 15 Hemmung der Verjährung

[1]Ist ein Anspruch aus dem Versicherungsvertrag beim Versicherer angemeldet worden, ist die Verjährung bis zu dem Zeitpunkt gehemmt, zu dem die Entscheidung des Versicherers dem Anspruchsteller in Textform zugeht.

§ 16 Insolvenz des Versicherers

(1) [1]Wird über das Vermögen des Versicherers das Insolvenzverfahren eröffnet, endet das Versicherungsverhältnis mit Ablauf eines Monats seit der Eröffnung; bis zu diesem Zeitpunkt bleibt es der Insolvenzmasse gegenüber wirksam.

(2) [1]Die Vorschriften des Versicherungsaufsichtsgesetzes über die Wirkungen der Insolvenzeröffnung bleiben unberührt.

§ 17 Abtretungsverbot bei unpfändbaren Sachen

[1]Soweit sich die Versicherung auf unpfändbare Sachen bezieht, kann eine Forderung aus der Versicherung nur auf solche Gläubiger des Versicherungsnehmers übertragen werden, die diesem zum Ersatz der zerstörten oder beschädigten Sachen andere Sachen geliefert haben.

§ 18 Abweichende Vereinbarungen

[1]Von § 3 Abs. 1 bis 4, § 5 Abs. 1 bis 3, den §§ 6 bis 9 und 11 Abs. 2 bis 4, § 14 Abs. 2 Satz 1 und § 15 kann nicht zum Nachteil des Versicherungsnehmers abgewichen werden.

Abschnitt 2   Anzeigepflicht, Gefahrerhöhung, andere Obliegenheiten

§ 19   Anzeigepflicht

(1) [1]Der Versicherungsnehmer hat bis zur Abgabe seiner Vertragserklärung die ihm bekannten Gefahrumstände, die für den Entschluss des Versicherers, den Vertrag mit dem vereinbarten Inhalt zu schließen, erheblich sind und nach denen der Versicherer in Textform gefragt hat, dem Versicherer anzuzeigen. [2]Stellt der Versicherer nach der Vertragserklärung des Versicherungsnehmers, aber vor Vertragsannahme Fragen im Sinn des Satzes 1, ist der Versicherungsnehmer auch insoweit zur Anzeige verpflichtet.

(2) [1]Verletzt der Versicherungsnehmer seine Anzeigepflicht nach Absatz 1, kann der Versicherer vom Vertrag zurücktreten.

(3) [1]Das Rücktrittsrecht des Versicherers ist ausgeschlossen, wenn der Versicherungsnehmer die Anzeigepflicht weder vorsätzlich noch grob fahrlässig verletzt hat. [2]In diesem Fall hat der Versicherer das Recht, den Vertrag unter Einhaltung einer Frist von einem Monat zu kündigen.

(4) [1]Das Rücktrittsrecht des Versicherers wegen grob fahrlässiger Verletzung der Anzeigepflicht und sein Kündigungsrecht nach Absatz 3 Satz 2 sind ausgeschlossen, wenn er den Vertrag auch bei Kenntnis der nicht angezeigten Umstände, wenn auch zu anderen Bedingungen, geschlossen hätte. [2]Die anderen Bedingungen werden auf Verlangen des Versicherers rückwirkend, bei einer vom Versicherungsnehmer nicht zu vertretenden Pflichtverletzung ab der laufenden Versicherungsperiode Vertragsbestandteil.

(5) [1]Dem Versicherer stehen die Rechte nach den Absätzen 2 bis 4 nur zu, wenn er den Versicherungsnehmer durch gesonderte Mitteilung in Textform auf die Folgen einer Anzeigepflichtverletzung hingewiesen hat. [2]Die Rechte sind ausgeschlossen, wenn der Versicherer den nicht angezeigten Gefahrumstand oder die Unrichtigkeit der Anzeige kannte.

(6) [1]Erhöht sich im Fall des Absatzes 4 Satz 2 durch eine Vertragsänderung die Prämie um mehr als 10 Prozent oder schließt der Versicherer die Gefahrabsicherung für den nicht angezeigten Umstand aus, kann der Versicherungsnehmer den Vertrag innerhalb eines Monats nach Zugang der Mitteilung des Versicherers ohne Einhaltung einer Frist kündigen. [2]Der Versicherer hat den Versicherungsnehmer in der Mitteilung auf dieses Recht hinzuweisen.

§ 20 Vertreter des Versicherungsnehmers

[1]Wird der Vertrag von einem Vertreter des Versicherungsnehmers geschlossen, sind bei der Anwendung des § 19 Abs. 1 bis 4 und des § 21 Abs. 2 Satz 2 sowie Abs. 3 Satz 2 sowohl die Kenntnis und die Arglist des Vertreters als auch die Kenntnis und die Arglist des Versicherungsnehmers zu berücksichtigen. [2]Der Versicherungsnehmer kann sich darauf, dass die Anzeigepflicht nicht vorsätzlich oder grob fahrlässig verletzt worden ist, nur berufen, wenn weder dem Vertreter noch dem Versicherungsnehmer Vorsatz oder grobe Fahrlässigkeit zur Last fällt.

§ 21 Ausübung der Rechte des Versicherers

(1) [1]Der Versicherer muss die ihm nach § 19 Abs. 2 bis 4 zustehenden Rechte innerhalb eines Monats schriftlich geltend machen. [2]Die Frist beginnt mit dem Zeitpunkt, zu dem der Versicherer von der Verletzung der Anzeigepflicht, die das von ihm geltend gemachte Recht begründet, Kenntnis erlangt. [3]Der Versicherer hat bei der Ausübung seiner Rechte die Umstände anzugeben, auf die er seine Erklärung stützt; er darf nachträglich weitere Umstände zur Begründung seiner Erklärung angeben, wenn für diese die Frist nach Satz 1 nicht verstrichen ist.

(2) [1]Im Fall eines Rücktrittes nach § 19 Abs. 2 nach Eintritt des Versicherungsfalles ist der Versicherer nicht zur Leistung verpflichtet, es sei denn, die Verletzung der Anzeigepflicht bezieht sich auf einen Umstand, der weder für den Eintritt oder die Feststellung des Versicherungsfalles noch für die Feststellung oder den Umfang der Leistungspflicht des Versicherers ursächlich ist. [2]Hat der Versicherungsnehmer die Anzeigepflicht arglistig verletzt, ist der Versicherer nicht zur Leistung verpflichtet.

(3) [1]Die Rechte des Versicherers nach § 19 Abs. 2 bis 4 erlöschen nach Ablauf von fünf Jahren nach Vertragsschluss; dies gilt nicht für Versicherungsfälle, die vor Ablauf dieser Frist eingetreten sind. [2]Hat der Versicherungsnehmer die Anzeigepflicht vorsätzlich oder arglistig verletzt, beläuft sich die Frist auf zehn Jahre.

§ 22 Arglistige Täuschung

[1]Das Recht des Versicherers, den Vertrag wegen arglistiger Täuschung anzufechten, bleibt unberührt.

§ 23   Gefahrerhöhung

(1) [1]Der Versicherungsnehmer darf nach Abgabe seiner Vertragserklärung ohne Einwilligung des Versicherers keine Gefahrerhöhung vornehmen oder deren Vornahme durch einen Dritten gestatten.

(2) [1]Erkennt der Versicherungsnehmer nachträglich, dass er ohne Einwilligung des Versicherers eine Gefahrerhöhung vorgenommen oder gestattet hat, hat er die Gefahrerhöhung dem Versicherer unverzüglich anzuzeigen.

(3) [1]Tritt nach Abgabe der Vertragserklärung des Versicherungsnehmers eine Gefahrerhöhung unabhängig von seinem Willen ein, hat er die Gefahrerhöhung, nachdem er von ihr Kenntnis erlangt hat, dem Versicherer unverzüglich anzuzeigen.

§ 24   Kündigung wegen Gefahrerhöhung

(1) [1]Verletzt der Versicherungsnehmer seine Verpflichtung nach § 23 Abs. 1, kann der Versicherer den Vertrag ohne Einhaltung einer Frist kündigen, es sei denn, der Versicherungsnehmer hat die Verpflichtung weder vorsätzlich noch grob fahrlässig verletzt. [2]Beruht die Verletzung auf einfacher Fahrlässigkeit, kann der Versicherer unter Einhaltung einer Frist von einem Monat kündigen.

(2) [1]In den Fällen einer Gefahrerhöhung nach § 23 Abs. 2 und 3 kann der Versicherer den Vertrag unter Einhaltung einer Frist von einem Monat kündigen.

(3) [1]Das Kündigungsrecht nach den Absätzen 1 und 2 erlischt, wenn es nicht innerhalb eines Monats ab der Kenntnis des Versicherers von der Erhöhung der Gefahr ausgeübt wird oder wenn der Zustand wiederhergestellt ist, der vor der Gefahrerhöhung bestanden hat.

§ 25   Prämienerhöhung wegen Gefahrerhöhung

(1) [1]Der Versicherer kann an Stelle einer Kündigung ab dem Zeitpunkt der Gefahrerhöhung eine seinen Geschäftsgrundsätzen für diese höhere Gefahr entsprechende Prämie verlangen oder die Absicherung der höheren Gefahr ausschließen. [2]Für das Erlöschen dieses Rechtes gilt § 24 Abs. 3 entsprechend.

(2) [1]Erhöht sich die Prämie als Folge der Gefahrerhöhung um mehr als 10 Prozent oder schließt der Versicherer die Absicherung der höheren Gefahr aus, kann der Versicherungsnehmer den Vertrag innerhalb eines Monats nach Zugang der Mitteilung des Versicherers ohne Einhaltung einer Frist kündigen. [2]Der Versicherer hat den Versicherungsnehmer in der Mitteilung auf dieses Recht hinzuweisen.

§ 26 Leistungsfreiheit wegen Gefahrerhöhung

(1) [1]Tritt der Versicherungsfall nach einer Gefahrerhöhung ein, ist der Versicherer nicht zur Leistung verpflichtet, wenn der Versicherungsnehmer seine Verpflichtung nach § 23 Abs. 1 vorsätzlich verletzt hat. [2]Im Fall einer grob fahrlässigen Verletzung ist der Versicherer berechtigt, seine Leistung in einem der Schwere des Verschuldens des Versicherungsnehmers entsprechenden Verhältnis zu kürzen; die Beweislast für das Nichtvorliegen einer groben Fahrlässigkeit trägt der Versicherungsnehmer.

(2) [1]In den Fällen einer Gefahrerhöhung nach § 23 Abs. 2 und 3 ist der Versicherer nicht zur Leistung verpflichtet, wenn der Versicherungsfall später als einen Monat nach dem Zeitpunkt eintritt, zu dem die Anzeige dem Versicherer hätte zugegangen sein müssen, es sei denn, dem Versicherer war die Gefahrerhöhung zu diesem Zeitpunkt bekannt. [2]Er ist zur Leistung verpflichtet, wenn die Verletzung der Anzeigepflicht nach § 23 Abs. 2 und 3 nicht auf Vorsatz beruht; im Fall einer grob fahrlässigen Verletzung gilt Absatz 1 Satz 2.

(3) [1]Abweichend von den Absätzen 1 und 2 Satz 1 ist der Versicherer zur Leistung verpflichtet,

1. soweit die Gefahrerhöhung nicht ursächlich für den Eintritt des Versicherungsfalles oder den Umfang der Leistungspflicht war oder
2. wenn zur Zeit des Eintrittes des Versicherungsfalles die Frist für die Kündigung des Versicherers abgelaufen und eine Kündigung nicht erfolgt war.

§ 27 Unerhebliche Gefahrerhöhung

[1]Die §§ 23 bis 26 sind nicht anzuwenden, wenn nur eine unerhebliche Erhöhung der Gefahr vorliegt oder wenn nach den Umständen als vereinbart anzusehen ist, dass die Gefahrerhöhung mitversichert sein soll.

§ 28 Verletzung einer vertraglichen Obliegenheit

(1) [1]Bei Verletzung einer vertraglichen Obliegenheit, die vom Versicherungsnehmer vor Eintritt des Versicherungsfalles gegenüber dem Versicherer zu erfüllen ist, kann der Versicherer den Vertrag innerhalb eines Monats, nachdem er von der Verletzung Kenntnis erlangt hat, ohne Einhaltung einer Frist kündigen, es sei denn, die Verletzung beruht nicht auf Vorsatz oder auf grober Fahrlässigkeit.

(2) [1]Bestimmt der Vertrag, dass der Versicherer bei Verletzung einer vom Versicherungsnehmer zu erfüllenden vertraglichen Obliegenheit nicht zur Leistung ver-

pflichtet ist, ist er leistungsfrei, wenn der Versicherungsnehmer die Obliegenheit vorsätzlich verletzt hat. [2]Im Fall einer grob fahrlässigen Verletzung der Obliegenheit ist der Versicherer berechtigt, seine Leistung in einem der Schwere des Verschuldens des Versicherungsnehmers entsprechenden Verhältnis zu kürzen; die Beweislast für das Nichtvorliegen einer groben Fahrlässigkeit trägt der Versicherungsnehmer.

(3) [1]Abweichend von Absatz 2 ist der Versicherer zur Leistung verpflichtet, soweit die Verletzung der Obliegenheit weder für den Eintritt oder die Feststellung des Versicherungsfalles noch für die Feststellung oder den Umfang der Leistungspflicht des Versicherers ursächlich ist. [2]Satz 1 gilt nicht, wenn der Versicherungsnehmer die Obliegenheit arglistig verletzt hat.

(4) [1]Die vollständige oder teilweise Leistungsfreiheit des Versicherers nach Absatz 2 hat bei Verletzung einer nach Eintritt des Versicherungsfalles bestehenden Auskunfts- oder Aufklärungsobliegenheit zur Voraussetzung, dass der Versicherer den Versicherungsnehmer durch gesonderte Mitteilung in Textform auf diese Rechtsfolge hingewiesen hat.

(5) [1]Eine Vereinbarung, nach welcher der Versicherer bei Verletzung einer vertraglichen Obliegenheit zum Rücktritt berechtigt ist, ist unwirksam.

§ 29 Teilrücktritt, Teilkündigung, teilweise Leistungsfreiheit

(1) [1]Liegen die Voraussetzungen, unter denen der Versicherer nach den Vorschriften dieses Abschnittes zum Rücktritt oder zur Kündigung berechtigt ist, nur bezüglich eines Teils der Gegenstände oder Personen vor, auf die sich die Versicherung bezieht, steht dem Versicherer das Recht zum Rücktritt oder zur Kündigung für den übrigen Teil nur zu, wenn anzunehmen ist, dass für diesen allein der Versicherer den Vertrag unter den gleichen Bedingungen nicht geschlossen hätte.

(2) [1]Macht der Versicherer von dem Recht zum Rücktritt oder zur Kündigung bezüglich eines Teils der Gegenstände oder Personen Gebrauch, ist der Versicherungsnehmer berechtigt, das Versicherungsverhältnis bezüglich des übrigen Teils zu kündigen. [2]Die Kündigung muss spätestens zum Schluss der Versicherungsperiode erklärt werden, in welcher der Rücktritt oder die Kündigung des Versicherers wirksam wird.

(3) [1]Liegen die Voraussetzungen, unter denen der Versicherer wegen einer Verletzung der Vorschriften über die Gefahrerhöhung ganz oder teilweise leistungsfrei ist, nur bezüglich eines Teils der Gegenstände oder Personen vor, auf die sich die

Versicherung bezieht, ist auf die Leistungsfreiheit Absatz 1 entsprechend anzuwenden.

§ 30   Anzeige des Versicherungsfalles

(1) [1]Der Versicherungsnehmer hat den Eintritt des Versicherungsfalles, nachdem er von ihm Kenntnis erlangt hat, dem Versicherer unverzüglich anzuzeigen. [2]Steht das Recht auf die vertragliche Leistung des Versicherers einem Dritten zu, ist auch dieser zur Anzeige verpflichtet.

(2) [1]Auf eine Vereinbarung, nach welcher der Versicherer im Fall der Verletzung der Anzeigepflicht nach Absatz 1 Satz 1 nicht zur Leistung verpflichtet ist, kann sich der Versicherer nicht berufen, wenn er auf andere Weise vom Eintritt des Versicherungsfalles rechtzeitig Kenntnis erlangt hat.

§ 31   Auskunftspflicht des Versicherungsnehmers

(1) [1]Der Versicherer kann nach dem Eintritt des Versicherungsfalles verlangen, dass der Versicherungsnehmer jede Auskunft erteilt, die zur Feststellung des Versicherungsfalles oder des Umfanges der Leistungspflicht des Versicherers erforderlich ist. [2]Belege kann der Versicherer insoweit verlangen, als deren Beschaffung dem Versicherungsnehmer billigerweise zugemutet werden kann.

(2) [1]Steht das Recht auf die vertragliche Leistung des Versicherers einem Dritten zu, hat auch dieser die Pflichten nach Absatz 1 zu erfüllen.

§ 32   Abweichende Vereinbarungen

[1]Von den §§ 19 bis 28 Abs. 4 und § 31 Abs. 1 Satz 2 kann nicht zum Nachteil des Versicherungsnehmers abgewichen werden. [2]Für Anzeigen nach diesem Abschnitt, zu denen der Versicherungsnehmer verpflichtet ist, kann jedoch die Schrift- oder die Textform vereinbart werden.

Abschnitt 3   Prämie

§ 33   Fälligkeit (gültig bis 10.6.2010)

(1) [1]Der Versicherungsnehmer hat eine einmalige Prämie oder, wenn laufende Prämien vereinbart sind, die erste Prämie unverzüglich nach Ablauf von zwei Wochen nach Zugang des Versicherungsscheins zu zahlen.

(2) [1]Ist die Prämie zuletzt vom Versicherer eingezogen worden, ist der Versicherungsnehmer zur Übermittlung der Prämie erst verpflichtet, wenn er vom Versicherer hierzu in Textform aufgefordert worden ist.

§ 33 Fälligkeit (gültig ab 11.6.2010)

(1) [1]Der Versicherungsnehmer hat eine einmalige Prämie oder, wenn laufende Prämien vereinbart sind, die erste Prämie unverzüglich nach Ablauf von 14 Tagen nach Zugang des Versicherungsscheins zu zahlen.

(2) [1]Ist die Prämie zuletzt vom Versicherer eingezogen worden, ist der Versicherungsnehmer zur Übermittlung der Prämie erst verpflichtet, wenn er vom Versicherer hierzu in Textform aufgefordert worden ist.

§ 34 Zahlung durch Dritte

(1) [1]Der Versicherer muss fällige Prämien oder sonstige ihm aufgrund des Vertrags zustehende Zahlungen vom Versicherten bei einer Versicherung für fremde Rechnung, von einem Bezugsberechtigten, der ein Recht auf die Leistung des Versicherers erworben hat, sowie von einem Pfandgläubiger auch dann annehmen, wenn er die Zahlung nach den Vorschriften des Bürgerlichen Gesetzbuchs zurückweisen könnte.

(2) [1]Ein Pfandrecht an der Versicherungsforderung kann auch wegen der Beträge einschließlich ihrer Zinsen geltend gemacht werden, die der Pfandgläubiger zur Zahlung von Prämien oder zu sonstigen dem Versicherer aufgrund des Vertrags zustehenden Zahlungen verwendet hat.

§ 35 Aufrechnung durch den Versicherer

[1]Der Versicherer kann eine fällige Prämienforderung oder eine andere ihm aus dem Vertrag zustehende fällige Forderung gegen eine Forderung aus der Versicherung auch dann aufrechnen, wenn diese Forderung nicht dem Versicherungsnehmer, sondern einem Dritten zusteht.

§ 36 Leistungsort

(1) [1]Leistungsort für die Zahlung der Prämie ist der jeweilige Wohnsitz des Versicherungsnehmers. [2]Der Versicherungsnehmer hat jedoch auf seine Gefahr und seine Kosten die Prämie dem Versicherer zu übermitteln.

(2) [1]Hat der Versicherungsnehmer die Versicherung in seinem Gewerbebetrieb genommen, tritt, wenn er seine gewerbliche Niederlassung an einem anderen Ort hat, der Ort der Niederlassung an die Stelle des Wohnsitzes.

§ 37 Zahlungsverzug bei Erstprämie

(1) [1]Wird die einmalige oder die erste Prämie nicht rechtzeitig gezahlt, ist der Versicherer, solange die Zahlung nicht bewirkt ist, zum Rücktritt vom Vertrag berechtigt, es sei denn, der Versicherungsnehmer hat die Nichtzahlung nicht zu vertreten.

(2) [1]Ist die einmalige oder die erste Prämie bei Eintritt des Versicherungsfalles nicht gezahlt, ist der Versicherer nicht zur Leistung verpflichtet, es sei denn, der Versicherungsnehmer hat die Nichtzahlung nicht zu vertreten. [2]Der Versicherer ist nur leistungsfrei, wenn er den Versicherungsnehmer durch gesonderte Mitteilung in Textform oder durch einen auffälligen Hinweis im Versicherungsschein auf diese Rechtsfolge der Nichtzahlung der Prämie aufmerksam gemacht hat.

§ 38 Zahlungsverzug bei Folgeprämie

(1) [1]Wird eine Folgeprämie nicht rechtzeitig gezahlt, kann der Versicherer dem Versicherungsnehmer auf dessen Kosten in Textform eine Zahlungsfrist bestimmen, die mindestens zwei Wochen betragen muss. [2]Die Bestimmung ist nur wirksam, wenn sie die rückständigen Beträge der Prämie, Zinsen und Kosten im Einzelnen beziffert und die Rechtsfolgen angibt, die nach den Absätzen 2 und 3 mit dem Fristablauf verbunden sind; bei zusammengefassten Verträgen sind die Beträge jeweils getrennt anzugeben.

(2) [1]Tritt der Versicherungsfall nach Fristablauf ein und ist der Versicherungsnehmer bei Eintritt mit der Zahlung der Prämie oder der Zinsen oder Kosten in Verzug, ist der Versicherer nicht zur Leistung verpflichtet.

(3) [1]Der Versicherer kann nach Fristablauf den Vertrag ohne Einhaltung einer Frist kündigen, sofern der Versicherungsnehmer mit der Zahlung der geschuldeten Beträge in Verzug ist. [2]Die Kündigung kann mit der Bestimmung der Zahlungsfrist so verbunden werden, dass sie mit Fristablauf wirksam wird, wenn der Versicherungsnehmer zu diesem Zeitpunkt mit der Zahlung in Verzug ist; hierauf ist der Versicherungsnehmer bei der Kündigung ausdrücklich hinzuweisen. [3]Die Kündigung wird unwirksam, wenn der Versicherungsnehmer innerhalb eines Monats nach der Kündigung oder, wenn sie mit der Fristbestimmung verbunden worden

ist, innerhalb eines Monats nach Fristablauf die Zahlung leistet; Absatz 2 bleibt unberührt.

§ 39   Vorzeitige Vertragsbeendigung

(1) [1]Im Fall der Beendigung des Versicherungsverhältnisses vor Ablauf der Versicherungsperiode steht dem Versicherer für diese Versicherungsperiode nur derjenige Teil der Prämie zu, der dem Zeitraum entspricht, in dem Versicherungsschutz bestanden hat. [2]Wird das Versicherungsverhältnis durch Rücktritt aufgrund des § 19 Abs. 2 oder durch Anfechtung des Versicherers wegen arglistiger Täuschung beendet, steht dem Versicherer die Prämie bis zum Wirksamwerden der Rücktritts- oder Anfechtungserklärung zu. [3]Tritt der Versicherer nach § 37 Abs. 1 zurück, kann er eine angemessene Geschäftsgebühr verlangen.

(2) [1]Endet das Versicherungsverhältnis nach § 16, kann der Versicherungsnehmer den auf die Zeit nach der Beendigung des Versicherungsverhältnisses entfallenden Teil der Prämie unter Abzug der für diese Zeit aufgewendeten Kosten zurückfordern.

§ 40   Kündigung bei Prämienerhöhung

(1) [1]Erhöht der Versicherer aufgrund einer Anpassungsklausel die Prämie, ohne dass sich der Umfang des Versicherungsschutzes entsprechend ändert, kann der Versicherungsnehmer den Vertrag innerhalb eines Monats nach Zugang der Mitteilung des Versicherers mit sofortiger Wirkung, frühestens jedoch zum Zeitpunkt des Wirksamwerdens der Erhöhung, kündigen. [2]Der Versicherer hat den Versicherungsnehmer in der Mitteilung auf das Kündigungsrecht hinzuweisen. [3]Die Mitteilung muss dem Versicherungsnehmer spätestens einen Monat vor dem Wirksamwerden der Erhöhung der Prämie zugehen.

(2) [1]Absatz 1 gilt entsprechend, wenn der Versicherer aufgrund einer Anpassungsklausel den Umfang des Versicherungsschutzes vermindert, ohne die Prämie entsprechend herabzusetzen.

§ 41   Herabsetzung der Prämie

[1]Ist wegen bestimmter gefahrerhöhender Umstände eine höhere Prämie vereinbart und sind diese Umstände nach Antragstellung des Versicherungsnehmers oder nach Vertragsschluss weggefallen oder bedeutungslos geworden, kann der Versicherungsnehmer verlangen, dass die Prämie ab Zugang des Verlangens beim Ver-

sicherer angemessen herabgesetzt wird. [2]Dies gilt auch, wenn die Bemessung der höheren Prämie durch unrichtige, auf einem Irrtum des Versicherungsnehmers beruhende Angaben über einen solchen Umstand veranlasst worden ist.

§ 42   Abweichende Vereinbarungen

[1]Von § 33 Abs. 2 und den §§ 37 bis 41 kann nicht zum Nachteil des Versicherungsnehmers abgewichen werden.

Abschnitt 4   Versicherung für fremde Rechnung

§ 43   Begriffsbestimmung

(1) [1]Der Versicherungsnehmer kann den Versicherungsvertrag im eigenen Namen für einen anderen, mit oder ohne Benennung der Person des Versicherten, schließen (Versicherung für fremde Rechnung).

(2) [1]Wird der Versicherungsvertrag für einen anderen geschlossen, ist, auch wenn dieser benannt wird, im Zweifel anzunehmen, dass der Versicherungsnehmer nicht als Vertreter, sondern im eigenen Namen für fremde Rechnung handelt.

(3) [1]Ergibt sich aus den Umständen nicht, dass der Versicherungsvertrag für einen anderen geschlossen werden soll, gilt er als für eigene Rechnung geschlossen.

§ 44   Rechte des Versicherten

(1) [1]Bei der Versicherung für fremde Rechnung stehen die Rechte aus dem Versicherungsvertrag dem Versicherten zu. [2]Die Übermittlung des Versicherungsscheins kann jedoch nur der Versicherungsnehmer verlangen.

(2) [1]Der Versicherte kann ohne Zustimmung des Versicherungsnehmers nur dann über seine Rechte verfügen und diese Rechte gerichtlich geltend machen, wenn er im Besitz des Versicherungsscheins ist.

§ 45   Rechte des Versicherungsnehmers

(1) [1]Der Versicherungsnehmer kann über die Rechte, die dem Versicherten aus dem Versicherungsvertrag zustehen, im eigenen Namen verfügen.

(2) [1]Ist ein Versicherungsschein ausgestellt, ist der Versicherungsnehmer ohne Zustimmung des Versicherten zur Annahme der Leistung des Versicherers und zur

Übertragung der Rechte des Versicherten nur befugt, wenn er im Besitz des Versicherungsscheins ist.

(3) [1]Der Versicherer ist zur Leistung an den Versicherungsnehmer nur verpflichtet, wenn der Versicherte seine Zustimmung zu der Versicherung erteilt hat.

§ 46 Rechte zwischen Versicherungsnehmer und Versichertem

[1]Der Versicherungsnehmer ist nicht verpflichtet, dem Versicherten oder, falls über dessen Vermögen das Insolvenzverfahren eröffnet ist, der Insolvenzmasse den Versicherungsschein auszuliefern, bevor er wegen seiner Ansprüche gegen den Versicherten in Bezug auf die versicherte Sache befriedigt ist. [2]Er kann sich für diese Ansprüche aus der Entschädigungsforderung gegen den Versicherer und nach deren Einziehung aus der Entschädigungssumme vor dem Versicherten und dessen Gläubigern befriedigen.

§ 47 Kenntnis und Verhalten des Versicherten

(1) [1]Soweit die Kenntnis und das Verhalten des Versicherungsnehmers von rechtlicher Bedeutung sind, sind bei der Versicherung für fremde Rechnung auch die Kenntnis und das Verhalten des Versicherten zu berücksichtigen.

(2) [1]Die Kenntnis des Versicherten ist nicht zu berücksichtigen, wenn der Vertrag ohne sein Wissen geschlossen worden ist oder ihm eine rechtzeitige Benachrichtigung des Versicherungsnehmers nicht möglich oder nicht zumutbar war. [2]Der Versicherer braucht den Einwand, dass der Vertrag ohne Wissen des Versicherten geschlossen worden ist, nicht gegen sich gelten zu lassen, wenn der Versicherungsnehmer den Vertrag ohne Auftrag des Versicherten geschlossen und bei Vertragsschluss dem Versicherer nicht angezeigt hat, dass er den Vertrag ohne Auftrag des Versicherten schließt.

§ 48 Versicherung für Rechnung „wen es angeht"

[1]Ist die Versicherung für Rechnung „wen es angeht" genommen oder ist dem Vertrag in sonstiger Weise zu entnehmen, dass unbestimmt bleiben soll, ob eigenes oder fremdes Interesse versichert ist, sind die §§ 43 bis 47 anzuwenden, wenn sich aus den Umständen ergibt, dass fremdes Interesse versichert ist.

Abschnitt 5   Vorläufige Deckung

§ 49   Inhalt des Vertrags

(1) [1]Bei einem Versicherungsvertrag, dessen wesentlicher Inhalt die Gewährung einer vorläufigen Deckung durch den Versicherer ist, kann vereinbart werden, dass dem Versicherungsnehmer die Vertragsbestimmungen und die Informationen nach § 7 Abs. 1 in Verbindung mit einer Rechtsverordnung nach § 7 Abs. 2 nur auf Anforderung und spätestens mit dem Versicherungsschein vom Versicherer zu übermitteln sind. [2]Auf einen Fernabsatzvertrag im Sinn des § 312b Abs. 1 und 2 des Bürgerlichen Gesetzbuchs ist Satz 1 nicht anzuwenden.

(2) [1]Werden die Allgemeinen Versicherungsbedingungen dem Versicherungsnehmer bei Vertragsschluss nicht übermittelt, werden die vom Versicherer zu diesem Zeitpunkt für den vorläufigen Versicherungsschutz üblicherweise verwendeten Bedingungen, bei Fehlen solcher Bedingungen die für den Hauptvertrag vom Versicherer verwendeten Bedingungen auch ohne ausdrücklichen Hinweis hierauf Vertragsbestandteil. [2]Bestehen Zweifel, welche Bedingungen für den Vertrag gelten sollen, werden die zum Zeitpunkt des Vertragsschlusses vom Versicherer verwendeten Bedingungen, die für den Versicherungsnehmer am günstigsten sind, Vertragsbestandteil.

§ 50   Nichtzustandekommen des Hauptvertrags

[1]Ist der Versicherungsnehmer verpflichtet, im Fall des Nichtzustandekommens des Hauptvertrags eine Prämie für die vorläufige Deckung zu zahlen, steht dem Versicherer ein Anspruch auf einen der Laufzeit der vorläufigen Deckung entsprechenden Teil der Prämie zu, die beim Zustandekommen des Hauptvertrags für diesen zu zahlen wäre.

§ 51   Prämienzahlung

(1) [1]Der Beginn des Versicherungsschutzes kann von der Zahlung der Prämie abhängig gemacht werden, sofern der Versicherer den Versicherungsnehmer durch gesonderte Mitteilung in Textform oder durch einen auffälligen Hinweis im Versicherungsschein auf diese Voraussetzung aufmerksam gemacht hat.

(2) [1]Von Absatz 1 kann nicht zum Nachteil des Versicherungsnehmers abgewichen werden.

§ 52 Beendigung des Vertrags

(1) [1]Der Vertrag über vorläufige Deckung endet spätestens zu dem Zeitpunkt, zu dem nach einem vom Versicherungsnehmer geschlossenen Hauptvertrag oder einem weiteren Vertrag über vorläufige Deckung ein gleichartiger Versicherungsschutz beginnt. [2]Ist der Beginn des Versicherungsschutzes nach dem Hauptvertrag oder dem weiteren Vertrag über vorläufige Deckung von der Zahlung der Prämie durch den Versicherungsnehmer abhängig, endet der Vertrag über vorläufige Deckung bei Nichtzahlung oder verspäteter Zahlung der Prämie abweichend von Satz 1 spätestens zu dem Zeitpunkt, zu dem der Versicherungsnehmer mit der Prämienzahlung in Verzug ist, vorausgesetzt, dass der Versicherer den Versicherungsnehmer durch gesonderte Mitteilung in Textform oder durch einen auffälligen Hinweis im Versicherungsschein auf diese Rechtsfolge aufmerksam gemacht hat.

(2) [1]Absatz 1 ist auch anzuwenden, wenn der Versicherungsnehmer den Hauptvertrag oder den weiteren Vertrag über vorläufige Deckung mit einem anderen Versicherer schließt. [2]Der Versicherungsnehmer hat dem bisherigen Versicherer den Vertragsschluss unverzüglich mitzuteilen.

(3) [1]Kommt der Hauptvertrag mit dem Versicherer, mit dem der Vertrag über vorläufige Deckung besteht, nicht zustande, weil der Versicherungsnehmer seine Vertragserklärung nach § 8 widerruft oder nach § 5 Abs. 1 und 2 einen Widerspruch erklärt, endet der Vertrag über vorläufige Deckung spätestens mit dem Zugang des Widerrufs oder des Widerspruchs beim Versicherer.

(4) [1]Ist das Vertragsverhältnis auf unbestimmte Zeit eingegangen, kann jede Vertragspartei den Vertrag ohne Einhaltung einer Frist kündigen. [2]Die Kündigung des Versicherers wird jedoch erst nach Ablauf von zwei Wochen nach Zugang wirksam.

(5) [1]Von den Absätzen 1 bis 4 kann nicht zum Nachteil des Versicherungsnehmers abgewichen werden.

Abschnitt 6   Laufende Versicherung

§ 53 Anmeldepflicht

[1]Wird ein Vertrag in der Weise geschlossen, dass das versicherte Interesse bei Vertragsschluss nur der Gattung nach bezeichnet und erst nach seiner Entstehung dem Versicherer einzeln aufgegeben wird (laufende Versicherung), ist der Versicherungsnehmer verpflichtet, entweder die versicherten Risiken einzeln oder, wenn

der Versicherer darauf verzichtet hat, die vereinbarte Prämiengrundlage unverzüglich anzumelden oder, wenn dies vereinbart ist, jeweils Deckungszusage zu beantragen.

§ 54 Verletzung der Anmeldepflicht

(1) [1]Hat der Versicherungsnehmer die Anmeldung eines versicherten Risikos oder der vereinbarten Prämiengrundlage oder die Beantragung der Deckungszusage unterlassen oder fehlerhaft vorgenommen, ist der Versicherer nicht zur Leistung verpflichtet. [2]Dies gilt nicht, wenn der Versicherungsnehmer die Anmelde- oder Antragspflicht weder vorsätzlich noch grob fahrlässig verletzt hat und die Anmeldung oder den Antrag unverzüglich nach Kenntniserlangung von dem Fehler nachholt oder berichtigt.

(2) [1]Verletzt der Versicherungsnehmer die Anmelde- oder Antragspflicht vorsätzlich, kann der Versicherer den Vertrag fristlos kündigen. [2]Die Versicherung von Einzelrisiken, für die der Versicherungsschutz begonnen hat, bleibt, wenn anderes nicht vereinbart ist, über das Ende der laufenden Versicherung hinaus bis zu dem Zeitpunkt bestehen, zu dem die vereinbarte Dauer der Versicherung dieser Einzelrisiken endet. [3]Der Versicherer kann ferner die Prämie verlangen, die bis zum Wirksamwerden der Kündigung zu zahlen gewesen wäre, wenn der Versicherungsnehmer die Anmeldepflicht erfüllt hätte.

§ 55 Einzelpolice

(1) [1]Ist bei einer laufenden Versicherung ein Versicherungsschein für ein einzelnes Risiko (Einzelpolice) oder ein Versicherungszertifikat ausgestellt worden, ist der Versicherer nur gegen Vorlage der Urkunde zur Leistung verpflichtet. [2]Durch die Leistung an den Inhaber der Urkunde wird er befreit.

(2) [1]Ist die Urkunde abhandengekommen oder vernichtet, ist der Versicherer zur Leistung erst verpflichtet, wenn die Urkunde für kraftlos erklärt oder Sicherheit geleistet ist; eine Sicherheitsleistung durch Bürgen ist ausgeschlossen. [2]Dies gilt auch für die Verpflichtung des Versicherers zur Ausstellung einer Ersatzurkunde.

(3) [1]Der Inhalt der Einzelpolice oder eines Versicherungszertifikats gilt abweichend von § 5 als vom Versicherungsnehmer genehmigt, wenn dieser nicht unverzüglich nach der Übermittlung widerspricht. [2]Das Recht des Versicherungsnehmers, die Genehmigung wegen Irrtums anzufechten, bleibt unberührt.

§ 56 Verletzung der Anzeigepflicht

(1) [1]Abweichend von § 19 Abs. 2 ist bei Verletzung der Anzeigepflicht der Rücktritt des Versicherers ausgeschlossen; der Versicherer kann innerhalb eines Monats von dem Zeitpunkt an, zu dem er Kenntnis von dem nicht oder unrichtig angezeigten Umstand erlangt hat, den Vertrag kündigen und die Leistung verweigern. [2]Der Versicherer bleibt zur Leistung verpflichtet, soweit der nicht oder unrichtig angezeigte Umstand nicht ursächlich für den Eintritt des Versicherungsfalles oder den Umfang der Leistungspflicht war.

(2) [1]Verweigert der Versicherer die Leistung, kann der Versicherungsnehmer den Vertrag kündigen. [2]Das Kündigungsrecht erlischt, wenn es nicht innerhalb eines Monats von dem Zeitpunkt an ausgeübt wird, zu welchem dem Versicherungsnehmer die Entscheidung des Versicherers, die Leistung zu verweigern, zugeht.

§ 57 Gefahränderung

(1) [1]Der Versicherungsnehmer hat dem Versicherer eine Änderung der Gefahr unverzüglich anzuzeigen.

(2) [1]Hat der Versicherungsnehmer eine Gefahrerhöhung nicht angezeigt, ist der Versicherer nicht zur Leistung verpflichtet, wenn der Versicherungsfall nach dem Zeitpunkt eintritt, zu dem die Anzeige dem Versicherer hätte zugehen müssen. [2]Er ist zur Leistung verpflichtet,

1. wenn ihm die Gefahrerhöhung zu dem Zeitpunkt bekannt war, zu dem ihm die Anzeige hätte zugehen müssen,
2. wenn die Anzeigepflicht weder vorsätzlich noch grob fahrlässig verletzt worden ist oder
3. soweit die Gefahrerhöhung nicht ursächlich für den Eintritt des Versicherungsfalles oder den Umfang der Leistungspflicht war.

(3) [1]Der Versicherer ist abweichend von § 24 nicht berechtigt, den Vertrag wegen einer Gefahrerhöhung zu kündigen.

§ 58 Obliegenheitsverletzung

(1) [1]Verletzt der Versicherungsnehmer bei einer laufenden Versicherung schuldhaft eine vor Eintritt des Versicherungsfalles zu erfüllende Obliegenheit, ist der Versicherer in Bezug auf ein versichertes Einzelrisiko, für das die verletzte Obliegenheit gilt, nicht zur Leistung verpflichtet.

(2) [1]Bei schuldhafter Verletzung einer Obliegenheit kann der Versicherer den Vertrag innerhalb eines Monats, nachdem er Kenntnis von der Verletzung erlangt hat, mit einer Frist von einem Monat kündigen.

Abschnitt 7   Versicherungsvermittler, Versicherungsberater

Unterabschnitt 1   Mitteilungs- und Beratungspflichten

§ 59   Begriffsbestimmungen

(1) [1]Versicherungsvermittler im Sinn dieses Gesetzes sind Versicherungsvertreter und Versicherungsmakler.

(2) [1]Versicherungsvertreter im Sinn dieses Gesetzes ist, wer von einem Versicherer oder einem Versicherungsvertreter damit betraut ist, gewerbsmäßig Versicherungsverträge zu vermitteln oder abzuschließen.

(3) [1]Versicherungsmakler im Sinn dieses Gesetzes ist, wer gewerbsmäßig für den Auftraggeber die Vermittlung oder den Abschluss von Versicherungsverträgen übernimmt, ohne von einem Versicherer oder von einem Versicherungsvertreter damit betraut zu sein. [2]Als Versicherungsmakler gilt, wer gegenüber dem Versicherungsnehmer den Anschein erweckt, er erbringe seine Leistungen als Versicherungsmakler nach Satz 1.

(4) [1]Versicherungsberater im Sinn dieses Gesetzes ist, wer gewerbsmäßig Dritte bei der Vereinbarung, Änderung oder Prüfung von Versicherungsverträgen oder bei der Wahrnehmung von Ansprüchen aus Versicherungsverträgen im Versicherungsfall berät oder gegenüber dem Versicherer außergerichtlich vertritt, ohne von einem Versicherer einen wirtschaftlichen Vorteil zu erhalten oder in anderer Weise von ihm abhängig zu sein.

§ 60   Beratungsgrundlage des Versicherungsvermittlers

(1) [1]Der Versicherungsmakler ist verpflichtet, seinem Rat eine hinreichende Zahl von auf dem Markt angebotenen Versicherungsverträgen und von Versicherern zugrunde zu legen, so dass er nach fachlichen Kriterien eine Empfehlung dahin abgeben kann, welcher Versicherungsvertrag geeignet ist, die Bedürfnisse des Versicherungsnehmers zu erfüllen. [2]Dies gilt nicht, soweit er im Einzelfall vor Abgabe der Vertragserklärung des Versicherungsnehmers diesen ausdrücklich auf eine eingeschränkte Versicherer- und Vertragsauswahl hinweist.

360

(2) [1]Der Versicherungsmakler, der nach Absatz 1 Satz 2 auf eine eingeschränkte Auswahl hinweist, und der Versicherungsvertreter haben dem Versicherungsnehmer mitzuteilen, auf welcher Markt- und Informationsgrundlage sie ihre Leistung erbringen, und die Namen der ihrem Rat zugrunde gelegten Versicherer anzugeben. [2]Der Versicherungsvertreter hat außerdem mitzuteilen, für welche Versicherer er seine Tätigkeit ausübt und ob er für diese ausschließlich tätig ist.

(3) [1]Der Versicherungsnehmer kann auf die Mitteilungen und Angaben nach Absatz 2 durch eine gesonderte schriftliche Erklärung verzichten.

§ 61 Beratungs- und Dokumentationspflichten des Versicherungsvermittlers

(1) [1]Der Versicherungsvermittler hat den Versicherungsnehmer, soweit nach der Schwierigkeit, die angebotene Versicherung zu beurteilen, oder der Person des Versicherungsnehmers und dessen Situation hierfür Anlass besteht, nach seinen Wünschen und Bedürfnissen zu befragen und, auch unter Berücksichtigung eines angemessenen Verhältnisses zwischen Beratungsaufwand und der vom Versicherungsnehmer zu zahlenden Prämien, zu beraten sowie die Gründe für jeden zu einer bestimmten Versicherung erteilten Rat anzugeben. [2]Er hat dies unter Berücksichtigung der Komplexität des angebotenen Versicherungsvertrags nach § 62 zu dokumentieren.

(2) [1]Der Versicherungsnehmer kann auf die Beratung oder die Dokumentation nach Absatz 1 durch eine gesonderte schriftliche Erklärung verzichten, in der er vom Versicherungsvermittler ausdrücklich darauf hingewiesen wird, dass sich ein Verzicht nachteilig auf die Möglichkeit des Versicherungsnehmers auswirken kann, gegen den Versicherungsvermittler einen Schadensersatzanspruch nach § 63 geltend zu machen.

§ 62 Zeitpunkt und Form der Information

(1) [1]Dem Versicherungsnehmer sind die Informationen nach § 60 Abs. 2 vor Abgabe seiner Vertragserklärung, die Informationen nach § 61 Abs. 1 vor dem Abschluss des Vertrags klar und verständlich in Textform zu übermitteln.

(2) [1]Die Informationen nach Absatz 1 dürfen mündlich übermittelt werden, wenn der Versicherungsnehmer dies wünscht oder wenn und soweit der Versicherer vorläufige Deckung gewährt. [2]In diesen Fällen sind die Informationen unverzüglich nach Vertragsschluss, spätestens mit dem Versicherungsschein dem Versicherungs-

nehmer in Textform zu übermitteln; dies gilt nicht für Verträge über vorläufige Deckung bei Pflichtversicherungen.

§ 63   Schadensersatzpflicht

[1]Der Versicherungsvermittler ist zum Ersatz des Schadens verpflichtet, der dem Versicherungsnehmer durch die Verletzung einer Pflicht nach § 60 oder § 61 entsteht. [2]Dies gilt nicht, wenn der Versicherungsvermittler die Pflichtverletzung nicht zu vertreten hat.

§ 64   Zahlungssicherung zugunsten des Versicherungsnehmers

[1]Eine Bevollmächtigung des Versicherungsvermittlers durch den Versicherungsnehmer zur Annahme von Leistungen des Versicherers, die dieser aufgrund eines Versicherungsvertrags an den Versicherungsnehmer zu erbringen hat, bedarf einer gesonderten schriftlichen Erklärung des Versicherungsnehmers.

§ 65   Großrisiken (gültig bis 16.12.2009)

[1]Die §§ 60 bis 63 gelten nicht für die Vermittlung von Versicherungsverträgen über Großrisiken im Sinn des Artikels 10 Abs. 1 Satz 2 des Einführungsgesetzes zum Versicherungsvertragsgesetz.

§ 65   Großrisiken (gültig ab 17.12.2009)

[1]Die §§ 60 bis 63 gelten nicht für die Vermittlung von Versicherungsverträgen über Großrisiken im Sinn des § 210 Absatz 2 des Versicherungsvertragsgesetzes.

§ 66   Sonstige Ausnahmen

[1]Die §§ 60 bis 64, 69 Abs. 2 und § 214 gelten nicht für Versicherungsvermittler im Sinn von § 34d Abs. 9 Nr. 1 der Gewerbeordnung.

§ 67   Abweichende Vereinbarungen

[1]Von den §§ 60 bis 66 kann nicht zum Nachteil des Versicherungsnehmers abgewichen werden.

§ 68 Versicherungsberater

¹Die für Versicherungsmakler geltenden Vorschriften des § 60 Abs. 1 Satz 1, des § 61 Abs. 1 und der §§ 62 bis 65 und 67 sind auf Versicherungsberater entsprechend anzuwenden. ²Weitergehende Pflichten des Versicherungsberaters aus dem Auftragsverhältnis bleiben unberührt.

Unterabschnitt 2   Vertretungsmacht

§ 69   Gesetzliche Vollmacht

(1) ¹Der Versicherungsvertreter gilt als bevollmächtigt,

1. Anträge, die auf den Abschluss eines Versicherungsvertrags gerichtet sind, und deren Widerruf sowie die vor Vertragsschluss abzugebenden Anzeigen und sonstigen Erklärungen vom Versicherungsnehmer entgegenzunehmen,

2. Anträge auf Verlängerung oder Änderung eines Versicherungsvertrags und deren Widerruf, die Kündigung, den Rücktritt und sonstige das Versicherungsverhältnis betreffende Erklärungen sowie die während der Dauer des Versicherungsverhältnisses zu erstattenden Anzeigen vom Versicherungsnehmer entgegenzunehmen und

3. die vom Versicherer ausgefertigten Versicherungsscheine oder Verlängerungsscheine dem Versicherungsnehmer zu übermitteln.

(2) ¹Der Versicherungsvertreter gilt als bevollmächtigt, Zahlungen, die der Versicherungsnehmer im Zusammenhang mit der Vermittlung oder dem Abschluss eines Versicherungsvertrags an ihn leistet, anzunehmen. ²Eine Beschränkung dieser Vollmacht muss der Versicherungsnehmer nur gegen sich gelten lassen, wenn er die Beschränkung bei der Vornahme der Zahlung kannte oder infolge grober Fahrlässigkeit nicht kannte.

(3) ¹Der Versicherungsnehmer trägt die Beweislast für die Abgabe oder den Inhalt eines Antrags oder einer sonstigen Willenserklärung nach Absatz 1 Nr. 1 und 2. ²Die Beweislast für die Verletzung der Anzeigepflicht oder einer Obliegenheit durch den Versicherungsnehmer trägt der Versicherer.

§ 70   Kenntnis des Versicherungsvertreters

¹Soweit nach diesem Gesetz die Kenntnis des Versicherers erheblich ist, steht die Kenntnis des Versicherungsvertreters der Kenntnis des Versicherers gleich. ²Dies gilt nicht für die Kenntnis des Versicherungsvertreters, die er außerhalb seiner Tä-

tigkeit als Vertreter und ohne Zusammenhang mit dem betreffenden Versicherungsvertrag erlangt hat.

§ 71   Abschlussvollmacht

[1]Ist der Versicherungsvertreter zum Abschluss von Versicherungsverträgen bevollmächtigt, ist er auch befugt, die Änderung oder Verlängerung solcher Verträge zu
vereinbaren sowie Kündigungs- und Rücktrittserklärungen abzugeben.

§ 72   Beschränkung der Vertretungsmacht

[1]Eine Beschränkung der dem Versicherungsvertreter nach den §§ 69 und 71 zustehenden Vertretungsmacht durch Allgemeine Versicherungsbedingungen ist gegenüber dem Versicherungsnehmer und Dritten unwirksam.

§ 73   Angestellte und nicht gewerbsmäßig tätige Vermittler

[1]Die §§ 69 bis 72 sind auf Angestellte eines Versicherers, die mit der Vermittlung
oder dem Abschluss von Versicherungsverträgen betraut sind, und auf Personen,
die als Vertreter selbstständig Versicherungsverträge vermitteln oder abschließen,
ohne gewerbsmäßig tätig zu sein, entsprechend anzuwenden.

Kapitel 2   Schadensversicherung

Abschnitt 1   Allgemeine Vorschriften

§ 74   Überversicherung

(1) [1]Übersteigt die Versicherungssumme den Wert des versicherten Interesses (Versicherungswert) erheblich, kann jede Vertragspartei verlangen, dass die Versicherungssumme zur Beseitigung der Überversicherung unter verhältnismäßiger Minderung der Prämie mit sofortiger Wirkung herabgesetzt wird.

(2) [1]Schließt der Versicherungsnehmer den Vertrag in der Absicht, sich aus der
Überversicherung einen rechtswidrigen Vermögensvorteil zu verschaffen, ist der
Vertrag nichtig; dem Versicherer steht die Prämie bis zu dem Zeitpunkt zu, zu dem
er von den die Nichtigkeit begründenden Umständen Kenntnis erlangt.

§ 75   Unterversicherung

[1]Ist die Versicherungssumme erheblich niedriger als der Versicherungswert zur Zeit des Eintrittes des Versicherungsfalles, ist der Versicherer nur verpflichtet, die Leistung nach dem Verhältnis der Versicherungssumme zu diesem Wert zu erbringen.

§ 76   Taxe

[1]Der Versicherungswert kann durch Vereinbarung auf einen bestimmten Betrag (Taxe) festgesetzt werden. [2]Die Taxe gilt auch als der Wert, den das versicherte Interesse bei Eintritt des Versicherungsfalles hat, es sei denn, sie übersteigt den wirklichen Versicherungswert zu diesem Zeitpunkt erheblich. [3]Ist die Versicherungssumme niedriger als die Taxe, hat der Versicherer, auch wenn die Taxe erheblich übersetzt ist, den Schaden nur nach dem Verhältnis der Versicherungssumme zur Taxe zu ersetzen.

§ 77   Mehrere Versicherer

(1) [1]Wer bei mehreren Versicherern ein Interesse gegen dieselbe Gefahr versichert, ist verpflichtet, jedem Versicherer die andere Versicherung unverzüglich mitzuteilen. [2]In der Mitteilung sind der andere Versicherer und die Versicherungssumme anzugeben.

(2) [1]Wird bezüglich desselben Interesses bei einem Versicherer der entgehende Gewinn, bei einem anderen Versicherer der sonstige Schaden versichert, ist Absatz 1 entsprechend anzuwenden.

§ 78   Haftung bei Mehrfachversicherung

(1) [1]Ist bei mehreren Versicherern ein Interesse gegen dieselbe Gefahr versichert und übersteigen die Versicherungssummen zusammen den Versicherungswert oder übersteigt aus anderen Gründen die Summe der Entschädigungen, die von jedem Versicherer ohne Bestehen der anderen Versicherung zu zahlen wären, den Gesamtschaden (Mehrfachversicherung), haften die Versicherer in der Weise als Gesamtschuldner, dass jeder Versicherer den von ihm nach dem Vertrag zu leistenden Betrag zu zahlen hat, der Versicherungsnehmer aber insgesamt nicht mehr als den Betrag des Schadens verlangen kann.

(2) ^{1}Die Versicherer sind im Verhältnis zueinander zu Anteilen nach Maßgabe der Beträge verpflichtet, die sie dem Versicherungsnehmer nach dem jeweiligen Vertrag zu zahlen haben. ^{2}Ist auf eine der Versicherungen ausländisches Recht anzuwenden, kann der Versicherer, für den das ausländische Recht gilt, gegen den anderen Versicherer einen Anspruch auf Ausgleichung nur geltend machen, wenn er selbst nach dem für ihn maßgeblichen Recht zur Ausgleichung verpflichtet ist.

(3) ^{1}Hat der Versicherungsnehmer eine Mehrfachversicherung in der Absicht vereinbart, sich dadurch einen rechtswidrigen Vermögensvorteil zu verschaffen, ist jeder in dieser Absicht geschlossene Vertrag nichtig; dem Versicherer steht die Prämie bis zu dem Zeitpunkt zu, zu dem er von den die Nichtigkeit begründenden Umständen Kenntnis erlangt.

§ 79 Beseitigung der Mehrfachversicherung

(1) ^{1}Hat der Versicherungsnehmer den Vertrag, durch den die Mehrfachversicherung entstanden ist, ohne Kenntnis von dem Entstehen der Mehrfachversicherung geschlossen, kann er verlangen, dass der später geschlossene Vertrag aufgehoben oder die Versicherungssumme unter verhältnismäßiger Minderung der Prämie auf den Teilbetrag herabgesetzt wird, der durch die frühere Versicherung nicht gedeckt ist.

(2) ^{1}Absatz 1 ist auch anzuwenden, wenn die Mehrfachversicherung dadurch entstanden ist, dass nach Abschluss der mehreren Versicherungsverträge der Versicherungswert gesunken ist. ^{2}Sind in diesem Fall die mehreren Versicherungsverträge gleichzeitig oder im Einvernehmen der Versicherer geschlossen worden, kann der Versicherungsnehmer nur die verhältnismäßige Herabsetzung der Versicherungssummen und der Prämien verlangen.

§ 80 Fehlendes versichertes Interesse

(1) ^{1}Der Versicherungsnehmer ist nicht zur Zahlung der Prämie verpflichtet, wenn das versicherte Interesse bei Beginn der Versicherung nicht besteht; dies gilt auch, wenn das Interesse bei einer Versicherung, die für ein künftiges Unternehmen oder für ein anderes künftiges Interesse genommen ist, nicht entsteht. ^{2}Der Versicherer kann jedoch eine angemessene Geschäftsgebühr verlangen.

(2) ^{1}Fällt das versicherte Interesse nach dem Beginn der Versicherung weg, steht dem Versicherer die Prämie zu, die er hätte beanspruchen können, wenn die Ver-

sicherung nur bis zu dem Zeitpunkt beantragt worden wäre, zu dem der Versicherer vom Wegfall des Interesses Kenntnis erlangt hat.

(3) [1]Hat der Versicherungsnehmer ein nicht bestehendes Interesse in der Absicht versichert, sich dadurch einen rechtswidrigen Vermögensvorteil zu verschaffen, ist der Vertrag nichtig; dem Versicherer steht die Prämie bis zu dem Zeitpunkt zu, zu dem er von den die Nichtigkeit begründenden Umständen Kenntnis erlangt.

§ 81 Herbeiführung des Versicherungsfalles

(1) [1]Der Versicherer ist nicht zur Leistung verpflichtet, wenn der Versicherungsnehmer vorsätzlich den Versicherungsfall herbeiführt.

(2) [1]Führt der Versicherungsnehmer den Versicherungsfall grob fahrlässig herbei, ist der Versicherer berechtigt, seine Leistung in einem der Schwere des Verschuldens des Versicherungsnehmers entsprechenden Verhältnis zu kürzen.

§ 82 Abwendung und Minderung des Schadens

(1) [1]Der Versicherungsnehmer hat bei Eintritt des Versicherungsfalles nach Möglichkeit für die Abwendung und Minderung des Schadens zu sorgen.

(2) [1]Der Versicherungsnehmer hat Weisungen des Versicherers, soweit für ihn zumutbar, zu befolgen sowie Weisungen einzuholen, wenn die Umstände dies gestatten. [2]Erteilen mehrere an dem Versicherungsvertrag beteiligte Versicherer unterschiedliche Weisungen, hat der Versicherungsnehmer nach pflichtgemäßem Ermessen zu handeln.

(3) [1]Bei Verletzung einer Obliegenheit nach den Absätzen 1 und 2 ist der Versicherer nicht zur Leistung verpflichtet, wenn der Versicherungsnehmer die Obliegenheit vorsätzlich verletzt hat. [2]Im Fall einer grob fahrlässigen Verletzung ist der Versicherer berechtigt, seine Leistung in einem der Schwere des Verschuldens des Versicherungsnehmers entsprechenden Verhältnis zu kürzen; die Beweislast für das Nichtvorliegen einer groben Fahrlässigkeit trägt der Versicherungsnehmer.

(4) [1]Abweichend von Absatz 3 ist der Versicherer zur Leistung verpflichtet, soweit die Verletzung der Obliegenheit weder für die Feststellung des Versicherungsfalles noch für die Feststellung oder den Umfang der Leistungspflicht ursächlich ist. [2]Satz 1 gilt nicht, wenn der Versicherungsnehmer die Obliegenheit arglistig verletzt hat.

§ 83 Aufwendungsersatz

(1) [1]Der Versicherer hat Aufwendungen des Versicherungsnehmers nach § 82 Abs. 1 und 2, auch wenn sie erfolglos bleiben, insoweit zu erstatten, als der Versicherungsnehmer sie den Umständen nach für geboten halten durfte. [2]Der Versicherer hat den für die Aufwendungen erforderlichen Betrag auf Verlangen des Versicherungsnehmers vorzuschießen.

(2) [1]Ist der Versicherer berechtigt, seine Leistung zu kürzen, kann er auch den Aufwendungsersatz nach Absatz 1 entsprechend kürzen.

(3) [1]Aufwendungen des Versicherungsnehmers, die er gemäß den Weisungen des Versicherers macht, sind auch insoweit zu erstatten, als sie zusammen mit der sonstigen Entschädigung die Versicherungssumme übersteigen.

(4) [1]Bei der Tierversicherung gehören die Kosten der Fütterung und der Pflege sowie die Kosten der tierärztlichen Untersuchung und Behandlung nicht zu den vom Versicherer nach den Absätzen 1 bis 3 zu erstattenden Aufwendungen.

§ 84 Sachverständigenverfahren

(1) [1]Sollen nach dem Vertrag einzelne Voraussetzungen des Anspruchs aus der Versicherung oder die Höhe des Schadens durch Sachverständige festgestellt werden, ist die getroffene Feststellung nicht verbindlich, wenn sie offenbar von der wirklichen Sachlage erheblich abweicht. [2]Die Feststellung erfolgt in diesem Fall durch gerichtliche Entscheidung. [3]Dies gilt auch, wenn die Sachverständigen die Feststellung nicht treffen können oder wollen oder sie verzögern.

(2) [1]Sind nach dem Vertrag die Sachverständigen durch das Gericht zu ernennen, ist für die Ernennung das Amtsgericht zuständig, in dessen Bezirk der Schaden entstanden ist. [2]Durch eine ausdrückliche Vereinbarung der Beteiligten kann die Zuständigkeit eines anderen Amtsgerichts begründet werden. [3]Die Verfügung, durch die dem Antrag auf Ernennung der Sachverständigen stattgegeben wird, ist nicht anfechtbar.

§ 85 Schadensermittlungskosten

(1) [1]Der Versicherer hat dem Versicherungsnehmer die Kosten, die durch die Ermittlung und Feststellung des von ihm zu ersetzenden Schadens entstehen, insoweit zu erstatten, als ihre Aufwendung den Umständen nach geboten war. [2]Diese

Kosten sind auch insoweit zu erstatten, als sie zusammen mit der sonstigen Entschädigung die Versicherungssumme übersteigen.

(2) [1]Kosten, die dem Versicherungsnehmer durch die Zuziehung eines Sachverständigen oder eines Beistandes entstehen, hat der Versicherer nicht zu erstatten, es sei denn, der Versicherungsnehmer ist zu der Zuziehung vertraglich verpflichtet oder vom Versicherer aufgefordert worden.

(3) [1]Ist der Versicherer berechtigt, seine Leistung zu kürzen, kann er auch den Kostenersatz entsprechend kürzen.

§ 86   Übergang von Ersatzansprüchen

(1) [1]Steht dem Versicherungsnehmer ein Ersatzanspruch gegen einen Dritten zu, geht dieser Anspruch auf den Versicherer über, soweit der Versicherer den Schaden ersetzt. [2]Der Übergang kann nicht zum Nachteil des Versicherungsnehmers geltend gemacht werden.

(2) [1]Der Versicherungsnehmer hat seinen Ersatzanspruch oder ein zur Sicherung dieses Anspruchs dienendes Recht unter Beachtung der geltenden Form- und Fristvorschriften zu wahren und bei dessen Durchsetzung durch den Versicherer soweit erforderlich mitzuwirken. [2]Verletzt der Versicherungsnehmer diese Obliegenheit vorsätzlich, ist der Versicherer zur Leistung insoweit nicht verpflichtet, als er infolgedessen keinen Ersatz von dem Dritten erlangen kann. [3]Im Fall einer grob fahrlässigen Verletzung der Obliegenheit ist der Versicherer berechtigt, seine Leistung in einem der Schwere des Verschuldens des Versicherungsnehmers entsprechenden Verhältnis zu kürzen; die Beweislast für das Nichtvorliegen einer groben Fahrlässigkeit trägt der Versicherungsnehmer.

(3) [1]Richtet sich der Ersatzanspruch des Versicherungsnehmers gegen eine Person, mit der er bei Eintritt des Schadens in häuslicher Gemeinschaft lebt, kann der Übergang nach Absatz 1 nicht geltend gemacht werden, es sei denn, diese Person hat den Schaden vorsätzlich verursacht.

§ 87   Abweichende Vereinbarungen

[1]Von den §§ 74, 78 Abs. 3, den §§ 80, 82 bis 84 Abs. 1 Satz 1 und § 86 kann nicht zum Nachteil des Versicherungsnehmers abgewichen werden.

Abschnitt 2   Sachversicherung

§ 88   Versicherungswert

[1]Soweit nichts anderes vereinbart ist, gilt als Versicherungswert, wenn sich die Versicherung auf eine Sache oder einen Inbegriff von Sachen bezieht, der Betrag, den der Versicherungsnehmer zur Zeit des Eintrittes des Versicherungsfalles für die Wiederbeschaffung oder Wiederherstellung der versicherten Sache in neuwertigem Zustand unter Abzug des sich aus dem Unterschied zwischen alt und neu ergebenden Minderwertes aufzuwenden hat.

§ 89   Versicherung für Inbegriff von Sachen

(1) [1]Eine Versicherung, die für einen Inbegriff von Sachen genommen ist, umfasst die jeweils dem Inbegriff zugehörigen Sachen.

(2) [1]Ist die Versicherung für einen Inbegriff von Sachen genommen, erstreckt sie sich auf die Sachen der Personen, mit denen der Versicherungsnehmer bei Eintritt des Schadens in häuslicher Gemeinschaft lebt oder die zu diesem Zeitpunkt in einem Dienstverhältnis zum Versicherungsnehmer stehen und ihre Tätigkeit an dem Ort ausüben, für den die Versicherung gilt. [2]Die Versicherung gilt insoweit als für fremde Rechnung genommen.

§ 90   Erweiterter Aufwendungsersatz

[1]Macht der Versicherungsnehmer Aufwendungen, um einen unmittelbar bevorstehenden Versicherungsfall abzuwenden oder in seinen Auswirkungen zu mindern, ist § 83 Abs. 1 Satz 1, Abs. 2 und 3 entsprechend anzuwenden.

§ 91   Verzinsung der Entschädigung

[1]Die vom Versicherer zu zahlende Entschädigung ist nach Ablauf eines Monats seit der Anzeige des Versicherungsfalles für das Jahr mit 4 Prozent zu verzinsen, soweit nicht aus einem anderen Rechtsgrund höhere Zinsen verlangt werden können. [2]Der Lauf der Frist ist gehemmt, solange der Schaden infolge eines Verschuldens des Versicherungsnehmers nicht festgestellt werden kann.

§ 92   Kündigung nach Versicherungsfall

(1) [1]Nach dem Eintritt des Versicherungsfalles kann jede Vertragspartei das Versicherungsverhältnis kündigen.

(2) [1]Die Kündigung ist nur bis zum Ablauf eines Monats seit dem Abschluss der Verhandlungen über die Entschädigung zulässig. [2]Der Versicherer hat eine Kündigungsfrist von einem Monat einzuhalten. [3]Der Versicherungsnehmer kann nicht für einen späteren Zeitpunkt als den Schluss der laufenden Versicherungsperiode kündigen.

(3) [1]Bei der Hagelversicherung kann der Versicherer nur für den Schluss der Versicherungsperiode kündigen, in welcher der Versicherungsfall eingetreten ist. [2]Kündigt der Versicherungsnehmer für einen früheren Zeitpunkt als den Schluss dieser Versicherungsperiode, steht dem Versicherer gleichwohl die Prämie für die laufende Versicherungsperiode zu.

§ 93   Wiederherstellungsklausel

[1]Ist der Versicherer nach dem Vertrag verpflichtet, einen Teil der Entschädigung nur bei Wiederherstellung oder Wiederbeschaffung der versicherten Sache zu zahlen, kann der Versicherungsnehmer die Zahlung eines über den Versicherungswert hinausgehenden Betrags erst verlangen, wenn die Wiederherstellung oder Wiederbeschaffung gesichert ist. [2]Der Versicherungsnehmer ist zur Rückzahlung der vom Versicherer geleisteten Entschädigung abzüglich des Versicherungswertes der Sache verpflichtet, wenn die Sache infolge eines Verschuldens des Versicherungsnehmers nicht innerhalb einer angemessenen Frist wiederhergestellt oder wiederbeschafft worden ist.

§ 94   Wirksamkeit der Zahlung gegenüber Hypothekengläubigern

(1) [1]Im Fall des § 93 Satz 1 ist eine Zahlung, die ohne die Sicherung der Wiederherstellung oder Wiederbeschaffung geleistet wird, einem Hypothekengläubiger gegenüber nur wirksam, wenn ihm der Versicherer oder der Versicherungsnehmer mitgeteilt hat, dass ohne die Sicherung geleistet werden soll und seit dem Zugang der Mitteilung mindestens ein Monat verstrichen ist.

(2) [1]Soweit die Entschädigungssumme nicht zu einer den Vertragsbestimmungen entsprechenden Wiederherstellung oder Wiederbeschaffung verwendet werden soll, kann der Versicherer mit Wirkung gegen einen Hypothekengläubiger erst zahlen, wenn er oder der Versicherungsnehmer diese Absicht dem Hypothekengläubi-

ger mitgeteilt hat und seit dem Zugang der Mitteilung mindestens ein Monat verstrichen ist.

(3) [1]Der Hypothekengläubiger kann bis zum Ablauf der Frist von einem Monat dem Versicherer gegenüber der Zahlung widersprechen. [2]Die Mitteilungen nach den Absätzen 1 und 2 dürfen unterbleiben, wenn sie einen unangemessenen Aufwand erfordern würden; in diesem Fall läuft die Frist ab dem Zeitpunkt der Fälligkeit der Entschädigungssumme.

(4) [1]Hat der Hypothekengläubiger seine Hypothek dem Versicherer angemeldet, ist eine Zahlung, die ohne die Sicherung der Wiederherstellung oder Wiederbeschaffung geleistet wird, dem Hypothekengläubiger gegenüber nur wirksam, wenn dieser in Textform der Zahlung zugestimmt hat.

(5) [1]Die Absätze 1 bis 4 sind entsprechend anzuwenden, wenn das Grundstück mit einer Grundschuld, Rentenschuld oder Reallast belastet ist.

§ 95   Veräußerung der versicherten Sache

(1) [1]Wird die versicherte Sache vom Versicherungsnehmer veräußert, tritt an dessen Stelle der Erwerber in die während der Dauer seines Eigentums aus dem Versicherungsverhältnis sich ergebenden Rechte und Pflichten des Versicherungsnehmers ein.

(2) [1]Der Veräußerer und der Erwerber haften für die Prämie, die auf die zur Zeit des Eintrittes des Erwerbers laufende Versicherungsperiode entfällt, als Gesamtschuldner.

(3) [1]Der Versicherer muss den Eintritt des Erwerbers erst gegen sich gelten lassen, wenn er hiervon Kenntnis erlangt hat.

§ 96   Kündigung nach Veräußerung

(1) [1]Der Versicherer ist berechtigt, dem Erwerber einer versicherten Sache das Versicherungsverhältnis unter Einhaltung einer Frist von einem Monat zu kündigen. [2]Das Kündigungsrecht erlischt, wenn es nicht innerhalb eines Monats ab der Kenntnis des Versicherers von der Veräußerung ausgeübt wird.

(2) [1]Der Erwerber ist berechtigt, das Versicherungsverhältnis mit sofortiger Wirkung oder für den Schluss der laufenden Versicherungsperiode zu kündigen. [2]Das Kündigungsrecht erlischt, wenn es nicht innerhalb eines Monats nach dem Erwerb,

bei fehlender Kenntnis des Erwerbers vom Bestehen der Versicherung innerhalb eines Monats ab Erlangung der Kenntnis, ausgeübt wird.

(3) ^{1}Im Fall der Kündigung des Versicherungsverhältnisses nach Absatz 1 oder Absatz 2 ist der Veräußerer zur Zahlung der Prämie verpflichtet; eine Haftung des Erwerbers für die Prämie besteht nicht.

§ 97 Anzeige der Veräußerung

(1) ^{1}Die Veräußerung ist dem Versicherer vom Veräußerer oder Erwerber unverzüglich anzuzeigen. ^{2}Ist die Anzeige unterblieben, ist der Versicherer nicht zur Leistung verpflichtet, wenn der Versicherungsfall später als einen Monat nach dem Zeitpunkt eintritt, zu dem die Anzeige dem Versicherer hätte zugehen müssen, und der Versicherer den mit dem Veräußerer bestehenden Vertrag mit dem Erwerber nicht geschlossen hätte.

(2) ^{1}Abweichend von Absatz 1 Satz 2 ist der Versicherer zur Leistung verpflichtet, wenn ihm die Veräußerung zu dem Zeitpunkt bekannt war, zu dem ihm die Anzeige hätte zugehen müssen, oder wenn zur Zeit des Eintrittes des Versicherungsfalles die Frist für die Kündigung des Versicherers abgelaufen war und er nicht gekündigt hat.

§ 98 Schutz des Erwerbers

^{1}Der Versicherer kann sich auf eine Bestimmung des Versicherungsvertrags, durch die von den §§ 95 bis 97 zum Nachteil des Erwerbers abgewichen wird, nicht berufen. ^{2}Jedoch kann für die Kündigung des Erwerbers nach § 96 Abs. 2 und die Anzeige der Veräußerung die Schriftform oder die Textform bestimmt werden.

§ 99 Zwangsversteigerung, Erwerb des Nutzungsrechts

^{1}Geht das Eigentum an der versicherten Sache im Wege der Zwangsversteigerung über oder erwirbt ein Dritter aufgrund eines Nießbrauchs, eines Pachtvertrags oder eines ähnlichen Verhältnisses die Berechtigung, versicherte Bodenerzeugnisse zu beziehen, sind die §§ 95 bis 98 entsprechend anzuwenden.

Teil 2   Einzelne Versicherungszweige

Kapitel 1   Haftpflichtversicherung

Abschnitt 1   Allgemeine Vorschriften

§ 100   Leistung des Versicherers

[1]Bei der Haftpflichtversicherung ist der Versicherer verpflichtet, den Versicherungsnehmer von Ansprüchen freizustellen, die von einem Dritten aufgrund der Verantwortlichkeit des Versicherungsnehmers für eine während der Versicherungszeit eintretende Tatsache geltend gemacht werden, und unbegründete Ansprüche abzuwehren.

§ 101   Kosten des Rechtsschutzes

(1) [1]Die Versicherung umfasst auch die gerichtlichen und außergerichtlichen Kosten, die durch die Abwehr der von einem Dritten geltend gemachten Ansprüche entstehen, soweit die Aufwendung der Kosten den Umständen nach geboten ist. [2]Die Versicherung umfasst ferner die auf Weisung des Versicherers aufgewendeten Kosten der Verteidigung in einem Strafverfahren, das wegen einer Tat eingeleitet wurde, welche die Verantwortlichkeit des Versicherungsnehmers gegenüber einem Dritten zur Folge haben könnte. [3]Der Versicherer hat die Kosten auf Verlangen des Versicherungsnehmers vorzuschießen.

(2) [1]Ist eine Versicherungssumme bestimmt, hat der Versicherer die Kosten eines auf seine Veranlassung geführten Rechtsstreits und die Kosten der Verteidigung nach Absatz 1 Satz 2 auch insoweit zu ersetzen, als sie zusammen mit den Aufwendungen des Versicherers zur Freistellung des Versicherungsnehmers die Versicherungssumme übersteigen. [2]Dies gilt auch für Zinsen, die der Versicherungsnehmer infolge einer vom Versicherer veranlassten Verzögerung der Befriedigung des Dritten diesem schuldet.

(3) [1]Ist dem Versicherungsnehmer nachgelassen, die Vollstreckung einer gerichtlichen Entscheidung durch Sicherheitsleistung oder Hinterlegung abzuwenden, hat der Versicherer die Sicherheitsleistung oder Hinterlegung zu bewirken. [2]Diese Verpflichtung besteht nur bis zum Betrag der Versicherungssumme; ist der Versicherer nach Absatz 2 über diesen Betrag hinaus verpflichtet, tritt der Versicherungssumme der Mehrbetrag hinzu. [3]Der Versicherer ist von der Verpflichtung nach Satz 1 frei, wenn er den Anspruch des Dritten dem Versicherungsnehmer gegenüber als begründet anerkennt.

374

§ 102 Betriebshaftpflichtversicherung

(1) [1]Besteht die Versicherung für ein Unternehmen, erstreckt sie sich auf die Haftpflicht der zur Vertretung des Unternehmens befugten Personen sowie der Personen, die in einem Dienstverhältnis zu dem Unternehmen stehen. [2]Die Versicherung gilt insoweit als für fremde Rechnung genommen.

(2) [1]Wird das Unternehmen an einen Dritten veräußert oder aufgrund eines Nießbrauchs, eines Pachtvertrags oder eines ähnlichen Verhältnisses von einem Dritten übernommen, tritt der Dritte an Stelle des Versicherungsnehmers in die während der Dauer seiner Berechtigung sich aus dem Versicherungsverhältnis ergebenden Rechte und Pflichten ein. [2]§ 95 Abs. 2 und 3 sowie die §§ 96 und 97 sind entsprechend anzuwenden.

§ 103 Herbeiführung des Versicherungsfalles

[1]Der Versicherer ist nicht zur Leistung verpflichtet, wenn der Versicherungsnehmer vorsätzlich und widerrechtlich den bei dem Dritten eingetretenen Schaden herbeigeführt hat.

§ 104 Anzeigepflicht des Versicherungsnehmers

(1) [1]Der Versicherungsnehmer hat dem Versicherer innerhalb einer Woche die Tatsachen anzuzeigen, die seine Verantwortlichkeit gegenüber einem Dritten zur Folge haben könnten. [2]Macht der Dritte seinen Anspruch gegenüber dem Versicherungsnehmer geltend, ist der Versicherungsnehmer zur Anzeige innerhalb einer Woche nach der Geltendmachung verpflichtet.

(2) [1]Wird gegen den Versicherungsnehmer ein Anspruch gerichtlich geltend gemacht, Prozesskostenhilfe beantragt oder wird ihm gerichtlich der Streit verkündet, hat er dies dem Versicherer unverzüglich anzuzeigen. [2]Dies gilt auch, wenn gegen den Versicherungsnehmer wegen des den Anspruch begründenden Schadensereignisses ein Ermittlungsverfahren eingeleitet wird.

(3) [1]Zur Wahrung der Fristen nach den Absätzen 1 und 2 genügt die rechtzeitige Absendung der Anzeige. [2]§ 30 Abs. 2 ist entsprechend anzuwenden.

§ 105 Anerkenntnis des Versicherungsnehmers

[1]Eine Vereinbarung, nach welcher der Versicherer nicht zur Leistung verpflichtet ist, wenn ohne seine Einwilligung der Versicherungsnehmer den Dritten befriedigt oder dessen Anspruch anerkennt, ist unwirksam.

§ 106 Fälligkeit der Versicherungsleistung

[1]Der Versicherer hat den Versicherungsnehmer innerhalb von zwei Wochen von dem Zeitpunkt an, zu dem der Anspruch des Dritten mit bindender Wirkung für den Versicherer durch rechtskräftiges Urteil, Anerkenntnis oder Vergleich festgestellt worden ist, vom Anspruch des Dritten freizustellen. [2]Ist der Dritte von dem Versicherungsnehmer mit bindender Wirkung für den Versicherer befriedigt worden, hat der Versicherer die Entschädigung innerhalb von zwei Wochen nach der Befriedigung des Dritten an den Versicherungsnehmer zu zahlen. [3]Kosten, die nach § 101 zu ersetzen sind, hat der Versicherer innerhalb von zwei Wochen nach der Mitteilung der Berechnung zu zahlen.

§ 107 Rentenanspruch

(1) [1]Ist der Versicherungsnehmer dem Dritten zur Zahlung einer Rente verpflichtet, ist der Versicherer, wenn die Versicherungssumme den Kapitalwert der Rente nicht erreicht, nur zur Zahlung eines verhältnismäßigen Teils der Rente verpflichtet.

(2) [1]Hat der Versicherungsnehmer für die von ihm geschuldete Rente dem Dritten kraft Gesetzes Sicherheit zu leisten, erstreckt sich die Verpflichtung des Versicherers auf die Leistung der Sicherheit. [2]Absatz 1 gilt entsprechend.

§ 108 Verfügung über den Freistellungsanspruch

(1) [1]Verfügungen des Versicherungsnehmers über den Freistellungsanspruch gegen den Versicherer sind dem Dritten gegenüber unwirksam. [2]Der rechtsgeschäftlichen Verfügung steht eine Verfügung im Wege der Zwangsvollstreckung oder Arrestvollziehung gleich.

(2) [1]Die Abtretung des Freistellungsanspruchs an den Dritten kann nicht durch Allgemeine Versicherungsbedingungen ausgeschlossen werden.

§ 109   Mehrere Geschädigte

[1]Ist der Versicherungsnehmer gegenüber mehreren Dritten verantwortlich und übersteigen deren Ansprüche die Versicherungssumme, hat der Versicherer diese Ansprüche nach dem Verhältnis ihrer Beträge zu erfüllen. [2]Ist hierbei die Versicherungssumme erschöpft, kann sich ein bei der Verteilung nicht berücksichtigter Dritter nachträglich auf § 108 Abs. 1 nicht berufen, wenn der Versicherer mit der Geltendmachung dieser Ansprüche nicht gerechnet hat und auch nicht rechnen musste.

§ 110   Insolvenz des Versicherungsnehmers

[1]Ist über das Vermögen des Versicherungsnehmers das Insolvenzverfahren eröffnet, kann der Dritte wegen des ihm gegen den Versicherungsnehmer zustehenden Anspruchs abgesonderte Befriedigung aus dem Freistellungsanspruch des Versicherungsnehmers verlangen.

§ 111   Kündigung nach Versicherungsfall

(1) [1]Hat der Versicherer nach dem Eintritt des Versicherungsfalles den Anspruch des Versicherungsnehmers auf Freistellung anerkannt oder zu Unrecht abgelehnt, kann jede Vertragspartei das Versicherungsverhältnis kündigen. [2]Dies gilt auch, wenn der Versicherer dem Versicherungsnehmer die Weisung erteilt, es zum Rechtsstreit über den Anspruch des Dritten kommen zu lassen.

(2) [1]Die Kündigung ist nur innerhalb eines Monats seit der Anerkennung oder Ablehnung des Freistellungsanspruchs oder seit der Rechtskraft des im Rechtsstreit mit dem Dritten ergangenen Urteils zulässig. [2]§ 92 Abs. 2 Satz 2 und 3 ist anzuwenden.

§ 112   Abweichende Vereinbarungen

[1]Von den §§ 104 und 106 kann nicht zum Nachteil des Versicherungsnehmers abgewichen werden.

Abschnitt 2   Pflichtversicherung

§ 113   Pflichtversicherung

(1) [1]Eine Haftpflichtversicherung, zu deren Abschluss eine Verpflichtung durch Rechtsvorschrift besteht (Pflichtversicherung), ist mit einem im Inland zum Geschäftsbetrieb befugten Versicherungsunternehmen abzuschließen.

(2) [1]Der Versicherer hat dem Versicherungsnehmer unter Angabe der Versicherungssumme zu bescheinigen, dass eine der zu bezeichnenden Rechtsvorschrift entsprechende Pflichtversicherung besteht.

(3) [1]Die Vorschriften dieses Abschnittes sind auch insoweit anzuwenden, als der Versicherungsvertrag eine über die vorgeschriebenen Mindestanforderungen hinausgehende Deckung gewährt.

§ 114   Umfang des Versicherungsschutzes

(1) [1]Die Mindestversicherungssumme beträgt bei einer Pflichtversicherung, soweit durch Rechtsvorschrift nichts anderes bestimmt ist, 250.000 EUR je Versicherungsfall und eine Million EUR für alle Versicherungsfälle eines Versicherungsjahres.

(2) [1]Der Versicherungsvertrag kann Inhalt und Umfang der Pflichtversicherung näher bestimmen, soweit dadurch die Erreichung des jeweiligen Zwecks der Pflichtversicherung nicht gefährdet wird und durch Rechtsvorschrift nicht ausdrücklich etwas anderes bestimmt ist. [2]Ein Selbstbehalt des Versicherungsnehmers kann dem Dritten nicht entgegengehalten und gegenüber einer mitversicherten Person nicht geltend gemacht werden.

§ 115   Direktanspruch

(1) [1]Der Dritte kann seinen Anspruch auf Schadensersatz auch gegen den Versicherer geltend machen,
1. wenn es sich um eine Haftpflichtversicherung zur Erfüllung einer nach dem Pflichtversicherungsgesetz bestehenden Versicherungspflicht handelt oder
2. wenn über das Vermögen des Versicherungsnehmers das Insolvenzverfahren eröffnet oder der Eröffnungsantrag mangels Masse abgewiesen worden ist oder ein vorläufiger Insolvenzverwalter bestellt worden ist oder
3. wenn der Aufenthalt des Versicherungsnehmers unbekannt ist.

[2]Der Anspruch besteht im Rahmen der Leistungspflicht des Versicherers aus dem Versicherungsverhältnis und, soweit eine Leistungspflicht nicht besteht, im Rah-

men des § 117 Abs. 1 bis 4. [3]Der Versicherer hat den Schadensersatz in Geld zu leisten. [4]Der Versicherer und der ersatzpflichtige Versicherungsnehmer haften als Gesamtschuldner.

(2) [1]Der Anspruch nach Absatz 1 unterliegt der gleichen Verjährung wie der Schadensersatzanspruch gegen den ersatzpflichtigen Versicherungsnehmer. [2]Die Verjährung beginnt mit dem Zeitpunkt, zu dem die Verjährung des Schadensersatzanspruchs gegen den ersatzpflichtigen Versicherungsnehmer beginnt; sie endet jedoch spätestens nach zehn Jahren von dem Eintritt des Schadens an. [3]Ist der Anspruch des Dritten bei dem Versicherer angemeldet worden, ist die Verjährung bis zu dem Zeitpunkt gehemmt, zu dem die Entscheidung des Versicherers dem Anspruchsteller in Textform zugeht. [4]Die Hemmung, die Ablaufhemmung und der Neubeginn der Verjährung des Anspruchs gegen den Versicherer wirken auch gegenüber dem ersatzpflichtigen Versicherungsnehmer und umgekehrt.

§ 116 Gesamtschuldner

(1) [1]Im Verhältnis der Gesamtschuldner nach § 115 Abs. 1 Satz 4 zueinander ist der Versicherer allein verpflichtet, soweit er dem Versicherungsnehmer aus dem Versicherungsverhältnis zur Leistung verpflichtet ist. [2]Soweit eine solche Verpflichtung nicht besteht, ist in ihrem Verhältnis zueinander der Versicherungsnehmer allein verpflichtet. [3]Der Versicherer kann Ersatz der Aufwendungen verlangen, die er den Umständen nach für erforderlich halten durfte.

(2) [1]Die Verjährung der sich aus Absatz 1 ergebenden Ansprüche beginnt mit dem Schluss des Jahres, in dem der Anspruch des Dritten erfüllt wird.

§ 117 Leistungspflicht gegenüber Dritten

(1) [1]Ist der Versicherer von der Verpflichtung zur Leistung dem Versicherungsnehmer gegenüber ganz oder teilweise frei, so bleibt gleichwohl seine Verpflichtung in Ansehung des Dritten bestehen.

(2) [1]Ein Umstand, der das Nichtbestehen oder die Beendigung des Versicherungsverhältnisses zur Folge hat, wirkt in Ansehung des Dritten erst mit dem Ablauf eines Monats, nachdem der Versicherer diesen Umstand der hierfür zuständigen Stelle angezeigt hat. [2]Dies gilt auch, wenn das Versicherungsverhältnis durch Zeitablauf endet. [3]Der Lauf der Frist beginnt nicht vor Beendigung des Versicherungsverhältnisses. [4]Ein in den Sätzen 1 und 2 bezeichneter Umstand kann dem Dritten auch dann entgegengehalten werden, wenn vor dem Zeitpunkt des Schadensereig-

nisses der hierfür zuständigen Stelle die Bestätigung einer entsprechend den Rechtsvorschriften abgeschlossenen neuen Versicherung zugegangen ist. [5]Die vorstehenden Vorschriften dieses Absatzes gelten nicht, wenn eine zur Entgegennahme der Anzeige nach Satz 1 zuständige Stelle nicht bestimmt ist.

(3) [1]In den Fällen der Absätze 1 und 2 ist der Versicherer nur im Rahmen der vorgeschriebenen Mindestversicherungssumme und der von ihm übernommenen Gefahr zur Leistung verpflichtet. [2]Er ist leistungsfrei, soweit der Dritte Ersatz seines Schadens von einem anderen Schadensversicherer oder von einem Sozialversicherungsträger erlangen kann.

(4) [1]Trifft die Leistungspflicht des Versicherers nach Absatz 1 oder Absatz 2 mit einer Ersatzpflicht aufgrund fahrlässiger Amtspflichtverletzung zusammen, wird die Ersatzpflicht nach § 839 Abs. 1 des Bürgerlichen Gesetzbuchs im Verhältnis zum Versicherer nicht dadurch ausgeschlossen, dass die Voraussetzungen für die Leistungspflicht des Versicherers vorliegen. [2]Satz 1 gilt nicht, wenn der Beamte nach § 839 des Bürgerlichen Gesetzbuchs persönlich haftet.

(5) [1]Soweit der Versicherer den Dritten nach den Absätzen 1 bis 4 befriedigt und ein Fall des § 116 nicht vorliegt, geht die Forderung des Dritten gegen den Versicherungsnehmer auf ihn über. [2]Der Übergang kann nicht zum Nachteil des Dritten geltend gemacht werden.

(6) [1]Wird über das Vermögen des Versicherers das Insolvenzverfahren eröffnet, endet das Versicherungsverhältnis abweichend von § 16 erst mit dem Ablauf eines Monats, nachdem der Insolvenzverwalter diesen Umstand der hierfür zuständigen Stelle angezeigt hat; bis zu diesem Zeitpunkt bleibt es der Insolvenzmasse gegenüber wirksam. [2]Ist eine zur Entgegennahme der Anzeige nach Satz 1 zuständige Stelle nicht bestimmt, endet das Versicherungsverhältnis einen Monat nach der Benachrichtigung des Versicherungsnehmers von der Eröffnung des Insolvenzverfahrens; die Benachrichtigung bedarf der Textform.

§ 118 Rangfolge mehrerer Ansprüche

(1) [1]Übersteigen die Ansprüche auf Entschädigung, die aufgrund desselben Schadensereignisses zu leisten ist, die Versicherungssumme, wird die Versicherungssumme nach folgender Rangfolge, bei gleichem Rang nach dem Verhältnis ihrer Beträge, an die Ersatzberechtigten ausgezahlt:
1. für Ansprüche wegen Personenschäden, soweit die Geschädigten nicht vom Schädiger, von einem anderen Versicherer als dessen Haftpflichtversicherer, ei-

nem Sozialversicherungsträger oder einem sonstigen Dritten Ersatz ihrer Schäden erlangen können;

2. für Ansprüche wegen sonstiger Schäden natürlicher und juristischer Personen des Privatrechts, soweit die Geschädigten nicht vom Schädiger, einem anderen Versicherer als dessen Haftpflichtversicherer oder einem Dritten Ersatz ihrer Schäden erlangen können;

3. für Ansprüche, die nach Privatrecht auf Versicherer oder sonstige Dritte wegen Personen- und sonstiger Schäden übergegangen sind;

4. für Ansprüche, die auf Sozialversicherungsträger übergegangen sind;

5. für alle sonstigen Ansprüche.

(2) ¹Ist die Versicherungssumme unter Berücksichtigung nachrangiger Ansprüche erschöpft, kann sich ein vorrangig zu befriedigender Anspruchsberechtigter, der bei der Verteilung nicht berücksichtigt worden ist, nachträglich auf Absatz 1 nicht berufen, wenn der Versicherer mit der Geltendmachung dieses Anspruchs nicht gerechnet hat und auch nicht rechnen musste.

§ 119 Obliegenheiten des Dritten

(1) ¹Der Dritte hat ein Schadensereignis, aus dem er einen Anspruch gegen den Versicherungsnehmer oder nach § 115 Abs. 1 gegen den Versicherer herleiten will, dem Versicherer innerhalb von zwei Wochen, nachdem er von dem Schadensereignis Kenntnis erlangt hat, in Textform anzuzeigen; zur Fristwahrung genügt die rechtzeitige Absendung.

(2) ¹Macht der Dritte den Anspruch gegen den Versicherungsnehmer gerichtlich geltend, hat er dies dem Versicherer unverzüglich in Textform anzuzeigen.

(3) ¹Der Versicherer kann von dem Dritten Auskunft verlangen, soweit sie zur Feststellung des Schadensereignisses und der Höhe des Schadens erforderlich ist. ²Belege kann der Versicherer insoweit verlangen, als deren Beschaffung dem Dritten billigerweise zugemutet werden kann.

§ 120 Obliegenheitsverletzung des Dritten

¹Verletzt der Dritte schuldhaft die Obliegenheit nach § 119 Abs. 2 oder 3, beschränkt sich die Haftung des Versicherers nach den §§ 115 und 117 auf den Betrag, den er auch bei gehöriger Erfüllung der Obliegenheit zu leisten gehabt hätte, sofern der Dritte vorher ausdrücklich und in Textform auf die Folgen der Verletzung hingewiesen worden ist.

§ 121 Aufrechnung gegenüber Dritten

[1]§ 35 ist gegenüber Dritten nicht anzuwenden.

§ 122 Veräußerung der von der Versicherung erfassten Sache

[1]Die §§ 95 bis 98 über die Veräußerung der versicherten Sache sind entsprechend anzuwenden.

§ 123 Rückgriff bei mehreren Versicherten

(1) [1]Ist bei einer Versicherung für fremde Rechnung der Versicherer dem Versicherungsnehmer gegenüber nicht zur Leistung verpflichtet, kann er dies einem Versicherten, der zur selbstständigen Geltendmachung seiner Rechte aus dem Versicherungsvertrag befugt ist, nur entgegenhalten, wenn die der Leistungsfreiheit zugrunde liegenden Umstände in der Person dieses Versicherten vorliegen oder wenn diese Umstände dem Versicherten bekannt oder infolge grober Fahrlässigkeit nicht bekannt waren.

(2) [1]Der Umfang der Leistungspflicht nach Absatz 1 bestimmt sich nach § 117 Abs. 3 Satz 1; § 117 Abs. 3 Satz 2 ist nicht anzuwenden. [2]§ 117 Abs. 4 ist entsprechend anzuwenden.

(3) [1]Soweit der Versicherer nach Absatz 1 leistet, kann er beim Versicherungsnehmer Rückgriff nehmen.

(4) [1]Die Absätze 1 bis 3 sind entsprechend anzuwenden, wenn die Frist nach § 117 Abs. 2 Satz 1 und 2 noch nicht abgelaufen ist oder der Versicherer die Beendigung des Versicherungsverhältnisses der hierfür zuständigen Stelle nicht angezeigt hat.

§ 124 Rechtskrafterstreckung

(1) [1]Soweit durch rechtskräftiges Urteil festgestellt wird, dass dem Dritten ein Anspruch auf Ersatz des Schadens nicht zusteht, wirkt das Urteil, wenn es zwischen dem Dritten und dem Versicherer ergeht, auch zugunsten des Versicherungsnehmers, wenn es zwischen dem Dritten und dem Versicherungsnehmer ergeht, auch zugunsten des Versicherers.

(2) [1]Ist der Anspruch des Dritten gegenüber dem Versicherer durch rechtskräftiges Urteil, Anerkenntnis oder Vergleich festgestellt worden, muss der Versicherungsnehmer, gegen den von dem Versicherer Ansprüche aufgrund des § 116 Abs. 1

Satz 2 geltend gemacht werden, diese Feststellung gegen sich gelten lassen, es sei denn, der Versicherer hat die Pflicht zur Abwehr unbegründeter Entschädigungsansprüche sowie zur Minderung oder zur sachgemäßen Feststellung des Schadens schuldhaft verletzt.

(3) [1]Die Absätze 1 und 2 sind nicht anzuwenden, soweit der Dritte seinen Anspruch auf Schadensersatz nicht nach § 115 Abs. 1 gegen den Versicherer geltend machen kann.

Kapitel 2   Rechtsschutzversicherung

§ 125   Leistung des Versicherers

[1]Bei der Rechtsschutzversicherung ist der Versicherer verpflichtet, die für die Wahrnehmung der rechtlichen Interessen des Versicherungsnehmers oder des Versicherten erforderlichen Leistungen im vereinbarten Umfang zu erbringen.

§ 126   Schadensabwicklungsunternehmen

(1) [1]Werden Gefahren aus dem Bereich der Rechtsschutzversicherung neben anderen Gefahren versichert, müssen im Versicherungsschein der Umfang der Deckung in der Rechtsschutzversicherung und die hierfür zu entrichtende Prämie gesondert ausgewiesen werden. [2]Beauftragt der Versicherer mit der Leistungsbearbeitung ein selbstständiges Schadensabwicklungsunternehmen, ist dieses im Versicherungsschein zu bezeichnen.

(2) [1]Ansprüche auf die Versicherungsleistung aus einem Vertrag über eine Rechtsschutzversicherung können, wenn ein selbstständiges Schadensabwicklungsunternehmen mit der Leistungsbearbeitung beauftragt ist, nur gegen dieses geltend gemacht werden. [2]Der Titel wirkt für und gegen den Rechtsschutzversicherer. [3]§ 727 der Zivilprozessordnung ist entsprechend anzuwenden.

§ 127   Freie Anwaltswahl

(1) [1]Der Versicherungsnehmer ist berechtigt, zu seiner Vertretung in Gerichts- und Verwaltungsverfahren den Rechtsanwalt, der seine Interessen wahrnehmen soll, aus dem Kreis der Rechtsanwälte, deren Vergütung der Versicherer nach dem Versicherungsvertrag trägt, frei zu wählen. [2]Dies gilt auch, wenn der Versicherungsnehmer Rechtsschutz für die sonstige Wahrnehmung rechtlicher Interessen in Anspruch nehmen kann.

(2) [1]Rechtsanwalt ist auch, wer berechtigt ist, unter einer der in der Anlage zu § 1 des Gesetzes über die Tätigkeit europäischer Rechtsanwälte in Deutschland vom 9. März 2000 (BGBl I S. 182, 1349), das zuletzt durch Artikel 1 des Gesetzes vom 26. Oktober 2003 (BGBl I S. 2074) geändert worden ist, in der jeweils geltenden Fassung genannten Bezeichnungen beruflich tätig zu werden.

§ 128   Gutachterverfahren

[1]Für den Fall, dass der Versicherer seine Leistungspflicht verneint, weil die Wahrnehmung der rechtlichen Interessen keine hinreichende Aussicht auf Erfolg biete oder mutwillig sei, hat der Versicherungsvertrag ein Gutachterverfahren oder ein anderes Verfahren mit vergleichbaren Garantien für die Unparteilichkeit vorzusehen, in dem Meinungsverschiedenheiten zwischen den Vertragsparteien über die Erfolgsaussichten oder die Mutwilligkeit einer Rechtsverfolgung entschieden werden. [2]Der Versicherer hat den Versicherungsnehmer bei Verneinung seiner Leistungspflicht hierauf hinzuweisen. [3]Sieht der Versicherungsvertrag kein derartiges Verfahren vor oder unterlässt der Versicherer den Hinweis, gilt das Rechtsschutzbedürfnis des Versicherungsnehmers im Einzelfall als anerkannt.

§ 129   Abweichende Vereinbarungen

[1]Von den §§ 126 bis 128 kann nicht zum Nachteil des Versicherungsnehmers abgewichen werden.

Kapitel 3   Transportversicherung

§ 130   Umfang der Gefahrtragung

(1) [1]Bei der Versicherung von Gütern gegen die Gefahren der Beförderung zu Lande oder auf Binnengewässern sowie der damit verbundenen Lagerung trägt der Versicherer alle Gefahren, denen die Güter während der Dauer der Versicherung ausgesetzt sind.

(2) [1]Bei der Versicherung eines Schiffes gegen die Gefahren der Binnenschifffahrt trägt der Versicherer alle Gefahren, denen das Schiff während der Dauer der Versicherung ausgesetzt ist. [2]Der Versicherer haftet auch für den Schaden, den der Versicherungsnehmer infolge eines Zusammenstoßes von Schiffen oder eines Schiffes mit festen oder schwimmenden Gegenständen dadurch erleidet, dass er den einem Dritten zugefügten Schaden zu ersetzen hat.

(3) ¹Die Versicherung gegen die Gefahren der Binnenschifffahrt umfasst die Beiträge zur großen Haverei, soweit durch die Haverei-Maßnahme ein vom Versicherer zu ersetzender Schaden abgewendet werden sollte.

§ 131   Verletzung der Anzeigepflicht

(1) ¹Abweichend von § 19 Abs. 2 ist bei Verletzung der Anzeigepflicht der Rücktritt des Versicherers ausgeschlossen; der Versicherer kann innerhalb eines Monats von dem Zeitpunkt an, zu dem er Kenntnis von dem nicht oder unrichtig angezeigten Umstand erlangt hat, den Vertrag kündigen und die Leistung verweigern. ²Der Versicherer bleibt zur Leistung verpflichtet, soweit der nicht oder unrichtig angezeigte Umstand nicht ursächlich für den Eintritt des Versicherungsfalles oder den Umfang der Leistungspflicht war.

(2) ¹Verweigert der Versicherer die Leistung, kann der Versicherungsnehmer den Vertrag kündigen. ²Das Kündigungsrecht erlischt, wenn es nicht innerhalb eines Monats von dem Zeitpunkt an ausgeübt wird, zu welchem dem Versicherungsnehmer die Entscheidung des Versicherers, die Leistung zu verweigern, zugeht.

§ 132   Gefahränderung

(1) ¹Der Versicherungsnehmer darf abweichend von § 23 die Gefahr erhöhen oder in anderer Weise ändern und die Änderung durch einen Dritten gestatten. ²Die Änderung hat er dem Versicherer unverzüglich anzuzeigen.

(2) ¹Hat der Versicherungsnehmer eine Gefahrerhöhung nicht angezeigt, ist der Versicherer nicht zur Leistung verpflichtet, wenn der Versicherungsfall nach dem Zeitpunkt eintritt, zu dem die Anzeige dem Versicherer hätte zugehen müssen. ²Er ist zur Leistung verpflichtet,

1. wenn ihm die Gefahrerhöhung zu dem Zeitpunkt bekannt war, zu dem ihm die Anzeige hätte zugehen müssen,

2. wenn die Anzeigepflicht weder vorsätzlich noch grob fahrlässig verletzt worden ist oder

3. soweit die Gefahrerhöhung nicht ursächlich für den Eintritt des Versicherungsfalles oder den Umfang der Leistungspflicht war.

(3) ¹Der Versicherer ist abweichend von § 24 nicht berechtigt, den Vertrag wegen einer Gefahrerhöhung zu kündigen.

§ 133 Vertragswidrige Beförderung

(1) [1]Werden die Güter mit einem Beförderungsmittel anderer Art befördert als vereinbart oder werden sie umgeladen, obwohl direkter Transport vereinbart ist, ist der Versicherer nicht zur Leistung verpflichtet. [2]Dies gilt auch, wenn ausschließlich ein bestimmtes Beförderungsmittel oder ein bestimmter Transportweg vereinbart ist.

(2) [1]Der Versicherer bleibt zur Leistung verpflichtet, wenn nach Beginn der Versicherung die Beförderung ohne Zustimmung des Versicherungsnehmers oder infolge eines versicherten Ereignisses geändert oder aufgegeben wird. [2]§ 132 ist anzuwenden.

(3) [1]Die Versicherung umfasst in den Fällen des Absatzes 2 die Kosten der Umladung oder der einstweiligen Lagerung sowie die Mehrkosten der Weiterbeförderung.

§ 134 Ungeeignete Beförderungsmittel

(1) [1]Ist für die Beförderung der Güter kein bestimmtes Beförderungsmittel vereinbart, ist der Versicherungsnehmer, soweit er auf dessen Auswahl Einfluss hat, verpflichtet, Beförderungsmittel einzusetzen, die für die Aufnahme und Beförderung der Güter geeignet sind.

(2) [1]Verletzt der Versicherungsnehmer diese Obliegenheit vorsätzlich oder grob fahrlässig, ist der Versicherer nicht zur Leistung verpflichtet, es sei denn, die Verletzung war nicht ursächlich für den Eintritt des Versicherungsfalles oder den Umfang der Leistungspflicht.

(3) [1]Erlangt der Versicherungsnehmer Kenntnis von der mangelnden Eignung des Beförderungsmittels, hat er diesen Umstand dem Versicherer unverzüglich anzuzeigen. [2]§ 132 ist anzuwenden.

§ 135 Aufwendungsersatz

(1) [1]Aufwendungen, die dem Versicherungsnehmer zur Abwendung oder Minderung des Schadens entstehen, sowie die Kosten für die Ermittlung und Feststellung des Schadens hat der Versicherer auch insoweit zu erstatten, als sie zusammen mit der übrigen Entschädigung die Versicherungssumme übersteigen.

(2) [1]Sind Aufwendungen zur Abwendung oder Minderung oder zur Ermittlung und Feststellung des Schadens oder zur Wiederherstellung oder Ausbesserung der

durch einen Versicherungsfall beschädigten Sache gemacht oder Beiträge zur großen Haverei geleistet oder ist eine persönliche Verpflichtung des Versicherungsnehmers zur Entrichtung solcher Beiträge entstanden, hat der Versicherer den
Schaden, der durch einen späteren Versicherungsfall verursacht wird, ohne Rücksicht auf die von ihm zu erstattenden früheren Aufwendungen und Beiträge zu ersetzen.

§ 136   Versicherungswert

(1) [1]Als Versicherungswert der Güter gilt der gemeine Handelswert und in dessen
Ermangelung der gemeine Wert, den die Güter am Ort der Absendung bei Beginn
der Versicherung haben, zuzüglich der Versicherungskosten, der Kosten, die bis
zur Annahme der Güter durch den Beförderer entstehen, und der endgültig bezahl-
ten Fracht.

(2) [1]Der sich nach Absatz 1 ergebende Wert gilt auch bei Eintritt des Versicherungsfalles als Versicherungswert.

(3) [1]Bei Gütern, die beschädigt am Ablieferungsort ankommen, ist der Wert, den
sie dort in beschädigtem Zustand haben, von dem Wert abzuziehen, den sie an diesem Ort in unbeschädigtem Zustand hätten. [2]Der dem Verhältnis der Wertminderung zu ihrem Wert in unbeschädigtem Zustand entsprechende Bruchteil des
Versicherungswertes gilt als Betrag des Schadens.

§ 137   Herbeiführung des Versicherungsfalles

(1) [1]Der Versicherer ist nicht zur Leistung verpflichtet, wenn der Versicherungsnehmer vorsätzlich oder grob fahrlässig den Versicherungsfall herbeiführt.

(2) [1]Der Versicherungsnehmer hat das Verhalten der Schiffsbesatzung bei der Führung des Schiffes nicht zu vertreten.

§ 138   Haftungsausschluss bei Schiffen

[1]Bei der Versicherung eines Schiffes ist der Versicherer nicht zum Ersatz eines
Schadens verpflichtet, der daraus entsteht, dass das Schiff in einem nicht fahrtüch-
tigen Zustand oder nicht ausreichend ausgerüstet oder personell ausgestattet die
Reise antritt. [2]Dies gilt auch für einen Schaden, der nur eine Folge der Abnutzung
des Schiffes in gewöhnlichem Gebrauch ist.

§ 139   Veräußerung der versicherten Sache oder Güter

(1) [1]Ist eine versicherte Sache, für die eine Einzelpolice oder ein Versicherungszertifikat ausgestellt worden ist, veräußert worden, haftet der Erwerber abweichend von § 95 nicht für die Prämie. [2]Der Versicherer kann sich gegenüber dem Erwerber nicht auf Leistungsfreiheit wegen Nichtzahlung der Prämie oder wegen Nichtleistung einer Sicherheit berufen, es sei denn, der Erwerber kannte den Grund für die Leistungsfreiheit oder hätte ihn kennen müssen.

(2) [1]Der Versicherer ist abweichend von § 96 nicht berechtigt, das Versicherungsverhältnis wegen Veräußerung der versicherten Güter zu kündigen.

(3) [1]Der Versicherungsnehmer ist abweichend von § 97 nicht verpflichtet, dem Versicherer die Veräußerung anzuzeigen.

§ 140   Veräußerung des versicherten Schiffes

[1]Wird ein versichertes Schiff veräußert, endet abweichend von § 95 die Versicherung mit der Übergabe des Schiffes an den Erwerber, für unterwegs befindliche Schiffe mit der Übergabe an den Erwerber im Bestimmungshafen.

§ 141   Befreiung durch Zahlung der Versicherungssumme

(1) [1]Der Versicherer ist nach Eintritt des Versicherungsfalles berechtigt, sich durch Zahlung der Versicherungssumme von allen weiteren Verbindlichkeiten zu befreien. [2]Der Versicherer bleibt zum Ersatz der Kosten verpflichtet, die zur Abwendung oder Minderung des Schadens oder zur Wiederherstellung oder Ausbesserung der versicherten Sache aufgewendet worden sind, bevor seine Erklärung, dass er sich durch Zahlung der Versicherungssumme befreien wolle, dem Versicherungsnehmer zugegangen ist.

(2) [1]Das Recht des Versicherers, sich durch Zahlung der Versicherungssumme zu befreien, erlischt, wenn die Erklärung dem Versicherungsnehmer nicht innerhalb einer Woche nach dem Zeitpunkt, zu dem der Versicherer Kenntnis von dem Versicherungsfall und seinen unmittelbaren Folgen erlangt hat, zugeht.

Kapitel 4   Gebäudefeuerversicherung

§ 142   Anzeigen an Hypothekengläubiger

(1) [1]Bei der Gebäudefeuerversicherung hat der Versicherer einem Hypothekengläubiger, der seine Hypothek angemeldet hat, unverzüglich in Textform anzuzeigen, wenn die einmalige oder die erste Prämie nicht rechtzeitig gezahlt oder wenn dem Versicherungsnehmer für die Zahlung einer Folgeprämie eine Frist bestimmt wird. [2]Dies gilt auch, wenn das Versicherungsverhältnis nach Ablauf der Frist wegen unterbliebener Zahlung der Folgeprämie gekündigt wird.

(2) [1]Der Versicherer hat den Eintritt des Versicherungsfalles innerhalb einer Woche, nachdem er von ihm Kenntnis erlangt hat, einem Hypothekengläubiger, der seine Hypothek angemeldet hat, in Textform anzuzeigen, es sei denn, der Schaden ist unbedeutend.

§ 143   Fortdauer der Leistungspflicht gegenüber Hypothekengläubigern

(1) [1]Bei nicht rechtzeitiger Zahlung einer Folgeprämie bleibt der Versicherer gegenüber einem Hypothekengläubiger, der seine Hypothek angemeldet hat, bis zum Ablauf eines Monats ab dem Zeitpunkt zur Leistung verpflichtet, zu welchem dem Hypothekengläubiger die Bestimmung der Zahlungsfrist oder, wenn diese Mitteilung unterblieben ist, die Kündigung mitgeteilt worden ist.

(2) [1]Die Beendigung des Versicherungsverhältnisses wird gegenüber einem Hypothekengläubiger, der seine Hypothek angemeldet hat, erst mit dem Ablauf von zwei Monaten wirksam, nachdem ihm die Beendigung und, sofern diese noch nicht eingetreten war, der Zeitpunkt der Beendigung durch den Versicherer mitgeteilt worden ist oder er auf andere Weise hiervon Kenntnis erlangt hat. [2]Satz 1 gilt nicht, wenn das Versicherungsverhältnis wegen unterbliebener Prämienzahlung durch Rücktritt oder Kündigung des Versicherers oder durch Kündigung des Versicherungsnehmers, welcher der Hypothekengläubiger zugestimmt hat, beendet wird.

(3) [1]Absatz 2 Satz 1 gilt entsprechend für die Wirksamkeit einer Vereinbarung zwischen dem Versicherer und dem Versicherungsnehmer, durch die der Umfang des Versicherungsschutzes gemindert wird oder nach welcher der Versicherer nur verpflichtet ist, die Entschädigung zur Wiederherstellung des versicherten Gebäudes zu zahlen.

(4) [1]Die Nichtigkeit des Versicherungsvertrags kann gegenüber einem Hypothekengläubiger, der seine Hypothek angemeldet hat, nicht geltend gemacht werden.

[2]Das Versicherungsverhältnis endet jedoch ihm gegenüber nach Ablauf von zwei Monaten, nachdem ihm die Nichtigkeit durch den Versicherer mitgeteilt worden ist oder er auf andere Weise von der Nichtigkeit Kenntnis erlangt hat.

§ 144 Kündigung des Versicherungsnehmers

[1]Hat ein Hypothekengläubiger seine Hypothek angemeldet, ist eine Kündigung des Versicherungsverhältnisses durch den Versicherungsnehmer unbeschadet des § 92 Abs. 1 und des § 96 Abs. 2 nur wirksam, wenn der Versicherungsnehmer mindestens einen Monat vor Ablauf des Versicherungsvertrags nachgewiesen hat, dass zu dem Zeitpunkt, zu dem die Kündigung spätestens zulässig war, das Grundstück nicht mit der Hypothek belastet war oder dass der Hypothekengläubiger der Kündigung zugestimmt hat. [2]Die Zustimmung darf nicht ohne ausreichenden Grund verweigert werden.

§ 145 Übergang der Hypothek

[1]Soweit der Versicherer den Hypothekengläubiger nach § 143 befriedigt, geht die Hypothek auf ihn über. [2]Der Übergang kann nicht zum Nachteil eines gleich oder nachstehenden Hypothekengläubigers geltend gemacht werden, dem gegenüber die Leistungspflicht des Versicherers bestehen geblieben ist.

§ 146 Bestätigungs- und Auskunftspflicht des Versicherers

[1]Der Versicherer ist verpflichtet, einem Hypothekengläubiger, der seine Hypothek angemeldet hat, die Anmeldung zu bestätigen und auf Verlangen Auskunft über das Bestehen von Versicherungsschutz sowie über die Höhe der Versicherungssumme zu erteilen.

§ 147 Änderung von Anschrift und Name des Hypothekengläubigers

[1]Hat der Hypothekengläubiger dem Versicherer eine Änderung seiner Anschrift oder seines Namens nicht mitgeteilt, ist § 13 Abs. 1 auf die Anzeigen und Mitteilungen des Versicherers nach den §§ 142 und 143 entsprechend anzuwenden.

§ 148 Andere Grundpfandrechte

[1]Ist das Grundstück mit einer Grundschuld, Rentenschuld oder Reallast belastet, sind die §§ 142 bis 147 entsprechend anzuwenden.

§ 149 Eigentümergrundpfandrechte

[1]Die durch die §§ 142 bis 148 begründeten Rechte können nicht zugunsten von Hypotheken, Grundschulden oder Rentenschulden, die dem Versicherungsnehmer zustehen, geltend gemacht werden.

Kapitel 5 Lebensversicherung

§ 150 Versicherte Person

(1) [1]Die Lebensversicherung kann auf die Person des Versicherungsnehmers oder eines anderen genommen werden.

(2) [1]Wird die Versicherung für den Fall des Todes eines anderen genommen und übersteigt die vereinbarte Leistung den Betrag der gewöhnlichen Beerdigungskosten, ist zur Wirksamkeit des Vertrags die schriftliche Einwilligung des anderen erforderlich; dies gilt nicht bei Kollektivlebensversicherungen im Bereich der betrieblichen Altersversorgung. [2]Ist der andere geschäftsunfähig oder in der Geschäftsfähigkeit beschränkt oder ist für ihn ein Betreuer bestellt und steht die Vertretung in den seine Person betreffenden Angelegenheiten dem Versicherungsnehmer zu, kann dieser den anderen bei der Erteilung der Einwilligung nicht vertreten.

(3) [1]Nimmt ein Elternteil die Versicherung auf die Person eines minderjährigen Kindes, bedarf es der Einwilligung des Kindes nur, wenn nach dem Vertrag der Versicherer auch bei Eintritt des Todes vor der Vollendung des siebenten Lebensjahres zur Leistung verpflichtet sein soll und die für diesen Fall vereinbarte Leistung den Betrag der gewöhnlichen Beerdigungskosten übersteigt.

(4) [1]Soweit die Aufsichtsbehörde einen bestimmten Höchstbetrag für die gewöhnlichen Beerdigungskosten festgesetzt hat, ist dieser maßgebend.

§ 151 Ärztliche Untersuchung

[1]Durch die Vereinbarung einer ärztlichen Untersuchung der versicherten Person wird ein Recht des Versicherers, die Vornahme der Untersuchung zu verlangen, nicht begründet.

§ 152 Widerruf des Versicherungsnehmers

(1) [1]Abweichend von § 8 Abs. 1 Satz 1 beträgt die Widerrufsfrist 30 Tage.

(2) [1]Der Versicherer hat abweichend von § 9 Satz 1 auch den Rückkaufswert einschließlich der Überschussanteile nach § 169 zu zahlen. [2]Im Fall des § 9 Satz 2 hat der Versicherer den Rückkaufswert einschließlich der Überschussanteile oder, wenn dies für den Versicherungsnehmer günstiger ist, die für das erste Jahr gezahlten Prämien zu erstatten.

(3) [1]Abweichend von § 33 Abs. 1 ist die einmalige oder die erste Prämie unverzüglich nach Ablauf von 30 Tagen nach Zugang des Versicherungsscheins zu zahlen.

§ 153   Überschussbeteiligung

(1) [1]Dem Versicherungsnehmer steht eine Beteiligung an dem Überschuss und an den Bewertungsreserven (Überschussbeteiligung) zu, es sei denn, die Überschussbeteiligung ist durch ausdrückliche Vereinbarung ausgeschlossen; die Überschussbeteiligung kann nur insgesamt ausgeschlossen werden.

(2) [1]Der Versicherer hat die Beteiligung an dem Überschuss nach einem verursachungsorientierten Verfahren durchzuführen; andere vergleichbare angemessene Verteilungsgrundsätze können vereinbart werden. [2]Die Beträge im Sinn des § 268 Abs. 8 des Handelsgesetzbuchs bleiben unberücksichtigt.

(21) [1]Das Gesetz gegen Wettbewerbsbeschränkungen in der Fassung der Bekanntmachung vom 15. Juli 2005 (BGBl I S. 2114), zuletzt geändert durch Artikel 1 des Gesetzes vom 20. April 2009 (BGBl I S. 790), wird wie folgt geändert:

(3) [1]Der Versicherer hat die Bewertungsreserven jährlich neu zu ermitteln und nach einem verursachungsorientierten Verfahren rechnerisch zuzuordnen. [2]Bei der Beendigung des Vertrags wird der für diesen Zeitpunkt zu ermittelnde Betrag zur Hälfte zugeteilt und an den Versicherungsnehmer ausgezahlt; eine frühere Zuteilung kann vereinbart werden. [3]Aufsichtsrechtliche Regelungen zur Kapitalausstattung bleiben unberührt.

(4) [1]Bei Rentenversicherungen ist die Beendigung der Ansparphase der nach Absatz 3 Satz 2 maßgebliche Zeitpunkt.

§ 154   Modellrechnung

(1) [1]Macht der Versicherer im Zusammenhang mit dem Angebot oder dem Abschluss einer Lebensversicherung bezifferte Angaben zur Höhe von möglichen Leistungen über die vertraglich garantierten Leistungen hinaus, hat er dem Versicherungsnehmer eine Modellrechnung zu übermitteln, bei der die mögliche Ab-

laufleistung unter Zugrundelegung der Rechnungsgrundlagen für die Prämienkalkulation mit drei verschiedenen Zinssätzen dargestellt wird. [2]Dies gilt nicht für Risikoversicherungen und Verträge, die Leistungen der in § 54b Abs. 1 und 2 des Versicherungsaufsichtsgesetzes bezeichneten Art vorsehen.

(2) [1]Der Versicherer hat den Versicherungsnehmer klar und verständlich darauf hinzuweisen, dass es sich bei der Modellrechnung nur um ein Rechenmodell handelt, dem fiktive Annahmen zugrunde liegen, und dass der Versicherungsnehmer aus der Modellrechnung keine vertraglichen Ansprüche gegen den Versicherer ableiten kann.

§ 155   Jährliche Unterrichtung

[1]Bei Versicherungen mit Überschussbeteiligung hat der Versicherer den Versicherungsnehmer jährlich in Textform über die Entwicklung seiner Ansprüche unter Einbeziehung der Überschussbeteiligung zu unterrichten. [2]Ferner hat der Versicherer, wenn er bezifferte Angaben zur möglichen zukünftigen Entwicklung der Überschussbeteiligung gemacht hat, den Versicherungsnehmer auf Abweichungen der tatsächlichen Entwicklung von den anfänglichen Angaben hinzuweisen.

§ 156   Kenntnis und Verhalten der versicherten Person

[1]Soweit nach diesem Gesetz die Kenntnis und das Verhalten des Versicherungsnehmers von rechtlicher Bedeutung sind, ist bei der Versicherung auf die Person eines anderen auch deren Kenntnis und Verhalten zu berücksichtigen.

§ 157   Unrichtige Altersangabe

[1]Ist das Alter der versicherten Person unrichtig angegeben worden, verändert sich die Leistung des Versicherers nach dem Verhältnis, in welchem die dem wirklichen Alter entsprechende Prämie zu der vereinbarten Prämie steht. [2]Das Recht, wegen der Verletzung der Anzeigepflicht von dem Vertrag zurückzutreten, steht dem Versicherer abweichend von § 19 Abs. 2 nur zu, wenn er den Vertrag bei richtiger Altersangabe nicht geschlossen hätte.

§ 158 Gefahränderung

(1) [1]Als Erhöhung der Gefahr gilt nur eine solche Änderung der Gefahrumstände, die nach ausdrücklicher Vereinbarung als Gefahrerhöhung angesehen werden soll; die Vereinbarung bedarf der Textform.

(2) [1]Eine Erhöhung der Gefahr kann der Versicherer nicht mehr geltend machen, wenn seit der Erhöhung fünf Jahre verstrichen sind. [2]Hat der Versicherungsnehmer seine Verpflichtung nach § 23 vorsätzlich oder arglistig verletzt, beläuft sich die Frist auf zehn Jahre.

(3) [1]§ 41 ist mit der Maßgabe anzuwenden, dass eine Herabsetzung der Prämie nur wegen einer solchen Minderung der Gefahrumstände verlangt werden kann, die nach ausdrücklicher Vereinbarung als Gefahrminderung angesehen werden soll.

§ 159 Bezugsberechtigung

(1) [1]Der Versicherungsnehmer ist im Zweifel berechtigt, ohne Zustimmung des Versicherers einen Dritten als Bezugsberechtigten zu bezeichnen sowie an die Stelle des so bezeichneten Dritten einen anderen zu setzen.

(2) [1]Ein widerruflich als bezugsberechtigt bezeichneter Dritter erwirbt das Recht auf die Leistung des Versicherers erst mit dem Eintritt des Versicherungsfalles.

(3) [1]Ein unwiderruflich als bezugsberechtigt bezeichneter Dritter erwirbt das Recht auf die Leistung des Versicherers bereits mit der Bezeichnung als Bezugsberechtigter.

§ 160 Auslegung der Bezugsberechtigung

(1) [1]Sind mehrere Personen ohne Bestimmung ihrer Anteile als Bezugsberechtigte bezeichnet, sind sie zu gleichen Teilen bezugsberechtigt. [2]Der von einem Bezugsberechtigten nicht erworbene Anteil wächst den übrigen Bezugsberechtigten zu.

(2) [1]Soll die Leistung des Versicherers nach dem Tod des Versicherungsnehmers an dessen Erben erfolgen, sind im Zweifel diejenigen, welche zur Zeit des Todes als Erben berufen sind, nach dem Verhältnis ihrer Erbteile bezugsberechtigt. [2]Eine Ausschlagung der Erbschaft hat auf die Berechtigung keinen Einfluss.

(3) [1]Wird das Recht auf die Leistung des Versicherers von dem bezugsberechtigten Dritten nicht erworben, steht es dem Versicherungsnehmer zu.

(4) ^{1}Ist der Fiskus als Erbe berufen, steht ihm ein Bezugsrecht im Sinn des Absatzes 2 Satz 1 nicht zu.

§ 161 Selbsttötung

(1) ^{1}Bei einer Versicherung für den Todesfall ist der Versicherer nicht zur Leistung verpflichtet, wenn die versicherte Person sich vor Ablauf von drei Jahren nach Abschluss des Versicherungsvertrags vorsätzlich selbst getötet hat. ^{2}Dies gilt nicht, wenn die Tat in einem die freie Willensbestimmung ausschließenden Zustand krankhafter Störung der Geistestätigkeit begangen worden ist.

(2) ^{1}Die Frist nach Absatz 1 Satz 1 kann durch Einzelvereinbarung erhöht werden.

(3) ^{1}Ist der Versicherer nicht zur Leistung verpflichtet, hat er den Rückkaufswert einschließlich der Überschussanteile nach § 169 zu zahlen.

§ 162 Tötung durch Leistungsberechtigten

(1) ^{1}Ist die Versicherung für den Fall des Todes eines anderen als des Versicherungsnehmers genommen, ist der Versicherer nicht zur Leistung verpflichtet, wenn der Versicherungsnehmer vorsätzlich durch eine widerrechtliche Handlung den Tod des anderen herbeiführt.

(2) ^{1}Ist ein Dritter als Bezugsberechtigter bezeichnet, gilt die Bezeichnung als nicht erfolgt, wenn der Dritte vorsätzlich durch eine widerrechtliche Handlung den Tod der versicherten Person herbeiführt.

§ 163 Prämien- und Leistungsänderung

(1) ^{1}Der Versicherer ist zu einer Neufestsetzung der vereinbarten Prämie berechtigt, wenn
1. sich der Leistungsbedarf nicht nur vorübergehend und nicht voraussehbar gegenüber den Rechnungsgrundlagen der vereinbarten Prämie geändert hat,
2. die nach den berichtigten Rechnungsgrundlagen neu festgesetzte Prämie angemessen und erforderlich ist, um die dauernde Erfüllbarkeit der Versicherungsleistung zu gewährleisten, und
3. ein unabhängiger Treuhänder die Rechnungsgrundlagen und die Voraussetzungen der Nummern 1 und 2 überprüft und bestätigt hat.

^{2}Eine Neufestsetzung der Prämie ist insoweit ausgeschlossen, als die Versicherungsleistungen zum Zeitpunkt der Erst- oder Neukalkulation unzureichend kalkuliert waren und ein ordentlicher und gewissenhafter Aktuar dies insbesondere anhand der zu diesem Zeitpunkt verfügbaren statistischen Kalkulationsgrundlagen hätte erkennen müssen.

(2) [1]Der Versicherungsnehmer kann verlangen, dass an Stelle einer Erhöhung der Prämie nach Absatz 1 die Versicherungsleistung entsprechend herabgesetzt wird. [2]Bei einer prämienfreien Versicherung ist der Versicherer unter den Voraussetzungen des Absatzes 1 zur Herabsetzung der Versicherungsleistung berechtigt.

(3) [1]Die Neufestsetzung der Prämie und die Herabsetzung der Versicherungsleistung werden zu Beginn des zweiten Monats wirksam, der auf die Mitteilung der Neufestsetzung oder der Herabsetzung und der hierfür maßgeblichen Gründe an den Versicherungsnehmer folgt.

(4) [1]Die Mitwirkung des Treuhänders nach Absatz 1 Satz 1 Nr. 3 entfällt, wenn die Neufestsetzung oder die Herabsetzung der Versicherungsleistung der Genehmigung der Aufsichtsbehörde bedarf.

§ 164   Bedingungsanpassung

(1) [1]Ist eine Bestimmung in Allgemeinen Versicherungsbedingungen des Versicherers durch höchstrichterliche Entscheidung oder durch bestandskräftigen Verwaltungsakt für unwirksam erklärt worden, kann sie der Versicherer durch eine neue Regelung ersetzen, wenn dies zur Fortführung des Vertrags notwendig ist oder wenn das Festhalten an dem Vertrag ohne neue Regelung für eine Vertragspartei auch unter Berücksichtigung der Interessen der anderen Vertragspartei eine unzumutbare Härte darstellen würde. [2]Die neue Regelung ist nur wirksam, wenn sie unter Wahrung des Vertragsziels die Belange der Versicherungsnehmer angemessen berücksichtigt.

(2) [1]Die neue Regelung nach Absatz 1 wird zwei Wochen, nachdem die neue Regelung und die hierfür maßgeblichen Gründe dem Versicherungsnehmer mitgeteilt worden sind, Vertragsbestandteil.

§ 165   Prämienfreie Versicherung

(1) [1]Der Versicherungsnehmer kann jederzeit für den Schluss der laufenden Versicherungsperiode die Umwandlung der Versicherung in eine prämienfreie Versicherung verlangen, sofern die dafür vereinbarte Mindestversicherungsleistung erreicht wird. [2]Wird diese nicht erreicht, hat der Versicherer den auf die Versiche-

rung entfallenden Rückkaufswert einschließlich der Überschussanteile nach § 169 zu zahlen.

(2) [1]Die prämienfreie Leistung ist nach anerkannten Regeln der Versicherungsmathematik mit den Rechnungsgrundlagen der Prämienkalkulation unter Zugrundelegung des Rückkaufswertes nach § 169 Abs. 3 bis 5 zu berechnen und im Vertrag für jedes Versicherungsjahr anzugeben.

(3) [1]Die prämienfreie Leistung ist für den Schluss der laufenden Versicherungsperiode unter Berücksichtigung von Prämienrückständen zu berechnen. [2]Die Ansprüche des Versicherungsnehmers aus der Überschussbeteiligung bleiben unberührt.

§ 166   Kündigung des Versicherers

(1) [1]Kündigt der Versicherer das Versicherungsverhältnis, wandelt sich mit der Kündigung die Versicherung in eine prämienfreie Versicherung um. [2]Auf die Umwandlung ist § 165 anzuwenden.

(2) [1]Im Fall des § 38 Abs. 2 ist der Versicherer zu der Leistung verpflichtet, die er erbringen müsste, wenn sich mit dem Eintritt des Versicherungsfalles die Versicherung in eine prämienfreie Versicherung umgewandelt hätte.

(3) [1]Bei der Bestimmung einer Zahlungsfrist nach § 38 Abs. 1 hat der Versicherer auf die eintretende Umwandlung der Versicherung hinzuweisen.

(4) [1]Bei einer Lebensversicherung, die vom Arbeitgeber zugunsten seiner Arbeitnehmerinnen und Arbeitnehmer abgeschlossen worden ist, hat der Versicherer die versicherte Person über die Bestimmung der Zahlungsfrist nach § 38 Abs. 1 und die eintretende Umwandlung der Versicherung in Textform zu informieren und ihnen eine Zahlungsfrist von mindestens zwei Monaten einzuräumen.

§ 167   Umwandlung zur Erlangung eines Pfändungsschutzes

[1]Der Versicherungsnehmer einer Lebensversicherung kann jederzeit für den Schluss der laufenden Versicherungsperiode die Umwandlung der Versicherung in eine Versicherung verlangen, die den Anforderungen des § 851c Abs. 1 der Zivilprozessordnung entspricht. [2]Die Kosten der Umwandlung hat der Versicherungsnehmer zu tragen.

§ 168   Kündigung des Versicherungsnehmers

(1) [1]Sind laufende Prämien zu zahlen, kann der Versicherungsnehmer das Versicherungsverhältnis jederzeit für den Schluss der laufenden Versicherungsperiode kündigen.

(2) [1]Bei einer Versicherung, die Versicherungsschutz für ein Risiko bietet, bei dem der Eintritt der Verpflichtung des Versicherers gewiss ist, steht das Kündigungsrecht dem Versicherungsnehmer auch dann zu, wenn die Prämie in einer einmaligen Zahlung besteht.

(3) [1]Die Absätze 1 und 2 sind nicht auf einen für die Altersvorsorge bestimmten Versicherungsvertrag anzuwenden, bei dem der Versicherungsnehmer mit dem Versicherer eine Verwertung vor dem Eintritt in den Ruhestand ausgeschlossen hat; der Wert der vom Ausschluss der Verwertbarkeit betroffenen Ansprüche darf die in § 12 Abs. 2 Nr. 3 des Zweiten Buches Sozialgesetzbuch bestimmten Beträge nicht übersteigen. [2]Entsprechendes gilt, soweit die Ansprüche nach § 851c oder § 851d der Zivilprozessordnung nicht gepfändet werden dürfen.

§ 169   Rückkaufswert

(1) [1]Wird eine Versicherung, die Versicherungsschutz für ein Risiko bietet, bei dem der Eintritt der Verpflichtung des Versicherers gewiss ist, durch Kündigung des Versicherungsnehmers oder durch Rücktritt oder Anfechtung des Versicherers aufgehoben, hat der Versicherer den Rückkaufswert zu zahlen.

(2) [1]Der Rückkaufswert ist nur insoweit zu zahlen, als dieser die Leistung bei einem Versicherungsfall zum Zeitpunkt der Kündigung nicht übersteigt. [2]Der danach nicht gezahlte Teil des Rückkaufswertes ist für eine prämienfreie Versicherung zu verwenden. [3]Im Fall des Rücktrittes oder der Anfechtung ist der volle Rückkaufswert zu zahlen.

(3) [1]Der Rückkaufswert ist das nach anerkannten Regeln der Versicherungsmathematik mit den Rechnungsgrundlagen der Prämienkalkulation zum Schluss der laufenden Versicherungsperiode berechnete Deckungskapital der Versicherung, bei einer Kündigung des Versicherungsverhältnisses jedoch mindestens der Betrag des Deckungskapitals, das sich bei gleichmäßiger Verteilung der angesetzten Abschluss- und Vertriebskosten auf die ersten fünf Vertragsjahre ergibt; die aufsichtsrechtlichen Regelungen über Höchstzillmersätze bleiben unberührt. [2]Der Rückkaufswert und das Ausmaß, in dem er garantiert ist, sind dem Versicherungsnehmer vor Abgabe von dessen Vertragserklärung mitzuteilen; das Nähere regelt die

Rechtsverordnung nach § 7 Abs. 2. [3]Hat der Versicherer seinen Sitz in einem anderen Mitgliedstaat der Europäischen Union oder einem anderen Vertragsstaat des Abkommens über den Europäischen Wirtschaftsraum, kann er für die Berechnung des Rückkaufswertes an Stelle des Deckungskapitals den in diesem Staat vergleichbaren anderen Bezugswert zugrunde legen.

(4) [1]Bei fondsgebundenen Versicherungen und anderen Versicherungen, die Leistungen der in § 54b des Versicherungsaufsichtsgesetzes bezeichneten Art vorsehen, ist der Rückkaufswert nach anerkannten Regeln der Versicherungsmathematik als Zeitwert der Versicherung zu berechnen, soweit nicht der Versicherer eine bestimmte Leistung garantiert; im Übrigen gilt Absatz 3. [2]Die Grundsätze der Berechnung sind im Vertrag anzugeben.

(5) [1]Der Versicherer ist zu einem Abzug von dem nach Absatz 3 oder 4 berechneten Betrag nur berechtigt, wenn er vereinbart, beziffert und angemessen ist. [2]Die Vereinbarung eines Abzugs für noch nicht getilgte Abschluss- und Vertriebskosten ist unwirksam.

(6) [1]Der Versicherer kann den nach Absatz 3 berechneten Betrag angemessen herabsetzen, soweit dies erforderlich ist, um eine Gefährdung der Belange der Versicherungsnehmer, insbesondere durch eine Gefährdung der dauernden Erfüllbarkeit der sich aus den Versicherungsverträgen ergebenden Verpflichtungen, auszuschließen. [2]Die Herabsetzung ist jeweils auf ein Jahr befristet.

(7) [1]Der Versicherer hat dem Versicherungsnehmer zusätzlich zu dem nach den Absätzen 3 bis 6 berechneten Betrag die diesem bereits zugeteilten Überschussanteile, soweit sie nicht bereits in dem Betrag nach den Absätzen 3 bis 6 enthalten sind, sowie den nach den jeweiligen Allgemeinen Versicherungsbedingungen für den Fall der Kündigung vorgesehenen Schlussüberschussanteil zu zahlen; § 153 Abs. 3 Satz 2 bleibt unberührt.

§ 170   Eintrittsrecht

(1) [1]Wird in die Versicherungsforderung ein Arrest vollzogen oder eine Zwangsvollstreckung vorgenommen oder wird das Insolvenzverfahren über das Vermögen des Versicherungsnehmers eröffnet, kann der namentlich bezeichnete Bezugsberechtigte mit Zustimmung des Versicherungsnehmers an seiner Stelle in den Versicherungsvertrag eintreten. [2]Tritt der Bezugsberechtigte ein, hat er die Forderungen der betreibenden Gläubiger oder der Insolvenzmasse bis zur Höhe des Betrags zu befriedigen, dessen Zahlung der Versicherungsnehmer im Fall der Kündigung des Versicherungsverhältnisses vom Versicherer verlangen könnte.

(2) [1]Ist ein Bezugsberechtigter nicht oder nicht namentlich bezeichnet, steht das gleiche Recht dem Ehegatten oder Lebenspartner und den Kindern des Versicherungsnehmers zu.

(3) [1]Der Eintritt erfolgt durch Anzeige an den Versicherer. [2]Die Anzeige kann nur innerhalb eines Monats erfolgen, nachdem der Eintrittsberechtigte von der Pfändung Kenntnis erlangt hat oder das Insolvenzverfahren eröffnet worden ist.

§ 171   Abweichende Vereinbarungen

[1]Von § 152 Abs. 1 und 2 und den §§ 153 bis 155, 157, 158, 161 und 163 bis 170 kann nicht zum Nachteil des Versicherungsnehmers, der versicherten Person oder des Eintrittsberechtigten abgewichen werden. [2]Für das Verlangen des Versicherungsnehmers auf Umwandlung nach § 165 und für seine Kündigung nach § 168 kann die Schrift- oder die Textform vereinbart werden.

Kapitel 6   Berufsunfähigkeitsversicherung

§ 172   Leistung des Versicherers

(1) [1]Bei der Berufsunfähigkeitsversicherung ist der Versicherer verpflichtet, für eine nach Beginn der Versicherung eingetretene Berufsunfähigkeit die vereinbarten Leistungen zu erbringen.

(2) [1]Berufsunfähig ist, wer seinen zuletzt ausgeübten Beruf, so wie er ohne gesundheitliche Beeinträchtigung ausgestaltet war, infolge Krankheit, Körperverletzung oder mehr als altersentsprechendem Kräfteverfall ganz oder teilweise voraussichtlich auf Dauer nicht mehr ausüben kann.

(3) [1]Als weitere Voraussetzung einer Leistungspflicht des Versicherers kann vereinbart werden, dass die versicherte Person auch keine andere Tätigkeit ausübt oder ausüben kann, die zu übernehmen sie aufgrund ihrer Ausbildung und Fähigkeiten in der Lage ist und die ihrer bisherigen Lebensstellung entspricht.

§ 173   Anerkenntnis

(1) [1]Der Versicherer hat nach einem Leistungsantrag bei Fälligkeit in Textform zu erklären, ob er seine Leistungspflicht anerkennt.

(2) [1]Das Anerkenntnis darf nur einmal zeitlich begrenzt werden. [2]Es ist bis zum Ablauf der Frist bindend.

§ 174 Leistungsfreiheit

(1) [1]Stellt der Versicherer fest, dass die Voraussetzungen der Leistungspflicht entfallen sind, wird er nur leistungsfrei, wenn er dem Versicherungsnehmer diese Veränderung in Textform dargelegt hat.

(2) [1]Der Versicherer wird frühestens mit dem Ablauf des dritten Monats nach Zugang der Erklärung nach Absatz 1 beim Versicherungsnehmer leistungsfrei.

§ 175 Abweichende Vereinbarungen

[1]Von den §§ 173 und 174 kann nicht zum Nachteil des Versicherungsnehmers abgewichen werden.

§ 176 Anzuwendende Vorschriften

[1]Die §§ 150 bis 170 sind auf die Berufsunfähigkeitsversicherung entsprechend anzuwenden, soweit die Besonderheiten dieser Versicherung nicht entgegenstehen.

§ 177 Ähnliche Versicherungsverträge

(1) [1]Die §§ 173 bis 176 sind auf alle Versicherungsverträge, bei denen der Versicherer für eine dauerhafte Beeinträchtigung der Arbeitsfähigkeit eine Leistung verspricht, entsprechend anzuwenden.

(2) [1]Auf die Unfallversicherung sowie auf Krankenversicherungsverträge, die das Risiko der Beeinträchtigung der Arbeitsfähigkeit zum Gegenstand haben, ist Absatz 1 nicht anzuwenden.

Kapitel 7 Unfallversicherung

§ 178 Leistung des Versicherers

(1) [1]Bei der Unfallversicherung ist der Versicherer verpflichtet, bei einem Unfall der versicherten Person oder einem vertraglich dem Unfall gleichgestellten Ereignis die vereinbarten Leistungen zu erbringen.

(2) [1]Ein Unfall liegt vor, wenn die versicherte Person durch ein plötzlich von außen auf ihren Körper wirkendes Ereignis unfreiwillig eine Gesundheitsschädigung erleidet. [2]Die Unfreiwilligkeit wird bis zum Beweis des Gegenteils vermutet.

§ 179 Versicherte Person

(1) [1]Die Unfallversicherung kann für den Eintritt eines Unfalles des Versicherungsnehmers oder eines anderen genommen werden. [2]Eine Versicherung gegen Unfälle eines anderen gilt im Zweifel als für Rechnung des anderen genommen.

(2) [1]Wird die Versicherung gegen Unfälle eines anderen von dem Versicherungsnehmer für eigene Rechnung genommen, ist zur Wirksamkeit des Vertrags die schriftliche Einwilligung des anderen erforderlich. [2]Ist der andere geschäftsunfähig oder in der Geschäftsfähigkeit beschränkt oder ist für ihn ein Betreuer bestellt und steht die Vertretung in den seine Person betreffenden Angelegenheiten dem Versicherungsnehmer zu, kann dieser den anderen bei der Erteilung der Einwilligung nicht vertreten.

(3) [1]Soweit im Fall des Absatzes 2 nach diesem Gesetz die Kenntnis und das Verhalten des Versicherungsnehmers von rechtlicher Bedeutung sind, sind auch die Kenntnis und das Verhalten des anderen zu berücksichtigen.

§ 180 Invalidität

[1]Der Versicherer schuldet die für den Fall der Invalidität versprochenen Leistungen im vereinbarten Umfang, wenn die körperliche oder geistige Leistungsfähigkeit der versicherten Person unfallbedingt dauerhaft beeinträchtigt ist. [2]Eine Beeinträchtigung ist dauerhaft, wenn sie voraussichtlich länger als drei Jahre bestehen wird und eine Änderung dieses Zustandes nicht erwartet werden kann.

§ 181 Gefahrerhöhung

(1) [1]Als Erhöhung der Gefahr gilt nur eine solche Änderung der Umstände, die nach ausdrücklicher Vereinbarung als Gefahrerhöhung angesehen werden soll; die Vereinbarung bedarf der Textform.

(2) [1]Ergeben sich im Fall einer erhöhten Gefahr nach dem geltenden Tarif des Versicherers bei unveränderter Prämie niedrigere Versicherungsleistungen, gelten diese mit Ablauf eines Monats nach Eintritt der Gefahrerhöhung als vereinbart. [2]Weitergehende Rechte kann der Versicherer nur geltend machen, wenn der Versicherungsnehmer die Gefahrerhöhung arglistig nicht angezeigt hat.

§ 182   Mitwirkende Ursachen

[1]Ist vereinbart, dass der Anspruch auf die vereinbarten Leistungen entfällt oder sich mindert, wenn Krankheiten oder Gebrechen bei der durch den Versicherungsfall verursachten Gesundheitsschädigung oder deren Folgen mitgewirkt haben, hat der Versicherer die Voraussetzungen des Wegfalles oder der Minderung des Anspruchs nachzuweisen.

§ 183   Herbeiführung des Versicherungsfalles

(1) [1]Der Versicherer ist nicht zur Leistung verpflichtet, wenn im Fall des § 179 Abs. 2 der Versicherungsnehmer vorsätzlich durch eine widerrechtliche Handlung den Versicherungsfall herbeiführt.

(2) [1]Ist ein Dritter als Bezugsberechtigter bezeichnet, gilt die Bezeichnung als nicht erfolgt, wenn der Dritte vorsätzlich durch eine widerrechtliche Handlung den Versicherungsfall herbeiführt.

§ 184   Abwendung und Minderung des Schadens

[1]Die §§ 82 und 83 sind auf die Unfallversicherung nicht anzuwenden.

§ 185   Bezugsberechtigung

[1]Ist als Leistung des Versicherers die Zahlung eines Kapitals vereinbart, sind die §§ 159 und 160 entsprechend anzuwenden.

§ 186   Hinweispflicht des Versicherers

[1]Zeigt der Versicherungsnehmer einen Versicherungsfall an, hat der Versicherer ihn auf vertragliche Anspruchs- und Fälligkeitsvoraussetzungen sowie einzuhaltende Fristen in Textform hinzuweisen. [2]Unterbleibt dieser Hinweis, kann sich der Versicherer auf Fristversäumnis nicht berufen.

§ 187   Anerkenntnis

(1) [1]Der Versicherer hat nach einem Leistungsantrag innerhalb eines Monats nach Vorlage der zu dessen Beurteilung erforderlichen Unterlagen in Textform zu erklären, ob und in welchem Umfang er seine Leistungspflicht anerkennt. [2]Wird eine Invaliditätsleistung beantragt, beträgt die Frist drei Monate.

(2) [1]Erkennt der Versicherer den Anspruch an oder haben sich Versicherungsnehmer und Versicherer über Grund und Höhe des Anspruchs geeinigt, wird die Leistung innerhalb von zwei Wochen fällig. [2]Steht die Leistungspflicht nur dem Grunde nach fest, hat der Versicherer auf Verlangen des Versicherungsnehmers einen angemessenen Vorschuss zu leisten.

§ 188   Neubemessung der Invalidität

(1) [1]Sind Leistungen für den Fall der Invalidität vereinbart, ist jede Vertragspartei berechtigt, den Grad der Invalidität jährlich, längstens bis zu drei Jahre nach Eintritt des Unfalles, neu bemessen zu lassen. [2]In der Kinderunfallversicherung kann die Frist, innerhalb derer eine Neubemessung verlangt werden kann, verlängert werden.

(2) [1]Mit der Erklärung des Versicherers über die Leistungspflicht ist der Versicherungsnehmer über sein Recht zu unterrichten, den Grad der Invalidität neu bemessen zu lassen. [2]Unterbleibt diese Unterrichtung, kann sich der Versicherer auf eine Verspätung des Verlangens des Versicherungsnehmers, den Grad der Invalidität neu zu bemessen, nicht berufen.

§ 189   Sachverständigenverfahren, Schadensermittlungskosten

[1]Die §§ 84 und 85 Abs. 1 und 3 sind entsprechend anzuwenden.

§ 190   Pflichtversicherung

[1]Besteht für den Abschluss einer Unfallversicherung eine Verpflichtung durch Rechtsvorschrift, hat der Versicherer dem Versicherungsnehmer unter Angabe der Versicherungssumme zu bescheinigen, dass eine der zu bezeichnenden Rechtsvorschrift entsprechende Unfallversicherung besteht.

§ 191   Abweichende Vereinbarungen

[1]Von § 178 Abs. 2 Satz 2 und den §§ 181, 186 bis 188 kann nicht zum Nachteil des Versicherungsnehmers oder der versicherten Person abgewichen werden.

Kapitel 8   Krankenversicherung

§ 192   Vertragstypische Leistungen des Versicherers

(1) [1]Bei der Krankheitskostenversicherung ist der Versicherer verpflichtet, im vereinbarten Umfang die Aufwendungen für medizinisch notwendige Heilbehandlung wegen Krankheit oder Unfallfolgen und für sonstige vereinbarte Leistungen einschließlich solcher bei Schwangerschaft und Entbindung sowie für ambulante Vorsorgeuntersuchungen zur Früherkennung von Krankheiten nach gesetzlich eingeführten Programmen zu erstatten.

(2) [1]Der Versicherer ist zur Leistung nach Absatz 1 insoweit nicht verpflichtet, als die Aufwendungen für die Heilbehandlung oder sonstigen Leistungen in einem auffälligen Missverhältnis zu den erbrachten Leistungen stehen.

(3) [1]Als Inhalt der Krankheitskostenversicherung können zusätzliche Dienstleistungen, die in unmittelbarem Zusammenhang mit Leistungen nach Absatz 1 stehen, vereinbart werden, insbesondere
1. die Beratung über Leistungen nach Absatz 1 sowie über die Anbieter solcher Leistungen;
2. die Beratung über die Berechtigung von Entgeltansprüchen der Erbringer von Leistungen nach Absatz 1;
3. die Abwehr unberechtigter Entgeltansprüche der Erbringer von Leistungen nach Absatz 1;
4. die Unterstützung der versicherten Personen bei der Durchsetzung von Ansprüchen wegen fehlerhafter Erbringung der Leistungen nach Absatz 1 und der sich hieraus ergebenden Folgen;
5. die unmittelbare Abrechnung der Leistungen nach Absatz 1 mit deren Erbringern.

(4) [1]Bei der Krankenhaustagegeldversicherung ist der Versicherer verpflichtet, bei medizinisch notwendiger stationärer Heilbehandlung das vereinbarte Krankenhaustagegeld zu leisten.

(5) [1]Bei der Krankentagegeldversicherung ist der Versicherer verpflichtet, den als Folge von Krankheit oder Unfall durch Arbeitsunfähigkeit verursachten Verdienstausfall durch das vereinbarte Krankentagegeld zu ersetzen.

(6) [1]Bei der Pflegekrankenversicherung ist der Versicherer verpflichtet, im Fall der Pflegebedürftigkeit im vereinbarten Umfang die Aufwendungen für die Pflege der versicherten Person zu erstatten (Pflegekostenversicherung) oder das vereinbarte Tagegeld zu leisten (Pflegetagegeldversicherung). [2]Absatz 2 gilt für die Pflegekos-

tenversicherung entsprechend. ³Die Regelungen des Elften Buches Sozialgesetzbuch über die private Pflegeversicherung bleiben unberührt.

(7) ¹Bei der Krankheitskostenversicherung im Basistarif nach § 12 des Versicherungsaufsichtsgesetzes kann der Leistungserbringer seinen Anspruch auf Leistungserstattung auch gegen den Versicherer geltend machen, soweit der Versicherer aus dem Versicherungsverhältnis zur Leistung verpflichtet ist. ²Im Rahmen der Leistungspflicht des Versicherers aus dem Versicherungsverhältnis haften Versicherer und Versicherungsnehmer gesamtschuldnerisch.

§ 193 Versicherte Person; Versicherungspflicht

(1) ¹Die Krankenversicherung kann auf die Person des Versicherungsnehmers oder eines anderen genommen werden. ²Versicherte Person ist die Person, auf welche die Versicherung genommen wird.

(2) ¹Soweit nach diesem Gesetz die Kenntnis und das Verhalten des Versicherungsnehmers von rechtlicher Bedeutung sind, ist bei der Versicherung auf die Person eines anderen auch deren Kenntnis und Verhalten zu berücksichtigen.

(3) ¹Jede Person mit Wohnsitz im Inland ist verpflichtet, bei einem in Deutschland zum Geschäftsbetrieb zugelassenen Versicherungsunternehmen für sich selbst und für die von ihr gesetzlich vertretenen Personen, soweit diese nicht selbst Verträge abschließen können, eine Krankheitskostenversicherung, die mindestens eine Kostenerstattung für ambulante und stationäre Heilbehandlung umfasst und bei der die für tariflich vorgesehene Leistungen vereinbarten absoluten und prozentualen Selbstbehalte für ambulante und stationäre Heilbehandlung für jede zu versichernde Person auf eine betragsmäßige Auswirkung von kalenderjährlich 5 000 EUR begrenzt ist, abzuschließen und aufrechtzuerhalten; für Beihilfeberechtigte ergeben sich die möglichen Selbstbehalte durch eine sinngemäße Anwendung des durch den Beihilfesatz nicht gedeckten Vom-Hundert-Anteils auf den Höchstbetrag von 5 000 Euro. ²Die Pflicht nach Satz 1 besteht nicht für Personen, die

1. in der gesetzlichen Krankenversicherung versichert oder versicherungspflichtig sind oder
2. Anspruch auf freie Heilfürsorge haben, beihilfeberechtigt sind oder vergleichbare Ansprüche haben im Umfang der jeweiligen Berechtigung oder
3. Anspruch auf Leistungen nach dem Asylbewerberleistungsgesetz haben oder
4. Empfänger laufender Leistungen nach dem Dritten, Vierten, Sechsten und Siebten Kapitel des Zwölften Buches Sozialgesetzbuch sind für die Dauer dieses Leistungsbezugs und während Zeiten einer Unterbrechung des Leistungs-

bezugs von weniger als einem Monat, wenn der Leistungsbezug vor dem 1. Januar 2009 begonnen hat.

[3]Ein vor dem 1. April 2007 vereinbarter Krankheitskostenversicherungsvertrag genügt den Anforderungen des Satzes 1.

(4) [1]Wird der Vertragsabschluss später als einen Monat nach Entstehen der Pflicht nach Absatz 3 Satz 1 beantragt, ist ein Prämienzuschlag zu entrichten. [2]Dieser beträgt einen Monatsbeitrag für jeden weiteren angefangenen Monat der Nichtversicherung, ab dem sechsten Monat der Nichtversicherung für jeden weiteren angefangenen Monat der Nichtversicherung ein Sechstel eines Monatsbeitrags. [3]Kann die Dauer der Nichtversicherung nicht ermittelt werden, ist davon auszugehen, dass der Versicherte mindestens fünf Jahre nicht versichert war. [4]Der Prämienzuschlag ist einmalig zusätzlich zur laufenden Prämie zu entrichten. [5]Der Versicherungsnehmer kann vom Versicherer die Stundung des Prämienzuschlages verlangen, wenn ihn die sofortige Zahlung ungewöhnlich hart treffen würde und den Interessen des Versicherers durch die Vereinbarung einer angemessenen Ratenzahlung Rechnung getragen werden kann. [6]Der gestundete Betrag ist zu verzinsen.

(5) [1]Der Versicherer ist verpflichtet,
1. allen freiwillig in der gesetzlichen Krankenversicherung Versicherten
   a) innerhalb von sechs Monaten nach Einführung des Basistarifes,
   b) innerhalb von sechs Monaten nach Beginn der im Fünften Buch Sozialgesetzbuch vorgesehenen Wechselmöglichkeit im Rahmen ihres freiwilligen Versicherungsverhältnisses,
2. allen Personen mit Wohnsitz in Deutschland, die nicht in der gesetzlichen Krankenversicherung versicherungspflichtig sind, nicht zum Personenkreis nach Nummer 1 oder Absatz 3 Satz 2 Nr. 3 und 4 gehören und die nicht bereits eine private Krankheitskostenversicherung mit einem in Deutschland zum Geschäftsbetrieb zugelassenen Versicherungsunternehmen vereinbart haben, die der Pflicht nach Absatz 3 genügt,
3. Personen, die beihilfeberechtigt sind oder vergleichbare Ansprüche haben, soweit sie zur Erfüllung der Pflicht nach Absatz 3 Satz 1 ergänzenden Versicherungsschutz benötigen,
4. allen Personen mit Wohnsitz in Deutschland, die eine private Krankheitskostenversicherung im Sinne des Absatzes 3 mit einem in Deutschland zum Geschäftsbetrieb zugelassenen Versicherungsunternehmen vereinbart haben und deren Vertrag nach dem 31. Dezember 2008 abgeschlossen wird,

[1]Versicherung im Basistarif nach § 12 Abs. 1a des Versicherungsaufsichtsgesetzes zu gewähren. [2]Ist der private Krankheitskostenversicherungsvertrag vor dem

1. Januar 2009 abgeschlossen, kann bei Wechsel oder Kündigung des Vertrags der Abschluss eines Vertrags im Basistarif beim eigenen oder einem anderen Versicherungsunternehmen unter Mitnahme der Alterungsrückstellungen gemäß § 204 Abs. 1 nur bis zum 30. Juni 2009 verlangt werden. [3]Der Antrag muss bereits dann angenommen werden, wenn bei einer Kündigung eines Vertrags bei einem anderen Versicherer die Kündigung nach § 205 Abs. 1 Satz 1 noch nicht wirksam geworden ist. [4]Der Antrag darf nur abgelehnt werden, wenn der Antragsteller bereits bei dem Versicherer versichert war und der Versicherer

1. den Versicherungsvertrag wegen Drohung oder arglistiger Täuschung angefochten hat oder

2. vom Versicherungsvertrag wegen einer vorsätzlichen Verletzung der vorvertraglichen Anzeigepflicht zurückgetreten ist.

(6) [1]Ist der Versicherungsnehmer in einer der Pflicht nach Absatz 3 genügenden Versicherung mit einem Betrag in Höhe von Prämienanteilen für zwei Monate im Rückstand, hat ihn der Versicherer zu mahnen. [2]Ist der Rückstand zwei Wochen nach Zugang der Mahnung noch höher als der Prämienanteil für einen Monat, stellt der Versicherer das Ruhen der Leistungen fest. [3]Das Ruhen tritt drei Tage nach Zugang dieser Mitteilung beim Versicherungsnehmer ein. [4]Voraussetzung ist, dass der Versicherungsnehmer in der Mahnung nach Satz 1 auf diese Folge hingewiesen worden ist. [5]Das Ruhen endet, wenn alle rückständigen und die auf die Zeit des Ruhens entfallenden Beitragsanteile gezahlt sind oder wenn der Versicherungsnehmer oder die versicherte Person hilfebedürftig im Sinn des Zweiten oder Zwölften Buches Sozialgesetzbuch wird; die Hilfebedürftigkeit ist auf Antrag des Berechtigten vom zuständigen Träger nach dem Zweiten oder dem Zwölften Buch Sozialgesetzbuch zu bescheinigen. [6]Während der Ruhenszeit haftet der Versicherer ausschließlich für Aufwendungen, die zur Behandlung akuter Erkrankungen und Schmerzzustände sowie bei Schwangerschaft und Mutterschaft erforderlich sind. [7]Angaben zum Ruhen des Anspruchs kann der Versicherer auf einer elektronischen Gesundheitskarte nach § 291a Abs. 1a des Fünften Buches Sozialgesetzbuch vermerken. [8]Darüber hinaus hat der Versicherungsnehmer für jeden angefangenen Monat des Rückstandes an Stelle von Verzugszinsen einen Säumniszuschlag von 1 vom Hundert des Beitragsrückstandes zu entrichten. [9]Sind die ausstehenden Beitragsanteile, Säumniszuschläge und Beitreibungskosten nicht innerhalb eines Jahres nach Beginn des Ruhens vollständig bezahlt, so wird die Versicherung im Basistarif fortgesetzt. [10]Satz 6 bleibt unberührt.

(7) [1]Bei einer Versicherung im Basistarif nach § 12 des Versicherungsaufsichtsgesetzes kann das Versicherungsunternehmen verlangen, dass Zusatzversicherun-

gen ruhen, wenn und solange ein Versicherter auf die Halbierung des Beitrags nach § 12 Abs. 1c des Versicherungsaufsichtsgesetzes angewiesen ist.

Aus dem Beschluss des Bundesverfassungsgerichts vom 10. Juni 2009 – 1 BvR 825/08, 1 BvR 831/08 – wird die Entscheidungsformel veröffentlicht:

Die Verfassungsbeschwerden werden mit der Einschränkung zurückgewiesen, dass § 12 Absatz 1 b Satz 1 des Gesetzes über die Beaufsichtigung der Versicherungsunternehmen und § 193 Absatz 5 Satz 1 des Gesetzes über den Versicherungsvertrag nur in verfassungskonformer Auslegung nach Maßgabe der Gründe mit Artikel 9 Absatz 1 des Grundgesetzes vereinbar sind.

Die vorstehende Entscheidungsformel hat gemäß § 31 Absatz 2 des Bundesverfassungsgerichtsgesetzes Gesetzeskraft.

§ 194 Anzuwendende Vorschriften

(1) [1]Soweit der Versicherungsschutz nach den Grundsätzen der Schadensversicherung gewährt wird, sind die §§ 74 bis 80 und 82 bis 87 anzuwenden. [2]Die §§ 23 bis 27 und 29 sind auf die Krankenversicherung nicht anzuwenden. [3]§ 19 Abs. 4 ist auf die Krankenversicherung nicht anzuwenden, wenn der Versicherungsnehmer die Verletzung der Anzeigepflicht nicht zu vertreten hat. [4]Abweichend von § 21 Abs. 3 Satz 1 beläuft sich die Frist für die Geltendmachung der Rechte des Versicherers auf drei Jahre.

(2) [1]Steht dem Versicherungsnehmer oder einer versicherten Person ein Anspruch auf Rückzahlung ohne rechtlichen Grund gezahlter Entgelte gegen den Erbringer von Leistungen zu, für die der Versicherer aufgrund des Versicherungsvertrags Erstattungsleistungen erbracht hat, ist § 86 Abs. 1 und 2 entsprechend anzuwenden.

(3) [1]Die §§ 43 bis 48 sind auf die Krankenversicherung mit der Maßgabe anzuwenden, dass ausschließlich die versicherte Person die Versicherungsleistung verlangen kann, wenn der Versicherungsnehmer sie gegenüber dem Versicherer in Textform als Empfangsberechtigten der Versicherungsleistung benannt hat; die Benennung kann widerruflich oder unwiderruflich erfolgen. [2]Liegt diese Voraussetzung nicht vor, kann nur der Versicherungsnehmer die Versicherungsleistung verlangen. [3]Einer Vorlage des Versicherungsscheins bedarf es nicht.

§ 195   Versicherungsdauer

(1) [1]Die Krankenversicherung, die ganz oder teilweise den im gesetzlichen Sozialversicherungssystem vorgesehenen Kranken- oder Pflegeversicherungsschutz ersetzen kann (substitutive Krankenversicherung), ist vorbehaltlich der Absätze 2 und 3 und der §§ 196 und 199 unbefristet. [2]Wird die nicht substitutive Krankenversicherung nach Art der Lebensversicherung betrieben, gilt Satz 1 entsprechend.

(2) [1]Bei Ausbildungs-, Auslands-, Reise- und Restschuldkrankenversicherungen können Vertragslaufzeiten vereinbart werden.

(3) [1]Bei der Krankenversicherung einer Person mit befristetem Aufenthaltstitel für das Inland kann vereinbart werden, dass sie spätestens nach fünf Jahren endet. [2]Ist eine kürzere Laufzeit vereinbart, kann ein gleichartiger neuer Vertrag nur mit einer Höchstlaufzeit geschlossen werden, die unter Einschluss der Laufzeit des abgelaufenen Vertrags fünf Jahre nicht überschreitet; dies gilt auch, wenn der neue Vertrag mit einem anderen Versicherer geschlossen wird.

§ 196   Befristung der Krankentagegeldversicherung

(1) [1]Bei der Krankentagegeldversicherung kann vereinbart werden, dass die Versicherung mit Vollendung des 65. Lebensjahres der versicherten Person endet. [2]Der Versicherungsnehmer kann in diesem Fall vom Versicherer verlangen, dass dieser den Antrag auf Abschluss einer mit Vollendung des 65. Lebensjahres beginnenden neuen Krankentagegeldversicherung annimmt, die spätestens mit Vollendung des 70. Lebensjahres endet. [3]Auf dieses Recht hat der Versicherer ihn frühestens sechs Monate vor dem Ende der Versicherung unter Beifügung des Wortlauts dieser Vorschrift in Textform hinzuweisen. [4]Wird der Antrag bis zum Ablauf von zwei Monaten nach Vollendung des 65. Lebensjahres gestellt, hat der Versicherer den Versicherungsschutz ohne Risikoprüfung oder Wartezeiten zu gewähren, soweit der Versicherungsschutz nicht höher oder umfassender ist als im bisherigen Tarif.

(2) [1]Hat der Versicherer den Versicherungsnehmer nicht nach Absatz 1 Satz 3 auf das Ende der Versicherung hingewiesen und wird der Antrag vor Vollendung des 66. Lebensjahres gestellt, gilt Absatz 1 Satz 4 entsprechend, wobei die Versicherung mit Zugang des Antrags beim Versicherer beginnt. [2]Ist der Versicherungsfall schon vor Zugang des Antrags eingetreten, ist der Versicherer nicht zur Leistung verpflichtet.

(3) [1]Absatz 1 Satz 2 und 4 gilt entsprechend, wenn in unmittelbarem Anschluss an eine Versicherung nach Absatz 1 Satz 4 oder Absatz 2 Satz 1 eine neue Krankentagegeldversicherung beantragt wird, die spätestens mit Vollendung des 75. Lebensjahres endet.

(4) [1]Die Vertragsparteien können ein späteres Lebensjahr als in den vorstehenden Absätzen festgelegt vereinbaren.

§ 197 Wartezeiten

(1) [1]Soweit Wartezeiten vereinbart werden, dürfen diese in der Krankheitskosten-, Krankenhaustagegeld- und Krankentagegeldversicherung als allgemeine Wartezeit drei Monate und als besondere Wartezeit für Entbindung, Psychotherapie, Zahnbehandlung, Zahnersatz und Kieferorthopädie acht Monate nicht überschreiten. [2]Bei der Pflegekrankenversicherung darf die Wartezeit drei Jahre nicht überschreiten.

(2) [1]Personen, die aus der gesetzlichen Krankenversicherung ausscheiden oder die aus einem anderen Vertrag über eine Krankheitskostenversicherung ausgeschieden sind, ist die dort ununterbrochen zurückgelegte Versicherungszeit auf die Wartezeit anzurechnen, sofern die Versicherung spätestens zwei Monate nach Beendigung der Vorversicherung zum unmittelbaren Anschluss daran beantragt wird. [2]Dies gilt auch für Personen, die aus einem öffentlichen Dienstverhältnis mit Anspruch auf Heilfürsorge ausscheiden.

§ 198 Kindernachversicherung

(1) [1]Besteht am Tag der Geburt für mindestens einen Elternteil eine Krankenversicherung, ist der Versicherer verpflichtet, dessen neugeborenes Kind ab Vollendung der Geburt ohne Risikozuschläge und Wartezeiten zu versichern, wenn die Anmeldung zur Versicherung spätestens zwei Monate nach dem Tag der Geburt rückwirkend erfolgt. [2]Diese Verpflichtung besteht nur insoweit, als der beantragte Versicherungsschutz des Neugeborenen nicht höher und nicht umfassender als der des versicherten Elternteils ist.

(2) [1]Der Geburt eines Kindes steht die Adoption gleich, sofern das Kind im Zeitpunkt der Adoption noch minderjährig ist. [2]Besteht eine höhere Gefahr, ist die Vereinbarung eines Risikozuschlags höchstens bis zur einfachen Prämienhöhe zulässig.

(3) [1]Als Voraussetzung für die Versicherung des Neugeborenen oder des Adoptivkindes kann eine Mindestversicherungsdauer des Elternteils vereinbart werden. [2]Diese darf drei Monate nicht übersteigen.

(4) [1]Die Absätze 1 bis 3 gelten für die Auslands- und die Reisekrankenversicherung nicht, soweit für das Neugeborene oder für das Adoptivkind anderweitiger privater oder gesetzlicher Krankenversicherungsschutz im Inland oder Ausland besteht.

§ 199 Beihilfeempfänger

(1) [1]Bei der Krankheitskostenversicherung einer versicherten Person mit Anspruch auf Beihilfe nach den Grundsätzen des öffentlichen Dienstes kann vereinbart werden, dass sie mit der Versetzung der versicherten Person in den Ruhestand im Umfang der Erhöhung des Beihilfebemessungssatzes endet.

(2) [1]Ändert sich bei einer versicherten Person mit Anspruch auf Beihilfe nach den Grundsätzen des öffentlichen Dienstes der Beihilfebemessungssatz oder entfällt der Beihilfeanspruch, hat der Versicherungsnehmer Anspruch darauf, dass der Versicherer den Versicherungsschutz im Rahmen der bestehenden Krankheitskostentarife so anpasst, dass dadurch der veränderte Beihilfebemessungssatz oder der weggefallene Beihilfeanspruch ausgeglichen wird. [2]Wird der Antrag innerhalb von sechs Monaten nach der Änderung gestellt, hat der Versicherer den angepassten Versicherungsschutz ohne Risikoprüfung oder Wartezeiten zu gewähren.

(3) [1]Absatz 2 gilt nicht bei Gewährung von Versicherung im Basistarif.

§ 200 Bereicherungsverbot

[1]Hat die versicherte Person wegen desselben Versicherungsfalles einen Anspruch gegen mehrere Erstattungsverpflichtete, darf die Gesamterstattung die Gesamtaufwendungen nicht übersteigen.

§ 201 Herbeiführung des Versicherungsfalles

[1]Der Versicherer ist nicht zur Leistung verpflichtet, wenn der Versicherungsnehmer oder die versicherte Person vorsätzlich die Krankheit oder den Unfall bei sich selbst herbeiführt.

412

§ 202 Auskunftspflicht des Versicherers; Schadensermittlungskosten

[1]Der Versicherer ist verpflichtet, auf Verlangen des Versicherungsnehmers oder der versicherten Person einem von ihnen benannten Arzt oder Rechtsanwalt Auskunft über und Einsicht in Gutachten oder Stellungnahmen zu geben, die er bei der Prüfung seiner Leistungspflicht über die Notwendigkeit einer medizinischen Behandlung eingeholt hat. [2]Der Auskunftsanspruch kann nur von der jeweils betroffenen Person oder ihrem gesetzlichen Vertreter geltend gemacht werden. [3]Hat der Versicherungsnehmer das Gutachten oder die Stellungnahme auf Veranlassung des Versicherers eingeholt, hat der Versicherer die entstandenen Kosten zu erstatten.

§ 203 Prämien- und Bedingungsanpassung

(1) [1]Bei einer Krankenversicherung, bei der die Prämie nach Art der Lebensversicherung berechnet wird, kann der Versicherer nur die entsprechend den technischen Berechnungsgrundlagen nach den §§ 12, 12 a und 12 e in Verbindung mit § 12c des Versicherungsaufsichtsgesetzes zu berechnende Prämie verlangen. [2]Außer bei Verträgen im Basistarif nach § 12 des Versicherungsaufsichtsgesetzes kann der Versicherer mit Rücksicht auf ein erhöhtes Risiko einen angemessenen Risikozuschlag oder einen Leistungsausschluss vereinbaren. [3]Im Basistarif ist eine Risikoprüfung nur zulässig, soweit sie für Zwecke des Risikoausgleichs nach § 12g des Versicherungsaufsichtsgesetzes oder für spätere Tarifwechsel erforderlich ist.

(2) [1]Ist bei einer Krankenversicherung das ordentliche Kündigungsrecht des Versicherers gesetzlich oder vertraglich ausgeschlossen, ist der Versicherer bei einer nicht nur als vorübergehend anzusehenden Veränderung einer für die Prämienkalkulation maßgeblichen Rechnungsgrundlage berechtigt, die Prämie entsprechend den berichtigten Rechnungsgrundlagen auch für bestehende Versicherungsverhältnisse neu festzusetzen, sofern ein unabhängiger Treuhänder die technischen Berechnungsgrundlagen überprüft und der Prämienanpassung zugestimmt hat. [2]Dabei dürfen auch ein betragsmäßig festgelegter Selbstbehalt angepasst und ein vereinbarter Risikozuschlag entsprechend geändert werden, soweit dies vereinbart ist. [3]Maßgebliche Rechnungsgrundlagen im Sinn der Sätze 1 und 2 sind die Versicherungsleistungen und die Sterbewahrscheinlichkeiten. [4]Für die Änderung der Prämien, Prämienzuschläge und Selbstbehalte sowie ihre Überprüfung und Zustimmung durch den Treuhänder gilt § 12b Abs. 1 bis 2a in Verbindung mit einer aufgrund des § 12c des Versicherungsaufsichtsgesetzes erlassenen Rechtsverordnung.

(3) [1]Ist bei einer Krankenversicherung im Sinn des Absatzes 1 Satz 1 das ordentliche Kündigungsrecht des Versicherers gesetzlich oder vertraglich ausgeschlossen,

ist der Versicherer bei einer nicht nur als vorübergehend anzusehenden Veränderung der Verhältnisse des Gesundheitswesens berechtigt, die Allgemeinen Versicherungsbedingungen und die Tarifbestimmungen den veränderten Verhältnissen anzupassen, wenn die Änderungen zur hinreichenden Wahrung der Belange der Versicherungsnehmer erforderlich erscheinen und ein unabhängiger Treuhänder die Voraussetzungen für die Änderungen überprüft und ihre Angemessenheit bestätigt hat.

(4) [1]Ist eine Bestimmung in Allgemeinen Versicherungsbedingungen des Versicherers durch höchstrichterliche Entscheidung oder durch einen bestandskräftigen Verwaltungsakt für unwirksam erklärt worden, ist § 164 anzuwenden.

(5) [1]Die Neufestsetzung der Prämie und die Änderungen nach den Absätzen 2 und 3 werden zu Beginn des zweiten Monats wirksam, der auf die Mitteilung der Neufestsetzung oder der Änderungen und der hierfür maßgeblichen Gründe an den Versicherungsnehmer folgt.

§ 204 Tarifwechsel

(1) [1]Bei bestehendem Versicherungsverhältnis kann der Versicherungsnehmer vom Versicherer verlangen, dass dieser
1. Anträge auf Wechsel in andere Tarife mit gleichartigem Versicherungsschutz unter Anrechnung der aus dem Vertrag erworbenen Rechte und der Alterungsrückstellung annimmt; soweit die Leistungen in dem Tarif, in den der Versicherungsnehmer wechseln will, höher oder umfassender sind als in dem bisherigen Tarif, kann der Versicherer für die Mehrleistung einen Leistungsausschluss oder einen angemessenen Risikozuschlag und insoweit auch eine Wartezeit verlangen; der Versicherungsnehmer kann die Vereinbarung eines Risikozuschlages und einer Wartezeit dadurch abwenden, dass er hinsichtlich der Mehrleistung einen Leistungsausschluss vereinbart; bei einem Wechsel aus dem Basistarif in einen anderen Tarif kann der Versicherer auch den bei Vertragsschluss ermittelten Risikozuschlag verlangen; der Wechsel in den Basistarif des Versicherers unter Anrechnung der aus dem Vertrag erworbenen Rechte und der Alterungsrückstellung ist nur möglich, wenn
   a) die bestehende Krankheitskostenversicherung nach dem 1. Januar 2009 abgeschlossen wurde oder
   b) der Versicherungsnehmer das 55. Lebensjahr vollendet hat oder das 55. Lebensjahr noch nicht vollendet hat, aber die Voraussetzungen für den Anspruch auf eine Rente der gesetzlichen Rentenversicherung erfüllt und diese Rente beantragt hat oder ein Ruhegehalt nach beamtenrechtlichen oder ver-

gleichbaren Vorschriften bezieht oder hilfebedürftig nach dem Zweiten oder Zwölften Buch Sozialgesetzbuch ist oder

c) die bestehende Krankheitskostenversicherung vor dem 1. Januar 2009 abgeschlossen wurde und der Wechsel in den Basistarif vor dem 1. Juli 2009 beantragt wurde;

2. bei einer Kündigung des Vertrags und dem gleichzeitigen Abschluss eines neuen Vertrags, der ganz oder teilweise den im gesetzlichen Sozialversicherungssystem vorgesehenen Krankenversicherungsschutz ersetzen kann, bei einem anderen Krankenversicherer

a) die kalkulierte Alterungsrückstellung des Teils der Versicherung, dessen Leistungen dem Basistarif entsprechen, an den neuen Versicherer überträgt, sofern die gekündigte Krankheitskostenversicherung nach dem 1. Januar 2009 abgeschlossen wurde;

b) bei einem Abschluss eines Vertrags im Basistarif die kalkulierte Alterungsrückstellung des Teils der Versicherung, dessen Leistungen dem Basistarif entsprechen, an den neuen Versicherer überträgt, sofern die gekündigte Krankheitskostenversicherung vor dem 1. Januar 2009 abgeschlossen wurde und die Kündigung vor dem 1. Juli 2009 erfolgte.

[2]Soweit die Leistungen in dem Tarif, aus dem der Versicherungsnehmer wechseln will, höher oder umfassender sind als im Basistarif, kann der Versicherungsnehmer vom bisherigen Versicherer die Vereinbarung eines Zusatztarifes verlangen, in dem die über den Basistarif hinausgehende Alterungsrückstellung anzurechnen ist. [3]Auf die Ansprüche nach den Sätzen 1 und 2 kann nicht verzichtet werden.

(2) [1]Im Falle der Kündigung des Vertrags zur privaten Pflege-Pflichtversicherung und dem gleichzeitigen Abschluss eines neuen Vertrags bei einem anderen Versicherer kann der Versicherungsnehmer vom bisherigen Versicherer verlangen, dass dieser die für ihn kalkulierte Alterungsrückstellung an den neuen Versicherer überträgt. [2]Auf diesen Anspruch kann nicht verzichtet werden.

(3) [1]Absatz 1 gilt nicht für befristete Versicherungsverhältnisse.

(4) [1]Soweit die Krankenversicherung nach Art der Lebensversicherung betrieben wird, haben die Versicherungsnehmer und die versicherte Person das Recht, einen gekündigten Versicherungsvertrag in Form einer Anwartschaftsversicherung fortzuführen.

§ 205   Kündigung des Versicherungsnehmers

(1) [1]Vorbehaltlich einer vereinbarten Mindestversicherungsdauer bei der Krankheitskosten- und bei der Krankenhaustagegeldversicherung kann der Versicherungsnehmer ein Krankenversicherungsverhältnis, das für die Dauer von mehr als einem Jahr eingegangen ist, zum Ende des ersten Jahres oder jedes darauf folgenden Jahres unter Einhaltung einer Frist von drei Monaten kündigen. [2]Die Kündigung kann auf einzelne versicherte Personen oder Tarife beschränkt werden.

(2) [1]Wird eine versicherte Person kraft Gesetzes kranken- oder pflegeversicherungspflichtig, kann der Versicherungsnehmer binnen drei Monaten nach Eintritt der Versicherungspflicht eine Krankheitskosten-, eine Krankentagegeld- oder eine Pflegekrankenversicherung sowie eine für diese Versicherungen bestehende Anwartschaftsversicherung rückwirkend zum Eintritt der Versicherungspflicht kündigen. [2]Die Kündigung ist unwirksam, wenn der Versicherungsnehmer dem Versicherer den Eintritt der Versicherungspflicht nicht innerhalb von zwei Monaten nachweist, nachdem der Versicherer ihn hierzu in Textform aufgefordert hat, es sei denn, der Versicherungsnehmer hat die Versäumung dieser Frist nicht zu vertreten. [3]Macht der Versicherungsnehmer von seinem Kündigungsrecht Gebrauch, steht dem Versicherer die Prämie nur bis zu diesem Zeitpunkt zu. [4]Später kann der Versicherungsnehmer das Versicherungsverhältnis zum Ende des Monats kündigen, in dem er den Eintritt der Versicherungspflicht nachweist. [5]Der Versicherungspflicht steht der gesetzliche Anspruch auf Familienversicherung oder der nicht nur vorübergehende Anspruch auf Heilfürsorge aus einem beamtenrechtlichen oder ähnlichen Dienstverhältnis gleich.

(3) [1]Ergibt sich aus dem Versicherungsvertrag, dass bei Erreichen eines bestimmten Lebensalters oder bei Eintreten anderer dort genannter Voraussetzungen die Prämie für ein anderes Lebensalter oder eine andere Altersgruppe gilt oder die Prämie unter Berücksichtigung einer Alterungsrückstellung berechnet wird, kann der Versicherungsnehmer das Versicherungsverhältnis hinsichtlich der betroffenen versicherten Person binnen zwei Monaten nach der Änderung zum Zeitpunkt ihres Wirksamwerdens kündigen, wenn sich die Prämie durch die Änderung erhöht.

(4) [1]Erhöht der Versicherer aufgrund einer Anpassungsklausel die Prämie oder vermindert er die Leistung, kann der Versicherungsnehmer hinsichtlich der betroffenen versicherten Person innerhalb eines Monats nach Zugang der Änderungsmitteilung mit Wirkung für den Zeitpunkt kündigen, zu dem die Prämienerhöhung oder die Leistungsminderung wirksam werden soll.

(5) [1]Hat sich der Versicherer vorbehalten, die Kündigung auf einzelne versicherte Personen oder Tarife zu beschränken, und macht er von dieser Möglichkeit Gebrauch, kann der Versicherungsnehmer innerhalb von zwei Wochen nach Zugang der Kündigung die Aufhebung des übrigen Teils der Versicherung zu dem Zeitpunkt verlangen, zu dem die Kündigung wirksam wird. [2]Satz 1 gilt entsprechend, wenn der Versicherer die Anfechtung oder den Rücktritt nur für einzelne versicherte Personen oder Tarife erklärt. [3]In diesen Fällen kann der Versicherungsnehmer die Aufhebung zum Ende des Monats verlangen, in dem ihm die Erklärung des Versicherers zugegangen ist.

(6) [1]Abweichend von den Absätzen 1 bis 5 kann der Versicherungsnehmer eine Versicherung, die eine Pflicht aus § 193 Abs. 3 Satz 1 erfüllt, nur dann kündigen, wenn er bei einem anderen Versicherer für die versicherte Person einen neuen Vertrag abschließt, der dieser Pflicht genügt. [2]Die Kündigung wird erst wirksam, wenn der Versicherungsnehmer nachweist, dass die versicherte Person bei einem neuen Versicherer ohne Unterbrechung versichert ist.

§ 206   Kündigung des Versicherers

(1) [1]Jede Kündigung einer Krankheitskostenversicherung, die eine Pflicht nach § 193 Abs. 3 Satz 1 erfüllt, ist durch den Versicherer ausgeschlossen. [2]Darüber hinaus ist die ordentliche Kündigung einer Krankheitskosten-, Krankentagegeld- und einer Pflegekrankenversicherung durch den Versicherer ausgeschlossen, wenn die Versicherung ganz oder teilweise den im gesetzlichen Sozialversicherungssystem vorgesehenen Kranken- oder Pflegeversicherungsschutz ersetzen kann. [3]Sie ist weiterhin ausgeschlossen für eine Krankenhaustagegeld-Versicherung, die neben einer Krankheitskostenvollversicherung besteht. [4]Eine Krankentagegeldversicherung, für die kein gesetzlicher Anspruch auf einen Beitragszuschuss des Arbeitgebers besteht, kann der Versicherer abweichend von Satz 2 in den ersten drei Jahren unter Einhaltung einer Frist von drei Monaten zum Ende eines jeden Versicherungsjahres kündigen.

(2) [1]Liegen bei einer Krankenhaustagegeldversicherung oder einer Krankheitskostenteilversicherung die Voraussetzungen nach Absatz 1 nicht vor, kann der Versicherer das Versicherungsverhältnis nur innerhalb der ersten drei Versicherungsjahre zum Ende eines Versicherungsjahres kündigen. [2]Die Kündigungsfrist beträgt drei Monate.

(3) [1]Wird eine Krankheitskostenversicherung oder eine Pflegekrankenversicherung vom Versicherer wegen Zahlungsverzugs des Versicherungsnehmers wirksam ge-

kündigt, sind die versicherten Personen berechtigt, die Fortsetzung des Versicherungsverhältnisses unter Benennung des künftigen Versicherungsnehmers zu erklären; die Prämie ist ab Fortsetzung des Versicherungsverhältnisses zu leisten. [2]Die versicherten Personen sind vom Versicherer über die Kündigung und das Recht nach Satz 1 in Textform zu informieren. [3]Dieses Recht endet zwei Monate nach dem Zeitpunkt, zu dem die versicherte Person Kenntnis von diesem Recht erlangt hat.

(4) [1]Die ordentliche Kündigung eines Gruppenversicherungsvertrags, der Schutz gegen das Risiko Krankheit enthält, durch den Versicherer ist zulässig, wenn die versicherten Personen die Krankenversicherung unter Anrechnung der aus dem Vertrag erworbenen Rechte und der Alterungsrückstellung, soweit eine solche gebildet wird, zu den Bedingungen der Einzelversicherung fortsetzen können. [2]Absatz 3 Satz 2 und 3 ist entsprechend anzuwenden.

§ 207 Fortsetzung des Versicherungsverhältnisses

(1) [1]Endet das Versicherungsverhältnis durch den Tod des Versicherungsnehmers, sind die versicherten Personen berechtigt, binnen zwei Monaten nach dem Tod des Versicherungsnehmers die Fortsetzung des Versicherungsverhältnisses unter Benennung des künftigen Versicherungsnehmers zu erklären.

(2) [1]Kündigt der Versicherungsnehmer das Versicherungsverhältnis insgesamt oder für einzelne versicherte Personen, gilt Absatz 1 entsprechend. [2]Die Kündigung ist nur wirksam, wenn die versicherte Person von der Kündigungserklärung Kenntnis erlangt hat. [3]Handelt es sich bei dem gekündigten Vertrag um einen Gruppenversicherungsvertrag und wird kein neuer Versicherungsnehmer benannt, sind die versicherten Personen berechtigt, das Versicherungsverhältnis unter Anrechnung der aus dem Vertrag erworbenen Rechte und der Alterungsrückstellung, soweit eine solche gebildet wird, zu den Bedingungen der Einzelversicherung fortzusetzen. [4]Das Recht nach Satz 3 endet zwei Monate nach dem Zeitpunkt, zu dem die versicherte Person von diesem Recht Kenntnis erlangt hat.

(3) [1]Verlegt eine versicherte Person ihren gewöhnlichen Aufenthalt in einen anderen Mitgliedstaat der Europäischen Union oder einen anderen Vertragsstaat des Abkommens über den Europäischen Wirtschaftsraum, setzt sich das Versicherungsverhältnis mit der Maßgabe fort, dass der Versicherer höchstens zu denjenigen Leistungen verpflichtet bleibt, die er bei einem Aufenthalt im Inland zu erbringen hätte.

418

§ 208   Abweichende Vereinbarungen

[1]Von den §§ 194 bis 199 und 201 bis 207 kann nicht zum Nachteil des Versicherungsnehmers oder der versicherten Person abgewichen werden. [2]Für die Kündigung des Versicherungsnehmers nach § 205 kann die Schrift oder die Textform vereinbart werden.

Teil 3   Schlussvorschriften

§ 209   Rückversicherung, Seeversicherung

[1]Die Vorschriften dieses Gesetzes sind auf die Rückversicherung und die Versicherung gegen die Gefahren der Seeschifffahrt (Seeversicherung) nicht anzuwenden.

§ 210   Großrisiken, laufende Versicherung

(1) [1]Die Beschränkungen der Vertragsfreiheit nach diesem Gesetz sind auf Großrisiken und auf laufende Versicherungen nicht anzuwenden.

(2) [1]Großrisiken im Sinne dieser Vorschrift sind:

1. Risiken der unter den Nummern 4 bis 7, 10 Buchstabe b sowie den Nummern 11 und 12 der Anlage Teil A zum Versicherungsaufsichtsgesetz erfassten Transport- und Haftpflichtversicherungen,

2. Risiken der unter den Nummern 14 und 15 der Anlage Teil A zum Versicherungsaufsichtsgesetz erfassten Kredit- und Kautionsversicherungen bei Versicherungsnehmern, die eine gewerbliche, bergbauliche oder freiberufliche Tätigkeit ausüben, wenn die Risiken damit in Zusammenhang stehen, oder

3. Risiken der unter den Nummern 3, 8, 9, 10, 13 und 16 der Anlage Teil A zum Versicherungsaufsichtsgesetz erfassten Sach-, Haftpflicht- und sonstigen Schadensversicherungen bei Versicherungsnehmern, die mindestens zwei der folgenden drei Merkmale überschreiten:
    a) 6 200 000 EUR Bilanzsumme,
    b) 12 800 000 EUR Nettoumsatzerlöse,
    c) im Durchschnitt 250 Arbeitnehmer pro Wirtschaftsjahr.

[1]Gehört der Versicherungsnehmer zu einem Konzern, der nach § 290 des Handelsgesetzbuchs, nach § 11 des Publizitätsgesetzes vom 15. August 1969 (BGBl I S. 1189) in der jeweils gültigen Fassung oder nach dem mit den Anforderungen der Siebten Richtlinie 83/349/EWG des Rates vom 13. Juni 1983 aufgrund von Artikel 54 Buchstabe g des Vertrages über den konsolidierten Abschluss (ABl [2]YL 193 vom 18.7.1983, S. 1) in der jeweils geltenden Fassung übereinstimmenden Recht

eines anderen Mitgliedstaats der Europäischen Gemeinschaft oder eines anderen Vertragsstaats des Abkommens über den Europäischen Wirtschaftsraum einen Konzernabschluss aufzustellen hat, so sind für die Feststellung der Unternehmensgröße die Zahlen des Konzernabschlusses maßgebend.

§ 211 Pensionskassen, kleinere Versicherungsvereine, Versicherungen mit kleineren Beträgen

(1) [1]Die §§ 37, 38, 165, 166, 168 und 169 sind, soweit mit Genehmigung der Aufsichtsbehörde in den Allgemeinen Versicherungsbedingungen abweichende Bestimmungen getroffen sind, nicht anzuwenden auf

1. Versicherungen bei Pensionskassen im Sinn des § 118b Abs. 3 und 4 des Versicherungsaufsichtsgesetzes,
2. Versicherungen, die bei einem Verein genommen werden, der als kleinerer Verein im Sinn des Versicherungsaufsichtsgesetzes anerkannt ist,
3. Lebensversicherungen mit kleineren Beträgen und
4. Unfallversicherungen mit kleineren Beträgen.

(2) [1]Auf die in Absatz 1 Nr. 1 genannten Pensionskassen sind ferner nicht anzuwenden

1. die §§ 6 bis 9, 11, 150 Abs. 2 bis 4 und § 152 Abs. 1 und 2; für die §§ 7 bis 9 und 152 Abs. 1 und 2 gilt dies nicht für Fernabsatzverträge im Sinn des § 312b Abs. 1 und 2 des Bürgerlichen Gesetzbuchs;
2. § 153, soweit mit Genehmigung der Aufsichtsbehörde in den Allgemeinen Versicherungsbedingungen abweichende Bestimmungen getroffen sind; § 153 Abs. 3 Satz 1 ist ferner nicht auf Sterbekassen anzuwenden.

(3) [1]Sind für Versicherungen mit kleineren Beträgen im Sinn von Absatz 1 Nr. 3 und 4 abweichende Bestimmungen getroffen, kann deren Wirksamkeit nicht unter Berufung darauf angefochten werden, dass es sich nicht um Versicherungen mit kleineren Beträgen handele.

§ 212 Fortsetzung der Lebensversicherung nach der Elternzeit

[1]Besteht während einer Elternzeit ein Arbeitsverhältnis ohne Entgelt gemäß § 1a Abs. 4 des Betriebsrentengesetzes fort und wird eine vom Arbeitgeber zugunsten der Arbeitnehmerin oder des Arbeitnehmers abgeschlossene Lebensversicherung wegen Nichtzahlung der während der Elternzeit fälligen Prämien in eine prämienfreie Versicherung umgewandelt, kann die Arbeitnehmerin oder der Arbeitnehmer innerhalb von drei Monaten nach der Beendigung der Elternzeit verlangen, dass

die Versicherung zu den vor der Umwandlung vereinbarten Bedingungen fortgesetzt wird.

§ 213 Erhebung personenbezogener Gesundheitsdaten bei Dritten

(1) [1]Die Erhebung personenbezogener Gesundheitsdaten durch den Versicherer darf nur bei Ärzten, Krankenhäusern und sonstigen Krankenanstalten, Pflegeheimen und Pflegepersonen, anderen Personenversicherern und gesetzlichen Krankenkassen sowie Berufsgenossenschaften und Behörden erfolgen; sie ist nur zulässig, soweit die Kenntnis der Daten für die Beurteilung des zu versichernden Risikos oder der Leistungspflicht erforderlich ist und die betroffene Person eine Einwilligung erteilt hat.

(2) [1]Die nach Absatz 1 erforderliche Einwilligung kann vor Abgabe der Vertragserklärung erteilt werden. [2]Die betroffene Person ist vor einer Erhebung nach Absatz 1 zu unterrichten; sie kann der Erhebung widersprechen.

(3) [1]Die betroffene Person kann jederzeit verlangen, dass eine Erhebung von Daten nur erfolgt, wenn jeweils in die einzelne Erhebung eingewilligt worden ist.

(4) [1]Die betroffene Person ist auf diese Rechte hinzuweisen, auf das Widerspruchsrecht nach Absatz 2 bei der Unterrichtung.

§ 214 Schlichtungsstelle

(1) [1]Das Bundesministerium der Justiz kann im Einvernehmen mit dem Bundesministerium der Finanzen, dem Bundesministerium für Wirtschaft und Technologie und dem Bundesministerium für Ernährung, Landwirtschaft und Verbraucherschutz privatrechtlich organisierte Einrichtungen als Schlichtungsstelle zur außergerichtlichen Beilegung von Streitigkeiten

1. bei Versicherungsverträgen mit Verbrauchern im Sinn des § 13 des Bürgerlichen Gesetzbuchs,

2. zwischen Versicherungsvermittlern oder Versicherungsberatern und Versicherungsnehmern im Zusammenhang mit der Vermittlung von Versicherungsverträgen anerkennen.

[2]Die Anerkennung ist im Bundesanzeiger oder im elektronischen Bundesanzeiger bekannt zu machen. [3]Die Beteiligten können diese Schlichtungsstelle anrufen; das Recht, die Gerichte anzurufen, bleibt unberührt.

(2) [1]Privatrechtlich organisierte Einrichtungen können als Schlichtungsstelle anerkannt werden, wenn sie hinsichtlich ihrer Antworten und Vorschläge oder Entscheidungen unabhängig und keinen Weisungen unterworfen sind und in organisatorischer und fachlicher Hinsicht die Aufgaben erfüllen können.

(3) [1]Die anerkannten Schlichtungsstellen sind verpflichtet, jede Beschwerde über einen Versicherer oder einen Versicherungsvermittler, Vermittler nach § 66 und Versicherungsberater zu beantworten.

(4) [1]Die anerkannten Schlichtungsstellen können von dem Versicherungsvermittler, Vermittler nach § 66 oder Versicherungsberater ein Entgelt erheben. [2]Bei offensichtlich missbräuchlichen Beschwerden kann auch von dem Versicherungsnehmer ein Entgelt verlangt werden. [3]Die Höhe des Entgeltes muss im Verhältnis zum Aufwand der anerkannten Schlichtungsstelle angemessen sein.

(5) [1]Soweit keine privatrechtlich organisierte Einrichtung als Schlichtungsstelle anerkannt wird, kann das Bundesministerium der Justiz im Einvernehmen mit dem Bundesministerium der Finanzen, dem Bundesministerium für Wirtschaft und Technologie und dem Bundesministerium für Ernährung, Landwirtschaft und Verbraucherschutz die Aufgaben der Schlichtungsstelle durch Rechtsverordnung ohne Zustimmung des Bundesrates einer Bundesoberbehörde oder Bundesanstalt zuweisen und deren Verfahren sowie die Erhebung von Gebühren und Auslagen regeln.

§ 215 Gerichtsstand

(1) [1]Für Klagen aus dem Versicherungsvertrag oder der Versicherungsvermittlung ist auch das Gericht örtlich zuständig, in dessen Bezirk der Versicherungsnehmer zur Zeit der Klageerhebung seinen Wohnsitz, in Ermangelung eines solchen seinen gewöhnlichen Aufenthalt hat. [2]Für Klagen gegen den Versicherungsnehmer ist dieses Gericht ausschließlich zuständig.

(2) [1]§ 33 Abs. 2 der Zivilprozessordnung ist auf Widerklagen der anderen Partei nicht anzuwenden.

(3) [1]Eine von Absatz 1 abweichende Vereinbarung ist zulässig für den Fall, dass der Versicherungsnehmer nach Vertragsschluss seinen Wohnsitz oder gewöhnlichen Aufenthalt aus dem Geltungsbereich dieses Gesetzes verlegt oder sein Wohnsitz oder gewöhnlicher Aufenthalt im Zeitpunkt der Klageerhebung nicht bekannt ist.

§ 216   Prozessstandschaft bei Versicherermehrheit

[1]Ist ein Versicherungsvertrag mit den bei Lloyd's vereinigten Einzelversicherern nicht über eine Niederlassung im Geltungsbereich dieses Gesetzes abgeschlossen worden und ist ein inländischer Gerichtsstand gegeben, so können Ansprüche daraus gegen den bevollmächtigten Unterzeichner des im Versicherungsschein an erster Stelle aufgeführten Syndikats oder einen von diesem benannten Versicherer geltend gemacht werden; ein darüber erzielter Titel wirkt für und gegen alle an dem Versicherungsvertrag beteiligten Versicherer.

Anlage (zu § 8 Abs. 5 Satz 1)   Muster für die Widerrufsbelehrung (gültig ab 11.6.2010)

nicht abgedruckt, veröffentlicht in BGBl I (2009), S. 2355, 2408.

IV. Verordnung über Informationspflichten bei Versicherungsverträgen – VVG-InfoV[1]

Vom 18.12.2007, BGBl I S. 3004

Auf Grund des § 7 Abs. 2 und 3 des Versicherungsvertragsgesetzes vom 23. November 2007 (BGBl I S. 2631) verordnet das Bundesministerium der Justiz im Einvernehmen mit dem Bundesministerium der Finanzen und im Benehmen mit dem Bundesministerium für Ernährung, Landwirtschaft und Verbraucherschutz:

§ 1 Informationspflichten bei allen Versicherungszweigen

(1) [1]Der Versicherer hat dem Versicherungsnehmer gemäß § 7 Abs. 1 Satz 1 des Versicherungsvertragsgesetzes folgende Informationen zur Verfügung zu stellen:

1. die Identität des Versicherers und der etwaigen Niederlassung, über die der Vertrag abgeschlossen werden soll; anzugeben ist auch das Handelsregister, bei dem der Rechtsträger eingetragen ist, und die zugehörige Registernummer;

2. die Identität eines Vertreters des Versicherers in dem Mitgliedstaat der Europäischen Union, in dem der Versicherungsnehmer seinen Wohnsitz hat, wenn es einen solchen Vertreter gibt, oder die Identität einer anderen gewerblich tätigen Person als dem Anbieter, wenn der Versicherungsnehmer mit dieser geschäftlich zu tun hat, und die Eigenschaft, in der diese Person gegenüber dem Versicherungsnehmer tätig wird;

3. die ladungsfähige Anschrift des Versicherers und jede andere Anschrift, die für die Geschäftsbeziehung zwischen dem Versicherer, seinem Vertreter oder einer anderen gewerblich tätigen Person gemäß Nummer 2 und dem Versicherungsnehmer maßgeblich ist, bei juristischen Personen, Personenvereinigungen oder -gruppen auch den Namen eines Vertretungsberechtigten;

4. die Hauptgeschäftstätigkeit des Versicherers;

5. Angaben über das Bestehen eines Garantiefonds oder anderer Entschädigungsregelungen, die nicht unter die Richtlinie 94/19/EG des Europäischen Parlaments und des Rates vom 30. Mai 1994 über Einlagensicherungssysteme

---

1 Amtlicher Hinweis: Die Verordnung dient der Umsetzung der Richtlinie 92/49/EWG des Rates vom 18. Juni 1992 zur Koordinierung der Rechts- und Verwaltungsvorschriften für die Direktversicherung (mit Ausnahme der Lebensversicherung) sowie zur Änderung der Richtlinien 73/239/EWG (ABl EG Nr. L 228 S. 1), der Richtlinie 2002/65/EG des Europäischen Parlaments und des Rates vom 23. September 2002 über den Fernabsatz von Finanzdienstleistungen an Verbraucher und zur Änderung der Richtlinie 90/619/EWG des Rates und der Richtlinien 97/7/EG und 98/27/EG (ABl EGNr. L 271 S. 16) sowie der Richtlinie 2002/83/EG des Europäischen Parlaments und des Rates vom 5. November 2002 über Lebensversicherungen (ABl EG Nr. L 345 S. 1).

(ABl EG Nr. L 135 S. 5) und die Richtlinie 97/9/EG des Europäischen Parlaments und des Rates vom 3. März 1997 über Systeme für die Entschädigung der Anleger (ABl EG Nr. L 84 S. 22) fallen; Name und Anschrift des Garantiefonds sind anzugeben;

6. a) die für das Versicherungsverhältnis geltenden Allgemeinen Versicherungsbedingungen einschließlich der Tarifbestimmungen;

   b) die wesentlichen Merkmale der Versicherungsleistung, insbesondere Angaben über Art, Umfang und Fälligkeit der Leistung des Versicherers;

7. den Gesamtpreis der Versicherung einschließlich aller Steuern und sonstigen Preisbestandteile, wobei die Prämien einzeln auszuweisen sind, wenn das Versicherungsverhältnis mehrere selbstständige Versicherungsverträge umfassen soll, oder, wenn ein genauer Preis nicht angegeben werden kann, Angaben zu den Grundlagen seiner Berechnung, die dem Versicherungsnehmer eine Überprüfung des Preises ermöglichen;

8. gegebenenfalls zusätzlich anfallende Kosten unter Angabe des insgesamt zu zahlenden Betrages sowie mögliche weitere Steuern, Gebühren oder Kosten, die nicht über den Versicherer abgeführt oder von ihm in Rechnung gestellt werden; anzugeben sind auch alle Kosten, die dem Versicherungsnehmer für die Benutzung von Fernkommunikationsmitteln entstehen, wenn solche zusätzlichen Kosten in Rechnung gestellt werden;

9. Einzelheiten hinsichtlich der Zahlung und der Erfüllung, insbesondere zur Zahlungsweise der Prämien;

10. die Befristung der Gültigkeitsdauer der zur Verfügung gestellten Informationen, beispielsweise die Gültigkeitsdauer befristeter Angebote, insbesondere hinsichtlich des Preises;

11. gegebenenfalls den Hinweis, dass sich die Finanzdienstleistung auf Finanzinstrumente bezieht, die wegen ihrer spezifischen Merkmale oder der durchzuführenden Vorgänge mit speziellen Risiken behaftet sind, oder deren Preis Schwankungen auf dem Finanzmarkt unterliegt, auf die der Versicherer keinen Einfluss hat, und dass in der Vergangenheit erwirtschaftete Beträge kein Indikator für künftige Erträge sind; die jeweiligen Umstände und Risiken sind zu bezeichnen;

12. Angaben darüber, wie der Vertrag zustande kommt, insbesondere über den Beginn der Versicherung und des Versicherungsschutzes sowie die Dauer der Frist, während der der Antragsteller an den Antrag gebunden sein soll;

13. das Bestehen oder Nichtbestehen eines Widerrufsrechts sowie die Bedingungen, Einzelheiten der Ausübung, insbesondere Namen und Anschrift derjenigen Person, gegenüber der der Widerruf zu erklären ist, und die Rechtsfolgen des

Widerrufs einschließlich Informationen über den Betrag, den der Versicherungsnehmer im Falle des Widerrufs gegebenenfalls zu zahlen hat;

14. Angaben zur Laufzeit und gegebenenfalls zur Mindestlaufzeit des Vertrages;

15. Angaben zur Beendigung des Vertrages, insbesondere zu den vertraglichen Kündigungsbedingungen einschließlich etwaiger Vertragsstrafen;

16. die Mitgliedstaaten der Europäischen Union, deren Recht der Versicherer der Aufnahme von Beziehungen zum Versicherungsnehmer vor Abschluss des Versicherungsvertrages zugrunde legt;

17. das auf den Vertrag anwendbare Recht, eine Vertragsklausel über das auf den Vertrag anwendbare Recht oder über das zuständige Gericht;

18. die Sprachen, in welchen die Vertragsbedingungen und die in dieser Vorschrift genannten Vorabinformationen mitgeteilt werden, sowie die Sprachen, in welchen sich der Versicherer verpflichtet, mit Zustimmung des Versicherungsnehmers die Kommunikation während der Laufzeit dieses Vertrages zu führen;

19. einen möglichen Zugang des Versicherungsnehmers zu einem außergerichtlichen Beschwerde- und Rechtsbehelfsverfahren und gegebenenfalls die Voraussetzungen für diesen Zugang; dabei ist ausdrücklich darauf hinzuweisen, dass die Möglichkeit für den Versicherungsnehmer, den Rechtsweg zu beschreiten, hiervon unberührt bleibt;

20. Name und Anschrift der zuständigen Aufsichtsbehörde sowie die Möglichkeit einer Beschwerde bei dieser Aufsichtsbehörde.

(2) [1]Soweit die Mitteilung durch Übermittlung der Vertragsbestimmungen einschließlich der Allgemeinen Versicherungsbedingungen erfolgt, bedürfen die Informationen nach Absatz 1 Nr. 3, 13 und 15 einer hervorgehobenen und deutlich gestalteten Form.

§ 2 Informationspflichten bei der Lebensversicherung, der Berufsunfähigkeitsversicherung und der Unfallversicherung mit Prämienrückgewähr

(1) [1]Bei der Lebensversicherung hat der Versicherer dem Versicherungsnehmer gemäß § 7 Abs. 1 Satz 1 des Versicherungsvertragsgesetzes zusätzlich zu den in § 1 Abs. 1 genannten Informationen die folgenden Informationen zur Verfügung zu stellen:

1. Angaben zur Höhe der in die Prämie einkalkulierten Kosten; dabei sind die einkalkulierten Abschlusskosten als einheitlicher Gesamtbetrag und die übrigen einkalkulierten Kosten als Anteil der Jahresprämie unter Angabe der jeweiligen Laufzeit auszuweisen;

2. Angaben zu möglichen sonstigen Kosten, insbesondere zu Kosten, die einmalig oder aus besonderem Anlass entstehen können;

3. Angaben über die für die Überschussermittlung und Überschussbeteiligung geltenden Berechnungsgrundsätze und Maßstäbe;

4. Angabe der in Betracht kommenden Rückkaufswerte;

5. Angaben über den Mindestversicherungsbetrag für eine Umwandlung in eine prämienfreie oder eine prämienreduzierte Versicherung und über die Leistungen aus einer prämienfreien oder prämienreduzierten Versicherung;

6. das Ausmaß, in dem die Leistungen nach den Nummern 4 und 5 garantiert sind;

7. bei fondsgebundenen Versicherungen Angaben über die der Versicherung zugrunde liegenden Fonds und die Art der darin enthaltenen Vermögenswerte;

8. allgemeine Angaben über die für diese Versicherungsart geltende Steuerregelung.

(2) [1]Die Angaben nach Absatz 1 Nr. 1, 2, 4 und 5 haben in EUR zu erfolgen. [2]Bei Absatz 1 Nr. 6 gilt Satz 1 mit der Maßgabe, dass das Ausmaß der Garantie in EUR anzugeben ist.

(3) [1]Die vom Versicherer zu übermittelnde Modellrechnung im Sinne von § 154 Abs. 1 des Versicherungsvertragsgesetzes ist mit folgenden Zinssätzen darzustellen:

1. dem Höchstrechnungszinssatz, multipliziert mit 1,67,

2. dem Zinssatz nach Nummer 1 zuzüglich eines Prozentpunktes und

3. dem Zinssatz nach Nummer 1 abzüglich eines Prozentpunktes.

(4) [1]Auf die Berufsunfähigkeitsversicherung sind die Absätze 1 und 2 entsprechend anzuwenden. [2]Darüber hinaus ist darauf hinzuweisen, dass der in den Versicherungsbedingungen verwendete Begriff der Berufsunfähigkeit nicht mit dem Begriff der Berufsunfähigkeit oder der Erwerbsminderung im sozialrechtlichen Sinne oder dem Begriff der Berufsunfähigkeit im Sinne der Versicherungsbedingungen in der Krankentagegeldversicherung übereinstimmt.

(5) [1]Auf die Unfallversicherung mit Prämienrückgewähr sind Absatz 1 Nr. 3 bis 8 und Absatz 2 entsprechend anzuwenden.

§ 3 Informationspflichten bei der Krankenversicherung

(1) [1]Bei der substitutiven Krankenversicherung (§ 12 Abs. 1 des Versicherungsaufsichtsgesetzes) hat der Versicherer dem Versicherungsnehmer gemäß § 7 Abs. 1

Satz 1 des Versicherungsvertragsgesetzes zusätzlich zu den in § 1 Abs. 1 genannten Informationen folgende Informationen zur Verfügung zu stellen:

1. Angaben zur Höhe der in die Prämie einkalkulierten Kosten; dabei sind die einkalkulierten Abschlusskosten als einheitlicher Gesamtbetrag und die übrigen einkalkulierten Kosten als Anteil der Jahresprämie unter Angabe der jeweiligen Laufzeit auszuweisen;

2. Angaben zu möglichen sonstigen Kosten, insbesondere zu Kosten, die einmalig oder aus besonderem Anlass entstehen können;

3. Angaben über die Auswirkungen steigender Krankheitskosten auf die zukünftige Beitragsentwicklung;

4. Hinweise auf die Möglichkeiten zur Beitragsbegrenzung im Alter, insbesondere auf die Möglichkeiten eines Wechsels in den Standardtarif oder Basistarif oder in andere Tarife gemäß § 204 des Versicherungsvertragsgesetzes und der Vereinbarung von Leistungsausschlüssen, sowie auf die Möglichkeit einer Prämienminderung gemäß § 12 Abs. 1c des Versicherungsaufsichtsgesetzes;

5. einen Hinweis, dass ein Wechsel von der privaten in die gesetzliche Krankenversicherung in fortgeschrittenem Alter in der Regel ausgeschlossen ist;

6. einen Hinweis, dass ein Wechsel innerhalb der privaten Krankenversicherung in fortgeschrittenem Alter mit höheren Beiträgen verbunden sein kann und gegebenenfalls auf einen Wechsel in den Standardtarif oder Basistarif beschränkt ist;

7. eine Übersicht über die Beitragsentwicklung im Zeitraum der dem Angebot vorangehenden zehn Jahre; anzugeben ist, welcher monatliche Beitrag in den dem Angebot vorangehenden zehn Jahren jeweils zu entrichten gewesen wäre, wenn der Versicherungsvertrag zum damaligen Zeitpunkt von einer Person gleichen Geschlechts wie der Antragsteller mit Eintrittsalter von 35 Jahren abgeschlossen worden wäre; besteht der angebotene Tarif noch nicht seit zehn Jahren, so ist auf den Zeitpunkt der Einführung des Tarifs abzustellen, und es ist darauf hinzuweisen, dass die Aussagekraft der Übersicht wegen der kurzen Zeit, die seit der Einführung des Tarifs vergangen ist, begrenzt ist; ergänzend ist die Entwicklung eines vergleichbaren Tarifs, der bereits seit zehn Jahren besteht, darzustellen.

(2) [1]Die Angaben zu Absatz 1 Nr. 1, 2 und 7 haben in EUR zu erfolgen.

§ 4 Produktinformationsblatt

(1) [1]Ist der Versicherungsnehmer ein Verbraucher, so hat der Versicherer ihm ein Produktinformationsblatt zur Verfügung zu stellen, das diejenigen Informationen

enthält, die für den Abschluss oder die Erfüllung des Versicherungsvertrages von besonderer Bedeutung sind.

(2) [1]Informationen im Sinne des Absatzes 1 sind:

1. Angaben zur Art des angebotenen Versicherungsvertrages;
2. eine Beschreibung des durch den Vertrag versicherten Risikos und der ausgeschlossenen Risiken;
3. Angaben zur Höhe der Prämie in Euro, zur Fälligkeit und zum Zeitraum, für den die Prämie zu entrichten ist, sowie zu den Folgen unterbliebener oder verspäteter Zahlung;
4. Hinweise auf im Vertrag enthaltene Leistungsausschlüsse;
5. Hinweise auf bei Vertragsschluss zu beachtende Obliegenheiten und die Rechtsfolgen ihrer Nichtbeachtung;
6. Hinweise auf während der Laufzeit des Vertrages zu beachtende Obliegenheiten und die Rechtsfolgen ihrer Nichtbeachtung;
7. Hinweise auf bei Eintritt des Versicherungsfalles zu beachtende Obliegenheiten und die Rechtsfolgen ihrer Nichtbeachtung;
8. Angabe von Beginn und Ende des Versicherungsschutzes;
9. Hinweise zu den Möglichkeiten einer Beendigung des Vertrages.

(3) [1]Bei der Lebensversicherung mit Überschussbeteiligung ist Absatz 2 Nr. 2 mit der Maßgabe anzuwenden, dass zusätzlich auf die vom Versicherer zu übermittelnde Modellrechnung gemäß § 154 Abs. 1 des Versicherungsvertragsgesetzes hinzuweisen ist.

(4) [1]Bei der Lebensversicherung, der Berufsunfähigkeitsversicherung und der Krankenversicherung ist Absatz 2 Nr. 3 mit der Maßgabe anzuwenden, dass die Abschluss- und Vertriebskosten (§ 2 Abs. 1 Nr. 1, § 3 Abs. 1 Nr. 1) sowie die sonstigen Kosten (§ 2 Abs. 1 Nr. 2, § 3 Abs. 1 Nr. 2) jeweils in EUR gesondert auszuweisen sind.

(5) [1]Das Produktinformationsblatt ist als solches zu bezeichnen und den anderen zu erteilenden Informationen voranzustellen. [2]Die nach den Absätzen 1 und 2 mitzuteilenden Informationen müssen in übersichtlicher und verständlicher Form knapp dargestellt werden; der Versicherungsnehmer ist darauf hinzuweisen, dass die Informationen nicht abschließend sind. [3]Die in Absatz 2 vorgegebene Reihenfolge ist einzuhalten. [4]Soweit die Informationen den Inhalt der vertraglichen Vereinbarung betreffen, ist auf die jeweils maßgebliche Bestimmung des Vertrages oder der dem Vertrag zugrunde liegenden Allgemeinen Versicherungsbedingungen hinzuweisen.

§ 5   Informationspflichten bei Telefongesprächen

(1) [1]Nimmt der Versicherer mit dem Versicherungsnehmer telefonischen Kontakt auf, muss er seine Identität und den geschäftlichen Zweck des Kontakts bereits zu Beginn eines jeden Gesprächs ausdrücklich offenlegen.

(2) [1]Bei Telefongesprächen hat der Versicherer dem Versicherungsnehmer aus diesem Anlass nur die Informationen nach § 1 Abs. 1 Nr. 1 bis 3, 6 Buchstabe b, Nr. 7 bis 10 und 12 bis 14 mitzuteilen. [2]Satz 1 gilt nur, wenn der Versicherer den Versicherungsnehmer darüber informiert hat, dass auf Wunsch weitere Informationen mitgeteilt werden können und welcher Art diese Informationen sind, und der Versicherungsnehmer ausdrücklich auf die Mitteilung der weiteren Informationen zu diesem Zeitpunkt verzichtet.

(3) [1]Die in §§ 1 bis 4 vorgesehenen Informationspflichten bleiben unberührt.

§ 6   Informationspflichten während der Laufzeit des Vertrages

(1) [1]Der Versicherer hat dem Versicherungsnehmer während der Laufzeit des Versicherungsvertrages folgende Informationen mitzuteilen:
1. jede Änderung der Identität oder der ladungsfähigen Anschrift des Versicherers und der etwaigen Niederlassung, über die der Vertrag abgeschlossen worden ist;
2. Änderungen bei den Angaben nach § 1 Abs. 1 Nr. 6 Buchstabe b, Nr. 7 bis 9 und 14 sowie nach § 2 Abs. 1 Nr. 3 bis 7, sofern sie sich aus Änderungen von Rechtsvorschriften ergeben;
3. soweit nach dem Vertrag eine Überschussbeteiligung vorgesehen ist, alljährlich eine Information über den Stand der Überschussbeteiligung sowie Informationen darüber, inwieweit diese Überschussbeteiligung garantiert ist; dies gilt nicht für die Krankenversicherung.

(2) [1]Bei der substitutiven Krankenversicherung nach § 12 Abs. 1 des Versicherungsaufsichtsgesetzes hat der Versicherer bei jeder Prämienerhöhung unter Beifügung des Textes der gesetzlichen Regelung auf die Möglichkeit des Tarifwechsels (Umstufung) gemäß § 204 des Versicherungsvertragsgesetzes hinzuweisen. [2]Bei Versicherten, die das 60. Lebensjahr vollendet haben, ist der Versicherungsnehmer auf Tarife, die einen gleichartigen Versicherungsschutz wie die bisher vereinbarten Tarife bieten und bei denen eine Umstufung zu einer Prämienreduzierung führen würde, hinzuweisen. [3]Der Hinweis muss solche Tarife enthalten, die bei verständiger Würdigung der Interessen des Versicherungsnehmers für eine Umstufung besonders in Betracht kommen. [4]Zu den in Satz 2 genannten Tarifen zählen jedenfalls

diejenigen Tarife mit Ausnahme des Basistarifs, die jeweils im abgelaufenen Geschäftsjahr den höchsten Neuzugang, gemessen an der Zahl der versicherten Personen, zu verzeichnen hatten. [5]Insgesamt dürfen nicht mehr als zehn Tarife genannt werden. [6]Dabei ist jeweils anzugeben, welche Prämien für die versicherten Personen im Falle eines Wechsels in den jeweiligen Tarif zu zahlen wären. [7]Darüber hinaus ist auf die Möglichkeit eines Wechsels in den Standardtarif oder Basistarif hinzuweisen. [8]Dabei sind die Voraussetzungen des Wechsels in den Standardtarif oder Basistarif, die in diesem Falle zu entrichtende Prämie sowie die Möglichkeit einer Prämienminderung im Basistarif gemäß § 12 Abs. 1c des Versicherungsaufsichtsgesetzes mitzuteilen. [9]Auf Anfrage ist dem Versicherungsnehmer der Übertragungswert gemäß § 12 Abs. 1 Nr. 5 des Versicherungsaufsichtsgesetzes anzugeben; ab dem 1. Januar 2013 ist der Übertragungswert jährlich mitzuteilen.

§ 7   Übergangsvorschrift; Inkrafttreten

(1) [1]Der Versicherer kann die in dieser Verordnung bestimmten Informationspflichten bis zum 30. Juni 2008 auch dadurch erfüllen, dass er nach den Vorgaben des bis zum 31. Dezember 2007 geltenden Rechts informiert.

(2) [1]§ 2 Abs. 1 Nr. 1 und 2 und Abs. 2, § 3 Abs. 1 Nr. 1 und 2 und Abs. 2 sowie § 4 treten am 1. Juli 2008 in Kraft. [2]Im Übrigen tritt diese Verordnung am 1. Januar 2008 in Kraft.

V. Allgemeine Bedingungen für die Kraftfahrthaftpflichtversicherung (AKB 2008)

In der Fassung der Bekanntgabe vom 9.7.2008. Unverbindliche Musterbedingungen des GdV.

Die Kfz-Versicherung umfasst je nach dem Inhalt des Versicherungsvertrags folgende Versicherungsarten:

- Kfz-Haftpflichtversicherung (A.1)
- Kaskoversicherung (A.2)
- Autoschutzbrief (A.3)
- Kfz-Unfallversicherung (A.4)

Diese Versicherungen werden als jeweils rechtlich selbstständige Verträge abgeschlossen. Ihrem Versicherungsschein können Sie entnehmen, welche Versicherungen Sie für Ihr Fahrzeug abgeschlossen haben.

Es gilt deutsches Recht. Die Vertragssprache ist deutsch.

A Welche Leistungen umfasst Ihre Kfz-Versicherung?

A.1 Kfz-Haftpflichtversicherung –
für Schäden, die Sie mit Ihrem Fahrzeug Anderen zufügen

A.1.1 Was ist versichert?

Sie haben mit Ihrem Fahrzeug einen Anderen geschädigt

A.1.1.1 Wir stellen Sie von Schadenersatzansprüchen frei, wenn durch den Gebrauch des Fahrzeugs

a Personen verletzt oder getötet werden,

b Sachen beschädigt oder zerstört werden oder abhanden kommen,

c Vermögensschäden verursacht werden, die weder mit einem Personen- noch mit einem Sachschaden mittelbar oder unmittelbar zusammenhängen (reine Vermögensschäden),

und deswegen gegen Sie oder uns Schadenersatzansprüche aufgrund von Haftpflichtbestimmungen des Bürgerlichen Gesetzbuchs oder des Straßenverkehrsgesetzes oder aufgrund anderer gesetzlicher Haftpflichtbestimmungen des Privatrechts geltend gemacht werden. Zum Gebrauch des Fahrzeugs gehört neben dem Fahren z.B. das Ein- und Aussteigen sowie das Be- und Entladen.

Begründete und unbegründete Schadenersatzansprüche

A.1.1.2 Sind Schadenersatzansprüche begründet, leisten wir Schadenersatz in Geld.

A.1.1.3 Sind Schadenersatzansprüche unbegründet, wehren wir diese auf unsere Kosten ab. Dies gilt auch, soweit Schadenersatzansprüche der Höhe nach unbegründet sind.

Regulierungsvollmacht

A.1.1.4 Wir sind bevollmächtigt, gegen Sie geltend gemachte Schadenersatzansprüche in Ihrem Namen zu erfüllen oder abzuwehren und alle dafür zweckmäßig erscheinenden Erklärungen im Rahmen pflichtgemäßen Ermessens abzugeben.

Mitversicherung von Anhängern, Aufliegern und abgeschleppten Fahrzeugen

A.1.1.5 Ist mit dem versicherten Kraftfahrzeug ein Anhänger oder Auflieger verbunden, erstreckt sich der Versicherungsschutz auch hierauf. Der Versicherungsschutz umfasst auch Fahrzeuge, die mit dem versicherten Kraftfahrzeug abgeschleppt oder geschleppt werden, wenn für diese kein eigener Haftpflichtversicherungsschutz besteht.

Dies gilt auch, wenn sich der Anhänger oder Auflieger oder das abgeschleppte oder geschleppte Fahrzeug während des Gebrauchs von dem versicherten Kraftfahrzeug löst und sich noch in Bewegung befindet.

A.1.2 Wer ist versichert?

Der Schutz der Kfz-Haftpflichtversicherung gilt für Sie und für folgende Personen (mitversicherte Personen):

a den Halter des Fahrzeugs,

b   den Eigentümer des Fahrzeugs,

c   den Fahrer des Fahrzeugs,

d   den Beifahrer, der im Rahmen seines Arbeitsverhältnisses mit Ihnen oder mit dem Halter den berechtigten Fahrer zu seiner Ablösung oder zur Vornahme von Lade- und Hilfsarbeiten nicht nur gelegentlich begleitet,

e   Ihren Arbeitgeber oder öffentlichen Dienstherrn, wenn das Fahrzeug mit Ihrer Zustimmung für dienstliche Zwecke gebraucht wird,

f   den Omnibusschaffner, der im Rahmen seines Arbeitsverhältnisses mit Ihnen oder mit dem Halter des versicherten Fahrzeugs tätig ist,

g   den Halter, Eigentümer, Fahrer, Beifahrer und Omnibusschaffner eines nach A.1.1.5 mitversicherten Fahrzeugs.

Diese Personen können Ansprüche aus dem Versicherungsvertrag selbstständig gegen uns erheben.

A.1.3   Bis zu welcher Höhe leisten wir (Versicherungssummen)?

Höchstzahlung

A.1.3.1   Unsere Zahlungen für ein Schadenereignis sind jeweils beschränkt auf die Höhe der für Personen-, Sach- und Vermögensschäden vereinbarten Versicherungssummen. Mehrere zeitlich zusammenhängende Schäden, die dieselbe Ursache haben, gelten als ein einziges Schadenereignis. Die Höhe Ihrer Versicherungssummen können Sie dem Versicherungsschein entnehmen.

A.1.3.2   Bei Schäden von Insassen in einem mitversicherten Anhänger gelten xx < *die gesetzlichen Mindestversicherungssummen oder höhere individuell vereinbarte Versicherungssummen; ist keine Begrenzung gewünscht, entfällt Klausel A.1.3.2* >.

Übersteigen der Versicherungssummen

A.1.3.3   Übersteigen die Ansprüche die Versicherungssummen, richten sich unsere Zahlungen nach den Bestimmungen des Versicherungsvertragsgesetzes und der Kfz-Pflichtversicherungsverordnung. In diesem Fall müssen Sie für einen nicht oder nicht vollständig befriedigten Schadenersatzanspruch selbst einstehen.

A.1.4   In welchen Ländern besteht Versicherungsschutz?

Versicherungsschutz in Europa und in der EU

A.1.4.1   Sie haben in der Kfz-Haftpflichtversicherung Versicherungsschutz in den geographischen Grenzen Europas sowie den außereuropäischen Gebieten, die zum Geltungsbereich der Europäischen Union gehören. Ihr Versicherungsschutz richtet sich nach dem im Besuchsland gesetzlich vorgeschriebenen Versicherungsumfang, mindestens jedoch nach dem Umfang Ihres Versicherungsvertrags.

Internationale Versicherungskarte (Grüne Karte)

A.1.4.2   Haben wir Ihnen eine internationale Versicherungskarte ausgehändigt, erstreckt sich Ihr Versicherungsschutz in der Kfz-Haftpflichtversicherung auch auf die dort genannten nichteuropäischen Länder, soweit Länderbezeichnungen nicht durchgestrichen sind. Hinsichtlich des Versicherungsumfangs gilt A.1.4.1 Satz 2.

A.1.5   Was ist nicht versichert?

Vorsatz

A.1.5.1   Kein Versicherungsschutz besteht für Schäden, die Sie vorsätzlich und widerrechtlich herbeiführen.

Genehmigte Rennen

A.1.5.2   Kein Versicherungsschutz besteht für Schäden, die bei Beteiligung an behördlich genehmigten kraftfahrt-sportlichen Veranstaltungen, bei denen es auf die Erzielung einer Höchstgeschwindigkeit ankommt, entstehen. Dies gilt auch für dazugehörige Übungsfahrten.

Hinweis: Die Teilnahme an behördlich nicht genehmigten Rennen stellt eine Pflichtverletzung nach D.2.2 dar.

Beschädigung des versicherten Fahrzeugs

A.1.5.3 Kein Versicherungsschutz besteht für die Beschädigung, die Zerstörung oder das Abhandenkommen des versicherten Fahrzeugs.

Beschädigung von Anhängern oder abgeschleppten Fahrzeugen

A.1.5.4 Kein Versicherungsschutz besteht für die Beschädigung, die Zerstörung oder das Abhandenkommen eines mit dem versicherten Fahrzeug verbundenen Anhängers oder Aufliegers oder eines mit dem versicherten Fahrzeug geschleppten oder abgeschleppten Fahrzeugs. Wenn mit dem versicherten Kraftfahrzeug ohne gewerbliche Absicht ein betriebsunfähiges Fahrzeug im Rahmen üblicher Hilfeleistung abgeschleppt wird, besteht für dabei am abgeschleppten Fahrzeug verursachte Schäden Versicherungsschutz.

Beschädigung von beförderten Sachen

A.1.5.5 Kein Versicherungsschutz besteht bei Schadenersatzansprüchen wegen Beschädigung, Zerstörung oder Abhandenkommens von Sachen, die mit dem versicherten Fahrzeug befördert werden.

Versicherungsschutz besteht jedoch für Sachen, die Insassen eines Kraftfahrzeugs üblicherweise mit sich führen (z. B. Kleidung, Brille, Brieftasche). Bei Fahrten, die überwiegend der Personenbeförderung dienen, besteht außerdem Versicherungsschutz für Sachen, die Insassen eines Kraftfahrzeugs zum Zwecke des persönlichen Gebrauchs üblicherweise mit sich führen (z.b. Reisegepäck, Reiseproviant). Kein Versicherungsschutz besteht für Sachen unberechtigter Insassen.

Ihr Schadenersatzanspruch gegen eine mitversicherte Person

A.1.5.6 Kein Versicherungsschutz besteht für Sach- oder Vermögensschäden, die eine mitversicherte Person Ihnen, dem Halter oder dem Eigentümer durch den Gebrauch des Fahrzeugs zufügt. Versicherungsschutz besteht jedoch für Personenschäden, wenn Sie z. B. als Beifahrer Ihres Fahrzeugs verletzt werden.

Nichteinhaltung von Liefer- und Beförderungsfristen

A.1.5.7 Kein Versicherungsschutz besteht für reine Vermögensschäden, die durch die Nichteinhaltung von Liefer- und Beförderungsfristen entstehen.

Vertragliche Ansprüche

A.1.5.8 Kein Versicherungsschutz besteht für Haftpflichtansprüche, soweit sie aufgrund Vertrags oder besonderer Zusage über den Umfang der gesetzlichen Haftpflicht hinausgehen.

Schäden durch Kernenergie

A.1.5.9 Kein Versicherungsschutz besteht für Schäden durch Kernenergie.

A.2 Kaskoversicherung – für Schäden an Ihrem Fahrzeug

A.2.1 Was ist versichert?

Ihr Fahrzeug

A.2.1.1 Versichert ist Ihr Fahrzeug gegen Beschädigung, Zerstörung oder Verlust infolge eines Ereignisses nach A.2.2 (Teilkasko) oder A.2.3 (Vollkasko). Vom Versicherungsschutz umfasst sind auch dessen unter A.2.1.2 und A.2.1.3 als mitversichert aufgeführte Fahrzeugteile und als mitversichert aufgeführtes Fahrzeugzubehör, sofern sie straßenverkehrsrechtlich zulässig sind (mitversicherte Teile).

Beitragsfrei mitversicherte Teile

A.2.1.2 Soweit in A.2.1.3 nicht anders geregelt, sind folgende Fahrzeugteile und folgendes Fahrzeugzubehör des versicherten Fahrzeugs ohne Mehrbeitrag mitversichert:

a fest im Fahrzeug eingebaute oder fest am Fahrzeug angebaute Fahrzeugteile,

b fest im Fahrzeug eingebautes oder am Fahrzeug angebautes sowie im Fahrzeug unter Verschluss verwahrtes Fahrzeugzubehör, das ausschließlich dem Gebrauch des Fahrzeugs dient (z.B. Schonbezüge, Pannenwerkzeug) und nach allgemeiner Verkehrsanschauung nicht als Luxus angesehen wird, c im Fahrzeug unter Verschluss verwahrte Fahrzeugteile, die zur Behebung von Betriebs-störungen des Fahrzeugs üblicherweise mitgeführt werden (z.b. Sicherungen und Glüh-lampen),

d Schutzhelme (auch mit Wechselsprechanlage), solange sie bestimmungsgemäß ge-braucht werden oder mit dem abgestellten Fahrzeug so fest verbunden sind, dass ein unbefugtes Entfernen ohne Beschädigung nicht möglich ist,

e Planen, Gestelle für Planen (Spriegel),

f folgende außerhalb des Fahrzeugs unter Verschluss gehaltene Teile:

- ein zusätzlicher Satz Räder mit Winter- oder Sommerbereifung,

- Dach-/Heckständer, Hardtop, Schneeketten und Kindersitze,

- nach a bis f mitversicherte Fahrzeugteile und Fahrzeugzubehör während einer Repa-ratur.

Abhängig vom Gesamtneuwert mitversicherte Teile

A.2.1.3 Die nachfolgend unter a bis e aufgeführten Teile sind ohne Beitragszuschlag mitversichert, wenn sie im Fahrzeug fest eingebaut oder am Fahrzeug fest angebaut sind:

- bei Pkw, Krafträdern, xx < *Alle gewünschten WKZ aufführen* > bis zu einem Gesamt-neuwert der Teile von xx EUR (brutto) und

- bei sonstigen Fahrzeugarten (z.B. Lkw, xx < *Als Beispiele gewünschte WKZ aufführen* >) bis zu einem Gesamtneuwert der Teile von xx EUR (brutto)

a Radio- und sonstige Audiosysteme, Video-, technische Kommunikations- und Leitsyste-me (z.B. fest eingebaute Navigationssysteme),

b zugelassene Veränderungen an Fahrwerk, Triebwerk, Auspuff, Innenraum oder Karos-serie (Tuning), die der Steigerung der Motorleistung, des Motordrehmoments, der Ver-änderung des Fahrverhaltens dienen oder zu einer Wertsteigerung des Fahrzeugs füh-ren,

c individuell für das Fahrzeug angefertigte Sonderlackierungen und -beschriftungen sowie besondere Oberflächenbehandlungen,

d Beiwagen und Verkleidungen bei Krafträdern, Leichtkrafträdern, Kleinkrafträdern, Trikes, Quads und Fahrzeugen mit Versicherungskennzeichen,

e Spezialaufbauten (z.B. Kran-, Tank-, Silo-, Kühl- und Thermoaufbauten) und Spezialein-richtungen (z.B. für Werkstattwagen, Messfahrzeuge, Krankenwagen).

Ist der Gesamtneuwert der unter a bis e aufgeführten Teile höher als die genannte Wert-grenze, ist der übersteigende Wert nur mitversichert, wenn dies ausdrücklich vereinbart ist.

Bis zur genannten Wertgrenze verzichten wir auf eine Kürzung der Entschädigung wegen Unterversicherung.

Nicht versicherbare Gegenstände

A.2.1.4 Nicht versicherbar sind alle sonstigen Gegenstände, insbesondere solche, deren Nutzung nicht ausschließlich dem Gebrauch des Fahrzeugs dient (z.B. Handys und mobile Navigati-onsgeräte, auch bei Verbindung mit dem Fahrzeug durch eine Halterung, Reisegepäck, per-sönliche Gegenstände der Insassen).

A.2.2 Welche Ereignisse sind in der Teilkasko versichert?

Versicherungsschutz besteht bei Beschädigung, Zerstörung oder Verlust des Fahrzeugs einschließlich seiner mitversicherten Teile durch die nachfolgenden Ereignisse:

Brand und Explosion

A.2.2.1 Versichert sind Brand und Explosion. Als Brand gilt ein Feuer mit Flammenbildung, das oh-ne einen bestimmungsgemäßen Herd entstanden ist oder ihn verlassen hat und sich aus ei-gener Kraft auszubreiten vermag. Nicht als Brand gelten Schmor- und Sengschäden. Explo-sion ist eine auf dem Ausdehnungsbestreben von Gasen oder Dämpfen beruhende, plötz-lich verlaufende Kraftäußerung.

Entwendung

A.2.2.2 Versichert ist die Entwendung, insbesondere durch Diebstahl und Raub.

Unterschlagung ist nur versichert, wenn dem Täter das Fahrzeug nicht zum Gebrauch im eigenen Interesse, zur Veräußerung oder unter Eigentumsvorbehalt überlassen wird.

Unbefugter Gebrauch ist nur versichert, wenn der Täter in keiner Weise berechtigt ist, das Fahrzeug zu gebrauchen. Nicht als unbefugter Gebrauch gilt insbesondere, wenn der Täter vom Verfügungsberechtigten mit der Betreuung des Fahrzeugs beauftragt wird (z.B. Reparateur, Hotelangestellter). Außerdem besteht kein Versicherungsschutz, wenn der Täter in einem Näheverhältnis zu dem Verfügungsberechtigten steht (z.b. dessen Arbeitnehmer, Familien- oder Haushaltsangehörige).

Sturm, Hagel, Blitzschlag, Überschwemmung

A.2.2.3   Versichert ist die unmittelbare Einwirkung von Sturm, Hagel, Blitzschlag oder Überschwemmung auf das Fahrzeug. Als Sturm gilt eine wetterbedingte Luftbewegung von mindestens Windstärke 8. Eingeschlossen sind Schäden, die dadurch verursacht werden, dass durch diese Naturgewalten Gegenstände auf oder gegen das Fahrzeug geworfen werden. Ausgeschlossen sind Schäden, die auf ein durch diese Naturgewalten veranlasstes Verhalten des Fahrers zurückzuführen sind.

Zusammenstoß mit Haarwild

A.2.2.4   Versichert ist der Zusammenstoß des in Fahrt befindlichen Fahrzeugs mit Haarwild im Sinne von § 2 Abs. 1 Nr. 1 des Bundesjagdgesetzes (z. B. Reh, Wildschwein).

Glasbruch

A.2.2.5   Versichert sind Bruchschäden an der Verglasung des Fahrzeugs. Folgeschäden sind nicht versichert.

Kurzschlussschäden an der Verkabelung

A.2.2.6   Versichert sind Schäden an der Verkabelung des Fahrzeugs durch Kurzschluss. Folgeschäden sind nicht versichert.

A.2.3   Welche Ereignisse sind in der Vollkasko versichert?

Versicherungsschutz besteht bei Beschädigung, Zerstörung oder Verlust des Fahrzeugs einschließlich seiner mitversicherten Teile durch die nachfolgenden Ereignisse:

Ereignisse der Teilkasko

A.2.3.1   Versichert sind die Schadenereignisse der Teilkasko nach A.2.2.

Unfall

A.2.3.2   Versichert sind Unfälle des Fahrzeugs. Als Unfall gilt ein unmittelbar von außen plötzlich mit mechanischer Gewalt auf das Fahrzeug einwirkendes Ereignis.

Nicht als Unfallschäden gelten insbesondere Schäden aufgrund eines Brems- oder Betriebsvorgangs oder reine Bruchschäden. Dazu zählen z.B. Schäden am Fahrzeug durch rutschende Ladung oder durch Abnutzung, Verwindungsschäden, Schäden aufgrund Bedienungsfehler oder Überbeanspruchung des Fahrzeugs und Schäden zwischen ziehendem und gezogenem Fahrzeug ohne Einwirkung von außen.

Mut- oder böswillige Handlungen

A.2.3.3   Versichert sind mut- oder böswillige Handlungen von Personen, die in keiner Weise berechtigt sind, das Fahrzeug zu gebrauchen. Als berechtigt sind insbesondere Personen anzusehen, die vom Verfügungsberechtigten mit der Betreuung des Fahrzeugs beauftragt wurden (z.B. Reparateur, Hotelangestellter) oder in einem Näheverhältnis zu dem Verfügungsberechtigten stehen (z.B. dessen Arbeitnehmer, Familien- oder Haushaltsangehörige).

A.2.4   Wer ist versichert?

Der Schutz der Kaskoversicherung gilt für Sie und, wenn der Vertrag auch im Interesse einer weiteren Person abgeschlossen ist, z.B. des Leasinggebers als Eigentümer des Fahrzeugs, auch für diese Person.

A.2.5   In welchen Ländern besteht Versicherungsschutz?

Sie haben in Kasko Versicherungsschutz in den geographischen Grenzen Europas sowie den außereuropäischen Gebieten, die zum Geltungsbereich der Europäischen Union gehören.

A.2.6 Was zahlen wir bei Totalschaden, Zerstörung oder Verlust?

Wiederbeschaffungswert abzüglich Restwert

A.2.6.1 Bei Totalschaden, Zerstörung oder Verlust des Fahrzeugs zahlen wir den Wiederbeschaffungswert unter Abzug eines vorhandenen Restwerts des Fahrzeugs. Lassen Sie Ihr Fahrzeug trotz Totalschadens oder Zerstörung reparieren, gilt A.2.7.1.

< Achtung! Es folgen zwei Varianten der Neupreisentschädigung >

Neupreisentschädigung bei Totalschaden, Zerstörung oder Verlust

A.2.6.2 Bei Pkw (ausgenommen Mietwagen, Taxen und Selbstfahrervermiet-Pkw) zahlen wir den Neupreis des Fahrzeugs gemäß A.2.11, wenn innerhalb von xx Monaten nach dessen Erstzulassung ein Totalschaden, eine Zerstörung oder ein Verlust eintritt. Voraussetzung ist, dass sich das Fahrzeug bei Eintritt des Schadenereignisses im Eigentum dessen befindet, der es als Neufahrzeug vom Kfz-Händler oder Kfz-Hersteller erworben hat. Ein vorhandener Restwert des Fahrzeugs wird abgezogen.

[xx Neupreisentschädigung

A.2.6.2 Bei Pkw (ausgenommen Mietwagen, Taxen und Selbstfahrervermiet-Pkw) zahlen wir den Neupreis des Fahrzeugs gemäß A.2.11, wenn innerhalb von xx Monaten nach dessen Erstzulassung eine Zerstörung oder ein Verlust eintritt. Wir erstatten den Neupreis auch, wenn bei einer Beschädigung innerhalb von xx Monaten nach der Erstzulassung die erforderlichen Kosten der Reparatur mindestens xx % des Neupreises betragen. Voraussetzung ist, dass sich das Fahrzeug bei Eintritt des Schadenereignisses im Eigentum dessen befindet, der es als Neufahrzeug vom Kfz-Händler oder Kfz-Hersteller erworben hat. Ein vorhandener Restwert des Fahrzeugs wird abgezogen.]

A.2.6.3 Wir zahlen die über den Wiederbeschaffungswert hinausgehende Neupreisentschädigung nur in der Höhe, in der gesichert ist, dass die Entschädigung innerhalb von zwei Jahren nach ihrer Feststellung für die Reparatur des Fahrzeugs oder den Erwerb eines anderen Fahrzeugs verwendet wird.

Abzug bei fehlender Wegfahrsperre im Falle eines Diebstahls

A.2.6.4 Bei Totalschaden, Zerstörung oder Verlust eines Pkw, xx < *gewünschte WKZ aufführen >* infolge Diebstahls vermindert sich die Entschädigung um xx %. Dies gilt nicht, wenn das Fahrzeug zum Zeitpunkt des Diebstahls durch eine selbstschärfende elektronische Wegfahrsperre gesichert war.

Die Regelung über die Selbstbeteiligung nach A.2.12 bleibt hiervon unberührt.

Was versteht man unter Totalschaden, Wiederbeschaffungswert und Restwert?

A.2.6.5 Ein Totalschaden liegt vor, wenn die erforderlichen Kosten der Reparatur des Fahrzeugs dessen Wiederbeschaffungswert übersteigen.

A.2.6.6 Wiederbeschaffungswert ist der Preis, den Sie für den Kauf eines gleichwertigen gebrauchten Fahrzeugs am Tag des Schadenereignisses bezahlen müssen.

A.2.6.7 Restwert ist der Veräußerungswert des Fahrzeugs im beschädigten oder zerstörten Zustand.

A.2.7 Was zahlen wir bei Beschädigung?

Reparatur

A.2.7.1 Wird das Fahrzeug beschädigt, zahlen wir die für die Reparatur erforderlichen Kosten bis zu folgenden Obergrenzen:

a Wird das Fahrzeug vollständig und fachgerecht repariert, zahlen wir die hierfür erforderlichen Kosten bis zur Höhe des Wiederbeschaffungswerts nach A.2.6.6, wenn Sie uns dies durch eine Rechnung nachweisen. Fehlt dieser Nachweis, zahlen wir entsprechend A.2.7.1.b.

b Wird das Fahrzeug nicht, nicht vollständig oder nicht fachgerecht repariert, zahlen wir die erforderlichen Kosten einer vollständigen Reparatur bis zur Höhe des um den Restwert verminderten Wiederbeschaffungswerts (siehe A.2.6.6 und A.2.6.7).

< xx Folgender Hinweis passt nur zur zweiten Variante von A.2.6.2 (Neupreisentschädigung mit Prozent-Beschränkung): >

[xx Hinweis: Beachten Sie auch die Regelung zur Neupreisentschädigung in A.2.6.2]

Abschleppen

A.2.7.2 Bei Beschädigung des Fahrzeugs ersetzen wir die Kosten für das Abschleppen vom Schadenort bis zur nächstgelegenen für die Reparatur geeigneten Werkstatt, wenn nicht ein Dritter Ihnen gegenüber verpflichtet ist, die Kosten zu übernehmen. Das gilt nur, soweit einschließlich unserer Leistungen wegen der Beschädigung des Fahrzeugs nach A.2.7.1 die Obergrenze nach A.2.7.1.a oder A.2.7.1.b nicht überschritten wird.

Abzug neu für alt

A.2.7.3 Werden bei der Reparatur alte Teile gegen Neuteile ausgetauscht oder das Fahrzeug ganz oder teilweise neu lackiert, ziehen wir von den Kosten der Ersatzteile und der Lackierung einen dem Alter und der Abnutzung der alten Teile entsprechenden Betrag ab (neu für alt). Bei Pkw, Krafträdern und Omnibussen ist der Abzug neu für alt auf die Bereifung, Batterie und Lackierung beschränkt, wenn das Schadenereignis in den ersten xx Jahren nach der Erstzulassung eintritt. Bei den übrigen Fahrzeugarten gilt dies in den ersten xx Jahren.

A.2.8 Sachverständigenkosten

Die Kosten eines Sachverständigen erstatten wir nur, wenn wir dessen Beauftragung veranlasst oder ihr zugestimmt haben.

A.2.9 Mehrwertsteuer

Mehrwertsteuer erstatten wir nur, wenn und soweit diese für Sie bei der von Ihnen gewählten Schadenbeseitigung tatsächlich angefallen ist. Die Mehrwertsteuer erstatten wir nicht, soweit Vorsteuerabzugsberechtigung besteht.

A.2.10 Zusätzliche Regelungen bei Entwendung

Wiederauffinden des Fahrzeugs

A.2.10.1 Wird das Fahrzeug innerhalb eines Monats nach Eingang der schriftlichen Schadenanzeige wieder aufgefunden und können Sie innerhalb dieses Zeitraums mit objektiv zumutbaren Anstrengungen das Fahrzeug wieder in Besitz nehmen, sind Sie zur Rücknahme des Fahrzeugs verpflichtet.

A.2.10.2 Wird das Fahrzeug in einer Entfernung von mehr als 50 km (Luftlinie) von seinem regelmäßigen Standort aufgefunden, zahlen wir für dessen Abholung die Kosten in Höhe einer Bahnfahrkarte 2. Klasse für Hin- und Rückfahrt bis zu einer Höchstentfernung von 1.500 km (Bahnkilometer) vom regelmäßigen Standort des Fahrzeugs zu dem Fundort.

Eigentumsübergang nach Entwendung

A.2.10.3 Sind Sie nicht nach A.2.10.1 zur Rücknahme des Fahrzeugs verpflichtet, werden wir dessen Eigentümer.

A.2.11 Bis zu welcher Höhe leisten wir (Höchstentschädigung)?

Unsere Höchstentschädigung ist beschränkt auf den Neupreis des Fahrzeugs. Neupreis ist der Betrag, der für den Kauf eines neuen Fahrzeugs in der Ausstattung des versicherten Fahrzeugs oder - wenn der Typ des versicherten Fahrzeugs nicht mehr hergestellt wird - eines vergleichbaren Nachfolgemodells am Tag des Schadenereignisses aufgewendet werden muss. Maßgeblich für den Kaufpreis ist die unverbindliche Empfehlung des Herstellers abzüglich orts- und markenüblicher Nachlässe.

A.2.12 Selbstbeteiligung

Ist eine Selbstbeteiligung vereinbart, wird diese bei jedem Schadenereignis von der Entschädigung abgezogen. Ihrem Versicherungsschein können Sie entnehmen, ob und in welcher Höhe Sie eine Selbstbeteiligung vereinbart haben.

A.2.13 Was wir nicht ersetzen und Rest- und Altteile

Was wir nicht ersetzen

A.2.13.1 Wir zahlen nicht für Veränderungen, Verbesserungen und Verschleißreparaturen. Ebenfalls nicht ersetzt werden Folgeschäden wie Verlust von Treibstoff und Betriebsmittel (z.B. Öl, Kühlflüssigkeit), Wertminderung, Zulassungskosten, Überführungskosten,˙ Verwaltungskosten, Nutzungsausfall oder Kosten eines Mietfahrzeugs.

Rest- und Altteile

A.2.13.2 Rest- und Altteile sowie das unreparierte Fahrzeug verbleiben bei Ihnen und werden zum Veräuße-rungswert auf die Entschädigung angerechnet.

A.2.14 Fälligkeit unserer Zahlung, Abtretung

A.2.14.1 Sobald wir unsere Zahlungspflicht und die Höhe der Entschädigung festgestellt haben, zah-len wir diese spätestens innerhalb von zwei Wochen.

A.2.14.2 Haben wir unsere Zahlungspflicht festgestellt, lässt sich jedoch die Höhe der Entschädigung nicht innerhalb eines Monats nach Schadenanzeige feststellen, können Sie einen angemes-senen Vorschuss auf die Entschädigung verlangen.

A.2.14.3 Ist das Fahrzeug entwendet worden, ist zunächst abzuwarten, ob es wieder aufgefunden wird. Aus diesem Grunde zahlen wir die Entschädigung frühestens nach Ablauf eines Mo-nats nach Eingang der schriftlichen Schadenanzeige.

A.2.14.4 Ihren Anspruch auf die Entschädigung können Sie vor der endgültigen Feststellung ohne unsere ausdrückliche Genehmigung weder abtreten noch verpfänden.

A.2.15 Können wir unsere Leistung zurückfordern, wenn Sie nicht selbst gefahren sind?

Fährt eine andere Person berechtigterweise das Fahrzeug und kommt es zu einem Schadenereignis, fordern wir von dieser Person unsere Leistungen nicht zurück. Dies gilt nicht, wenn der Fahrer das Schadenereignis grob fahrlässig oder vorsätzlich herbeigeführt hat. Lebt der Fahrer bei Eintritt des Schadens mit Ihnen in häuslicher Gemeinschaft, fordern wir unsere Ersatzleistung selbst bei grob fahr-lässiger Herbeiführung des Schadens nicht zurück, sondern nur bei vorsätzlicher Verursachung.

Die Sätze 1 bis 3 gelten entsprechend, wenn eine in der Kfz-Haftpflichtversicherung gemäß A.1.2 mitversicherte Person, der Mieter oder der Entleiher einen Schaden herbeiführt.

A.2.16 Was ist nicht versichert?

Vorsatz und grobe Fahrlässigkeit

A.2.16.1 Kein Versicherungsschutz besteht für Schäden, die Sie vorsätzlich herbeiführen. Bei grob fahrlässiger Herbeiführung des Schadens, sind wir berechtigt, unsere Leistung in einem der Schwere Ihres Verschuldens entsprechenden Verhältnis zu kürzen.

Rennen

A.2.16.2 Kein Versicherungsschutz besteht für Schäden, die bei Beteiligung an Fahrtveranstaltungen entstehen, bei denen es auf Erzielung einer Höchstgeschwindigkeit ankommt. Dies gilt auch für dazugehörige Übungsfahrten.

Reifenschäden

A.2.16.3 Kein Versicherungsschutz besteht für beschädigte oder zerstörte Reifen. Versicherungs-schutz besteht jedoch, wenn die Reifen aufgrund eines Ereignisses beschädigt oder zerstört werden, das gleichzeitig andere unter den Schutz der Kaskoversicherung fallende Schäden bei dem versicherten Fahrzeug verursacht hat.

Erdbeben, Kriegsereignisse, innere Unruhen, Maßnahmen der Staatsgewalt

A.2.16.4 Kein Versicherungsschutz besteht für Schäden, die durch Erdbeben, Kriegsereignisse, inne-re Unruhen oder Maßnahmen der Staatsgewalt unmittelbar oder mittelbar verursacht wer-den.

Schäden durch Kernenergie

A.2.16.5 Kein Versicherungsschutz besteht für Schäden durch Kernenergie.

A.2.17 Meinungsverschiedenheit über die Schadenhöhe (Sachverständigenverfahren)

A.2.17.1 Bei Meinungsverschiedenheit über die Höhe des Schadens einschließlich der Feststellung des Wiederbeschaffungswerts oder über den Umfang der erforderlichen Reparaturarbeiten entscheidet ein Sachverständigenausschuss.

A.2.17.2 Für den Ausschuss benennen Sie und wir je einen Kraftfahrzeugsachverständigen. Wenn Sie oder wir innerhalb von zwei Wochen nach Aufforderung keinen Sachverständigen be-nennen, wird dieser von dem jeweils Anderen bestimmt.

A.2.17.3 Soweit sich der Ausschuss nicht einigt, entscheidet ein weiterer Kraftfahrzeugsachverstän-diger als Obmann, der vor Beginn des Verfahrens von dem Ausschuss gewählt werden soll. Einigt sich der Ausschuss nicht über die Person des Obmanns, wird er über das zuständige

Amtsgericht benannt. Die Entscheidung des Obmanns muss zwischen den jeweils von den beiden Sachverständigen geschätzten Beträgen liegen.

A.2.17.4   Die Kosten des Sachverständigenverfahrens sind im Verhältnis des Obsiegens zum Unterliegen von uns bzw. von Ihnen zu tragen.

A.2.18   Fahrzeugteile und Fahrzeugzubehör

Bei Beschädigung, Zerstörung oder Verlust von mitversicherten Teilen gelten A.2.6 bis A.2.17 entsprechend.

A.3   Autoschutzbrief –
Hilfe für unterwegs als Service oder Kostenerstattung

A.3.1   Was ist versichert?

Wir erbringen nach Eintritt der in A.3.5 bis A.3.8 genannten Schadenereignisse die dazu im Einzelnen aufgeführten Leistungen als Service oder erstatten die von Ihnen aufgewendeten Kosten im Rahmen dieser Bedingungen.

A.3.2   Wer ist versichert?

Versicherungsschutz besteht für Sie, den berechtigten Fahrer und die berechtigten Insassen, soweit nachfolgend nichts anderes geregelt ist.

A.3.3   Versicherte Fahrzeuge

Versichert ist das im Versicherungsschein bezeichnete Fahrzeug sowie ein mitgeführter Wohnwagen-, Gepäck- oder Bootsanhänger.

A.3.4   In welchen Ländern besteht Versicherungsschutz?

Sie haben mit dem Schutzbrief Versicherungsschutz in den geographischen Grenzen Europas sowie den außereuropäischen Gebieten, die zum Geltungsbereich der Europäischen Union gehören, soweit nachfolgend nicht etwas anderes geregelt ist.

A.3.5   Hilfe bei Panne oder Unfall

Kann das Fahrzeug nach einer Panne oder einem Unfall die Fahrt aus eigener Kraft nicht fortsetzen, erbringen wir folgende Leistungen:

Wiederherstellung der Fahrbereitschaft

A.3.5.1   Wir sorgen für die Wiederherstellung der Fahrbereitschaft an der Schadenstelle durch ein Pannenhilfsfahrzeug und übernehmen die hierdurch entstehenden Kosten. Der Höchstbetrag für diese Leistung beläuft sich einschließlich der vom Pannenhilfsfahrzeug mitgeführten und verwendeten Kleinteile auf xx Euro.

Abschleppen des Fahrzeugs

A.3.5.2   Kann das Fahrzeug an der Schadenstelle nicht wieder fahrbereit gemacht werden, sorgen wir für das Abschleppen des Fahrzeugs einschließlich Gepäck und nicht gewerblich beförderter Ladung und übernehmen die hierdurch entstehenden Kosten. Der Höchstbetrag für diese Leistung beläuft sich auf xx Euro; hierauf werden durch den Einsatz eines Pannenhilfsfahrzeugs entstandene Kosten angerechnet.

Bergen des Fahrzeugs

A.3.5.3   Ist das Fahrzeug von der Straße abgekommen, sorgen wir für die Bergung des Fahrzeugs einschließlich Gepäck und nicht gewerblich beförderter Ladung und übernehmen die hierdurch entstehenden Kosten.

Was versteht man unter Panne oder Unfall?

A.3.5.4   Unter Panne ist jeder Betriebs-, Bruch- oder Bremsschaden zu verstehen. Unfall ist ein unmittelbar von außen plötzlich mit mechanischer Gewalt auf das Fahrzeug einwirkendes Ereignis.

A.3.6   Zusätzliche Hilfe bei Panne, Unfall oder Diebstahl ab 50 km Entfernung

Bei Panne, Unfall oder Diebstahl des Fahrzeugs an einem Ort, der mindestens 50 km Luftlinie von Ihrem ständigen Wohnsitz in Deutschland entfernt ist, erbringen wir die nachfolgenden Leistungen, wenn das Fahrzeug weder am Schadentag noch am darauf folgenden Tag wieder fahrbereit gemacht werden kann oder es gestohlen worden ist:

Weiter- oder Rückfahrt

A.3.6.1   Folgende Fahrtkosten werden erstattet:

a   Eine Rückfahrt vom Schadenort zu Ihrem ständigen Wohnsitz in Deutschland oder

b   eine Weiterfahrt vom Schadenort zum Zielort, jedoch höchstens innerhalb des Geltungsbereichs nach A.3.4 und

c   eine Rückfahrt vom Zielort zu Ihrem ständigen Wohnsitz in Deutschland,

d   eine Fahrt einer Person von Ihrem ständigen Wohnsitz oder vom Zielort zum Schadenort, wenn das Fahrzeug dort fahrbereit gemacht worden ist.

Die Kostenerstattung erfolgt bei einer einfachen Entfernung unter 1.200 Bahnkilometern bis zur Höhe der Bahnkosten 2. Klasse, bei größerer Entfernung bis zur Höhe der Bahnkosten 1. Klasse oder der Liegewagenkosten jeweils einschließlich Zuschlägen sowie für nachgewiesene Taxifahrten bis zu xx Euro.

Übernachtung

A.3.6.2   Wir helfen Ihnen auf Wunsch bei der Beschaffung einer Übernachtungsmöglichkeit und übernehmen die Kosten für höchstens drei Übernachtungen. Wenn Sie die Leistung Weiter- oder Rückfahrt nach A.3.6.1 in Anspruch nehmen, zahlen wir nur eine Übernachtung. Sobald das Fahrzeug Ihnen wieder fahrbereit zur Verfügung steht, besteht kein Anspruch auf weitere Übernachtungskosten. Wir übernehmen die Kosten bis höchstens xx Euro je Übernachtung und Person.

Mietwagen

A.3.6.3   Wir helfen Ihnen, ein gleichwertiges Fahrzeug anzumieten. Wir übernehmen anstelle der Leistung Weiter- oder Rückfahrt nach A.3.6.1 oder Übernachtung nach A.3.6.2 die Kosten, des Mietwagens, bis Ihnen das Fahrzeug wieder fahrbereit zur Verfügung steht, jedoch höchstens für sieben Tage und höchstens xx Euro je Tag.

Fahrzeugunterstellung

A.3.6.4   Muss das Fahrzeug nach einer Panne oder einem Unfall bis zur Wiederherstellung der Fahrbereitschaft oder bis zur Durchführung des Transports in einer Werkstatt untergestellt werden, sind wir Ihnen hierbei behilflich und übernehmen die hierdurch entstehenden Kosten, jedoch höchstens für zwei Wochen.

A.3.7   Hilfe bei Krankheit, Verletzung oder Tod auf einer Reise

Erkranken Sie oder eine mitversicherte Person unvorhersehbar oder stirbt der Fahrer auf einer Reise mit dem versicherten Fahrzeug an einem Ort, der mindestens 50 km Luftlinie von Ihrem ständigen Wohnsitz in Deutschland entfernt ist, erbringen wir die nachfolgend genannten Leistungen. Als unvorhersehbar gilt eine Erkrankung, wenn diese nicht bereits innerhalb der letzten sechs Wochen vor Beginn der Reise (erstmalig oder zum wiederholten Male) aufgetreten ist.

Krankenrücktransport

A.3.7.1   Müssen Sie oder eine mitversicherte Person infolge Erkrankung an Ihren ständigen Wohnsitz zurücktransportiert werden, sorgen wir für die Durchführung des Rücktransports und übernehmen dessen Kosten. Art und Zeitpunkt des Rücktransports müssen medizinisch notwendig sein. Unsere Leistung erstreckt sich auch auf die Begleitung des Erkrankten durch einen Arzt oder Sanitäter, wenn diese behördlich vorgeschrieben ist. Außerdem übernehmen wir die bis zum Rücktransport entstehenden, durch die Erkrankung bedingten Übernachtungskosten, jedoch höchstens für drei Übernachtungen bis zu je xx Euro pro Person.

Rückholung von Kindern

A.3.7.2   Können mitreisende Kinder unter 16 Jahren infolge einer Erkrankung oder des Todes des Fahrers weder von Ihnen noch von einem anderen berechtigten Insassen betreut werden, sorgen wir für deren Abholung und Rückfahrt mit einer Begleitperson zu ihrem Wohnsitz und übernehmen die hierdurch entstehenden Kosten. Wir erstatten dabei die Bahnkosten 2. Klasse einschließlich Zuschlägen sowie die Kosten für nachgewiesene Taxifahrten bis zu xx Euro.

Fahrzeugabholung

A.3.7.3   Kann das versicherte Fahrzeug infolge einer länger als drei Tage andauernden Erkrankung oder infolge des Todes des Fahrers weder von diesem noch von einem Insassen zurückgefahren werden, sorgen wir für die Verbringung des Fahrzeugs zu Ihrem ständigen Wohnsitz und übernehmen die hierdurch entstehenden Kosten. Veranlassen Sie die Verbringung selbst, erhalten Sie als Kostenersatz bis xx Euro je Kilometer zwischen Ihrem Wohnsitz und dem Schadenort. Außerdem erstatten wir in jedem Fall die bis zur Abholung der berechtigten Insassen entstehenden und durch den Fahrerausfall bedingten Übernachtungskosten, jedoch höchstens für drei Übernachtungen bis zu je xx Euro pro Person.

Was versteht man unter einer Reise?

A.3.7.4   Reise ist jede Abwesenheit von Ihrem ständigen Wohnsitz bis zu einer Höchstdauer von fortlaufend sechs Wochen. Als Ihr ständiger Wohnsitz gilt der Ort in Deutschland, an dem Sie behördlich gemeldet sind und sich überwiegend aufhalten.

A.3.8   Zusätzliche Leistungen bei einer Auslandsreise

Ereignet sich der Schaden an einem Ort im Ausland (Geltungsbereich nach A.3.4 ohne Deutschland), der mindestens 50 km Luftlinie von Ihrem ständigen Wohnsitz in Deutschland entfernt ist, erbringen wir zusätzlich folgende Leistungen:

A.3.8.1   Bei Panne und Unfall:

Ersatzteilversand

a   Können Ersatzteile zur Wiederherstellung der Fahrbereitschaft des Fahrzeugs an einem ausländischen Schadenort oder in dessen Nähe nicht beschafft werden, sorgen wir dafür, dass Sie diese auf schnellstmöglichem Wege erhalten, und übernehmen alle entstehenden Versandkosten.

Fahrzeugtransport

b   Wir sorgen für den Transport des Fahrzeugs zu einer Werkstatt und übernehmen die hierdurch entstehenden Kosten bis zur Höhe der Rücktransportkosten an Ihren Wohnsitz, wenn

  - das Fahrzeug an einem ausländischen Schadenort oder in dessen Nähe nicht innerhalb von drei Werktagen fahrbereit gemacht werden kann und

  - die voraussichtlichen Reparaturkosten nicht höher sind als der Kaufpreis für ein gleichwertiges gebrauchtes Fahrzeug.

Mietwagen

c   Wir helfen Ihnen, ein gleichwertiges Fahrzeug anzumieten. Mieten Sie ein Fahrzeug nach A.3.6.3 an, übernehmen wir die Kosten hierfür bis Ihr Fahrzeug wieder fahrbereit zur Verfügung steht unabhängig von der Dauer bis zu einem Betrag von xx Euro.

Fahrzeugverzollung und -verschrottung

d   Muss das Fahrzeug nach einem Unfall im Ausland verzollt werden, helfen wir bei der Verzollung und übernehmen die hierbei anfallenden Verfahrensgebühren mit Ausnahme des Zollbetrags und sonstiger Steuern. Lassen Sie Ihr Fahrzeug verschrotten, um die Verzollung zu vermeiden, übernehmen wir die Verschrottungskosten.

A.3.8.2   Bei Fahrzeugdiebstahl:

Fahrzeugunterstellung

a   Wird das gestohlene Fahrzeug nach dem Diebstahl im Ausland wieder aufgefunden und muss es bis zur Durchführung des Rücktransports oder der Verzollung bzw. Verschrottung untergestellt werden, übernehmen wir die hierdurch entstehenden Kosten, jedoch höchstens für zwei Wochen.

Mietwagen

b   Wir helfen Ihnen, ein gleichwertiges Fahrzeug anzumieten. Mieten Sie ein Fahrzeug nach A.3.6.3 an, übernehmen wir die Kosten hierfür bis Ihr Fahrzeug wieder fahrbereit zur Verfügung steht unabhängig von der Dauer bis zu einem Betrag von xx Euro.

Fahrzeugverzollung und -verschrottung

c Muss das Fahrzeug nach dem Diebstahl im Ausland verzollt werden, helfen wir bei der Verzollung und übernehmen die hierbei anfallenden Verfahrensgebühren mit Ausnahme des Zollbetrags und sonstiger Steuern. Lassen Sie Ihr Fahrzeug verschrotten, um die Verzollung zu vermeiden, übernehmen wir die Verschrottungskosten.

A.3.8.3 Im Todesfall

Im Fall Ihres Todes auf einer Reise mit dem versicherten Fahrzeug im Ausland sorgen wir nach Abstimmung mit den Angehörigen für die Bestattung im Ausland oder für die Überführung nach Deutschland und übernehmen die Kosten. Diese Leistung gilt nicht bei Tod einer mitversicherten Person.

A.3.9 Was ist nicht versichert?

Vorsatz und grobe Fahrlässigkeit

A.3.9.1 Kein Versicherungsschutz besteht für Schäden, die Sie vorsätzlich herbeiführen. Bei grob fahrlässiger Herbeiführung des Schadens sind wir berechtigt, unsere Leistung in einem der Schwere Ihres Verschuldens entsprechenden Verhältnis zu kürzen.

Rennen

A.3.9.2 Kein Versicherungsschutz besteht für Schäden, die bei Beteiligung an Fahrtveranstaltungen entstehen, bei denen es auf Erzielung einer Höchstgeschwindigkeit ankommt. Dies gilt auch für dazugehörige Übungsfahrten.

Erdbeben, Kriegsereignisse, innere Unruhen und Staatsgewalt

A.3.9.3 Kein Versicherungsschutz besteht für Schäden, die durch Erdbeben, Kriegsereignisse, innere Unruhen oder Maßnahmen der Staatsgewalt unmittelbar oder mittelbar verursacht werden.

Schäden durch Kernenergie

A.3.9.4 Kein Versicherungsschutz besteht für Schäden durch Kernenergie.

A.3.10 Anrechnung ersparter Aufwendungen, Abtretung

A.3.10.1 Haben Sie aufgrund unserer Leistungen Kosten erspart, die Sie ohne das Schadenereignis hätten aufwenden müssen, können wir diese von unserer Zahlung abziehen.

A.3.10.2 Ihren Anspruch auf Leistung können Sie vor der endgültigen Feststellung ohne unsere ausdrückliche Genehmigung weder abtreten noch verpfänden.

A.3.11 Verpflichtung Dritter

A.3.11.1 Soweit im Schadenfall ein Dritter Ihnen gegenüber aufgrund eines Vertrags oder einer Mitgliedschaft in einem Verband oder Verein zur Leistung oder zur Hilfe verpflichtet ist, gehen diese Ansprüche unseren Leistungsverpflichtungen vor.

A.3.11.2 Wenden Sie sich nach einem Schadenereignis allerdings zuerst an uns, sind wir Ihnen gegenüber abweichend von A.3.11.1 zur Leistung verpflichtet.

A.4 Kfz-Unfallversicherung - wenn Insassen verletzt oder getötet werden

A.4.1 Was ist versichert?

A.4.1.1 Stößt Ihnen oder einer anderen in der Kfz-Unfallversicherung versicherten Person ein Unfall zu, der in unmittelbarem Zusammenhang mit dem Gebrauch Ihres Fahrzeugs oder eines damit verbunden Anhängers steht (z.B. Fahren, Ein- und Aussteigen, Be- und Entladen), erbringen wir unter den nachstehend genannten Voraussetzungen die vereinbarten Versicherungsleistungen.

A.4.1.2 Ein Unfall liegt vor, wenn die versicherte Person durch ein plötzlich von außen auf ihren Körper wirkendes Ereignis (Unfallereignis) unfreiwillig eine Gesundheitsschädigung erleidet.

A.4.1.3 Als Unfall gilt auch, wenn durch eine erhöhte Kraftanstrengung an den Gliedmaßen oder der Wirbelsäule ein Gelenk verrenkt wird oder Muskeln, Sehnen, Bänder oder Kapseln gezerrt oder zerrissen werden.

A.4.2   Wer ist versichert?

A.4.2.1   Pauschalsystem

Mit der Kfz-Unfallversicherung nach dem Pauschalsystem sind die jeweiligen berechtigten Insassen des Fahrzeugs versichert. Ausgenommen sind bei Ihnen angestellte Berufsfahrer und Beifahrer, wenn sie als solche das Fahrzeug gebrauchen.

Bei zwei und mehr berechtigten Insassen erhöht sich die Versicherungssumme um xx Prozent und teilt sich durch die Gesamtzahl der Insassen, unabhängig davon, ob diese zu Schaden kommen.

A.4.2.2   Kraftfahrtunfall-Plus-Versicherung

Mit der Kraftfahrtunfall-Plus-Versicherung sind die jeweiligen berechtigten Insassen des Fahrzeugs mit der für Invalidität und Tod vereinbarten Versicherungssumme versichert. Wird der jeweilige Fahrer verletzt und verbleibt eine unfallbedingte Invalidität von xx Prozent, erhöht sich die für Invalidität vereinbarte Versicherungssumme für ihn um xx Prozent.

A.4.2.3   Platzsystem

Mit der Kfz-Unfallversicherung nach dem Platzsystem sind die im Versicherungsschein bezeichneten Plätze oder eine bestimmte Anzahl von berechtigten Insassen des Fahrzeugs versichert. Ausgenommen sind bei Ihnen angestellte Berufsfahrer und Beifahrer, wenn sie als solche das Fahrzeug gebrauchen. Befinden sich in dem Fahrzeug mehr berechtigte Insassen als Plätze oder Personen im Versicherungsschein angegeben, verringert sich die Versicherungssumme für den einzelnen Insassen entsprechend.

A.4.2.4   Was versteht man unter berechtigten Insassen?

Berechtigte Insassen sind Personen (Fahrer und alle weiteren Insassen), die sich mit Wissen und Willen des Verfügungsberechtigten in oder auf dem versicherten Fahrzeug befinden oder in ursächlichem Zusammenhang mit ihrer Beförderung beim Gebrauch des Fahrzeugs tätig werden.

A.4.2.5   Berufsfahrerversicherung

Mit der Berufsfahrerversicherung sind versichert

a   die Berufsfahrer und Beifahrer des im Versicherungsschein bezeichneten Fahrzeugs,

b   die im Versicherungsschein namentlich bezeichneten Berufsfahrer und Beifahrer unabhängig von einem bestimmten Fahrzeug oder

c   alle bei Ihnen angestellten Berufsfahrer und Beifahrer unabhängig von einem bestimmten Fahrzeug.

A.4.2.6   Namentliche Versicherung

Mit der namentlichen Versicherung ist die im Versicherungsschein bezeichnete Person unabhängig von einem bestimmten Fahrzeug versichert. Diese Person kann ihre Ansprüche selbstständig gegen uns geltend machen.

A.4.3   In welchen Ländern besteht Versicherungsschutz?

Sie haben in der Kfz-Unfallversicherung Versicherungsschutz in den geographischen Grenzen Europas sowie den außereuropäischen Gebieten, die zum Geltungsbereich der Europäischen Union gehören.

A.4.4   Welche Leistungen umfasst die Kfz-Unfallversicherung?

Ihrem Versicherungsschein können Sie entnehmen, welche der nachstehenden Leistungen mit welchen Versicherungssummen vereinbart sind.

A.4.5   Leistung bei Invalidität

Voraussetzungen

A.4.5.1   Invalidität liegt vor, wenn

-    die versicherte Person durch den Unfall auf Dauer in ihrer körperlichen oder geistigen Leistungsfähigkeit beeinträchtigt ist,

-    die Invalidität innerhalb eines Jahres nach dem Unfall eingetreten ist und

-    die Invalidität innerhalb von 15 Monaten nach dem Unfall ärztlich festgestellt und von Ihnen bei uns geltend gemacht worden ist.

Kein Anspruch auf Invaliditätsleistung besteht, wenn die versicherte Person unfallbedingt innerhalb eines Jahres nach dem Unfall stirbt.

Art der Leistung

A.4.5.2   Die Invaliditätsleistung zahlen wir als Kapitalbetrag.

Berechnung der Leistung

A.4.5.3   Grundlage für die Berechnung der Leistung sind die Versicherungssumme und der Grad der unfallbedingten Invalidität.

a   Bei Verlust oder völliger Funktionsunfähigkeit eines der nachstehend genannten Körperteile und Sinnesorgane gelten ausschließlich die folgenden Invaliditätsgrade:

Arm	70 %
Arm bis oberhalb des Ellenbogengelenks	65 %
Arm unterhalb des Ellenbogengelenks	60 %
Hand	55 %
Daumen	20 %
Zeigefinger	10 %
anderer Finger	5 %
Bein über der Mitte des Oberschenkels	70 %
Bein bis zur Mitte des Oberschenkels	60 %
Bein bis unterhalb des Knies	50 %
Bein bis zur Mitte des Unterschenkels	45 %
Fuß	40 %
große Zehe	5 %
andere Zehe	2 %
Auge	50 %
Gehör auf einem Ohr	30 %
Geruchssinn	10 %
Geschmackssinn	5 %

Bei Teilverlust oder teilweiser Funktionsbeeinträchtigung gilt der entsprechende Teil des jeweiligen Prozentsatzes.

b   Für andere Körperteile und Sinnesorgane bemisst sich der Invaliditätsgrad danach, inwieweit die normale körperliche oder geistige Leistungsfähigkeit insgesamt beeinträchtigt ist. Dabei sind ausschließlich medizinische Gesichtspunkte zu berücksichtigen.

c   Waren betroffene Körperteile oder Sinnesorgane oder deren Funktionen bereits vor dem Unfall dauernd beeinträchtigt, wird der Invaliditätsgrad um die Vorinvalidität gemindert. Diese ist nach a und b zu bemessen.

d   Sind mehrere Körperteile oder Sinnesorgane durch den Unfall beeinträchtigt, werden die nach a bis c ermittelten Invaliditätsgrade zusammengerechnet. Mehr als 100 % werden jedoch nicht berücksichtigt.

e   Stirbt die versicherte Person aus unfallfremder Ursache innerhalb eines Jahres nach dem Unfall oder, gleichgültig aus welcher Ursache, später als ein Jahr nach dem Unfall, und war ein Anspruch auf Invaliditätsleistung entstanden, leisten wir nach dem Invaliditätsgrad, mit dem auf Grund der ärztlichen Befunde zu rechnen gewesen wäre.

A.4.6   Leistung bei Tod

Voraussetzung

A.4.6.1   Voraussetzung für die Todesfallleistung ist, dass die versicherte Person infolge des Unfalls innerhalb eines Jahres gestorben ist.

Höhe der Leistung

A.4.6.2   Wir zahlen die für den Todesfall versicherte Summe.

A.4.7   Krankenhaustagegeld, Genesungsgeld, Tagegeld

Krankenhaustagegeld

A.4.7.1   Voraussetzung für die Zahlung des Krankenhaustagegelds ist, dass sich die versicherte Person wegen des Unfalls in medizinisch notwendiger vollstationärer Heilbehandlung befindet.

445

Rehabilitationsmaßnahmen (mit Ausnahme von Anschlussheilbehandlungen) sowie Aufenthalte in Sanatorien und Erholungsheimen gelten nicht als medizinisch notwendige Heilbehandlung.

A.4.7.2 Wir zahlen das Krankenhaustagegeld in Höhe der versicherten Summe für jeden Kalendertag der vollstationären Behandlung, längstens jedoch für xx Jahre ab dem Tag des Unfalls an gerechnet.

Genesungsgeld

A.4.7.3 Voraussetzung für die Zahlung des Genesungsgelds ist, dass die versicherte Person aus der vollstationären Behandlung entlassen worden ist und Anspruch auf Krankenhaustagegeld nach A.4.7.1 hatte.

A.4.7.4 Wir zahlen das Genesungsgeld in Höhe der vereinbarten Versicherungssumme für die selbe Anzahl von Kalendertagen, für die wir Krankenhaustagegeld gezahlt haben, längstens jedoch für xx Tage.

Tagegeld

A.4.7.5 Voraussetzung für die Zahlung des Tagegelds ist, dass die versicherte Person unfallbedingt in der Arbeitsfähigkeit beeinträchtigt und in ärztlicher Behandlung ist.

A.4.7.6 Das Tagegeld berechnen wir nach der versicherten Summe. Es wird nach dem festgestellten Grad der Beeinträchtigung der Berufstätigkeit oder Beschäftigung abgestuft.

A.4.7.7 Das Tagegeld zahlen wir für die Dauer der ärztlichen Behandlung, längstens jedoch für ein Jahr ab dem Tag des Unfalls.

A.4.8 Welche Auswirkungen haben vor dem Unfall bestehende Krankheiten oder Gebrechen?

A.4.8.1 Wir leisten nur für Unfallfolgen. Haben Krankheiten oder Gebrechen bei der durch ein Unfallereignis verursachten Gesundheitsschädigung oder deren Folgen mitgewirkt, mindert sich entsprechend dem Anteil der Krankheit oder des Gebrechens

- im Falle einer Invalidität der Prozentsatz des Invaliditätsgrads,

- im Todesfall sowie in allen anderen Fällen die Leistung.

A.4.8.2 Beträgt der Mitwirkungsanteil weniger als 25 %, unterbleibt die Minderung.

A.4.9 Fälligkeit unserer Zahlung, Abtretung

Prüfung Ihres Anspruchs

A.4.9.1 Wir sind verpflichtet, innerhalb eines Monats - beim Invaliditätsanspruch innerhalb von drei Monaten - zu erklären, ob und in welcher Höhe wir einen Anspruch anerkennen. Die Fristen beginnen mit dem Zugang folgender Unterlagen:

- Nachweis des Unfallhergangs und der Unfallfolgen,

- beim Invaliditätsanspruch zusätzlich der Nachweis über den Abschluss des Heilverfahrens, soweit er für die Bemessung der Invalidität notwendig ist.

A.4.9.2 Die ärztlichen Gebühren, die Ihnen zur Begründung des Leistungsanspruchs entstehen, übernehmen wir

- bei Invalidität bis zu xx ‰ der versicherten Summe,

- bei Tagegeld bis zu einem Tagegeldsatz,

- bei Krankenhaustagegeld mit Genesungsgeld bis zu einem Krankenhaustagegeldsatz.

Fälligkeit der Leistung

A.4.9.3 Erkennen wir den Anspruch an oder haben wir uns mit Ihnen über Grund und Höhe geeinigt, zahlen wir innerhalb von zwei Wochen.

Vorschüsse

A.4.9.4 Steht die Leistungspflicht zunächst nur dem Grunde nach fest, zahlen wir auf Ihren Wunsch angemessene Vorschüsse.

A.4.9.5 Vor Abschluss des Heilverfahrens kann eine Invaliditätsleistung innerhalb eines Jahres nach dem Unfall nur bis zur Höhe einer vereinbarten Todesfallsumme beansprucht werden.

Neubemessung des Grades der Invalidität

A.4.9.6 Sie und wir sind berechtigt, den Grad der Invalidität jährlich, längstens bis zu drei Jahren nach dem Unfall, erneut ärztlich bemessen zu lassen. Bei Kindern bis zur Vollendung des xx . Lebensjahres verlängert sich diese Frist von drei auf xx Jahre. Dieses Recht muss

- von uns zusammen mit unserer Erklärung über die Anerkennung unserer Leistungspflicht nach A.4.9.1,

- von Ihnen vor Ablauf der Frist

ausgeübt werden.

Leistung für eine mitversicherte Person

A.4.9.7 Sie können die Auszahlung der auf eine mitversicherte Person entfallenden Versicherungssumme an sich nur mit deren Zustimmung verlangen.

Abtretung

A.4.9.8 Ihren Anspruch auf die Leistung können Sie vor der endgültigen Feststellung ohne unsere ausdrückliche Genehmigung weder abtreten noch verpfänden.

A.4.10 Was ist nicht versichert?

Straftat

A.4.10.1 Kein Versicherungsschutz besteht bei Unfällen, die der versicherten Person dadurch zustoßen, dass sie vorsätzlich eine Straftat begeht oder versucht.

Geistes- oder Bewusstseinsstörungen / Trunkenheit

A.4.10.2 Kein Versicherungsschutz besteht bei Unfällen der versicherten Person durch Geistes- oder Bewusstseinsstörungen, auch soweit diese auf Trunkenheit beruhen, sowie durch Schlaganfälle, epileptische Anfälle oder andere Krampfanfälle, die den ganzen Körper der versicherten Person ergreifen.

Versicherungsschutz besteht jedoch, wenn diese Störungen oder Anfälle durch ein Unfallereignis verursacht sind, das unter diesen Vertrag oder unter eine für das Vorfahrzeug bei uns abgeschlossene Kfz-Unfallversicherung fällt.

Rennen

A.4.10.3 Kein Versicherungsschutz besteht bei Unfällen, die sich bei Beteiligung an Fahrtveranstaltungen ereignen, bei denen es auf Erzielung einer Höchstgeschwindigkeit ankommt. Dies gilt auch für dazugehörige Übungsfahrten.

Erdbeben, Kriegsereignisse, innere Unruhen, Maßnahmen der Staatsgewalt

A.4.10.4 Kein Versicherungsschutz besteht bei Unfällen, die durch Erdbeben, Kriegsereignisse, innere Unruhen oder Maßnahmen der Staatsgewalt unmittelbar oder mittelbar verursacht werden.

Kernenergie

A.4.10.5 Kein Versicherungsschutz besteht bei Schäden durch Kernenergie.

Bandscheiben, innere Blutungen

A.4.10.6 Kein Versicherungsschutz besteht bei Schäden an Bandscheiben sowie bei Blutungen aus inneren Organen und Gehirnblutungen. Versicherungsschutz besteht jedoch, wenn überwiegende Ursache ein unter diesen Vertrag fallendes Unfallereignis ist.

Infektionen

A.4.10.7 Kein Versicherungsschutz besteht bei Infektionen. Bei Wundstarrkrampf und Tollwut besteht jedoch Versicherungsschutz, wenn die Krankheitserreger durch ein versichertes Unfallereignis sofort oder später in den Körper gelangen. Bei anderen Infektionen besteht Versicherungsschutz, wenn die Krankheitserreger durch ein versichertes Unfallereignis, das nicht nur geringfügige Haut- oder Schleimhautverletzungen verursacht, sofort oder später in den Körper gelangen. Bei Infektionen, die durch Heilmaßnahmen verursacht sind, besteht Versicherungsschutz, wenn die Heilmaßnahmen durch ein unter diesen Vertrag fallendes Unfallereignis veranlasst waren.

447

Psychische Reaktionen

A.4.10.8   Kein Versicherungsschutz besteht bei krankhaften Störungen infolge psychischer Reaktionen, auch wenn diese durch einen Unfall verursacht wurden.

Bauch- und Unterleibsbrüche

A.4.10.9   Kein Versicherungsschutz besteht bei Bauch- oder Unterleibsbrüchen. Versicherungsschutz besteht jedoch, wenn sie durch eine unter diesen Vertrag fallende gewaltsame, von außen kommende Einwirkung entstanden sind.

B   Beginn des Vertrags und vorläufiger Versicherungsschutz

Der Versicherungsvertrag kommt dadurch zustande, dass wir Ihren Antrag annehmen. Regelmäßig geschieht dies durch Zugang des Versicherungsscheins.

B.1   Wann beginnt der Versicherungsschutz?

Der Versicherungsschutz beginnt erst, wenn Sie den in Ihrem Versicherungsschein genannten fälligen Beitrag gezahlt haben, jedoch nicht vor dem vereinbarten Zeitpunkt. Zahlen Sie den ersten oder einmaligen Beitrag nicht rechtzeitig, richten sich die Folgen nach C.1.2 und C.1.3.

B.2   Vorläufiger Versicherungsschutz

Bevor der Beitrag gezahlt ist, haben Sie nach folgenden Bestimmungen vorläufigen Versicherungsschutz:

Kfz-Haftpflichtversicherung und Autoschutzbrief

B.2.1   Händigen wir Ihnen die Versicherungsbestätigung aus oder nennen wir Ihnen bei elektronischer Versicherungsbestätigung die Versicherungsbestätigungs-Nummer, haben Sie in der Kfz-Haftpflichtversicherung und beim Autoschutzbrief vorläufigen Versicherungsschutz zu dem vereinbarten Zeitpunkt, spätestens ab dem Tag, an dem das Fahrzeug unter Verwendung der Versicherungsbestätigung zugelassen wird. Ist das Fahrzeug bereits auf Sie zugelassen, beginnt der vorläufige Versicherungsschutz ab dem vereinbarten Zeitpunkt.

Kasko- und Kfz-Unfallversicherung

B.2.2   In der Kasko- und der Kfz-Unfallversicherung haben Sie vorläufigen Versicherungsschutz nur, wenn wir dies ausdrücklich zugesagt haben. Der Versicherungsschutz beginnt zum vereinbarten Zeitpunkt.

Übergang des vorläufigen in den endgültigen Versicherungsschutz

B.2.3   Sobald Sie den ersten oder einmaligen Beitrag nach C.1.1 gezahlt haben, geht der vorläufige in den endgültigen Versicherungsschutz über.

Rückwirkender Wegfall des vorläufigen Versicherungsschutzes

B.2.4   Der vorläufige Versicherungsschutz entfällt rückwirkend, wenn wir Ihren Antrag unverändert angenommen haben und Sie den im Versicherungsschein genannten ersten oder einmaligen Beitrag nicht unverzüglich (d.h. spätestens innerhalb von 14 Tagen) nach Ablauf von zwei Wochen nach Zugang des Versicherungsscheins bezahlt haben. Sie haben dann von Anfang an keinen Versicherungsschutz; dies gilt nur, wenn Sie die nicht rechtzeitige Zahlung zu vertreten haben.

Kündigung des vorläufigen Versicherungsschutzes

B.2.5   Sie und wir sind berechtigt, den vorläufigen Versicherungsschutz jederzeit zu kündigen. Unsere Kündigung wird erst nach Ablauf von zwei Wochen ab Zugang der Kündigung bei Ihnen wirksam.

Beendigung des vorläufigen Versicherungsschutzes durch Widerruf

B.2.6   Widerrufen Sie den Versicherungsvertrag nach § 8 Versicherungsvertragsgesetz, endet der vorläufige Versicherungsschutz mit dem Zugang Ihrer Widerrufserklärung bei uns.

Beitrag für vorläufigen Versicherungsschutz

B.2.7 Für den Zeitraum des vorläufigen Versicherungsschutzes haben wir Anspruch auf einen der Laufzeit entsprechenden Teil des Beitrags.

C Beitragszahlung

C.1 Zahlung des ersten oder einmaligen Beitrags

Rechtzeitige Zahlung

C.1.1 Der im Versicherungsschein genannte erste oder einmalige Beitrag wird zwei Wochen nach Zugang des Versicherungsscheins fällig. Sie haben diesen Beitrag dann unverzüglich (d.h. spätestens innerhalb von 14 Tagen) zu zahlen.

Nicht rechtzeitige Zahlung

C.1.2 Zahlen Sie den ersten oder einmaligen Beitrag nicht rechtzeitig, haben Sie von Anfang an keinen Versicherungsschutz, es sei denn, Sie haben die Nichtzahlung oder verspätete Zahlung nicht zu vertreten. Haben Sie die nicht rechtzeitige Zahlung jedoch zu vertreten, beginnt der Versicherungsschutz erst ab der Zahlung.

C.1.3 Außerdem können wir vom Vertrag zurücktreten, solange der Beitrag nicht gezahlt ist. Der Rücktritt ist ausgeschlossen, wenn Sie die Nichtzahlung nicht zu vertreten haben. Nach dem Rücktritt können wir von Ihnen eine Geschäftsgebühr verlangen. Diese beträgt xx % des Jahresbeitrags für jeden angefangenen Monat ab dem beantragten Beginn des Versicherungsschutzes bis zu unserem Rücktritt, jedoch höchstens xx % des Jahresbeitrags.

C.2 Zahlung des Folgebeitrags

Rechtzeitige Zahlung

C.2.1 Ein Folgebeitrag ist zu dem im Versicherungsschein oder in der Beitragsrechnung angegebenen Zeitpunkt fällig und zu zahlen.

Nicht rechtzeitige Zahlung

C.2.2 Zahlen Sie einen Folgebeitrag nicht rechtzeitig, fordern wir Sie auf, den rückständigen Beitrag zuzüglich des Verzugsschadens (Kosten und Zinsen) innerhalb von zwei Wochen ab Zugang unserer Aufforderung zu zahlen.

C.2.3 Tritt ein Schadenereignis nach Ablauf der zweiwöchigen Zahlungsfrist ein und sind zu diesem Zeitpunkt diese Beträge noch nicht bezahlt, haben Sie keinen Versicherungsschutz. Wir bleiben jedoch zur Leistung verpflichtet, wenn Sie die verspätete Zahlung nicht zu vertreten haben.

C.2.4 Sind Sie mit der Zahlung dieser Beträge nach Ablauf der zweiwöchigen Zahlungsfrist noch in Verzug, können wir den Vertrag mit sofortiger Wirkung kündigen. Unsere Kündigung wird unwirksam, wenn Sie diese Beträge innerhalb eines Monats ab Zugang der Kündigung zahlen. Haben wir die Kündigung zusammen mit der Mahnung ausgesprochen, wird die Kündigung unwirksam, wenn Sie innerhalb eines Monas nach Ablauf der in der Mahnung genannten Zahlungsfrist zahlen.

Für Schadenereignisse, die in der Zeit nach Ablauf der zweiwöchigen Zahlungsfrist bis zu Ihrer Zahlung eintreten, haben Sie keinen Versicherungsschutz. Versicherungsschutz besteht erst wieder für Schadenereignisse nach Ihrer Zahlung.

C.3 Nicht rechtzeitige Zahlung bei Fahrzeugwechsel

Versichern Sie anstelle Ihres bisher bei uns versicherten Fahrzeugs ein anderes Fahrzeug bei uns (Fahrzeugwechsel), wenden wir für den neuen Vertrag bei nicht rechtzeitiger Zahlung des ersten oder einmaligen Beitrags die für Sie günstigeren Regelungen zum Folgebeitrag nach C.2.2 bis C.2.4 an. Außerdem berufen wir uns nicht auf den rückwirkenden Wegfall des vorläufigen Versicherungsschutzes nach B.2.4. Dafür müssen folgende Voraussetzungen gegeben sein:

- Zwischen dem Ende der Versicherung des bisherigen Fahrzeugs und dem Beginn der Versicherung des anderen Fahrzeugs sind nicht mehr als sechs Monate vergangen,

- Fahrzeugart und Verwendungszweck der Fahrzeuge sind gleich.

449

Kündigen wir das Versicherungsverhältnis wegen Nichtzahlung, können wir von Ihnen eine Geschäftsgebühr entsprechend C.1.3 verlangen.

C.4 Beitragspflicht bei Nachhaftung in der Kfz-Haftpflichtversicherung

Bleiben wir in der Kfz-Haftpflichtversicherung aufgrund § 117 Abs. 2 Versicherungsvertragsgesetz gegenüber einem Dritten trotz Beendigung des Versicherungsvertrages zur Leistung verpflichtet, haben wir Anspruch auf den Beitrag für die Zeit dieser Verpflichtung. Unsere Rechte nach § 116 Abs. 1 Versicherungsvertragsgesetz bleiben unberührt.

D Welche Pflichten haben Sie beim Gebrauch des Fahrzeugs?

D.1 Bei allen Versicherungsarten

Vereinbarter Verwendungszweck

D.1.1 Das Fahrzeug darf nur zu dem im Versicherungsvertrag angegebenen Zweck verwendet werden.

< xx *Alternativformulierung für die Versicherer, die den Anhang verwenden:* >

[xx siehe Tabelle zur Begriffsbestimmung für Art und Verwendung des Fahrzeugs]

Berechtigter Fahrer

D.1.2 Das Fahrzeug darf nur von einem berechtigten Fahrer gebraucht werden. Berechtigter Fahrer ist, wer das Fahrzeug mit Wissen und Willen des Verfügungsberechtigten gebraucht. Außerdem dürfen Sie, der Halter oder der Eigentümer des Fahrzeugs es nicht wissentlich ermöglichen, dass das Fahrzeug von einem unberechtigten Fahrer gebraucht wird.

Fahren mit Fahrerlaubnis

D.1.3 Der Fahrer des Fahrzeugs darf das Fahrzeug auf öffentlichen Wegen oder Plätzen nur mit der erforderlichen Fahrerlaubnis benutzen. Außerdem dürfen Sie, der Halter oder der Eigentümer das Fahrzeug nicht von einem Fahrer benutzen lassen, der nicht die erforderliche Fahrerlaubnis hat.

D.2 Zusätzlich in der Kfz-Haftpflichtversicherung

Alkohol und andere berauschende Mittel

D.2.1 Das Fahrzeug darf nicht gefahren werden, wenn der Fahrer durch alkoholische Getränke oder andere berauschende Mittel nicht in der Lage ist, das Fahrzeug sicher zu führen. Außerdem dürfen Sie, der Halter oder der Eigentümer des Fahrzeugs dieses nicht von einem Fahrer fahren lassen, der durch alkoholische Getränke oder andere berauschende Mittel nicht in der Lage ist, das Fahrzeug sicher zu führen.

Hinweis: Auch in der Kasko-, Autoschutzbrief- und Kfz-Unfallversicherung besteht für solche Fahrten nach A.2.16.1, A.3.9.1, A.4.10.2 kein oder eingeschränkter Versicherungsschutz.

Nicht genehmigte Rennen

D.2.2 Das Fahrzeug darf nicht zu Fahrtveranstaltungen und den dazugehörigen Übungsfahrten verwendet werden, bei denen es auf Erzielung einer Höchstgeschwindigkeit ankommt und die behördlich nicht genehmigt sind.

Hinweis: Behördlich genehmigte kraftfahrt-sportliche Veranstaltungen sind vom Versicherungsschutz gemäß A.1.5.2 ausgeschlossen. Auch in der Kasko-, Autoschutzbrief- und Kfz-Unfallversicherung besteht für Fahrten, bei denen es auf die Erzielung einer Höchstgeschwindigkeit ankommt, nach A.2.16.2, A.3.9.2, A.4.10.3 kein Versicherungsschutz.

D.3 Welche Folgen hat eine Verletzung dieser Pflichten?

Leistungsfreiheit bzw. Leistungskürzung

D.3.1 Verletzen Sie vorsätzlich eine Ihrer in D.1 und D.2 geregelten Pflichten, haben Sie keinen Versicherungsschutz. Verletzen Sie Ihre Pflichten grob fahrlässig, sind wir berechtigt, unsere Leistung in einem der Schwere Ihres Verschuldens entsprechenden Verhältnis zu kürzen. Weisen Sie nach, dass Sie die Pflicht nicht grob fahrlässig verletzt haben, bleibt der Versicherungsschutz bestehen.

Bei einer Verletzung der Pflicht in der Kfz-Versicherung aus D.2.1 Satz 2 sind wir Ihnen, dem Halter oder Eigentümer gegenüber nicht von der Leistungspflicht befreit, soweit Sie, der Halter oder Eigentümer als Fahrzeuginsasse, der das Fahrzeug nicht geführt hat, einen Personenschaden erlitten haben.

D.3.2 Abweichend von D.3.1 sind wir zur Leistung verpflichtet, soweit die Pflichtverletzung weder für den Eintritt des Versicherungsfalls noch für den Umfang unserer Leistungspflicht ursächlich ist. Dies gilt nicht, wenn Sie die Pflicht arglistig verletzen.

Beschränkung der Leistungsfreiheit in der Kfz-Haftpflichtversicherung

D.3.3 In der Kfz-Haftpflichtversicherung ist die sich aus D.3.1 ergebende Leistungsfreiheit bzw. Leistungskürzung Ihnen und den mitversicherten Personen gegenüber auf den Betrag von höchstens je xx Euro beschränkt.[1] Außerdem gelten anstelle der vereinbarten Versicherungssummen die in Deutschland geltenden Mindestversicherungssummen.

Satz 1 und 2 gelten entsprechend, wenn wir wegen einer von Ihnen vorgenommenen Gefahrerhöhung (§§ 23, 26 Versicherungsvertragsgesetz) vollständig oder teilweise leistungsfrei sind.

D.3.4 Gegenüber einem Fahrer, der das Fahrzeug durch eine vorsätzlich begangene Straftat erlangt, sind wir vollständig von der Verpflichtung zur Leistung frei.

E Welche Pflichten haben Sie im Schadenfall?

E.1 Bei allen Versicherungsarten

Anzeigepflicht

E.1.1 Sie sind verpflichtet, uns jedes Schadenereignis, das zu einer Leistung durch uns führen kann, innerhalb einer Woche anzuzeigen.

E.1.2 Ermittelt die Polizei, die Staatsanwaltschaft oder eine andere Behörde im Zusammenhang mit dem Schadenereignis, sind Sie verpflichtet, uns dies und den Fortgang des Verfahrens (z.B. Strafbefehl, Bußgeldbescheid) unverzüglich anzuzeigen, auch wenn Sie uns das Schadenereignis bereits gemeldet haben.

Aufklärungspflicht

E.1.3 Sie sind verpflichtet, alles zu tun, was der Aufklärung des Schadenereignisses dienen kann. Dies bedeutet insbesondere, dass Sie unsere Fragen zu den Umständen des Schadenereignisses wahrheitsgemäß und vollständig beantworten müssen und den Unfallort nicht verlassen dürfen, ohne die erforderlichen Feststellungen zu ermöglichen.

Sie haben unsere für die Aufklärung des Schadenereignisses erforderlichen Weisungen zu befolgen.

Schadenminderungspflicht

E.1.4 Sie sind verpflichtet, bei Eintritt des Schadenereignisses nach Möglichkeit für die Abwendung und Minderung des Schadens zu sorgen.

Sie haben hierbei unsere Weisungen, soweit für Sie zumutbar, zu befolgen.

E.2 Zusätzlich in der Kfz-Haftpflichtversicherung

Bei außergerichtlich geltend gemachten Ansprüchen

E.2.1 Werden gegen Sie Ansprüche geltend gemacht, sind Sie verpflichtet, uns dies innerhalb einer Woche nach der Erhebung des Anspruchs anzuzeigen.

---

[1] Gem. § 5 Abs. 3 KfzPflVV darf die Leistungsfreiheit höchstens auf 5.000 Euro beschränkt werden.

Anzeige von Kleinschäden

E.2.2 Wenn Sie einen Sachschaden, der voraussichtlich nicht mehr als xx Euro beträgt, selbst regulieren oder regulieren wollen, müssen Sie uns den Schadenfall erst anzeigen, wenn Ihnen die Selbstregulierung nicht gelingt.

Bei gerichtlich geltend gemachten Ansprüchen

E.2.3 Wird ein Anspruch gegen Sie gerichtlich geltend gemacht (z.B. Klage, Mahnbescheid), haben Sie uns dies unverzüglich anzuzeigen.

E.2.4 Sie haben uns die Führung des Rechtsstreits zu überlassen. Wir sind berechtigt, auch in Ihrem Namen einen Rechtsanwalt zu beauftragen, dem Sie Vollmacht sowie alle erforderlichen Auskünfte erteilen und angeforderte Unterlagen zur Verfügung stellen müssen.

Bei drohendem Fristablauf

E.2.5 Wenn Ihnen bis spätestens zwei Tage vor Fristablauf keine Weisung von uns vorliegt, müssen Sie gegen einen Mahnbescheid oder einen Bescheid einer Behörde fristgerecht den erforderlichen Rechtsbehelf einlegen.

E.3 Zusätzlich in der Kaskoversicherung

Anzeige des Versicherungsfalls bei Entwendung des Fahrzeugs

E.3.1 Bei Entwendung des Fahrzeugs oder mitversicherter Teile sind Sie abweichend von E.1.1 verpflichtet, uns dies unverzüglich in Schriftform anzuzeigen. Ihre Schadenanzeige muss von Ihnen unterschrieben sein.

Einholen unserer Weisung

E.3.2 Vor Beginn der Verwertung oder der Reparatur des Fahrzeugs haben Sie unsere Weisungen einzuholen, soweit die Umstände dies gestatten, und diese zu befolgen, soweit Ihnen dies zumutbar ist. Dies gilt auch für mitversicherte Teile.

Anzeige bei der Polizei

E.3.3 Übersteigt ein Entwendungs-, Brand- oder Wildschaden den Betrag von xx Euro, sind Sie verpflichtet, das Schadenereignis der Polizei unverzüglich anzuzeigen.

E.4 Zusätzlich beim Autoschutzbrief

Einholen unserer Weisung

E.4.1 Vor Inanspruchnahme einer unserer Leistungen haben Sie unsere Weisungen einzuholen, soweit die Umstände dies gestatten, und zu befolgen, soweit Ihnen dies zumutbar ist.

Untersuchung, Belege, ärztliche Schweigepflicht

E.4.2 Sie haben uns jede zumutbare Untersuchung über die Ursache und Höhe des Schadens und über den Umfang unserer Leistungspflicht zu gestatten, Originalbelege zum Nachweis der Schadenhöhe vorzulegen und die behandelnden Ärzte im Rahmen von § 213 Versicherungsvertragsgesetz von der Schweigepflicht zu entbinden.

E.5 Zusätzlich in der Kfz-Unfallversicherung

Anzeige des Todesfalls innerhalb 48 Stunden

E.5.1 Hat der Unfall den Tod einer versicherten Person zur Folge, müssen die aus dem Versicherungsvertrag Begünstigten uns dies innerhalb von 48 Stunden melden, auch wenn der Unfall schon angezeigt ist. Uns ist das Recht zu verschaffen, eine Obduktion durch einen von uns beauftragten Arzt vornehmen zu lassen.

Ärztliche Untersuchung, Gutachten, Entbindung von der Schweigepflicht

E.5.2 Nach einem Unfall sind Sie verpflichtet,

a unverzüglich einen Arzt hinzuzuziehen,

b den ärztlichen Anordnungen nachzukommen,

c die Unfallfolgen möglichst zu mindern,

   d   darauf hinzuwirken, dass von uns angeforderte Berichte und Gutachten alsbald erstellt werden,

   e   sich von einem von uns beauftragten Arzt untersuchen zu lassen, wobei wir die notwendigen Kosten, einschließlich eines Ihnen entstehenden Verdienstausfalls, tragen,

   f   Ärzte, die Sie - auch aus anderen Anlässen - behandelt oder untersucht haben, andere Versicherer, Versicherungsträger und Behörden von der Schweigepflicht im Rahmen von § 213 Versicherungsvertragsgesetz zu entbinden und zu ermächtigen, uns alle erforderlichen Auskünfte zu erteilen.

Frist zur Feststellung und Geltendmachung der Invalidität

E.5.3   Beachten Sie auch die 15-Monatsfrist für die Feststellung und Geltendmachung der Invalidität nach A.4.5.1.

E.6   Welche Folgen hat eine Verletzung dieser Pflichten?

Leistungsfreiheit bzw. Leistungskürzung

E.6.1   Verletzen Sie vorsätzlich eine Ihrer in E.1 bis E.5 geregelten Pflichten, haben Sie keinen Versicherungsschutz. Verletzen Sie Ihre Pflichten grob fahrlässig, sind wir berechtigt, unsere Leistung in einem der Schwere Ihres Verschuldens entsprechenden Verhältnis zu kürzen. Weisen Sie nach, dass Sie die Pflicht nicht grob fahrlässig verletzt haben, bleibt der Versicherungsschutz bestehen.

E.6.2   Abweichend von E.6.1 sind wir zur Leistung verpflichtet, soweit Sie nachweisen, dass die Pflichtverletzung weder für die Feststellung des Versicherungsfalls noch für die Feststellung oder den Umfang unserer Leistungspflicht ursächlich war. Dies gilt nicht, wenn Sie die Pflicht arglistig verletzen.

Beschränkung der Leistungsfreiheit in der Kfz-Haftpflichtversicherung

E.6.3   In der Kfz-Haftpflichtversicherung ist die sich aus E.6.1 ergebende Leistungsfreiheit bzw. Leistungskürzung Ihnen und den mitversicherten Personen gegenüber auf den Betrag von höchstens je xx Euro[2] beschränkt.

E.6.4   Haben Sie die Aufklärungs- oder Schadenminderungspflicht nach E.1.3 und E.1.4 vorsätzlich und in besonders schwerwiegender Weise verletzt (insbesondere bei unerlaubtem Entfernen vom Unfallort, unterlassener Hilfeleistung, bewusst wahrheitswidrigen Angaben uns gegenüber), erweitert sich die Leistungsfreiheit auf einen Betrag von höchstens je ... Euro[3].

Vollständige Leistungsfreiheit in der Kfz-Haftpflichtversicherung

E.6.5   Verletzen Sie Ihre Pflichten in der Absicht, sich oder einem anderen dadurch einen rechtswidrigen Vermögensvorteil zu verschaffen, sind wir von unserer Leistungspflicht hinsichtlich des erlangten Vermögensvorteils vollständig frei.

Besonderheiten in der Kfz-Haftpflichtversicherung bei Rechtsstreitigkeiten

E.6.6   Verletzen Sie vorsätzlich Ihre Anzeigepflicht nach E.2.1 oder E.2.3 oder Ihre Pflicht nach E.2.4 und führt dies zu einer rechtskräftigen Entscheidung, die über den Umfang der nach Sach- und Rechtslage geschuldeten Entschädigung erheblich hinausgeht, sind wir außerdem von unserer Leistungspflicht hinsichtlich des uns zu zahlenden Mehrbetrags vollständig frei. Bei grob fahrlässiger Verletzung dieser Pflichten sind wir berechtigt, unsere Leistung hinsichtlich dieses Mehrbetrags in einem der Schwere Ihres Verschuldens entsprechenden Verhältnis zu kürzen.

Mindestversicherungssummen

E.6.7   Verletzen Sie in der Kfz-Haftpflichtversicherung Ihre Pflichten nach E.1 und E.2 gelten anstelle der vereinbarten Versicherungssummen die in Deutschland geltenden Mindestversicherungssummen.

---

[2] Gem. § 6 Abs. 1 KfzPflVV darf die Leistungsfreiheit höchstens auf 2.500 Euro beschränkt werden.
[3] Gem. § 6 Abs. 3 KfzPflVV darf die Leistungsfreiheit höchstens auf 5.000 Euro beschränkt werden.

F Rechte und Pflichten der mitversicherten Personen

Pflichten mitversicherter Personen

F.1 Für mitversicherte Personen finden die Regelungen zu Ihren Pflichten sinngemäße Anwendung.

Ausübung der Rechte

F.2 Die Ausübung der Rechte der mitversicherten Personen aus dem Versicherungsvertrag steht nur Ihnen als Versicherungsnehmer zu, soweit nichts anderes geregelt ist. Andere Regelungen sind:

- Geltendmachen von Ansprüchen in der Kfz-Haftpflichtversicherung nach A.1.2,

- Geltendmachen von Ansprüchen durch namentlich Versicherte in der Kfz-Unfallversicherung nach A.4.2.6.

Auswirkungen einer Pflichtverletzung auf mitversicherte Personen

F.3 Sind wir Ihnen gegenüber von der Verpflichtung zur Leistung frei, so gilt dies auch gegenüber allen mitversicherten Personen.

Eine Ausnahme hiervon gilt in der Kfz-Haftpflichtversicherung: Mitversicherten Personen gegenüber können wir uns auf die Leistungsfreiheit nur berufen, wenn die der Leistungsfreiheit zugrunde liegenden Umstände in der Person des Mitversicherten vorliegen oder wenn diese Umstände der mitversicherten Person bekannt oder infolge grober Fahrlässigkeit nicht bekannt waren. Sind wir zur Leistung verpflichtet, gelten anstelle der vereinbarten Versicherungssummen die in Deutschland geltenden gesetzlichen Mindestversicherungssummen. Entsprechendes gilt, wenn wir trotz Beendigung des Versicherungsverhältnisses noch gegenüber dem geschädigten Dritten Leistungen erbringen. Der Rückgriff gegen Sie bleibt auch in diesen Ausnahmefällen bestehen.

G Laufzeit und Kündigung des Vertrags, Veräußerung des Fahrzeugs, Wagniswegfall

G.1 Wie lange läuft der Versicherungsvertrag?

Vertragsdauer

G.1.1 Die Laufzeit Ihres Vertrags ergibt sich aus Ihrem Versicherungsschein.

Automatische Verlängerung

G.1.2 Ist der Vertrag mit einer Laufzeit von einem Jahr abgeschlossen, verlängert er sich zum Ablauf um jeweils ein weiteres Jahr, wenn nicht Sie oder wir den Vertrag kündigen. Dies gilt auch, wenn für die erste Laufzeit nach Abschluss des Vertrags deshalb weniger als ein Jahr vereinbart ist, um die folgenden Versicherungsjahre zu einem bestimmten Kalendertag, z.B. dem 1. Januar eines jeden Jahres, beginnen zu lassen.

Versicherungskennzeichen

G.1.3 Der Versicherungsvertrag für ein Fahrzeug, das ein Versicherungskennzeichen führen muss (z.B. Mofa), endet mit dem Ablauf des Verkehrsjahres, ohne dass es einer Kündigung bedarf. Das Verkehrsjahr läuft vom 1. März bis Ende Februar des Folgejahres.

Verträge mit einer Laufzeit unter einem Jahr

G.1.4 Ist die Laufzeit ausdrücklich mit weniger als einem Jahr vereinbart, endet der Vertrag zu dem vereinbarten Zeitpunkt, ohne dass es einer Kündigung bedarf.

G.2 Wann und aus welchem Anlass können Sie den Versicherungsvertrag kündigen?

Kündigung zum Ablauf des Versicherungsjahres

G.2.1 Sie können den Vertrag zum Ablauf des Versicherungsjahres kündigen. Die Kündigung ist nur wirksam, wenn sie uns spätestens einen Monat vor Ablauf zugeht.

Kündigung des vorläufigen Versicherungsschutzes

G.2.2 Sie sind berechtigt, einen vorläufigen Versicherungsschutz zu kündigen. Die Kündigung wird sofort mit ihrem Zugang bei uns wirksam.

Kündigung nach einem Schadenereignis

G.2.3 Nach dem Eintritt eines Schadenereignisses können Sie den Vertrag kündigen. Die Kündigung muss uns innerhalb eines Monats nach Beendigung der Verhandlungen über die Entschädigung zugehen oder innerhalb eines Monats zugehen, nachdem wir in der Kfz-Haftpflichtversicherung unsere Leistungspflicht anerkannt oder zu Unrecht abgelehnt haben. Das gleiche gilt, wenn wir Ihnen in der Kfz-Haftpflichtversicherung die Weisung erteilen, es über den Anspruch des Dritten zu einem Rechtsstreit kommen zu lassen. Außerdem können Sie in der Kfz-Haftpflichtversicherung den Vertrag bis zum Ablauf eines Monats seit der Rechtskraft des im Rechtsstreit mit dem Dritten ergangenen Urteils kündigen.

G.2.4 Sie können bestimmen, ob die Kündigung sofort oder zu einem späteren Zeitpunkt, spätestens jedoch zum Ablauf des Vertrags, wirksam werden soll.

Kündigung bei Veräußerung oder Zwangsversteigerung des Fahrzeugs

G.2.5 Veräußern Sie das Fahrzeug oder wird es zwangsversteigert, geht der Vertrag nach G.7.1 oder G.7.6 auf den Erwerber über. Der Erwerber ist berechtigt, den Vertrag innerhalb eines Monats nach dem Erwerb, bei fehlender Kenntnis vom Bestehen der Versicherung innerhalb eines Monats ab Kenntnis, zu kündigen. Der Erwerber kann bestimmen, ob der Vertrag mit sofortiger Wirkung oder zum Ablauf des Vertrags endet.

G.2.6 Schließt der Erwerber für das Fahrzeug eine neue Versicherung ab und legt er bei der Zulassungsbehörde eine Versicherungsbestätigung vor, gilt dies automatisch als Kündigung des übergegangenen Vertrages. Die Kündigung wird zum Beginn der neuen Versicherung wirksam.

Kündigung bei Beitragserhöhung

G.2.7 Erhöhen wir aufgrund unseres Beitragsanpassungsrechts nach J.1 bis J.3 den Beitrag, können Sie den Vertrag innerhalb eines Monats nach Zugang unserer Mitteilung der Beitragserhöhung kündigen. Die Kündigung ist sofort wirksam, frühestens jedoch zu dem Zeitpunkt, zu dem die Beitragserhöhung wirksam geworden wäre. Wir teilen ihnen die Beitragserhöhung spätestens einen Monat vor dem Wirksamwerden mit und weisen Sie auf Ihr Kündigungsrecht hin. Zusätzlich machen wir bei einer Beitragserhöhung nach J.3 den Unterschied zwischen bisherigem und neuem Beitrag kenntlich.

Kündigung bei geänderter Verwendung des Fahrzeugs

G.2.8 Ändert sich die Art und Verwendung des Fahrzeugs nach K.5 und erhöht sich der Beitrag dadurch um mehr als 10%, können Sie den Vertrag innerhalb eines Monats nach Zugang unserer Mitteilung ohne Einhaltung einer Frist kündigen.

<Achtung! Es folgen zwei Varianten. Variante 1 für Versicherer, die nur das SF-System nach J.6 ändern wollen. Variante 2 für Versicherer, die auch die Tarifstruktur nach J.6 ändern wollen.>

Kündigung bei Veränderung des Schadenfreiheitsrabatt-Systems

G.2.9 Ändern wir das Schadenfreiheitsrabatt-System nach J.6, können Sie den Vertrag innerhalb eines Monats nach Zugang unserer Mitteilung der Änderung kündigen. Die Kündigung ist sofort wirksam, frühestens jedoch zum Zeitpunkt des Wirksamwerdens der Änderung. Wir teilen Ihnen die Änderung spätestens einen Monat vor Wirksamwerden mit und weisen Sie auf Ihr Kündigungsrecht hin.

[xx Kündigung bei Veränderung der Tarifstruktur

G.2.9 Ändern wir unsere Tarifstruktur nach J.6, können Sie den Vertrag innerhalb eines Monats nach Zugang unserer Mitteilung der Änderung kündigen. Die Kündigung ist sofort wirksam, frühestens jedoch zum Zeitpunkt des Wirksamwerdens der Änderung. Wir teilen Ihnen die Änderung spätestens einen Monat vor Wirksamwerden mit und weisen Sie auf Ihr Kündigungsrecht hin.]

[xx Kündigung bei Bedingungsänderung

<Achtung! Nur, wenn Bedingungsänderung gem. N vereinbart>

G.2.10 Machen wir von unserem Recht zur Bedingungsanpassung nach N Gebrauch, können Sie den Vertrag innerhalb von sechs Wochen nach Zugang unserer Mitteilung kündigen. Die

Kündigung ist sofort wirksam, frühestens jedoch zum Zeitpunkt des Wirksamwerdens der Bedingungsänderung. Wir teilen Ihnen die Änderung spätestens sechs Wochen vor dem Wirksamwerden mit und weisen Sie auf Ihr Kündigungsrecht hin.]

G.3 Wann und aus welchem Anlass können wir den Versicherungsvertrag kündigen?

Kündigung zum Ablauf

G.3.1 Wir können den Vertrag zum Ablauf des Versicherungsjahres kündigen. Die Kündigung ist nur wirksam, wenn sie Ihnen spätestens einen Monat vor Ablauf zugeht.

Kündigung des vorläufigen Versicherungsschutzes

G.3.2 Wir sind berechtigt, einen vorläufigen Versicherungsschutz zu kündigen. Die Kündigung wird nach Ablauf von zwei Wochen nach ihrem Zugang bei Ihnen wirksam.

Kündigung nach einem Schadenereignis

G.3.3 Nach dem Eintritt eines Schadenereignisses können wir den Vertrag kündigen. Die Kündigung muss Ihnen innerhalb eines Monats nach Beendigung der Verhandlungen über die Entschädigung oder innerhalb eines Monats zugehen, nachdem wir in der Kfz-Haftpflichtversicherung unsere Leistungspflicht anerkannt oder zu Unrecht abgelehnt haben. Das gleiche gilt, wenn wir Ihnen in der Kfz-Haftpflichtversicherung die Weisung erteilen, es über den Anspruch des Dritten zu einem Rechtsstreit kommen zu lassen. Außerdem können wir in der Kfz-Haftpflichtversicherung den Vertrag bis zum Ablauf eines Monats seit der Rechtskraft des im Rechtsstreit mit dem Dritten ergangenen Urteils kündigen.

Unsere Kündigung wird einen Monat nach ihrem Zugang bei Ihnen wirksam.

Kündigung bei Nichtzahlung des Folgebeitrags

G.3.4 Haben Sie einen ausstehenden Folgebeitrag zuzüglich Kosten und Zinsen trotz unserer Zahlungsaufforderung nach C.2.2 nicht innerhalb der zweiwöchigen Frist gezahlt, können wir den Vertrag mit sofortiger Wirkung kündigen. Unsere Kündigung wird unwirksam, wenn Sie diese Beträge innerhalb eines Monats ab Zugang der Kündigung zahlen (siehe auch C.2.4).

Kündigung bei Verletzung Ihrer Pflichten bei Gebrauch des Fahrzeugs

G.3.5 Haben Sie eine Ihrer Pflichten bei Gebrauch des Fahrzeugs nach D verletzt, können wir innerhalb eines Monats, nachdem wir von der Verletzung Kenntnis erlangt haben, den Vertrag mit sofortiger Wirkung kündigen. Dies gilt nicht, wenn Sie nachweisen, dass Sie die Pflicht weder vorsätzlich noch grob fahrlässig verletzt haben.

Kündigung bei geänderter Verwendung des Fahrzeugs

G.3.6 Ändert sich die Art und Verwendung des Fahrzeugs nach K.5, können wir den Vertrag mit sofortiger Wirkung kündigen. Können Sie nachweisen, dass die Änderung weder auf Vorsatz noch auf grober Fahrlässigkeit beruht, wird die Kündigung nach Ablauf von einem Monat nach ihrem Zugang bei Ihnen wirksam.

Kündigung bei Veräußerung oder Zwangsversteigerung des Fahrzeugs

G.3.7 Bei Veräußerung oder Zwangsversteigerung des Fahrzeugs nach G.7 können wir dem Erwerber gegenüber kündigen. Wir haben die Kündigung innerhalb eines Monats ab dem Zeitpunkt auszusprechen, zu dem wir von der Veräußerung oder Zwangsversteigerung Kenntnis erlangt haben. Unsere Kündigung wird einen Monat nach ihrem Zugang beim Erwerber wirksam.

G.4 Kündigung einzelner Versicherungsarten

G.4.1 Die Kfz-Haftpflicht-, Kasko-, Autoschutzbrief- und Kfz-Unfallversicherung sind jeweils rechtlich selbstständige Verträge. Die Kündigung eines dieser Verträge berührt das Fortbestehen anderer nicht.

G.4.2 Sie und wir sind berechtigt, bei Vorliegen eines Kündigungsanlasses zu einem dieser Verträge die gesamte Kfz-Versicherung für das Fahrzeug zu kündigen.

G.4.3 Kündigen wir von mehreren für das Fahrzeug abgeschlossenen Verträgen nur einen und teilen Sie uns innerhalb von zwei Wochen nach Zugang unserer Kündigung mit, dass Sie mit einer Fortsetzung der anderen ungekündigten Verträge nicht einverstanden sind, gilt die gesamte Kfz-Versicherung für das Fahrzeug als gekündigt. Dies gilt entsprechend für uns, wenn Sie von mehreren nur einen Vertrag kündigen.

G.4.4 Kündigen Sie oder wir nur den Autoschutzbrief, gelten G.4.2 und G.4.3 nicht.

G.4.5 G.4.1 und G.4.2 finden entsprechende Anwendung, wenn in einem Vertrag mehrere Fahrzeuge versichert sind.

G.5 Form und Zugang der Kündigung

Jede Kündigung muss schriftlich erfolgen und ist nur wirksam, wenn sie innerhalb der jeweiligen Frist zugeht. Die von Ihnen erklärte Kündigung muss unterschrieben sein.

G.6 Beitragsabrechnung nach Kündigung

Bei einer Kündigung vor Ablauf des Versicherungsjahres steht uns der auf die Zeit des Versicherungsschutzes entfallende Beitrag anteilig zu.

G.7 Was ist bei Veräußerung des Fahrzeugs zu beachten?

Übergang der Versicherung auf den Erwerber

G.7.1 Veräußern Sie Ihr Fahrzeug, geht die Versicherung auf den Erwerber über. Dies gilt nicht für die Kfz-Unfallversicherung.

G.7.2 Wir sind berechtigt und verpflichtet, den Beitrag entsprechend den Angaben des Erwerbers, wie wir sie bei einem Neuabschluss des Vertrags verlangen würden, anzupassen. Das gilt auch für die SF-Klasse des Erwerbers, die entsprechend seines bisherigen Schadenverlaufs ermittelt wird. Der neue Beitrag gilt ab dem Tag, der auf den Übergang der Versicherung folgt.

G.7.3. Den Beitrag für das laufende Versicherungsjahr können wir entweder von Ihnen oder vom Erwerber verlangen.

Anzeige der Veräußerung

G.7.4 Sie und der Erwerber sind verpflichtet, uns die Veräußerung des Fahrzeugs unverzüglich anzuzeigen. Unterbleibt die Anzeige, droht unter den Voraussetzungen des § 97 Versicherungsvertragsgesetz der Verlust des Versicherungsschutzes.

Kündigung des Vertrags

G.7.5 Im Falle der Veräußerung können der Erwerber nach G.2.5 und G.2.6 oder wir nach G.3.7 den Vertrag kündigen. Dann können wir den Beitrag nur von Ihnen verlangen.

Zwangsversteigerung

G.7.6 Die Regelungen G.7.1 bis G.7.5 sind entsprechend anzuwenden, wenn Ihr Fahrzeug zwangsversteigert wird.

G.8 Wagniswegfall (z.B. durch Fahrzeugverschrottung)

Fällt das versicherte Wagnis endgültig weg, steht uns der Beitrag bis zu dem Zeitpunkt zu, zu dem wir vom Wagniswegfall Kenntnis erlangen.

H Außerbetriebsetzung, Saisonkennzeichen, Fahrten mit ungestempelten Kennzeichen

H.1 Was ist bei Außerbetriebsetzung zu beachten?

Ruheversicherung

H.1.1 Wird das versicherte Fahrzeug außer Betrieb gesetzt und soll es zu einem späteren Zeitpunkt wieder zugelassen werden, wird dadurch der Vertrag nicht beendet.

H.1.2 Der Vertrag geht in eine beitragsfreie Ruheversicherung über, wenn die Zulassungsbehörde uns die Außerbetriebsetzung mitteilt, es sei denn, die Außerbetriebsetzung beträgt weniger als zwei Wochen oder Sie verlangen die uneingeschränkte Fortführung des bisherigen Versicherungsschutzes.

H.1.3   Die Regelungen nach H.1.1 und H.1.2 gelten nicht für Fahrzeuge mit Versicherungskennzeichen (z.b. Mofas), Wohnwagenanhänger sowie bei Verträgen mit ausdrücklich kürzerer Vertragsdauer als ein Jahr.

Umfang der Ruheversicherung

H.1.4   Mit der beitragsfreien Ruheversicherung gewähren wir Ihnen während der Dauer der Außerbetriebsetzung eingeschränkten Versicherungsschutz.

Der Ruheversicherungsschutz umfasst

- die Kfz-Haftpflichtversicherung,

- die Teilkaskoversicherung, wenn für das Fahrzeug im Zeitpunkt der Außerbetriebsetzung eine Voll- oder eine Teilkaskoversicherung bestand.

Ihre Pflichten bei der Ruheversicherung

H.1.5   Während der Dauer der Ruheversicherung sind Sie verpflichtet, das Fahrzeug in einem Einstellraum (z.B. einer Einzel- oder Sammelgarage) oder auf einem umfriedeten Abstellplatz (z.B. einem geschlossenen Hofraum) nicht nur vorübergehend abzustellen und das Fahrzeug außerhalb dieser Räumlichkeiten nicht zu gebrauchen. Verletzen Sie diese Pflicht, sind wir unter den Voraussetzungen nach D.3 leistungsfrei.

Wiederanmeldung

H.1.6   Wird das Fahrzeug wieder zum Verkehr zugelassen (Ende der Außerbetriebsetzung), lebt der ursprüngliche Versicherungsschutz wieder auf. Das Ende der Außerbetriebsetzung haben Sie uns unverzüglich anzuzeigen.

Ende des Vertrags und der Ruheversicherung

H.1.7   Der Vertrag und damit auch die Ruheversicherung enden xx Monate nach der Außerbetriebsetzung, ohne dass es einer Kündigung bedarf.

H.1.8   Melden Sie das Fahrzeug während des Bestehens der Ruheversicherung mit einer Versicherungsbestätigung eines anderen Versicherers wieder an, haben wir das Recht, den Vertrag fortzusetzen und den anderen Versicherer zur Aufhebung des Vertrags aufzufordern.

H.2   Welche Besonderheiten gelten bei Saisonkennzeichen?

H.2.1   Für Fahrzeuge, die mit einem Saisonkennzeichen zugelassen sind, gewähren wir den vereinbarten Versicherungsschutz während des auf dem amtlichen Kennzeichen dokumentierten Zeitraums (Saison).

H.2.2   Außerhalb der Saison haben Sie Ruheversicherungsschutz nach H.1.4 und H.1.5.

H.2.3   Für Fahrten außerhalb der Saison haben Sie innerhalb des für den Halter zuständigen Zulassungsbezirks und eines angrenzenden Bezirks in der Kfz-Haftpflichtversicherung Versicherungsschutz, wenn diese Fahrten im Zusammenhang mit dem Zulassungsverfahren oder wegen der Hauptuntersuchung, Sicherheitsprüfung oder Abgasuntersuchung durchgeführt werden.

H.3   Fahrten mit ungestempelten Kennzeichen

Versicherungsschutz in der Kfz-Haftpflichtversicherung und beim Autoschutzbrief

H.3.1   In der Kfz-Haftpflichtversicherung und beim Autoschutzbrief besteht Versicherungsschutz auch für Zulassungsfahrten mit ungestempelten Kennzeichen. Dies gilt nicht für Fahrten, für die ein rotes Kennzeichen oder ein Kurzzeitkennzeichen geführt werden muss.

Was sind Zulassungsfahrten?

H.3.2   Zulassungsfahrten sind Fahrten, die im Zusammenhang mit dem Zulassungsverfahren innerhalb des für den Halter zuständigen Zulassungsbezirks und eines angrenzenden Zulassungsbezirks ausgeführt werden. Das sind Rückfahrten von der Zulassungsbehörde nach Entfernung der Stempelplakette. Außerdem sind Fahrten zur Durchführung der Hauptuntersuchung, Sicherheitsprüfung oder Abgasuntersuchung oder Zulassung versichert, wenn die Zulassungsbehörde vorab ein ungestempeltes Kennzeichen zugeteilt hat.

I Schadenfreiheitsrabatt-System

I.1 Einstufung in Schadenfreiheitsklassen (SF-Klassen)

In der Kfz-Haftpflicht- und der Vollkaskoversicherung richtet sich die Einstufung Ihres Vertrags in eine SF-Klasse und der sich daraus ergebende Beitragssatz nach Ihrem Schadenverlauf. Siehe dazu die Tabellen in Anhang 1.

Dies gilt nicht für Fahrzeuge mit Versicherungskennzeichen, ... < xx *alle gewünschten WKZ und Kennzeichenarten aufführen* >

I.2 Ersteinstufung

I.2.1 Ersteinstufung in SF-Klasse 0

Beginnt Ihr Vertrag ohne Übernahme eines Schadenverlaufs nach I.6, wird er in die SF-Klasse 0 eingestuft.

I.2.2 Sonderersteinstufung eines Pkw in SF-Klasse ½ oder SF-Klasse 2

I.2.2.1 Sonderersteinstufung in SF-Klasse ½

Beginnt Ihr Vertrag für einen Pkw ohne Übernahme eines Schadenverlaufs nach I.6., wird er in die SF-Klasse ½ eingestuft, wenn

a   auf Sie bereits ein Pkw zugelassen ist, der zu diesem Zeitpunkt in der Kfz-Haftpflichtversicherung mindestens in die SF-Klasse ½ eingestuft ist, oder

b   auf Ihren Ehepartner, Ihren eingetragenen Lebenspartner oder Ihren mit Ihnen in häuslicher Gemeinschaft lebenden Lebenspartner bereits ein Pkw zugelassen ist, der zu diesem Zeitpunkt in der Kfz-Haftpflichtversicherung mindestens in die SF-Klasse ½ eingestuft ist, und Sie seit mindestens einem Jahr eine gültige Fahrerlaubnis zum Führen von Pkw oder Krafträdern besitzen, die von einem Mitgliedstaat des Europäischen Wirtschaftsraums (EWR) erteilt wurde oder diesen nach I.2.5 gleichgestellt ist, oder

c   Sie nachweisen, dass Sie aufgrund einer gültigen Fahrerlaubnis, die von einem Mitgliedstaat des Europäischen Wirtschaftsraums (EWR) erteilt wurde oder diesen nach I.2.5 gleichgestellt ist, seit mindestens drei Jahren zum Führen von Pkw oder von Krafträdern, die ein amtliches Kennzeichen führen müssen, berechtigt sind.

Die Sondereinstufung in die SF-Klasse ½ gilt nicht für Pkw, die ein Ausfuhrkennzeichen, ein Kurzzeitkennzeichen oder ein rotes Kennzeichen führen.

I.2.2.2 Sonderersteinstufung in SF-Klasse 2

Beginnt Ihr Vertrag für einen Pkw ohne Übernahme eines Schadenverlaufs nach I.6, wird er in die SF-Klasse 2 eingestuft, wenn

-   auf Sie, Ihren Ehepartner, Ihren eingetragenen Lebenspartner oder Ihren mit Ihnen in häuslicher Gemeinschaft lebenden Lebenspartner bereits ein Pkw zugelassen und bei uns versichert ist, der zu diesem Zeitpunkt in der Kfz-Haftpflichtversicherung mindestens in die SF-Klasse 2 eingestuft ist, und

-   Sie seit mindestens einem Jahr eine gültige Fahrerlaubnis zum Führen von Pkw oder von Krafträdern besitzen, die von einem des Europäischen Wirtschaftsraums (EWR) erteilt wurde, und

-   Sie und der jeweilige Fahrer mindestens das xx. Lebensjahr vollendet haben.

Die Sondereinstufung in die SF-Klasse 2 gilt nicht für Pkw, die ein Ausfuhrkennzeichen, ein Kurzzeitkennzeichen oder ein rotes Kennzeichen führen.

I.2.3 Anrechnung des Schadenverlaufs der Kfz-Haftpflichtversicherung in der Vollkaskoversicherung

Ist das versicherte Fahrzeug ein Pkw, ein Kraftrad oder ein Campingfahrzeug und schließen Sie neben der Kfz-Haftpflichtversicherung eine Vollkaskoversicherung mit einer Laufzeit von einem Jahr ab (siehe G.1.2), können Sie verlangen, dass die Einstufung nach dem Schadenverlauf der Kfz-Haftpflichtversicherung erfolgt. Dies gilt nicht, wenn für das versicherte Fahrzeug oder für ein Vorfahrzeug im Sinne von I.6.1.1 innerhalb der letzten 12 Monate vor Abschluss der Vollkaskoversicherung bereits eine Vollkaskoversicherung bestanden hat; in diesem Fall übernehmen wir den Schadenverlauf der Vollkaskoversicherung nach I.6.

I.2.4   Führerscheinsonderregelung

Hat Ihr Vertrag für einen Pkw oder ein Kraftrad in der Klasse SF 0 begonnen, stufen wir ihn auf Ihren Antrag besser ein, sobald Sie drei Jahre im Besitz einer Fahrerlaubnis für Pkw oder Krafträder sind und folgende Voraussetzungen gegeben sind:

- Der Vertrag ist schadenfrei verlaufen und
- Ihre Fahrerlaubnis ist von einem Mitgliedsstaat des Europäischen Wirtschaftsraums (EWR) ausgestellt worden oder diesen nach I.2.5. gleichgestellt.

I.2.5   Gleichgestellte Fahrerlaubnisse

Fahrerlaubnisse aus Staaten außerhalb des Europäischen Wirtschaftsraums (EWR) sind im Rahmen der SF-Ersteinstufung Fahrerlaubnissen aus einem Mitgliedsstaat des EWR gleichgestellt, wenn diese nach den Vorschriften der Fahrerlaubnisverordnung ohne weitere theoretische oder praktische Fahrprüfung umgeschrieben werden können oder nach Erfüllung der Auflagen umgeschrieben sind.

I.3   Jährliche Neueinstufung

Wir stufen Ihren Vertrag zum 1. Januar eines jeden Jahres nach seinem Schadenverlauf im vergangenen Kalenderjahr neu ein.

I.3.1   Wirksamwerden der Neueinstufung

Die Neueinstufung gilt ab der ersten Beitragsfälligkeit im neuen Kalenderjahr.

I.3.2   Besserstufung bei schadenfreiem Verlauf

Ist Ihr Vertrag während eines Kalenderjahres schadenfrei verlaufen und hat der Versicherungsschutz während dieser Zeit ununterbrochen bestanden, wird Ihr Vertrag in die nächst bessere SF-Klasse nach der jeweiligen Tabelle im Anhang 1 eingestuft.

I.3.3   Besserstufung bei Saisonkennzeichen

Ist das versicherte Fahrzeug mit einem Saisonkennzeichen zugelassen (siehe H.2), nehmen wir bei schadenfreiem Verlauf des Vertrags eine Besserstufung nach I.3.2 nur vor, wenn die Saison mindestens sechs Monate beträgt.

I.3.4   Besserstufung bei Verträgen mit SF-Klassen [2], ½, S, 0 oder M

Hat der Versicherungsschutz während des gesamten Kalenderjahres ununterbrochen bestanden, stufen wir Ihren Vertrag aus der SF-Klasse, ½, S, 0 oder M bei schadenfreiem Verlauf in die SF-Klasse 1 ein.

Hat Ihr Vertrag in der Zeit vom 2. Januar bis 1. Juli eines Kalenderjahres mit einer Einstufung in SF-Klasse [2], ½ oder 0 begonnen und bestand bis zum 31. Dezember mindestens sechs Monate Versicherungsschutz, wird er bei schadenfreiem Verlauf zum 1. Januar des folgenden Kalenderjahres wie folgt eingestuft:

[xx von SF-Klasse 2   nach   SF-Klasse xx]

von SF-Klasse ½   nach   SF-Klasse xx,

von SF-Klasse 0   nach   SF-Klasse xx.

I.3.5   Rückstufung bei schadenbelastetem Verlauf

Ist Ihr Vertrag während eines Kalenderjahres schadenbelastet verlaufen, wird er nach der jeweiligen Tabelle in Anhang 1 zurückgestuft. Maßgeblich ist der Tag der Schadenmeldung bei uns.

I.4   Was bedeutet schadenfreier oder schadenbelasteter Verlauf?

I.4.1   Schadenfreier Verlauf

I.4.1.1   Ein schadenfreier Verlauf des Vertrags liegt vor, wenn der Versicherungsschutz von Anfang bis Ende eines Kalenderjahres ununterbrochen bestanden hat und uns in dieser Zeit kein Schadenereignis gemeldet worden ist, für das wir Entschädigungen leisten oder Rückstellungen bilden mussten. Dazu zählen nicht Kosten für Gutachter, Rechtsberatung und Prozesse.

I.4.1.2   Trotz Meldung eines Schadenereignisses gilt der Vertrag jeweils als schadenfrei, wenn a   wir nur aufgrund von Abkommen der Versicherungsunternehmen untereinander oder mit Sozialversicherungsträgern oder wegen der Ausgleichspflicht aufgrund einer Mehrfachversicherung Entschädigungen leisten oder Rückstellungen bilden oder

b   wir Rückstellungen für das Schadenereignis in den drei auf die Schadenmeldung folgenden Kalenderjahren auflösen, ohne eine Entschädigung geleistet zu haben oder

c   der Schädiger oder dessen Haftpflichtversicherung uns unsere Entschädigung in vollem Umfang erstattet oder

d   wir in der Vollkaskoversicherung für ein Schadenereignis, das unter die Teilkaskoversicherung fällt, Entschädigungen leisten oder Rückstellungen bilden oder

e   Sie Ihre Vollkaskoversicherung nur deswegen in Anspruch nehmen, weil eine Person mit einer gesetzlich vorgeschriebenen Haftpflichtversicherung für das Schadenereignis zwar in vollem Umfang haftet, Sie aber gegenüber dem Haftpflichtversicherer keinen Anspruch haben, weil dieser den Versicherungsschutz ganz oder teilweise versagt hat.

I.4.2   Schadenbelasteter Verlauf

I.4.2.1   Ein schadenbelasteter Verlauf des Vertrags liegt vor, wenn Sie uns während eines Kalenderjahres ein oder mehrere Schadenereignisse melden, für die wir Entschädigungen leisten oder Rückstellungen bilden müssen. Hiervon ausgenommen sind die Fälle nach I.4.1.2.

I.4.2.2   Gilt der Vertrag trotz einer Schadenmeldung zunächst als schadenfrei, leisten wir jedoch in einem folgenden Kalenderjahr Entschädigungen oder bilden Rückstellungen für diesen Schaden, stufen wir Ihren Vertrag zum 1. Januar des dann folgenden Kalenderjahres zurück.

I.5   Wie Sie eine Rückstufung in der Kfz-Haftpflichtversicherung vermeiden können

Sie können eine Rückstufung in der Kfz-Haftpflichtversicherung vermeiden, wenn Sie uns unsere Entschädigung freiwillig, also ohne vertragliche oder gesetzliche Verpflichtung erstatten. Um Ihnen hierzu Gelegenheit zu geben, unterrichten wir Sie nach Abschluss der Schadenregulierung über die Höhe unserer Entschädigung, wenn diese nicht mehr als 500 ? beträgt. Erstatten Sie uns die Entschädigung innerhalb von sechs Monaten nach unserer Mitteilung, wird Ihr Kfz-Haftpflichtversicherungsvertrag als schadenfrei behandelt.

Haben wir Sie über den Abschluss der Schadenregulierung und über die Höhe des Erstattungsbetrags unterrichtet und müssen wir danach im Zuge einer Wiederaufnahme der Schadenregulierung eine weitere Entschädigung leisten, führt dies nicht zu einer Erhöhung des Erstattungsbetrags.

I.6   Übernahme eines Schadenverlaufs

I.6.1   In welchen Fällen wird ein Schadenverlauf übernommen?

Der Schadenverlauf eines anderen Vertrags - auch wenn dieser bei einem anderen Versicherer bestanden hat - wird auf den Vertrag des versicherten Fahrzeugs unter den Voraussetzungen nach I.6.2 und I.6.3 in folgenden Fällen übernommen:

Fahrzeugwechsel

I.6.1.1   Sie haben das versicherte Fahrzeug anstelle eines anderen Fahrzeugs angeschafft.

Rabatttausch

I.6.1.2   Sie besitzen außer dem versicherten Fahrzeug noch ein anderes Fahrzeug und veräußern dieses oder setzen es ohne Ruheversicherung außer Betrieb und beantragen die Übernahme des Schadenverlaufs.

Schadenverlauf einer anderen Person

I.6.1.3   Das Fahrzeug einer anderen Person wurde überwiegend von Ihnen gefahren und Sie beantragen die Übernahme des Schadenverlaufs.

Versichererwechsel

I.6.1.4   Sie sind mit Ihrem Fahrzeug von einem anderen Versicherer zu uns gewechselt.

I.6.2   Welche Voraussetzungen gelten für die Übernahme?

Für die Übernahme eines Schadenverlaufs gelten folgende Voraussetzungen:

Fahrzeuggruppe

I.6.2.1 Die Fahrzeuge, zwischen denen der Schadenverlauf übertragen wird, gehören derselben Fahrzeuggruppe an, oder das Fahrzeug, von dem der Schadenverlauf übernommen wird, gehört einer höheren Fahrzeuggruppe an als das Fahrzeug, auf das übertragen wird.

    a   Untere Fahrzeuggruppe:

        Pkw, Leichtkrafträder, Krafträder, Campingfahrzeuge, Lieferwagen, Gabelstapler, Kranken- und Leichenwagen.

    b   Mittlere Fahrzeuggruppe:

        Taxen, Mietwagen, Lkw und Zugmaschinen im Werkverkehr.

    c   Obere Fahrzeuggruppe:

        Lkw und Zugmaschinen im gewerblichen Güterverkehr, Kraftomnibusse sowie Abschleppwagen.

    Eine Übertragung ist zudem möglich

    -   von einem Lieferwagen auf einen Lkw oder eine Zugmaschine im Werkverkehr bis xx kW,

    -   von einem Pkw mit 7 bis 9 Plätzen einschließlich Mietwagen und Taxen auf einen Kraftomnibus mit nicht mehr als xx Plätzen (ohne Fahrersitz).

Gemeinsame Übernahme des Schadenverlaufs in der Kfz-Haftpflicht- und der Vollkaskoversicherung

I.6.2.2 Wir übernehmen die Schadenverläufe in der Kfz-Haftpflicht- und in der Vollkaskoversicherung nur zusammen.

Zusätzliche Regelung für die Übernahme des Schadenverlaufs von einer anderen Person nach I.6.1.3

I.6.2.3 Wir übernehmen den Schadenverlauf von einer anderen Person nur für den Zeitraum, in dem das Fahrzeug der anderen Person überwiegend von Ihnen gefahren wurde, und unter folgenden Voraussetzungen:

    a   Es handelt sich bei der anderen Person um Ihren Ehepartner, Ihren eingetragenen Lebenspartner, Ihren mit Ihnen in häuslicher Gemeinschaft lebenden Lebenspartner, ein Elternteil, Ihr Kind oder Ihren Arbeitgeber;

    b   Sie machen den Zeitraum, in dem das Fahrzeug der anderen Person überwiegend von Ihnen gefahren wurde glaubhaft; hierzu gehört insbesondere

        -   eine schriftliche Erklärung von Ihnen und der anderen Person; ist die andere Person verstorben, ist die Erklärung durch Sie ausreichend;

        -   die Vorlage einer Kopie Ihres Führerscheins zum Nachweis dafür, dass Sie für den entsprechenden Zeitraum im Besitz einer gültigen Fahrerlaubnis waren;

    c   die andere Person ist mit der Übertragung ihres Schadenverlaufs an Sie einverstanden und gibt damit ihren Schadenfreiheitsrabatt in vollem Umfang auf;

    d   die Nutzung des Fahrzeugs der anderen Person durch Sie liegt bei der Übernahme nicht mehr als xx Monate zurück.

I.6.3 Wie wirkt sich eine Unterbrechung des Versicherungsschutzes auf den Schadenverlauf aus?

Im Jahr der Übernahme

I.6.3.1 Nach einer Unterbrechung des Versicherungsschutzes (Außerbetriebsetzung, Saisonkennzeichen außerhalb der Saison, Vertragsbeendigung, Veräußerung, Wagniswegfall) gilt:

    a   Beträgt die Unterbrechung höchstens sechs Monate, übernehmen wir den Schadenverlauf, als wäre der Versicherungsschutz nicht unterbrochen worden.

    b   Beträgt die Unterbrechung mehr als sechs und höchstens zwölf Monate, übernehmen wir den Schadenverlauf, wie er vor der Unterbrechung bestand.

    c   Beträgt die Unterbrechung mehr als zwölf Monate, ziehen wir beim Schadenverlauf für jedes weitere angefangene Kalenderjahr seit der Unterbrechung ein schadenfreies Jahr ab.

    d   Beträgt die Unterbrechung mehr als sieben Jahre, übernehmen wir den schadenfreien Verlauf nicht.

Sofern neben einer Rückstufung aufgrund einer Unterbrechung von mehr als einem Jahr gleichzeitig eine Rückstufung aufgrund einer Schadenmeldung zu erfolgen hat, ist zunächst die Rückstufung aufgrund des Schadens, danach die Rückstufung aufgrund der Unterbrechung vorzunehmen.

Im Folgejahr nach der Übernahme

I.6.3.2   In dem auf die Übernahme folgenden Kalenderjahr richtet sich die Einstufung des Vertrags nach dessen Schadenverlauf und danach, wie lange der Versicherungsschutz in dem Kalenderjahr der Übernahme bestand:

a   Bestand der Versicherungsschutz im Kalenderjahr der Übernahme mindestens sechs Monate, wird der Vertrag entsprechend seines Verlaufs so eingestuft, als hätte er ein volles Kalenderjahr bestanden.

b   Bestand der Versicherungsschutz im Kalenderjahr der Übernahme weniger als sechs Monate, unterbleibt eine Besserstufung trotz schadenfreien Verlaufs.

I.6.4   Übernahme des Schadenverlaufs nach Betriebsübergang

Haben Sie einen Betrieb und dessen zugehörige Fahrzeuge übernommen, übernehmen wir den Schadenverlauf dieser Fahrzeuge unter folgenden Voraussetzungen:

-    Der bisherige Betriebsinhaber ist mit der Übernahme des Schadenverlaufs durch Sie einverstanden und gibt damit den Schadenfreiheitsrabatt in vollem Umfang auf,

-    Sie machen glaubhaft, dass sich durch die Übernahme des Betriebs die bisherige Risikosituation nicht verändert hat.

I.7   Einstufung nach Abgabe des Schadenverlaufs

I.7.1   Die Schadenverläufe in der Kfz-Haftpflicht- und der Vollkaskoversicherung können nur zusammen abgegeben werden.

I.7.2   Nach einer Abgabe des Schadenverlaufs Ihres Vertrags stufen wir diesen in die SF-Klasse ein, die Sie bei Ersteinstufung Ihres Vertrages nach I.2 bekommen hätten. Befand sich Ihr Vertrag in der SF-Klasse M oder S, bleibt diese Einstufung bestehen.

I.7.3   Wir sind berechtigt, den Mehrbeitrag aufgrund der Umstellung Ihres Vertrags nachzuerheben.

I.8   Auskünfte über den Schadenverlauf

I.8.1   Wir sind berechtigt, uns bei Übernahme eines Schadenverlaufs folgende Auskünfte vom Vorversicherer geben zu lassen:

-    Art und Verwendung des Fahrzeugs,

-    Beginn und Ende des Vertrags für das Fahrzeug,

-    Schadenverlauf des Fahrzeugs in der Kfz-Haftpflicht- und der Vollkaskoversicherung,

-    Unterbrechungen des Versicherungsschutzes des Fahrzeugs, die sich noch nicht auf dessen letzte Neueinstufung ausgewirkt haben,

-    ob für ein Schadenereignis Rückstellungen innerhalb von drei Jahren nach deren Bildung aufgelöst worden sind, ohne dass Zahlungen geleistet worden sind und

-    ob Ihnen oder einem anderen Versicherer bereits entsprechende Auskünfte erteilt worden sind.

I.8.2   Versichern Sie nach Beendigung Ihres Vertrags in der Kfz-Haftpflicht- und der Vollkaskoversicherung Ihr Fahrzeug bei einem anderen Versicherer, sind wir berechtigt und verpflichtet, diesem auf Anfrage Auskünfte zu Ihrem Vertrag und dem versicherten Fahrzeug nach I. 8.1 zu geben.

Unsere Auskunft bezieht sich nur auf den tatsächlichen Schadenverlauf. Sondereinstufungen – mit Ausnahme der Regelung nach I.2.2.1 – werden nicht berücksichtigt.

J   Beitragsänderung aufgrund tariflicher Maßnahmen

J.1   Typklasse

Richtet sich der Versicherungsbeitrag nach dem Typ Ihres Fahrzeugs, können Sie Ihrem Versicherungsschein entnehmen, welcher Typklasse Ihr Fahrzeug zu Beginn des Vertrags zugeordnet worden ist.

Ein unabhängiger Treuhänder ermittelt jährlich, ob und in welchem Umfang sich der Schadenbedarf Ihres Fahrzeugtyps im Verhältnis zu dem aller Fahrzeugtypen erhöht oder verringert hat. Ändert sich der Schadenbedarf Ihres Fahrzeugtyps im Verhältnis zu dem aller Fahrzeugtypen, kann dies zu einer Zuordnung in eine andere Typklasse führen. Die damit verbundene Beitragsänderung wird mit Beginn des nächsten Versicherungsjahres wirksam.

[xx Die Klassengrenzen können Sie der Tabelle im Anhang 3 entnehmen.]

J.2   Regionalklasse

Richtet sich der Versicherungsbeitrag nach dem Wohnsitz des Halters, wird Ihr Fahrzeug einer Regionalklasse zugeordnet. Maßgeblich ist der Wohnsitz, den uns die Zulassungsbehörde zu Ihrem Fahrzeug mitteilt. Ihrem Versicherungsschein können Sie entnehmen, welcher Regionalklasse Ihr Fahrzeug zu Beginn des Vertrags zugeordnet worden ist.

Ein unabhängiger Treuhänder ermittelt jährlich, ob und in welchem Umfang sich der Schadenbedarf der Region, in welcher der Wohnsitz des Halters liegt, im Verhältnis zu allen Regionen erhöht oder verringert hat. Ändert sich der Schadenbedarf Ihrer Region im Verhältnis zu dem aller Regionen, kann dies zu einer Zuordnung in eine andere Regionalklasse führen. Die damit verbundene Beitragsänderung wird mit Beginn des nächsten Versicherungsjahres wirksam.

[xx Die Klassengrenzen können Sie der Tabelle im Anhang 4 entnehmen.]

J.3   Tarifänderung

< xx *Redaktioneller Hinweis: Ein Mustertext wie zu § 9a AKB a.F. wird nicht bekannt gemacht.* >

J.4   Kündigungsrecht

Führt eine Änderung nach J.1 bis J.3 in der Kfz-Haftpflichtversicherung zu einer Beitragserhöhung, so haben Sie nach G.2.7 ein Kündigungsrecht. Werden mehrere Änderungen gleichzeitig wirksam, so besteht Ihr Kündigungsrecht nur, wenn die Änderungen in Summe zu einer Beitragserhöhung führen.

Dies gilt für die Kaskoversicherung entsprechend.

J.5   Gesetzliche Änderung des Leistungsumfangs in der Kfz-Haftpflichtversicherung

In der Kfz-Haftpflichtversicherung sind wir berechtigt, den Beitrag zu erhöhen, sobald wir aufgrund eines Gesetzes, einer Verordnung oder einer EU-Richtlinie dazu verpflichtet werden, den Leistungsumfang oder die Versicherungssummen zu erhöhen.

< xx *Achtung! Es folgen zwei Varianten. Variante 1 für Versicherer, die nur das SF-System nach Anlage 1 verwenden wollen. Variante 2 für Versicherer, die auch die Tarifmerkmale nach Anhang 2 verwenden wollen.* >

J.6   Änderung des SF-Klassen-Systems

Wir sind berechtigt, die Bestimmungen für die SF-Klassen nach Abschnitt I und Anhang 1 zu ändern, wenn ein unabhängiger Treuhänder bestätigt, dass die geänderten Bestimmungen den anerkannten Grundsätzen der Versicherungsmathematik und Versicherungstechnik entsprechen. Die geänderten Bestimmungen werden mit Beginn des nächsten Versicherungsjahres wirksam.

In diesem Fall haben Sie nach G.2.9 ein Kündigungsrecht.

[J.6   xx Änderung der Tarifstruktur]

Wir sind berechtigt, die Bestimmungen für SF-Klassen, Regionalklassen, Typklassen, Abstellort, jährliche Fahrleistung, xx < *ggf. zu ergänzen* > zu ändern, wenn ein unabhängiger Treuhänder bestätigt, dass die geänderten Bestimmungen den anerkannten Grundsätzen der Versicherungsmathematik und

Versicherungstechnik entsprechen. Die geänderten Bestimmungen werden mit Beginn des nächsten Versicherungsjahres wirksam.

In diesem Fall haben Sie nach G.2.9 ein Kündigungsrecht.

K Beitragsänderung aufgrund eines bei Ihnen eingetretenen Umstands

K.1 Änderung des Schadenfreiheitsrabatts

Ihr Beitrag kann sich aufgrund der Regelungen zum Schadenfreiheitsrabatt-System nach Abschnitt I ändern.

K.2 Änderung von Merkmalen zur Beitragsberechnung

Welche Änderungen werden berücksichtigt?

K.2.1 Ändert sich während der Laufzeit des Vertrags ein im Versicherungsschein unter der Überschrift xx aufgeführtes Merkmal zur Beitragsberechnung, berechnen wir den Beitrag neu. Dies kann zu einer Beitragssenkung oder zu einer Beitragserhöhung führen.

< xx Alternativformulierung für Versicherer, die die Anhänge 2 und 5 verwenden:

K.2.1 Ändert sich während der Laufzeit des Vertrags ein Merkmal zur Beitragsberechnung gemäß Anhang 2 "Merkmale zur Beitragsberechnung" und Anhang 5 „Berufsgruppen (Tarifgruppen)" berechnen wir den Beitrag neu. Dies kann zu einer Beitragssenkung oder zu einer Beitragserhöhung führen. >

Auswirkung auf den Beitrag

K.2.2 Der neue Beitrag gilt ab dem Tag der Änderung.

K.2.3 Ändert sich die im Versicherungsschein aufgeführte Jahresfahrleistung, gilt abweichend von K.2.2 der neue Beitrag rückwirkend ab Beginn des laufenden Versicherungsjahres.

K.3 Änderung der Regionalklasse wegen Wohnsitzwechsels

Wechselt der Halter seinen Wohnsitz und wird dadurch Ihr Fahrzeug einer anderen Regionalklasse zugeordnet, richtet sich der Beitrag ab der Ummeldung bei der Zulassungsbehörde nach der neuen Regionalklasse.

K.4 Ihre Mitteilungspflichten zu den Merkmalen zur Beitragsberechnung

Anzeige von Änderungen

K.4.1 Die Änderung eines im Versicherungsschein unter der Überschrift < xx *konkrete Bezeichnung eintragen* > aufgeführten Merkmals zur Beitragsberechnung müssen Sie uns unverzüglich anzeigen.

Überprüfung der Merkmale zur Beitragsberechnung

K.4.2 Wir sind berechtigt zu überprüfen, ob die bei Ihrem Vertrag berücksichtigten Merkmale zur Beitragsberechnung zutreffen. Auf Anforderung haben Sie uns entsprechende Bestätigungen oder Nachweise vorzulegen.

Folgen von unzutreffenden Angaben

K.4.3 Haben Sie unzutreffende Angaben zu Merkmalen zur Beitragsberechnung gemacht oder Änderungen nicht angezeigt und ist deshalb ein zu niedriger Beitrag berechnet worden, gilt rückwirkend ab Beginn des laufenden Versicherungsjahres der Beitrag, der den tatsächlichen Merkmalen zur Beitragsberechnung entspricht.

K.4.4 Haben Sie vorsätzlich unzutreffende Angaben gemacht oder Änderungen vorsätzlich nicht angezeigt und ist deshalb ein zu niedriger Beitrag berechnet worden, ist zusätzlich zur Beitragserhöhung eine Vertragsstrafe in Höhe von xx zu zahlen.

Folgen von Nichtangaben

K.4.5   Kommen Sie unserer Aufforderung, Bestätigungen oder Nachweise vorzulegen, schuldhaft nicht innerhalb von xx Wochen nach, wird der Beitrag rückwirkend ab Beginn des laufenden Versicherungsjahres für dieses Merkmal zur Beitragsberechnung nach den für Sie ungünstigsten Annahmen berechnet.

K.5   Änderung der Art und Verwendung des Fahrzeugs

Ändert sich die im Versicherungsschein ausgewiesene Art und Verwendung des Fahrzeugs < xx *bei Verwendung des Anhangs: „gemäß der Tabelle in Anhang 6" >*, müssen Sie uns dies anzeigen. Bei der Zuordnung nach der Verwendung des Fahrzeugs gelten ziehendes Fahrzeug und Anhänger als Einheit, wobei das höhere Wagnis maßgeblich ist.

Wir können in diesem Fall den Versicherungsvertrag nach G.3.6 kündigen oder den Beitrag ab der Änderung anpassen.

Erhöhen wir den Beitrag um mehr als 10 %, haben Sie ein Kündigungsrecht nach G.2.8.

L   Meinungsverschiedenheiten und Gerichtsstände

L.1   Wenn Sie mit uns einmal nicht zufrieden sind

Versicherungsombudsmann

L.1.1   Wenn Sie als Verbraucher mit unserer Entscheidung nicht zufrieden sind oder eine Verhandlung mit uns einmal nicht zu dem von Ihnen gewünschten Ergebnis geführt hat, können Sie sich an den Ombudsmann für Versicherungen wenden (Ombudsmann e.V., Postfach 080632, 10006 Berlin, E-Mail: beschwerde@versicherungsombudsmann.de; Tel.: 0180 4224424 (0,20 EUR je Anruf aus dem Festnetz; Anrufe aus Mobilfunknetzen können abweichen); Fax 0180 4224425). Der Ombudsmann für Versicherungen ist eine unabhängige und für Verbraucher kostenfrei arbeitende Schlichtungsstelle. Voraussetzung für das Schlichtungsverfahren vor dem Ombudsmann ist aber, dass Sie uns zunächst die Möglichkeit gegeben haben, unsere Entscheidung zu überprüfen.

Versicherungsaufsicht

L.1.2   Sind Sie mit unserer Betreuung nicht zufrieden oder treten Meinungsverschiedenheiten bei der Vertragsabwicklung auf, können Sie sich auch an die für uns zuständige Aufsicht wenden. Als Versicherungsunternehmen unterliegen wir der Aufsicht der Bundesanstalt für Finanzdienstleistungsaufsicht (BAFin), Sektor Versicherungsaufsicht, Graurheindorfer Straße 108, 53117 Bonn; E-Mail: poststelle@bafin.de; Tel.: 0228 4108-0; Fax 0228 4108 – 1550. Bitte beachten Sie, dass die BAFin keine Schiedsstelle ist und einzelne Streitfälle nicht verbindlich entscheiden kann.

Rechtsweg

L.1.3   Außerdem haben Sie die Möglichkeit, den Rechtsweg zu beschreiten.

    Hinweis: Beachten Sie bei Meinungsverschiedenheiten über die Höhe des Schadens in der Kaskoversicherung das Sachverständigenverfahren nach A.2.17.

L.2   Gerichtsstände

Wenn Sie uns verklagen

L.2.1   Ansprüche aus Ihrem Versicherungsvertrag können Sie insbesondere bei folgenden Gerichten geltend machen:

- dem Gericht, das für Ihren Wohnsitz örtlich zuständig ist,

- dem Gericht, das für unseren Geschäftssitz oder für die Sie betreuende Niederlassung örtlich zuständig ist.

Wenn wir Sie verklagen

L.2.2   Wir können Ansprüche aus dem Versicherungsvertrag insbesondere bei folgenden Gerichten geltend machen:

- dem Gericht, das für Ihren Wohnsitz örtlich zuständig ist,

- dem Gericht des Ortes, an dem sich der Sitz oder die Niederlassung Ihres Betriebs befindet, wenn Sie den Versicherungsvertrag für Ihren Geschäfts- oder Gewerbebetrieb abgeschlossen haben.

Sie haben Ihren Wohnsitz oder Geschäftssitz ins Ausland verlegt

L.2.3 Für den Fall, dass Sie Ihren Wohnsitz, Geschäftssitz oder gewöhnlichen Aufenthalt außerhalb Deutschlands verlegt haben oder Ihr Wohnsitz, Geschäftssitz oder gewöhnlicher Aufenthalt im Zeitpunkt der Klageerhebung nicht bekannt ist, gilt abweichend der Regelungen nach L.2.2 das Gericht als vereinbart, das für unseren Geschäftssitz zuständig ist.

M Zahlungsweise

Die Beiträge sind, soweit nichts anderes vereinbart ist, Jahresbeiträge, die jährlich im Voraus zu entrichten sind. Bei halb-, vierteljährlicher oder monatlicher Teilzahlung werden, soweit nichts anderes vereinbart ist, Zuschläge erhoben. Der Mindestbeitrag der halb-, vierteljährlichen oder monatlichen Teilzahlung beträgt xx Euro.

N Bedingungsänderung

< xx *Redaktioneller Hinweis: Ein Mustertext wird nicht bekannt gemacht.* >

Anhang 1: Tabellen zum Schadenfreiheitsrabatt-System

1 Pkw

1.1 Einstufung von Pkw in Schadenfreiheitsklassen (SF-Klassen) und Beitragssätze

Dauer des schadenfreien ununterbrochenen Verlaufs	SF-Klasse	Beitragssatz in %	
		Kfz-Haftpflicht	Vollkasko
25 und mehr	SF 25	xx	xx
24 Kalenderjahre	SF 24	xx	xx
...	...	...	...
1 Kalenderjahr	SF 1	xx	xx
-	SF ½	xx	xx
-	S	xx	xx
-	0	xx	xx
-	M	xx	xx

1.2 Rückstufung im Schadenfall bei Pkw

1.2.1 Kfz-Haftpflichtversicherung

Aus SF Klasse Nach Klasse	1 Schaden	2 Schäden	3 Schäden	4 und mehr Schäden
25	xx	xx	xx	xx
24	...			
23				

1.2.2 Vollkaskoversicherung

Aus SF Klasse Nach Klasse	1 Schaden	2 Schäden	3 Schäden	4 und mehr Schäden
25	xx	xx	xx	xx
24	...			

467

23

2 Krafträder

2.1 Einstufung von Krafträdern in Schadenfreiheitsklassen (SF-Klassen) und Beitragssätze
... < xx Tabelle >

2.2 Rückstufung im Schadenfall bei Krafträdern

2.2.1 Kfz-Haftpflichtversicherung
... < xx Tabelle >

2.2.2 Vollkaskoversicherung
... < xx Tabelle >

3 Leichtkrafträder

3.1 Einstufung von Leichtkrafträdern in Schadenfreiheitsklassen (SF-Klassen) und Beitragssätze
... < xx Tabelle >

3.2 Rückstufung im Schadenfall bei Leichtkrafträdern

3.2.1 Kfz-Haftpflichtversicherung
... < xx Tabelle >

3.2.2 Vollkaskoversicherung
... < xx Tabelle >

4 Taxen und Mietwagen

4.1 Einstufung von Taxen und Mietwagen in Schadenfreiheitsklassen (SF-Klassen) und Beitragssätze
... < xx Tabelle >

4.2 Rückstufung im Schadenfall bei Taxen und Mietwagen

4.2.1 Kfz-Haftpflichtversicherung
... < xx Tabelle >

4.2.2 Vollkaskoversicherung
... < xx Tabelle >

5 Campingfahrzeuge (Wohnmobile)

5.1 Einstufung von Campingfahrzeugen (Wohnmobilen) in Schadenfreiheitsklassen (SF-Klassen) und Beitragssätze
... < xx Tabelle >

5.2 Rückstufung im Schadenfall bei Campingfahrzeugen (Wohnmobilen)

5.2.1 Kfz-Haftpflichtversicherung
... < xx Tabelle >

5.2.2   Vollkaskoversicherung

... < xx Tabelle >

6   Lieferwagen, Lkw, Zugmaschinen (ausgenommen landwirtschaftliche), Kran-kenwagen, Leichenwagen, Busse (nur Kfz-Haftpflicht), Abschleppwagen (nur Kfz-Haftpflicht) und Stapler (nur Kfz-Haftpflicht)

6.1   Einstufung von Lieferwagen, Lkw, Zugmaschinen (ausgenommen landwirtschaftli-che), Krankenwagen, Leichenwagen, Busse (nur Kfz-Haftpflicht), Abschleppwagen (nur Kfz-Haftpflicht) und Stapler (nur Kfz-Haftpflicht) in Schadenfreiheitsklassen (SF-Klassen) und Beitragssätze

... < xx Tabelle >

6.2   Rückstufung im Schadenfall bei Lieferwagen, Lkw, Zugmaschinen (ausgenommen landwirtschaftliche), Krankenwagen, Leichenwagen, Busse, Abschleppwagen und Stapler

6.2.1   Kfz-Haftpflichtversicherung

... < xx Tabelle >

6.2.2   Vollkaskoversicherung (nur Lieferwagen, Lkw, Zugmaschinen, Krankenwagen, Leichenwagen)

... < xx Tabelle >

[Anhang 2:   Merkmale zur Beitragsberechnung]

1   Individuelle Merkmale zur Beitragsberechnung bei Pkw

1.1   Abstellort

Regelmäßiger nächtlicher Abstellort:

- abschließbare Einzelgarage

- abschließbare Doppelgarage

- Mehrfachtiefgarage

- gesichertes Grundstück

- Carport

1.2   Jährliche Fahrleistung

Fahrleistungsklassen:

1.2.1   Kfz-Haftpflichtversicherung:

Fahrleistungsklasse

von XX km bis XX km

1.2.2   Vollkaskoversicherung:

Fahrleistungsklasse

von XX km bis XX km

1.2.3   Teilkaskoversicherung:

Fahrleistungsklasse

von XX km bis XX km

Unabhängig von der Fahrleistung gilt bei Verträgen für Pkw, die mit einem Saison-, Oldtimer-, Ausfuhr-, Kurzzeit- oder roten Kennzeichen zugelassen sind, die Fahrleistungsklasse xx als vereinbart.

469

1.3 **Weitere Merkmale zur Beitragsberechnung**
- Selbstgenutztes Wohneigentum
- Fahrerkreis
- Fahreralter
- Fahrzeugalter beim Erwerb durch Sie
- ... xx

2 **Merkmale zur Beitragsberechnung bei Krafträdern**
- Motorleistung
- ... xx

3 **Merkmale zur Beitragsberechnung bei Lkw, Zugmaschinen, Bussen, Anhängern**

Bei der Beitragsberechnung werden die nachfolgenden Merkmale berücksichtigt:
- Aufbau
- Motorleistung
- Anzahl der Plätze
- zulässiges Gesamtgewicht

[Anhang 3:   Tabellen zu den Typklassen]

Für Pkw, Taxen, Mietwagen und Selbstfahrervermiet-Pkw gelten folgende Typklassen:

1 **Kfz-Haftpflichtversicherung:**

Typklasse	Schadenbedarfs-Indexwerte	
	von	bis unter

2 **Vollkaskoversicherung:**

Typklasse	Schadenbedarfs-Indexwerte	
	von	bis unter

3 **Teilkaskoversicherung:**

Typklasse	Schadenbedarfs-Indexwerte	
	von	bis unter

[Anhang 4:   Tabellen zu den Regionalklassen]

Es gelten folgende Regionalklassen:

1 **Für Pkw**

1.1 **In der Kfz-Haftpflichtversicherung:**

Regionalklasse	Schadenbedarfs-Indexwerte	
	von	bis unter

1.2   In der Vollkaskoversicherung:

Regionalklasse Schadenbedarfs-Indexwerte

von   bis unter

1.3   In der Teilkaskoversicherung:

Regionalklasse Schadenbedarfs-Indexwerte

von   bis unter

2   Für Krafträder

2.1   In der Kfz-Haftpflichtversicherung:

Regionalklasse   Schadenbedarfs-Indexwerte

von   bis unter

2.2   In der Teilkaskoversicherung:

Regionalklasse   Schadenbedarfs-Indexwerte

von   bis unter

3   Für Lieferwagen

3.1   In der Kfz-Haftpflichtversicherung:

Regionalklasse Schadenbedarfs-Indexwerte

von   bis unter

3.2   In der Vollkaskoversicherung:

Regionalklasse Schadenbedarfs-Indexwerte Regionen

von   bis unter

3.3   In der Teilkaskoversicherung:

Regionalklasse Schadenbedarfs-Indexwerte Regionen

von   bis unter

4   Für landwirtschaftliche Zugmaschinen

4.1   In der Kfz-Haftpflichtversicherung:

Regionalklasse Schadenbedarfs-Indexwerte Regionen

von   bis unter

4.2   In der Teilkaskoversicherung:

Regionalklasse Schadenbedarfs-Indexwerte Regionen

von   bis unter

471

[Anhang 5:   Berufsgruppen (Tarifgruppen)]

1   Berufsgruppe A

Die Beiträge der Berufsgruppe A gelten in der Kfz-Haftpflichtversicherung bei Pkw für

a   Landwirte und Gartenbaubetriebe

landwirtschaftliche Unternehmer im Sinne des § 123 Abs. 1 Nr. 1 Sozialgesetzbuch VII, die Mitglieder einer landwirtschaftlichen Berufsgenossenschaft oder der Gartenbauberufsgenossenschaft sind, deren Betrieb eine Mindestgröße von 1/2 ha - bei einem Gartenbaubetrieb jedoch eine Mindestgröße von 2 ha - hat, und die diesen Betrieb selbst bewirtschaften;

b   Ehemalige Landwirte

ehemalige landwirtschaftliche Unternehmer, wenn sie die Voraussetzungen nach 1.a unmittelbar vor Übergabe des Betriebes erfüllt haben und nicht anderweitig berufstätig sind;

c   Witwen und Witwer

nicht berufstätige Witwen/Witwer von Personen, die bei ihrem Tod die Voraussetzungen nach 1.a oder 1.b erfüllt haben.

2   Berufsgruppe B

Die Beiträge der Berufsgruppe B gelten in der Kfz-Haftpflicht-, Vollkasko- und in der Teilkaskoversicherung beschränkt auf Pkw, Campingfahrzeuge, Krafträder und Leichtkrafträder - für Versicherungsverträge von Kraftfahrzeugen, die zugelassen sind auf

a   Gebietskörperschaften, Körperschaften, Anstalten und Stiftungen des öffentlichen Rechts;

b   juristische Personen des Privatrechts, wenn sie im Hauptzweck Aufgaben wahrnehmen, die sonst der öffentlichen Hand obliegen würden, und wenn

-    an ihrem Grundkapital juristische Personen des öffentlichen Rechts mit mindestens 50 % beteiligt sind oder

-    sie Zuwendungen aus öffentlichen Haushalten zu mehr als der Hälfte ihrer Haushaltsmittel erhalten (§ 23 Bundeshaushaltsordnung oder die entsprechenden haushaltsrechtlichen Vorschriften der Länder);

c   mildtätige und kirchliche Einrichtungen (§§ 53, 54 Abgabenordnung);

d   als gemeinnützig anerkannte Einrichtungen (§ 52 Abgabenordnung), die im Hauptzweck der Gesundheitspflege und Fürsorge oder der Jugend- und Altenpflege dienen oder die im Hauptzweck durch Förderung der Wissenschaft, Kunst, Religion, der Erziehung, oder der Volks- und Berufsbildung dem Allgemeinwohl auf materiellem, geistigem oder sittlichem Gebiet nutzen;

e   Selbsthilfeeinrichtungen der Angehörigen des öffentlichen Dienstes;

f   Beamte, Richter, Angestellte und Arbeiter der unter 2.a bis 2.e genannten juristischen Personen und Einrichtungen, sofern ihre nicht selbstständige oder dem Lohnsteuer unterliegende Tätigkeit für diese mindestens 50 % der normalen Arbeitszeit beansprucht und sofern sie von ihnen besoldet oder entlohnt werden, sowie die bei diesen juristischen Personen und Einrichtungen in einem anerkannten Ausbildungsverhältnis stehenden Personen, ferner Berufssoldaten und Soldaten auf Zeit der Bundeswehr (nicht Wehr- bzw. Zivildienstpflichtige und freiwillige Helfer);

g   Beamte, Angestellte und Arbeiter überstaatlicher oder zwischenstaatlicher Einrichtungen; für sie gilt das gleiche wie für die nach 2.f genannten Beamten, Angestellten und Arbeiter;

h   Pensionäre, Rentner und beurlaubte Angehörige des öffentlichen Dienstes, wenn sie die Voraussetzungen von 2.f oder 2.g unmittelbar vor ihrem Eintritt in den Ruhestand bzw. vor ihrer Beurlaubung erfüllt haben und nicht anderweitig berufstätig sind, sowie nicht berufstätige versorgungsberechtigte Witwen / Witwer von Beamten, Richtern, Angestellten, Arbeitern, Berufssoldaten und Soldaten auf Zeit der Bundeswehr, Pensionären und Rentnern, die jeweils bei ihrem Tode die Voraussetzungen von 2.f, 2.g oder 2.h erfüllt haben;

i   Familienangehörige von Beamten, Richtern, Angestellten, Arbeitern, Berufssoldaten und Soldaten auf Zeit der Bundeswehr, Pensionären und Rentnern, die die Voraussetzungen von 2.f, 2.g oder 2.h erfüllen. Voraussetzung ist, dass die Familienangehörigen nicht erwerbstätig sind und mit den vorher genannten Personen in häuslicher Gemeinschaft leben und von ihnen unterhalten werden.

3   Berufsgruppe D

Die Beiträge der Berufsgruppe D gelten in der Kfz-Haftpflicht- und der Kaskoversicherung – in der Teilkaskoversicherung beschränkt auf Pkw, Campingfahrzeuge, Krafträder und Leichtkrafträder – für Verträge von Kraftfahrzeugen, die zugelassen sind auf privatisierte, ehemals öffentlich-rechtliche Banken und Sparkassen, andere privatisierte, ehemals öffentlich-rechtliche Einrichtungen (z.B. Telekom, Deutsche Bahn, Deutsche Post, Postbank, Lufthansa) und deren Tochterunternehmen, sonstige Finanzdienstleistungs-, Wohnungsbau- oder Energieversorgungsunternehmen, Krankenhäuser, Kliniken, Sanatorien, Pflegeheime, kirchliche Einrichtungen, sonstige mildtätige oder gemeinnützige Einrichtungen und deren Beschäftigte, wenn sie nicht bereits die Voraussetzungen der Berufsgruppe B erfüllen.

[Anhang 6:   Art und Verwendung von Fahrzeugen]

1   Fahrzeuge mit Versicherungskennzeichen

Fahrzeuge, die ein Versicherungskennzeichen führen müssen, sind:

1.1   Fahrräder mit Hilfsmotor mit einem Hubraum von nicht mehr als 50 ccm und einer Höchstgeschwindigkeit

- bis 45 km/h

- bis 50 km/h, sofern sie bis zum 31. Dezember 2001 erstmals in Verkehr gekommen sind

- bis 60 km/h, sofern sie bis zum 29. Februar 1992 erstmals in Verkehr gekommen sind

1.2   Kleinkrafträder (zwei-, dreirädrig) mit einem Hubraum von nicht mehr als 50 ccm und einer Höchstgeschwindigkeit

- bis 45 km/h

- bis 50 km/h, sofern sie bis zum 31. Dezember 2001 erstmals in Verkehr gekommen sind

- bis 60 km/h, sofern sie bis zum 29. Februar 1992 erstmals in Verkehr gekommen sind

1.3   vierrädrige Leichtkraftfahrzeuge mit einem Hubraum von nicht mehr als 50 ccm und einer Höchstgeschwindigkeit bis 45 km/h

1.4   motorisierte Krankenfahrstühle

2   Leichtkrafträder

Leichtkrafträder sind Krafträder und Kraftroller mit einem Hubraum von mehr als 50 ccm und nicht mehr als 125 ccm und

- einer Nennleistung von nicht mehr als 11 kW und einer Höchstgeschwindigkeit von nicht mehr als 80 km/h oder

- einer Nennleistung von nicht mehr als 11 kW und einer Höchstgeschwindigkeit von mehr als 80 km/h.

3   < - entfällt - >

4   Krafträder

Krafträder sind alle Krafträder und Kraftroller, die ein amtliches Kennzeichen führen müssen, mit Ausnahme von Leichtkrafträdern.

5   Pkw

Pkw sind als Personenkraftwagen zugelassene Kraftfahrzeuge, mit Ausnahme von Mietwagen, Taxen und Selbstfahrervermietfahrzeugen.

6   Mietwagen

Mietwagen sind Pkw, mit denen ein genehmigungspflichtiger Gelegenheitsverkehr gewerbsmäßig betrieben wird (unter Ausschluss der Taxen, Kraftomnibusse, Güterfahrzeuge und Selbstfahrervermietfahrzeuge).

7   Taxen

Taxen sind Pkw, die der Unternehmer an behördlich zugelassenen Stellen bereithält und mit denen er - auch am Betriebssitz oder während der Fahrt entgegengenommene - Beförderungsaufträge zu einem vom Fahrgast bestimmten Ziel ausführt.

8 Selbstfahrvermietfahrzeuge

Selbstfahrvermietfahrzeuge sind Kraftfahrzeuge und Anhänger, die gewerbsmäßig ohne Gestellung eines Fahrers vermietet werden.

9 Leasingfahrzeuge

Leasingfahrzeuge sind Kraftfahrzeuge und Anhänger, die gewerbsmäßig ohne Gestellung eines Fahrers vermietet werden und auf den Mieter zugelassen sind oder bei Zulassung auf den Vermieter dem Mieter durch Vertrag mindestens sechs Monate überlassen werden.

10 Kraftomnibusse

Kraftomnibusse sind Kraftfahrzeuge und Anhänger, die nach ihrer Bauart und Ausstattung zur Beförderung von mehr als neun Personen (einschließlich Führer) geeignet und bestimmt sind.

10.1 Linienverkehr ist eine zwischen bestimmten Ausgangs- und Endpunkten eingerichtete regelmäßige Verkehrsverbindung, auf der Fahrgäste an bestimmten Haltestellen ein- und aussteigen können, sowie Verkehr, der unter Ausschluss anderer Fahrgäste der regelmäßigen Beförderung von Personen zum Besuch von Märkten und Theatern dient.

10.2 Gelegenheitsverkehr sind Ausflugsfahrten und Ferienziel-Reisen sowie Verkehr mit Mietomnibussen.

10.3 Nicht unter 10.1 oder 10.2 fallen sonstige Busse, insbesondere Hotelomnibusse, Werkomnibusse, Schul-, Lehr- und Krankenomnibusse.

11 Campingfahrzeuge

Campingfahrzeuge sind Wohnmobile, die als sonstige Kraftfahrzeuge zugelassen sind.

12 Werkverkehr

Werkverkehr ist die Güterbeförderung mit Kraftfahrzeugen, Anhängern und Aufliegern nur für eigene Zwecke durch eigenes - im Krankheitsfall bis zu vier Wochen auch durch fremdes - Personal eines Unternehmens.

13 Gewerblicher Güterverkehr

Gewerblicher Güterverkehr ist die geschäftsmäßige, entgeltliche Beförderung von Gütern mit Kraftfahrzeugen, Anhängern und Aufliegern für andere.

14 Umzugsverkehr

Umzugsverkehr ist die ausschließliche Beförderung von Umzugsgut.

15 Wechselaufbauten

Wechselaufbauten sind Aufbauten von Kraftfahrzeugen, Anhängern und Aufliegern, die zur Güterbeförderung bestimmt sind und mittels mechanischer Vorrichtungen an diesen Fahrzeugen ausgewechselt werden können.

16 Landwirtschaftliche Zugmaschinen

Landwirtschaftliche Zugmaschinen oder Anhänger sind Zugmaschinen und Raupenschlepper oder Anhänger, die wegen ihrer Verwendung in der Land- und Forstwirtschaft von der Kraftfahrzeugsteuer freigestellt sind und ein amtliches grünes Kennzeichen führen.

17 Melkwagen und Milchsammel-Tankwagen

Melkwagen und Milchsammel-Tankwagen sind Fahrzeuge mit Vorrichtungen zur mechanischen Milchentnahme, die dem Transport der Milch von Weiden und Gehöften zu den Molkereien der Einzugsgebiete dienen.

18 Sonstige landwirtschaftliche Sonderfahrzeuge

Sonstige landwirtschaftliche Sonderfahrzeuge sind Fahrzeuge, die als Sonderfahrzeuge für die Land- und Forstwirtschaft zugelassen werden und ein amtliches grünes Kennzeichen führen.

19 Milchtankwagen

Milchtankwagen sind Fahrzeuge, die dem Transport der Milch zwischen Molkereien oder von Molkereien zum Verteiler oder Verbraucher dienen. Sie gelten nicht als landwirtschaftliche Sonderfahrzeuge, sondern als Güterfahrzeuge.

20 **Selbstfahrende Arbeitsmaschinen**

Selbstfahrende Arbeitsmaschinen sind Fahrzeuge, die nach ihrer Bauart und ihren besonderen mit dem Fahrzeug fest verbundenen Einrichtungen zur Leistung von Arbeit - nicht zur Beförderung von Personen oder Gütern - bestimmt und geeignet sind und die zu einer vom Bundesminister für Verkehr bestimmten Art solcher Fahrzeuge gehören (z.B. Selbstlader, Bagger, Greifer, Kran-Lkw sowie Räum- und Bergungsfahrzeuge, auch wenn sie zu Abschleppzwecken mitverwendet werden).

21 **Lieferwagen**

Lieferwagen sind als Lastkraftwagen zugelassene Kraftfahrzeuge mit einer zulässigen Gesamtmasse (bzw. Gesamtgewicht) bis zu 3,5 t.

22 **Lkw**

Lkw sind Lastkraftwagen mit einer zulässigen Gesamtmasse (bzw. Gesamtgewicht) von mehr als 3,5 t.

23 **Zugmaschinen**

Zugmaschinen sind Kraftfahrzeuge, die ausschließlich oder überwiegend zum Ziehen von Anhängern oder Aufliegern gebaut sind, mit Ausnahme von landwirtschaftlichen Zugmaschinen.

VI. Gesetz über die Haftpflichtversicherung für ausländische Kraftfahrzeuge und Kraftfahrzeuganhänger – AuslPflVG

Vom 24.7.1956, zuletzt geändert durch Art. 297 der Verordnung vom 31.10.2006, BGBl. I. S. 2407.

§ 1 Notwendigkeit und Nachweis des Versicherungsschutzes

(1) Kraftfahrzeuge (auch Fahrräder mit Hilfsmotor) und Kraftfahrzeuganhänger, die im Inland keinen regelmäßigen Standort haben, dürfen im Geltungsbereich dieses Gesetzes auf öffentlichen Straßen oder Plätzen nur gebraucht werden, wenn für den Halter, den Eigentümer und den Führer zur Deckung der durch den Gebrauch verursachten Personen- und Sachschäden eine Haftpflichtversicherung nach den §§ 2 bis 6 besteht.

(2) Der Führer des Fahrzeugs hat eine Bescheinigung des Versicherers über die Haftpflichtversicherung (Versicherungsbescheinigung) mitzuführen. Sie ist auf Verlangen den zuständigen Beamten zur Prüfung auszuhändigen. § 8a bleibt unberührt.

(3) Besteht keine diesem Gesetz entsprechende Haftpflichtversicherung oder führt der Führer des Fahrzeugs die erforderliche Versicherungsbescheinigung nicht mit, so darf der Halter des Fahrzeugs nicht anordnen oder zulassen, daß das Fahrzeug im Geltungsbereich dieses Gesetzes auf öffentlichen Straßen oder Plätzen gebraucht wird.

(4) Fehlt bei der Einreise eines Fahrzeugs die erforderliche Versicherungsbescheinigung, so müssen es die Grenzzollstellen zurückweisen. Stellt sich der Mangel während des Gebrauchs heraus, so kann das Fahrzeug sichergestellt werden, bis die Bescheinigung vorgelegt wird.

(5) Die Absätze 1 bis 4 gelten nicht für die Fahrzeuge der ausländischen Streitkräfte, die zum Aufenthalt im Geltungsbereich dieses Gesetzes befugt sind.

§ 2 Zugelassene Versicherer

(1) Die Haftpflichtversicherung kann genommen werden
a) bei einem im Geltungsbereich dieses Gesetzes zum Geschäftsbetrieb befugten Versicherer,
b) bei einem anderen Versicherer nur dann, wenn neben ihm ein im Geltungsbereich dieses Gesetzes zum Geschäftsbetrieb befugter Versicherer oder ein

Verband solcher Versicherer die Pflichten eines Haftpflichtversicherers nach den folgenden Vorschriften übernimmt.

(2) Für die Zwecke dieses Gesetzes können sich Versicherer, die im Geltungsbereich dieses Gesetzes die Kraftfahrzeughaftpflichtversicherung betreiben, zu einer Versicherergemeinschaft zusammenschließen. Die Satzung der Versicherergemeinschaft bedarf der Genehmigung des Bundesaufsichtsamts für das Versicherungs- und Bausparwesen.

§ 3 Pflicht der Versicherer zum Vertragsschluß

(1) Die Versicherer, die im Geltungsbereich dieses Gesetzes zum Abschluß von Verträgen über die Haftpflichtversicherung für Kraftfahrzeuge und Anhänger befugt sind, haben den Haltern, den Eigentümern und Führern der in § 1 genannten Fahrzeuge nach den gesetzlichen Bestimmungen Versicherung gegen Haftpflicht zu gewähren.

(2) Der Versicherer darf den Antrag auf Abschluß eines Versicherungsvertrags nur ablehnen, wenn sachliche oder örtliche Beschränkungen im Geschäftsplan des Versicherers dem Abschluß entgegenstehen oder wenn der Antragsteller bei dem Versicherer bereits versichert war und dieser
a) den Versicherungsvertrag wegen Drohung oder arglistiger Täuschung angefochten hat oder
b) vom Versicherungsvertrag wegen Verletzung der vorvertraglichen Anzeigepflicht oder wegen Nichtzahlung der ersten Prämie zurückgetreten ist oder
c) den Versicherungsvertrag wegen Prämienverzugs oder nach Eintritt eines Versicherungsfalls gekündigt hat.

§ 4

Der Versicherungsvertrag nach § 3 muß den für die Versicherung von Kraftfahrzeugen und Anhängern mit regelmäßigem Standort im Inland geltenden gesetzlichen Bestimmungen über Inhalt und Umfang des Versicherungsschutzes sowie über die Mindestversicherungssummen entsprechen.

§ 5 Befristung der Versicherungsbescheinigung, Vorauszahlung der Prämie

Der Versicherer kann die Geltung der Versicherungsbescheinigung (§ 1) befristen und die Aushändigung von der Zahlung der Prämie für den angegebenen Zeitraum abhängig machen. Wird die Geltung nicht befristet, so kann der Versicherer die Aushändigung von der Zahlung der ersten Prämie abhängig machen.

§ 6

(1) § 3 Nrn. 1 bis 4 und 6 bis 11 des Pflichtversicherungsgesetzes ist anzuwenden; an die Stelle von § 3 Nr. 5 des Pflichtversicherungsgesetzes tritt die Regelung des Absatzes 2.

(2) Ein Umstand, der das Nichtbestehen oder die Beendigung des Versicherungsverhältnisses zur Folge hat, kann dem Anspruch des Dritten nach § 3 Nr. 1 des Pflichtversicherungsgesetzes nur entgegengehalten werden, wenn er aus der Versicherungsbescheinigung ersichtlich oder wenn die Versicherungsbescheinigung dem Versicherer zurückgegeben worden ist. Weiterhin muß, wenn das Versicherungsverhältnis durch Zeitablauf beendet oder die Versicherungsbescheinigung dem Versicherer zurückgegeben worden ist, zwischen dem in der Versicherungsbescheinigung angegebenen Zeitpunkt der Beendigung des Versicherungsverhältnisses oder dem Zeitpunkt der Rückgabe der Versicherungsbescheinigung und dem Schadensereignis eine Frist von fünf Monaten, im Falle einer Gesamtlaufzeit des Versicherungsverhältnisses von weniger als zehn Tagen eine Frist von fünf Wochen verstrichen sein.

§ 7   Durchführungsbestimmungen

Zur Durchführung der §§ 1 bis 5 können erlassen
a) das Bundesministerium für Verkehr, Bau und Stadtentwicklung mit Zustimmung des Bundesrates Rechtsverordnungen über den Inhalt und die Prüfung der Versicherungsbescheinigungen und die beim Fehlen der Bescheinigung nötigen Sicherungsmaßnahmen,
b) das Bundesministerium der Finanzen ohne Zustimmung des Bundesrates Rechtsverordnungen über die Maßnahmen der Versicherer zur Gewährleistung der Möglichkeit, Versicherungsverträge nach diesem Gesetz zu schließen,
c) das Bundesministerium für Verkehr, Bau und Stadtentwicklung mit Zustimmung des Bundesrates allgemeine Verwaltungsvorschriften.

§ 7a   Erfordernis erweiterten Versicherungsschutzes

Zur Erfüllung völkerrechtlicher Verpflichtungen oder zur Durchführung von Rechtsakten des Rates oder der Kommission der Europäischen Gemeinschaften wird das Bundesministerium für Verkehr, Bau und Stadtentwicklung ermächtigt, für Fahrzeuge ohne regelmäßigen Standort im Geltungsbereich dieses Gesetzes durch Rechtsverordnung ohne Zustimmung des Bundesrates nach Anhörung der obersten Landesbehörden zu bestimmen, daß sie auf öffentlichen Straßen oder Plätzen im Geltungsbereich dieses Gesetzes nur gebraucht werden dürfen und ihnen die Einreise hierhin nur gestattet werden darf, wenn die durch das Fahrzeug verursachten Schäden in allen Staaten, in die das Fahrzeug ohne die Kontrolle einer Versicherungsbescheinigung weiterreisen kann, nach den dort geltenden Vorschriften gedeckt sind. Die Rechtsverordnung kann auch Vorschriften über den Abschluß der Haftpflichtversicherung, deren Nachweis durch eine Versicherungsbescheinigung, den Inhalt und die Prüfung der Versicherungsbescheinigung und die beim Fehlen der erforderlichen Bescheinigung nötigen Sicherungsmaßnahmen enthalten.

§ 8   Ausnahmen

(1) Zur Pflege der Beziehungen mit dem Ausland kann das Bundesministerium für Verkehr, Bau und Stadtentwicklung Einzelausnahmen von diesem Gesetz oder den auf § 7 Buchstabe a beruhenden Rechtsverordnungen genehmigen, wenn die Entschädigung der Verkehrsopfer gewährleistet bleibt.

(2) Zur Pflege der Beziehungen mit dem Ausland, zur Erfüllung völkerrechtlicher Verpflichtungen oder zur Durchführung von Rechtsakten des Rates oder der Kommission der Europäischen Gemeinschaften kann das Bundesministerium für Verkehr, Bau und Stadtentwicklung unter derselben Voraussetzung durch Rechtsverordnung ohne Zustimmung des Bundesrates nach Anhörung der obersten Landesbehörden allgemeine Ausnahmen von § 1 Abs. 1 bis 4 oder von den Vorschriften über den Inhalt von Versicherungsbescheinigungen genehmigen.

§ 8a   Wegfall des Erfordernisses der Versicherungsbescheinigung

(1) Hat für die Fahrzeuge, die bei der Einreise das vorgeschriebene Kennzeichen eines bestimmten ausländischen Gebiets führen, ein im Geltungsbereich dieses Gesetzes zum Geschäftsbetrieb befugter Versicherer oder ein Verband solcher Versicherer die Pflichten eines Haftpflichtversicherers nach den Vorschriften dieses Gesetzes übernommen, so kann das Bundesministerium für Verkehr, Bau und Stadtentwicklung durch Rechtsverordnung ohne Zustimmung des Bundesrates nach Anhörung der obersten Landesbehörden bestimmen, daß für die das vor-

geschriebene Kennzeichen dieses Gebiets führenden Fahrzeuge die Ausstellung einer Versicherungsbescheinigung nicht erforderlich ist.

(2) Ist nach Absatz 1 die Ausstellung einer Versicherungsbescheinigung nicht erforderlich, so kann abweichend von § 6 Abs. 2 ein Umstand, der das Nichtbestehen oder die Beendigung der nach Absatz 1 übernommenen Verpflichtungen zur Folge hat, dem Anspruch des Dritten nach § 3 Nr. 1 des Pflichtversicherungsgesetzes nicht entgegengehalten werden, wenn sich das Fahrzeug im Zeitpunkt des Schadensereignisses mit dem bei der Einreise geführten Kennzeichen im Geltungsbereich dieses Gesetzes befunden hat.

§ 9   Straftaten

(1) Wer im Geltungsbereich dieses Gesetzes ein Fahrzeug auf öffentlichen Wegen oder Plätzen gebraucht oder einen solchen Gebrauch gestattet, obwohl für das Fahrzeug das nach § 1 erforderliche Versicherungsverhältnis nicht oder nicht mehr besteht und die Pflichten eines Haftpflichtversicherers auch nicht nach § 2 Abs. 1 Buchstabe b oder § 8a Abs. 1 von einem im Geltungsbereich dieses Gesetzes zum Geschäftsbetrieb befugten Versicherer oder einem Verband solcher Versicherer übernommen worden sind, wird mit Freiheitsstrafe bis zu einem Jahr oder mit Geldstrafe bestraft.

(2) Handelt der Täter fahrlässig, so ist die Strafe Freiheitsstrafe bis zu sechs Monaten oder Geldstrafe bis zu einhundertachtzig Tagessätzen.

(3) Ist die Tat vorsätzlich begangen worden, so kann das Fahrzeug eingezogen werden, wenn es dem Täter oder Teilnehmer zur Zeit der Entscheidung gehört.

§ 9a   Ordnungswidrigkeiten

(1) Ordnungswidrig handelt, wer vorsätzlich oder fahrlässig
1. als Führer eines Fahrzeugs entgegen § 1 Abs. 2 die erforderliche Versicherungsbescheinigung nicht mit sich führt oder auf Verlangen nicht aushändigt oder als Halter des Fahrzeugs einen solchen Verstoß duldet, oder
2. als Führer oder Halter eines Fahrzeugs einer Vorschrift einer nach § 7 Buchstabe a oder § 7a erlassenen Rechtsverordnung zuwiderhandelt, soweit die Rechtsverordnung für einen bestimmten Tatbestand auf diese Bußgeldvorschrift verweist.

(2) Die Ordnungswidrigkeit kann mit einer Geldbuße geahndet werden.

(3) Verwaltungsbehörde im Sinne des § 36 Abs. 1 Nr. 1 des Gesetzes über Ordnungswidrigkeiten ist die Straßenverkehrsbehörde.

§ 10 Geltung in Berlin

Dieses Gesetz gilt nach Maßgabe des § 13 Abs. 1 des Dritten Überleitungsgesetzes vom 4. Januar 1952 (Bundesgesetzbl. I S. 1) auch im Land Berlin. Rechtsverordnungen, die auf Grund dieses Gesetzes erlassen werden, gelten im Land Berlin nach § 14 des Dritten Überleitungsgesetzes.

§ 11 Inkrafttreten

Dieses Gesetz tritt am ersten Tage des auf die Verkündung folgenden sechsten Kalendermonats in Kraft.

Stichwortverzeichnis

Die angegebenen Fundstellen beziehen sich auf die **Seitenzahl**.